Rolf Wunderer Führung und Zusammenarbeit

Rolf Wunderer

Führung und Zusammenarbeit

Eine
unternehmerische
Führungslehre

Luchterhand

Die Deutsche Bibliothek – CIP-Einheitsaufnahme

Wunderer, Rolf:
Führung und Zusammenarbeit: eine unternehmerische Führungslehre/Rolf Wunderer.
3. Aufl. – Neuwied, Kriftel: Luchterhand, 2000
ISBN 3-472-03863-2

© 2000 Hermann Luchterhand Verlag GmbH, Neuwied · Kriftel (Taunus)
Das Werk einschließlich aller seiner Teile ist urheberrechtlich geschützt. Jede Verwertung außer-
halb der engen Grenzen des Urheberrechtsgesetzes ist ohne Zustimmung des Verlages unzu-
lässig und strafbar. Das gilt insbesondere für Vervielfältigung, Übersetzung, Mikroverfilmung
und die Einspeicherung und Verarbeitung in elektronischen Systemen.
Umschlaggestaltung: Schneider & Schneider-Reckels, GraficDesign, Wiesbaden
Satz: KompetenzCenter Urban, Düsseldorf
Druck und Binden: Wilhelm & Adam, Heusenstamm
Printed in Germany, Dezember 1999

∞ Gedruckt auf säurefreiem, alterungsbeständigem und chlorfreiem Papier

Vorwort

»Wolle die Wandlung.
O sei für die Flamme begeistert...
jener entwerfende Geist,
welcher das Irdische meistert
liebt im Schwung der Figur
nichts wie den wendenden Punkt.«

(R. M. Rilke – Die Sonette an Orpheus)

Viele Nationen – ebenso die wirtschaftlich entwickelten – und deren Unternehmen benötigen dringend eine Wandlung zu begeisterndem organisationsinternem Unternehmertum. Nur so können im globalen Wettbewerb die nötigen Erfolge gesichert, zugleich die heute zentralen menschlichen Werte für die Arbeitswelt handlungsleitend werden. Durch den Übergang von der Industrie- zur Dienstleistungs- und Informationsgesellschaft wandeln sich die Arbeits- und Führungsbeziehungen. Produkte können nur noch begrenzt standardisiert werden und sind mit Kunden und Lieferanten eigenständig und problemlösend zu entwickeln. Maschinen und neue Technologien können unterstützen, aber immer weniger menschliche Arbeit substituieren. Und durch höhere Qualifikation sowie postmaterialistische Werthaltungen werden Zielvereinbarung und freiwillige Verpflichtung sowie Sinn in und Spaß an der Arbeit zu wichtigeren Faktoren als Weisung, Gehorsam und klassische Anreizkonzepte.

Führen und Zusammenarbeiten geschieht aber auch immer zwischen Spannungsfeldern, bedeutet situationsgerechte Oszillation zwischen Polen, die Suche nach der zweckgerechten Kombination, dem richtigen Schwer- und Wendepunkt. So kann es keine »Patentrezepte« geben, auch wenn diese vielfach angeboten werden. Denn Führen verlangt in zunehmend pluralistischen Kontexten nicht zuletzt, mit Paradoxien umgehen zu können. Das heißt z. B. beeinflussen und sich beeinflussen lassen, Konsequenz und Verständnis sowie Nähe und Distanz zeigen können, wettbewerbsorientiert und kooperativ zusammenarbeiten, verändern und bewahren, expandieren und konsolidieren, sich an kurzfristige Änderungen anpassen und dabei doch werte- und zielorientiert den Weg weisen, rationale mit emotionaler Intelligenz verbinden, auf Produkt- wie auf Beziehungsqualität setzen.

Da wir Führung und Zusammenarbeit als zielorientierte soziale Einflussnahme zur Erfüllung gemeinsamer Aufgaben in bzw. mit einer strukturierten Situation verstehen, gehen wir von einem umfassenden Begriffsverständnis aus. So behandeln wir die Kontextgestaltung von Arbeitsbeziehungen durch Kultur-, Organisations-, Strategieentwicklung als Formen indirekter Führung. Zum anderen diskutieren wir die direkten und wechselseitigen Einflussbeziehungen zwischen Vorgesetzten, Mitarbeitern und Kollegen.

Zunächst wirkt Führung also durch fördernde Rahmenbedingungen sowie durch Abbau demotivierender Barrieren. Sie hat deshalb den Arbeitskontext unternehmerisch zu gestalten und zu interpretieren sowie mitdenkende, mithandelnde und mitverantwortende Mitunternehmer zu gewinnen. Sie muss diese Mitarbeiter auswählen und einsetzen, sie dann aber auch coachen und inspirieren, dabei sich mehr auf Werte, Ziele und Ergebnisse konzentrieren als auf Anforderungen und Inputs. Die dafür förderliche Koordination über interne Märkte, also Angebot und Nachfrage, erfordert eine Ergänzung über soziale Netzwerkgestaltung mit wechselseitiger Unterstützung und Vertrauen. Kreative Problemlösungsfähigkeit, Umsetzungs- und Sozialkompetenz bilden die Schlüsselkompetenzen für internes Unternehmertum. Da die Arbeitswelt nun einmal nicht nur aus »High Potentials« und Führungskräften besteht, geht es zunehmend um die Förderung der »restlichen« Mitarbeiter zu Mitunternehmern.

Die dritte Auflage dieses Buches ist das Ergebnis einer langen Entwicklungsreihe. Vor mehr als 35 Jahren begann ich mit einer vorwiegend dogmengeschichtlichen und methodologischen Analyse des Unternehmers in der Betriebswirtschaftslehre. Gut 10 Jahre später konnte ich in einem mehrjährigen Projekt eine umfassende Analyse der Führungsforschung mit Mitarbeitern durchführen, die mit einer zweibändigen »Führungslehre« abgeschlossen wurde. Später wurden mit Kollegen drei wichtige Folgeprojekte realisiert: einmal das »Handwörterbuch der Führung«, zum anderen eine Bestandsaufnahme mit bekannten Fachvertretern aus sechzehn Universitäten zur »Betriebswirtschaftslehre als Management- und Führungslehre«; schließlich wurden 1997 an einer Jubiläums-Tagung unseres Instituts mit 20 Fachkollegen, Mitarbeitern und Praxisvertretern wichtige Grundsatz- und Umsetzungsfragen zum Thema »Mitarbeiter als Mitunternehmer« erarbeitet. 1993 wurde aus 25 eigenen, bereits veröffentlichten Einzelbeträgen die erste Auflage von »Führung und Zusammenarbeit« als »Reader« publiziert. In der jetzt dritten Auflage liegt der Fokus wieder auf dem unternehmerischen Ansatz – allerdings nicht mehr für den Entrepreneur, sondern für Führungskräfte und Mitarbeiter als Mitunternehmer. Auch steht nicht mehr die kommentierte Synopse des Forschungsstandes im Vordergrund, sondern das Ergebnis eigener Forschungen sowie die lange Erfahrung in Aus- und Fortbildung sowie Beratung mit dem Fokus auf Gestaltungs- und Entwicklungsfragen.

Neben Rückschau ist aber auch der Blick in die Zukunft von Interesse. Wie neueste, auch von uns durchgeführte Prognosestudien zeigen, wird internes Unternehmertum gerade von Großbetrieben zunehmend gefordert und gefördert. Die Steuerung über interne Märkte und Netzwerke sowie eine inspirierende, integre und individualisierte Führung werden besonders gewünscht. Die Gestaltung fördernder Kontextbedingungen über strukturell-systemische Führung (v.a. Unternehmens-, Führungs- und Organisationskultur) wird noch vor der direkten Einflussnahme der Vorgesetzten rangieren. Und gerade Mitunternehmer bevorzugen statt ständig neuer Anreize den Abbau frustrierender Motivationsbarrieren. Diesen und weiteren Entwicklungen will das Lehrbuch Rechnung tragen. Neben dem zentralen Fokus auf internes Unternehmertum werden besonders folgende Themenbereiche behandelt: konzeptionelle und theoretische Grundlagen, werteorientierte Führung, Gestaltung der Führungs- und Kooperationsbeziehungen sowie Funktionen und Instrumente für Führung und Kooperation.

An dem Werk haben viele mitgewirkt. Zunächst haben frühere Mitarbeiter sowie Kollegen die 2. Auflage vor der Überarbeitung kritisch hinterfragt und auch Vorschläge zur Verbesserung eingebracht; ebenso beteiligten sich Studenten und Teilnehmer von hochschulinternen und -externen Weiterbildungskursen. Mein besonderer Dank geht nun aber an Frau Dr. Petra Dick, die schon die dritte Auflage mitbetreut. Als Mitunternehmerin hat sie Mitwissen, Mitdenken und Mithandeln all die Jahre vorbildlich miteinander verbunden. Sie hat manche Spitzen reduziert, auch weitergedacht und sich in den ständigen Verbesserungsprozess mit fundierten Vorschlägen eingebracht. Und sie hat vor allem die gesamte Redaktion wieder intern wie auch gegenüber dem Verlag in ihrer seriösen, gewissenhaften, überlegten und selbstständigen Weise optimal betreut. Obgleich Herr Dr. Wendelin Küpers erst vor kurzem zu uns kam, hat er interessante Verbesserungsvorschläge gemacht und neue Quellen aufgespürt. Herr lic. oec. Urs Jäger und Frau cand. oec. Barbara Stoelker haben beim Korrekturlesen noch viel ausgemerzt sowie Glossar und Stichwortverzeichnis deutlich verbessert; Frau Silvia Zellweger hat wieder mit Geduld, Langmut und Engagement meine zahllosen Modifikationen immer wieder ins Reine gebracht. Und bei Herrn Reiner Straub, Chefredakteur und Lektor des Luchterhand Verlages, und seinen Mitarbeitern wussten wir uns stets in besten Händen. Er und sein Verlag sind noch immer bereit, alternative Gestaltungsentwürfe zu diskutieren, Schaubilder selbst setzen zu lassen, eine überdurchschnittliche Ausstattung mit leserfreundlichen Konditionen zu kombinieren und die wieder umfassend überarbeitete und erweiterte dritte Auflage in kürzester Zeit fertig zu stellen.

Das Buch wurde schon bisher sowohl im Hochschulunterricht von Dozenten und Studenten als auch von Führungskräften vielfach verwendet, u.a. bei Nachdiplomkursen und Weiterbildungsseminaren. Wir hoffen, dass die neue Auflage wieder einen guten Schritt weitergekommen ist und den Lesern helfen kann, Gleiches zu tun.

Herbst 1999   *Rolf Wunderer*

Inhaltsübersicht

Inhaltsverzeichnis

Hinweise für die Leser

Zur sachlichen Orientierung und praktischen Verwendung des Lehrbuchs dienen folgende **Lesehilfen:**

Gesamtübersicht
Neben dem Inhaltsverzeichnis enthält jedes Hauptkapitel eine Kurzübersicht.

Kapitelverweise
Sofern wichtige Aussagen gleichzeitig in einem anderen Abschnitt oder Kapitel thematisiert oder umfassender erläutert werden, wird in Fußnoten auf diese verwiesen.

Abbildungen
Abbildungen werden pro Kapitel neu nummeriert. Im Text wird jeweils auf die Abbildungen Bezug genommen.

Fragen zur Selbstüberprüfung
Am Schluss jedes Kapitels bietet eine Liste von Fragen zur Selbstüberprüfung die Möglichkeit, wesentliche Inhalte zu reflektieren.

Glossar
Wenig geläufige oder bekannte Begriffe, Fremdwörter oder methodische Fachtermini werden im Text mit einem Pfeil ($\Rightarrow$) versehen, kursiv hervorgehoben und am Ende des Buches in einem Glossar erklärt.

Stichwortverzeichnis
Das Stichwortverzeichnis dient mit seinen Seitenangaben als umfangreiches Sachregister zum Auffinden von Begriffen im Text. Fettgedruckte Stichworte bedeuten, dass hier eine Definition oder umfassendere Erläuterung erfolgt.

Literaturquellen
Die Literaturquellen werden in den Fußnoten nur durch die Autoren und das Erscheinungsjahr benannt; sie sind aus Platzgründen vollständig nur im Literaturverzeichnis am Ende des Buches angegeben.

Weitere Hinweise:

Synonyme Begriffsverwendung
Wenn von Unternehmungen, Betrieben oder Organisationen gesprochen wird, sind damit auch öffentliche Verwaltungen und Institutionen gemeint.

Geschlechtsneutrale Interpretation
Es wird aus Stil- und Platzgründen durchgehend die männliche Form verwendet; es ist damit aber immer zugleich die weibliche Form angesprochen (z. B. der Vorgesetzte, der Mitarbeiter, der Mitunternehmer, der Kunde; andererseits aber auch: die Führungkraft).

Konzeptionelle und theoretische Grundlagen

I. Entwicklungstendenzen in Führung und Zusammenarbeit

Inhalt

Führen und zusammenarbeiten – das wissen wir immer mehr – gehören untrennbar zusammen. Werteströmungen sowie wirtschaftlicher, politischer und technologischer Wandel unterstützen dies. Führung ist zunächst fördernde **Kontextgestaltung** (strukturelle Führung) und dann ziel- und mitarbeitergerechte **Beziehungsgestaltung** (interaktive Führung). Führung als Produkt der Arbeitsteilung muss zugleich Rollen differenzieren und integrieren, will sie gelingen. Führen und geführt werden, sich führen lassen und sich selbst führen, aber auch arbeiten und zusammenarbeiten sind damit nur verschiedene Facetten, wenn wir das Kaleidoskop der Führung betrachten und beschreiben wollen.

Die folgenden Ausführungen behandeln zunächst Führung und Kooperation als überzeitliches Phänomen. Anschließend werden Entwicklungstrends in den externen Rahmenbedingungen sowie in der Kontext- und Beziehungsgestaltung diskutiert. Abschließend werden einige thematische Entwicklungsschwerpunkte herausgehoben.

Gliederung

1 Führung und Kooperation als überzeitliches Phänomen
2 Prophezeiungen und Prognosen
3 Entwicklungstrends in den externen Rahmenbedingungen
4 Entwicklungstrends in der strukturellen und interaktiven Führung
5 Thematische Entwicklungsschwerpunkte
6 Fazit
7 Fragen zur Selbstüberprüfung

Verweise

Kapitel A II.   Grundlagen innerorganisatorischer Beziehungsgestaltung
Kapitel A III.   Betriebswirtschaftliche Führungsforschung und Führungslehre
Kapitel B I.   Mitarbeiter als Mitunternehmer – ein Transformationskonzept
Kapitel C I.   Wertewandel und Führung
Kapitel C II.   Unternehmens-, Führungs- und Kooperationskultur als Gestaltungskomponente

Kapitel C III.   Identifikation, Motivierung und Remotivierung
Kapitel D I.   Mitarbeiterführung – Führungsstile
Kapitel D II.   Führung des Chefs (Führung von unten) – Einflussstrategien
Kapitel D III.   Grundmuster und Erklärungsansätze lateraler Kooperation
Kapitel D IV.   Laterale Kooperation als Selbststeuerungs- und Führungsaufgabe

A
Konzep-
tionelle
und
theore-
tische
Grund-
lagen

1 Führung und Kooperation als überzeitliches Phänomen

Führungsbeziehungen gibt es, solange Menschen leben. Wir können sie auch gut bei entwickelten Lebewesen studieren und manche Parallelen ziehen. Zu den ersten wissenschaftlichen Studien zum Hierarchieverhalten gehören Beobachtungen des Hühnerhofs. Symbolische Führung wird von Tieren viel offenkundiger betrieben, auch weil Sprache und Schrift fehlen. Solche Beobachtungen verweisen uns auf unsere Wurzeln, auf unser Softwareprogramm, unseren »chip« im »Stammhirn« – seit Tausenden von Jahren zum »Instinkt« programmiert und immer noch hoch aktiv – selbst wenn rein rationale Entscheidungsmodelle uns anderes vermitteln wollen.

Das Wissen der Führungslehre liegt zunächst im »langen Lernen« der menschlichen Führungsgeschichte. So können vom Grundsatz von Ptah-hotep, Wesir des ägyptischen Königs Issi (ca. 2700 v. Chr.) und Projektmanager für den Pyramidenbau, noch heute Führungskräfte und Personalverantwortliche viel lernen: »Solltest Du einer von denen sein, an den Petitionen herangetragen werden, so höre Dir in Ruhe an, was der Antragsteller zu sagen hat. Weise ihn nicht zurück, bevor er sich enthüllen konnte. Es ist nicht notwendig, dass alle seine Bitten gewährt werden, aber gutes Zuhören ist Balsam für sein Herz!«

Und ein Führungsgrundsatz des hl. Benedikt (ca. 550 n. Chr.) charakterisiert gemäß Umfragen in modern geführten Unternehmen den heute vorherrschenden konsultativen Entscheidungsstil: »So oft im Kloster eine wichtige Angelegenheit zu entscheiden ist, rufe der Abt die ganze Klostergemeinde zusammen und lege selber dar, worum es sich handelt, und er höre den Rat der Brüder an, überlege dann bei sich, was nach seinem Urteil des Nützlichste sei.« Schließlich ist die sogenannte »goldene Verhaltensregel« – auch von Konfuzius (ca. 500 v. Chr.) und von Jesus Christus in der Bergpredigt formuliert – nach neueren umfassenden Computersimulationen noch immer die optimale Kooperationsstrategie für eine langfristige menschliche Beziehungsgestaltung. Sie lautet: »Was Ihr wollt, das die Menschen Euch antun sollen, das tut ihnen gleichermaßen.«

Ähnliches gilt für die laterale Zusammenarbeit im Team und zwischen Organisationseinheiten. Die Ursache für den ersten Konflikt der Menschheit in der christlichen Kulturgeschichte zwischen Kain und Abel – sogar mit tödlichem Ausgang – ist noch heute ein zentrales Problem in Organisationen. Denn es geht heute wie bei Kain um die Anerkennung für erbrachte Leistungen, aber auch um altbekanntes »Revierverhalten« zwischen Organisationseinheiten.

Auf unser Thema bezogen ist hier auch Niccolò Machiavelli zu nennen, der in seinen Discorsi[1] schon folgende zentrale Fragen zur Führungsforschung stellte:

»Manlius führte den Oberbefehl unter Anwendung jeder Art von Strenge, ohne seinen Soldaten Strapazen und Strafen zu erlassen. Valerius behandelte seine Sol-

---

1 Zit. nach Nieder 1977, S. 11

daten in jeder Hinsicht menschlich und mit familiärer Vertraulichkeit… Trotz der so großen Verschiedenheiten ihres Verhaltens zogen beide denselben Nutzen gegenüber dem Feind als auch zu Gunsten des Staates und zum eigenen Vorteil!«

Daraus leitet er exemplarisch vier Grundfragen an die Führung ab:

- »Woher kommt es, dass Manlius gezwungen war, so streng zu verfahren?«
- »Woher kommt es, dass Valerius so menschlich verfahren konnte?«
- »Was ist der Grund, dass ihre entgegengesetzte Handlungsweise denselben Erfolg hatte?«
- »Welche der beiden Methoden ist besser und nachahmenswerter?«

Hier wird deutlich, dass situationstheoretische Fragen nach dem richtigen Führungsstil schon früher differenziert und fundiert gestellt wurden, auch wenn sie, infolge der ahistorischen Orientierung unserer Wissenschaft in den letzten 40 Jahren, als neueste amerikanische Konzepte interpretiert wurden.

In diesen wenigen Beispielen aus ferner Zeit zeigt sich auch die relative zeitliche Unabhängigkeit vieler Grundfragen und Antworten zur Gestaltung von Einflussbeziehungen.

2 Prophezeiungen und Prognosen

»Man kann alles vorhersagen, außer der Zukunft.«

Ganz anderer Meinung als der nüchterne Chemie-Professor und Nobelpreisträger Nils Bohr war der Arzt und Astrologe Michael Nostradamus, der zur Zeit viel zitierte Nestor der Langzeitprognose aus dem 16. Jahrhundert. Er beschäftigte sich in seinen auf 10 Büchern verteilten 942 Weissagungen mit dem ersten Geschichtsweltalter, das erst im Jahre 3797 n. Chr. enden soll. Sie richten sich an »oberste Führungskräfte«, damals Könige, Herrscher, Feldherren. Bemerkenswert ist die Prognoseformulierung:

»Ich gebe in dem Spiel von 1 000 dunklen Reimen entdeckend und verbergend, was die Zukunft wird entkeimen an Haupterlebnissen der großen Potentaten, der Neugier eine Folter, die sie nicht erraten, denn eine lange Reihe von Dingen ist verzeichnet, die man erst dann erkennt, wenn sich die Tat ereignet.«[2]

Unsere Prognosen zu ausgewählten Entwicklungstrends haben einen ungleich bescheideneren, dafür weniger sybillinischen Anspruch. Sie stellen nicht auf das Schicksal »großer Potentaten« ab, sondern auf das große »Heer« normaler Führungskräfte und Mitarbeiter in Unternehmen und öffentlichen Verwaltungen.

---

2 Zit. nach Werner 1994, S. 14
  Diesen Prophezeiungen verhalf übrigens J. W. von Goethe zu weiterer Bekanntheit: »Und dies geheimnisvolle Buch aus Nostradamus eigner Hand, ist Dir es nicht Geleit genug?« fragt sich »Faust« in seiner Studierstube (Faut I, Verse 420 ff.)

A
Konzep-
tionelle
und
theore-
tische
Grund-
lagen

Der Schwerpunkt liegt dabei auf dem europäischen Bereich, insbesondere den deutschsprachigen Ländern. Und schließlich beschränken sich unsere Einschätzungen auf die ersten Jahre des neuen Jahrtausends.

Die folgenden Ausführungen zu drei Schwerpunkten von Entwicklungstrends sind nicht zuletzt das Ergebnis verschiedener Prognosestudien mit Experten aus Wissenschaft und Praxis.[3] Es geht also nicht um eine Prophetie nach Art des Nostradamus: »Sitzend auf dem ehr'nen Stuhl alleine, Die geheime Wissenschaft enthüllt, Bei dem nächtlichen Geflimmerscheine Dinge, die der Zeiten Lauf erfüllt.«[4] Vielmehr soll dieser Beitrag anregen, sich mit alternativen Szenarien zu Entwicklungstendenzen von Führung und Kooperation zu beschäftigen, um damit Orientierungswissen für die Zukunftsgestaltung zu erhalten.

3 Entwicklungstrends in den externen Rahmenbedingungen

Hier sind insbesondere der kulturelle Wertewandel, wirtschaftliche und politische sowie technologische Einflussgrößen angesprochen.

3.1 Materialistische und postmaterialistische Arbeitswerte als Leistungsmotivatoren

In jeder Phase der menschlichen Entwicklung gibt es auch Besonderheiten des Führungskontextes. Die Werthaltungen in der Gesellschaft sind eine wichtige Einflussgröße, insbesondere für die Gestaltung von Führungs- und Kooperationsbeziehungen.

Bei den **materialistischen** Werthaltungen wird die Leistungsmotivation v. a. durch die sogenannten »sekundären Arbeitstugenden« beeinflusst, wie etwa Fleiß, Disziplin, Gehorsam, Loyalität. Diese Wertorientierung hat sich deutlich in der Bevölkerung verringert, umfasst aber immer noch rund 50 %.

⇒ *Postmaterialistische* Arbeitswerte haben in den letzten 40 Jahren deutlich in der Bevölkerung zugenommen. Sie beziehen sich auch auf die Forderung nach mehr Sinn in und Spaß an der Arbeit, nach höherer Eigenständigkeit und Selbstorganisation, nach leistungsgerechter Honorierung und nicht zuletzt nach Möglichkeiten zu innovativem und eigenständigem Denken und Handeln. Rund 30 % der westdeutschen Bevölkerung unterstützen diese neue Wertströmung.

Der Rest will beide Werthaltungen miteinander verbinden oder ist unentschieden. Diese und andere Wertströmungen haben starken Einfluss auf die Leistung und das Sozialverhalten. Deshalb wird darauf später noch einmal eingegangen.[5]

---

3 Vgl. Wunderer 1987 a und b, 1995 j und k; Wunderer/Kuhn 1992, 1993; Wunderer/Dick 2000
4 Zit. nach Werner 1994, S. 45
5 Vgl. auch Kapitel C I. Wertewandel und Führung

3.2 Demokratie und Marktwirtschaft als zwei globale Restrukturierungsprinzipien

Starker Einfluss kommt in jüngster Zeit aus der gesellschaftlich-politischen Kultur. Die letzten Jahre werden als Dezennium eines grundlegenden Umbruchs in die Geschichte eingehen, der durch marktwirtschaftliche Lenkung und Demokratisierung bestimmt wird. Sie führte schon zu der These vom »Ende der Geschichte und Entwicklung«.[6]

Beide Gestaltungsziele beeinflussen auch Vorstellungen über die Führungsbeziehungen. Denn Demokratie erfordert Dezentralisierung und Delegation von Entscheidungen – in allen Bereichen. Und marktwirtschaftliche Lenkung erfordert Ergebnis- und Erfolgsausrichtung, Kundenorientierung sowie deutlich erhöhte Flexibilität und Individualisierung der Beziehungsgestaltung.

3.3 Denke global, handle lokal – die Maxime wirtschaftlichen Handelns

Die wirtschaftliche Entwicklung wird bestimmt von bekannten Phänomenen, wie Globalisierung, Dynamisierung, Komplexitätssteigerung, Wettbewerbs- und Shareholder-Value-Orientierung und Arbeitslosigkeit sowie durch Restrukturierung und Renaissance von autoritären und zentralistischen Führungsansätzen (oft als Folge dieser Entwicklungen). In den normativen Aussagen von Unternehmens- und Führungsgrundsätzen dominieren dagegen kooperativ-delegative Führungskonzepte. Das führt nicht selten zu kognitiven Dissonanzen oder zu Missverständnissen bei den Betroffenen. Die Kluft zwischen Reden und Handeln erweist sich bei Kulturanalysen in der Praxis als Hauptproblem.

Der Zwang zur sog. »multikulturellen Orientierung« überfordert viele Menschen, die noch mit anderen Werten und Wahlsprüchen aufgewachsen sind. Die Verwurzelung der meisten Mitarbeiter in Heimat, Familie, Freundeskreis und eigenen kulturellen Normen ist größer, als mancher Global Manager vollziehen kann.

Je mehr durch kurzfristige Markt- und Erfolgsorientierung eine langfristig orientierte Zusammenarbeit auf der Basis von Vertrauen gestört wird, desto deutlicher zeigen sich Probleme der Zusammenarbeit, insbesondere zwischen Organisationseinheiten. Man spricht schon von der »Ich-AG«, in welcher die Mitarbeiter nur noch ihre eigenen Aufgaben oder ihr Profit-Center als »Claim« sehen wollen und an einer Unterstützung übergreifender Aufgaben immer weniger interessiert sind. Gegenläufig zeigt sich eine Tendenz zur ⇒ *virtuellen Organisation* mit verstärkter sozialer Netzwerkorientierung. Letztere soll die oft technologische Koordination abfedern oder erst ermöglichen.

---

6 Vgl. Fukuyama 1992

A
Konzep-
tionelle
und
theore-
tische
Grund-
lagen

3.4 Der technologiegerechte »flexible« Mensch

Dynamisierung, Prozessorientierung, Virtualisierung und ganz besonders Flexibilisierung sind charakteristische Schlagworte für die technologische Entwicklung.

Wie weit diese Forderungen für das nächste Jahrtausend von den Menschen des letzten Jahrhunderts erfüllt werden können, wird kontrovers diskutiert.[7]

Besonders wird danach gefragt, wie dieser global flexible Mensch nach Wertemustern leben kann, die von Loyalität, Bindung, Treue oder auch nur Verpflichtung geprägt sind.

4 Entwicklungstrends in der strukturellen und interaktiven Führung

Hier wollen wir zunächst strukturelle Gestaltungskomponenten der Führung – nämlich Kultur, Strategie, Organisation und qualitative Personalstruktur – ansprechen. Danach wird auf die interaktive Führung eingegangen.

4.1 Zur Führungs- und Kooperationskultur

● Werte als »geheime Führungskräfte«

Wir verstehen Kultur im Kern als gemeinsam geteilte (Soll-Kultur) und gelebte (Ist-Kultur) Werthaltungen mit entsprechenden Symbolen, Normen und ⇒ *Artefakten*. Bei diesen Wertemustern handelt es sich gleichsam um ein »Software-Programm«, das von seiner »Hardware« (also der Person) nicht oder nur schwer zu trennen ist sowie nur begrenzt »gelöscht« werden kann. Dieser Kulturkern ist eng mit den gesellschaftlichen Werteströmungen vernetzt.

Die Führungs- und Kooperationskultur[8] fördert oder behindert die Sinnfindung, insbesondere die Identifikation mit Führungs- bzw. Kooperationspersonen, -aufgaben und -instrumenten. Sie wird wesentlich von der individuellen und gesellschaftlichen Werteprägung der Mitarbeiter bzw. Kollegen bestimmt. Werthaltungen beeinflussen als »geheime Führungskräfte« das Verhalten als Individuum und Mitglied von Teams oder größeren Gemeinschaften entscheidend. Kultur kann weder kurzfristig »gemacht« noch verändert werden – es sei denn durch Personalaustausch. Kulturentwicklung ist also ein langfristiger Prozess mit begrenztem Veränderungs-, dafür oft vernachlässigtem Ausschöpfungspotential; sie muss immer mit Personal- und ⇒ *Organisationsentwicklung* verbunden und abgestimmt werden. Da bei Übernahmen

---

7 Vgl. Sennett 1998
8 Vgl. Kapitel C II. Unternehmens-, Führungs- und Kooperationskultur als Gestaltungskomponente

oder Fusionen Organisation und Strategie schnell verändert werden müssen, ergibt sich meist ein größerer time lag bei der Veränderung der (Ist-)Kultur.

Von der zunehmend ⇒ *postmaterialistischen* Werteentwicklung wird auch die Führungs- und Kooperationskultur verstärkt beeinflusst. Damit entstehen Konflikte besonders zwischen Generationen, also z. B. älteren Führungskräften und jüngeren Mitarbeitern. Denn das Alter hat sich als der wichtigste Einflussfaktor auf die Werteprägungen erwiesen.

Kultur wird auch als die »Summe aller Selbstverständlichkeiten« bezeichnet. Wir erkennen sie erst deutlich, wenn wir uns außerhalb von ihr befinden oder bewegen.

● Zwei Werteströmungen integrieren

Als Gestaltungs- und Entwicklungsaufgabe für die Führungs- und Kooperationskultur wird erkannt, dass eine Abstimmung und Integration der verschiedenen Werteströmungen erforderlich wird. Es geht dabei aber weniger um ein »entweder-oder«. Denn man braucht sowohl Disziplin und Kreativität, Fleiß und Spaß, Verpflichtung und Sinn, will man den Anforderungen der zukünftigen Arbeitswelt voll genügen.

Führung und Personalmanagement müssen auf diese Wertestrukturen[9] und -konfigurationen achten, insbesondere bei der Gewinnung, Auswahl, Entwicklung des Personals. Es geht um eine strategisch sinnvolle und realisierbare Wertemischung und -dosierung.

Werteorientierte Führung erhält einen zunehmend höheren Stellenwert. Sie wird in Unternehmens- und Führungsleitbildern, bei Diskussionen um die »richtige Führung« vermehrt konkretisiert, aber auch »instrumentalisiert«.

● Interkulturelle Ausrichtung verstärken

Standen bisher in der Führungsforschung die individuellen Werthaltungen von Vorgesetzten und Mitarbeitern im Zentrum, so geht es nun zunehmend um die multikulturelle bzw. interkulturelle Besonderheit der Führung.[10] Zum Beispiel sind mehr als 50 % der Mitarbeiter schweizer Unternehmen im Ausland beschäftigt, und über 25 % der in der Schweiz Tätigen sind »Fremdarbeiter«. In Zukunft wird also die Führung multikultureller Teams, aber auch die Sensibilisierung für die Kultur des jeweiligen Gast- oder Heimatlandes an Bedeutung gewinnen. Viele Unternehmen beginnen dies erst jetzt systematisch anzugehen. Dabei denkt man oft nur an entsandte »Expatriates« und kaum an die Integration der »Fremdarbeiter«.

● Laterale Kooperation als sensibles Gleichgewicht verstehen

Während in der Führungskultur langfristige, vertrauensvolle und zwischenmenschliche Kooperation als Wert dominiert, stehen bei der lateralen Koope-

---

 9 Vgl. Kapitel C I. Wertewandel und Führung
10 Vgl. Weibler/Wunderer 1997

A
Konzep-
tionelle
und
theore-
tische
Grund-
lagen

ration zwischen Abteilungen Konkurrenz, Wettbewerb und Abgrenzung in einem sehr sensiblen Gleichgewicht mit der geforderten kooperativen Zusammenarbeit. Die laterale Kooperation erweist sich als die größte Konfliktquelle für Führungskräfte und Mitarbeiter. Nach unseren neuesten Prognoseergebnissen wird diese Belastung zwar eher abnehmen,[11] das bedeutet aber nicht, dieses Problem ad acta zu legen.

4.2 Führungs- und Kooperationsstrategien

Strategien stellen eine Kombination von wertefundierten Zielen und dem Einsatz dafür zweckmäßiger Instrumente und Programme dar.

● **Die zentrale Strategiefrage: »Tun wir die richtigen Dinge?«**

Wird beispielsweise internes Unternehmertum als kultureller Wert und unternehmenspolitisches Ziel definiert, dann kann »Empowerment« der Führungskräfte und Mitarbeiter als Grundstrategie eingesetzt werden. Gleiches gilt für die Förderung von freiwilligem Engagement und »organisationalem Bürgertum«.[12] Strategische Instrumente dafür sind Gewinnung, Auswahl, Beurteilung, Honorierung und Controlling. Aber auch neue Sichtweisen der Führung – z. B. die verstärkte unternehmerische $\Rightarrow$ *Selbststeuerung* oder die Führung von Vorgesetzten durch ihre Mitarbeiter[13] – sind hier zu nennen. Weiterhin ist bedeutsam, inwieweit man der strukturorientierten Führung eine stärkere Rolle einräumt als der interaktiven Führungsbeziehung. Erfolgskritisch ist hier besonders die Abstimmung zwischen Zielen und Instrumenten.

4.3 Führungs- und Kooperationsorganisation

● **Organisation als bevorzugtes Steuerungsinstrument**

Die Organisationsgestaltung ist der bevorzugte Gestaltungsansatz struktureller Führung bei Unternehmensberatungen und Topmanagern. Über neue Führungsstrukturen sollen neue Werte und Strategien symbolisch vermittelt und als »neue Wirklichkeit« erfahren oder interpretiert werden. Die sogenannte »Restrukturierung« kann dabei als das »Lieblingskind« der »Entscheidungsträger« der 90er Jahre verstanden werden. Es zeigte sich allerdings, dass zu ausgeprägte »Macher-« und Änderungskonzepte nur in ernsten Krisensituationen zum Erfolg führen – und selbst dies nicht immer bzw. in der gewünschten Weise. Denn man bewegt sich hier leicht nur an der Oberfläche eines »Eisberges« und vergisst, dass 90 % der zu beeinflussenden »Masse« unter der Wasseroberfläche bleiben.

---

11 Vgl. Wunderer/Dick 2000
12 Vgl. Kapitel B I. Mitarbeiter als Mitunternehmer – ein Transformationskonzept und B II. Historische Wurzeln und theoretische Grundlagen des Mitunternehmertums
13 Vgl. Kapitel D II. Führung des Chefs (Führung von unten) – Einflussstrategien

Mit isolierten Organisationsstrategien, die zudem meist auf Kosten und kaum auf Erträge ausgerichtet sind und in Form von »Bombenwurfstrategien«, also ohne vorbereitende und begleitende Überzeugungsarbeit, realisiert werden sollten, wurden in den letzten Jahren erhebliche Potentiale blockiert. Und es sieht noch nicht nach einem Sinneswandel aus. Auch deshalb sprechen wir der Vermeidung und dem Abbau von Motivationsbarrieren einen wesentlich höheren Stellenwert zu. Denn »⇒ *innere Kündigung*« blockiert Motivations- sowie Qualifikationspotentiale des teuersten und zunehmend sensibleren »Produktionsfaktors«. Und die Angst um den Arbeitsplatz wird auf die Dauer nicht ausreichen, um die erforderlichen Höchstleistungen im globalen Wettbewerb zu sichern.

● Verstärkte ⇒ *Selbststeuerung* als Ziel

Natürlich wird auch in Zukunft die Fremdsteuerung ein wichtiger Führungsimpuls bleiben. Aber der »Antrieb« verlagert sich vermehrt auf eine höhere Eigensteuerung der Mitarbeiter.[14] Verbesserte Qualifikationen, entsprechende Werthaltungen und auch eine dafür geeignetere Technologie fördern diese Entwicklung. Der Geltungskreis von teilautonomen Arbeitsgruppen in der ausführenden Ebene sowie des Qualitätsmanagements wird damit ausgeweitet. Diese ⇒ *Selbststeuerung* reduziert auch wieder die bisherige Arbeitsteilung zwischen Führung und Geführten.

Mit anderen Werthaltungen, Strategien und dezentralen Steuerungskonzepten verlieren Weisung, Gehorsam und ⇒ *extrinsische* Motivierung an Bedeutung. Neue **Steuerungskonzepte** mit dem Schwerpunkt auf Vereinbarung, ⇒ *Selbststeuerung*, freiwilliger Verpflichtung und Identifikation werden in den Vordergrund rücken. Entscheidend ist aber die grundlegende Veränderung der **Steuerungskonfiguration**[15] von Unternehmen in der Dienstleistungs- und Informationsgesellschaft. Hier werden Hierarchie und Bürokratie zunehmend überlagert von der Steuerung über (interne) Märkte und soziale Netzwerkorganisation. Das formal hierarchische Steuerungskonzept setzt die zuvor angesprochenen »sekundären Arbeitstugenden« voraus und fordert diese auch in der Formalorganisation. Anderes gilt für die soziale, oft informale und intransparente Organisation. Deshalb werden weiterhin rational fixierte Strategen große Mühe mit einem Verständnis der Organisation als soziales Gebilde haben.

● **Die Verbindung von Konkurrenz und Kooperation als Organisationsprinzip**

Die Integration arbeitsteiliger Prozesse – gerade auch über die Abteilungsgrenzen hinweg – erfordert eine diffizile und dosierte Abstimmung von Konkurrenz und Kooperation zwischen Organisationseinheiten und Kollegen. Diese

---

14 Vgl. Kapitel B I. Mitarbeiter als Mitunternehmer – ein Transformationskonzept und C I. Wertewandel und Führung
15 Vgl. Kapitel B I. Mitarbeiter als Mitunternehmer – ein Transformationskonzept

A
Konzep-
tionelle
und
theore-
tische
Grund-
lagen

Erkenntnis muss gerade bei der Auswahl, bei Einsatz und Entwicklung sowie der Kooperation von »Grenz- oder Schnittstellen« mit hoher Kooperationsbelastung (z. B. interne Dienstleister) sowie bei der Entwicklung von Anreizkonzepten (z. B. auf Unternehmens- und Teamerfolg ausgerichtete Leistungs- und Verhaltensprämien) beachtet werden. Und schließlich wird dieses Organisationsprinzip die Gestaltung von (z. B. über Wertschöpfungs-Center-Organisation) und das Verhalten in (z. B. fairer interner Wettbewerb) Organisationen bestimmen.

4.4 Personalstruktur – Qualifikation und Motivation

Die Personalstruktur ist einerseits Datum und vorhandene Ressource, andererseits aber auch eine erfolgskritische Gestaltungsgröße. Der letzte Aspekt wird hier angesprochen.

● Fach-, Methoden- und Persönlichkeitskompetenz sind nicht gleich veränderbar

Die qualitative Personalstruktur betrifft insbesondere die Qualifikation und Motivation der Belegschaft. Noch stärker als die zuvor genannten drei Komponenten struktureller Führung bildet sie eine oft nur schwer, nur teilweise und mit erheblichem Input zu verändernde Größe. Mechanistische bzw. tayloristische Veränderungsziele beschränken sich bei der Qualifikationsstruktur dann aber nur noch auf Fachkenntnisse. Denn schon die Methodenkompetenz (z. B. Analyse, Planung, Evaluation, Bewertung) ist eng mit der Persönlichkeitsstruktur verbunden. Dies gilt noch mehr für die Persönlichkeits- und Sozialkompetenz.

● Motivationsbarrieren stärker beachten

Noch sensibler einzuschätzen sind die Identifikation und Motivation des Personals. Denn erwachsene Menschen sind schon weitgehend »sozialisiert«. Deshalb muss sich die strategische Orientierung der Führung auf unausgeschöpfte oder »verschüttete« Identifikations- und Motivationspotentiale konzentrieren. Hier liegen die verborgenen Potentiale, die zur Entfaltung günstige Umfeldbedingungen und ein gezieltes »Ausschöpfungs- bzw. Entwicklungsmanagement« erfordern.

Besondere Blockaden entstehen durch **Motivationsbarrieren**.[16] Dazu wurden bei unseren Umfragen genannt: fehlende Anerkennung, zu wenig herausfordernde und sinnvolle Arbeitsinhalte und -organisation, mangelnde Zusammenarbeit und Kommunikation mit dem Management, demotivierende Organisationskultur und Unternehmenspolitik sowie ungerechte Honorierung.

---

16 Vgl. Kapitel C III.Identifikation, Motivierung und Remotivierung im Rahmen werteorientierter Führung

Das begeisternde Vorbild, das als integer und inspirierend eingeschätzt wird, bleibt die meistgenannte »Zauberformel« für Modelllernen, Identifikation und erfolgreiche Ressourcenausschöpfung. Sie ist aber zugleich das beliebteste Alibi, um sich selbst – unabhängig von Führungspersonen – nicht vorbildlich verhalten zu müssen. Man kann dann – wie in Politik, Kirche, Militär und anderen Institutionen – »Warten auf Godot« (Beckett) zur entlastenden Maxime definieren. Vorbildliches verantwortungsbewusstes Verhalten wird deshalb zunehmend von allen Belegschaftsmitgliedern gefordert werden müssen, insbesondere wenn man internes Unternehmertum[17] realisieren will.

4.5 Interaktive Führung: Gute Manager, entwicklungsbedürftige Leader

Als zentrale **Aufgaben** einer direkten, interaktiven Führung werden bei unseren Umfragen genannt: Visionen kommunizieren, Vertrauen schaffen, coachen, Spaß an der Arbeit sichern, Wandel menschlich bewältigen, Freiräume geben, Mitarbeiterpotentiale erkennen und fördern sowie aus Fehlern lernen.[18]

Als größte **Defizite der Führungspraxis** werden nun aber wiederum angeführt: Visionen kommunizieren, Vertrauen schaffen, Spaß an der Arbeit sichern, Menschen inspirieren und begeistern sowie Potentiale erkennen und coachen.[19]

Die Vorgesetzten vernachlässigen also ganz offensichtlich die wichtigsten direkten Führungsaufgaben im besonderen Maße. Hierin liegt wohl die zentrale Begründung für die mangelnde Ausschöpfung vorhandener Qualifikations- und Motivationspotentiale. Denn nur Managementaufgaben werden zunehmend als gut erfüllt eingeschätzt: Ausrichtung auf interne und externe Kunden, Delegation von Verantwortung, die Bereitschaft, Risiken zu managen und Herausforderungen anzunehmen sowie mit knappen Ressourcen effizient umzugehen.

5 Thematische Entwicklungsschwerpunkte

Abschließend werden ausgewählte Entwicklungsschwerpunkte diskutiert.

5.1 Mitarbeiterführung als Teil integrierter Unternehmensführung

Mitarbeiterführung wird zunehmend als integrierter Bestandteil von umfassenden Unternehmensführungskonzepten gesehen und beurteilt. Dies findet sich insbesondere im umfassenden Qualitätsmanagement, das sich nicht nur auf die

---

17 Vgl. Kapitel B I. Mitarbeiter als Mitunternehmer – ein Transformationskonzept
18 Vgl. Wunderer/Kuhn 1993; Wunderer/Dick 2000
19 Vgl. Wunderer/Dick 2000

A
Konzep-
tionelle
und
theore-
tische
Grund-
lagen

Produkt- und Prozessqualität konzentriert, sondern gerade die Zufriedenheit von Kunden, Mitarbeitern, Kapitaleignern und der Öffentlichkeit sowie die bestehenden Potentiale der Mitarbeiter explizit in die Analyse und Gestaltungsvorschläge einbezieht.[20] In gleicher Weise gehören dazu Evaluations- und Steuerungsansätze nach Scorecard-Konzepten sowie nach Business-Excellence-Modellen.[21] Diese Integration erhöht auch symbolisch den Stellenwert der Mitarbeiterführung und Kooperation bei den Betroffenen; denn nun werden diese Aspekte verstärkt und mit hoher Gewichtung in die Beurteilung, die Steuerung und die Honorierung einbezogen. Damit wird sich auch die Unternehmensführung wieder stärker auf Aspekte der Human-Ressourcen und der Mitarbeiterführung orientieren.

5.2 Weichere und indirekte Steuerungsformen

Wenn man die Mitarbeiterführung in eine strukturelle und interaktive Dimension differenziert, so kann man folgende Tendenzen erkennen: Einerseits wird gefordert, die personelle, also interaktive Führung müsse wieder mehr Gewicht erhalten, insbesondere durch Vorbild sowie konstruktive Kommunikations-, Motivations- und Entwicklungsleistungen.

Andererseits wird der strukturellen (indirekten) Führung über Werte, Organisation, Strategie und qualitativer Personalstruktur – gerade bei vermehrter ⇒ *Selbststeuerung* – noch höheres Gewicht zukommen. In enger Verbindung mit diesen beiden Dimensionen steht auch die Frage nach sogenannten »weichen« (z. B. Kultur, Vorbilder, Verhalten) oder »harten« (z. B. Organisation, Strategien, Richtlinien) Faktoren. Hier sind sich die von uns befragten Experten einig, dass die weiche Steuerung, insbesondere über Werte, Normen, Leit- und Vorbilder bedeutsamer wird, zumal sie dem Wertewandel voll entspricht.[22]

5.3 Führung der Chefs gewinnt an Bedeutung

Der Wunsch und die Möglichkeit, die eigenen Vorgesetzten zu beeinflussen (»Managing the boss«)[23] nimmt an Bedeutung und Verbreitung zu. Dies ist auch in Verbindung mit neuen Organisationsformen der Arbeit (z. B. Projektarbeit, teilautonome Arbeitsgruppen) zu sehen. Als wichtigste **Strategien** werden hier angeführt: inspirierende Vorschläge machen, sachlich rational argumentieren und dazu eine wechselseitig gute Beziehungsgestaltung sichern. Als mitunternehmerische Schlüsselkompetenzen stehen die Sozial- und Handlungskompetenz im Vordergrund. Beide sind nur schwer oder begrenzt zu entwickeln, aber leicht zu blockieren.

---

20 Vgl. Seghezzi 1996; Wunderer/Gerig/Hauser 1997 sowie Kapitel E VI. Strategisches Führungs- und Kooperations-Controlling
21 Vgl. Wunderer/Jaritz 1999
22 Vgl. Wunderer/Dick 2000
23 Vgl. Kapitel D II. Führung des Chefs (Führung von unten) – Einflussstrategien

5.4 Auch Mikropolitik und Missmanagement werden thematisiert

In Theorie und Praxis dominiert noch die Diskussion der »heilen Welt« bzw. erwünschter Ideale. Die Leitbilder sollen erstrahlen – möglichst als ⇒ *Visionen*. Die Schattenseiten der Führung werden gerne ausgeblendet.

Führungsforscher – und erst recht Journalisten – suchen auch diese blinde Seite der Führungspraxis aufzuhellen.[24] Dieser Trend dürfte auch über die vielen und zunehmenden Mitarbeiterbefragungen (auch als Teil von Qualitäts- und Score-Card-Bewertungen) zur Führung verstärkt werden, in denen ja auch gezielt nach verbesserungswürdigen Schwachpunkten des eigenen Managements gefragt wird. Hier erhält die Unternehmens- und insbesondere die Führungs- und Kooperationskultur besonders schlechte Bewertungen.

5.5 Die laterale Kooperationsbereitschaft steigt

Die Zusammenarbeit zwischen Organisationseinheiten ist einer der Bereiche, der für die Zukunft als besser realisierbar eingeschätzt wird. Die Prognose lautet, dass v. a. Kooperationsbereitschaft und -einsicht steigen werden.[25] Als (noch) zentrale **Barrieren** und Konflikte für horizontale Zusammenarbeit werden identifiziert: Abhängigkeit von den Leistungen anderer, Konkurrenzgefühle bzw. Zielkonflikte zwischen und zu anderen Organisationseinheiten, Anonymisierung durch virtualisierte Organisation sowie fehlende direkte Kommunikation bzw. mangelnde Kenntnis der Aufgaben und Probleme anderer.

Als **Steuerungsinstrumente** lateraler Kooperation rücken in den Vordergrund: Integration über gemeinsame Ziele und Abbau von Schnittstellen, Prozessorientierung, gezielte Personalpolitik (v. a. Auswahl, Entwicklung, Einsatz, Gratifikation) sowie verstärkte (interne) Marktsteuerung und soziale Netzwerkorganisation.

5.6 Mit und in Paradoxien leben lernen

Zunehmend wird erkannt und akzeptiert, dass man sich gerade in Führung und Kooperation mit Paraxodien und Dilemmata arrangieren muss, auch wenn diese meist recht einseitig, also entweder positiv oder negativ bewertet werden. Dazu gehören: Vertrauen und Misstrauen, Nähe und Distanz, Härte und Verständnis, Sage- und Fragehaltung, Rationalität und Emotionalität, Flexibilisierung und Stabilität, Konkurrenz und Kooperation. Das situationsgerechte Verhalten zwischen solchen gegensätzlichen Anforderungen wird als die hohe Kunst zukunftsweisenden Managements verstanden. Häufig können diese gegensätzlichen Orientierungen – auch in Geschäftsleitungen – nicht von einer Person vertreten oder gelebt werden. Deshalb ist auch unter diesen Aspekten die ergänzende bzw. ausgleichende Besetzung von Teams zu reflektieren.

---

24 Vgl. Türk 1976; Ogger 1992; Neuberger 1994a 1995c; Sprenger 1995
25 Vgl. Wunderer/Dick 2000

A
Konzep-
tionelle
und
theore-
tische
Grund-
lagen

5.7 Mehr Bezug auf Wandel

Die Wissenschaft bevorzugt statische Modelle, weil sie unter »ceteris-paribus-Bedingungen« leichter theoretisieren kann. Mit der wachsenden Bedeutung von Transformationsprozessen wird aber auch Führung in Abhängigkeit von dynamischen Einflussfaktoren untersucht. Diese Dynamisierung kann sich auf Entwicklungsphasen, z. B. gemessen über Reifegrade von Führungskräften, Mitarbeitern und Organisationen, erstrecken. Im Mittelpunkt aber steht die Wahl unterschiedlicher Führungsstile in verschiedenen Entwicklungsphasen der Organisation. So werden in krisenhaften Umwälzungen charismatische oder – besser – transformationale, aber ebenso auch autoritäre Stile als besonders leistungswirksam eingeschätzt. Kooperative Konzepte werden dagegen für Situationen »mittlerer Günstigkeit« bevorzugt. In günstigen Situationen wurden delegative Führungsstile sowie wieder autoritäre Führungsstile als effizient ermittelt.[26]

5.8 Unternehmerische Ausrichtung

War i. S. tayloristischer Arbeitsteilung bisher das Management allein dafür verantwortlich, dass unternehmerische Zielsetzungen bzw. Strategien der Unternehmensleitung bei den Mitarbeitern umgesetzt wurden, so wird in Zukunft eine erweiterte Betrachtungsweise dominierend: die unternehmerische Qualifikation und Motivation möglichst vieler Mitarbeiter. Dies geschieht in der Führung zu allererst über **strukturelle** Gestaltungsdimensionen, insbesondere die Förderung einer unternehmerischen Kultur, Organisation, Strategie und Personalstruktur. Die direkte (interaktive) Mitarbeiterführung fördert und realisiert dies über visions-, ziel- und ergebnisorientierte sowie persönliche und inspirierende Einflussnahme. Die Mitarbeiter sollen so über verstärktes Mitwissen, Mitdenken, Mitentscheiden, Mithandeln, Mitfühlen, Miterleben, Mitverantworten, Mitentwickeln, Mitverdienen und Mitbesitzen zu Mitunternehmern entwickelt werden. Im Mittelpunkt dieses internen Unternehmertums steht dabei die Förderung der dafür notwendigen **Schlüsselkompetenzen** (strategie- und innovationsorientierte Problemlösung, effiziente Umsetzung, kooperative Selbstorganisation).[27]

Analog zur Strukturpolitik von Marktwirtschaften erhält die Mitarbeiterführung damit die strategische Aufgabe, optimale und motivierende Arbeitsbedingungen für alle Mitarbeiter zu schaffen und zu sichern, insbesondere für solche, die für das Mitunternehmertum aufgeschlossen und/oder qualifiziert sind. Nach unseren ersten Umfragen wird ihr Anteil immerhin auf rund 50 % eingeschätzt.[28] Nur wenn es gelingt, über das Management hinaus die unternehmerische Ausrichtung auch bei den Mitarbeitern zu fördern, werden die Unternehmen fähig sein, im international immer härteren Wettbewerb zu bestehen. Da die Kosten des »Faktors Arbeit« kurzfristig und autonom nur begrenzt beeinflussbar sind, muss

---

26 Vgl. Wunderer 1994
27 Vgl. Kapitel B I. Mitarbeiter als Mitunternehmer – ein Transformationskonzept
28 Vgl. ebenda

sich die Führung mehr auf den »added value«, also die Wertschöpfung, konzentrieren.

6 Fazit

Der zunehmende Wettbewerbsdruck wird nicht allein durch verstärkte Härte und Rationalität über strategisch und organisatorisch begründete Umstellungen gemeistert, weil die Mitarbeiter von heute andere Werthaltungen haben und die Produkte in der Dienstleistungs- und Informationsgesellschaft zunehmend wieder in »Einzelfertigung« und in Zusammenarbeit mit den Kunden mit Begeisterung und Kompetenz entwickelt werden müssen.[29] Dies erfordert zunehmend emotionale Intelligenz[30] in der Führungs- und Kollegenrolle, die – neben ziel- und ergebnisorientierter Führung – auch motivgerecht beeinflusst, v. a. Sinn in der Arbeit und Spaß an der Tätigkeit sichert. Dies kann über fördernde Rahmenbedingungen und Arbeitskontexte gelingen, die motivierten Führungskräften und Mitarbeitern erlauben, ihre unternehmerischen Kompetenzen in der gewünschten Weise einzusetzen. Unverzichtbar bleibt dabei der Wandel des Managers zur Führungskraft, die fördernde Arbeits- und Beziehungsstrukturen für Mitarbeiter sichert und Motivationsbarrieren abbaut, die darüber hinaus aber auch Visionen vermittelt und inspirieren kann, die Mitarbeiter individuell unterstützt und die sich nicht zuletzt um die Gestaltung, Interpretation und Weiterentwicklung mitunternehmerischer Werte kümmern kann und will.

7 Fragen zur Selbstüberprüfung

1. In welchen Bereichen der Führung und Kooperation finden besondere Entwicklungen statt?

2. Von welchen Entwicklungen fühlen Sie sich besonders betroffen?

3. Welcher Kontextaspekt ist besonders schwer zu verändern und warum?

4. Inwieweit kann man eine Unternehmens- und Führungskultur verändern?

5. Wählen Sie ein zentrales Defizit interaktiver Führung und überlegen Sie Möglichkeiten der Beeinflussung.

6. Welchen thematischen Entwicklungsschwerpunkt finden Sie besonders wichtig und warum?

7. Warum ist internes Unternehmertum zukünftig so wichtig?

---

29 Vgl. Wunderer 1998
30 Vgl. Goleman/Griese 1996

II. Führung und Zusammenarbeit – Grundlagen innerorganisatorischer Beziehungsgestaltung

Inhalt

Der Beitrag spricht wesentliche Aspekte von Führung und Kooperation in Organisationen an, die für unseren Ansatz konstitutiv sind. Das Spektrum reicht von übergeordneten Steuerungsansätzen bis hin zu einem Konzept der Mitarbeiterführung.

Gliederung

1 Führung und Kooperation – ihre Aufgaben und Einbindung in Unternehmensführung und Personalmanagement
2 Führungsdimensionen: strukturelle und interaktive Führung
3 Unternehmerische Ausrichtung
4 Bezugsgruppenorientierte Wertschöpfung und Organisation
5 Der Führungsprozess im Rahmen von Leitprinzipien der Mitarbeiterführung
6 Fragen zur Selbstüberprüfung

Verweise

Abb. 1: Bezugsrahmen Führung und Zusammenarbeit

1 Führung und Kooperation – ihre Aufgaben und Einbindung in Unternehmensführung und Personalmanagement

1.1 Zur Bedeutung von Führung und Zusammenarbeit

Dass Organisationen und Individuen, die in arbeitsteilige Leistungsprozesse eingebunden sind, der Steuerung und Koordination bedürfen, ist unbestritten. Worüber diskutiert wird, sind Umfang, Intensität und Formen von Führung und Kooperation sowie die zugrundeliegenden Werthaltungen, Ziele, Strategien, Instrumente oder auch Taktiken.

So rufen die einen nach mehr oder strafferer Führung, die anderen plädieren für stärkere ⇒ *Selbststeuerung*. Die einen bevorzugen Führung über Personen möglichst mit charismatischer Ausstrahlung, andere setzen mehr auf fördernde Strukturen für möglichst eigenverantwortliches Handeln. Diktatur oder Demokratie, Zentralverwaltungswirtschaft oder (Ordo-)Liberalismus, zentralistische oder dezentrale Unternehmens- bzw. Verwaltungsführung, autokratische oder delegative Führungsformen werden dann vorgeschlagen. Dabei wählen die einen für die Diskussion ihrer Konzepte Idealtypen, die anderen dagegen ein Kontinuum von abgestuften Ausprägungen von Führungsbeziehungen, die zudem situativ zu gestalten sind.

Eine **betriebswirtschaftliche Lehre der Mitarbeiterführung** hat sich erst in den letzten vierzig Jahren an den Hochschulen etabliert. In Form einer »Projektwissenschaft« – häufig Management- oder Führungslehre genannt – hat die Betriebswirtschaftslehre die Forschungsergebnisse anderer Disziplinen dafür zu verwerten versucht. Die Praxis hat dies begrüßt und unterstützt, denn sie arbeitet ebenso. Insbesondere betrifft diese Integration die Psychologie, aber auch die Soziologie und Politologie, die Wirtschaftsethik und Pädagogik sowie Arbeitswissenschaft und Arbeitsrecht. Zunehmend wurden ökonomische Ansätze diskutiert und Personallehrstühle danach besetzt.

> ## Definitionen
>
> **Führung** wird als zielorientierte, wechselseitige und soziale Beeinflussung zur Erfüllung gemeinsamer Aufgaben in und mit einer strukturierten Arbeitssituation definiert. Sie vollzieht sich zwischen **hierarchisch unterschiedlich gestellten Personen**.
>
> **Kooperation** wird als ziel- und konsensorientierte, arbeitsteilige Erfüllung von Aufgaben in und mit einer strukturierten Arbeitssituation durch **hierarchisch etwa gleichgestellte Personen** verstanden.

Führung wird also als Einflussbeziehung definiert, wobei die Einflussrichtung bewusst offen gehalten wird. Führung erfolgt demnach nicht nur durch Vorgesetzte, sondern auch durch Mitarbeiter.[1]

---

1 Vgl. Kapitel D II. Führung des Chefs (Führung von unten) – Einflussstrategien

A
Konzep-
tionelle
und
theore-
tische
Grund-
lagen

Führung heißt: Wege weisen, die Entscheidungs- und die Beziehungsebene gestalten, günstige Arbeitssituationen fördern und konstruktiv interpretieren. Sie umfasst ebenso: Beeinflussen und sich beeinflussen lassen, kommunizieren, wechselseitig überzeugen, inspirieren, auch entscheiden, anweisen und Konflikte handhaben. Führung bleibt damit ein komplexer, dynamischer, wechselseitiger und dazu situativ zu differenzierender Prozess, der auch nur begrenzt zu erfassen und zu erklären ist. Prognosen und sichere Gestaltungsregeln sind damit nur eingeschränkt möglich. Aber das gilt auch für viele andere wissenschaftliche und praktische Fragestellungen.

1.2 Mitarbeiterführung im Kontext von Unternehmensführung und Personalmanagement

Die Mitarbeiterführung wurde bei Prognosen zur Bedeutung von Personalfunktionen in der Bundesrepublik für das Jahr 2000 von 18 abgefragten Funktionsschwerpunkten auf den ersten Rang gesetzt.[2]

Sie sollte dabei aber immer im Kontext übergeordneter Steuerungskonzepte diskutiert werden. Sieht man von der »menschenlosen Fabrik« ab, so kann man **Unternehmensführung** und **Personalmanagement** als **Steuerungssysteme** verstehen, die sich letztlich auf das wert-, ziel-, aufgaben- und ergebnisorientierte Handeln von Menschen in Organisationen beziehen. Ziel ist eine optimale ⇒ *Wertschöpfung* für die zentralen Bezugsgruppen (v. a. Kunden, Mitarbeiter, Kapitaleigner, Lieferanten, Gesellschaft).

Die **Unternehmensführung** hat sämtliche Ressourcen des Gesamtsystems effizient und effektiv für die unternehmenspolitischen Ziele – unter Berücksichtigung der Bezugsgruppenziele – zu nutzen und dabei v. a. fördernde Rahmenbedingungen für die Kombination aller Leistungsfaktoren zu schaffen. Dies geschieht v. a. über strukturelle Führung.

Das **Personalmanagement** konzentriert sich auf die ⇒ *Human*-Ressourcen im Gesamtsystem. Auch hier steht eine strukturelle Steuerung im Mittelpunkt, um eine optimale Personalstruktur durch Personalmarketing, Personalgewinnung und -einsatz sowie durch Maßnahmen zur Personalentwicklung, Honorierung und Evaluation der Leistungen (Personal-Controlling) zu gewährleisten.

Und **Mitarbeiterführung** wird verstanden als zielorientierte soziale Einflussnahme zur Erfüllung gemeinsamer Aufgaben in/mit einer strukturierten Arbeitssituation durch eine hierarchisch höhergestellte Person. Sie verwendet damit die beiden Steuerungsdimensionen der direkten (interaktiven) sowie der indirekten (strukturellen) Führung.[3]

Im Rahmen der von der Gesamtorganisation vorgegebenen Handlungsspielräume hat die Mitarbeiterführung eine **strukturelle Steuerungsfunktion**, mit der

---

2 Vgl. Wunderer/Kuhn 1993, ähnlich vgl. Wunderer/Dick 2000
3 Vgl. Wunderer 1975b

sie eine – auf die verschiedenen Mitarbeitergruppen ausgerichtete – Konzeption zur spezifischen Gestaltung entwickelt und umsetzt – und zwar für Kultur, Strategie, Organisation und qualitative Personalstruktur. Mit diesen vier Gestaltungsgrößen schafft die Führungskraft selbst einen generellen Rahmen für die Situationsgestaltung. Sie übernimmt damit die Rolle eines »Impresarios«, mit der sie in erster Linie für optimale Leistungsbedingungen, ein förderndes Umfeld für die Mitarbeiter sorgt, in dem diese dann möglichst selbständig arbeiten sollen bzw. können und wollen.

Innerhalb dieser umfassend definierten strukturell-systemischen Führung verbleiben immer noch wesentliche und unverzichtbare Aufgaben für die **direkte (interaktive) Beziehungsgestaltung**. Denn Menschen reagieren eben nicht wie Maschinen auf Systemprogrammierung und sind dazu selbst kultur-, strategie-organisations- und personalstrukturgestaltende Individuen – auch dann, wenn man sie als »objektbezogene Arbeit«[4] oder unter tayloristischem Menschenbild versteht, nach dem der Arbeiter nicht zu denken habe, da dies die Aufgabe des Managements sei.

Die interaktive Mitarbeiterführung hat in diesem Kontext die Aufgabe, die strukturellen Gestaltungsziele von Unternehmensführung und Personalmanagement – damit auch situativ und individuell – für die einzelnen Mitarbeiter sowie für die Organisationseinheit in konstruktiver Weise umzusetzen. Sie soll dabei v. a. inspirieren, kommunizieren, interpretieren, integrieren, evaluieren, abstimmen, Prioritäten setzen, Entscheide für die Gruppe oder für einzelne treffen (insbesondere bei Ziel- und Handlungskonflikten), anerkennen und belohnen oder konstruktiv kritisieren und Konflikte lösen. All dies sind notwendige Funktionen einer persönlichen Führung – im amerikanischen Sprachverständnis auch als »Leadership« bezeichnet.

Je kleiner Unternehmen sind, desto mehr werden Funktionen von Unternehmensleitung, Personalmanagement und Mitarbeiterführung von denselben Personen wahrgenommen und sind damit nur analytisch zu unterscheiden. Mit wachsender Betriebsgröße werden diese Aufgaben auf verschiedene Hierarchien und Einheiten in arbeitsteiliger Weise verteilt.

2 Führungsdimensionen: strukturelle und interaktive Führung

Die eben angesprochenen Differenzierungen von Dimensionen der Mitarbeiterführung werden nun eingehender erläutert.

Der amerikanische Sprachgebrauch der Mitarbeiterführung (»Leadership«) ist traditionell auf die direkte Einflussbeziehung zwischen Führern und Geführten ausgerichtet. Dies hängt einmal mit dieser Gesellschaftskultur zusammen, die als stark »boss-centered« charakterisiert werden kann. Zum anderen erklärt die

---

4 Gutenberg 1951

A
Konzep-
tionelle
und
theore-
tische
Grund-
lagen

Dominanz der Psychologen in der amerikanischen Managementforschung und -lehre den individual- und sozialpsychologischen Ansatz der Führung. Auch die – von den USA gegenwärtig stark beeinflusste – Führungspraxis und -publizistik konzentrieren sich gerne auf die Führungspersonen, ihre Eigenschaften, Funktionen und Wirkungen. Denn über Personen lässt sich Führung leichter erfassen, beschreiben und erklären.

Die Möglichkeiten und wertschöpfenden Funktionen der direkten Führung sind und bleiben unbestreitbar. Ohne sie ist auch der beste Ansatz einer systemisch-strukturorientierten Führung nicht realisierbar. Uns scheint aber – gerade auch aus betriebswirtschaftlich-managementorientierter Sicht – die andere Einflussdimension der Führung, also die strukturelle Mitarbeiterführung, sehr wesentlich. Denn sie soll den Rahmen, die Voraussetzungen, das fördernde Umfeld für das Wirken der Führungskräfte und zugleich für die eigenverantwortliche (mit)unternehmerische Leistung der Mitarbeiter schaffen. Im Rahmen dieser Begriffsabgrenzung darf »Struktur« dabei keinesfalls mit Organisation oder gar Bürokratie gleichgesetzt werden.

2.1 Gestaltungskomponenten der strukturell-systemischen Führung

Wir sehen die zentralen Ansatzpunkte struktureller Führung also in Kultur, Strategie, Organisation und qualitativer Personalstruktur (vgl. Abb. 2).

● **Kultur:**

Die Unternehmens- und **Führungskultur** konzentriert sich auf die Wertesteuerung. Diese wird in darauf ausgerichteten symbolischen Handlungen, in habitualisierten Verhaltensmustern (z. B. Anrede mit Titel oder Vorname) sowie in konkreten Gestaltungsformen (z. B. Büroausstattung, Logo) erkennbar. Diese Werthaltungen prägen auch die Gestaltung von Strategie und Organisation. Zum Wertesystem in der Führung gehören auch die ⇒ *Menschenbilder* aller Beteiligten, die Unternehmens- und ⇒ *Führungsphilosophie*, welche die Auswahl der handlungsleitenden Grundwerte sichtbar machen soll oder die Ausrichtung auf Markt und Mitarbeiter, auf Leistung oder Erfolg oder auf andere Grundwerte. In diesem Zusammenhang wird von normativem Management gesprochen,[5] das häufig zu stark unter einer Macher- statt Entwicklungsphilosophie diskutiert wird.

● **Strategie:**

Die **strategische Führung** verbindet die auf den vorgängigen Wertentscheidungen basierenden Zielentscheide zu einer möglichst konsistenten Führungspolitik mit den dafür geeigneten Führungsinstrumenten. Diese Abstimmung von Zielen und Mitteln definiert die Strategiewahl und -dosierung. Gerade im Rahmen des Wertschöpfungsansatzes können strategische Ent-

---

5 Vgl. z.B. Bleicher 1995b

Führung

indirekte, strukturell-systemische Führung

Kulturelle Faktoren
- geteilte Werthaltungen
- Menschenbilder
- Unternehmens- und Führungsphilosophie
- Führungs-Selbstverständnis
- Normen, Traditionen, Rituale
- Symbole, Artefakte

Strategiebezogene Faktoren
- »Empowerment« (Ermächtigung und Erweiterung)
- Instrumente und Programme
- Führungsgrundsätze und -stile
- Zielbildungsprozesse (z. B. über MbO)
- Mitarbeitergespräche, Beurteilungsverfahren

Organisatorische Faktoren
- Koordinationsmechanismen (Markt, Netzwerke, Hierarchie, Bürokratie)
- Aufgabenstrukturen
- Dezentralisierungsgrad
- Autoritätssystem
- Informations- und Kommunikationsstrukturen

Qualitative Personalstruktur
- Qualifikation
- Identifikation
- Motivation

Ergänzt, modifiziert, legitimiert oder ersetzt

direkte, personal-interaktive Menschenführung

Normativen Rahmen setzen und umsetzen
- Werte als Leitplanken vermitteln
- Ziele vereinbaren

Konsultieren, kooperieren, delegieren
- informieren und interpretieren
- beraten
- anweisen
- Aufgaben und Verantwortungsbereiche übertragen
- abstimmen, partizipieren
- Prioritäten setzen

Identifizieren und motivieren, entwickeln und coachen
- inspirieren und identifizieren
- kommunizieren, konstruktiv übersetzen
- fördern
- integrieren
- Konflikte moderieren und handhaben

Evaluieren und anerkennen
- beurteilen und bewerten
- anerkennen
- Feedback geben
- konstruktiv kritisieren

Abb. 2: Strukturelle und interaktive Führung

23

A
Konzep-
tionelle
und
theore-
tische
Grund-
lagen

scheidungen im Rahmen der Optimierung der Wertschöpfungskette und der jeweiligen Wertschöpfungseinheit wesentlich klarer beschrieben und gestaltet werden. Versteht man z. B. eine hohe Selbständigkeit und Selbstverantwortung der Mitarbeiter als wichtigen Wert der Führungskultur, dann wird man in der Führungsstrategie z. B. einen kooperativen bis delegativen Führungsstil als Rahmenkonzept bevorzugen und dazu strategische Führungsmittel einsetzen, wie z. B. »Management by Objectives«.

Solche strategische Wahlen prägen dann die darauf ausgerichtete Führungstaktik, welche im Kontext der Führungskultur und -strategie das Verhalten in verschiedenen Situationen (z. B. Führungsstilwahl nach dem Reifegrad des Mitarbeiters) spezifizieren soll.

● Organisation:

Die **organisatorische Gestaltung** von Führung und Kooperation bezeichnet den dritten Steuerungsansatz. Prozessorientierung und damit Horizontalisierung der Organisationsgestaltung, integratives Systemdenken, die Flexibilisierung und Individualisierung der Führungsorganisation, die Ausrichtung auf Kundenbedürfnisse über Dezentralisierung sind einige Stichworte dazu.

Bezogen auf die Mitarbeiterführung betrifft dies die Abstimmung von dezentraler Kompetenzverteilung und delegativem Führungsstil, die Gestaltung der Kollegenbeziehungen über die Abteilungsgrenzen hinweg. Ebenso ist damit die abgestimmte Entwicklung von Organisationsprinzipien und -instrumenten angesprochen, z. B. dezentrale Informationsverarbeitung, die Entwicklung eines steuerungs- statt berichtsorientierten Controllings.

Ziel dieser strukturell-systemischen Mitarbeiterführung ist die fördernde Gestaltung der Umfeldbedingungen auch durch Abbau von Motivationsbarrieren für ein möglichst selbstverantwortliches Handeln der einzelnen Wertschöpfungseinheiten. Dies kommt besonders gut in dem Führungsgrundsatz des Leiters von McKinsey, Rajat Gupta, zum Ausdruck:

»Die wichtigste Führungsaufgabe ist deshalb, die Vorstellungen und Prioritäten meiner Partner zu verstehen und ein **Umfeld zu schaffen, in dem sie führen können**. ... Hauptaufgabe ist, meine Partner erfolgreich zu machen und die partnerschaftliche Zusammenarbeit im Team zu fördern.«[6]

● Qualitative Personalstruktur:

Neben den diskutierten drei strukturellen Gestaltungskomponenten kann bei einer weiten Begriffsinterpretation zur strukturellen Führung noch die Gestaltung der **qualitativen Personalstruktur** gezählt werden, soweit diese über Führungsmaßnahmen geschieht. Zu beachten ist, dass die Personalstruktur zugleich Ressource wie auch Gestaltungskomponente der Führung darstellt.

---

6 In Bilanz 5/94, S. 120 f.

Überschneidungen zum Personalmanagement sind bei diesem Begriffsverständnis allerdings nicht zu vermeiden; ebenso besteht eine enge Vernetzung mit interaktiven Führungsmaßnahmen. Dies lässt sich am Beispiel der Personalentwicklung als Führungsaufgabe gut erklären. Neben Entwicklungsaufgaben und -maßnahmen durch die Mitarbeiter selbst (Selbstentwicklung), durch zentrale Personalentwicklungsabteilungen oder außerbetriebliche Institutionen werden direkten und indirekten Vorgesetzten zunehmend Verpflichtungen zur **Mitarbeiterentwicklung** übertragen. Dies geschieht über die Auswahl und Gestaltung einer Lernkultur (»Arbeitsplatz als Lernort«), von »Lernstrategien« (z. B. on-the-job vor off-the-job-Training) und der Lernorganisation (z. B. Einsatz in Projekten oder Sonderaufgaben). Aber auch Maßnahmen der interaktiven Führung – wie ⇒ *Coaching* oder ⇒ *Mentoring* – gehören dazu.

Schließlich geht es um die Steigerung der Lernmotivation der Mitarbeiter über fördernde Bedingungen und direkte Anreize (z. B. Übernahme von Weiterbildungskosten berufsbegleitender Maßnahmen).

2.2 Gestaltungskomponenten personal-interaktiver Führung

Mit dieser Führungsdimension wird über direkte situative und individualisierte Kommunikation Einfluss ausgeübt. Sie dient der Feinsteuerung von Verhaltensweisen im konkreten Aufgabenerfüllungsprozess und geschieht grundsätzlich wechselseitig, also interaktiv. Selbst autoritäre Führung ist auf Dauer nur mit dafür strukturierten Mitarbeitern möglich, sofern das Arbeitsverhältnis freiwillig und auflösbar ist. Zentrale Führungsaufgaben in diesem Kontext sind:

● **Normativen Rahmen setzen und umsetzen:**

Jeder Vorgesetzte hat im Rahmen der interaktiven Steuerung die Aufgabe, zentrale Unternehmenswerte zu interpretieren, zu unterstreichen, vorzuleben und deren erfolgreiche Umsetzung zu belohnen.

● **Konsultieren, kooperieren, delegieren:**

Es gilt, die Führungsbeziehung der Qualfikation und Motivation des Mitarbeiters sowie den situativen Erfordernissen entsprechend auszugestalten. Informieren und interpretieren, anweisen, beraten, abstimmen, Aufgaben und Verantwortungsbereiche übertragen und Prioritäten setzen, sind hierbei die wichtigsten Führungsaktivitäten.

● **Identifizieren, motivieren, entwickeln, coachen:**

Menschen sind nicht nur kühl kalkulierende Rechner, die mit monetären Anreizen zu beliebigen Leistungssteigerungen motiviert werden können. Mehr denn je suchen sie in ihrer Tätigkeit Freude und Sinnerfüllung. Um so wichtiger ist es deshalb, im Rahmen der interaktiven Führung, Sinn und Spaß an der Arbeit zu vermitteln, aber auch für eine eignungs- und neigungsgerechte

A
Konzep-
tionelle
und
theore-
tische
Grund-
lagen

Entwicklung der einzelnen Mitarbeiter zu sorgen, die Beziehungen im Team zu pflegen und zur Lösung von Konflikten beizutragen.

● **Evaluieren und anerkennen:**

Schließlich ist es Aufgabe der interaktiven Führung, Leistung und Verhalten systematisch zu beurteilen, Feedback zu geben, Lob zu spenden oder konstruktive Kritik zu üben.

2.3 Zur Gewichtung von struktureller und interaktiver Führung

Auf der Grundlage der skizzierten Gestaltungskomponenten formt sich ein Rollenset des Vorgesetzten, das sich bei entsprechender Reife der Mitarbeiter und Instrumente – im Rahmen der strukturellen Steuerung über Kultur, Strategie, Organisation und qualitative Personalstruktur – auf Auswahl, ⇒ *Coaching* und Koordination konzentriert. Daraus ergeben sich dann direkte Führungsaktivitäten, wie Zielsetzung, Interpretation, Kommunikation, Motivation, Entscheidung und Weisung sowie Evaluation des Leistungs- und Kooperationsverhalten der Mitarbeiter.

Wenn die fördernde **Gestaltung durch strukturelle Führung** möglichst optimal definiert ist, dann erfüllt sie eine Funktion, die in der Fachdiskussion auch als »Substitutes for Leadership«, also als Substitution direkter Führung bezeichnet wird.[7]

Je nach **Führungskultur** kann der personale Anteil von Führung gegenüber der strukturellen Führung erweitert oder eingeengt werden. Ersteres findet man häufig in Klein- und Mittelbetrieben, bei denen auch der fehlende konzeptionelle und instrumentelle Reifegrad aller Beteiligten bezüglich der strukturellen Führung einen relativ hohen Anteil an persönlicher Führung zum Ausgleich erfordert. Gleiches gilt für neue oder besondere Situationen sowie bestimmte Mitarbeiter. Insofern scheint es uns angebracht, ergänzend zu den »Substitutes for leadership« auch ein Konzept der Substitution von struktureller Führung durch eine persönliche Führung (»Substitutes for Organization«) zu diskutieren. Denn Menschen sind keine Maschinen und von ihrer Entwicklung her auf persönlichen Kontakt und direkte Einflussbeziehungen sozialisiert. Führung erfordert damit immer Interpretations- und Koordinationsaufgaben, die nicht strukturell, generell und personenunabhängig geleistet werden können. Deshalb ist eine **personale Einflussgestaltung** je nach Situation von mittlerer bis großer Bedeutung.

Und da Führung auch eine subjektive Interpretation der Arbeitswirklichkeit darstellt, haben die Vorgesetzten die Aufgabe, diese Situation konstruktiv zu interpretieren, zu kommunizieren und sie mit ihren Mitarbeitern gemeinsam zu bewältigen. Wenn man Führung als wechselseitiges, interaktives Einflusskonzept versteht, können und sollen die Vorgesetzten ebenso legitim von ihren Mitarbeitern fachlich und persönlich beeinflusst werden.

---

7 Vgl. Kerr/Mathews 1995

Weiterhin ist die laterale Einflussnahme auf und von Kollegen einzubeziehen, die dadurch charakterisiert ist, dass man Konflikte nicht mit dem Mittel der direkten Entscheidung bzw. Weisung, sondern nur über Konsensbildung lösen kann.

Sieht man als Problem und Gefahr der strukturellen Führung v. a. die Bürokratisierung, dann muss man bei der direkten Führung die begrenzte Fähigkeit und Motivation vieler Vorgesetzter für situativ und individuell optimale »Leadership«, als auch die begrenzte Nachfrage reifer Mitarbeiter nach dieser Führungsdimension nennen. Aber auch hier kann man eine ⇒ *Normalverteilung* anlegen, wonach ein Teil der Führungskräfte ihre Leaderfunktion überdurchschnittlich bzw. unterdurchschnittlich erfüllen kann oder will.

Bei der Führungsqualifikation steht die **Sozialkompetenz** als Schlüsselkompetenz im Vordergrund, die bei Auswahlentscheidungen noch immer zu selten die entscheidende Selektionsgröße (z. B. gegenüber der Fach- und Methodenqualifikation) bildet. Deshalb ist hier v. a. die darauf abgestimmte Auswahl und der entsprechende Einsatz der Führungskräfte die wichtigste Voraussetzung.

3 Unternehmerische Ausrichtung

In dem von uns vertretenen Konzept »Mitunternehmertum«[8] wird gefordert, dass sich möglichst viele Mitarbeiter aller Hierarchie- und Funktionsbereiche aktiv und effizient an der Realisierung der Unternehmensstrategie beteiligen sollen, dass sie also – im Rahmen ihrer individuellen Möglichkeiten – wie selbstständige Unternehmer denken und handeln.

Unternehmerische Führung verfolgt das Ziel, die unternehmerische Orientierung bei breiten Belegschaftsschichten zu unterstützen. Es steht dabei also nicht das unternehmerische Verhalten der Führungskraft – es sei denn im Sinne eines Lernmodells (Vorbild) – im Vordergrund, sondern die Förderung unternehmerischer Verhaltensweisen bei den Mitarbeitern.

Unternehmerische Führung soll v. a. über die indirekte, also strukturorientierte Führung ausgeübt werden, die sich auf eine Optimierung der Arbeitsbedingungen und Beziehungen der Mitarbeiter konzentriert. Dies geschieht über die vier Steuerungsmedien Kultur-, Strategie-, Organisations- und Personalstrukturgestaltung im Bereich der Vorgesetztenverantwortung und innerhalb der Vorgaben von Unternehmensführung und Personalmanagement.

Die unternehmerische Führung[9] will die Mitarbeiter besonders auf die Bezugsgruppe der externen oder internen Kunden orientieren, ihnen dafür entsprechende Identifikations- und Motivationspotentiale (z. B. ⇒ *Mission*, Handlungs-

---

8 Vgl. Kapitel B I. Mitarbeiter als Mitunternehmer – ein Transformationskonzept; Kapitel A IV. Führungstheorien
9 Vgl. dazu Kapitel B I. Mitarbeiter als Mitunternehmer – ein Transformationskonzept

A
Konzep-
tionelle
und
theore-
tische
Grund-
lagen

spielräume, Kontakte zu den Kunden) anbieten. Das »Engagement aus freien Stücken«[10] ist dabei von besonderer Bedeutung. Es ist zugleich eine wesentliche Voraussetzung zur weitgehend selbstverantwortlichen Durchführung der eigenen Aufgaben auf der Basis der drei mitunternehmerischen Schlüsselkompetenzen: strategie- und innovationsorientierte Problemlösung (Gestaltungskompetenz), kooperative Selbstorganisation (Sozialkompetenz) und effiziente Umsetzung (Handlungskompetenz). Nicht alle Mitarbeiter werden dieser Forderung genügen können. Deshalb sind Qualifikation und Motivation zu mitunternehmerischem Verhalten in verschiedenen Abstufungen verteilt, was auch in einem »Mitarbeiterportfolio« dargestellt werden und bei einer zielgruppenorientierten Entwicklung berücksichtigt werden muss.[11]

Die konzeptionelle Verbindung von ziel- und ergebnisorientierter – »**transaktionale**« **Führung** genannt – und aktivierender »**transformationaler**« **Führung**,[12] die v.a. durch Begeisterung, Aufzeigen von Visionen, geistige Anregung und individuelle Beachtung definiert wird, verspricht einen »added value«, der den Wertschöpfungsbeitrag gegenüber einer ausschließlichen Eigensteuerung der Mitarbeiter weiter erhöht. Sie dürfte auch leichter zu realisieren sein als die vielgepriesene charismatische Führung, zu der auch nur wenige Personen befähigt sind.

4 Bezugsgruppenorientierte Wertschöpfung und Organisation

Der Begriff der ⇒ *Wertschöpfung* scheint uns gerade für die qualitativ ausgerichtete Führung und Personalarbeit besonders geeignet. Diese ist auf die Ziele wesentlicher Bezugsgruppen auszurichten. Unter organisatorischen Aspekten geht es um die Gestaltung von Wertschöpfungseinheiten und Wertschöpfungsketten.

4.1 Bezugsgruppenansatz

Der **Bezugsgruppenansatz** ist im Konzept von ⇒ *Wertschöpfung* bzw. Wertschöpfungs-Center ein notwendiger Bestandteil. Im Zentrum stehen dabei v.a. die Bedürfnisse, Forderungen sowie die Bedarfserfüllung (Zufriedenheit) folgender Bezugsgruppen (⇒ *Stakeholder*): Mitarbeiter, Kunden, Kapitalgeber, Lieferanten, Gesellschaft. Im weiteren Sinne gehören dazu auch die Vertreter wesentlicher Bezugsgruppen, z.B. Arbeitnehmer-/Arbeitgeberverbände, Angehörige der Mitarbeiter, Konsumentenvertretungen, öffentliche Institutionen.

Beim Bezugsgruppenansatz sollte aber nie vergessen werden, dass jeder Versuch, die Wünsche aller zentralen Bezugsgruppen zugleich erfüllen zu wollen, zwangsläufig zu Konflikten führt, die weder durch harmonisierende Forderungen noch

---

10 Vgl. Müller/Bierhoff 1994 sowie Kapitel B II. Historische Wurzeln und theoretische Grundlagen des Mitunternehmertums
11 Vgl. Kapitel B I. Mitarbeiter als Mitunternehmer – ein Transformationskonzept
12 Vgl. dazu Kapitel D I. Mitarbeiterführung – Führungsstile

durch simultane Optimierungsmodelle gelöst werden können. Deshalb ist es eine zentrale Aufgabe aller Führungsverantwortlichen, solche Ziel- und Verteilungs-konflikte zu erkennen, zu bewerten und eine situationsgerechte Konflikthandha-bung anzustreben. Diese sollte unter Aspekten langfristiger Kooperationsbezie-hungen zu den Bezugsgruppen geschehen, wodurch einseitige (z. B. »Shareholder Value«) oder kurzfristige Maximierungsziele an Bedeutung verlieren. Weiterhin entbindet kein Bezugsgruppenansatz von der Aufgabe, ein eigenes Konzept für die Unternehmens- und Mitarbeiterführung zu entwickeln. Z. B. können auch einmal aktuelle Erwartungen von Bezugsgruppen bewusst ignoriert werden, um innovative Konzepte zu entwickeln und umzusetzen. Ebenso wird über transfor-mationale Führung versucht, Wertehierarchien von Bezugsgruppen zu verän-dern. So verzichten z. B. Mitarbeiter eher auf maximale Lohnerhöhungen, wenn sie dadurch eine höhere Beschäftigungssicherheit erwarten können. Und Kunden werden bereit sein, höhere Preise zu akzeptieren, wenn sie Service-, Produkt-sicherheit oder sonstige Leistungen in ihre Beurteilung einbeziehen.

4.2 Wertschöpfungsorientierung

Wert und ⇒ *Wertschöpfung* werden in der wirtschaftswissenschaftlichen Literatur sehr unterschiedlich verwendet.[13] Ziele der betriebswirtschaftlichen Wertschöp-fungsrechnung sind v. a. Wirtschaftlichkeits- und Produktivitätsmessung, Betriebs-größen- und Wachstumsanalyse sowie Informationen für fiskalische Abgaben. Als Entstehungsrechnung konzentriert sie sich auf den **Leistungsaspekt**, als Vertei-lungsrechnung dagegen auf den **Sozialaspekt**, wobei sie die ⇒ *Wertschöpfung* als Summe der Einkommen aller an der Unternehmenstätigkeit Beteiligten errechnet.

Will man einzelne Organisationseinheiten – z. B. die Personalabteilung – als Wert-schöpfungseinheit verstehen, dann liegt deren strategische Aufgabe darin, als »**Un-ternehmen im Unternehmen**« Wettbewerbsvorteile aufzubauen. Diese entstehen im wesentlichen aus dem Wert, den eine Organisation für ihre internen oder exter-nen Kunden erzielen kann, bei dem Erträge die Kosten des Wertschöpfungspro-zesses übersteigen.[14] In der amerikanischen Literatur hat sich der Begriff »value added« durchgesetzt. Er eignet sich gerade für die Diskussion um die Messung und die Definition von ⇒ *Indikatoren* im Human-Ressourcen-Bereich, zumal er sich nach einer quantitativen oder auch qualitativen Dimension differenzieren lässt.[15]

4.3 Wertschöpfungs-Center

In der Diskussion um die organisatorische Gestaltung solcher Einheiten wird der Begriff »Profit-Center« bevorzugt.[16] Dieser scheint uns zu eng bzw. zu speziell für Führungs- und Personalfunktionen. Denn er konzentriert sich eindeutig auf die

---

13 Ausführlich diskutiert wird dieses Thema in: Wunderer/Jaritz 1999
14 Vgl. Porter 1986
15 Vgl. z.B. Fitz-enz 1984; 1990
16 Vgl. z.B. Mercer 1989

A
Konzep-
tionelle
und
theore-
tische
Grund-
lagen

monetäre Seite der ⇒ *Wertschöpfung* und geht auch davon aus, dass die Gewinn-maximierung das Ziel dieser Einheiten sei. Wie aber die Diskussion um Werte-wandel oder transformationale Führungsstile zeigt, ist gerade im Bereich von Führung und Personalmanagement der Wertbegriff viel weiter, z. B. auch quali-tativ zu sehen. ⇒ *Wertschöpfung* in diesem Zusammenhang heißt hier v. a., **Werte als zentrale Steuerungsgrößen** (»unsichtbare Führungskräfte«) zu verstehen, die den Kern der Unternehmens- und Führungskultur definieren.[17] Werte sind hier die zentralen Elemente der Motivation und Identifikation der Mitarbeiter; sie bil-den die Grundlage für Lebens- und Arbeitssinn, die Beurteilung der Attraktivität von Arbeitsinhalten, Arbeitsplatz oder Arbeits- und Führungsbeziehungen, da-mit auch die Basis für die eigene personale Soll- und Ist-Kultur sowie daraus ab-geleitete strategische Überlegungen im Arbeitsverhältnis. Bei einem transforma-tionalen Führungsstil heißt ⇒ *Wertschöpfung*, Mitarbeiter auf »höhere Werte« hin auszurichten bzw. zu »transformieren« (z. B. vom eigenen Sicherheitsbedürf-nis hin zu mitunternehmerischer Chancensuche und -auswertung).

⇒ *Wertschöpfung* drückt sich somit qualitativ aus in mehr Lebens-, insbesondere Arbeits- und Beziehungsqualität für die Mitarbeiter, aber auch für andere Bezugs-gruppen. Für die Ermittlung der Beziehungsqualität eignen sich die vielfach diskutierten ⇒ *Indikatoren* für Dienstleistungs-/Servicequalität, wie z. B. indivi-duelles Eingehen auf besondere Wünsche, Bearbeitungsschnelligkeit, Beratungs- und Produktqualität oder zeitliche Dienstleistungsbereitschaft.

Unsere Definition von organisatorischen Einheiten i. S. von Wertschöpfungs-Cen-tern[18] (vgl. Abb. 3) geht deutlich über den Profit-Center-Ansatz hinaus, weil hier die Service- und Management-Dimensionen der Führungseinheiten deren Grund-lage bilden. Führung und Personalmanagement können sich nicht auf ein mone-täres Gewinnziel beschränken.[19] Die ⇒ *Wertschöpfung* im oben verstandenen Sinn versteht dagegen auch die Qualität der **Beziehungsgestaltung zu den Be-zugsgruppen** als ein Ziel. Unter dem (mit-)unternehmerischen Konzept kann sich letztlich jeder Mitarbeiter als eine – die kleinste – Wertschöpfungseinheit ver-stehen. Erst recht kann dann jede organisatorische Führungsgruppe als Wert-schöpfungs-Center gesehen werden. In die somit erweiterte Wertschöpfungs-rechnung gehen hier neben den klassischen Kosten- bzw. Erfolgsgrößen auch die Zufriedenheit von Mitarbeitern und anderer wesentlicher Bezugsgruppen ein.

4.4 Wertschöpfungskettenkonzept

Ein umfassendes Wertschöpfungsmanagement kann neben dem erweiterten Wertebegriff, dem Bezugsgruppenansatz auch das Wertschöpfungskettenkonzept

---

17 Vgl. Kapitel C II. Unternehmens-, Führungs- und Kooperationskultur als Gestaltungskom-ponente
18 Vgl. Wunderer/v. Arx 1999
19 Selbst bei einer Organisation als Profit-Center wird in der Regel »0-Profit« als Ziel vorge-geben.

Wertschöpfungs-Center	
Management- und Service-Dimension mit nicht-monetärer Evaluation des Nutzens	**Business-Dimension** mit monetärer Evalution des Nutzens
Management- und Servicebereitschaft	**Cost-Center** Kosten- und Kostenvergleichsgrößen als Steuerungsinstrument
Management- und Serviceumfang	**Revenue-Center** Leistungs- und Leistungsvergleichsgrößen als Steuerungsinstrument
Management- und Servicequalität	**Profit-Center** Erfolgs- und Erfolgsvergleichsgrößen als Steuerungsinstrument
Controlling-Dimensionen	
Management- Dimension ⇒	**Managementqualität** (v. a. Planung und Umsetzung) Messung durch Abschätzung und Analysen
Service- Dimension ⇒	**Zufriedenheit, Loyalität** (von Mitarbeitern und Kunden) Messung durch Kunden- und Mitarbeiterbefragungen
Business- Dimension ⇒	**Internes Rechnungswesen** (Wirtschaftlichkeit) Messung durch Kosten-, Leistungs- und Erfolgsbewertung

Abb. 3: Grundstruktur und Evaluations-Kriterien des Wertschöpfungs-Centers

verwenden (vgl. Abb. 4), das v. a. von Porter[20] in die strategische Führungsdiskussion eingebracht wurde. Es legt besonderen Wert auf eine **prozessorientierte Betrachtungsweise**, bei der sich die einzelnen Leistungseinheiten zugleich als interne Lieferanten und Kunden verstehen, bei der schließlich auch die Unternehmensgrenzen überschritten werden, so dass der gesamte Wertschöpfungsprozess (inkl. Lieferanten und Kunden) auf die »added values« evaluiert werden kann. Damit gewinnt die horizontale Steuerung und Zusammenarbeit gegenüber der vertikalen deutlich an Gewicht. Mit der **Wertschöpfungskettenanalyse** können nun gezielt und konzeptionell fundiert einzelne Aktivitäten – damit natürlich auch von Führung und Zusammenarbeit – nach ihrer Bedeutung, ihrem Wertschöpfungsbeitrag analysiert werden. Dies zeigen schon relevante Begriffe, wie Kernaktivitäten und -kompetenzen, Erfolgspotentiale, primäre bzw. sekundäre oder tertiäre Wertschöpfungsleistungen, aber auch Dienstleistungsqualität und Servicelücken.[21]

20 Vgl. Porter 1986
21 Vgl. Zeithaml/Parasuraman/Berry 1992

A
Konzep-
tionelle
und
theore-
tische
Grund-
lagen

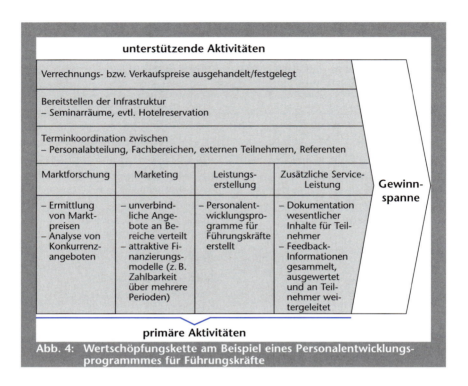

Abb. 4: Wertschöpfungskette am Beispiel eines Personalentwicklungs-
programmmes für Führungskräfte

Ziel jeder Organisationseinheit und damit jedes Gliedes in der Wertkette ist hier, durch wertschöpfende Dienstleistungen einen Mehrwert zu generieren, der über den dafür entstehenden Kosten liegt. Die Konzentration auf die Aktivitäten mit hoher ⇒ *Wertschöpfung* sowie deren Verlagerung (z. B. durch Outsourcing oder Delegation von Tätigkeiten mit niedrigem Mehrwert) sind damit Teil der strategischen Verantwortung jeder Führungskraft. In diesem Zusammenhang sind auch Entscheide zur Veränderung der Wertschöpfungstiefe (z. B. Selbsterstellung von Personalentwicklungskonzepten) oder der Wertschöpfungsbreite (z. B. neben off-the-job- auch on-the-job-Entwicklung) zu berücksichtigen. Diese Analyse hat im Rahmen eines Führungs- und Kooperations-Controllings zentrale Bedeutung.[22]

4.5 Prozess- und Qualitätsorientierung

Der »Input-Throughput-Output-Ansatz« bildet schon die Grundlage vieler Konzepte, z. B. auch für das Europäischen Modell für Qualitätsmanagement. Wir bewerten dieses Modell gerade für Führung und Personalmanagement als beson-

---

22 Mit der damit verbundenen Betonung der qualitativen Controlling-Dimension entgehen Führung und Persnalmanagement übrigens auch der Gefahr eines »zynischen« Ansatzes – nach O. Wilde: »A cynic is a man, who knows the price of everything and the value of nothing«. Vgl. auch Wunderer/Schlagenhaufer 1994 und Wunderer/Jaritz 1999

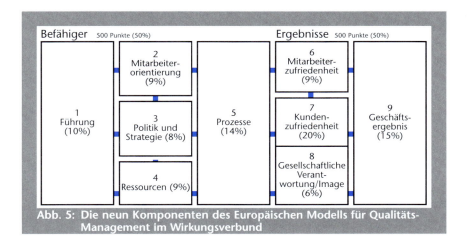

Abb. 5: Die neun Komponenten des Europäischen Modells für Qualitäts-Management im Wirkungsverbund

ders nutzbringend.[23] Es unterscheidet zwischen Befähigern, einschließlich Prozessen und Ergebnissen (vgl. Abb. 5), und differenziert diese zwei zentralen Komponenten in insgesamt neun Dimensionen.

Das Konzept bietet auch ein umfassendes Instrument zur differenzierten Selbstbewertung in neun Dimensionen an. Weiterhin sehen wir hierin auch einen sinnvollen Ansatz zur Integration von Unternehmens- und Personal-Controlling im Rahmen umfassender Qualitäts- oder Excellenceförderung und -evaluation. Es wird noch ausgeführt, dass wir das Modell für ergänzungsbedürftig halten.[24] Dies betrifft die Bereiche, die in unserem anschließend vorgestellten Führungskonzept mit »Haben« und »Dürfen« sowie »Beteiligen« umschrieben sind.[25] Denn ein umfassendes Qualitäts- oder Excellencemodell sollte erstens nicht ohne technisches, wirtschaftliches und gesellschaftlich-kulturelles Umfeld diskutiert und praktiziert werden; und zweitens darf man nicht bei der Ermittlung der Geschäftsergebnisse stehen bleiben, sondern sollte auch deren Verteilung auf die Bezugsgruppen konzeptionell einbeziehen.

5 Der Führungsprozess im Rahmen von Leitprinzipien der Mitarbeiterführung

Im folgenden wird ein Konzept vorgestellt, das den Führungsprozess auf der Grundlage von acht zentralen Prinzipien bzw. Funktionen der Mitarbeiterführung konzipiert. Sie lauten: Haben – Sollen – Dürfen – Können – Wollen – Leisten – Erreichen – Beteiligen. Diese Prinzipien werden in einen allgemeinen ⇒ *Be-*

---

23 Vgl. Wunderer 1995l; 1996 sowie Wunderer/Gerig/Hauser 1997 sowie Kapitel E VI. Strategisches Führungs- und Kooperations-Controlling
24 Vgl. auch Kapitel E VI. Strategisches Führungs- und Kooperations-Controlling
25 Vgl. Wunderer 1995l, S. 17

33

A
**Konzep-
tionelle
und
theore-
tische
Grund-
lagen**

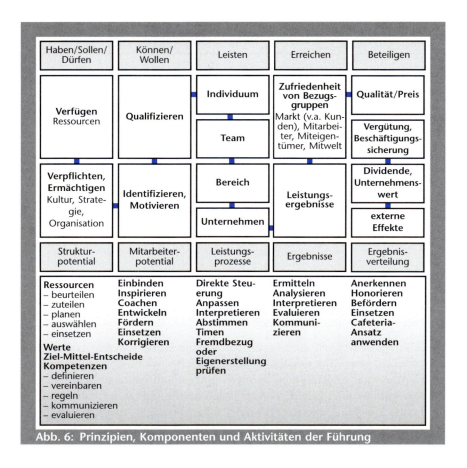

Haben/Sollen/ Dürfen	Können/ Wollen	Leisten	Erreichen	Beteiligen
Verfügen Ressourcen	**Qualifizieren**	**Individuum**	**Zufriedenheit von Bezugs- gruppen** Markt (v.a. Kun- den), Mitarbei- ter, Miteigen- tümer, Mitwelt	**Qualität/Preis**
		Team		**Vergütung, Beschäftigungs- sicherung**
Verpflichten, Ermächtigen Kultur, Strate- gie, Organisation	**Identifizieren, Motivieren**	**Bereich**	**Leistungs- ergebnisse**	**Dividende, Unternehmens- wert**
		Unternehmen		**externe Effekte**
Struktur- potential	Mitarbeiter- potential	Leistungs- prozesse	Ergebnisse	Ergebnis- verteilung
Ressourcen – beurteilen – zuteilen – planen – auswählen – einsetzen **Werte Ziel-Mittel-Entscheide Kompetenzen** – definieren – vereinbaren – regeln – kommunizieren – evaluieren	**Einbinden Inspirieren Coachen Entwickeln Fördern Einsetzen Korrigieren**	**Direkte Steu- erung Anpassen Interpretieren Abstimmen Timen Fremdbezug oder Eigenerstellung prüfen**	**Ermitteln Analysieren Interpretieren Evaluieren Kommuni- zieren**	**Anerkennen Honorieren Befördern Einsetzen Cafeteria- Ansatz anwenden**

Abb. 6: Prinzipien, Komponenten und Aktivitäten der Führung

zugsrahmen der Führung integriert, der zwischen vier Komponenten differenziert: Potentiale – Prozesse – Ergebnisse – Ergebnisverteilung.

In unserem **prozessorientierten und integrierten Führungsmodell** sind neben
den acht Prinzipien und den vier Prozesskomponenten auch noch relevante Führungsaktivitäten eingebaut (vgl. Abb. 6).[26] Nun zu den acht Prinzipien der Mitarbeiterführung.

5.1 Sollen – Dürfen – Haben

Nach der evolutionstheoretischen Auffassung werden Unternehmen weniger von
Führern bewegt als von Umweltbedingungen.[27] Aber auch Mitarbeiterführung

---

26 Dabei ist allerdings zu berücksichtigen, dass einzelne Führungsfunktionen sowie der Einsatz spezifischer Führungsinstrumente in verschiedenen Phasen notwendig und sinnvoll
sein wird, da sie nur idealtypisch einer Prozesskomponente bzw. einem Führungsprinzip zugeordnet werden können.
27 Vgl. Reber 1995, S. 396

geschieht immer im Kontext struktureller Entscheide der Unternehmensführung und des Personalmanagements; und sie selbst beeinflusst zunächst im Rahmen ihrer strukturellen Dimension. Im Mittelpunkt stehen also die schon diskutierten Steuerungsmedien **Kultur** (gemeinsam geteilte Werte und ⇒ *Normen*), Strategie (Ziele und Mittel/Instrumente) und **Organisation** (Verteilung von bzw. Zuordnung von Aufgaben und Kompetenzen). Diese werden von der Führungskraft in ihrem eigenen Gestaltungsbereich im Rahmen der Vorgaben situativ interpretiert, modifiziert, kommuniziert und umgesetzt sowie als Sollwerte für die eigenverantwortliche Mitarbeiterführung verwendet. Schließlich sind diese Vorgaben auch für die Selbstorganisation eines jeden Mitarbeiters von Bedeutung. Denn es ist gerade der Vorteil struktureller Führung, dass sie in mehr genereller, personenunabhängiger und häufig auch formalisierter Weise (z. B. über Richtlinien, Instrumente) für informierte, motivierte und qualifizierte Mitarbeiter den Bedarf an interaktiver (persönlicher) Führung vermindert.

Die **Führungskultur**[28] macht – wie schon beschrieben – Aussagen zum Sinn und Zweck von Einflussgestaltung, über Art und Umfang wechselseitiger Beeinflussung, über Grundwerte, wie z. B. Persönlichkeitsrechte oder Autonomie und Kooperation, Arbeit und Leistung. Insbesondere geht es in unserem Konzept um die Kultur des Mitdenkens, Mithandelns und Mitverantwortens.[29]

Die **Führungsstrategie** setzt zunächst ganz allgemein diese Werte z. B. in Führungsleitbildern oder -grundsätzen in spezifische Führungsziele und -mittel um. Sie kann schließlich auch auf einzelne Mitarbeiter und Vorgesetzte individualisiert angewendet definiert werden.

Die **Führungs- und Arbeitsorganisation** hat schließlich die Aufgabe, Führungswerte und führungsstrategische Entscheide in die Aufbau- und Ablauforganisation umzusetzen.

Damit wird das davon betroffene Personal zugleich verpflichtet (»Sollen«) und ermächtigt (»Dürfen«), im Rahmen der Sollvorgaben, also Rollenerwartungen und Leitplanken, möglichst selbständig zu handeln, darin aber auch zugleich Freiräume und ein Anreizkonzept (Empowerment) für mitunternehmerisches Verhalten zu sehen.

Die Führungskraft hat dabei die Aufgabe, im Rahmen der vorhandenen Ressourcen (»Haben«), der strukturellen Unternehmens- und Personalführung (»Sollen« und »Dürfen«) für ihr Führungsteam zunächst die situativ angepassten strukturellen Gestaltungskomponenten selbst anzuwenden und anschließend über direkte (interaktive) Führung auch auf die einzelnen Mitarbeiter abgestimmte Führungsentscheide zu treffen bzw. für deren Umsetzung zu sorgen. Sie muss damit planen, zuteilen, Mitarbeiter auswählen und einsetzen, beurteilen, im Rahmen

---

28 Vgl. die Kapitel C I. Wertewandel und Führung sowie C II. Unternehmens-, Führungs- und Kooperationskultur als Gestaltungskomponente
29 Vgl. Kapitel B I. Mitarbeiter als Mitunternehmer – ein Transformationskonzept

A
Konzep-
tionelle
und
theore-
tische
Grund-
lagen

ihrer Kompetenzen über Honorierung und Förderung der Mitarbeiter entscheiden. Weiterhin sollte sie die Sollwerte nicht nur vorgeben, sondern möglichst auch vorleben, damit die symbolische Führung nicht vernachlässigen, ihre Wirkung beobachten bzw. evaluieren und daraufhin auch konstruktiv reagieren.

Im Rahmen eines mitunternehmerischen Führungskonzeptes hat die Führungskraft folgende Aufgabenschwerpunkte zu erfüllen: Für die nötigen Ressourcen sorgen und mit diesen effektiv umgehen, damit ein optimales Potential sichern und den Mitarbeitern eine optimale Infrastruktur bereitstellen. Auch muss sie bei der Auswahl der eigenen Mitarbeiter wesentlich mitwirken, diese dann ziel- und ergebnisorientiert führen und im erforderlichen Maß coachen, entwickeln und fördern.

Damit ist schon die Umsetzung der folgenden Führungsmaximen angesprochen, welche die optimale ⇒ *Wertschöpfung* der menschlichen Ressourcen über Qualifizierung und Identifizierung bzw. Motivierung betrifft.

5.2 Können – Wollen

Hier kommt insbesondere die vierte Gestaltungskomponente struktureller Führung – die Gestaltung der qualitativen Personalstruktur[30] – und die interaktive Führung zum Tragen.

Vorausgeschickt sei allerdings, dass die Hauptverantwortung für die Entwicklung und Motivation bei den in der Regel erwachsenen Mitarbeitern selbst liegt oder liegen sollte. Denn schließlich geht es um ihr eigenes Human-Kapital, ihre eigene fachliche und persönliche Entwicklung, ihre eigene Beschäftigungssicherheit bzw. beruflichen Entwicklungschancen. Ohne hohes eigenes »freiwilliges« Engagement ist also ein (mit-)unternehmerischer Ansatz nicht realisierbar. Erst subsidiär – damit aber keineswegs nach dem »Laissez-faire«-Prinzip – hat die Führungskraft Qualifizierungsaufgaben. Diese werden realisiert über ⇒ *Coaching* am Arbeitsplatz, über strukturierte Mitarbeitergespräche, qualifikationsfördernde Arbeitsorganisation (Job Enrichment und -Enlargement), durch Übertragung von Sonder- oder Stellvertretungsaufgaben, durch Projektarbeit und off-the-job-Maßnahmen. Dazu gehört dann auch die Unterstützung durch das Personalwesen (z. B. für off-the-job-Weiterbildung, Beförderung und Honorierung). Eine zentrale Voraussetzung dafür ist allerdings die vorherige Gewährleistung dieser qualitativen Personalstruktur durch entsprechende Personalauswahl.

In Theorie und Praxis wird der **Motivationsfunktion** eine herausragende Bedeutung in der Führung zugewiesen; Bass setzt sogar Motivation und (transformationale) Führung weitgehend gleich.[31] In eigenen empirischen Erhebungen rangierten befragte Mitarbeiter die Motivation durch ihre Vorgesetzten als eines von diesen am wenigsten verfolgten Leistungszielen. Dabei geht es v. a. um inspirie-

---

30 Vgl. die Kapitel C III. Identifikation, Motivierung und Remotivierung im Rahmen werteorientierter Führung und E III. Personalentwicklung als Führungsinstrument
31 Vgl. Bass 1985

rendes, prosoziales und gerechtes Verhalten sowie um partizipative Entscheidungsfindung. Ebenso sind konstruktive Kritik, sachbezogene Kontrolle, aber
auch Handlungsspielräume und Vertrauen sowie ausreichend Zeit für unterneh-
mens- und mitarbeiterrelevante Kommunikation zu gewähren.

Die anreizfördernde Gestaltung des Strukturpotentials kann bei reifen Mitarbeitern gegenüber der direkten, personalen Steuerung im Vordergrund stehen. Dieser Ansatz bietet zugleich die entscheidende Voraussetzung für die Identifikation
der Mitarbeiter mit relevanten Objekten, wie z. B. Aufgabe, Arbeits- oder Organisationsziel, Arbeitsplatz, aber auch Führungskräften, Mitarbeitern oder Kollegen. Diese selbstgewählte Bindung bzw. Verpflichtung gegenüber berufsbezoge-
nen Identifikationsobjekten zeigt stärkere und langfristigere Wirkungen als jede
Fremdmotivierung. Voraussetzung dafür ist aber die Fähigkeit und Bereitschaft
zur Eigenmotivation und zum freiwilligen Engagement.

5.3 Leisten

Im Leistungsprozess werden je nach Leistungssituation, Reifegrad von Mitarbeitern und Vorgesetzten, ⇒ *Führungsphilosophie* und Führungsstil unterschiedliche Formen der Steuerung des Leistungsprozesses angewendet. Diese sollen kul-
turell, strategisch und organisatorisch fundierte Konzepte des Leistungsprozesses
beschreiben.

Konzept	Hierarchie	Bürokratie	Soziales Netzwerk	(interner) Markt
Legitimations-grundlage	● Entscheide/ Weisungen	● Regeln ● Vorschriften	● Vertrauen ● Gefühle ● Verpflichtung	● Leistungen ● Erträge
Führungs-philosophie	● weisungs-gerecht	● professionell	● beziehungs-orientiert	● Mangement-, Service- und Business-orientiert
Kundenbild	● Unter-gebener	● Mitglied	● Mitarbeiter	● Unternehmer
Bezugs-gruppen-ausrichtung	● Vorgesetz-tenzufrie-denheit	● Persönliche Zufrieden-heit	● Vorgesetzten-/ Kollegen-/ Mitarbeiter-zufriedenheit	● Kunden-zufrieden heit

Abb. 7: Steuerungskonzepte der Führung

Dazu kann man vier Idealtypen unterscheiden: Steuerung über Hierarchie, Bürokratie, interne Märkte oder Netzwerkorganisation.[32] Abb. 7 behandelt diese Kon-

---

32 Vgl. Kapitel B I. Mitarbeiter als Mitunternehmer – ein Transformationskonzept

A
Konzep-
tionelle
und
theore-
tische
Grund-
lagen

zepte unter verschiedenen führungspolitischen Folgerungen. Zu beachten ist dabei, dass nie nur ein Steuerungsansatz gewählt werden kann. Es kommt damit auf die Mischung und auf die Priorität der einzelnen Idealtypen an.

Die **Unternehmenskultur**, insbesondere die Führungskultur, hat hier ganz besonderen Einfluss. Wertemuster kann man gleichsam als Kernstück eines »Softwareprogramms« der Mitarbeitersteuerung verstehen, das nicht von der Hardware (dem Personal) zu trennen ist. Deshalb ist eine markante Kulturänderung kurz- und mittelfristig – abgesehen von bedrohlichen Krisen – meist nur durch Maßnahmen des Personaleinsatzes möglich. Diese Erkenntnis erklärt auch die bislang in der heutigen Praxis ungewöhnlich umfassenden Um- und Freisetzungen – nicht nur in den oberen und mittleren Führungsebenen.

Die direkte oder interaktive Führung hat im Rahmen der Feinsteuerung in dieser Phase verstärkte Bedeutung. Dabei geht es um eine konstruktive Interpretation, Anpassung, Abstimmung und Integration der Sollvorgaben, um effiziente Zuordnung sowie kreativen und effizienten Einsatz der verfügbaren Ressourcen. Weiterhin müssen neue Leistungssituationen entsprechend analysiert, bewertet und berücksichtigt werden, z. B. durch Prioritätensetzung oder Timing von Aktivitäten, durch Forcieren oder Rationalisieren von Aktivitäten. Damit verbunden sind auch Überlegungen zur Mitwirkung von Mitarbeitern bei Problemlösungsprozessen oder zur Motivation über die Beeinflussung von Valenz, Instrumentalität oder Erfolgswahrscheinlichkeiten übertragener Aufgaben bzw. vereinbarter Ziele.

Schließlich geht es um die laterale (horizontale) Abstimmung der Leistungsprozesse in der Wertschöpfungskette mit Teamkollegen und v. a. mit relevanten Mitgliedern anderer Abteilungen. Gerade weil diese laterale Kooperation nach unseren Analysen das stärkste Konfliktfeld (verglichen mit den vertikalen Beziehungen) darstellt, ist dieser Aufgabe besondere Aufmerksamkeit zu schenken.[33]

5.4 Erreichen

Nach der Steuerung des Leistungsprozesses steht die Ermittlung der Leistungsergebnisse an. Hierbei unterscheidet man zwischen monetären und nichtmonetären Ergebnissen. Bei letzteren hat die Evaluation der Zufriedenheitsindikatoren bei den zentralen Bezugsgruppen[34] besondere Bedeutung. Empfehlenswert ist eine integrierte Evaluation – z. B. im Rahmen von Qualitäts- und Excellencemodellen oder des Balanced Scorecard-Ansatzes.

So geht es bei der **Zufriedenheit der Marktteilnehmer** (insb. der Kunden) um die klassischen Qualitätsindikatoren der Servicedimension, wie Leistungsumfang, -intensität, Ansprechbarkeit.

---

33 Vgl. Kapitel D III. Grundmuster und Erklärungsansätze lateraler Kooperation
34 Vgl. dazu auch Hilb 1999 sowie Kapitel E VI. Strategisches Führungs- und Kooperations-
   Controlling

Zur Messung der **Mitarbeiterzufriedenheit** werden seit langem Motivations- und Identifikationsanalysen sowie Umfragen zu den Führungs- und Kooperationsbeziehungen zwischen Vorgesetzten, Mitarbeitern und Kollegen eingesetzt. Hier stehen z. B. die Qualität der Information bzw. Kommunikation oder Entscheidungsförderung und -umsetzung, Attraktivität von Arbeitsplatz, -aufgaben und -umgebung oder die Beziehungen zu Kollegen, Vorgesetzten und Mitarbeitern im Mittelpunkt.

Bei Analysen der **Gesellschaft** geht es um die Evaluation externer Effekte der eigenen Leistungserstellung auf den Produkt- und Arbeitsmarkt sowie für betroffene Gruppen der Gesellschaft, z. B. die Familien der Mitarbeiter, Arbeitsämter, Arbeitgeber- und Arbeitnehmervertretungen.

Die **Kapitalgeber** werden verstärkt über den sogenannten Shareholder-Value berücksichtigt. Dabei geht es um Unternehmenswachstum, Cash flow, Price earning ratios, den erzielten und ausgeschütteten Gewinn sowie die Entwicklung von Aktienkursen, aber auch um die Qualität von Leistungspotentialen und verfügbaren Ressourcen.

Damit sind schon wesentliche Teile der Leistungsergebnisse angesprochen, die sich einerseits auf die Kosten- und Aufwands- bzw. Ausgabendimension, andererseits auf Einnahmens-, Ertrags- und Leistungsgrößen beziehen. Alle diese Ergebnisse sollten über ein möglichst integriertes Controlling (Finanz-, Kosten-, Marketing- und Personal-, insbesondere Führungs- und Kooperations-Controlling) evaluiert und für Steuerungsaufgaben aufbereitet und eingesetzt werden.[35] Ermitteln, analysieren, evaluieren und mit Soll- und Ist-Ergebnis vergleichen, sind die hier zentralen Aufgaben der Führungskraft.

5.5 Beteiligen

Zur Qualität der Unternehmensführung gehören auch die erzielten Erfolge – insbesondere die monetären – die entsprechend dem Wertschöpfungsbeitrag der Bezugsgruppen zu verteilen sind. Mit Bezug auf Führung und Personalmanagement geht es v. a. um eine **wertschöpfungsgerechte Ergebnisverteilung** auf das Personal, also Führungskräfte und Mitarbeiter.[36]

Die vereinbarte Vergütung bildet dafür die Grundlage der Ergebnisbeteiligung. Man kann sie als Vorauszahlung – wie bei Unternehmen die Privatentnahmen – verstehen. Dazu treten – bisher meist nur für obere Führungskräfte – ergebnisabhängige Sonderleistungen, die in erster Linie von der Ergebnismenge, -qualität, dem Deckungsbeitrag oder vom zeitlichen Einsatz abhängig sind.

Aber auch der Umfang der Sozialleistungen – diese erreichen in manchen Branchen 100 % des direkten Entgeltes – sowie von Sonderleistungen (»fringe bene-

---

35 Vgl. Kapitel E V. Führungs- und Kooperations-Controlling im Konzept des Personal-Controllings und E VI. Strategisches Führungs- und Kooperations-Controlling
36 Vgl. Kapitel E IV. Honorierungskonzepte als Führungs- und Kooperationsinstrumente

A
Konzep-
tionelle
und
theore-
tische
Grund-
lagen

fits«, wie z. B. Benützung des Dienstwagens, vergünstigte Einkaufsmöglichkeiten) gehören dazu. Wenn dabei weitgehend nach Bedürfnis und Bedarf der Mitarbeiter ausgewählt werden kann (»Cafeteria-Prinzip«), dann ist ein hoher Grad an zielgruppenorientierter, individualisierter und flexibler Ergebnisbeteiligung erreicht.

Zur Erfolgsbeteiligung gehören hier aber auch nichtmonetäre Formen – z. B. die Weitergabe von Anerkennung durch externe Kunden oder von anderen Abteilungen (also interne Kunden) an die betroffenen Mitarbeiter. Ebenso gehören dazu geeignete personalpolitische Maßnahmen, wie z. B. Förderung und Beförderung, Übertragung von Sonderaufgaben oder von Kompetenzen.

6 Fragen zur Selbstüberprüfung

1. Welche Bedeutung hat die strukturelle Führung im Rahmen der Mitarbeiterführung?

2. Schildern Sie Möglichkeiten und Grenzen struktureller Führung.

3. Welchen Anforderungen müssen Vorgesetzte im Rahmen der interaktiven Führung gerecht werden?

4. Welche Konflikte können zwischen den Bezugsgruppen im Rahmen der unternehmerischen Mitarbeiterführung auftreten?

5. Stellen Sie dem amerikanischen Verständnis von »Leadership« das in diesem Kapitel vorgestellte Führungskonzept gegenüber.

6. Diskutieren Sie die Bedeutung der acht Prinzipien der Führung.

III. Betriebswirtschaftliche Führungsforschung und Führungslehre

Inhalt

Dieses Kapitel gibt einen Überblick über Entwicklung und Besonderheiten der deutschsprachigen Führungsforschung und Führungslehre. Nach einem dogmengeschichtlichen Rückblick werden sechs zentrale Einflussfaktoren auf die neuere betriebswirtschaftliche Führungsforschung vorgestellt. Anschließend wird über Funktionen und Entwicklungsstand der Führungsforschung und -lehre reflektiert.

Gliederung

1 Entwicklungslinien der deutschsprachigen betriebswirtschaftlichen Management- und Führungslehre
2 Einflussfaktoren auf die neuere betriebswirtschaftliche Führungsforschung
3 Funktionen und Entwicklungsstand der betriebswirtschaftlichen Führungsforschung und -lehre
4 Gründe für den Entwicklungsstand
5 Fragen zur Selbstüberprüfung

Verweise

Kapitel A I.   Entwicklungstendenzen in Führung und Zusammenarbeit
Kapitel A IV.   Führungstheorien

A
Konzep-
tionelle
und
theore-
tische
Grund-
lagen

1 Entwicklungslinien der deutschsprachigen betriebswirtschaftlichen Management- und Führungslehre

Die deutsche Betriebswirtschaftslehre war schon früh eine Lehre der Unternehmensführung (»Management«). Fragen der Mitarbeiterführung (»Leadership«) wurden dabei unterschiedlich berücksichtigt. Die Entwicklung lässt sich nach sechs Betrachtungsweisen differenzieren, die auch einen zeitlichen Phasenverlauf zeigen.

1.1 Ethiken und Techniken des »ehrbaren Kaufmanns«

Vor der Abspaltung der Betriebswirtschaftslehre von der Volkswirtschaftslehre und vor der Institutionalisierung der Betriebswirtschaftslehre als eigenständiges Forschungs- und Lehrgebiet an Universitäten bzw. Wirtschaftshochschulen (bis etwa 1900) gab es zwei Schwerpunkte:[1]

● **Führung des Betriebes durch Grundsätze und Regeln**

Hier geht es um die Grundsätze und Prinzipien des ehrbaren und zugleich erfolgreichen Kaufmanns, also um eine Art Standesethik beziehungsweise um praktisch-normative Verhaltensregeln.

● **Betriebsführung durch betriebswirtschaftliche Instrumente**

Hier steht das Rechnungswesen, die Buchhaltung, im Vordergrund. Daneben werden auch Funktionen und das »Funktionieren« des Betriebes – insbesondere des Handelsbetriebes – diskutiert. Handelssprachen werden besonders gepflegt.

1.2 Optimale Nutzung der Betriebselemente »Kapital« und »Arbeit«

Bei dieser mehr morphologischen Betrachtungsweise (erster Schwerpunkt: 1900–1930) lassen sich zwei Richtungen unterscheiden:[2]

● **Betriebswirtschaftslehre als kapitalorientierte Führungslehre**

Im Vordergrund steht hierbei die **optimale Nutzung des Faktors »Kapital«** und seine rechnerische Erfassung. Neben dem Bilanzwesen entsteht als zweite Säule die innerbetriebliche Kosten- und Leistungsrechnung. Die Betriebswirtschaftslehre hat die Aufgabe, Prinzipien und Techniken zur optimalen Nutzung des Kapitals – und zwar des Unternehmerkapitals – bereitzustellen.[3]

● **Betriebswirtschaftslehre als arbeitsorientierte Managementlehre**

In den zwanziger Jahren entwickelt sich eine zweite Richtung, die sich in besonderem Maße dem **Faktor »Arbeit«** widmet, ihn sogar als zentrales Element

---

1 Vgl. Schneider 1985
2 Vgl. Wunderer 1967
3 Vgl. Rieger 1928

des Betriebes betrachtet. Schon in der ersten »Wirtschaftlichen Betriebslehre« – so etwa bei Schär[4] – wird die Arbeit als bedeutsames Betriebselement verstanden. Nicklisch, Fischer, Prion und Hoffmann sehen die menschliche Arbeit als ein tragendes Aufbauelement an.[5] Ihr personal- und sozialgerechter Einsatz wird als zentrale Aufgabe der Betriebsführung definiert.

Insbesondere in dem umfassenden System einer Allgemeinen Betriebswirtschaftslehre bei Nicklisch gewinnen die Arbeit sowie das **Konzept der Betriebsgemeinschaft** besondere Bedeutung.[6] Dazu treten Einzelfragen, wie Regelungen von Arbeitszeit und Entlohnung, Erfolgsbeteiligung, Personalkostenrechnung und Personalstatistik. In ersten Ansätzen werden auch Probleme der Personalgewinnung und -erhaltung sowie der Mitarbeiterführung behandelt. »Die wirtschaftliche Betriebslehre hat sich vor allem mit der Wirtschaftlichkeit der geistigen und körperlichen Arbeit zu beschäftigen.«[7] Sogar Forderungen nach einer interdisziplinären Beschäftigung des Wirtschaftswissenschaftlers, insbesondere mit der Philosophie und Psychologie, werden dabei von Nicklisch erhoben. 1919 begründet er ein wirtschaftspsychotechnisches Laboratorium am betriebswissenschaftlichen Institut seiner Handelshochschule Mannheim. Die Grundlagen der normativ-ethischen Betrachtungsweise sind der Calvinismus (z. B. bei Schär), der deutsche Idealismus (z. B. bei Nicklisch) sowie die christliche Soziallehre (z. B. bei Fischer).

1974 legt das Wirtschafts- und Sozialwissenschaftliche Institut des Deutschen Gewerkschaftsbundes einen Ansatz zu einer »**Arbeitsorientierten Einzelwirtschaftslehre**« vor,[8] verfolgt diesen jedoch später nicht weiter. Hierbei fungiert das Arbeitnehmerinteresse als zentrale Bezugskategorie. Die Kapitalrentabilität soll durch eine »emanzipatorische Rationalität« (demokratische Willensbildung in Unternehmen, Selbstbestimmung, Selbstentfaltung und solidarisches Verhalten der Arbeitnehmer, ⇒ *Humanisierung der Arbeit*, Arbeitsplatz- und Einkommenssicherung) ersetzt werden. Gesellschaftliche und politologische Perspektiven überlagern dabei verhaltenswissenschaftliche.[9] Mitarbeiterführung soll teilweise durch Selbststeuerungskonzepte ersetzt werden.

1.3 Management durch betriebliche Instrumentalfunktionen

Fayol begründet eine dritte Führungsperspektive, die seit Nordsieck in Deutschland systematisch bearbeitet und später besonders von Kosiol und Grochla in der Organisationslehre weiterentwickelt wird.[10] Hiernach wird **Führung über die**

---

4 Vgl. Schär 1911
5 Vgl. Nicklisch 1912; Hoffmann 1932; Fischer 1935; Prion 1936
6 Vgl. Nicklisch 1932
7 Nicklisch 1922, S. 19
8 Vgl. WSI 1974
9 Vgl. Wächter 1979
10 Vgl. Fayol 1916; Nordsieck 1931; Kosiol 1962; Grochla 1972; 1974

III
Betriebs-
wirt-
schaft-
liche
Füh-
rungs-
forschung

A
**Konzep-
tionelle
und
theore-
tische
Grund-
lagen**

Instrumentalfunktionen – vor allem Planung, Organisation und Kontrolle – **realisiert.**

Die Kriegswirtschaft fördert diese Betrachtungsweise durch Zentralisierung und Ausbau dieser Funktionen. Daneben entwickelt sich in Deutschland – auf ideologischer Basis – eine Lehre von der Betriebsgemeinschaft und Menschenführung. Grundlage hierfür sind eine rassistische Eigenschaftstheorie sowie die nationalsozialistische Führertheorie.[11]

1.4 Optimale Kombination der Produktionsfaktoren

Unter dem Einfluss der Volkswirtschaftslehre entwickelt sich ab 1950 die Lehre von der optimalen Kombination betrieblicher Produktionsfaktoren. 1951 legt Gutenberg den ersten Band seiner dreiteiligen »Grundlagen der Betriebswirtschaftslehre« vor. Im Mittelpunkt steht hier nicht – wie etwa bei Nicklisch – der Mensch, sondern die als »Produktivitätsbeziehung« bezeichnete **Korrelation zwischen Faktoreinsatz und Faktorertrag.**[12] Mitarbeiterführung wird dabei im »Substitutionsprinzip der Organisation« als fallweise Regelung thematisiert, die fortlaufend durch generelle Organisationsregeln ersetzt wird. Die Geschäftsleitung (»originärer dispositiver Faktor«) wird als einzige Führungsgruppe einer näheren Betrachtung unterzogen.

1.5 Führung von/durch Individuen oder Management von Systemen

Neben der mikroökonomischen Perspektive entwickeln sich ab 1965 zwei Betrachtungsweisen, die auch heute noch die betriebswirtschaftliche Führungslehre maßgeblich beeinflussen:

● Führung von/durch Individuen

Zunächst replizieren Heinen und Kirsch[13] die Entscheidungstheorie in verhaltenswissenschaftlicher Version von US-amerikanischen Organisationstheoretikern.[14] Im Mittelpunkt steht die **Willensbildung und -durchsetzung in Organisationen.** Grundlegend ist die Annahme, dass Individuen – genauer gesagt Mitglieder der Organisation – versuchen, ihre individuellen Ziele im Zielsystem der Organisation zu verankern und als solche verbindlich zu machen. Individualentscheide werden damit im Rahmen politischer Prozesse aggregiert, über Koalitionen selektiert und in die Unternehmenspolitik überführt.[15] Da hierbei nicht alle Wünsche und Interessen aller Organisationsmitglieder in vollem Maße Berücksichtigung finden können, müssen die getrof-

---

11 Vgl. Arnhold 1939; Thoms 1944
12 Vgl. Gutenberg 1951; Wöhe 1990
13 Vgl. Heinen 1966; Kirsch 1970/1971
14 V.a. von March/Simon 1958
15 Vgl. Kirsch 1970/71

fenen Entscheidungen durchgesetzt werden. Dies ist Aufgabe der Führung, definiert als »personenbezogene Handlung, bei der einzelne Personen oder Personenmehrheiten (Führende) auf andere Personen (Geführte) einwirken, um diese zu einem zielentsprechenden Handeln zu veranlassen«.[16] Führung wird hier also personalisiert und auf Mitarbeiterführung konzentriert.

● **Betriebswirtschaftslehre als Management von Systemen**

Kurz darauf legt Ulrich – auf der Basis amerikanischer Systemtheoretiker – einen weiteren Entwurf vor.[17] Nach Ulrich hat die Betriebswirtschaftslehre mit dem Systemansatz »zum ersten Mal in ihrer Geschichte einen tragfähigen Ansatz gefunden, um sich zu einer allgemeinen Managementlehre zu entwickeln«.[18] Mit diesem Ansatz wird das »**mikrosoziale« Konzept der Entscheidungstheorie um eine »makrosoziale« Dimension – die Umwelt – erweitert**. Ferner wird das Unternehmensgeschehen auch als Interaktionsprozess zwischen Menschen sowie zwischen der Unternehmung und ihrer Umwelt thematisiert. Allerdings blendet dieser Ansatz Fragen der Mitarbeiterführung weitgehend aus, da er sich auf die Steuerung des Gesamtsystems konzentriert. Die Leadership-Funktion hat neben der Managementaufgabe keinen besonderen Stellenwert.

Bei der Weiterentwicklung beider Ansätze zeichnet sich eine Annäherung ab.[19] In der Entscheidungstheorie wird die Makroperspektive stärker berücksichtigt und die Systemtheorie wendet sich vermehrt Gruppen- und Individualphänomenen zu.

1.6 Betriebswirtschaftslehre als ökonomische Theorie

In jüngerer Zeit finden Ansätze aus dem Themenkreis der Nationalökonomie – insbesondere aus der »**Neuen Institutionenökonomik**«[20] – vermehrt Anwendung auf betriebswirtschaftliche Fragestellungen. Meist wird hierbei von relativ autonom handelnden Akteuren ausgegangen, »die im wohlverstandenen Eigeninteresse bestimmte institutionale Arrangements zur arbeitsteiligen Bewältigung von Aufgaben vereinbaren«.[21] Im Mittelpunkt des Interesses stehen folglich Entwicklung und Funktionsweise der zur arbeitsteiligen Aufgabenerfüllung notwendigen Koordinationsmechanismen (Institutionen), wie beispielsweise organisatorische Regeln, Vertragstypen und Unternehmensverfassungen.[22]

Abb. 1 zeigt abschließend noch einmal alle sechs Strömungen im Überblick.

---

16 Heinen 1984, S. 38
17 Vgl. Ulrich 1968
18 Ulrich 1971, S. 60
19 Vgl. z.B. Bleicher 1992a; Gomez/Probst 1995; Witte 1995
20 Vgl. Coase 1984; Sadowski et al. 1994; Picot/Neuburger 1995
21 Picot 1987, Sp. 1588
22 Vgl. z.B. Schneider 1985; Laux 1990; Picot 1991; Sadowski 1991; Wunderer 1995h und i

A
Konzep-
tionelle
und
theore-
tische
Grund-
lagen

1. **Ethiken und Techniken des »ehrbaren Kaufmanns«**	● Zeitraum: um 1900 ● Gegenstand: ethische Prinzipien, praktisch-normative Verhaltensregeln, Bilanzwesen, Handelsprachen
2. **Optimale Nutzung der Betriebselemente »Kapital« und »Arbeit«:**	
2a. **BWL als kapitalorientierte Führungslehre**	● Zeitraum: 1900–1930 (erste Phase) ● Gegenstand: Kosten- und Leistungsrechnung ● Vertreter: Rieger
2b. **BWL als arbeitsorientierte Managementlehre**	● Zeitraum: ab 1920 ● Gegenstand: effektiver und effizienter Einsatz des Faktors »Arbeit« ● Vertreter: Schär, Nicklisch, Fischer, Prion, Hoffmann
3. **Management durch betriebliche Instrumentalfunktionen**	● Zeitraum: ab 1916 ● Gegenstand: Gestaltung betrieblicher Funktionen, v. a. Planung, Organisation und Kontrolle ● Vertreter: Fayol, Nordsieck, Kosiol, Grochla
4. **Optimale Kombination der Produktionsfaktoren**	● Zeitraum: ab 1950 ● Gegenstand: Verhältnis von Faktoreinsatz – Faktorertrag ● Vertreter: Gutenberg und Schüler
5a. **Führung von/durch Individuen (Entscheidungstheorie)**	● Zeitraum: ab 1965 ● Gegenstand: Willensbildung und -durchsetzung in Organisationen ● Vertreter: Heinen, Kirsch, Witte
5b. **BWL als Management von Systemen (Systemtheorie)**	● Zeitraum: ab 1965 ● Gegenstand: Aufbau und Funktionsweise von Unternehmen unter Berücksichtigung zentraler Umweltaspekte ● Vertreter: Ulrich, Bleicher, Gomez/Probst
5c. **Führung als strukturierte Interaktionsbeziehung**	● Zeitraum: ab 1970 ● Gegenstand: Führung durch Strukturen (strukturelle Führung) und in Strukturen (interaktive Führung) ● Vertreter: Türk, Neuberger, Steinle, Reber, Weibler, Wunderer
6. **BWL als Erklärung ökonomischen (Einfluss-)Handelns (ökonomische Theorie)**	● Zeitraum: ab 1975 ● Gegenstand: Institutionelle Arrangements und individuelles Verhalten in Organisationen ● Vertreter: Laux, Picot, Sadowski, Schneider, Backes-Gellner

Abb. 1: Entwicklungslinien der deutschsprachigen betriebswirtschaftlichen Management- und Führungslehre

2 Einflussfaktoren auf die neuere betriebswirtschaftliche Führungsforschung

III
Betriebs-
wirt-
schaft-
liche
Füh-
rungs-
forschung

Eine Ortsbestimmung der neueren Führungsdiskussion innerhalb der Betriebswirtschaftslehre wird durch die Unterscheidung zwischen struktureller und interaktiver Führung erleichtert.[23]

Während in der Betriebswirtschaftslehre der strukturelle Aspekt von Führung
schon lange (allerdings nur unter organisatorischer Perspektive) diskutiert wird,
erhält die interaktive Steuerungsdimension erst in den sechziger Jahren ein eigenständiges konzeptionelles Gewicht. Dabei lassen sich sechs Einflussfaktoren unterscheiden:

● Entscheidungstheorie

Wie schon dargelegt, hat gerade der entscheidungstheoretische Ansatz in
seiner verhaltenswissenschaftlichen Variante[24] einen bedeutenden Einfluss
auf die Formulierung führungstheoretischer Aussagen. Verhaltenswissenschaftliche **Teiltheorien** zur **Motivation und Identifikation,**[25] zu sozialen **Austauschbeziehungen** und der **politischen Koalitionsbildung** sind wesentliche
Elemente dieses Konzepts. Es überrascht aber, dass die Entscheidungstheorie das Koalitionskonzept nicht zur Beschreibung von Führungsbeziehungen, sondern vor allem als konfliktorientierten Erklärungsansatz für die
Durchsetzung gruppenspezifischer Interessen im Zielbildungsprozess verwendet.

Schließlich fördert die verhaltenswissenschaftliche Entscheidungstheorie durch
die Ausrichtung der deutschsprachigen Betriebswirtschaftslehre an Denk- und
Lehrtraditionen US-amerikanischer Business-Schools den Übergang von der
Disziplin- zur Problemorientierung in der betriebswirtschaftlichen Führungsforschung.

● Personalwirtschaftslehre

Das Personalwesen beginnt sich erst in den sechziger Jahren zu einer eigenständigen Disziplin zu entwickeln. 1961 wird in Mannheim der erste Lehr-
stuhl für Personalwesen errichtet. Die Nestoren, G. Fischer in München und
A. Marx in Mannheim, konzentrieren sich auf **normativ-ethische Positionen**
sowie **praktisch-normative Gestaltungsvorschläge.** Die nächste Generation
rezipiert vor allem amerikanische Forschungsergebnisse zu »Leadership«,
»Organizational Behavior« und »Personnel Management« – oft in Verbindung
mit entscheidungs- beziehungsweise systemtheoretischen Ansätzen. Fragen

---

23 Vgl. Kapitel A II. Führung und Zusammenarbeit – Grundlagen innerorganisationaler Beziehungsgestaltung
24 Vgl. Kirsch 1977; Heinen 1984; Witte 1995 sowie Kapitel A IV. Führungstheorien
25 Vgl. Kapitel C III. Identifikation, Motivierung und Remotivierung im Rahmen werteorientierter Führung

A
Konzep-
tionelle
und
theore-
tische
Grund-
lagen

des Führungsstils,[26] der Führungsbeziehungen und Führungsmodelle spielen eine zentrale Rolle.[27]

● **Organisationsforschung**

Eine dritte Richtung der Führungsforschung entwickelt sich aus bzw. mit der empirischen Organisationsforschung. Hier geht es um die Wirkung von organisatorischen Variablen auf das Entscheidungs- und Führungsverhalten.[28]

In jüngster Zeit wurden mit der Substitution von direkter Führung durch strukturelle Maßnahmen (»**Substitutes for Leadership**«[29]), dem **Konzept des Empowerments** durch organisatorische Gestaltung,[30] den eng damit verbundenen Ansätzen der »**Lean Organization**«[31] und der Selbstorganisation[32] sowie über die sehr breite Behandlung der **Unternehmens- und Führungskultur**[33] mehrere neuere führungsrelevante Ansätze eingebracht.[34]

● **Kritische Führungstheorie**

Eine vierte Denkrichtung findet bisher nur wenig Verbreitung. Sie versucht, Führungsprozesse und -strukturen sowie betriebswirtschaftliches Entscheidungs- und Führungshandeln mit **kritischem** beziehungsweise **emanzipatorischem Anspruch** zu untersuchen.[35]

● **Konstruktivistische Ansätze**

Auf der Grundlage von Weicks Konzepten[36] wurden auch im deutschsprachigen Raum theoretische sowie empirische Untersuchungen zur subjektiven Interpretation von Führung vorgestellt.[37]

Diese Ansätze konzentrieren sich vor allem auf die **Informationsverarbeitung der Beteiligten**.[38] Grundlegend ist die Annahme, dass erst durch Interpretation

---

26 Vgl. Kapitel D I. Mitarbeiterführung – Führungsstile
27 Vgl. z.B. Bleicher 1969; Gaugler 1969; Witte 1969; Klis 1970; Wunderer 1971; Bleicher 1972; Kuncik 1972; Nieder/Naase 1972; Reber 1973; Staehle 1973; Bleicher 1974; Hofmann 1974; Wild 1974; Witte 1974; Lattmann 1975; Tlach 1975; Steinle 1975; Bleicher/Meyer 1976; Gebert 1976; Kossbiel 1976; Weder 1976; Nieder 1977; Rühli 1977; Steinmann 1977; Remer 1978; Seidel 1978; Steinle 1978; Türk 1981; Wunderer/Grunwald 1980/Bd. I; Wunderer 1981b; Lattmann 1982; Kossbiel 1983a; Drumm 1992; Oechsler 1992; Scholz 1993
28 Vgl. Witte 1974; Remer 1989; Bleicher 1991a; Kieser/Kubicek 1992; Hill/Fehlbaum/Ulrich 1992; Kieser 1993; Witte 1995
29 Vgl. Kerr/Jermier 1978 sowie Kapitel A IV. Führungstheorien
30 Vgl. Thomas/Walter 1993
31 Vgl. Stürzl 1993
32 Vgl. Probst 1987; Gomez/Zimmermann 1993
33 Vgl. Bleicher 1992b; Wunderer 1992b; Neuberger/Kompa 1994
34 Wir halten es in diesem Zusammenhang für sinnvoll, auch einen Ansatz zur »Substitution for Organization« zu diskutieren (vgl. Kapitel A IV. Führungstheorien).
35 Vgl. Ortmann 1976; Stöber/Binding/Derschka 1974; Kubicek 1984b; Küpper/Ortmann 1986
36 Vgl. Weick 1985; vgl. dazu auch Klimecki/Gmür 1998
37 Vgl. z.B. Dachler 1988; Müller 1988; Burla et al. 1994
38 Vgl. Weick 1985; Daft/Steers 1986

III
Betriebs-
wirt-
schaft-
liche
Füh-
rungs-
forschung

des Führungsprozesses aufgrund von individuellem oder kollektivem Vorwissen Informationen Sinn machen. Die Interpretation wird maßgeblich von Situationsfaktoren beeinflusst. Je komplexer, schlechter strukturiert und damit mehrdeutiger Führungsentscheide und Handlungen sind, desto mehr unterliegen sie individuellen Interpretationen. Durch individuelle konzeptionelle Raster,[39] die vor allem dem Wertesystem, den Einstellungen, Motiven, kognitiven Strukturen, dem Problemlösungstyp sowie situativen Einflussfaktoren unterliegen, werden ganz persönliche »Landkarten« (conceptual maps) als Grundlage der Problemlösung verwendet.

Aber auch diese Ansätze konnten bisher noch keinen – auf breiter Basis anerkannten – Paradigmawechsel bewirken.

● **Neue Institutionenökonomik**

Die Neue Institutionenökonomik befasst sich – wie bereits dargelegt – vor allem mit der institutionellen Steuerung arbeitsteiliger Aufgabenerfüllung in Organisationen. Insofern liegt es nahe, ihre Aussageninhalte auch auf Führungsprozesse zu beziehen. Im Mittelpunkt stehen dabei insbesondere folgende Fragen:[40] »Wie lassen sich Kompetenzen (Rechte) leistungssteigernd und gleichzeitig risikominimierend verteilen?« (Property Rights-Ansatz[41]), »Wie und inwieweit kann das Delegationsrisiko in Führungsbeziehungen durch institutionelle Regelungen beschränkt werden?« (Principal-Agent-Ansatz[42]) und »Wie lassen sich die in Führungsbeziehungen entstehenden Kosten minimieren?« (Transaktionskostenansatz[43]).

3 Funktionen und Entwicklungsstand der betriebswirtschaftlichen Führungsforschung und -lehre

Die wesentlichen Leistungen der Führungsforschung und -lehre kann man in folgenden **fünf Funktionen** sehen:

● **Öffnung der BWL für Aspekte der Mitarbeiterführung:** Dieses »Brescheschlagen« war gerade in der produktionsorientierten Hochblüte der klassischen BWL eine besondere Leistung.

● **Rezeption und Transformation** führungstheoretischer Ansätze aus anderen Disziplinen (v. a. Psychologie und Soziologie) sowie anderen Kulturen (v. a. USA)

● **kritische Reflexion** sowie **Versuche zur Evaluation von amerikanischen Forschungsergebnissen**[44]

---

39 Vgl. Macharzina 1993
40 Vgl. auch Kapitel A IV. Führungstheorien
41 Vgl. Picot 1987, 1995
42 Vgl. Picot/Neuburger 1995
43 Vgl. Picot 1995
44 Vgl. Fuchs-Wegener 1973; Guserl 1973; Kuncik 1974; Steinle 1975; Letsch 1976; Schreyögg 1977b; Wunderer 1979a; Morel/Meleghy/Preglau 1980; Reber/Jago/Böhnisch 1993

A
Konzep-
tionelle
und
theore-
tische
Grund-
lagen

● **Diskussion um ideale Führungsstrukturen und -beziehungen** und damit ein ansatzweises **Aufzeigen überzeitlicher Wertvorstellungen**

● **Aus- und Weiterbildung zukünftiger Führungskräfte.**

In Bezug auf den **Entwicklungsstand der Führungsforschung** hat die These Wilds,[45] dass eine Führungstheorie im anspruchsvollen wissenschaftstheoretischen Sinne weder im Bereich der Betriebswirtschaftslehre noch im Rahmen anderer Wissenschaftszweige existiere, noch heute Gültigkeit. Die BWL kann deshalb kaum theoretisch begründete bzw. empirisch verallgemeinerungsfähige Empfehlungen zur Lösung von Führungsproblemen abgeben:

»Es hieße, die Rolle der Wissenschaft zur Unterstützung praktischen Verhaltens zu überschätzen, wollte man erwarten, dass zu allen Problemen der Führungsprozesse geprüfte theoretische Systeme anzubieten seien. Nach wie vor werden weite Problemfelder der Realität durch persönliche Intuition, durch heuristisches Vorgehen und durch ad-hoc-Maßnahmen gelöst werden. Und selbst in denjenigen Punkten, in denen die Wissenschaft Unterstützung anzubieten vermag, handelt es sich nicht um eine durchweg empirische Theorie.«[46]

4 Gründe für den Entwicklungsstand

Die Ursachen für diesen juvenilen Stand der erst dreißigjährigen Führungsforschung in der BWL sind vielfältig:[47]

● **Mangel an eigenständigen theoretischen Entwürfen:** Dafür mögen kapazitive Gründe ebenso verantwortlich sein wie z. B. das Problem, sich umfassend und zugleich eigenständig mit Forschungsergebnissen relevanter Disziplinen laufend zu befassen.

● **zu umfassend angelegte Forschungsansätze:** So wird z. B. »der« Führungsstil oder »das« Betriebsklima untersucht, dafür aber zu wenig Forschung »im Kleinen« (z. B. zu einzelnen Kontextvariablen) betrieben.

● **zu wenig Grundlagenforschung:** Das liegt u. a. daran, dass die Führungsforschung hierzulande wenig Tradition hat.

● **Einflüsse aus den USA:** Die empirische **Forschung konzentriert sich auf Replikationen amerikanischer Konzepte.** Ebenso dominiert noch die schriftliche Fragebogenforschung, auch wenn diese ihren Höhepunkt wohl erreicht hat.

---

45 Vgl. Wild 1974
46 Witte 1974, S. 186; vgl. dazu auch Macharzina 1977; Neuberger 1980; Niederfeichtner 1983; Wunderer 1995b
47 Vgl. Albert 1972; Schanz 1978; Ulrich 1981; Elschen 1983; Hill 1984; Ulrich 1984; Schneider 1985; Staehle 1994; Bleicher 1995a; Gaugler 1995; Kieser/Reber/Wunderer 1995; Kirsch 1995; Ulrich 1995; Witte 1995; Wunderer 1995b und c

III
Betriebs-
wirt-
schaft-
liche
Füh-
rungs-
forschung

- **methodischer Nachholbedarf:** Die betriebswirtschaftlichen Führungsforscher verfügen über **geringere Methodenkenntnisse der empirischen Sozialforschung** als ihre Kollegen aus der Psychologie und Soziologie.

- **zu wenig freie Kapazitäten:** Die **Betriebswirtschaftslehrer** sind seit den achtziger Jahren **mit Aktivitäten in der Hochschulausbildung und Weiterbildung überlastet.** Dies brachte vielleicht heuristische Anregungen und wertvolle Erfahrungen, begrenzte aber zugleich die Forschungsarbeit.

- **entwicklungshemmende Wissenschaftspolitik:** Sie begünstigt im Nachwuchsbereich fleißige Quellensammler, paradigmatische Nachbeter sowie spitzfindige Kritiker gegenüber wagemutigen Entwerfern und empirischen Forschern. Gerade in ihrer produktivsten Phase werden die Nachwuchswissenschaftler – die Stellensituation und zunehmend kalkulative Orientierungen fördern dies – in der betriebswirtschaftlichen Führungsforschung zum »Jäger- und Sammler-Dasein« ermuntert.

- **Konzentration auf Individualleistung:** Obgleich in der Unternehmenspraxis Forschung und Entwicklung fast nur noch im Team möglich sind, dominiert in der akademischen Ausbildung und Qualifizierung die Einzelleistung. Dies kann den Bearbeiter bei innovativen Forschungsthemen in fachlicher, zeitlicher, methodischer und psychologischer Sicht leicht überfordern. Der Einzelkämpfer wird damit auch nicht auf die Praxis vorbereitet, die übrigens die horizontale Zusammenarbeit mit Gleichgestellten als deutlich konfliktreicher einschätzt als die Zusammenarbeit mit Vorgesetzten oder Unterstellten.[49]

- **Forschermangel:** Im Vergleich zu anderen Fachrichtungen gibt es **wenig betriebswirtschaftliche Führungsforscher.** Meistens wird der Bereich der Mitarbeiterführung im »Nebenfach« (z. B. innerhalb der Personalwirtschaft, der Organisations- oder der Industriebetriebslehre) betrieben.

- **Vorbehalte der Praxis: Die Führungspraxis zeigt sich vielfach skeptisch und unterstützt Forschungsvorhaben nur im begrenzten Maße.** Zum Teil findet man offene – auch politisch motivierte – Reserven gegenüber Sozialwissenschaftlern bzw. sozialwissenschaftlichen Ansätzen in der BWL, wobei die eigene »Zunft« manchmal kräftig Schützenhilfe leistet.[50] Die Führungspraxis zeigt sich insbesondere wenig aufgeschlossen für kritische, evolutorische oder utopische Ansätze – noch dazu ohne direkt erkennbaren Umsetzungsgehalt. Vielfach verfügen die Praktiker auch über andere Denk- und Handlungsmuster, die die Zusammenarbeit in der empirischen Führungsforschung erschweren. Dies veranschaulicht Abb. 2.

Diese gegensätzlichen Orientierungen von Wissenschaft und Praxis führen aus Sicht der Manager zu einer zuweilen »unpraktischen Führungslehre«.

---

48 Vgl. Wild 1974
49 Vgl. Wunderer 1985c; 1995f
50 Vgl. Schneider 1985

A
Konzep-
tionelle
und
theore-
tische
Grund-
lagen

Aspekte	Tendenzen in der Praxis	Tendenzen in der Wissenschaft
● Zeitperspektive	– kurzfristig	– langfristig
● Werteorientierung	– aktuelle Wertströmungen – wertverhaftet – praktisch-normativ	– vergangene und kommende Wertströmungen – wertneutral – theoretisch
● Komplexitätsbezug	– Komplexitätsreduktion	– Komplexitätserweiterung

● Reaktionsmuster	– Reaktion auf
	  »starke Signale«
		– Reaktion auf
		  »schwache Signale«

● Problembezug	– starke persönliche Betrof-
	  fenheit und individuelle
	  Motive
	– begrenzte Distanzierungs-
	  möglichkeit
		– geringe persönliche Betrof-
		  fenheit und individuelle
		  Motive
		– hohe Distanzierungs-
		  möglichkeit

● Problemwahr- nehmung	– integrativ – konstruierend	– selektiv – rekonstruierend
● Problemlösung	– Gestaltung	– Beschreibung und Erklärung

Abb. 2: Idealtypische Denk- und Handlungsformen von Praxis und Wissenschaft

5 Fragen zur Selbstüberprüfung

1. Erläutern Sie drei Phasen der deutschsprachigen betriebswirtschaftlichen Management- und Führungslehre.

2. Wie kann der Austausch zwischen Führungsforschung und Führungspraxis verstärkt werden?

3. Diskutieren Sie die Gründe für den juvenilen Entwicklungsstand der betriebswirtschaftlichen Führungsforschung.

4. Diskutieren Sie mögliche Ansatzpunkte zur Verbesserung des aktuellen Entwicklungsstandes.

---

51 Vgl. Kapitel A IV. Führungstheorien und D I. Mitarbeiterführung – Führungsstile

IV. Führungstheorien

Inhalt

Dieses Kapitel bietet einen recht umfassenden und systematischen Überblick über die wichtigsten theoretischen Ansätze zur Beschreibung und Erklärung von Führung. Den Auftakt bilden Informationen zu Wesen und Funktion von Führungstheorien. Anschließend werden 19 Ansätze, darunter die Eigenschaftstheorie, die Rollentheorie und situationstheoretische Ansätze, kategorisiert, dargestellt und beurteilt. Ein abschließendes Resümee fasst Möglichkeiten, Grenzen und Probleme bei der Entwicklung und Anwendung von Führungstheorien global zusammen.

Gliederung

1 Begriff, Struktur und Funktionen
2 Klassifikation
3 Personenorientierte Führungstheorien
4 Positionsorientierte Führungstheorien
5 Interaktionsorientierte Führungstheorien
6 Situationstheorien der Führung
7 Zusammenfassende Schlussfolgerungen
8 Fragen zur Selbstüberprüfung

Verweise

Kapitel A III.   Betriebswirtschaftliche Führungsforschung und Führungslehre
Kapitel C III.   Identifikation, Motivierung und Remotivierung im Rahmen werteorientierter Führung
Kapitel D I.   Mitarbeiterführung – Führungsstile

A
Konzep-
tionelle
und
theore-
tische
Grund-
lagen

1 Begriff, Struktur und Funktionen

Für ein besseres Verständnis von Führungstheorien folgen zunächst einige Informationen über wissenschaftliche Theorien.

Gemäß traditioneller positivistischer Auffassung stellt eine Theorie ein konsistentes, logisch widerspruchsfreies Aussagensystem dar, das empirisch bestätigt beziehungsweise nicht widerlegt wurde. Die Wissenschaftsforschung zeigt jedoch, dass die Wechselwirkung zwischen Theorie und Empirie von einer Vielzahl sozialer Faktoren (z. B. Persönlichkeit und Status des Forschers, Einfluss dominierender Denkschulen, Interessen der Auftraggeber etc.) bestimmt ist. Der prinzipiellen Fehlbarkeit der menschlichen Erkenntnis[1] wird in der als **theoretischer Pluralismus** bezeichneten wissenschaftstheoretischen Position[2] Rechnung getragen. Weil man – insbesondere bei komplexen sozialwissenschaftlichen Fragestellungen – »nie sicher sein kann, dass eine einzige Sichtweise die Realität zutreffend zu erfassen in der Lage ist«, wird vorgeschlagen, »Alternativen bewusst zuzulassen bzw. deren Entwicklung normativ zu fordern«.[3]

> **Definition**
>
> Unter **Theorien** verstehen wir Aussagensysteme, welche die Beschreibung, Erklärung, Vorhersage und Evaluation empirischer Sachverhalte sowie die Ableitung neuer, prinzipiell empirisch testfähiger Hypothesen ermöglichen.

Eine Theorie enthält eine Reihe unabhängiger Aussagen (**Axiome**), aus denen weitere Aussagen (**Gesetze und Theoreme**) abgeleitet werden. Abb. 1 illustriert beispielhaft die Zusammenhänge.

Damit sollen Führungstheorien Bedingungen, Strukturen, Prozesse, Ursachen und Konsequenzen von Führung **beschreiben, erklären** und **prognostizieren** (vgl. Abb. 2) und damit auch deren fundierte Gestaltung unterstützen. Im Mittelpunkt steht die Frage nach dem – an ökonomischen (z. B. Output) und sozialen Kriterien (z. B. Mitarbeiterzufriedenheit) bemessenen – Führungserfolg. Theorien haben vor allem **Erklärungsaufgaben**. Diese können erst erfüllt werden, wenn die wesentlichen Variablen sowie ihre Verknüpfung hinreichend beschrieben sind. Dazu gibt es bereits zahlreiche Ansätze, aber noch kein von Wissenschaftlern und Praktikern allgemein akzeptiertes Konzept.[4] Die Beschreibungsfunktion und -phase ist damit noch nicht abgeschlossen.

Eine wesentliche Ursache dafür liegt darin, dass Führung ein komplexes, dynamisches und abstraktes Konstrukt darstellt, das mit realen naturwissenschaftlich fassbaren Objekten nur wenig gemeinsam hat. Dieses hypothetische Konstrukt

---

1 Vgl. Albert 1968; Popper 1989
2 Vgl. Spinner 1974; Feyerabend 1976
3 Schanz 1995, Sp. 2195
4 Vgl. Wunderer 1995a

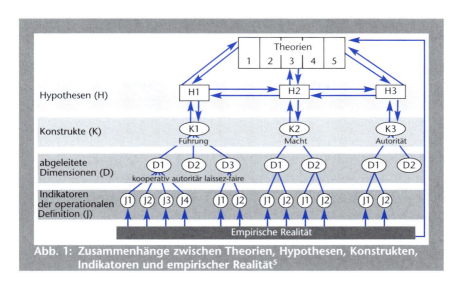

Abb. 1: Zusammenhänge zwischen Theorien, Hypothesen, Konstrukten, Indikatoren und empirischer Realität[5]

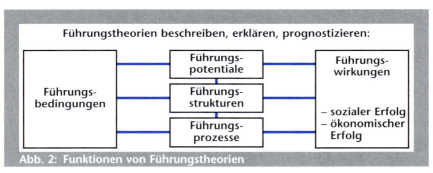

Abb. 2: Funktionen von Führungstheorien

wird je nach Erkenntnisziel sehr unterschiedlich beschrieben und erklärt. So lassen sich nach Stogdill[6] folgende 11 Betrachtungsweisen unterscheiden:

1. Führung als Mittelpunkt des Gruppenprozesses
2. Führung als Persönlichkeit des Führers
3. Führung als Fähigkeit, bei anderen Einverständnis zu erreichen
4. Führung als Ausübung von Einfluss
5. Führung als Handlung oder Verhalten
6. Führung als eine Form der Überredung
7. Führung als Machtbeziehung
8. Führung als Ergebnis der Interaktion
9. Führung als Instrument der Zielerreichung
10. Führung als Rollendifferenzierung
11. Führung als Initiierung von Strukturen

---

5 Aus: Wunderer/Grunwald 1980/Bd. I, S. 33
6 Vgl. Stogdill 1974, S. 7f.

A
Konzep-
tionelle
und
theore-
tische
Grund-
lagen

Hieran haben die Traditionen der beteiligten Disziplinen (v. a. Psychologie, Soziologie, Politikwissenschaften, Pädagogik, Organisations- und Managementforschung) entscheidenden Anteil. So ist auch verständlich, dass es **keinen »Königs-
weg« im forschungsmethodischen Bereich** gibt. Sowohl an der Naturwissenschaft
angelehnte »exakte«[7] als auch hermeneutisch-intuitive Methoden[8] können wesentliche Beiträge leisten. Abb. 3 zeigt, welchen Anforderungen – sogenannten
wissenschaftstheoretischen Gütekriterien – Führungstheorien genügen müssen.
Dabei wird zwischen Merkmalen, die für die Akzeptanz einer Theorie **notwendig** und solchen, die lediglich **wünschenswert** sind, unterschieden.[9]

Notwendige Merkmale	Wünschenswerte Merkmale

● logische Konsistenz
● Informationsgehalt
● Erklärungsgehalt
● prinzipielle Überprüfbarkeit
● weitgehende Übereinstimmung mit
  empirischen Daten
	● Einfachheit/Sparsamkeit (an wenig
	  Voraussetzungen gebunden)
	● Verträglichkeit mit anderen Theorien

Abb. 3: Kriterien zur Bewertung von Führungstheorien

Solange keine eindeutigen und kausalen Wirkungszusammenhänge ermittelt
werden können – und das wird noch länger dauern bzw. nur begrenzt möglich
sein – können auch keine sicheren **Gestaltungsempfehlungen** abgeleitet werden.
Diese bleiben somit nur mögliche Entwürfe bzw. Szenarien, gültig für bestimmte
Kontexte. Dennoch sind sie hilfreich. Denn sie tragen dazu bei, einseitige Orientierungen, oft verbunden mit eindimensionalen Denk- und Handlungsweisen,
abzubauen und selbstentwickelte, meist implizite »Hinterkopftheorien«[10] von
Führungskräften und Mitarbeitern zu relativieren oder zu revidieren. Gleichzeitig wird die Sensitivität für die Führungsproblematik erhöht. Gerade in der jetzi-
gen Forschungsphase ist es in Ermangelung eines »Königsweges« bedeutsam, das
eigene Interpretationsspektrum zu erweitern und eher Komplexität aufzubauen.
Abb. 4 zeigt Möglichkeiten und Grenzen der Führungslehre für die Führungspraxis oder -ausbildung aus heutiger Sicht auf.

2 Klassifikation

Wie dargelegt, wird die Führungsforschung in absehbarer Zeit nicht in der Lage
sein, die hochkomplexe Führungswirklichkeit theoretisch oder gar empirisch
umfassend abzubilden.[11]

---

7 Vgl. Witte 1973 und 1995
8 Vgl. Neuberger 1994a; Hofstätter 1995
9 Vgl. Wunderer/Grunwald 1980/Bd I.
10 Darunter verstehen wir implizite und häufig unreflektierte Hypothesen, z.B: Nur die
   Eigenschaften der Führungskraft bestimmen den Führungserfolg.
11 Vgl. dazu auch Kapitel A III. Betriebswirtschaftliche Führungsforschung und Führungslehre

Funktionen	Grenzen
● durch Informationen den kognitiven Reifegrad erhöhen	Eine Führungslehre kann **nicht**:
● Erfahrungswissen bestätigen, erweitern, reflektieren aund differenzieren	● allgemeingültige Theorien bereitstellen
● Erfahrungswissen simulieren	● Rezepte oder »goldene Regeln« vermitteln
● eigene Führungstheorien (»Hinterkopf-theorien«) überprüfen	● unumstößliche Wahrheiten aufzeigen
● eigene Potentiale ausschöpfen, eingren-zen (»Warnlampen«) und entwickeln	● monokausale Zusammenhänge ermitteln
● eigene Führungsstilflexibilität erweitern lernen	● weiche Faktoren »wasserdicht« machen
	● eigene Erfahrungen ersetzen

Abb. 4: Funktionen und Grenzen einer Führungslehre für die Managementpraxis

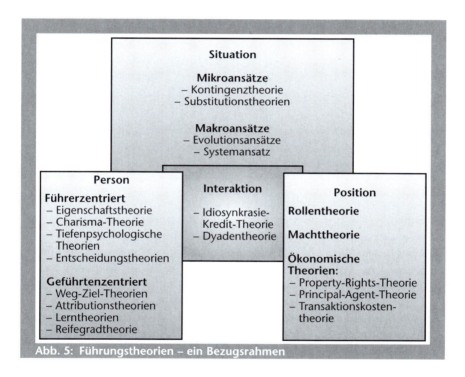

Abb. 5: Führungstheorien – ein Bezugsrahmen

Es scheint deshalb sinnvoll, sich in diesem Beitrag auf eine Auswahl vieldisku-tierter, origineller, ökonomisch und sozial relevanter oder für eine Weiterent-wicklung der Management- und Führungslehre bedeutsamer Führungstheorien zu konzentrieren. Die hier ausgewählten Theorien sind in einem ⇒ *Bezugsrah-men* (vgl. Abb. 5) zusammengefasst. Dieser differenziert – in Abhängigkeit vom jeweiligen Fokus der Betrachtung (Person, Position, Interaktion oder Situation) – zwischen **vier zentralen Beschreibungs- und Erklärungsansätzen**. Die Zuord-

A
Konzep-
tionelle
und
theore-
tische
Grund-
lagen

nung der einzelnen Theorien zu einer der vier Kategorien erfolgte anhand ihrer **schwerpunktmäßigen** Ausrichtung. Dabei ergeben sich – wie durch die Überlappung der vier Felder symbolisiert – häufiger Parallelen und Überschneidungen. In einigen Fällen wäre auch eine Mehrfachzuordnung angebracht.[12]

3 Personenorientierte Führungstheorien

Personenorientierte Führungstheorien betrachten **Führungskräfte** oder **Geführte** als die zentrale kausale Variable zur Erklärung von Führungswirkungen.

3.1 Führerzentrierte Ansätze

3.1.1 Eigenschaftstheorie der Führung

Die Eigenschaftstheorie ist wohl die älteste und in der Führungspraxis noch heute dominierende Alltagstheorie (»Hinterkopftheorie«). Sie ist ein **individualpsychologischer Ansatz** zur Erklärung von Führungsverhalten.[13] Grundlegend ist die Annahme, dass die **Eigenschaften der Führerpersönlichkeit** die entscheidenden Einflussgrößen auf den Erfolg oder Misserfolg von Führung darstellen.

Definition

»**Eigenschaften** lassen sich umschreiben als relativ breite und zeitlich stabile Dispositionen zu bestimmten Verhaltensweisen, die konsistent in verschiedenen Situationen auftreten.«[14]

Die Eigenschaftstheorie konzentriert sich auf die angeborenen bzw. früh sozialisierten Eigenschaften – nach dem Motto: »Du bleibst doch immer, was Du bist« (Goethe). Als man im 20. Jahrhundert vom intuitiven »Spekulieren« auf ein naturwissenschaftlich orientiertes »Messen« überging, fanden sich bestimmte »Eigenschaften« relativ häufig, **ohne** dass ihnen jedoch im wissenschaftlichen Sinn **Allgemeingültigkeit** zugesprochen werden konnte. Im **intellektuellen Bereich** waren dies beispielsweise Problemlösungsfähigkeit und Wortgewandtheit, in der **Leistungsdimension** z. B. Ausdauer, Initiative und Dynamik. Im Zentrum aber standen **soziale Kompetenz** und »**Charakter**«, ausgedrückt in Begriffen wie Durchsetzungsstärke, Selbstvertrauen und soziale Sensitivität.[15] Nach Delhees lassen sich die empirisch nachgewiesenen Führungseigenschaften in vier Kategorien zusammenfassen (vgl. Abb. 6).[16] Dabei zeigen sich deutliche Parallelen zu den mitunternehmerischen Schlüsselkompetenzen – insbesondere zur Sozialkompetenz und zur Handlungskompetenz.

---

12 Vgl. insb. Abschnitt 4.3
13 Vgl. Delhees 1995
14 Delhees 1995, Sp. 898
15 Vgl. Wunderer 1971; Bass 1990a; Delhees 1995
16 Vgl. Delhees 1995

Eigenschafts-Kategorie	Eigenschaften (Beispiele)
● Prädispositonen der Einfluss-befähigung	Dominanz, Durchsetzungsfähigkeit, Selbstvertrauen
● Soziale und interpersonelle Fertigkeiten	Kooperationsbereitschaft, Interaktionskompetenz
● Merkmale der Aufgaben-, Ziel- und Umsetzungsorientierung	Initiative, Ehrgeiz, Hartnäckigkeit, Durchsetzungsfähigkeit
● Prädispositonen der Informations-verarbeitung und -evaluation	Intelligenz, Entscheidungsfähigkeit, Urteilsvermögen

Abb 6: Empirisch ermittelte Führungseigenschaften

Die besondere Bedeutung von Eigenschaften konnte auch durch die Analyse von **Misserfolgsfaktoren** (z. B. Labilität, Überforderung anderer, Hassgefühle usw.) untermauert werden.[17]

Allerdings müssen die diversen Befunde zum Thema »Eigenschaften und Führungserfolg« vorsichtig interpretiert werden, vor allem aus zwei Gründen: Die Untersuchungen weisen oft **methodische Mängel** auf;[18] außerdem ist es wahrscheinlich, dass **negative Ergebnisse unberücksichtigt** blieben[19] und die positiven Befunde dadurch einen unverhältnismäßig hohen Stellenwert erhielten.[20]

Ferner ist zu bedenken, dass derartige Studien **zu ideologischen Zwecken missbraucht** werden können – denn: »Je mehr der Kontext die organisatorischen Ergebnisse tatsächlich bewirkt, desto größere Anstrengungen werden gemacht, um ihre Attribution auf Führung zu sichern«.[21]

Dass die Eigenschaftstheorie trotz dieser Einschränkungen und ihrer einseitigen Fokussierung auf die Person des Führers so große Popularität genießt, ist insbesondere auf zwei Gründe zurückzuführen:[22]

● Zum einen ist sie einfach, einleuchtend und entspricht der Tradition, herausragende Leistungen zu individualisieren. Es ist leichter und in vielen Kulturen beliebter, Leistungen und Wirkungen Personen als anderen Einflussfaktoren zuzuschreiben.

● Zum anderen untermauert sie gängige Praktiken und Verfahren in Unternehmen: Sie begründet die Auswahl und Plazierung von Führungskräften, legitimiert die Eignungsdiagnostik, begünstigt und rechtfertigt Personenkult, fundiert die aktuellen Machtverhältnisse und hilft, die vertikale Mobilität zu beschränken.

---

17 Vgl. Wunderer 1971
18 Vgl. Delhees 1995
19 Vgl. Bass 1990a
20 Vgl. Neuberger 1994a
21 Pfeffer 1977; zit. nach Neuberger 1994a S. 211
22 Vgl. Wunderer/Grunwald 1980/Bd. 1, S. 128

A
Konzep-
tionelle
und
theore-
tische
Grund-
lagen

Fazit

Die Beschreibung von Führungsverhalten über Eigenschaften hat in der Führungs- und Personalpraxis noch großen Stellenwert, zum Beispiel bei der Konstruktion von ⇒ *Assessments*, Beurteilungsbögen oder Persönlichkeitstests sowie bei der Zurechnung des Führungserfolges. In der Theorie wurden eigenschaftstheoretische Ansätze längere Zeit relativiert; in jüngerer Zeit werden sie jedoch wieder verstärkt diskutiert.[23]

Auch im Konzept Mitunternehmertum spielen Persönlichkeitsmerkmale eine wichtige Rolle. So unterscheiden wir mit der Gestaltungs-, der Handlungs- und der Sozialkompetenz drei unternehmerische Schlüsselkompetenzen, die große Ähnlichkeit mit zentralen empirisch ermittelten Führungseigenschaften haben. Allerdings sind diese Schlüsselkompetenzen nach unserem Ansatz nicht nur für Führungskräfte relevant, sondern ebenso für die etwa 80 bis 90 % der Mitarbeiter ohne Führungsfunktion. Zudem betrachten wir sie nur als einen von mehreren erfolgskritischen Faktoren – hierzu zählen insbesondere auch die organisationalen Rahmenbedingungen (Kultur, Organisation, Strategie, qualitative Personalstruktur). Das zentrale Problem der Eigenschaftstheorie besteht u. E. darin, dass die Person des Führers gegenüber anderen Faktoren wie Geführte, Aufgaben und Rahmenbedingungen überbewertet wird. Wenngleich sie wichtige Erklärungsbeiträge liefern kann, vermag sie das Zustandekommen von Führungserfolg nicht hinreichend zu erklären.

3.1.2 Charismatische Führungstheorien

In den letzten Jahren gewannen diese traditionsreichen Führungstheorien[24] sowohl in der Wissenschaft als auch in der Praxis erneut an Bedeutung.[25] Der charismatische Führer besitzt – aus Sicht der Geführten – eine **stark beeinflussende** »**Ausstrahlung**«. Er nimmt vor allem starken **Einfluss auf die Werthaltungen** und **Emotionen der Geführten.**

> ### Definition
>
> **Charismatische Führer** vermitteln sogenannte ⇒ *Visionen* und beeinflussen Werte und Verhalten in grundsätzlicher Weise. Sie bieten neuartige, emotional fundierte Problemlösungen an, treten für fortschrittliche bis radikale Veränderungen ein. Sie werden besonders in Stress- und Krisensituationen gesucht und können tiefgreifenden Wandel bewirken.[26]

---

23 Vgl. House/Howard/Walker 1991
24 Vgl. House 1977; Burns 1978; Bass 1985; Avolio/Bass 1988
25 Dies belegen unter anderem die zahlreich erschienenen Biographien von Staatsmännern und Wirtschaftsführern.
26 Vgl. House/Shamir 1995

Die Formulierung von Zielen in ideologischen Wertbegriffen bietet Identifikationsmöglichkeiten mit einem Vorbild, nährt Hoffnungen auf eine bessere Zukunft und trägt zur Stärkung des eigenen Selbstvertrauens der Geführten bei. Hierfür leisten diese »Gefolgschaft«.

Empirische Analysen zeigen, dass viele Geführte charismatische Führung als signifikant dynamischer erleben als eine rein rationale Zielorientierung, dass sie sich dabei selbstsicherer fühlen, mehr Aktivität und eine höhere Leistungsgüte zeigen als Mitarbeiter von nicht-charismatischen, aber dennoch effektiven Führern.[27]

Howell/Frost weisen darauf hin, dass Charisma nicht einfach nur die Summe bereits bekannter Führungselemente darstellt, sondern eine neue Qualität aufweist.[28] Dies scheint sich insbesondere in Krisensituationen,[29] bei Transformationsprozessen[30] und bei angestrebten Innovationen[31] in einer Organisation besonders positiv auszuwirken. Charisma ist auch eine Komponente der sogenannten **transformationalen Führung** nach Bass,[32] die ein zentrales Element unseres Konzeptes Mitunternehmertum[33] ist.

Fazit

Der charismatischen Führung wurden in empirischen Untersuchungen **positive Wirkungen** bescheinigt. Dennoch ist dieser Ansatz gleichzeitig mit Problemen behaftet. Ebenso wie bei der Eigenschaftstheorie wird auch hier der **Führungskraft überhöhte Bedeutung** beigemessen, während andere potentielle Einflüsse ausgeblendet bleiben. Darüber hinaus existieren **theorieimmanente Nachteile**, die den Aussagegehalt der charismatischen Führungstheorie schmälern und daraus ableitbare Gestaltungsoptionen begrenzen. Diese lassen sich in fünf Punkten zusammenfassen:[34]

● **Sogenannte charismatische Führerpersönlichkeiten sind in der Realität »dünn gesät«.** Nach eigenen Umfragen in der Praxis beläuft sich ihr Anteil auf 5–10 %. Tiefergehende Interviews zeigten überdies, dass Führungskräfte im eigenen Unternehmen selten als charismatisch erlebt werden, sondern vielmehr bekannte Vertreter aus Politik, Militär oder Wirtschaft. Dabei handelt es sich meist um Personen, die in den Medien oder in der Geschichtsschreibung bereits als charismatisch klassifiziert wurden.[35] Damit wird deutlich, dass

---

27 Vgl. House/Shamir 1995; Avolio/Bass 1988; Bass/Steyrer 1995
28 Vgl. Howell/Frost 1989
29 Vgl. Pillai/Meindl 1991
30 Vgl. Wunderer 1994
31 Vgl. Howell/Higgins 1990
32 Vgl. Bass 1985, Bass/Avolio 1990 sowie Kapitel D I. Mitarbeiterführung – Führungsstile. Bass definiert Charisma dabei als Fähigkeit, die Mitarbeiter durch seine Person zu begeistern, ihr Vertrauen und ihren Respekt zu gewinnen.
33 Vgl. Kapitel B I. Mitarbeiter als Mitunternehmer – ein Transformationskonzept
30 Vgl. Howell/Frost 1989
34 Vgl. dazu auch Sistenich 1994, Weibler 1997a
35 Vgl. Weibler 1997a

A
Konzep-
tionelle
und
theore-
tische
Grund-
lagen

charismatische Führung keinesfalls auf breiter Basis zum Einsatz gelangen kann. Sich auf charismatische Personen zu verlassen, führt zu extremer Abhängigkeit und erhöht die Nachfolgeproblematik.

● **Charisma lässt sich kaum erlernen.** Die Wirkungskraft rezeptartiger Empfehlungen, wie sie vor allem amerikanische Autoren propagieren,[36] scheint fragwürdig: »charisma is not something that we can »train for« or schedule; it is not something we know how to »switch on« or »switch off«.«[37] Charisma zu erlernen oder zu vermitteln würde zweierlei voraussetzen: Zunächst müsste man feststellen, welche Eigenschaften von den Geführten als charismatisch wahrgenommen werden und entsprechende Identifikationsprozesse auslösen. Dies kann je nach sozialem Kontext unterschiedlich sein. Im Anschluss daran müssten die entsprechenden Eigenschaften angeeignet werden. Da es sich bei Eigenschaften um fundamentale, zeitlich recht stabile Persönlichkeitsmerkmale handelt, die sich vor allem im fortgeschrittenen Lebensalter kaum verändern lassen, scheint dies relativ aussichtslos.

● **Charismatische Führung birgt Risiken in sich:** Als negative Konsequenzen einer starken Identifikation mit dem Führer sind beispielsweise destruktiver Gehorsam, Infantilisierung und Missbrauch der Geführten für narzistische Zwecke oder die Identifikation mit moralisch zweifelhaften Zielen zu nennen.[38]

● **Charismatische Führung ist mit einer besonderen Unsicherheit behaftet.** Schon Max Weber betonte, dass sich Charisma nicht nur aus bestimmten Eigenschaften, sondern auch aus der **Zuschreibung der Geführten** konstituiert. Deshalb erwarten die Geführten ständig Erfolge. Bleiben diese Erfolge aus, verkehrt sich die anfängliche Verehrung leicht ins Gegenteil. Der Weg von »hosianna« zu »kreuziget ihn« ist damit oft überraschend kurz.[39] Nach Weber ist die Wirkung von Charisma von vorneherein zeitlich befristet: Die Faszination nutzt sich in einem »Prozess der Veralltäglichung« ab und verblasst.

● Die mit charismatischer Führung verbundene **einseitige Ausrichtung auf den Führer läuft aktuellen gesellschaftlichen Tendenzen** – so beispielsweise dem wachsenden Bedürfnis der Mitarbeiter nach Partizipation, Autonomie und ⇒ *Selbststeuerung* am Arbeitsplatz –, **aber auch betrieblichen Erfordernissen**, wie dem zunehmenden Bedarf an eigenständig denkenden und handelnden Mitarbeitern in dezentral organisierten Einheiten **entgegen**. Sie kollidiert damit insbesondere auch mit dem Konzept Mitunternehmertum, das auf die aktive, selbständige und eigenverantwortliche Mitwirkung breiter Belegschaftsschichten setzt.

---

36 Vgl. Tichy/Devanna 1986, Kouzes/Posner 1987, Sashkin 1988
37 Roberts/Bradley 1988 zit. nach Sistenich 1993, S. 38
38 Vgl. Steyrer 1991
39 Vgl. auch die Biographien von zeitgenössischen Politikern wie Konrad Adenauer, Willy Brandt, Charles de Gaulle, Ludwig Erhard, Helmut Schmid, John F. Kennedy oder von Benito Mussolini, Josef Stalin und Adolf Hitler.

3.1.3 Tiefenpsychologische Führungstheorien

> **Definition**
>
> Die **Tiefenpsychologie** befasst sich vor allem mit den unbewussten Bestim-
> mungsgrößen von Wahrnehmen, Interpretieren, Erleben und Verhalten.

Die klassischen, auf S. Freud, A. Adler und C.G. Jung basierenden Schulen der
Tiefenpsychologie, haben keine Führungstheorien im eigentlichen Sinne entwickelt – »schon gar nicht solche, die sich mit der personalen und sozialen Dimension der Mitarbeiterführung in Wirtschaftsorganisationen beschäftigen würden«.[40]
Es wurden vielmehr **Kategorisierungsschemata zur Klassifikation von Führungspersönlichkeiten** erarbeitet. Ein bekanntes Beispiel hierfür ist die Klassifi-
zierung M. Maccobys, der aufgrund von Tiefeninterviews mit Managern in amerikanischen Großunternehmen vier Manager-Typen identifizierte (vgl. Abb. 7):

- **Fachmann:** Der Fachmann hält an traditionellen Werten wie Arbeitsethik, Achtung
  vor den Menschen, Qualität und Sparsamkeit fest: Sein Interesse gilt dem Prozess des
  Schaffens. Mitarbeiter und Vorgesetzte beurteilt er danach, ob sie ihn bei seiner
  Arbeit unterstützen oder behindern.

- **Dschungelkämpfer:** »Das Ziel des Dschungelkämpfers ist Macht. Er erfährt das
  Leben und die Arbeit als einen Dschungel (…), in dem es heißt, friss oder werde ge-
  fressen, und in dem die Sieger die Verlierer vernichten.«[41] Seine Kollegen betrachtet
  er entweder als Verbündete oder als Feinde, seine Mitarbeiter als benutzbare Objekte.

- **Firmenmensch:** Er ist ein »Mann der Organisation oder Funktionär, dessen Identi-
  tätsgefühl sich darauf gründet, dass er ein Teil der mächtigen, schützenden Firma ist.
  Sein stärkster Zug ist die Sorge um die menschliche Seite des Unternehmens, sein
  Interesse an den Gefühlen der Menschen seiner Umgebung.«[42]

- **Spielmacher:** »Sein Hauptinteresse gilt der Herausforderung, der auf Konkurrenz
  beruhenden Tätigkeit, in der er sich als Sieger erweisen kann. (…) Er reagiert auf
  Arbeit und Leben wie auf ein Spiel. Wettbewerb putscht ihn auf, und er überträgt
  seine Begeisterung, wodurch er andere mit Energie erfüllt. Ihm gefallen neue Ideen,
  neue Techniken, frische Methoden und Abkürzungen (…). Sein Hauptziel im Leben
  ist, Sieger zu sein.«[43]

Abb 7: Managertypen nach Maccoby

Weiter wurden Parallelen zwischen Vater- bzw. Heldenfiguren und Führern gezogen und damit verbundene Projektions- und Identifikationsprozesse auf Füh-
rerschaft gebildet.[44] Auch bei Fragen der Personalentwicklung kamen solche An-

---

40 Hofstätter 1995, Sp. 1035
41 Maccoby 1977, S. 37
42 Ebenda
43 Ebenda
44 Vgl. Neuberger 1994a

A
Konzep-
tionelle
und
theore-
tische
Grund-
lagen

sätze zur Anwendung.[45] Abb. 8 illustriert beispielhaft, wie Erfahrungen, Wünsche und Ängste aus der frühen Kindheit die Vorgesetzten-Mitarbeiter-Beziehung beeinflussen können.

Erscheinungsformen	Unbewusste Dynamik	Merkmale
Idealisierung	Idealisierung unter Verdrängung aller rivalisierenden Tendenzen	Der Vorgesetzte wird wie ein Wunschvater behandelt
Selbstabwertung	Unterordnung aus Angst vor der Rache des mächtigen Vater-Rivalen	Übertriebene Bescheidenheit und Zurückhaltung des Mitarbeiters
Angst vor dem Erfolg	Schuldgefühle, weil Erfolg den Sieg über den Vater-Rivalen bedeuten würde	Ungeklärtes Scheitern, »Leichtsinnsfehler«, »Pechvogelsyndrom«
Pseudounterordnung	Angst vor Vergeltung und indirekten Reaktionen	Kleine Nadelstiche, Intrigen, Zurückhalten von Informationen

Abb 8: Ödipale Übertragungsmuster[46]

Bei den tiefenpsychologischen Theorien steht das **Beschreibungs- und Erklärungsziel** deutlich vor dem Prognoseziel. Die Ergebnisse sind nach Hofstätter auch nicht am Modell einer empirischen Wissenschaft zu beurteilen, die ihre Behauptungen vor allem dem Risiko einer Falsifikation aussetzen will.[47]

Die praktische Bedeutung tiefenpsychologischer Theorien liegt in der Sensibilisierung der Führungskräfte für unbewusste Prozesse und damit verbundene Führungsanforderungen, wie psychologische Übertragungen verstehen, Idealisierungen abbauen oder Rivalitäten in konstruktive Bahnen lenken. »Ein solches vertieftes Verständnis für die unbewussten Hintergründe menschlichen Verhaltens ist keineswegs ein überflüssiger »Luxus«, sondern beinhaltet die Chance, Energien, die bisher in zwischenmenschlichen Konflikten gebunden waren, wieder für kreative Arbeitsleistungen freizusetzen.«[48] Auch jene intrapsychischen und interpersonalen Barrieren, die die Motivation zu mitunternehmerischem Handeln beeinträchtigen, lassen sich dadurch leichter identifizieren. Damit wird auch eine zentrale Voraussetzung zur Entwicklung gezielter, individueller Identifikations- und Motivationsstrategien für eine Zielgruppen eines Portfolios unternehmerischer Qualifikation und Motivation geschaffen, nämlich für »innerlich Gekündigte und aktive Bremser«.[49]

---

45 Vgl. Neuberger 1987
46 Aus: Mertens/Lang/Lenz 1991, S. 103
47 Vgl. Hofstätter 1995
48 Vgl. Mertens/Lang/Lenz 1991
49 Vgl. Kapitel B I. Mitarbeiter als Mitunternehmer – ein Transformationskonzept

Darüber hinaus können die Führertypologien Anregungen für den Umgang mit Vorgesetzten und Kollegen geben.

Fazit

Der Hang von Tiefenpsychologien der Führung zu Typologisierungen lässt sich gut in plakativen Ansätzen vermarkten und damit auch missbrauchen. Andererseits können wichtige Führungsrollen (z. B. ⇒ *Mentoring-*, ⇒ *Coaching-* oder ⇒ *Counselling*-Rollen bzw. andere Führungstheorien (z. B. charismatische Theorien) mit einem Verständnis für tiefenpsychologische Aspekte differenzierter wahrgenommen werden. Die Gefahr dilettantischer Verwertung ist jedoch gerade hier besonders hoch.

3.1.4 Entscheidungstheoretische Ansätze

Während die bisher diskutierten Führungstheorien als Domänen der Psychologie bezeichnet werden können, haben entscheidungstheoretische Konzepte die betriebswirtschaftliche Diskussion seit den fünfziger Jahren besonders geprägt.[50] Aber erst durch den Einbezug verhaltenswissenschaftlicher Aspekte wurden sie für die Führungsforschung interessant.[51] Dieser Ansatz legitimierte nun auch die bisher auf Zahlen und Strukturen konzentrierten Betriebswirte, sich mit psychologischen und soziologischen Aspekten von Einflussbeziehungen zu befassen. Verhaltenswissenschaftliche Teiltheorien zu Motivation und Identifikation,[52] zu sozialen Austauschbeziehungen (v. a. über die Anreiz-Beitrags-Theorie) und zur politischen Koalitionsbildung sind wesentliche Elemente entscheidungstheoretischer Konzepte.

Die **Differenzierung nach Entscheidungsphasen** – zum Beispiel in Problemwahrnehmung, Zielsuche, Problemlösung, Entscheidung und Willensdurchsetzung – führte zunächst dazu, Führung vor allem für die **Willensdurchsetzung** zu beanspruchen.[53] Im Rahmen der Partizipationsforschung wurde dann aber auch der **Willensbildungsprozess** stärker einbezogen. Und im Gefolge der Innovationsforschung rückte der **Problemwahrnehmungs- und Lösungsprozess** in den Mittelpunkt.

Dem **Willensdurchsetzungsprozess** wurde besondere Beachtung geschenkt, indem die Akzeptanz von Entscheiden durch Geführte und damit die Legitimation der Führungsautorität – auch im Sinne von Verhandlungsmacht – einen zentralen Fokus der Entscheidungsforschung bildete. Hingewiesen sei nur auf das – am Konzept dualer Führung[54] orientierte – Macht- und Fachpromotorenmodell von

---

50 Vgl. Witte 1995
51 Vgl. Kirsch 1977; Heinen 1984; Wilpert 1987; Witte 1995
52 Vgl. Kapitel C II. Identifikation, Motivierung und Remotivierung im Rahmen werteorientierter Führung
53 Vgl. z.B. Heinen 1984
54 Vgl. Paschen 1995

A
Konzep-
tionelle
und
theore-
tische
Grund-
lagen

Witte[55] und dessen Weiterentwicklung zu einem Promotoren- und Restriktoren-modell[56] beziehungsweise Promotoren- und Opponentenmodell.[57] Zentraler Gegenstand dieser Ansätze ist das Zusammenspiel treibender und bremsender Kräfte in betrieblichen Innovations- und Transformationsprozessen. In einer neueren Arbeit wird zudem die Bedeutung sogenannter Beziehungspromotoren aufgezeigt.[58]

Definition

Promotoren sind Personen, die einen Innovations- oder Transformations-prozess aktiv und intensiv fördern. Sie können mehr macht- oder fachorientiert Einfluss nehmen:

- **Machtpromotoren** verfügen aufgrund formaler Autorität über legitimierte Macht mit Sanktionsmöglichkeiten.
- **Fachpromotoren** verfügen über spezifisches Fachwissen. Die hierarchische Position ist dabei unerheblich.
- **Beziehungspromotoren** verfügen über ein Netzwerk guter persönlicher Beziehungen zu wichtigen Akteuren sowie über die Fähigkeit, neue Netzwerkbeziehungen zu entwickeln und zu nutzen.

Restriktoren oder Opponenten sind Personen, die einen Innovations- oder Transformationsprozess verzögern, hemmen oder verhindern.

In diesen Definitionen zeigen sich unverkennbare Parallelen zu unserem Portfolio unternehmerischer Qualifikation und Motivation: Die Promotoren entsprechen den Subunternehmern oder Mitunternehmern, die Restriktoren den aktiven Bremsern.

Auch die Differenzierung in Macht-, Fach- und Beziehungspromotoren ist für unser Konzept **Mitunternehmertum** von Bedeutung. Da in empirischen Untersuchungen mehrfach belegt wurde, dass gerade das Zusammenwirken von Macht- und Fachpromotor die Durchsetzung von Innovationen erheblich begünstigt,[59] scheint es im Dienste des Mitunternehmertums sinnvoll, die Bildung solcher Promotorengespanne gezielt zu unterstützen. Der Beziehungspromotor erhält im Rahmen der zentralen Netzwerksteuerung ganz besondere Bedeutung. Die ideale Führungskraft ist sowohl Problemlösungs- (Fach-), Umsetzungs- (Macht-) als auch Beziehungspromotor, vereinigt also alle drei Promotorenrollen in sich.

Die im folgenden Kapitel referierten Weg-Ziel-Theorien der Führung basieren ebenfalls auf entscheidungstheoretischen Grundlagen. Weitere Erkenntnisse brachten die Studien von Cohen et al. zu Entscheidungsverläufen in Organisationen. Ihr »**Mülleimer-Modell**« beschrieb diese als kurzfristig entscheidende,

---

55 Vgl. Witte 1973
56 Vgl. Wunderer 1975a
57 Vgl. Witte 1976
58 Vgl. Walter 1998
59 Vgl. Witte 1976

chaotisch organisierte und **schlecht strukturierte Prozesse**, in denen zufälligen, intuitiven, reaktiven Entscheiden weit höhere Bedeutung als der Planung über Programme und Organisationsstrukturen zugebilligt wird.[60]

Unter dem Aspekt von **Kollektiv-Entscheidungen** diskutierte Janis unter der ⇒ *Metapher* »Groupthink« ⇒ *Effizienz* und Rationalität von Gruppenentscheidungen unter Gruppendruck.[61] Festgestellt wurde insbesondere bei Krisensituationen eine Verzerrung der Wirklichkeitswahrnehmung, die Einengung von Handlungsalternativen und die Minimierung der Kritikbereitschaft.

Definition

Groupthink besagt, dass in Gruppen mit hoher Solidarität und Loyalität der Wunsch nach Einmütigkeit und Konsens die Motivation, Alternativen realistisch zu bewerten, beeinträchtigen kann.

Janis belegte dieses Phänomen anhand schwerwiegender Fehlentscheidungen amerikanischer Regierungen (vgl. Abb. 9). Er konnte belegen, dass diesen Entscheidungen ähnliche Ausgangsbedingungen (insbesondere hohe Gruppenkohäsion, starke Führerpersönlichkeiten, Stress) zugrunde lagen.

Pearl Harbor:
Admiral Kimmel und seine Berater hatten sich nicht auf die Möglichkeit eines japanischen Angriffs auf Pearl Harbor vorbereitet, obwohl sie wiederholt Warnungen erhalten hatten. Am 7. Dezember 1941 überfielen von Flugzeugträgern gestartete Einheiten der japanischen Luftwaffe ohne vorherige Kriegserklärung diesen bedeutendsten amerikanischen Marinestützpunkt im Pazifik und versenkten oder beschädigten acht Schlacht- und elf weitere Kriegsschiffe.

Koreakrieg:
Durch Beschluss von Präsident Truman und seiner Beratergruppe wurde der Krieg zwischen Nord- und Südkorea im Juni 1950 mit dem Eingreifen amerikanischer Luft- und Seestreitkräfte ausgeweitet. Trotz ernster Warnungen durch die Regierung Chinas, dass das Eindringen der USA in Nordkorea auf bewaffneten Widerstand der Chinesen stoßen würde, beschloss man die Einmischung durch kriegerische Aggression. Das Eingreifen von »Freiwilligenverbänden« aus der VR China bewirkte eine Stabilisierung der Front und spätere Grenzziehung zwischen Nord- und Südkorea.

Eskalation des Vietnamkrieges:
Auf Präsident Johnson und seine Berater geht die Entscheidung zurück, den Krieg in Vietnam 1965 auszuweiten, obwohl Geheimdienstberichte und andere Informationen deutlich darauf hinwiesen, dass man mit diesem Kurs keinesfalls den Vietkong oder die Nordvietnamesen schlagen könnte und dies ungünstige innenpolitische sowie außenpolitische Folgen haben würde.

Abb 9: Politische Fehlentscheide als Folgen von Groupthink[62]

---

60 Vgl. Cohen/March/Olsen 1972
61 Vgl. Janis 1972
62 Aus: Martin/Bartscher 1995, S. 128 f.

A
Konzep-
tionelle
und
theore-
tische
Grund-
lagen

Diese Erkenntnisse machen die Gefahren der meist nur positiv besetzten Begriffe »Identifikation« und »⇒ *Kohäsion*« deutlich. Es ist zudem offensichtlich, dass insbesondere für unternehmerische Innovationen auch kritische Distanz nötig ist. Zur Eindämmung von Groupthink bieten sich u.a. eine heterogene Besetzung der Arbeitsgruppen mit unterschiedlichen Charakteren, systematische Job Rotation sowie eine Dialog- und Streitkultur an.

Einen zentralen Ansatz bildete die **entscheidungsorientierte Führungsstilforschung.**[63] Mit dem relativ einfachen und operationalisierten Konzept von Tannenbaum/Schmidt[64] wurden zahlreiche Studien zum realen und erwünschten Entscheidungsverhalten von Führungskräften durchgeführt und Klassifikationen von Führungsstilen gebildet.[65]

Besonderes Interesse fand auch das **normative Führungsstilmodell** von Vroom/Yetton.[66] Es geht davon aus, dass je nach Entscheidungssituation unterschiedliche Formen der Entscheidungsfindung Erfolg versprechen. Es werden 7 Situationsaspekte und 5 Entscheidungsstile unterschieden. Ein Entscheidungsbaum soll im konkreten Fall die Entscheidungsfindung erleichtern (vgl. Abb. 10).

Mehrere Experimental- und Feldstudien bestätigten die Nützlichkeit dieses Modells.[67] 1988 legten Vroom/Jago eine Neufassung des klassischen Ansatzes vor.[68]

Wenngleich Miner zu dem Schluss kommt, dass keine andere Theorie des Führungsverhaltens die ⇒ *Validität* und die praktische Nützlichkeit dieses Modells übersteigt,[69] wird doch immer wieder Kritik laut. Sie betrifft vor allem die starke Abhängigkeit der den Ansatz validierenden Ergebnisse von »Self-Reports« und die damit verbundene Gefahr sozial erwünschter Antworten,[70] unbewusster Verzerrungen sowie den mangelnden Einbezug der Geführten. Letzteres scheint gerade auch aus mitunternehmerischer Perspektive bedenklich. Ergänzend ist anzumerken, dass eine derartige normative »Verregelung« des Entscheidungsverhaltens die Kreativität der Führungskräfte eher hemmen als fördern dürfte. Auch für diesen Ansatz gilt Wilperts Bewertung über die **Grenzen normativer Entscheidungskalküle:** »Die unter dem Gesetz mathematischer Präzision und kalkulierbarer Nutzenerwartungen angetretene normative Forschungsrichtung kommt hier angesichts der real bestehenden Komplexität und nicht zuletzt sozialen Vernetztheit der Problemstrukturen an ihre Grenzen. Gerade diesen sozialen Zusammenhängen aber müssen Führungspersonen Rechnung tragen.«[71]

---

63 Vgl. Kapitel D I. Mitarbeiterführung – Führungsstile
64 Vgl. Tannenbaum/Schmidt 1958
65 Vgl. Wunderer 1989a sowie Kapitel D I. Mitarbeiterführung – Führungsstile
66 Vgl. Vroom/Yetton 1973
67 Vgl. Vroom/Jago 1978; Field 1979; Margerison/Glube 1979; Field 1982; Böhnisch/Jago/ Reber 1987; Paul/Ebadi 1989; Field/House 1990; Reber 1995
68 Vgl. Vroom/Jago 1988
69 Vgl. Miner 1984
70 Vgl. Schriesheim/Kerr 1977
71 Wilpert 1987, Sp. 763

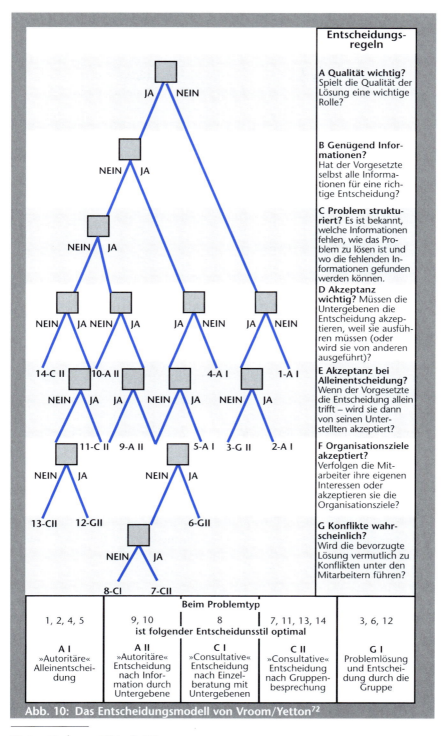

Abb. 10: **Das Entscheidungsmodell von Vroom/Yetton**[72]

_____

72 Aus: Neuberger 1994a, S. 182

A
Konzep-
tionelle
und
theore-
tische
Grund-
lagen

Fazit

Unter dem Oberbegriff »Entscheidungstheoretische Ansätze« werden verschiedene Aspekte der Entscheidungsfindung aus unterschiedlichen Perspektiven und mit unterschiedlichem Erkenntnisinteresse beleuchtet. Besonders interessante Einsichten – gerade auch in Bezug auf das Thema Mitunternehmertum – liefern dabei Promotoren- und Opponenten- bzw. Restriktorenmodelle sowie die Untersuchungen zum Phänomen »Groupthink«. Vor allem letztere machen einmal mehr deutlich, dass menschliches Verhalten nicht nur rational geprägt ist. Aus diesem Grunde, aber auch wegen der Komplexität vieler Entscheidungen, erscheinen Aussagekraft und praktischer Nutzen des normativen Entscheidungsstilmodells von Vroom und Yetton mit vorgegebenen Situationsaspekten und Entscheidungsregeln begrenzt.

3.2 Geführtenorientierte Ansätze

3.2.1 Weg-Ziel-Theorie der Führung

Ihren Ursprung hat die Weg-Ziel-Theorie in den Arbeiten des Institute for Social Research an der University of Michigan aus den fünfziger Jahren.[73] Wie die entscheidungstheoretischen Forschungen von Simon[74] befasst auch sie sich vor allem mit der **Akzeptanz von Führungsautorität und -verhalten durch die Geführten.** Darüber hinaus konzentriert sie sich auf **motivationale Funktionen des Führers** in einem rationalen Nutzenkonzept,[75] das auch die Grundlage der meisten ökonomischen Verhaltenstheorien bildet.[76]

Die **Akzeptanz von Führung** wird mit der ⇒ *Arbeitszufriedenheit* in Verbindung gebracht. Danach wird das Verhalten des Führers in dem Maße akzeptiert, in dem es die Zufriedenheit erhöht bzw. als instrumentell für die zukünftige Zufriedenheit der Geführten eingeschätzt wird.

Die **Motivation** wird im Rahmen einer kognitiven Erwartungs-Valenz-Theorie thematisiert.[77] Grundlegend ist die Annahme, dass sich Menschen bei Vorliegen mehrerer Handlungsmöglichkeiten für die Alternative entscheiden, von der sie sich den größten Nutzen versprechen. Die Führungskraft hat in diesem Zusammenhang vor allem die Aufgabe, dem Mitarbeiter Mittel und Wege zur Optimierung seines individuellen Nutzens aufzuzeigen: »Die motivationale Aufgabe des Führers besteht im Ausbau der Anzahl und Art der persönlichen Vorteile der Untergebenen für ihren Arbeitseinsatz und darin, die Wege zu ebnen, dass diese Vorteile leichter erreicht werden dadurch, dass die Wege erklärt werden, Behinderungen und Beschränkungen reduziert und die Gelegenheiten zur Erhöhung

---

73 Vgl. Georgopoulos/Mahoney/Jones 1957
74 Vgl. Simon 1957
75 Vgl. Evans 1970; House 1971; House/Dessler 1974; House/Mitchell 1974
76 Vgl. Wunderer 1994
77 Vgl. Kapitel C III. Identifikation, Motivierung und Remotivierung im Rahmen werteorientierter Führung«

der Zufriedenheit beim Zurücklegen des Weges anwachsen.«[78] Dabei sind insbesondere **drei Faktoren** zu beeinflussen (vgl. auch Abb. 11).

- die **Bewertung (Valenz) der Ergebnisse bestimmter Arbeitsaktivitäten** (einschließlich ⇒ *extrinsischer* und ⇒ *intrinsischer* Belohnungen, Befriedigung aus dem Erfolg und Befriedigung aus der Durchführung von Arbeitsaktivitäten)
- die **Wahrscheinlichkeit, dass Leistung zu Belohnungen führt (Instrumentalität)** und
- die **individuelle Überzeugung, dass Anstrengung zu Leistung führt (Erfolgserwartung)**.[79]

Während zunächst nur die dyadische Beziehung Führer/Geführte thematisiert wurde, haben spätere Ansätze vor allem drei **Situationsvariablen** einbezogen:

- **Arbeitsaufgabe** (Komplexität, Struktur, Mehrdeutigkeit)
- **Organisation** (Belohnungssysteme, Organisationsstruktur) und
- **Charakteristika der Geführten** (Wachstumsbedürfnisse, Toleranz gegenüber Unklarheit, Bedürfnis nach Autonomie und Selbstachtung, Leistungsorientierung).[80]

Mit dieser Ausweitung wurde allerdings die empirische Überprüfbarkeit des Gesamtkonzepts praktisch aufgegeben.

Aus der Weg-Ziel-Theorie lassen sich Handlungsvorschläge für eine ziel- und ergebnisorientierte Führung – gerade auch mit Blick auf die unternehmerische Ausrichtung der Mitarbeiter – ableiten (vgl. Abb. 11). Der sogenannte **transaktionale Führungsstil**,[81] der als Vorläufer und Wegbereiter der im Mitunternehmertum zentralen transformationalen Führung gilt, basiert auf diesem Konzept.

Für die **Führungspraxis** hat der Weg-Ziel-Ansatz herausragende Bedeutung, da er eng mit dem Konzept des »**Management by Objectives**« (MbO) und des **Mitunternehmertums** verbunden ist, dessen Realisierung die Führung des Vorgesetzten unterstützt.

Zunehmend wird in der Führungsforschung Kritik an ausschließlich rational konzipierten Ansätzen geübt. Problematisch erscheinen insbesondere zwei Aspekte:

- Der Geführte wird als kühl und rational kalkulierender Entscheider (⇒ *homo oeconomicus*) mit weitem Planungshorizont betrachtet, der sich gut über ⇒ *extrinsische* Anreize steuern lässt.
- Es wird unterstellt, dass der Führer imstande ist, die Motive und Pläne jedes einzelnen Mitarbeiters zu durchschauen und in adäquater Weise darauf zu reagieren.

---

78 House/Mitchell 1974, zit. nach Evans 1995, Sp. 1076
79 Vgl. Evans 1995 sowie Kapitel C III. Identifikation, Motivierung und Remotivierung im Rahmen werteorientierter Führung
80 Vgl. im Überblick Wofford/Liska 1992
81 Vgl. Burns 1978; Bass 1985 sowie Kapitel D I. Mitarbeiterführung – Führungsstile

A
Konzep-
tionelle
und
theore-
tische
Grund-
lagen

Ansatzpunkt	Zielsetzung	Maßnahmen und Instrumente (Bsp.)
Valenz	Unternehmerische Ziele, Werte, Strategien und Aufgaben für die Mitarbeiter attraktiv machen	● unternehmerischen Zielen, Strategien und Aufgaben besondere Bedeutung geben ● Verbesserung des Kenntnisstandes und symbolisches Management ● ganzheitlichere und sinnvermittelnde Aufgabengestaltung ● Kriterien unternehmerischen Verhaltens in Beurteilungssysteme integrieren und mit Anreizen verknüpfen ● Demotivation vorbeugen und abbauen ● gezielte Akquisition und Auswahl unternehmerisch orientierter Personen ● Personaleinsatz nach Eignung, Neigung und Teamzusammensetzung
Instrumentalität	Mitarbeitern Mittel und Wege zur Erreichung ihrer persönlichen Ziele aufzeigen; dabei insbesondere deutlich machen, dass unternehmerisches Denken und Handeln der Erreichung ihrer Ziele dient	● individuelle Laufbahnplanung, Aufzeigen von Perspektiven ● für fördernde Bedingungen und gute Ressourcenausstattung sorgen ● qualifikationsgerechte bzw. qualifizierende Aufgabenzuteilung, Vermeidung von Dequalifikation ● PE-Bedarf ermitteln, zielgruppenorientierte und individuelle Programme anbieten ● kooperativ-delegativ führen ● Demotivation abbauen
Erfolgserwartung	Mitarbeitern das Gefühl geben, dass sie in der Lage sind, ihre Ziele zu erreichen	● Hilfestellung geben: Coaching-, Paten-, Mentorensysteme installieren ● Anforderungen konstruktiv interpretieren ● Lernkultur pflegen (Null-Fehler-Mentalität vermeiden, Probleme als Chancen definieren) ● Überforderung vermeiden ● auch kleine Erfolge anerkennen

Abb 11: Ansatzpunkte zur Förderung des unternehmerischen Denkens und Handelns gemäß der Weg-Ziel-Theorie

Beide Annahmen müssen – zumindest in dieser ausschließlichen Formulierung – als empirischer Sonderfall bezeichnet werden.

Weiterhin wird die Relevanz der einbezogenen situativen Variablen in Zweifel gezogen. So ließen sich beispielsweise in einer umfassenden ⇒ *Meta-Analyse* moderierende Effekte von Mitarbeiter- und Organisationsmerkmalen nur vereinzelt, von Job-Charakteristika gar nicht nachweisen.[82] Weiterhin wurde festgestellt, dass

---

82 Vgl. Wofford/Liska 1992

die Ergebnisse der Originaluntersuchungen durch die Wahl der Instrumente beeinflusst wurden.

Fazit

Der theoretisch wie praktisch interessante Ansatz ist **zwar breit diskutiert und untersucht** worden. Vor allem wegen der zahlreichen ⇒ *Moderatorvariablen* wurden aber die gerade hier erwarteten kausalen Beziehungen (noch) nicht bestätigt. Problematisch erscheint ferner die Ausrichtung am klassischen ⇒ *homo oeconomicus.*

Gleichwohl liefert dieser Ansatz wichtige Anregungen für Wissenschaft und Praxis, auch für die kognitiv-rationale Förderung des Mitunternehmertums. Dies betrifft vor allem die Weg-Ziel-Theorie der Führung sowie die damit eng verbundenen Konzepte transaktionale Führung und Management by Objectives.[83]

3.2.2 Attributionstheorien der Führung

Die Attributionstheorie, die bedeutendste Kognitionspsychologie der achtziger Jahre, beschreibt und erklärt, wie Personen **Urteile über die Ursachen ihres eigenen Verhaltens** beziehungsweise **das Verhalten** anderer bilden.[84]

> ### Definition
>
> Unter **Attribution** verstehen wir jenen Interpretationsprozess, bei dem sozialen Ereignissen und Handlungen Gründe beziehungsweise Ursachen zugeschrieben werden.[85]

Als Führungstheorie befasst sich die Attributionstheorie mit der Wirklichkeitskonstruktion von Führern und Geführten. Sie kann also sowohl geführten- als auch führerzentriert ausgerichtet sein. Von zentraler Bedeutung sind hierbei insbesondere folgende Fragen:

● **Wie entsteht Führung?** (geführtenzentrierte Perspektive)

Nach Calder[86] existiert Führung nicht an sich, sondern lebt von der Zuschreibung der Geführten: »Die Definition darüber, was Führung ausmacht, ist (...) im wesentlichen eine Wahrnehmung, die eine ganze Serie von Dimensionen umfasst und eine Art von Stereotyp (z. B. Führer sind dynamisch, kraftvoll, machtvoll, erfahren und voller Wissen) bildet.«[87] Demnach vergleichen Mitarbeiter die Verhaltensweisen ihres Vorgesetzten mit ihren Vorstellungen von Führung und entscheiden dann, ob sie ihn als Führungsautorität bezeichnen. Hier zeigt sich eine deutliche Parallele zu den charismatischen Führungstheorien.

---

83 Vgl. auch Kapitel D I. Mitarbeiterführung – Führungsstile
84 Vgl. Mitchell 1995
85 Vgl. Six 1987
86 Vgl. Calder 1977
87 Mitchell 1995, Sp. 848

A
**Konzep-
tionelle
und
theore-
tische
Grund-
lagen**

● Wie erklären sich Vorgesetzte die Leistungen ihrer Mitarbeiter? (führerzentrierte Perspektive)

Untersuchungen haben gezeigt, dass Vorgesetzte oft dazu neigen, für schlechte
Leistungen eher Mitarbeiter verantwortlich zu machen als externe Faktoren.[88]
Allerdings nimmt diese Tendenz mit der Erfahrung des Vorgesetzten[89] sowie
mit der Möglichkeit zu intensiver Gesprächsführung[90] ab. Ferner spielt bei der
Bewertung der Leistung die Beziehungsqualität zwischen Vorgesetztem und
Mitarbeiter eine entscheidende Rolle.[91] So werden bei guten Beziehungen gute
Ergebnisse häufiger dem Mitarbeiter zugerechnet und schlechte Resultate auf
externe Faktoren zurückgeführt und umgekehrt.

Mitchell argumentiert, dass Attributionen eine wesentliche Rolle bei der Sammlung und Bewertung von Informationen darstellen. Er äußert sich jedoch ein-
schränkend zur Bedeutung von Attributionen für die Vorhersage von Führungsverhalten. Er meint, die Sozialpsychologie stelle in »erdrückendem Maße«
Persönlichkeitseigenschaften, Fähigkeiten und ⇒ *kognitive Prozesse* in den Mittelpunkt und schlägt vor, den sozialen Kontext und die physische Umwelt als einen
wichtigeren ⇒ *Prädiktor* für menschliches Verhalten zu verstehen und die For-
schungsanstrengungen verstärkt darauf auszurichten.[92]

Die Attributionstheorie vermittelt die Einsicht, dass soziale Wirklichkeit nicht
einfach gegeben ist, sondern von den Handlungsträgern – im vorliegenden Fall
von Geführten und Führern – auf der Basis ihres jeweiligen Weltbildes hergestellt
wird. Diese Erkenntnis kann helfen, eigene Denk- und Bewertungsmuster bewusst und damit hinterfragbar zu machen. Eine kritische Reflexion des eigenen
Weltbildes durch die Führungskräfte ist vor allem auch eine zentrale Voraussetzung für verzerrungsarme Diagnosen und eine daran anschließende Förderung
der unternehmerischen Qualifikation und Motivation der Mitarbeiter.

Fazit

Die Attributionstheorie kann wichtige Verhaltensweisen von Führungskräften und
Mitarbeitern erklären, z. B. Beurteilungsfehler, Anerkennungsverhalten, aber auch
Erfolgs- bzw. Misserfolgserwartungen und -zuschreibungen. Gerade dies ist für
Motivationsprozesse im Konzept Mitunternehmertum von großer Bedeutung.[93]

3.2.3 Soziale Lerntheorie der Führung

Bei der sozialen Lerntheorie handelt es sich um eine in ihren Grundzügen behavioristische Theorie, bei der **individuelles Verhalten** als durch Erfahrung entstan-

---

88 Vgl. Mitchell 1981; Brown/Mitchell 1986
89 Vgl. Mitchell/Liden 1982; Mitchell/Kalb 1982
90 Vgl. Gioia/Sims 1986
91 Vgl. Heneman/Greenberger/Anonyuo 1989
92 Vgl. Mitchell 1995
93 Vgl. auch Kapitel C III. Identifikation, Motivierung und Remotivierung im Rahmen werteorientierter Führung

den, also als **gelernt** angesehen wird. Zentrale Elemente des Lernens sind dabei **Vorbilder als Lernmodelle** und sogenannte Verstärker in Form von **Belohnungen und Bestrafungen.**

> ### Definition
>
> **Soziales Lernen** bezeichnet das Lernen im sozialen Kontakt mit Vorbildern oder mit Verstärkungen durch Personen oder Gruppen.[94]

Während in dem ursprünglichen Konzept kein Raum für den Einbezug von ⇒ *Kognitionen* gelassen wurde, sind diese bei der **sozialen** Lerntheorie integriert. Ihre eigentliche Bedeutung als ein geführtenzentrierter Ansatz erlangt sie jedoch für die **Erklärung und Gestaltung von Selbstlern- und Selbststeuerungsprozessen.** Geht man von permanenten Anpassungsnotwendigkeiten aufgrund komplexer und dynamischer Umwelten aus, so müssen die Geführten imstande sein, autonom Anpassungsleistungen zu erbringen. Diese mögliche Kontrolle eigenen Verhaltens ist lange Zeit sehr vernachlässigt worden.

Drei Bedingungen müssen dafür erfüllt sein:[95]

- Der einzelne muss selbst aktiv eine Veränderung herbeiführen (wollen).
- Relevante Stimuli und Reaktionsfolgen müssen selbst kontrolliert werden (können).
- Der einzelne muss wissen, wie ein angestrebtes Ziel erreicht wird.

Die Führungskraft hat **situationsgerechte Rückmeldungen** und **soziale Verstärkungen** zu geben. In diversen Studien zeigte sich, dass ein positives, konstruktives Feedback – möglichst direkt nach der entsprechenden Leistung – bessere Resultate (zukünftige Leistung, Zufriedenheit der Mitarbeiter) bewirkt als negative Sanktionen. Letztere sind besonders ineffektiv, wenn sie nicht situationsbezogen und ohne Begründung gegeben werden.[96]

Zentral ist der Ansatz für das gerade in der Führungspraxis als erfolgversprechend eingeschätzte Vorleben von formulierten Werten, Zielen und Verhaltensmustern. Die Vorbildrolle wird von den Geführten sogar oft als Voraussetzung für effektive Führung angesehen. Für die ⇒ *Coaching-*, ⇒ *Counselling-* und Mentorenrolle ist das Modelllernen von großer Bedeutung. Hierzu ist allerdings anzumerken, dass Mitarbeiter nach unserem Führungsverständnis[97] in gleicher Weise als Vorbilder für Kollegen und Vorgesetzte wirken müssen. Es kann keine Ausrede sein, mit wertorientiertem Handeln solange zu warten, bis »die da oben« als Vorbilder agieren.

---

94 In Anlehnung an Dorsch 1994
95 Vgl. Luthans/Rosenkrantz 1995
96 Vgl. Podsakoff/Todor/Skov 1982; Podsakoff et al. 1984; Podsakoff/Schriesheim 1985
97 Wir definieren Führung bewusst unabhängig von der Einflussrichtung als zielorientierte soziale Einflussnahme zur Erfüllung gemeinsamer Aufgaben in/mit einer strukturierten Arbeitssituation; vgl. Kapitel A II. Führung und Zusammenarbeit – Grundlagen innerorganisatorischer Beziehungsgestaltung

A
Konzep-
tionelle
und
theore-
tische
Grund-
lagen

Fazit

Unter Beachtung der führungsrelevanten Ergebnisse der Wertewandeldiskussion,[98] der Bedeutung delegativer Führungsstile[99] sowie der Verlagerung von Fremd- zur Selbstkontrolle leisten soziale Lerntheorien einen wichtigen Beitrag zur theoretischen Fundierung und Ausgestaltung zeitgemäßer Führungsformen sowie des Konzeptes Mitunternehmertum: Sie betont die Prinzipien ⇒ *Selbststeuerung* und Subsidiarität der Entwicklungs- und Lenkungsverpflichtung der Vorgesetzten, weist Führungskräften die Rollen »Vorbild« und »Coach« zu und liefert Hinweise zu deren Ausgestaltung.

3.2.4 Reifegradtheorie der Führung

Ein in der Führungspraxis besonders breit aufgenommenes, theoretisch aber zu wenig fundiertes Konzept ist die Reifegradtheorie der Führung von Hersey/Blanchard. Aufbauend auf den Ohio-Studien[100] betrachten die Verfasser den **aufgabenbezogenen und sozialen Reifegrad des Mitarbeiters** als zentrales Kriterium für die Wahl eines effektiven Führungsstils.[101]

> ### Definition
>
> Der **Reifegrad** des Mitarbeiters wird vor allem durch dessen Fähigkeit und Motivation – insbesondere zur selbständigen Erledigung übertragener Aufgaben – bestimmt.[102] Wichtige ⇒ *Indikatoren* sind unter anderem Ausbildung und Erfahrung, arbeitsrelevante Kenntnisse, Leistungswille und -fähigkeit, psychologische Reife (z.B. Selbstsicherheit und -achtung).[103]

Nach einer Analyse der **Aufgabeneignung** (v. a. der Fähigkeit, Probleme selbständig lösen zu können) und der **sozialen Eignung** (Motivation zur Übernahme eigener Verantwortung), wählt der Vorgesetzte den dafür passenden Führungsstil aus (vgl. Abb. 12).

Dieses Konzept bestätigt die weitverbreitete Alltagstheorie, dass es keinen einheitlichen – etwa in Führungsgrundsätzen empfohlenen – Stil geben kann, sondern dass man diesen situativ variieren muss. Neben anderem unterstützt dies die Entwicklung eines Portfolios unternehmerischer Qualifikation und Motivation sowie zur Ableitung zielgruppenspezifischer Fördermaßnahmen. Weiterhin regt die Reifegradtheorie Führungskräfte an, zur Entlastung des eigenen Führungsaufwands Maßnahmen zur Personalentwicklung und zur Mitarbeitermotivation zu ergreifen, um delegativere Führungsstile vorbereiten beziehungsweise anwenden zu können.

---

98 Vgl. Wunderer 1990b

99 Vgl. Kapitel D I. Mitarbeiterführung – Führungsstile

100 Vgl. Kapitel D I. Mitarbeiterführung – Führungsstile

101 Vgl. Hersey/Blanchard 1988

102 Vgl. Wunderer/Grunwald 1980/Bd. I

103 Vgl. Neuberger 1994a

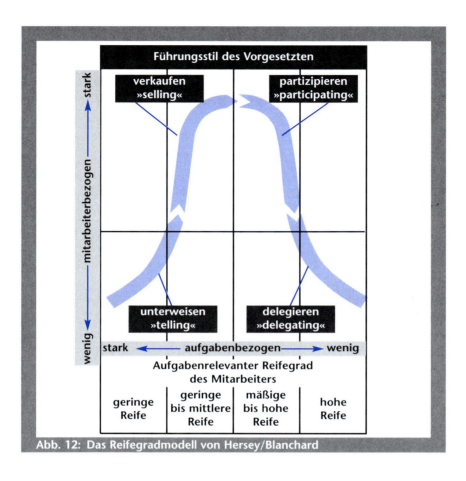

Abb. 12: Das Reifegradmodell von Hersey/Blanchard

Die theoretische Fundierung und empirische Unterstützung des Modells ist bisher jedoch umstritten. Einige Studien erbrachten zwar Belege für die Relevanz der im Modell gemachten Aussagen,[104] doch konnten in der überwiegenden Zahl der Fälle die zentralen Aussagen (noch) nicht bestätigt werden.[105] Die unbefriedigenden Untersuchungsergebnisse sind vor allem darin begründet, dass sich der Ansatz in unrealistischer Weise nur auf Persönlichkeitsvariablen des Geführten konzentriert. Diese sind zudem unscharf operationalisiert.[106] Wichtige Persönlichkeitsmerkmale des Vorgesetzten (z. B. Sozialkompetenz, Urteils- und Delegationsvermögen) sowie Rahmenbedingungen (z. B. Unternehmens- oder Abteilungskultur, Aufgabe, Zeitbudget), die die ökonomische und soziale ⇒ *Effizienz* eines Führungsstils in entscheidendem Maße beeinflussen können, bleiben ausgeblendet.[107]

---

104 Vgl. Hersey/Angelini/Carakushansky 1982; Haley 1983, Jacobsen 1984
105 Vgl. Vecchio 1987; Goodson/McGee/Cashman 1988; Blank/Weitzel/Green 1990
106 Vgl. Aldag/Brief 1981; Graeff 1983
107 Slocum (1984) betrachtet z.B. den Reifegrad insgesamt als eine weniger wichtige situationale Variable.

A
Konzep-
tionelle
und
theore-
tische
Grund-
lagen

Ebenso problematisch ist, dass der Vorgesetzte den Reifegrad seiner Mitarbeiter selbst bestimmt. Hiermit werden Beurteilungsfehler und selbsterfüllende Prophezeiungen gefördert. Auch kann die Führungskraft den – angeblichen – Reifegrad der Mitarbeiter zur Legitimation seines eigenen Führungsverhaltens missbrauchen. Schließlich sind die in anderen Theorien thematisierten Akzeptanzprobleme von Führungsverhalten durch die Geführten ausgeklammert.

Fazit

Qualifikation und Motivation der Geführten bilden eine wichtige Grundlage für eine differenzierte Führung und Entwicklung – auch im Konzept eines danach gebildeten Portfolios. Situationsvariablen müssen aber zusätzlich einbezogen werden.

Abschließend sind die diskutierten personenorientierten Führungstheorien und deren zentrale Inhalte noch einmal zusammengefasst (vgl. Abb. 13).

	Theorie	Gegenstand
Führerzentriert	● Eigenschaftstheorie	– Eigenschaften von Führern und ihre Auswirkungen im Führungsalltag
	● Charismatische Führungstheorien	– »Charisma« als (zugeschriebenes) Persönlichkeitsmerkmal von Führern und seine Auswirkungen im Führungsalltag
	● Tiefenpsychologische Führungstheorien	– Typologien zur Klassifizierung von Führerpersönlichkeiten – Analogiebildung zu Vaterrolle und Heldentypus und damit verbundene Projektions- und Identifikationsprozesse
	● Entscheidungstheoretische Ansätze	– Prozesse der Willensdurchsetzung (unter besonderer Berücksichtigung von Promotoren und Restriktoren) – Kollektiventscheidungen unter Gruppendruck – Entscheidungsverläufe in Organisationen – Entscheidungsstile – normatives Entscheidungsmodell
Geführtenzentriert	● Weg-Ziel-Theorie	– motivationale Aufgaben im Führungsprozess – Akzeptanz von Führungsverhalten durch die Geführten
	● Attributionstheorie	– Prozesse sozialer Wahrnehmung unter dem Aspekt der Ursachenzuschreibung: a) Attribution von Führung b) Attribution von Erfolg und Misserfolg
	● Soziale Lerntheorie	– Selbstentwicklung – Steuerung von Lernprozessen
	● Reifegradtheorie	– Situatives Führungsverhalten in Abhängigkeit von der individuellen Qualifikation und Motivation der Mitarbeiter

Abb. 13: Zentrale Inhalte personenorientierter Führungstheorien

4 Positionsorientierte Führungstheorien

Bei den positionsorientierten Führungstheorien stehen **institutionelle Rahmenbedingungen** der Führung im Vordergrund.

4.1 Rollentheorie

Die Rollentheorie stellt den **tragenden Ansatz der Mikrosoziologie** dar. Nach ihr definieren die **Erwartungen** an eine Position (z. B. Abteilungsleiter), die von verschiedenen anderen sozialen Positionen (z. B. Sachbearbeiter, Bereichsleiter, Kollegen, Familienangehörige) an diese gestellt werden, im wesentlichen die Führungsrolle.

Definition

Unter **Rolle** versteht man ein Bündel normativer Erwartungen von häufig unterschiedlichen Erwartungsträgern (Sendern), die sich an die Inhaber bestimmter sozialer Positionen richten.[108]

Diese – nunmehr struktur- statt persönlichkeitsorientierte – Erklärung der Führung zeigt einen wichtigen Perspektivenwechsel an. Der **Führungserfolg** hängt wesentlich davon ab, welche **Erwartungen von zentralen Bezugspositionen und -personen** (z. B. Mitarbeitern, Vorgesetzten, Kollegen) an die Führungsrolle beziehungsweise an die Geführten- und Kollegenrolle gestellt werden, wie sich diese Anforderungen mit der eigenen Definition des Stelleninhabers decken und inwieweit die Erwartungen der Bezugsgruppen erfüllt werden (vgl. Abb. 14). Dabei können formalisierte und informale und vor allem sozial definierte Rollenerwartungen unterschieden werden.

Eigenen empirischen Untersuchungen zufolge erwarten Mitarbeiter einer Führungskraft insbesondere, dass sie

- sie gerecht behandelt
- mit ihnen über Probleme und Ergebnisse der Arbeit spricht
- Probleme und Konflikte der gemeinsamen Zusammenarbeit kommuniziert
- sie in ihrer Qualifikation, Leistungsmotivation und Selbständigkeit fördert
- klare und begründete Entscheidungen trifft und
- aufgeschlossen für Neuerungen und Probleme außerhalb des Tagesgeschäftes ist.[109]

Eng mit diesem Ansatz verbunden ist die Diskussion struktureller **Rollenkonflikte**, die sich aus unterschiedlichen Erwartungen an denselben Inhaber einer

---

108 Vgl. Wiswede 1991
109 Vgl. Wunderer/Mittmann 1995b; Wunderer/Dick 2000

A
Konzep-
tionelle
und
theore-
tische
Grund-
lagen

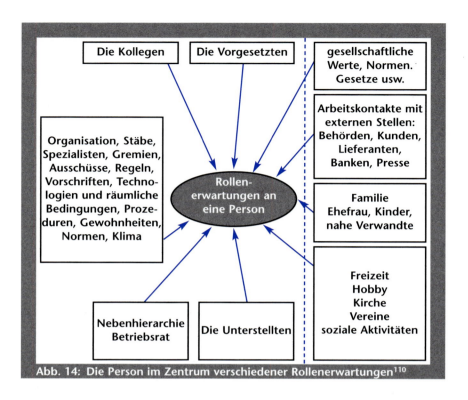

Abb. 14: Die Person im Zentrum verschiedener Rollenerwartungen[110]

Führungs- beziehungsweise Geführtenposition ergeben. Abb. 15 zeigt sechs klassische Rollenkonflikte der Führungskraft.[111]

Die Rollentheorie macht die oft sehr widersprüchlichen und damit konfliktträchtigen Anforderungen oder Erwartungen an eine Führungsposition deutlich, die von verschiedenen Bezugsgruppen an diese gestellt werden. Zugleich zeigt sie, dass es nicht nur auf die Person des Führers bei der Erklärung seines Erfolgs ankommt, sondern mindestens ebenso auf **strukturelle und damit personenunabhängige** Sichtweisen und Erwartungen. Sie erklärt auch, dass schon mit einem Wechsel der Perspektive andere Eigenschaften, Kenntnisse und Fähigkeiten ins Zentrum rücken, zumindest aber sich deren Gewichtung ändert.

In theoretischen und empirischen Untersuchungen wurden verschiedene Führungsrollen identifiziert. Allerdings ist dabei der zugrundegelegte Rollenbegriff zumeist nur locker mit der Rollentheorie verbunden.[112] Wie Abb. 16 zeigt, liegen diesen Ansätzen neben der für die Rollentheorie charakteristischen erwartungsorientierten Rollenbeschreibung diverse andere Rollenkonzeptionen zugrunde.

---

110 Aus: Neuberger 1994a, S. 84
111 Vgl. Neuberger 1994a, Staehle 1994, vgl. dazu auch umfassend Giddens 1988
112 Vgl. Wiswede 1995

Konfliktart	Beispiel
Intra-Sender-Konflikt: Die Führungskraft richtet widersprüchliche Erwartungen an sich selbst.	Die Führungskraft verlangt von sich selbst schnelle und zugleich fehlerfreie Aufgabenerledigung.
Inter-Sender-Konflikt: Verschiedene Positionsinhaber richten widersprüchliche Erwartungen an die Führungskraft.	Der Vorgesetzte der Führungskraft erwartet eine erfolgreiche Durchsetzung unpopulärer Entscheidungen, während die Mitarbeiter Abschirmung, Verständnis und Rücksichtnahme wünschen.
Inter-Rollen-Konflikt: Aufgrund unterschiedlicher Rollenzugehörigkeiten ist die Führungskraft mit widersprüchlichen Erwartungen konfrontiert.	Der mit der Führungsrolle verbundene Zeitaufwand von 50-60 Wochenstunden kollidiert mit Anforderungen in der Familie.
Person-Rollen-Konflikt: Die Führungskraft kann Rollenerwartungen nicht mit ihren Selbstbild in Einklang bringen	Die Führungskraft identifiziert sich zu sehr mit ihren Fachaufgaben und betrachtet ihre Führungsrolle als lästige Nebenaufgabe.
Rollen-Ambiguität: Die Erwartungen an die Führungskraft sind zu unpräzise, nur in Umrissen skizziert oder lauten informell ganz anders.	Die Führungskraft wird von Ihrem Vorgesetzten aufgefordert, das angeschlagene Arbeitsklima in der Abteilung zu verbessern. Informell wird jedoch in erster Linie eine Steigerung des Outputs erwartet.
Rollen-Überlastung: Die Menge der positionsspezifischen Anforderungen überfordert die Führungskraft. Sie wird gezwungen, Abstriche zu machen und Prioritäten zu setzen.	Die Führungskraft soll an einem Tag zugleich zwei Kundenbesuche absolvieren, an zwei Konferenzen teilnehmen, mehrere Einstellungsgespräche führen und einen einstündigen Vortrag vorbereiten und halten.

Abb. 15: Rollenkonflikte

Art der Rollenbeschreibung	Zentrale Fragestellung
● Erwartungsorientierte Rollenbeschreibung	Welche Rollenerwartungen werden an den Führer gestellt?
● Eigenschaftsorientierte Rollenbeschreibung	Welche Eigenschaften sollten (erfolgreiche) Führer haben?
● Funktionsorientierte Rollenbeschreibung	Welche Funktionen müssen Führer dabei erfüllen?
● Aktivitätsorientierte Rollenbeschreibung	Welches Führungsverhalten zeigen Führungskräfte tatsächlich?
● Effizienzorientierte Rollenbeschreibung	Welche Rollen sollte ein effizienter Führer beherrschen?
● Gruppenorientierte Rollenbeschreibung	Wie können unterschiedliche Führungsrollen in der Gruppe aufgeteilt werden?

Abb. 16: Aspekte der Rollenbeschreibung[113]

---

113 Wiswede 1995, Sp. 827

A
Konzep-
tionelle
und
theore-
tische
Grund-
lagen

Ein Beispiel einer aktivitätsorientierten Rollenbeschreibung sind die im Rahmen der Ohio-Studien[114] gewonnenen 9 Dimensionen des Führungsverhaltens (Initiative, Leistung, Organisation, Kommunikation, Anerkennung, Domination, Verbundenheit, Integration, Repräsentation), die über statistische Analysen auf die beiden Faktoren ⇒ *Consideration* und ⇒ *Initiating structure* reduziert wurden. Daraus konnten zentrale Führungsdimensionen herausgearbeitet und Empfehlungen für die Auswahl, die Beurteilung und die Entwicklung von Führungskräften abgeleitet werden.

Im Zusammenhang damit wurden – in einer funktionalen Betrachtung – schon früh Kombinationen einer personalen Rollendifferenzierung diskutiert, z. B. Tüchtigkeits- und Beliebtheitsspezialisten in einem Führungsdual.[115] Es zeigte sich, dass Aufgabenspezialisten selten zugleich sozio-emotionale Spezialisten sind. Daher wurde empfohlen, Führungsfunktionen bewusst auf mehrere Personen zu verteilen.[116] In Analogie dazu plädieren wir mit Bezug auf das Konzept des internen Unternehmertums dafür, Arbeitsgruppen so zu besetzen, dass sich die Personen gerade in ihren unternehmerischen Schlüsselkompetenzen möglichst optimal ergänzen. Schließlich definiert das Rollenkonzept die wichtige Differenzierung zwischen informalem und formalem Führer.

Fazit

Die Rollentheorie der Führung und die damit im weitesten Sinne verbundenen Konzepte sind für Theorie und Praxis von großer Bedeutung, insbesondere für die Entwicklung von Führungsanalysen, Führungsbeschreibungsbogen, ⇒ *Assessments*, Personalbeurteilungsverfahren, bis hin zu hilfreichen metaphorischen Definitionen (z. B. »Coach«, »Katalysator«, »Mitunternehmer«) für strategische Leitbilder oder Trainings.[117] Für konzeptionelle, insbesondere organisationale wie verhaltensorientierte Ansätze ist die Rollentheorie eine unverzichtbare Grundlage. Nicht zuletzt hat die funktionsorientierte Perspektive (zentrale Frage: »Welche Funktionen haben Führungskräfte?«) Anregungen zur Herausarbeitung der zentralen Führungsrollen (insb. Coach und Motivator) gegeben – auch für das **Mitunternehmertum**.

Ebenso schlägt die Rollentheorie eine Brücke zwischen Person und Gruppe und eröffnet eine Verbindung zu einer dynamischen Situationsorientierung. Grenzen sind vor allem im Verständnis von Personen als »Rollenträger« im Sinne von vorwiegend strukturgesteuerten Objekten zu sehen.

---

114 Vgl. Kapitel D I. Mitarbeiterführung – Führungsstile
115 Vgl. Bales/Slater 1955
116 Vgl. Paschen 1978; Margerison/McCann 1985; Quinn/Faerman/Thompson et al. 1990; Neuberger 1995b; Paschen 1995. Die Forschungen und Differenzierungen zum Promotorenkonzept, das gerade für das Mitunternehmertum wichtig ist, gehen in die gleiche Richtung. Hier wird z.B. zwischen Fach-, Prozess-, Beziehungs- und Machtpromotoren unterschieden. Einzelne Personen nehmen damit unterschiedliche Rollen wahr. Diese Synergie wird durch deren Zusammenwirken (Promotorengespanne) gesichert; vgl. Abschnitt 3.1.4
117 Vgl. Wunderer 1991b

Der Rollenansatz zeigt für das Konzept des **internen Unternehmertums** die Bedeutung eigener Rollendefinitionen (unternehmerisch denken und handeln) und ihre transparente Definition (z. B. in Unternehmungsgrundsätzen) sowie die Problematik konkurrierender Rollenerwartungen (z. B. von Mitarbeitern, Kunden und Kapitalgebern).

4.2 Machttheoretische Ansätze der Führung

Macht ist ein notwendiges Definitionsmerkmal von Führung als spezielle Ausprägungsform von Einflussnahme. Differenziert wird vor allem nach **Inhaber, Reichweite, Intensität, Taktiken, Kosten** und **Quellen der Macht**.[118]

> ### Definition
>
> X (**Machthaber**) hat Macht über Y (der **Beherrschte**) in Bezug auf Handlungen, Entscheidungen oder Meinungen (**Machtbereich**), die Y mit einer gewissen Wahrscheinlichkeit ausführt (**Machtfülle**), wenn X bestimmte **Machtmittel** (z. B. Überzeugung, Zwang, Belohnung) konsequent anwendet. Die Macht von X kann auf verschiedenen **Machtgrundlagen** (z. B. Besitz, Amtsautorität, Wissen) basieren; ihre Ausübung ist mit einem gewissen Aufwand (**Machtkosten**) verbunden.[119]

In Führungstheorien hat der Machtansatz zentrale Bedeutung, so z. B. in der **Eigenschaftstheorie** mit der Variablen »Machtmotivation« als längerfristig stabile Handlungsdisposition. In der **Rollentheorie** thematisieren positionsbezogene gruppendynamische Differenzierungen die Faktoren **Macht** und **Dominanz**. In **Attributionstheorien** wird die **Zuschreibung von Macht** als wesentliche Variable für personale Autorität diskutiert. Bei der Diskussion von Führungsstilen wurden diese zunächst in eindimensionalen Modellen auf die Machtebene reduziert.[120] Während in den bekannten zweidimensionalen Ansätzen, die mit dem Ohio-Konzept verbunden sind, diese Variable fehlt, ist sie ein konstitutiver Bestandteil unseres zweidimensionalen Führungsstilkonzeptes.[121]

Machtbasen sind ein weiterer zentraler Aspekt. Sie beeinflussen die Akzeptanz von Führung wesentlich. Hierzu zählen gemäß einer vielzitierten Typologie von French/Raven **Expertentum** (»expert power«), **Macht durch Identifikation** (»referent power«), **Amtsautorität** (»legitimate power«), **Belohnungs- und Bestrafungsmacht** (»reward/coercive power«) und **Informationskontrolle** (»informational power«).[122] Eine Umsetzung des Mitunternehmertums, das Prinzipien wie

---

118 Vgl. Neuberger 1995a
119 Vgl. Zelger 1972
120 Vgl. Tannenbaum/Schmidt 1958; White/Lippitt 1960
121 Vgl. Kapitel D I. Mitarbeiterführung – Führungsstile
122 Vgl. French/Raven 1968

A
Konzep-
tionelle
und
theore-
tische
Grund-
lagen

Selbständigkeit und Selbstbestimmung betont, scheint mit Bezugnahme auf Machtgrundlagen wie »Expertentum« oder »Identifikation« eher möglich als mit den übrigen Machtbasen. Gerade nach dem Konzept **Mitunternehmertum** verfügen nicht nur die Führungskräfte, sondern auch die Mitarbeiter über Machtpotentiale, insbesondere in Form von Fach- und Erfahrungswissen (Expertentum).

Schließlich werden seit den achtziger Jahren **Machttaktiken** zur Sicherung und Ausweitung von Einfluss diskutiert, dabei z. T. unter den Schlagworten »Mikropolitik«[123] oder Machiavellismus.[124] Abb. 17 zeigt beispielhaft einige mikropolitische Techniken, die von Führern und Geführten gleichermaßen angewendet werden können. Anders als Machiavellismus ist der Begriff Mikropolitik nicht ausschließlich negativ besetzt. Mikropolitik ist »kein bedauerlicher und vermeidbarer Betriebsunfall oder ein unerklärliches Krebsgeschwür im ansonsten gesunden Organismus des Unternehmens, sondern (…) Bestandteil organisierten sozialen Handelns«[125] und gerade für Mitunternehmer – in bestimmten Erscheinungsformen – notwendig. Sicherlich behindern mikropolitische Aktivitäten eines Mitarbeiters vom Typ »Bremser«, wie z. B. Dienst nach Vorschrift oder Sabotageakte, die Realisierung der Unternehmensstrategien. Anderseits lassen sich neuartige Problemlösungen und kontinuierliche Verbesserungen leichter finden und umsetzen, wenn man auch gegenteilige Meinungen rechtzeitig in Erfahrung bringt und dann verständigungsorientiert diskutiert, wenn man Zugang zu wichtigen Informationen hat, sich und seine Ideen gut und zum richtigen Zeitpunkt präsentiert und durch eigeninitiierte Netzwerkbildung auf die Unterstützung wichtiger Personen zählen kann.

Fazit

Machttheoretische Ansätze haben eine zentrale Bedeutung in der Führungsforschung erlangt. Sie bereichern und fundieren zum einen verschiedene Theorien und Konzepte. Zum anderen decken sie – insbesondere mit dem Thema Mikropolitik – einen lange Zeit tabuisierten Teil betrieblicher Lebenswirklichkeit auf, auch wenn diese Thematik in der Managementpresse und in populärwissenschaftlichen Publikationen oftmals reißerisch, einseitig negativ und übertrieben dargestellt wird. Damit können Facettenreichtum und Vielfalt in den Möglichkeiten des Machtaufbaus aufgezeigt und Konzepte wie **Mitunternehmertum** oder auch »Führung durch Mitarbeiter«[126] untermauert und dem Praktiker ein Stück Lebenshilfe gegeben werden.

---

123 Vgl. Burns 1962; Dick 1993; Neuberger 1994a; 1995c sowie Kapitel D II. Führung des Chefs (Führung von unten) – Einflussstrategien
124 Vgl. Siegel 1987
125 Neuberger 1994a, S. 269
126 Vgl. Kapitel B I. Mitarbeiter als Mitunternehmer – ein Transformationskonzept sowie D II. Führung des Chefs (Führung von unten) – Einflussstrategien

● **Informationskontrolle (Bsp.):**
  – Informationsfilterung, -zurückhaltung, -verzerrung
  – gezielte Kontaktpflege zur Erschließung von Informationsquellen
  – Intrigieren
  – Wissensmonopole erwerben, sich unentbehrlich machen

● **Kontrolle von Verfahren, Regeln und Normen (Bsp.):**
  – Einfluss nehmen auf die Formulierung von Kontroll- bzw. Bewertungsmaßstäben
  – mehrere, unscharfe, widersprüchliche Kriterien bzw. Richtlinien etablieren
  – Regeln im eigenen Sinne »dehnen«, einseitig auslegen
  – Präzendenzfälle, Gewohnheitsrechte und Traditionen geltend machen

● **Beziehungspflege (Bsp.):**
  – Bildung von Koalitionen, Netzwerken, Seilschaften, Promotionsbündnissen
  – bestechen, korrumpieren
  – Kontakt zu wichtigen Mentoren/Sponsoren pflegen
  – Don-Corleone-Prinzip: an frühere Gefälligkeiten erinnern und Gegenleistungen einfordern
  – durch Beziehungspflege zu Hilfspersonal (Fahrer, Telefonist, Sekretärin …) Zugang zu Insider-Informationen sichern

● **Selbstdarstellung (Bsp.):**
  – sich vorteilhaft präsentieren, Impression Management
  – durch auffällige Aktionen eigene Sichtbarkeit erhöhen
  – ins Bockshorn jagen, verunsichern, bluffen
  – cool bleiben, Pokerface, andere im Unklaren lassen über Ressourcen und Schmerzgrenzen
  – sich schwach und hilflos geben, Helfersyndrom herausfordern

● **Situationskontrolle, Sach-Zwang (Bsp.):**
  – etwas Fragliches als unstrittiges Faktum hinstellen/behandeln
  – Schwejkismus, Dienst nach Vorschrift, sabotieren, sich dumm stellen
  – Neuerungen in kleinen unmerklichen Schritten einführen
  – Absichten und/oder Auswirkungen verschleiern, verharmlosen

● **Handlungsdruck erzeugen (Bsp.):**
  – emotionalisieren, Begeisterung wecken, Kritik ausschalten
  – für geeignete Stimmung, richtiges Ambiente sorgen, Anhänger mobilisieren
  – eigenen Rückzug (Kündigung) androhen, Beziehung aufkündigen, »im Regen stehen lassen«
  – (künstliche) Krisen erzeugen und/oder nutzen, um sich als »Retter in der Not« zu präsentieren und besondere Handlungsfreiheiten in Anspruch nehmen zu können.

● **Chancen nutzen, Timing (Bsp.):**
  – Gelegenheiten oder Zufälle nutzen bzw. den günstigsten Zeitpunkt abwarten können, um längst vorbereitete Pläne mit Überraschungsvorteil durchsetzen zu können
  – verfügbar, mobil, flexibel, »Mehrzweckwaffe« sein und sich so für Sonderaufgaben empfehlen

Abb. 17: Mikropolitische Techniken in Unternehmen[127]

---

127 Nach Neuberger 1994a, S. 269ff.; vgl. auch Kapitel D IV. Laterale Kooperation als Selbststeuerungs- und Führungsaufgabe

A
Konzep-
tionelle
und
theore-
tische
Grund-
lagen

4.3 Ökonomische Theorien

Für die Betriebswirtschaftslehre sind ökonomische Konzepte natürlich von besonderer Bedeutung. Die Entwicklung einer »Führungsökonomik«[128] liegt somit nahe. Neben dem systematischen Herausarbeiten des ökonomischen Gehaltes von Führungstheorien (insbesondere der Austausch-Theorien, der Weg-Ziel-Theorien und der Anreiz-Beitrags-Theorien) geht es vor allem um die **führungstheoretische Interpretation institutioneller Unternehmens- und Organisationstheorien**. Hierbei steht die strukturelle Führung, die auch beim **Mitunternehmertum** eine tragende Rolle einnimmt, im Vordergrund. Die Neue Institutionenökonomik analysiert unter anderem die Gründe für die Ausdifferenzierung von Institutionen (Werte, Unternehmensverfassungen, Vertragsarten) und die Entwicklung von Regeln, Grundsätzen, Restriktionen und ⇒ *Normen* für die Gestaltung des Innenverhältnisses zwischen Auftraggeber und Auftragnehmer sowie die damit verbundenen Kooperations- und Delegationsstrukturen. Damit können auch Führungsstile stärker unter marktlichen Vertrags- als unter organisatorisch-hierarchischen Machtkonzepten diskutiert werden, wobei kooperative bzw. delegative Stile – insbesondere mit Blick auf das Konzept internes Unternehmertum – besondere Aufmerksamkeit verdienen. Folgende drei Ansätze werden dabei vorrangig diskutiert. Besonders der Transaktionskostenansatz könnte ebenso gut bei den Interaktionstheorien abgehandelt werden. Der geschlossenen Darstellung wegen wurde aber auf eine Trennung verzichtet.

4.3.1 Property-Rights-Ansatz

Der Property-Rights-Ansatz konzentriert sich auf die **Regelung der zur Aufgabenerfüllung erforderlichen Kompetenzen** und auf die **ökonomischen Folgen von institutionellen Regelungen**.[129]

Definition

Unter **Property Rights** (Verfügungsrechte) werden die Nutzungs-, Veränderungs-, Gewinnaneignungs- und Veräußerungsrechte der eingesetzten oder entstehenden Ressourcen verstanden.[130]

Er lässt sich auf unterschiedliche wirtschaftliche Prozesse anwenden. Für Führungsprozesse können folgende Erkenntnisse abgeleitet werden:

- Verfügungsrechte stellen Anreize dar, die sich bei allen am Führungsprozess Beteiligten einsetzen lassen. Ein Beispiel für Verfügungsrechte sind Entscheidungskompetenzen für Personaleinstellungen.

---

128 Vgl. Wunderer 1995a sowie Kapitel A III. Betriebswirtschaftliche Führungsforschung und Führungslehre
129 Vgl. Picot 1987
130 Vgl. Picot 1995

- Die Übertragung umfassender Verfügungsrechte erhöht Interesse und Bereitschaft zu unternehmerischem Handeln.
- Die Übertragung von Verfügungsrechten kann zu unerwünschten Handlungsweisen führen (Delegationsrisiko).
- Das Delegationsrisiko lässt sich durch das prinzipielle Recht zur Verwendung der eingesetzten Ressourcen auf alternativen Märkten einschränken. Ein Beispiel: Interne Kunden können auf externe Lieferanten (z. B. Trainer) ausweichen.

Fazit

Es geht hier um eine optimale – d. h. motivations- und leistungssteigernde sowie risikominimierende – Ausgestaltung von Handlungskompetenzen und Gewinnaneignungsrechten (z. B. Erfolgsbeteiligungen). Dabei werden die mitunternehmerischen Kompetenzen zum Mitbestimmen und Mitentscheiden, Mitfühlen/Miterleben und Mitbeteiligen in besonderem Maße angesprochen.

4.3.2 Principal-Agent-Ansatz

Der Principal-Agent-Ansatz behandelt eine ähnliche Thematik. Es wird analysiert, wie bei der Zusammenarbeit zwischen Auftraggeber (Principal) und Auftragnehmer (Agent) die **Interessen des Auftraggebers durch institutionelle Regelungen gesichert** werden können. Die dabei anfallenden »Agency-Costs«, also Kosten zur Vereinbarung und Kontrolle, Kosten des abweichenden Verhaltens oder Sanktionskosten werden dabei in die Kalkulation einbezogen. Weiterhin wird untersucht, inwieweit institutionelle Regelungen helfen, Principal-Agent-Kooperationen effizient zu gestalten.

Die Vorgesetzten-Mitarbeiter-Beziehung lässt sich gut als Principal-Agent-Konstellation definieren: Der Vorgesetzte beauftragt den Mitarbeiter, in seinem Sinne zu agieren. Zur **Eingrenzung** des dabei entstehenden **Delegationsrisikos** bieten sich verschiedene – mit spezifischen Vor- und Nachteilen verbundene – Führungsinstrumente an, so z. B.:[131]

- **Informationssysteme**, wie Budgetierungs-, Berichts- und Dokumentationssysteme, anhand derer die Führungskraft Aufschluss über die Aktivitäten des Geführten erhält
- explizite **Verhaltensnormen**, die »dem Agenten bestimmte beobachtbare Handlungen vorschreiben oder verbieten«[132] (z. B. Betriebsordnungen oder Führungsgrundsätze)
- **Kontroll- und Überwachungssysteme** (z. B. Führungs-Controlling)
- **Anreizsysteme** (z. B. Erfolgsbeteiligungen, Beförderungen) und
- **vertragliche Vereinbarungen** (z. B. Arbeitsverträge).

---

131 Vgl. Picot/Neuburger 1995
132 Wenger/Terberger 1988 zit. nach Picot/Neuburger 1995, Sp. 18

A
Konzep-
tionelle
und
theore-
tische
Grund-
lagen

Fazit

Ein Grundgedanke des Principal-Agent-Ansatzes – die Beschränkung des Delegationsrisikos durch institutionelle Regelungen über strukturelle Führung – lässt sich auch gut auf das **Mitunternehmertum** anwenden. Da gerade dieses Konzept relativ große Entscheidungs- und Handlungsspielräume vorsieht, bestehen auch besondere Missbrauchsmöglichkeiten. Unternehmerische Führung begegnet dieser latenten Gefahr insbesondere durch transformationale Wertesteuerung, Empowerment, immaterielle Anreize und ergebnisorientierte Kontrollformen.

4.3.3 Transaktionskostenansatz der Führung

Wenngleich der Transaktionskostenansatz ein zentrales Konzept für Interaktions- und Austauschbeziehungen darstellt, wird er aus systematischen Gründen und seinem Ursprung entsprechend im Zusammenhang mit den neueren ökonomischen Theorien diskutiert.

Der Transaktionskostenansatz befasst sich mit den Kosten arbeitsteiliger Aufgabenerfüllung in Kooperationsbeziehungen. Zentrale Untersuchungseinheit ist die – als Transaktion bezeichnete – Übertragung von Verfügungsrechten. In diesem Zusammenhang werden verschiedene **Kostenarten und -folgen, die bei der Zusammenarbeit von Vorgesetzten und Mitarbeitern anfallen**, thematisiert. Dies sind die Kosten für Information, Kommunikation und Anbahnung (Informationskosten), Vereinbarung (Verhandlungskosten), Überwachung (Kontrollkosten) und Änderung (Anpassungskosten) im Führungsprozess.

> ### Definition
>
> **Transaktionskosten** sind die mit der Übertragung und Ausübung von Verfügungsrechten (Kompetenzen) verbundenen Kosten.[133]

Die **zentrale ökonomische Hypothese** lautet, dass – ceteris paribus – stets die **Vereinbarungsform mit den niedrigsten Transaktionskosten** gewählt wird.[134] Institutionelle Regelungen der Führung dienen damit der Senkung von Transaktionskosten, da sie den Vereinbarungsaufwand reduzieren oder zumindest substituieren. Dies lässt sich u. a. am Beispiel von starken Unternehmenskulturen,[135] Führungsgrundsätzen[136] und Stellenbeschreibungen zeigen: Je mehr es gelingt, die zentralen Werte der Unternehmung in den Köpfen der Mitarbeiter zu verankern, desto mehr werden sie von sich aus – ohne explizite Anweisung oder Absprache – im Sinne der Unternehmung denken und handeln. Und je stärker die Aufgaben und Rollen von Führer und Geführten in Führungsgrundsätzen und

---

133 Picot 1995, Sp. 2108
134 Vgl. Picot 1987
135 Vgl. Picot 1993
136 Vgl. Wunderer 1981a

Stellenbeschreibungen präzisiert sind, desto geringer ist der interaktive Abstimmungsaufwand.

Fazit

Transaktionskosten sind von konzeptionell hoher Bedeutung für die zuvor diskutierten Ansätze und zeigen zumindest ein heuristisches Potential für die Erklärung und Gestaltung von Führungsprozessen. Ebenso wird zwischen »weichen« und »harten« Vereinbarungsmustern unterschieden. Letztere verursachen höhere Kosten bei ihrer Formulierung und Einführung (z.B. schriftliche Führungsgrundsätze), dagegen geringere bei der Interpretation und Evaluation.[137]

Zusammenfassende Beurteilung

Aufgrund ihrer einfachen, präzisen und zunehmend akzeptierten theoretischen Fundierung und der interessanten vertragstheoretischen Perspektive bieten die ökonomischen Führungstheorien ein **erhebliches heuristisches Potential**. Beispielsweise lassen sich anregende Analogien zwischen volks- und betriebswirtschaftlichen Theorien bilden und damit auch Brücken zwischen beiden Disziplinen wieder aufbauen. Allerdings finden sich bislang erst wenige Ansätze zu einer empirischen Überprüfung der ökonomischen Aussagen zur Führung. Und die Arbeiten konzentrieren sich bisher auf ⇒ *extrinsische* Anreizsysteme, Personalgewinnung und -einsatz. Auch sollte an dieser Stelle kurz auf einige **Kritikpunkte** zu den Prämissen und der Methodologie der ökonomischen Führungstheorien hingewiesen werden:[138]

● **Prämissenkritik:** Zunächst basieren die ökonomischen Führungstheorien auf einem engen Verhaltensmodell. Das zugrundeliegende ⇒ *Menschenbild* des ⇒ *homo oeconomicus* wird der menschlichen Komplexität nicht gerecht.[139] Auch impliziert die dem ⇒ *homo oeconomicus* inhärente Opportunismus-Annahme ein einseitiges Negativurteil über die menschliche Natur. Diese einseitige Bewertung menschlichen Verhaltens scheint uns empirisch auch nicht genügend verifiziert. Ein weiterer Kritikpunkt gegen das ökonomische Annahmengerüst richtet sich dagegen, den Erfolg von Verträgen und Transaktionen einzig an ökonomischen Effizienzkriterien zu messen und z.B. ethische Fragen der Vertragsgestaltung allenfalls als wünschenswerte Rahmen- oder Nebenbedingung zu verstehen.

● **Methodenkritik:** Zentrale Untersuchungseinheit sind jeweils die vertraglichen Beziehungen zwischen zwei Individuen. Eine auch für Führungsfragen entscheidende Betrachtung der Organisation als System mit eigenen Zielen, Strukturen und Interaktionen mit der Umwelt und/oder anderen Organisationen findet in diesem Kontext wenig Raum. Diese reduktionistische Betrach-

---

137 Vgl. Wunderer 1983a
138 Vgl. Weiershäuser 1996
139 Vgl. demgegenüber das erweiterte Modell des »Homo Oeconomicus Maturus« von Frey 1997

A
Konzep-
tionelle
und
theore-
tische
Grund-
lagen

tungsweise kann der Komplexität von Führungsbeziehungen nicht gerecht werden. Schwer wiegt zudem die Problematik der empirischen Ermittlung von Transaktionskosten. Bislang ist es nicht gelungen, die grundlegenden Kostenvariablen für empirische Analysen eindeutig zu quantifizieren und zu evaluieren. Diese Operationalisierungsprobleme schränken damit die Präzision führungsökonomischer Aussagen und ihre empirische Überprüfbarkeit ein.

Abschließend zeigt Abb. 18 alle positionsorientierten Führungstheorien und ihren jeweiligen Gegenstand im Überblick.

Theorie	Gegenstand
● Rollentheorie	– Erwartungen an Positionsinhaber und Rollenkonflikte – Differenzierung von Führungs- und Geführtenrollen
● Machttheoretische Ansätze	– Inhaber, Domänen, Reichweite, Intensität Kosten, Wirkungen, Grundlagen von Macht – Machttaktiken, Mikropolitik und Machiavellismus
● Property-Rights-Ansatz	– zur Aufgabenerfüllung erforderliche Kompetenzen (Verfügungsrechte) – ökonomische Folgen institutioneller Regelungen
● Principal-Agent-Ansatz	– Kosten der strukturellen Regelung von Führungsbeziehungen – effiziente Vertrags- und Organisationsgestaltung
● Transaktionskostenansatz	– Kostenarten und -folgen im Interaktions- und Leistungserstellungsprozess zwischen Führer und Geführtem

Abb. 18: Zentrale Inhalte positionsorientierter Führungstheorien

5 Interaktionsorientierte Führungstheorien

Die interaktionsorientierten Führungstheorien konzentrieren sich auf den **Austausch- und Einflussprozess zwischen Vorgesetzten und Geführten** bei der Erfüllung gemeinsamer Aufgaben. Die seit den sechziger Jahren diskutierten sozialen und ökonomischen Austauschtheorien verwenden bevorzugt kooperative, reziproke und zumindest langfristig tendenziell symmetrisch gestaltbare Ansätze. Sie konzentrieren sich auf die Führungsdyade oder die Gruppe. Hier wird der Differenzierung von Zalesny/Graen gefolgt, die einerseits zwischen sozialen und mehr ökonomisch orientierten austauschtheoretischen Ansätzen, andererseits zwischen dyadischen und gruppenbezogenen Führungsmodellen differenzieren.[140]

---

140 Vgl. Zalesny/Graen 1995

Soziale Austauschbeziehungen sind danach langfristiger, stabiler, weniger auf-
gabenbezogen und nicht nur auf Geldgüter oder Information gerichtet, sondern
auf Vertrauen, persönliche Kontakte, Anerkennung und Statussicherung. **Ökonomische Transaktionen** sind dagegen häufiger direkt und vor allem konkret an
messbaren Ressourcen und Ergebnissen, wie Geldgütern und Informationen ausgerichtet. Beide Kooperationssysteme sind zentrale Steuerungsgrundlagen im
Konzept Mitunternehmertum.[141]

5.1 Idiosynkrasie-Kredit-Theorie

Die Idiosynkrasie-Kredit-Theorie von Hollander betrachtet Führungskräfte und
Geführte als **allseitig aktive Akteure in wechselseitigen und dynamischen Ein-
flussprozessen.**[142] Die zentrale These lautet, dass die Führungskraft durch überdurchschnittliche Leistungen und hohe Loyalität gegenüber den Gruppennormen
Status und – damit verbunden – einen besonderen Kredit (»Idiosynkrasie-Kre-
dit«) erwerben kann. Dieser Kredit versetzt ihn in die Lage, ein von den Gruppennormen abweichendes Verhalten zeigen und damit notwendige Neuerungen
und Veränderungen initiieren zu können.

> ### Definition
>
> Der **Idiosynkrasie-Kredit** ist Ausdruck des innerhalb einer Gruppe erworbe-
> nen Status. Er bezeichnet das Ausmaß, bis zu dem eine Person von den Erwar-
> tungen der Gruppe abweichen kann, ohne Sanktionen befürchten zu müssen.
> Der Idiosynkrasie-Kredit bezeichnet also eine Art Vertrauensvorschuss oder
> Abweichungskredit.

Angesprochen sind hierdurch vor allem Legitimationsfragen. Auch gibt es Verbindungen zur transformationalen Führung, wo ebenfalls grundsätzliche oder einschneidende wertbezogene Veränderungen durch den Vorgesetzten thematisiert
werden.

Ein prominentes Beispiel für die Wirkung des Idiosynkrasie-Kredits findet sich
in der Politik: Während Richard Nixon an der Watergate-Affaire (und ihrer Thematik) scheiterte, nahm Bill Clintons Popularität aufgrund seines großen Idiosynkrasie-Kredits im Zuge der Lewinsky-Affaire sogar noch zu (vgl. Abb. 19).

Auch für den Aufbau und die Pflege langfristiger kooperativer Beziehungen im
sozialen Netzwerk des Mitunternehmertums spielt Vertrauen – auf Seiten der Geführten wie auch auf Seiten des Führers – eine zentrale Rolle. So wird ein Führer seine Rolle als Vorbild, Coach und Motivator nur dann erfüllen können, wenn
die Geführten ein hinreichendes Maß an Vertrauen in ihn setzen. Umgekehrt

---

141 Vgl. Kapitel B I. Mitarbeiter als Mitunternehmer – ein Transformationskonzept
142 Vgl. Hollander 1995

A
Konzep-
tionelle
und
theore-
tische
Grund-
lagen

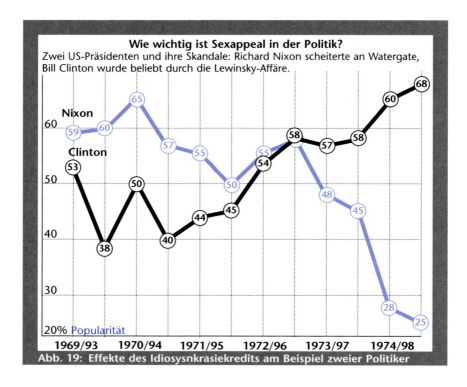

Abb. 19: Effekte des Idiosysnkrasiekredits am Beispiel zweier Politiker

müssen Vorgesetzte ihren Mitarbeitern genug Vertrauen entgegenbringen, um ihnen die für das Mitunternehmertum typischen Freiheiten zu gewähren.

Die Idiosynkrasie-Kredit-Theorie wurde bislang überwiegend in Experimental-situationen wissenschaftlich überprüft und bestätigt. Alltagserfahrungen deuten jedoch darauf hin, dass sie sich auch **zur Erklärung des Verhaltens in und von Gruppen »unter Normalbedingungen« eignet**: Sowohl in der Arbeitswelt als auch in anderen Bereichen sozialen Lebens lässt sich immer wieder beobachten, dass neue Mitglieder die Gruppennormen sehr genau befolgen (müssen), während etablierte Mitglieder davon abweichen (können). Die Idiosynkrasie-Kredit-Theo-rie bietet hierfür eine plausible Erklärung.

Fazit

Als Führungstheorie konzentriert sie sich auf die **Legitimation von Führung in interaktiven Prozessen**. Sie vermag insbesondere die Entstehung von Führer-schaft im Rahmen autonomer Gruppenentscheide nachzuzeichnen. Ihre Kern-aussagen haben jedoch auch für offiziell bestellte Führer Gültigkeit und lassen sich ebenfalls auf Geführte übertragen. In dieser Interpretation leistet dieser An-satz auch einen Beitrag zur theoretischen Fundierung des Mitunternehmertums, auch insbesondere für die Integration unterschiedlich qualifizierter Mitarbeit, für die Akzeptanz »abweichenden Verhaltens« sowie für die Wirkung der sozialen Netzwerksteuerung.

5.2 Dyadische Führungstheorie

Die dyadische Führungstheorie konzentriert sich auf die **Zweierbeziehung zwischen Führer und einzelnen Mitarbeitern**. Diese Beziehung wird als ein **Verhandlungsprozess** verstanden, der nach Intensität, Umfang, Inhalt und Stil individuell variiert. Bei geringer Bindung und kalkulativer Orientierung gerinnen die Austauschbeziehungen zu überwiegend ökonomischen Transaktionen mit der Suche nach direkten, konkreten und verhaltens- bzw. ergebnisspezifischen Belohnungen. Andere Dyaden sind dagegen mehr von sozialem Austausch auf der Basis von Vertrauen, ⇒ *Commitment*, Loyalität und reziproker Interaktion auf der Grundlage des Anreiz-Beitrags-Konzepts gekennzeichnet.[143] Zentrale Hypothese ist, dass die grundlegenden Führungsprozesse in Organisationen bei und mit Dyaden beginnen.[144]

Geht man allerdings davon aus, dass die Führungsbeziehungen immer auch durch das organisationale Umfeld beeinflusst werden, so verweisen diese Aussagen auf die Bedeutung sozialer Netzwerksteuerung:[145] Je mehr innerhalb der gesamten Organisation auf Vertrauen in langfristige Gegenleistungen, Fairness und ⇒ *Commitment* gesetzt wird, desto geringer sind Auftretenswahrscheinlichkeit und Überlebenschancen rein ökonomischer Austauschbeziehungen.

Das **Vorgesetzten-Mitarbeiter-Verhältnis** (»Beziehungsqualität«) lässt sich im Anschluss an den Verhandlungsprozess grob zweiteilen (**IN-Group/OUT-Group**). Studien zeigen, dass eine gute interne Beziehungsqualität (IN-Group) die Zufriedenheit des Mitarbeiters und dessen Einbindung in die Organisation erhöht, wahrgenommene arbeitsbezogene Probleme oder Probleme mit dem Vorgesetzten reduziert und die Einsatzbereitschaft steigert.[146] Der Vorgesetzte unterstützt und fördert in diesem Fall seine Mitarbeiter stärker, überträgt ihnen mehr Verantwortung[147] und schafft somit günstige Voraussetzungen dafür, dass sich Mitarbeiter zu Mitunternehmern entwickeln.

Fazit

Mit diesem Ansatz wird die **Führungsstildiskussion personalisiert**, ein **differenzierter Führungsstil abgeleitet** und **Führung als wechselseitiger, dynamischer Kooperationsprozess mit hohem Verhandlungscharakter verstanden**. Situative Variablen bleiben dagegen weitgehend ausgeblendet. Deren Relevanz wird jedoch gerade bei einem Vergleich mit dem Konzept **Mitunternehmertum** – insbesondere in der Bedeutung struktureller Führung – deutlich.

Abb. 20 fasst die zentralen Aspekte interaktionsorientierter Theorien zusammen:

---

143 Vgl. Barnard 1938; Simon 1957
144 Vgl. Graen/Scandura 1987a
145 Vgl. Kapitel B I. Mitarbeiter als Mitunternehmer – ein Transformationskonzept
146 Vgl. Cashman et al. 1976; Graen et al. 1977; Rosse/Kraut 1983
147 Vgl. Dienesch/Liden 1986; Schettgen 1991

A
Konzep-
tionelle
und
theore-
tische
Grund-
lagen

Theorie	Gegenstand
● Idiosynkrasie-Kredit-Theorie	– wechselseitige und dynamische Einflussprozesse zwischen Führer und Geführten im besonderen: »Vertrauensvorschuss«: Statuserwerb durch den Führer zur Legitimation (Akzeptanz) abweichenden Verhaltens
● Dyadische Führungstheorie	– Verhandlungsprozesse zwischen Führer und Geführtem

Abb. 20: Inhalte interaktionsoriertierter Theorien im Überblick

6 Situationstheorien der Führung

Was wir bei Person, Position und Interaktion schon teilweise einbezogen hatten, wird in Situationstheorien der Führung nun explizit zur Grundlage, zur zentralen Hypothese und zum ⇒ *Bezugsrahmen*: Einflussvariablen der Mikro- und Makroebene auf den Führungserfolg.

6.1 Mikroansätze der Führung

Hier wird **Führungserfolg** als **abhängig (kontingent) von einer Vielzahl von strukturellen Einflussfaktoren der Außen- und Innenwelt einer Organisationseinheit** verstanden. Um diesen Ansatz schließlich aber überprüfbar zu machen, wird zumindest in allen Erklärungsmodellen versucht, die Zahl der Variablen wieder drastisch zu reduzieren. Dies geschieht entweder über einfache Annahmen[148] oder über empirische Ansätze zur Messung der Einflusswirkung (z. B. über Faktoren- oder ⇒ *Regressionsanalysen* der »schließenden« Statistik). Letztlich stehen dabei organisationsinterne, z. T. nur teaminterne Situationsvariablen, im Vordergrund.

6.1.1 Das Kontingenzmodell von Fiedler

Das am meisten diskutierte, replizierte und überprüfte Kontingenzmodell hat F. Fiedler entwickelt.[149] Fiedler geht davon aus, dass die ⇒ *Effizienz* von Führung **hauptsächlich von der motivationalen Orientierung des Führers sowie von organisationsinternen situativen Konstellationen abhängt.**

Die grundlegende Dimension seines Modells ist der Führungsstil – genauer: die »Führungsmotivation« – des Vorgesetzten. Dieser wird als »the underlying need-structure of the individual that motivates his behavior in various leadership situations«[150] definiert. Operationalisiert wird der Führungsstil durch den sogenannten **Least Preferred Co-Worker-Score (LPC-Score)**: Vorgesetzte sollen anhand

---

148 Vgl. Fiedler/Chemers/Mahar 1976
149 Vgl. Fiedler 1967
150 Green et al. 1970; zit. nach Wunderer/Grunwald 1980/Bd. I, S. 262

von 16 achtstufigen Adjektivskalen (z. B. warmherzig – kalt) denjenigen Mitarbeiter beurteilen, mit dem sie bislang am schlechtesten zusammenarbeiten konnten. Der resultierende Wert indiziert den eindimensional konzipierten Führungsstil: Eine negative Gesamtbewertung des Least Preferred Co-Workers (niedriger LPC-Wert) steht für Aufgabenorientierung, eine wohlwollende (hoher LPC-Wert) für Mitarbeiterorientierung.

Fiedler stellt dem Führungsstil (aufgaben- oder mitarbeiterorientiert) **drei Situationsvariablen** gegenüber: **Aufgabenstruktur, Positionsmacht des Führers und Führer-Mitarbeiter-Beziehungen.** Über (umstrittene) empirische Untersuchungen kommt er zu dem Ergebnis, dass aufgabenorientierte Führer in Situationen mit sehr starker oder sehr geringer Positionsmacht, sehr komplexer oder sehr einfacher Aufgabenstruktur sowie sehr guten oder sehr schlechten Mitarbeiterbeziehungen erfolgreich sind. Dagegen sind mitarbeiterorientierte Führer besonders erfolgreich in Situationen mittlerer Günstigkeit. Nach Fiedler handelt es sich bei Situationen von mittlerer Günstigkeit um

● Situationen mit strukturierten Aufgaben und unbeliebten Führern, die deshalb diplomatisch vorgehen müssen sowie um
● Situationen mit unstrukturierten Aufgaben und beliebten Führern, die aufgrund des komplizierten Aufgabentypus eng mit der Gruppe kooperieren müssen.

Fiedler empfiehlt, dass die Führer die adäquate, zu ihrem Führungsstil passende Situation entweder suchen (z. B. Positions- oder Firmenwechsel) oder durch Veränderung der drei Situationsvariablen herstellen sollten.

Abb. 21 veranschaulicht die Korrelation zwischen LPC-Wert und Gruppenleistung in Abhängigkeit von der situativen Günstigkeit im Detail.

Den Führungsstil selbst hält Fiedler für kaum veränderbar. Hier zeigt sich eine gewisse – wenn auch nur sehr weitläufige – Parallele zum **Mitunternehmertum:** Obwohl dieser Ansatz längst nicht so pessimistische Annahmen zugrunde legt, wird auch hier auf die Grenzen der Veränderbarkeit von unternehmerischen Schlüsselkompetenzen verwiesen und die Bedeutung von Personalauswahl und -einsatz hervorgehoben.

Diverse Untersuchungen – vor allem Fiedlers eigene Analysen – unterstützen die Aussagen des Modells,[151] doch ist die Zahl der erfolglosen Überprüfungs- und Wiederholungsstudien überdurchschnittlich hoch.[152]

Fazit

Das Konzept erweitert den bis dahin vorherrschenden personalen beziehungsweise interaktionistischen ⇒ *Bezugsrahmen*, insbesondere für empirische Unter-

---

151 Vgl. z.B. Fiedler/Mahar 1979; Fiedler et al. 1984; Burke/Day 1986
152 Vgl. Neuberger/Roth 1974; Schriesheim/Hosking 1978; Wunderer 1979a; Meyer 1982; Vecchio 1983; Jago/Ragan 1986; Frost 1986; Kennedy et al. 1987

A
Konzep-
tionelle
und
theore-
tische
Grund-
lagen

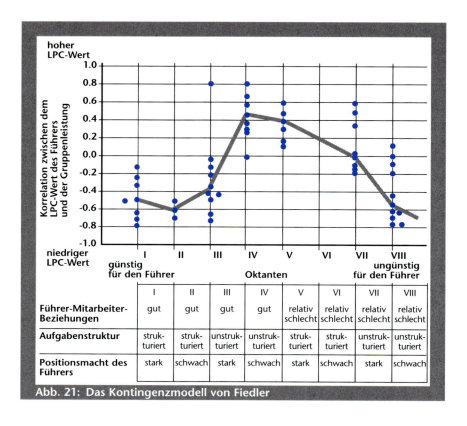

Abb. 21: Das Kontingenzmodell von Fiedler

suchungen. Es stellt einen operationalisierten systematischen, prägnant gestalteten sowie mit klaren Handlungsempfehlungen bereicherten Kontingenzansatz
vor. Problematisch ist – abgesehen von Mess- und Gewichtungsfragen – die für
sozialpsychologische Forscher typische Reduktion auf Variablen der Teamstruk-
tur. Faktoren wie Organisationskultur und -verfassung, Marktstruktur und -situa-
tion sowie die Einflussgestaltung durch Mitarbeiter bleiben ausgeklammert.[153] Im
Grunde reduzieren sich die Gestaltungsempfehlungen auf mikropolitische Strategien zur Sicherung des Vorgesetzteneinflusses. Weiterhin ist die Ermittlung und
Erklärung des LPC-Scores als Indikator für den Führungsstil umstritten. Für das
Konzept internen Unternehmertums ist die Erweiterung zu einem strukturellen
Führungsansatz von besonderer Bedeutung.

6.1.2 Die Theorie der Substitution direkter Führung[154]

Die Theorie der Führungssubstitution[155] geht der Frage nach, welche **Bedeutung**
die **direkte, interaktive Mitarbeiterführung** im Vergleich zu strukturellen Formen

153 Vgl. Wunderer 1979a
154 »Substitutes for Leadership«
155 Vgl. Kerr/Jermier 1978; Howell/Dorfman/Kerr 1986

der Handlungssteuerung (Aufgabe, Aufbau- und Ablauforganisation, professionelle Orientierung der Mitarbeiter, das institutionalisierte Leistungs-Feedback, die ⇒ *Kohäsion* der Arbeitsgruppe sowie der Planungs- und Organisationsgrad) besitzt.

Definition

Substitution direkter Führung bezeichnet die Ersetzung interaktiver Mitarbeiterführung durch indirekte Steuerungsmechanismen, v. a. durch spezifische Aufgaben-, Organisations- sowie auch Geführtencharakteristika (Führungssubstitute).

Je stärker diese indirekten Steuerungsgrößen ausgeprägt sind, desto geringer ist die Möglichkeit und Notwendigkeit, über direkte personale Führung Einfluss zu nehmen. Empirische Studien zeigen die Relevanz von Substituten teilweise auf: Genannt werden z. B. Organizational Formalization,[156] Administrative Climate,[157] Intrinsic Task Motivation, Organizational Rewards,[158] Professional Orientation, Cohesive Work Groups.[159] Abb. 22 illustriert die Wirkung verschiedener Mitarbeiter-, Aufgaben- und Organisationsmerkmale auf die klassischen Ohio-Dimensionen Mitarbeiter- oder Beziehungsorientierung und Aufgabenorientierung.[160]

Diese von Kerr/Mathews[161] maßgeblich formulierte Substitutionstheorie wurde in anderem Zusammenhang schon von Gutenberg als »Substitutionsgesetz der Organisation«[162] diskutiert.

Diese Theorie besitzt unmittelbare **praktische Relevanz**, insbesondere für internes Unternehmertum. Sie betont die Bedeutung der strukturellen Führung und zeigt verschiedene Alternativen zur interaktiven Einflussnahme auf. Damit eignet sie sich sehr gut zur theoretischen Fundierung des **Mitunternehmertums**, bei dem die strukturelle Dimension der Führung im Vordergrund steht. Allerdings scheinen nicht alle der in Abb. 22 aufgeführten Führungssubstitute mit diesem Ansatz kompatibel. So widersprechen etwa routinemäßige Aufgaben mit geringem Handlungsspielraum sowie ein hoher Formalisierungsgrad der Organisation mit strengen und unbeugsamen Regeln den Kerngedanken des Mitunternehmertums. Ausgeprägte Fähigkeiten, umfassendes Wissen, reichhaltige Erfahrungen, ein hoher Bedarf an Unabhängigkeit und eine ausgeprägte professionelle Orientierung auf Seiten des Mitarbeiters, ⇒ *intrinsisch* motivierende Aufgaben sowie eine hohe Gruppenkohäsion harmonieren dagegen besonders gut mit die-

---

156 Vgl. Howell/Dorfman 1981
157 Vgl. Sheridan/Vredenburgh/Abelson 1984
158 Vgl. Howell/Dorfman/Kerr 1986
159 Vgl. Childers/Dubinsky/Skinner 1990
160 Vgl. Kapitel D I. Mitarbeiterführung – Führungsstile
161 Vgl. Kerr/Mathews 1995
162 Vgl. Gutenberg 1951

A
Konzep-
tionelle
und
theore-
tische
Grund-
lagen

Charakteristika...	Führen zur Neutralisierung von	
	beziehungsorien-tierter Führung	aufgabenorien-tierter Führung
des Mitarbeiters:		
1. Fähigkeit, Erfahrung, Training, Wissen		X
2. Bedarf an Unabhängigkeit	X	X
3. »professionelle« Orientierung	X	X
4. Gleichgültigkeit gegenüber organisationalen Belohnungen	X	X
der Aufgabe:		
5. nicht ambitioniert, routinemäßig		X
6. methodisch invariabel		X
7. liefert eigenes Feedback bezgl. Durchführung		X
8. intrinsisch befriedigend	X	
der Organisation:		
9. Formalisierung (klare Pläne, Ziele, Verantwortung)		X
10. Inflexibilität (strenge Regeln und Verfahren)		X
11. hoch spezialisierte und aktiv beratende Stabsfunktionen		X
12. eng verbundene, kohäsive Arbeitsgruppen	X	X
13. organisationale Belohnungen nicht innerhalb des Einflussbereiches des Führers	X	X
14. räumliche Distanz zwischen Vorgesetzten und Mitarbeitern	X	X

Abb. 22: Substitute der Führung[163]

sem Konzept. Der gezielte Einsatz von (ausgewählten) Führungssubstituten verspricht insbesondere folgende **Vorteile:**

- Entlastung der Führungskräfte
- Verringerung von Schwankungen im Führungsverhalten
- Reduzierung von Ungerechtigkeiten
- Senkung von Transaktions-, insbesondere Kontrollkosten
- Unterstützung neuer Organisations- und Arbeitskonzepte
- Empowerment der Mitarbeiter und
- größere Gestaltungsspielräume für Mitarbeiter.

Fazit

Die Theorie dieser Führungssubstitution kommt dem **Wunsch von Unternehmensleitungen** entgegen, den **unsicheren und intransparenten dispositiven Faktor »Führungskräfte« durch strukturelle Führung über Kultur, Organisation, Strategie und qualitative Personalstruktur zu ersetzen.** Statt auf Entweder-Oder-

---

163 Vgl. Kerr/Mathews 1995, Sp.1033

Denkmuster zu verfallen, wäre es aber sinnvoller, interaktive und strukturelle Führungsdimensionen als die zwei Seiten einer Medaille zu sehen. Schließlich erfordert der Einsatz struktureller Regelungen Kommunikations-, Interpretations- und Motivationsleistungen sowie einen zusätzlichen Anpassungs- und Kontrollbedarf durch die Führungskräfte. Auch bei der mitunternehmerischen Führung und Entwicklung bleibt die interaktive Führung weiterhin von großer Bedeutung.

6.1.3 Eine Theorie der Substitution indirekter Führung

Im Anschluss an die eben geschilderten Überlegungen möchten wir – in Ergänzung der »Substitutes for Leadership« – eine Theorie der Substitution indirekter Führung (»Substitutes for Organization«) vorschlagen. **Hierbei steht die Frage im Mittelpunkt, inwieweit sich strukturelle Führung durch interaktive ersetzen lässt.**

> ### Definition
>
> **Substitution indirekter Führung** bezeichnet die Ersetzung struktureller Steuerungsmechanismen durch interaktive Mitarbeiterführung.

Diese Frage scheint uns wichtig, weil sich betriebliche Prozesse im allgemeinen und die arbeitsteilige Kooperation im besonderen nicht nur strukturell steuern lassen. Hierfür sind v. a. zwei Faktoren verantwortlich:

● **Unwägbarkeiten im betrieblichen Alltag**

Da Organisationen heute zunehmend unter heterogenen und dynamischen Umweltbedingungen agieren, kann auch ein sehr sorgfältig ausgearbeitetes organisatorisches Regelsystem niemals lückenlos sein, denn die Vielfalt potentieller Anforderungen ist selten bis in alle Einzelheiten überschaubar; auch müssen zur Flexibilitätssicherung Vorschriften vielfach allgemein und interpretationsfähig gehalten werden. Mit der Schließung solcher Steuerungslücken leistet eine stärkere Gewichtung direkter Mitarbeiterführung – ebenso wie die »Führung von unten«[164] und die laterale Kooperation[165] – gerade in Umbruchsituationen (z. B. bei extremem Wettbewerb) einen wichtigen Beitrag zur Aufrechterhaltung des Betriebsablaufs.

● **die Besonderheiten des Produktionsfaktors »Arbeit«**

Die Mitarbeiter sind im Gegensatz zu Werkstoffen, Betriebsmitteln oder Kapital Subjekte mit eigenen und situativ wechselnden Bedürfnissen, eigenen Interessen, Zielen und Strategien, die sich nicht immer und vollständig mit betrieblichen Anforderungen in Einklang bringen lassen. Gleichzeitig verfügen

---

164 Vgl. Kapitel D II. Führung des Chefs (Führung von unten) -Einflussstrategien
165 Vgl. Kapitel D III. Grundmuster und Erklärungsansätze lateraler Kooperation und D IV. Laterale Kooperation als Selbststeuerungs- und Führungsaufgabe

A
Konzep-
tionelle
und
theore-
tische
Grund-
lagen

sie über besondere Qualitäten, beispielsweise über polyvalente Fähigkeiten oder besonderes Erfahrungswissen. Die Erschließung bzw. Nutzung entsprechender Potentiale erscheint unter den heutigen Wettbewerbsbedingungen notwendiger denn je. Die direkte Führung hat in diesem Zusammenhang – gerade im Konzept Mitunternehmertum – wichtige Entwicklungs-, Identifikations-, Interpretations- und Motivationsfunktionen zu erfüllen.[166]

Inwieweit sich die **Substitution struktureller Führung** als sinnvoll erweist, hängt von verschiedenen Einflussgrößen ab. Von zentraler Bedeutung sind hierbei u. a.:

- Führungskultur (z. B. Bürokratieorientierung)
- Größe der Organisation (v. a. Beschäftigtenzahl)
- Qualifikation und Motivation von Vorgesetzten und Mitarbeitern
- Führungsverfassung (z. B. zentralistisch vs. föderalistisch)
- allgemeiner Organisationsgrad (z. B. Formalisierung, Generalisierung, Standardisierung)
- Führungsstrategie (z. B. autokratischer vs. delegativer Führungsstil)
- Aufgabenkomplexität
- individuelle Regelungsnotwendigkeit oder Sonderfälle
- spezielle Situation (z. B. Krise, Transformationsprozess) und
- personale Konflikte.

Fazit

Da die Koordination der diversen Einzelhandlungen in Organisationen nur durch das Zusammenwirken indirekter und direkter Führung bewerkstelligt werden kann, soll die von uns vorgeschlagene Theorie der Substitution indirekter Führung ein **Gegengewicht zur populären Diskussion um die »Substitutes for Leadership«** bilden. Diese bislang kaum behandelte Thematik ist u. E. einer differenzierten Untersuchung wert, zumal damit strukturalistische mit handlungstheoretischen Ansätzen verbunden statt konkurrierend gegenübergestellt werden.

6.2 Makroansätze der Führung

Neben solchen mikrosituationalen Theorien gibt es Versuche, über organisationsexterne Faktoren den **Kontingenzrahmen zu erweitern**. Meist führt dies zu hier weniger relevanten **Theorien der Gesamtführung von Organisationen**.

Evolutionstheoretische Ansätze der Führung[167] beleuchten in einer globalen Betrachtung Entwicklungs- und Veränderungsprozesse in und von Organisationen. Sie weisen Ähnlichkeiten mit kontingenztheoretischen Konzepten auf, v. a. in Bezug auf die Relativierung der Leistungsfähigkeit eines (idealen) Führungsstils im situativen Kontext. Besonders thematisiert wird aber, dass unter Konkurrenzbe-

---

166 Vgl. auch Kapitel A I. Entwicklungstendenzen in Führung und Zusammenarbeit
167 Vgl. Giesen 1987; Reber 1995; Weibler/Deeg 1999

dingungen nur die Führungsstile »überleben«, welche die beste Anpassungsleistung des Führungssystems an die relevante Umwelt (»Kontingenz«) erbringen.

In jüngster Zeit etabliert sich ein neuer Ansatz, der neben evolutionstheoretischen Überlegungen entwicklungspsychologische und lerntheoretische Erkenntnisse einbezieht. Anders als bei älteren Ansätzen wird hierbei nicht mehr von einem einseitigen Umwelteinfluss, sondern von einer wechselseitigen Einflussbeziehung zwischen Organisation und Umwelt ausgegangen.[168] Dieser **Systemansatz** will aufzeigen, »wie soziale Systeme aktiv und selbstbestimmend Veränderungsprozesse in der Umwelt aufgreifen und in systematische Entwicklungsprozesse umsetzen können«.[169] Führung bedeutet in diesem Zusammenhang in erster Linie die Schaffung von Rahmenbedingungen, in denen die Organisationsmitglieder eigenverantwortlich und selbstorganisierend agieren können. Hier findet also eine Konzentration auf die strukturelle Dimension der Führung statt. Ebenso lassen sich Parallelen zum **Mitunternehmertum** feststellen, denn auch hier werden die Mitarbeiter als aktive, selbständig denkende und handelnde Akteure betrachtet, die kreative Eigenleistungen erbringen: »Jedes Systemmitglied ist ein potentieller Manager. Die Fähigkeit zu managen ist somit diffus über das ganze System verteilt und kann nicht an einer Stelle lokalisiert werden.«[170]

Weiterhin findet man Ansätze und erste empirische Untersuchungen zu neuen Fragestellungen, welche die **Kulturabhängigkeit von Führung** bzw. von **Führungsstilen**[171] oder die **Führung in Krisensituationen**[172] thematisieren. Sie versuchen, die Führungsforschung unter neuen und praxisrelevanten Erkenntniszielen zu erweitern.

Fazit

Die **Erweiterung bisher dominierender Mikroansätze der Führung** um Gruppen- sowie um unternehmensexterne Situationsvariablen der Führung **ebnet den Weg zu einem realitätsnäheren ⇒ Bezugsrahmen für die Forschung sowie für die Aus- und Weiterbildung.** Sie ermöglicht eine systematische Verbindung von Mitarbeiter- und Unternehmungsführung im Kontext gesellschaftlicher Einflussgrößen. Andererseits wird damit der Ansatz komplexer, multidimensionaler, reflexiver und dynamischer, so dass er für klassische Wenn-Dann-Hypothesen-Tests nur noch theoretisch vorstellbar ist. Denn sonst müsste man in naiver Weise mit ceteris-paribus-Annahmen arbeiten, die mit der Führungswirklichkeit nur noch wenig gemein haben.

Für **Mitunternehmer** sind diese Ansätze bedeutsam, weil sie den Einfluss von Organisationsmitgliedern auf den Unternehmenserfolg gegenüber situativen, meisten externen Faktoren relativieren.

---

168 Vgl. Weibler/Deeg 1999
169 Probst/Naujoks 1995, Sp. 923
170 Probst, G./Naujoks, H. 1995, Sp. 924
171 Vgl. Hofstede 1980; v. Keller 1995; Weibler/Wunderer 1997; Weibler 1999
172 Vgl. Starbuck/Nystrom 1995; Wunderer 1993a

A
Konzep-
tionelle
und
theore-
tische
Grund-
lagen

Abschließend wird wieder ein Überblick über alle Theorien gegeben:

Theorie	Gegenstand
● Kontingenztheorien (allgemein)	– Führungserfolg in Abhängigkeit von zentralen situativen Faktoren
● Kontingenzmodell von Fiedler	– Effektiver Führungsstil in Abhängigkeit von drei ausgewählten situativen Faktoren
● Theorie der Substitution direkter Führung (Substitutes for Leadership)	– Substituierbarkeit interaktiver Führung durch strukturelle Führung
● Theorie der Substitution indirekter Führung (Substitutes for Organization)	– Substituierbarkeit struktureller Führung durch interaktive Führung
● Makroansätze der Führung	– Entwicklungs- und Veränderungsprozesse in Organisationen und damit verbundene Implikationen für die Führung – Selektion erfolgreicher Führungsstile – Kulturelle Einflussfaktoren auf Führung und Führungsstile – Führung in Krisensituationen

Abb. 23: Inhalte der Situationstheorien im Überblick

7 Zusammenfassende Schlussfolgerungen

Die Vielzahl der hier ausgewählten führungstheoretischen Ansätze zeigt, dass Führung ein Konstrukt ist, das in sehr verschiedenen Beschreibungs- und Erklärungszusammenhängen verwendet wird.[173] Auch deshalb gibt es fast so viele Definitionen von Führung wie Führungsforscher.[174] Versuche, an dieses Konstrukt aus verschiedenen Disziplinen mit verschiedenen Denkmustern und Betrachtungsweisen sowie mit verschiedenen Forschungsmethoden und Erkenntniszielen heranzugehen, wird es auch weiterhin geben. Die Verknüpfung verschiedener Ansätze war bislang sehr hilfreich, doch ist die **Integration von klassischem betriebswirtschaftlichen Wissen und verhaltenswissenschaftlichen Führungstheorien in der relativ jungen Disziplin noch nicht genügend geleistet.**[175]

Die verschiedenen Ansätze führen leicht zu »Schulen«, die gern mit ideologischer Konsequenz andere Theorien ignorieren oder kritisieren. Es scheint sinnvoll, die Entweder-Oder-Diskussionen durch **vermittelnde Konzepte** zu ergänzen und dabei zum Beispiel Elemente von Eigenschafts-, Situations-, Rollen- und Attributionstheorien zu verbinden. Schließlich scheint die einseitige und vom Wissensstand her zu frühe Ausrichtung auf ökonomische oder technologische Effizienzziele für den Erkenntnisprozess eher abträglich zu sein. Daraus ergeben sich die

---

173 Vgl. Neuberger 1994a
174 Vgl. Bass 1990a
175 Vgl. Staehle 1995; Weibler 1996

bereits an anderer Stelle erwähnten Forderungen nach entwicklungskonformen Forschungskonzepten und der Erarbeitung ausgewogener wissenschaftlicher Positionen.[176]

Trotz aller Unzulänglichkeiten geben die vorliegenden Führungstheorien dem Leser Hinweise mit auf den Weg: Sie bieten Erklärungen für empirisch beobachtbares Verhalten an, machen eigene implizite Annahmen bewusst, regen zu kritischer Reflexion sowie zur Installation von »Warnlampen« für Führungsmängel an und ermöglichen einen problembewussteren Einstieg in das Management.

8 Fragen zur Selbstüberprüfung

1. Welche Aufgaben haben Führungstheorien?

2. Nehmen Sie zu folgender Aussage Stellung: »Der Führungserfolg hängt vor allem von der Person des Führers ab.«

3. Vergleichen Sie charismatische Führungstheorien mit dem Ansatz unternehmerischer Mitarbeiterführung.

4. Kritisieren Sie das Reifegradmodell der Führung von Hersey/Blanchard.

5. Inwieweit werden machttheoretische Ansätze in den einzelnen Führungstheorien berücksichtigt?

6. Welche Führungsinstrumente stehen dem Prinzipal zur Verfügung, um eine vereinbarungsgemäße Leistungserfüllung durch den Agenten zu erreichen?

7. Warum ist die Rollentheorie so bedeutsam?

8. Diskutieren Sie die Substituierbarkeit direkter und indirekter Führung. Nennen Sie dazu jeweils eine beispielhafte konkrete Situation aus der Praxis.

9. Suchen Sie die für Sie persönlich bedeutsamste Führungstheorie heraus und begründen Sie Ihre Wahl.

10. In einem Unternehmen der Maschinenindustrie kommt es auffallend häufig zu Problemen zwischen Vorgesetzten und Mitarbeitern. Der Personalleiter möchte deshalb ein Führungstraining auf einer theoretischen Grundlage einführen. Der Geschäftsführer steht diesem Vorschlag skeptisch gegenüber, denn er hat eine Abneigung gegenüber jeglicher Theorie. Der Personalleiter bittet Sie, dem Geschäftsführer den praktischen Nutzen eines solchen theoriegestützten Führungstrainings zu erläutern. Stützen sich dabei auf die drei folgenden Führungstheorien: Rollentheorie, Attributionstheorie und Weg-Ziel-Theorie.

---

176 Vgl. Wunderer 1995a sowie Kapitel A III. Betriebswirtschaftliche Führungsforschung und Führungslehre

Mitunternehmertum

I. Mitarbeiter als Mitunternehmer – ein Transformationskonzept

Inhalt

»Wir denken, entscheiden und handeln unternehmerisch.« – Diesen Unternehmensleitsatz im Bewusstsein breiter Belegschaftsschichten zu verankern, wird zunehmend erklärtes Ziel von Managern und Personalexperten. Der vorliegende Beitrag gibt konzeptionelle Anregungen zur Förderung (mit-)unternehmerischer Orientierungen und Verhaltensmuster von Mitarbeitern mit und ohne Führungsfunktion. Nach einführenden Erläuterungen werden fünf Elemente eines Transformationsprozesses zu internem Unternehmertum diskutiert. Danach wird über Grenzen und Problempotentiale der Transformation vom Mitarbeiter zum Mitunternehmer reflektiert. Eine thesenartige Zusammenfassung der zentralen Aspekte bildet den Abschluss dieses Kapitels.

Gliederung

Verweise

1 Einführung

*»Von daher habe ich den Traum, eine zweite industrielle Revolution für die einfache-
ren Mitarbeiter durchzuführen. Wir möchten, dass sie die Möglichkeit ergreifen, sich
im Sinne von vielen kleinen Familiengesellschaften zu entwickeln, die in einem
großen Netzwerk miteinander verbunden sind. Das müssen Sie auch vor dem Hintergrund sehen, dass viele Mitarbeiter nach Dienstschluss zu Hause großartige Dinge
entwickeln, sich z.B. ein Boot oder Sommerhaus bauen. Und wenn sie dann ins Werk
zurückkehren, lassen sie einen großen Teil ihrer Kreativität und ihres Mutes zurück.
Das darf nicht sein!« (P. Barnevic, ABB)*

Diese Aussage eines der erfolgreichsten Transformationsunternehmer der Schweiz
hat heute mehr Gültigkeit denn je zuvor. In Zeiten von wachsendem Wettbewerbsdruck, zunehmender Globalisierung der Wirtschaft und des Übergangs von der
Industrie- zur Dienstleistungs- und Informationsgesellschaft avancieren kreative, eigenständig denkende und handelnde Mitarbeiter zum zentralen Erfolgsfaktor des Unternehmens. Der Unternehmer M. Hilti bringt eine wesentliche Begründung: »Die Mitarbeiter bieten (…) die beste Möglichkeit, sich von den
Mitbewerbern abzugrenzen. Denn im Gegensatz zu Marktleistungen – die in na-
hezu allen Bereichen binnen kurzer Zeit nachgeahmt werden können – lassen
sich Mitarbeiterqualifikation und -motivation nicht oder zumindest nicht kurzfristig kopieren.«[1] Gefragt ist daher ein Mitarbeitertypus, der Erfahrungswissen
aufbaut und ausschöpft, im Rahmen seines Aufgabenfeldes und zusammen mit
anderen (Kollegen, Vorgesetzten, Mitarbeitern, Kunden) beständig Optimierungs-
möglichkeiten sucht und realisiert und der sich als abhängig Beschäftigter so engagiert wie ein Unternehmer. Man spricht daher auch von unternehmerischem
Denken und Handeln, von internem Unternehmertum bzw. von Mitunternehmertum.[2]

Das im folgenden vorgestellte Konzept »**Mitunternehmertum**« thematisiert die
Förderung eines solchen unternehmerischen Denkens und Handelns bei breiten
Belegschaftsschichten als Transformationsaufgabe. Es soll zugleich eine zentrale
Grundlage bzw. stete Perspektive des gesamten Lehrbuchs bilden. Deshalb wird
in jedem Kapitel ein direkter Bezug dazu hergestellt.

---

1 Hilti 1999, S. 253
2 Vgl. dazu im einzelnen Wunderer 1999a und b

2 Das Konzept Mitunternehmertum

Im Mittelpunkt unternehmerischer Führung und Entwicklung steht folglich die nach Kontext, Qualifikation und Motivation differenzierte Förderung unternehmerischen Denkens und Handelns bei möglichst vielen Mitarbeitern, also nicht nur das unternehmerische Verhalten des (Top-)Managements. Abb. 1 zeigt die wesentlichen Aspekte des Transformationsprozesses vom Mitarbeiter zum Mitunternehmer in einem konzeptionellen ⇒ *Bezugsrahmen*.

Dabei werden folgende Fragestellungen behandelt:

- Welche Einflüsse aus dem unternehmensexternen und -internen Umfeld wirken begünstigend bzw. hemmend auf die Transformation von Mitarbeitern zu Mitunternehmern? (**Umfeld**)
- Welche Ziele werden mit der Transformation verfolgt? (**Ziele**)
- Welche menschlichen Potentiale bzw. welche qualitative Personalstruktur setzt die Transformation voraus? (**menschliche Potentiale**)
- Welche Steuerungs- und Führungskonzepte können die Transformation besonders fördern? (**Steuerung und Führung**)
- Welche Ansätze der Mitarbeiterauswahl und -entwicklung unterstützen den Transformationsprozess? (**Auswahl und Entwicklung**)

3 Vom Mitarbeiter zum Mitunternehmer – Elemente des Transformationsprozesses

3.1 Umfeld

Umfeldbedingungen bestimmen in hohem Maße, inwieweit unternehmerisches Denken und Handeln notwendig und möglich ist. Wir unterscheiden drei relevante Einflussfelder:

- **Rahmenbedingungen:** Hierbei lässt sich weiter in Makro- und Mikrokontext differenzieren.

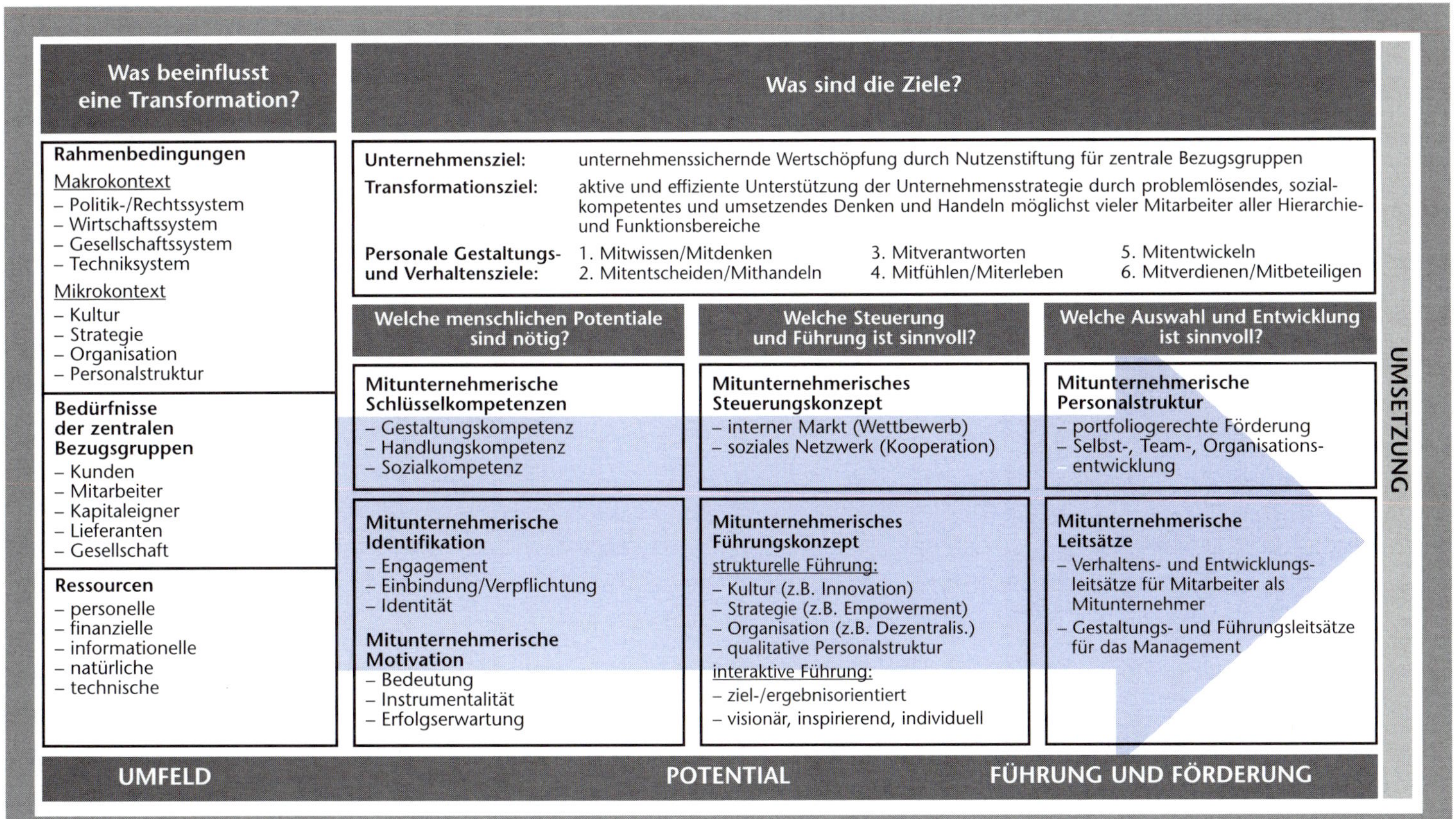

UMSETZUNG

Was beeinflusst eine Transformation?

Rahmenbedingungen

Makrokontext
– Politik-/Rechtssystem
– Wirtschaftssystem
– Gesellschaftssystem
– Techniksystem

Mikrokontext
– Kultur
– Strategie
– Organisation
– Personalstruktur

Bedürfnisse der zentralen Bezugsgruppen
– Kunden
– Mitarbeiter
– Kapitaleigner
– Lieferanten
– Gesellschaft

Ressourcen
– personelle
– finanzielle
– informationelle
– natürliche
– technische

Was sind die Ziele?

Unternehmensziel: unternehmenssichernde Wertschöpfung durch Nutzenstiftung für zentrale Bezugsgruppen

Transformationsziel: aktive und effiziente Unterstützung der Unternehmensstrategie durch problemlösendes, sozial-kompetentes und umsetzendes Denken und Handeln möglichst vieler Mitarbeiter aller Hierarchie- und Funktionsbereiche

Personale Gestaltungs- und Verhaltensziele:
1. Mitwissen/Mitdenken
2. Mitentscheiden/Mithandeln
3. Mitverantworten
4. Mitfühlen/Miterleben
5. Mitentwickeln
6. Mitverdienen/Mitbeteiligen

Welche menschlichen Potentiale sind nötig?

Mitunternehmerische Schlüsselkompetenzen
– Gestaltungskompetenz
– Handlungskompetenz
– Sozialkompetenz

Mitunternehmerische Identifikation
– Engagement
– Einbindung/Verpflichtung
– Identität

Mitunternehmerische Motivation
– Bedeutung
– Instrumentalität
– Erfolgserwartung

Welche Steuerung und Führung ist sinnvoll?

Mitunternehmerisches Steuerungskonzept
– interner Markt (Wettbewerb)
– soziales Netzwerk (Kooperation)

Mitunternehmerisches Führungskonzept
strukturelle Führung:
– Kultur (z.B. Innovation)
– Strategie (z.B. Empowerment)
– Organisation (z.B. Dezentralis.)
– qualitative Personalstruktur
interaktive Führung:
– ziel-/ergebnisorientiert
– visionär, inspirierend, individuell

Welche Auswahl und Entwicklung ist sinnvoll?

Mitunternehmerische Personalstruktur
– portfoliogerechte Förderung
– Selbst-, Team-, Organisations-entwicklung

Mitunternehmerische Leitsätze
– Verhaltens- und Entwicklungsleitsätze für Mitarbeiter als Mitunternehmer
– Gestaltungs- und Führungsleitsätze für das Management

UMFELD | POTENTIAL | FÜHRUNG UND FÖRDERUNG

Abb. 1: Vom Mitarbeiter zum Mitunternehmer – ein Transformationsprozess

Zum **Makrokontext** (Unternehmensumfeld) zählen v. a. das **Politik-/Rechts-, Wirtschafts-, Gesellschafts- und Techniksystem**. So kann eine umfassende Mitbestimmungsgesetzgebung und -kultur das Interesse und Engagement an unternehmerischen Belangen verstärken. Umgekehrt kann unternehmerisches Engagement durch eine zu umfangreiche soziale Absicherung (z. B. Unkündbarkeit bei Beamten, hohe Sozialhilfesätze) gehemmt werden. Unterstützend wirken aktuelle Einflüsse aus dem Bereich Wirtschaft: Der wachsende Wettbewerbsdruck und die Globalisierung der (Arbeits-)Märkte fordern und fördern internes Unternehmertum auf breiter Basis. Eine zentrale Rolle spielen auch die gesellschaftlichen Werte. So begünstigt die global zunehmende Forderung nach Spaß, Sinn und Freiräumen bei der Arbeit gelebtes Unternehmertum,[3] wogegen eine Tendenz zur Unsicherheitsvermeidung[4] kontraproduktiv wirkt. Die technologische Entwicklung verbessert – durch kostengünstige Bereitstellung moderner Informations- und Kommunikationsmedien – die Voraussetzungen für unternehmerisches Handeln auf allen Hierarchieebenen und verstärkt durch beschleunigte Leistungserstellungsprozesse sowie durch Dynamisierung und Erweiterung der Märkte die Notwendigkeit dazu.

Unternehmensinterne Rahmenbedingungen bilden den **Mikrokontext**. Wir können hier wieder zunächst zwischen **Kultur, Strategie** und **Organisation** unterscheiden. Die Ausgestaltung dieser Faktoren bestimmt, inwieweit Mitunternehmertum ermöglicht, gefördert und gehemmt wird. In den letzten Jahren haben sich einige interne Bedingungen positiv verändert. Es wurden Konzepte entwickelt, die Aspekte des Mitunternehmertums – z. T. unter anderem Namen – ansprechen. Dazu gehören: Führung sowie leistungsorientierte Vergütung nach Zielen und Ergebnissen, Empowerment durch Dezentralisierung und Delegation von Verantwortung, Einführung interner Marktsteuerung über Serviceeinheiten bzw. Wertschöpfungs- oder Profit-Center. Unterstützt wird dies durch weiterentwickelte Führungs- und Controllinginstrumente. Teilautonome Gruppenarbeit, ganzheitlichere Arbeitsorganisation, Qualitäts- bzw. Kreativitätszirkel, Task-Forces und Projektgruppenarbeit sowie kooperativ-delegative Führung sind weitere wichtige Ansätze. Die Qualifikations- und Motivationsstruktur der Belegschaft ist ein weiterer, sehr unternehmensspezifischer Bestandteil des Mikrokontexts. Diese **qualitative Personalstruktur** charakterisiert als weitere Einflussgrösse die personellen Voraussetzungen und Chancen für den Transformationsprozess.

- **Bedürfnisse der zentralen Bezugsgruppen:** Da Unternehmen vom Austausch mit ihrer Umwelt leben, bestimmen die Interessen und Bedürfnisse ihrer ⇒ *Stakeholder* – insbesondere Kunden, Mitarbeiter, Kapitaleigner, Lieferanten und Gesellschaft – in hohem Maße Möglichkeit und Notwendigkeit zu gelebtem Mitunternehmertum. Es kann unterstellt werden, dass mitunternehme-

I
Mit-
arbeiter
als Mit-
unter-
nehmer –
ein
Transfor-
mations-
konzept

3 Vgl. Kapitel C I. Wertewandel und Führung
4 Vgl. Weibler/Wunderer 1997 zu den Werten der schweizerischen Arbeits- und Führungskultur

risches Denken und Handeln breiter Belegschaftsschichten mit den Bedürfnissen der Bezugsgruppen zunehmend kompatibel ist. So lässt sich in Zeiten
homogenerer Produkte durch mitunternehmerisches Engagement der Mitarbeiter – z. B. in Form von Schnelligkeit, Zuverlässigkeit, Qualität oder Freundlichkeit – ein nur schwer kopierbarer Zusatznutzen für Kunden schaffen. Dies
verspricht mittel- bis langfristig eine Steigerung des Unternehmenswertes und
kommt damit Ansprüchen der Shareholder, aber auch gesellschaftlichen Interessen, wie z. B. Steigerung des Bruttosozialproduktes oder Senkung der Arbeitslosigkeit, entgegen. Für Mitarbeiter bietet Mitunternehmertum schließlich Identifikations- und Entfaltungsmöglichkeiten.

● **Ressourcen:** Inwieweit sich Mitunternehmertum realisieren lässt, hängt weiterhin von der Verfügbarkeit personeller, finanzieller, informationeller, natür-
licher und technischer Ressourcen ab. So setzt die Generierung und Realisierung neuer Ideen nicht nur einen hinreichenden Informationsstand voraus,
sondern vielfach auch finanzielle und technische Mittel sowie tatkräftige Unterstützung durch das soziale und wirtschaftliche Umfeld. Und ob internes
Unternehmertum erfolgreich realisiert werden kann, hängt von den dafür geeigneten Human Ressourcen am externen und internen Arbeitsmarkt ab. In
einem »Unternehmerland« (z. B. USA) ist das ungleich leichter zu realisieren
als in Entwicklungs- oder Transformationsländern mit autoritären oder bürokratischen Strukturen.

3.2 Ziele

Es lassen sich drei hierarchisch angeordnete Zielkomplexe unterscheiden: Unternehmensziel, Transformationsziel sowie personale Gestaltungs- und Verhaltensziele.

3.2.1 Unternehmensziel

Oberstes Ziel der unternehmerischen Ausrichtung ist die langfristige Steigerung
bzw. Sicherung des Unternehmenswertes durch Nutzenstiftung für die zentralen
Bezugsgruppen. Eine einseitige Ausrichtung auf eine Anspruchsgruppe wird damit nicht unterstützt.

Das Konzept »Mitunternehmertum« stützt sich somit auf den sogenannten
Stakeholderansatz,[5] der seit den sechziger Jahren in der Managementlehre diskutiert wird. Danach ist es Aufgabe des Managements, zur Steigerung des
Unternehmenswertes die Bedürfnisse und Ansprüche zentraler Bezugsgruppen
zu erfassen, zu bewerten und soweit wie möglich zu befriedigen. Zu den engeren
⇒ *Stakeholdern* gehören v. a. Kunden, Lieferanten, Kapiteleigner und nicht zuletzt
alle Mitarbeiter. Letztere sind in rohstoffarmen Ländern sowie in der postindu-

---

5 Vgl. Freeman 1984; Ulrich 1977

striellen Dienstleistungs- und Informationsgesellschaft die wichtigste Quelle der Wertschöpfung.[6]

Und wer Arbeitnehmer langfristig und nachhaltig als Mitunternehmer gewinnen und fördern will, muss sie auch als Partner sehen und darf sie nicht als Investitionsgüter der Eigner instrumentalisieren. Das erfordert gerade von der Leitung großer Kapitalgesellschaften (i. S. von »société anonyme«) ein entsprechendes Verständnis, das nicht nur in Unternehmensgrundsätzen, sondern auch im Alltagshandeln Ausdruck findet.[7] Weiterhin gehört dazu eine materielle Beteiligung der Mitunternehmer an der erzielten Wertschöpfung des Unternehmens.[8]

I
Mit-
arbeiter
als Mit-
unter-
nehmer –
ein
Transfor-
mations-
konzept

3.2.2 Transformationsziel

Das angestrebte Unternehmensziel lässt sich – gerade unter den gegebenen Umfeldbedingungen – nur durch eine aktive Mitwirkung breiter Belegschaftsschichten erreichen. Die aktive und effiziente Unterstützung der Unternehmensstrategie durch problemlösendes, sozialkompetentes und umsetzendes Denken und Handeln einer möglichst großen Anzahl von Mitarbeitern aller Hierarchie- und Funktionsbereiche kann daher als vorrangiges Ziel des Transformationsprozesses bezeichnet werden.

3.2.3 Personale Gestaltungs- und Verhaltensziele

Diese Zielkategorie bezeichnet – auf einer weiteren Konkretisierungsstufe –, wie sich gelebtes Mitunternehmertum ausdrückt: Die Mitarbeiter verfügen über das notwendige Wissen und hinreichende Erfahrung, um sich aktiv an der Gestaltung bzw. Umsetzung der Unternehmensstrategie beteiligen zu können. Weiterhin sind sie fähig und willens, im Rahmen ihrer Aufgabenerfüllung im Interesse des Unternehmens zu denken, zu entscheiden und zu handeln, zu verantworten, zu fühlen und zu erleben sowie Ideen und Konzepte zu entwickeln. Im Gegenzug erhalten sie die Chance zu erfüllter Arbeit in fördernden Arbeitsbedingungen, werden leistungsgerecht honoriert und am Unternehmenserfolg und/oder -kapital beteiligt.[9] Mitunternehmertum zeichnet sich deshalb durch eine erfolgreiche Umsetzung bestimmter Komponenten aus: **Mitwissen** und **Mitdenken, Mitentscheiden** und **Mithandeln, Mitverantworten, Mitfühlen** und **Miterleben, Mitentwickeln, Mitverdienen** und **Mitbeteiligen**.[10]

---

6 Vgl. Gaugler 1997; Wunderer 1998

7 Vgl. dazu auch Ulrich 1997; Kuhn 1997; Esser/Kobayaski 1994

8 Vgl. Gaugler 1982; Schneider 1996, 1999; Bertelsmann-Stiftung 1997 sowie Kapitel E IV. Honorierungskonzepte als Führungs- und Kooperationsinstrumente. Wir vertreten aber die Ansicht, dass neben einer möglichen unternehmensbezogenen Kapitalbeteiligung die individuelle und teamorientierte sowie die wertschöpfungsbezogene Erfolgsbeteiligung eine bedeutsamere Rolle für das interne Unternehmertum spielen (vgl. Wunderer/v. Arx 1999).

9 Vgl. Fischer 1955, 1967; Maier-Mannhart 1996; Schneider 1999; Lichtsteiner 1999; Knoblauch 1999

10 Vgl. Fischer 1979; Knoblauch 1999

Unternehmerische Führung und Förderung versuchen, diese Komponenten des Mitunternehmertums gezielt zu fördern bzw. zu gestalten. Dabei scheint ein stufenweises Vorgehen – ausgehend von der grundlegenden Komponente Wissen – sinnvoll: So ist eine Erhöhung des Wissens durch entsprechende Informationen die grundlegende Voraussetzung für unternehmerisches Mitdenken und Mitentscheiden. Umfassende unternehmerische Verantwortung ist nur möglich, wenn die relevanten Entscheide und Handlungen auch genügend selbstverantwortlich getroffen werden können. Und hohes Engagement der Mitarbeiter wird nur dann erreicht, wenn sie sich auch emotional einbringen können und wollen. In diesem Zusammenhang spielen Personalauswahl und -einsatz sowie Anreizgestaltung eine entscheidende Rolle. Überdies kann leistungsgerechte Entlohnung sowie Erfolgs- oder Kapitalbeteiligung die Bereitschaft zum Mitdenken, -entscheiden, -handeln, -verantworten, -fühlen, -erleben und -entwickeln in entscheidendem Maße erhöhen, zumindest aber Motivationsbarrieren abbauen.[11]

3.3 Menschliche Potentiale

Im Folgenden werden zentrale personelle Voraussetzungen unternehmerischen Verhaltens diskutiert. Dabei unterscheiden wir zwei Kategorien:

- **mitunternehmerische Schlüsselkompetenzen:** Diese sind definiert als eine Kombination aus Qualifikation **und** der damit direkt verbundenen Motivation im Hinblick auf bestimmte Ziele oder Aufgaben. So bildet beispielsweise die Qualifikation zur effizienten Ideenumsetzung zusammen mit der **personen- und situationsspezifischen** Motivation die Handlungskompetenz.

- **mitunternehmerische Identifikation und Grundmotivation:** Darunter verstehen wir generelle **personenspezifische** identifikationsbezogene und motivationale Voraussetzungen, die die Basis jeglichen unternehmerischen Engagements bilden.

3.3.1 Mitunternehmerische Schlüsselkompetenzen

Wir unterscheiden drei notwendige Schlüsselkompetenzen für Mitunternehmertum: Gestaltungskompetenz, Handlungskompetenz und Sozialkompetenz (vgl. Abb. 2).

- Die vorwiegend kognitive **Gestaltungskompetenz** wird definiert als eine Begabung und Motivation zu innovativ-gestalterischer Aktivität im Dienste der Organisationsziele bzw. -strategie. Schon Schumpeter[12] betonte, dass Kreativität alleine zum Tagträumen führen könne. Insofern ist die Ausrichtung der schöpferischen Begabung[13] auf unternehmensstrategische Ziele ein konstitu-

---

11 Vgl. Kapitel E IV. Honorierungskonzepte als Führungs- und Kooperationsinstrumente sowie C III. Identifikation, Motivierung und Remotivierung im Rahmen werteorientierter Führung
12 Vgl. Schumpeter 1912
13 Vgl. Matussek 1974; de Bono 1976

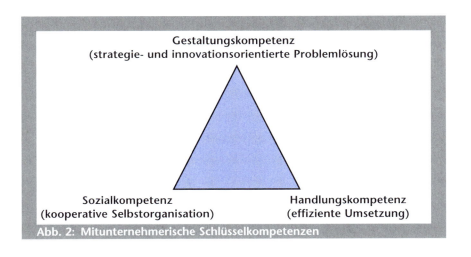

Abb. 2: Mitunternehmerische Schlüsselkompetenzen

I
Mit-
arbeiter
als Mit-
unter-
nehmer –
ein
Transfor-
mations-
konzept

tives Merkmal unserer Definition von mitunternehmerischer Gestaltungskompetenz. Diese Innovationsfähigkeit und -bereitschaft zeigt sich keinesfalls
nur in exzeptionellen Sonderleistungen. Im Konzept des internen Unternehmertums sind auch kleinere, dafür kontinuierliche Verbesserungen im eigenen
Arbeitsbereich angesprochen.

- Die aktionale **Handlungskompetenz** bezieht sich auf die Fähigkeit und Be-
reitschaft zur effizienten Verwirklichung oder Implementierung innovativer
Problemlösungen. Auch **Umsetzungskompetenzen** kommen erst durch das
Zusammenwirken unterschiedlicher Aspekte – v. a. Persönlichkeitsmerkmale,
Charakteristika der innovativen Idee und Kontextbedingungen – zustande: »Je
nachdem, was wo in welcher Weise umgesetzt werden soll, können bestimmte
Personeneigenschaften einmal eine Umsetzungskompetenz bedeuten und in
einer anderen Konstellation eine Inkompetenz.«[14] So sind Beharrlichkeit,
Hartnäckigkeit oder auch Dickköpfigkeit bei bestimmten Innovationsaufga-
ben oder -kontexten unabdingbar, während sie sich bei anderen sogar als um-
setzungsbehindernd erweisen können. Ob ein Personenmerkmal als Handlungskompetenz oder -inkompetenz gilt, hängt auch von kulturellen Aspekten
ab, wie Rollenerwartungen, Traditionen und gewohnten Implementations-
mechanismen. So kann in einer Unternehmung eine frühe und offene Diskussion über Ideen üblich oder sogar zwingend notwendig für eine erfolgreiche Implementation sein, während dasselbe Verhalten in einer anderen
Organisation zu einer »Zerredung« des Vorhabens führt.[15]

Empirische Befunde unterstreichen die hohe praktische Relevanz dieser Kompetenz: So wurde der Handlungskompetenz in einer Umfrage unter deutschen
und schweizerischen Personalleitern von allen drei Schlüsselkompetenzen die

---

14 Bruch 1999, S. 196
15 Vgl. Wunderer/Bruch 2000

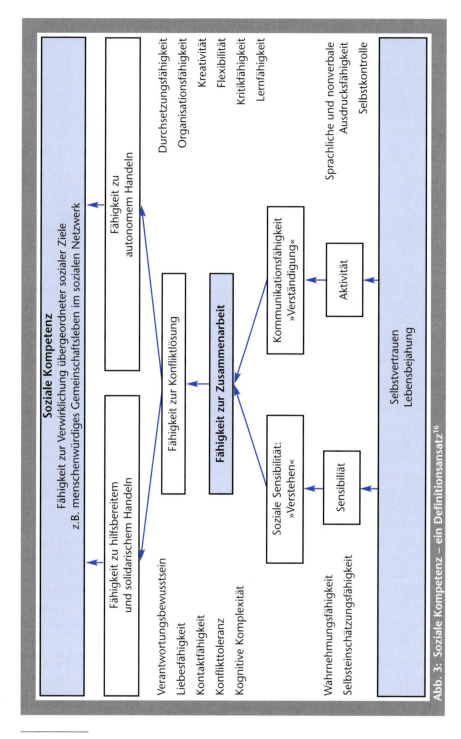

Soziale Kompetenz

Fähigkeit zur Verwirklichung übergeordneter sozialer Ziele
z.B. menschenwürdiges Gemeinschaftsleben im sozialen Netzwerk

Fähigkeit zu
autonomem Handeln

Durchsetzungsfähigkeit
Organisationsfähigkeit
Kreativität
Flexibilität
Kritikfähigkeit
Lernfähigkeit

Sprachliche und nonverbale
Ausdrucksfähigkeit
Selbstkontrolle

Fähigkeit zur Konfliktlösung

Fähigkeit zur Zusammenarbeit

Kommunikationsfähigkeit
»Verständigung«

Aktivität

Fähigkeit zu hilfsbereitem
und solidarischem Handeln

Soziale Sensibilität:
»Verstehen«

Sensibilität

Verantwortungsbewusstsein
Liebesfähigkeit
Kontaktfähigkeit
Konflikttoleranz
Kognitive Komplexität

Selbstvertrauen
Lebensbejahung

Wahrnehmungsfähigkeit
Selbsteinschätzungsfähigkeit

Abb. 3: Soziale Kompetenz – ein Definitionsansatz[16]

16 Vgl. Preiser 1978

größte Bedeutung beigemessen. Gleichzeitig wurde eine vergleichsweise geringe Verbreitung festgestellt.[17] Dies bestätigt den besonderen Handlungsbedarf auf diesem Gebiet.

I
**Mit-
arbeiter
als Mit-
unter-
nehmer –
ein
Transfor-
mations-
konzept**

- Die für den Mitunternehmer zentrale Verhaltensgrundlage **Sozialkompetenz** beschreibt die Kooperations- und Integrationsfähigkeit und -motivation, die zur selbstorganisierten und zugleich kooperativen Verwirklichung von innovativen Ideen im Team oder über Abteilungsgrenzen hinweg dient. Wir beziehen uns dabei auf eine grundlegende Definition von Preiser,[18] der Sozialkompetenz als eine – auch situativ – geglückte Verbindung von Selbständigkeit und Kooperation beschreibt (vgl. Abb. 3).

Nach diesem Begriffsverständnis kann Sozialkompetenz auch als **kooperative Selbstorganisation** bezeichnet werden. Sozialkompetent handeln heißt damit, mit sich selbst und anderen konstruktiv, eigenbestimmt und kooperativ umgehen zu können und zu wollen.

Wir sind überzeugt, dass ein Konzept des internen Unternehmertums nur dann erfolgreich umgesetzt werden kann, wenn die dafür nötige Sozialkompetenz gesichert und in Teamarbeit sowie abteilungsübergreifender Zusammenarbeit praktiziert wird. Mag beim Unternehmer auf anonymen Märkten egoistisches Verhalten nach dem ⇒ *homo-oeconomicus*-Prinzip noch erfolgreich sein[19] und ein Intrapreneur nach Pinchot[20] über meisterliche Anwendung mikropolitischer Tricks à la Machiavelli auch auf internen Märkten kurzfristig Erfolg haben, so scheint uns das für die Qualifikation zum **Mit**unternehmertum nicht auszureichen. Denn gerade in arbeitsteiligen, sozial stabilen und damit auf langfristige und enge Kooperation angelegten Organisationen ist die Fähigkeit und Bereitschaft zur abteilungsinternen wie -übergreifenden Zusammenarbeit eine Grundvoraussetzung für eine effiziente Umsetzung unternehmensstrategisch wesentlicher Innovationen.

Operationalisierungsansätze dieser Schlüsselkompetenzen nach Verhaltens- und Ergebniskriterien zeigt Abb. 4.

Es ist – gemäß der ⇒ *Normalverteilung* der menschlichen Potentiale – davon auszugehen, dass diese Schlüsselkompetenzen individuell unterschiedlich ausgeprägt sind. Wir haben deshalb einen **Portfolio-Ansatz** konzipiert, der die Mitarbeiter nach ihrer mitunternehmerischen Kompetenz zu differenzieren versucht. Dabei unterscheiden wir idealtypisch zwischen folgenden Mitarbeitergruppen[21]: **Mit**-

---

17 Vgl. Wunderer/Bruch 1999
18 Vgl. Preiser 1978
19 Vgl. Korunka et al. 1993
20 Vgl. Pinchot (1988)
21 In einer umfassenderen Portfoliodifferenzierung haben wir zudem noch zwischen dem selbständigen Unternehmer, dem offiziell beauftragten »Subunternehmer« (Leiter einer eigenständigen organisatorischen Einheit, z.B. eines Profit-Centers) sowie dem »Intrapreneur« nach Pinchot (1988) differenziert (vgl. Wunderer 1994). Hier wollen wir uns aber auf die genannten vier Zielgruppen konzentrieren.

Gestaltungskompetenz	
Verhaltenskriterien	Ergebniskriterien
● Suchen und Aufgreifen neuer Ideen	● Anzahl entwickelter Ideen
● sich freien Handlungsspielraum verschaffen und sichern	● geringe Absenzen- und Fluktuationsrate
● andere begeistern und von den Vorteilen des eigenen Handlungszieles überzeugen	● Anzahl von Verbesserungsvorschlägen – auch gegenüber dem Team
● neues Wissen im Aufgabenbereich umsetzen	● Anzahl verbesserter Produkte und Dienstleistungen
● sich gegenüber Neuem offen zeigen	● Gestaltung/Anwendung neuer Verfahren
Handlungskompetenz	
Verhaltenskriterien	Ergebniskriterien
● Anwendung von Managementmethoden bei der Planung und Beschlussfassung	● Effizienzsteigerung und realisiertes Einsparungspotential
● Setzen persönlicher Leistungsziele	● verbesserte und beschleunigte Abläufe
● systematische Planung und Organisation der eigenen Arbeit	● effizient durchgeführte Besprechungen
● Antizipation der Argumente potentieller Widersacher bei der Umsetzung	● Anzahl erreichter Ziele
● Ausnutzung der Informationstechnologie und des Leistungsvorteils der Gruppe	● Qualität des erarbeiteten Konzeptes mit verbundenen Projektzielen und -plänen
Sozialkompetenz	
Verhaltenskriterien	Ergebniskriterien
● sich die Ideen anderer anhören und auf Bedenken eingehen	● Zufriedenheit von Mitarbeitern, Vorgesetzten, Kollegen, Kunden mit dem Ergebnis einer Verhandlung
● sich in einem Team kooperativ verhalten	● Wertschätzung durch andere (z. B. in 360°-Beurteilungen)
● eigene Ideen bei Vorgesetzten/Kollegen zielbewusst und bestimmt vertreten	● Beiträge zur gemeinsamen Lösung von Konflikten
● aktive Beteiligung an Konfliktlösungen	● gute Ergebnisse in Mitarbeiterbefragungen

Abb. 4: Beispiele für Gestaltungs-, Handlungs- und Sozialkompetenz[22]

unternehmer, unternehmerisch motivierte Mitarbeiter, Mitarbeiter mit geringer Mitunternehmerkompetenz sowie innerlich Gekündigte/Überforderte und aktive Bremser.

● **Mitunternehmer** sind diejenigen Mitarbeiter, die sich in ihrer Funktion durch Mitwissen, Mitdenken, Mitentscheiden, Mithandeln, Mitverantworten, Mitfühlen, Miterleben sowie Mitentwickeln an der Umsetzung der Unternehmensstrategien aktiv, innovativ und nach den Prinzipien verstärkter Selbst-

22 Vgl. Gerig 1998

steuerung und -organisation überdurchschnittlich beteiligen. Sie bilden die unternehmerische Kerngruppe des Personals.

- Als **unternehmerisch motivierter Mitarbeiter** wird der Typus charakterisiert, der offen für unternehmerische Innovations- und Transformationsprozesse ist und diese unterstützt. Er ist bereit, internes Unternehmertum zu leben, auch wenn er die unternehmerischen Schlüsselkompetenzen selbst nicht in allen Punkten erfüllen kann.

- Dem Typus **Mitarbeiter mit geringer Mitunternehmerkompetenz** mangelt es in deutlichem Maße an Qualifikation und/oder Motivation zu unternehmerischem Verhalten.

- Zur Kategorie **innerlich Gekündigte/Überforderte sowie aktive Bremser** zählen schließlich jene Mitarbeiter, die unternehmerische Innovationen mehr be- oder verhindern als fördern. Ihnen fehlt v. a. die Identifikation bzw. Motivation zur Unterstützung der strategischen Ziele der Unternehmung.[23]

I
Mit-
arbeiter
als Mit-
unter-
nehmer –
ein
Transfor-
mations-
konzept

Eigene schriftliche Umfragen bei über 200 deutschen und schweizerischen Personalverantwortlichen aus Groß- und Mittelunternehmen in den Jahren 1998 und 1999 ergaben die in Abb. 5 dargestellte Verteilungseinschätzung der Portofolio-Gruppen.

Durchschnittlich werden von den befragten Personalverantwortlichen also nicht einmal ein Viertel aller Mitarbeiter als Mitunternehmer eingeschätzt. Und einem guten Drittel »unternehmerisch motivierter Mitarbeiter« stehen im Durchschnitt 30 % »Mitarbeiter mit geringer Mitunternehmerkompetenz« sowie immerhin rund 14 % »innerlich Gekündigte/Überforderte und aktive Bremser« gegenüber.

Bei den referierten Ergebnissen handelt es sich um grobe und generelle Einschätzungen großer Populationen durch einzelne Experten als Unternehmensvertreter. Dabei gehen implizit deren Anspruchsniveaus ebenso ein wie die spezifischen Kontextfaktoren (v. a. Unternehmenskultur und -organisation) des jeweiligen Unternehmens. Wo z. B. Eigenständigkeit der Mitarbeiter nicht wirklich erwünscht ist, wird es auch weniger mitunternehmerisches Verhalten geben. Tendenziell vergleichbare Ergebnisse brachten weitere Befragungen von Führungskräften bezüglich ihrer direkten Mitarbeiter. Wenngleich solche Analysen differenzierter und fundierter durchgeführt werden müssen, zeigen diese ersten Befunde bereits, dass die durch Schlüsselkompetenzen bedingte Motivation und Fähigkeit zu unternehmerischem Handeln in den Belegschaften deutscher bzw. schweizerischer Unternehmen tendenziell (normal-)verteilt sind und streuen.[24]

---

23 Dies kann gerade bei Führungskräften auch an anderen strategischen Zielen oder Prioritäten im Unternehmen, in Tochtergesellschaften oder Profit-Centern liegen.
24 Daraus kann man folgern, dass (mit-)unternehmerische Kompetenzen nicht bei allen Unternehmensangehörigen vorhanden sind bzw. eingesetzt werden. Damit ist auch eine Forderung oder Hoffnung, alle Mitarbeiter könnten sich als Mitunternehmer verhalten, solange als utopisch einzuschätzen, solange nicht empirische Belege das Gegenteil beweisen.

Gestaltungs- und Handlungskompetenz hoch

Mitunternehmer

Unternehmerisch motivierte Mitarbeiter

Mitarbeiter mit geringer Mitunternehmer-kompetenz

Sozialkompetenz hoch

Innerlich Gekündigte/Überforderte sowie aktive Bremser

	Umfrage 1		Umfrage 2		Umfrage 3		Durchschnitt	
	Nicht-Führungskräfte	Führungskräfte	Nicht-Führungskräfte	Führungskräfte	Nicht-Führungskräfte	Führungskräfte	Nicht-Führungskräfte	Führungskräfte
	17%	34%	12%	28%	15%	29%	14%	30%
	31%	34%	28%	38%	33%	38%	31%	37%
	36%	20%	45%	22%	36%	21%	39%	21%
	16%	12%	15%	12%	16%	12%	16%	12%
	100%	100%	100%	100%	100%	100%	100%	100%

Umfrage 1:
August 1998, N = 116

Umfrage 2:
Okt./Nov. 1998, N = 96

Umfrage 3:
Mai 1999, N = 28

Abb. 5: Portfolio-Ansatz zur Analyse von internem Unternehmertum

3.3.2 Mitunternehmerische Identifikation und Motivation

Die grundsätzlichen Überlegungen zur arbeitsrelevanten Identifikation und Motivation in Organisationen sind in Kapitel B III. »Identifikation, Motivierung und Remotivierung im Rahmen werteorientierter Führung« behandelt. Hier werden nur Ansätze thematisiert, die das Konzept Mitunternehmertum besonders und über die Schlüsselkompetenzen hinaus beeinflussen und betreffen.

3.3.2.1 Identifikation

Inwieweit sich Mitarbeiter als Unternehmer im Unternehmen verhalten, hängt sehr stark davon ab, inwieweit sie sich mit Personen (z. B. Vorgesetzten, Kollegen, Mitarbeitern) und sachlichen Gegebenheiten (z. B. Tätigkeit, Arbeitsplatz, Leistungsprogramm, Abteilungs- und Unternehmensziele) ihrer Organisation identifizieren können.[25] Identifikation kann als **Voraussetzung** für drei zentrale Grundlagen und Ausdrucksformen gelebten Mitunternehmertums betrachtet werden:

● freiwilliges Engagement: Darunter werden eigeninitiierte, an unternehmerischen Zielen und Strategien orientierte Verhaltensweisen verstanden, die über das in formalen Rollenvorschriften Verlangte hinausgehen und deshalb von der Organisationspsychologie als »Extra-Rollenverhalten«[26] bezeichnet werden. Es werden zahlreiche Konzepte – so etwa das Organizational Citizenship Behavior (OBC),[27] das Konzept des prosozialen organisationalen Verhaltens,[28] das Konzept der organisationalen Spontaneität,[29] das »Arbeitsengagement aus freien Stücken«[30] und das Konzept der persönlichen Initiative[31] – entwickelt, die alle in die gleiche Richtung argumentieren[32] und die motivationalen Grundlagen internen Unternehmertums ganz besonders betreffen.

Freiwilliges Engagement bzw. **Extra-Rollenverhalten** umfasst im Kern vier Komponenten[33] – nämlich Eigenverantwortlichkeit, Risikobereitschaft, Innovativität und Kooperativität –, die diverse Berührungspunkte mit den mitunternehmerischen Schlüsselkompetenzen aufweisen: So sind Eigenverantwortlichkeit und Kooperativität konstitutive Bestandteile der Sozialkompetenz. Innovativität entspricht im wesentlichen der Gestaltungskompetenz. Risikobereitschaft spielt bei der Gestaltungskompetenz (als Bereitschaft, neue, mit Unsicherheit behaftete Problemlösungen zu entwickeln) als auch bei der Handlungskompetenz (als Bereitschaft, Neues durchzusetzen) eine Rolle.

---

25 Vgl. Wunderer/Mittmann 1995b
26 Vgl. ausführlich: Kapitel B II. Historische Wurzeln und theoretische Grundlagen des Mitunternehmertums
27 Vgl. Organ 1988; Wunderer/Mittmann 1995b, insb. S. 158f.
28 Vgl. Brief/Motowidlo 1986; Wunderer/Grunwald 1980
29 Vgl. George/Brief 1992
30 Vgl. Müller/Bierhoff 1994
31 Vgl. Frese et al. 1994, 1996
32 Vgl. zusammenfassend Nerdinger 1998
33 Vgl. v. Rosenstiel 1999

I
Mit-
arbeiter
als Mit-
unter-
nehmer –
ein
Transfor-
mations-
konzept

- **normative Einbindung/Verpflichtung:** Nach Etzioni[34] lassen sich **drei Einbindungsmuster** in bzw. von Organisationen unterscheiden: zwangsweise (durch Bestrafung und Zwang), utilitaristische (durch materielle Belohnung) und normative (durch Orientierung an gemeinsamen Werten und Zielen). Nun ist eine zwangsweise Einbindung der Mitarbeiter weder rechtlich möglich noch mit demokratischen Grundwerten vereinbar. Auch das Prinzip »Geld gegen Leistung« stößt aus verschiedenen Gründen (z. B. Schwierigkeit der Leistungsmessung, tarifliche Regelungen) an Grenzen. Deshalb müssen nach wie vor relevante utilitaristische Einbindungsmuster durch normative ergänzt werden: »(…) Mitarbeiter sollen aus eigener Überzeugung und aus eigener Initiative im Sinne ihrer Wertorientierungen das unterstützen, was das Unternehmen anstrebt.«[35] Es gilt also, eine freiwillige Selbstverpflichtung des Mitarbeiters gegenüber dem Unternehmen – sog. ⇒ *Commitment*[36] – zu erzeugen. Organisationales ⇒ *Commitment* umfasst **drei Aspekte:** a) starken Glauben an und eine Akzeptanz von Zielen und Werten der Organisation, b) die Bereitschaft, sich für die Organisation einzusetzen sowie c) ein starkes Bedürfnis, die Mitgliedschaft in der Organisation aufrechtzuerhalten. Wie sich ⇒ *Commitment* im Alltagshandeln ausdrücken soll, illustriert ein Unternehmensgrundsatz von BMW:

»Unternehmerische« Verantwortung zu übernehmen, das heißt konkret: Ich fordere Zielvereinbarungen und trage die Verantwortung für meinen Beitrag zur Zielerreichung; ich trage die Verantwortung für die Qualität meiner Arbeit; ich trage die Verantwortung für mich selbst, insbesondere für meine Gesunderhaltung und meine berufliche Weiterentwicklung.

Abb. 6: Unternehmensleitsatz der BMW AG

Anders als bei einer rein rational-instrumentellen Beziehung des Mitarbeiters zur Organisation ist die Verhaltenssteuerung bei normativer Einbindung bzw. bestehendem ⇒ *Commitment* (auch) emotional fundiert. Sie erfolgt daher auf einer tieferen Bewusstseinsebene, ist weniger störanfällig und verspricht dauerhafteres Engagement für unternehmerische Ziele und Strategien.

- **mitunternehmerische Identität:** Unter Identität soll hier das Selbstverständnis der Organisationsmitglieder verstanden werden. Mitunternehmerisch wird die Identität dann, wenn zentrale Charakteristika des internen Unternehmertums (wie z. B. Innovation, Kreativität, Selbständigkeit) eigene Werte und Ziele der Mitarbeiter verkörpern.

---

34 Vgl. Etzioni 1965
35 v. Rosenstiel 1999, S. 83
36 Vgl. Mowday et al. 1982; Kieser 1995; Wunderer/Mittmann 1995b

3.3.2.2 Motivation

Unternehmerische Motivation bezeichnet den inneren Antrieb, im Sinne der Unternehmensziele und -strategien intensiv und dauerhaft mitzudenken, mitzuentscheiden und mitzuhandeln, mitzuverantworten, mitzufühlen und mitzuerleben sowie an der Entwicklung neuer Ideen und Konzepte mitzuwirken.

Nach der kognitiven **Prozesstheorie der Motivation**[37] müssen hierfür drei Voraussetzungen gegeben sein:

- **Bedeutung (Valenz):** (Mit-)Unternehmerische Werte, Ziele, Handlungsweisen etc. müssen den Mitarbeitern erstrebenswert erscheinen.
- **Instrumentalität:** Für die Mitarbeiter muss klar sein, mit welchen Verhaltensweisen sie bestimmte Ziele oder Ergebnisse (z. B. Produktinnovationen oder inkrementale Verbesserungen in ihrem Arbeitsbereich) erreichen können.
- **Erfolgserwartung:** Die Mitarbeiter müssen davon überzeugt sein, dass sie gesetzte Ziele erreichen können.

Die mitunternehmerische Motivation kann sowohl durch ein breites Angebot an Identifikationsmöglichkeiten als auch durch gezielte Motivierungsstrategien unterstützt werden. Da grundlegende Orientierungen und Präferenzen bei Erwachsenen jedoch nur begrenzt beeinflussbar sind, müssen die Mitarbeiter bereits bestimmte mitunternehmerische Neigungen mitbringen.

3.4 Steuerung und Führung

3.4.1 Mitunternehmerisches Steuerungskonzept

Hier wird diskutiert, welche strukturellen Voraussetzungen geschaffen werden müssen, um internes Unternehmertum zu sichern und zu fördern.

Die Definition des internen Unternehmertums verbinden wir eng mit marktwirtschaftlichen Gesamtführungskonzepten. Diese bilden damit auch zentrale Rahmenbedingungen für die Unternehmensführung.

Für die **interne Steuerung** unterscheiden wir vier Konzepte, die meist gleichzeitig, aber mit unterschiedlicher Gewichtung eingesetzt werden. Dies sind: (interner) Markt, kooperatives soziales Netzwerk, Hierarchie und Bürokratie.[38] Abb. 7 zeigt die charakteristischen Merkmale dieser Steuerungskonzepte.

In verschiedenen Umfragen unseres Instituts wurde Personalverantwortlichen aus deutschen und schweizerischen Großunternehmen die Frage gestellt, welche dieser Steuerungskonzepte dominieren (Ist-Zustand) und welche idealerweise dominieren sollten (Soll-Zustand). Abb. 8 zeigt die Befunde zweier Umfragen.

---

37 Vgl. Kapitel C III. Identifikation, Motivierung und Remotivierung im Rahmen werteorientierter Führung
38 Vgl. z.B. Ouchi 1991, der zwischen Hierarchie, Markt und »Clan« differenziert

Konzept	Markt	Soziales Netzwerk	Hierarchie	Bürokratie
Legitimations-grundlage	• Leistungen • Erträge	• Vertrauen • Verpflichtung • Gefühle	• Entscheide/ Weisungen	• Regeln • Vorschriften
Führungs-philosophie	• gewinn-orientiert	• beziehungs-orientiert	• weisungs-gerecht	• professionell
Rollenschwer-punkt	• Unternehmer	• Kollege/ Mitarbeiter	• Untergebener	• Mitglied
vorherrschende Bezugs-gruppen-ausrichtung	• Kunden-zufriedenheit	• Vorgesetzten-/ Kollegen-/ Mitarbeiter-zufriedenheit	• Vorgesetzten-zufriedenheit	• System-loyalität • persönliche Zufriedenheit
spezifische Qualifikations-indikatoren	• Innovations-fähigkeit • Risikobereit-schaft • Um-/Durch-setzungs-fähigkeit • Chancen-/ Gewinn-orientierung	• Beziehungs-fähigkeit • Individuelle und wechsel-seitige Unter-stützung • Gesinnung/ Standhaftig-keit/Verständ-nis	• Anpassungs-fähigkeit/ -bereitschaft • Verlässlichkeit • operative Umsetzungs-fähigkeit/ -bereitschaft	• Kompetenz • Erfahrung • Verlässlich-keit • Regel-orientierung • Gerechtigkeit

Abb. 7: Steuerungskonzepte

Nach Umfrage 1[39] herrscht eindeutig die hierarchische Steuerung vor, verbunden mit einer marktorientierten Ausrichtung (Ist). Gemäß Umfrage 2[40] dominieren gegenwärtig Hierarchie und Bürokratie. Der von den Befragten gewünschte Zustand (Soll) zeigt dagegen in beiden Erhebungen eine andere Steuerungskonfiguration: Danach soll die marktmäßige Steuerung weiter ausgebaut werden. Zudem soll die Steuerung über Hierarchie deutlich zugunsten einer Steuerung über soziale Netzwerke reduziert werden. Nach vorherrschender Auffassung wird die gewünschte Steuerungskonfiguration im Jahr 2010 bereits weitgehend realisiert sein (vgl. Umfrage 2).

Die auch von den befragten Praxisvertretern bevorzugte **Konfiguration aus Markt-und sozialer Netzwerksteuerung** scheint uns für internes Unternehmertum am besten geeignet, denn:

● Sie verbindet fairen internen Wettbewerb mit unternehmerischer Kooperation.

● Sie verbindet ökonomische mit sozialer ⇒ *Effizienz*.

● Grundlage der **Verhaltenssteuerung** ist eine Kombination aus »Hard Factors« (Leistungen, Erträge) und »Soft Factors« (Verpflichtung, Gefühle, Motive).

---

39 Vgl. Wunderer/v. Arx/Jaritz 1998
40 Vgl. Wunderer/Dick 2000

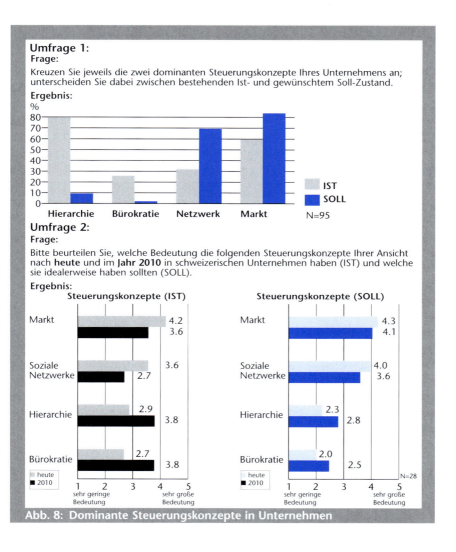

Abb. 8: Dominante Steuerungskonzepte in Unternehmen

Erstere unterstützen die sachliche Zielausrichtung. Letztere sorgen für eine stärkere und nachhaltigere – weil emotional fundierte – Einbindung der Mitarbeiter in der notwendigen Zusammenarbeit bei arbeitsteiligen, aber doch vernetzten Leistungsprozessen. Dies verspricht positive Auswirkungen auf Engagement und ⇒ *Commitment*. Beide Steuerungsgrundlagen entsprechen dem Konzept des Mitunternehmertums, das auf aktive, kreative, problemlösende, kooperative und selbständige Mitarbeiter setzt, deutlich besser als Steuerungskonzepte, die v.a. auf Entscheiden, Weisungen, Regeln oder Vorschriften basieren.

● Die **Rollenkonfiguration** – eine Mischung aus Mitarbeiter und Unternehmer – ist typisch für »Mitunternehmer«, im Gegensatz zur Kombination der eher passiven Rollen »Untergebener« und »Mitglied«.

- Es werden explizit mehrere zentrale **Bezugsgruppen** – nämlich Mitarbeiter aller Hierarchieebenen sowie (interne) Kunden – berücksichtigt. Unterstellt man ferner, dass sich Kundenzufriedenheit auch in der Nachfrage nach den Unternehmensleistungen widerspiegelt, so ist indirekt auch die dritte zentrale Bezugsgruppe – die Kapitaleigner – angesprochen.

- Die erforderlichen **Qualifikationen**, wie Beziehungsfähigkeit, Innovations-fähigkeit, Risikobereitschaft sowie Um- und Durchsetzungsfähigkeit, weisen deutlichen Parallelen zu den mitunternehmerischen Schlüsselkompetenzen auf.

Beim unternehmensinternen **kooperativen sozialen Netzwerk** stehen wechsel-seitige Kooperation, auch emotionaler Austausch sowie langfristige, nützliche Be-ziehungspflege im Vordergrund.[41] In diesem vorrangig sozialen Tausch wird nicht primär geldwert organisiert und gemessen; auch werden nicht nur Verhalten und Ergebnisse, sondern ebenso (vermutete) Motive und Absichten in die Bewertung der Transaktionen einbezogen. Das vorherrschende Koordinationsmedium ist hier Vertrauen.

Unterschiede zwischen **ökonomischem und sozialem Austausch** kann man so beschreiben: **Ökonomischer Austausch** ist charakterisiert durch kalkulative Orientierung, geldwerte Leistungen entsprechen Gegenleistungen, es dominieren kurzfristig wirksame Austauschverhältnisse sowie eine kurzfristig wirksame Ver-teilungsgerechtigkeit (z. B. Arbeitsleistung gegen geldwerte Äquivalente). **Sozialer Austausch** wird dagegen geprägt von Vertrauen in langfristige Gegenleistungen, nicht spezifizierte oder spezifizierbare Gegenleistungen für aktuelle Leistungen, die Hoffnung auf längerfristig wirksame Verfahrensgerechtigkeit (Fairness, $\Rightarrow$ *Commitment*) sowie eine vorwiegend affektive Orientierung der Beteiligten.[42]

Das auch stark lateral orientierte Netzwerk[43] bewirkt in der Regel langfristigere und stärkere, weil emotional fundierte Bindungen an die internen Bezugsgrup-pen als die professionelle Bindung über Bürokratie. Zudem ist sie im Vergleich zur hierarchischen Steuerung weniger weisungsorientiert und fremdorganisiert, dafür mehr abstimmungsorientiert und proaktiv.

Soziales Networking erfolgt in einem funktionalen und emotionalen »Tausch-markt« über das Medium »Vertrauen«, bei dem das Ziel der Synergie, Koopera-tion und freiwilligen Koordination im Mittelpunkt steht.

Interne Marktsteuerung findet man vermehrt seit den achtziger Jahren. Zuneh-mend geschieht sie mit geldwertem Austausch – häufig über Verrechnungsprei-se.[44] Diversifizierung, Dezentralisierung, Steuerung über Ziele und Ergebnisse,

---

41 Vgl. Kapitel D III. Grundmuster und Erklärungsansätze lateraler Kooperation

42 Vgl. Nerdinger 1998; vgl. auch Kapitel D IV. Laterale Kooperation als Selbststeuerungs- und Führungsaufgabe

43 Vgl. die ausführliche Diskussion des Netzwerkkonzepts in Kapitel D III. Grundmuster und Erklärungsansätze lateraler Kooperation Abschnitt 4

44 Vgl. Kreuter 1997; Wunderer/v. Arx 1999

also pretiale Lenkung[45] über Profit- oder Wertschöpfungs-Center, sind dafür wichtige Managementkonzepte.

Die interne Marktsteuerung unterliegt spezifischen Bedingungen, insbesondere im Vergleich zum (neo-)klassischen Modell der externen Steuerung über anonyme Märkte. Hierzu gehört v. a. das **langfristige** Gestalten von **persönlichen** Sozialbeziehungen nach dem Konzept unendlicher Spiele:[46] Eine langfristige persönliche Beziehung kann nur dann aufgebaut und aufrecht erhalten werden, wenn sie für alle Beteiligten Vorteile bietet. Mag in kurzfristigen und/oder anonymen Beziehungen egoistisches oder unfaires Verhalten Erfolg bringen, so erfordert eine langfristige persönliche Beziehung eine Zusammenarbeit nach dem Reziprozitätsprinzip bzw. dem Motto »Wie Du mir, so ich Dir«, aber mit kooperativem Einstieg (»**Goldene Regel der Kooperation**«); dies soll mit einer »Win-Win-Verhandlungsstrategie« verbunden werden.[47]

Durch diese Besonderheit interner Marktsteuerung entsteht eine spezifische **Mischkultur zwischen Markt und sozialem Tausch**. Man kann diese Konfiguration als »organisationsinterne soziale Marktwirtschaft« und ihre Akteure als »Co-Intrapreneure« charakterisieren. Erst dieses ordnungspolitische Steuerungskonzept sichert u. E. die besondere Qualität des Mitunternehmertums.

3.4.2 Mitunternehmerisches Führungskonzept

3.4.2.1 Überblick

Mitunternehmertum kann nur dann erfolgreich realisiert werden, wenn das betriebliche Umfeld keine übermäßigen Barrieren für internes Unternehmertum aufbaut bzw. fördernde Bedingungen liefert.

Nach dem Aufbau einer fördernden Steuerungskonfiguration ist damit der **Abbau hemmender Barrieren über strukturelle Maßnahmen** sowie die Gestaltung einer das interne Unternehmertum **fördernden Arbeitssituation** durch die Unternehmensleitung und alle Führungskräfte von zentraler Bedeutung. Zu dieser systemischen Gestaltung des Arbeitskonzeptes ist an **vier Dimensionen** anzusetzen: mitunternehmerische Kultur, Strategie, Organisation und qualitative Personalstruktur.[48] Zugleich sind bei der strukturellen Ausgestaltung Aspekte aus vier **Ebenen** – Gesellschaft, Unternehmen, Organisationseinheit und Person – zu berücksichtigen und zu integrieren (vgl. Abb. 9). Denn wir sehen in der üblichen Fokussierung auf das Unternehmen (z. B. nur auf Unternehmenskultur) einen zentralen Schwachpunkt der Diskussion in der Betriebswirtschafts- und Managementlehre sowie der Beratungs- und Unternehmenspraxis.

---

45 Vgl. Schmalenbach 1947/48; Drumm 1989a und b
46 Vgl. dazu Axelrod 1984; Smith 1977; Ulrich 1997
47 Vgl. Kapitel D IV. Laterale Kooperation als Selbststeuerungs- und Führungsaufgabe
48 Die entsprechenden Möglichkeiten im Rahmen des Transformationsprozesses werden aus didaktischen Gründen im Abschnitt 3.5 Auswahl und Entwicklung diskutiert.

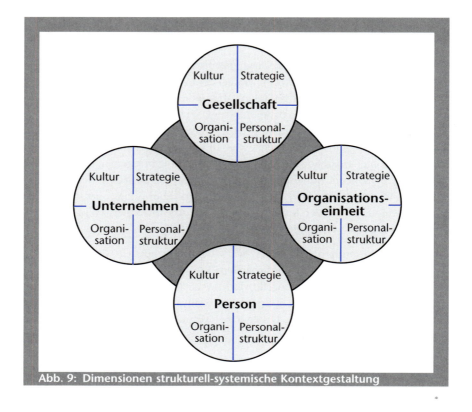

Abb. 9: Dimensionen strukturell-systemische Kontextgestaltung

Ergänzend tritt dazu die **interaktive Beeinflussung und Koordination durch direkte Vorgesetzte**. Diese wirkt v. a. über persönlich oder teamorientiert adressierte Kommunikation, z. B. über die Formulierung einer gemeinsam getragenen ⇒ *Mission*, durch individuelle Zielvereinbarungen, durch darauf ausgerichtete Anreize, Fördermaßnahmen (etwa ⇒ *Coaching* und ⇒ *Mentoring*), Selektionsprozesse sowie Evaluation von Verhalten und Leistung.

Daneben muss die Führungskraft in der Lage sein, differenziert auf einzelne Komponenten (z. B. Wissen, Entscheiden oder Verantworten) sowie Zielgruppen (z. B. Mitunternehmer oder innerlich Gekündigte) angepasste Kommunikations-, Partizipations-, Delegations- und Entwicklungsschritte zu formulieren und umzusetzen.

Die **zentrale Aufgabe der Führungskraft** besteht folglich in der strukturellen und interaktiven Förderung eines unternehmerischen Verhaltens bei den eigenen Mitarbeitern. Abb. 10 gibt einen Überblick über die verschiedenen Förderungsdimensionen.[49]

---

49 Ausführlichere Erläuterungen dazu finden sich in den nachfolgenden Abschnitten; zur generellen Unterscheidung zwischen struktureller und interaktiver Führung vgl. Kapitel A II. Führung und Zusammenarbeit – Grundlagen innerorganisatorischer Beziehungsgestaltung

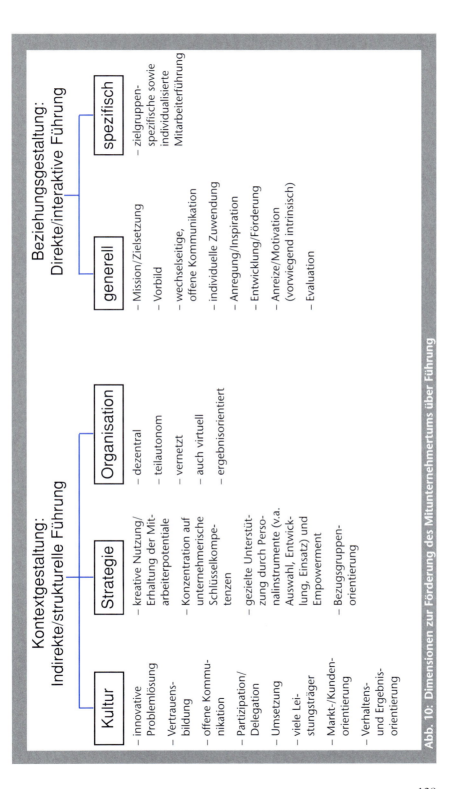

Kontextgestaltung:
Indirekte/strukturelle Führung

Beziehungsgestaltung:
Direkte/interaktive Führung

Kultur
- innovative Problemlösung
- Vertrauensbildung
- offene Kommunikation
- Partizipation/Delegation
- Umsetzung
- viele Leistungsträger
- Markt-/Kundenorientierung
- Verhaltens- und Ergebnisorientierung

Strategie
- kreative Nutzung/Erhaltung der Mitarbeiterpotentiale
- Konzentration auf unternehmerische Schlüsselkompetenzen
- gezielte Unterstützung durch Personalinstrumente (v.a. Auswahl, Entwicklung, Einsatz) und Empowerment
- Bezugsgruppenorientierung

Organisation
- dezentral
- teilautonom
- vernetzt
- auch virtuell
- ergebnisorientiert

generell
- Mission/Zielsetzung
- Vorbild
- wechselseitige, offene Kommunikation
- individuelle Zuwendung
- Anregung/Inspiration
- Entwicklung/Förderung
- Anreize/Motivation (vorwiegend intrinsisch)
- Evaluation

spezifisch
- zielgruppenspezifische sowie individualisierte Mitarbeiterführung

Abb. 10: Dimensionen zur Förderung des Mitunternehmertums über Führung

I
Mit-
arbeiter
als Mit-
unter-
nehmer –
ein
Transfor-
mations-
konzept

129

Es sind drei Ansatzpunkte zur Förderung und Entwicklung zu unterscheiden: die eigenen **Beiträge des Personals,** der **Abbau mitunternehmerischer Barrieren** durch alle Beteiligte sowie individuelle und organisationale **Förderungs- und Entwicklungsmaßnahmen** durch die Unternehmensleitungen und Führungskräfte. Hierbei muss gezielt an den mitunternehmerischen Komponenten – Mitwissen und Mitdenken, Mitentscheiden und Mithandeln, Mitverantworten, Mitfühlen und Miterleben, Mitentwickeln, Mitverdienen und Mitbeteiligen – angesetzt werden.[50]

Unser Ansatz geht also nicht davon aus, dass die Förderung der mitunternehmerischen Komponenten ausschließlich Aufgabe des Unternehmens und des Managements ist. Vielmehr wird nach dem ⇒ *Subsidiaritätsprinzip* zunächst einmal der Mitarbeiter selbst angesprochen. Zweitens geht es darum, gerade mitunternehmerisch qualifizierte und motivierte Mitarbeiter nicht zu behindern, also Barrieren in allen sechs Bereichen gezielt, zielgruppenorientiert und auch individualisiert abzubauen bzw. von vorneherein möglichst zu vermeiden.[51] Und schließlich hat jedes Unternehmen, das Mitunternehmertum in seinen Unternehmens- bzw. Führungsgrundsätzen verankert hat, eine **nicht delegierbare Förderungsverpflichtung.** Die Förderung des Mitunternehmertums ist also für Mitarbeiter, Unternehmensleitung und Führungskräfte sowohl als **Hol-** als auch als **Bringschuld** zu begreifen. Abb. 11 zeigt mögliche Maßnahmen und Instrumente.

Komponente	Mögliche Maßnahmen und Instrumente
Mitwissen/ Mitdenken	**Mitarbeiterinitiative:** ● sich selbst Informationen beschaffen ● aktives Verhalten im Team **Barrierenabbau/-vermeidung:** ● empfänger- statt absenderorientiert informieren ● Abbau autoritärer Führung **Aktive Förderung:** ● gezielte strategische Informationen ● Förderung kooperativer Führung
Mitentscheiden/ Mithandeln	**Mitarbeiterinitiative:** ● auch Mitwirkung als Holschuld sehen ● selbst die Initiative ergreifen **Barrierenabbau/-vermeidung:** ● »Alleinentscheidungskultur« abbauen ● Umsetzungshürden reduzieren **Aktive Förderung:** ● Team- und Projektorganisation, Partizipation verstärken ● selbstverantwortliche Umsetzung durch ziel-/ergebnisorientierte Führung

---

50 Vgl. dazu Fischer 1975, S. 89f., Knoblauch 1999, Wunderer 1994, S. 255ff.
51 Vgl. Kapitel C III. Identifikation, Motivierung und Remotivierung im Rahmen werteorientierter Führung sowie E IV. Honorierungskonzepte als Führungs- und Kooperationsinstrumente

Mitverant-worten	**Mitarbeiterinitiative:** ● Eigenverantwortung übernehmen
	Barrierenabbau/-vermeidung: ● Taylorismus reduzieren
	Aktive Förderung: ● auch Verantwortung delegieren
Mitfühlen/ Miterleben	**Mitarbeiterinitiative:** ● Arbeitsinhalte und -bedingungen bewusst (aus-)suchen
	Barrierenabbau/-vermeidung: ● rationalistische Kultur um emotionale Aspekte ergänzen
	Aktive Förderung: ● werteorientierte Führung fördern
Mitentwickeln	**Mitarbeiterinitiative:** ● eigene Vorschläge entwickeln (z. B. im Mitarbeitergespräch)
	Barrierenabbau/-vermeidung: ● Lernen und Experimentieren als Investition statt als Kosten- faktoren definieren
	Aktive Förderung: ● Team- und Projektorganisation
Mitverdienen/ Mitbeteiligen	**Mitarbeiterinitiative:** ● erfolgsorientierte Führung und Entlohnung fordern ● Vorschläge für Unternehmensbeteiligung (mit-)entwickeln ● entsprechende Unternehmen bevorzugen
	Barrierenabbau/-vermeidung: ● starre Zeitlohnkonzepte erweitern ● rechtliche/organisatorische Hürden für Beteiligung reduzieren
	Aktive Förderung: ● differenzierte Erfolgsbeteiligungsmodelle einführen ● Kapitalbeteiligungsmodelle einführen

Abb. 11: Ansatzpunkte zur Förderung der Komponenten des Mitunternehmertums

I
Mit-
arbeiter
als Mit-
unter-
nehmer –
ein
Transfor-
mations-
konzept

3.4.2.2 Strukturelle (indirekte) Führung

Zentrale Ansatzpunkte einer strukturellen Führung sind – wie bereits dargelegt[52] – Kultur, Organisation und Strategie. Dazu tritt die gezielte Transformation der qualitativen Personalstruktur (Potential).[53]

Da die **Kultur** wesentlichen Einfluss auf die drei übrigen »Hebel« nimmt, gilt es zunächst, eine Unternehmens- und Führungskultur über leitende Werte internen Unternehmertums zu entwickeln, auf die Organisation und Strategie abgestimmt werden.

Ziel der Kulturgestaltung ist es, Werthaltungen und Handlungsmuster organisationsweit so zu etablieren und zu steuern, dass möglichst viele Organisations-

---

52 Vgl. Kapitel A II. Führung und Zusammenarbeit – Grundlagen innerorganisatorischer Beziehungsgestaltung
53 Vgl. Abschnitt 3.5.1

mitglieder mitunternehmerisch handeln können und wollen, sich also gemeinsam in eigenverantwortlicher und kooperativer Weise um die Generierung und Umsetzung von Verbesserungen bemühen.[54]

Die Verankerung entsprechender Werte in Unternehmens- und Führungsgrundsätzen ist dabei ein wichtiger erster Schritt. Relevante Aspekte sind hierbei insbesondere: Eigeninitiative, freiwilliges Engagement, Chancenorientierung, Handlungs- und Umsetzungsorientierung, die Unterstützung persönlicher Ziele, aber auch prosoziales Verhalten und Kooperation, Risikobereitschaft und Fehlertoleranz. Abb. 12 stellt in bewusst kontrastierender Weise bürokratische und unternehmerische Kulturelemente gegenüber.

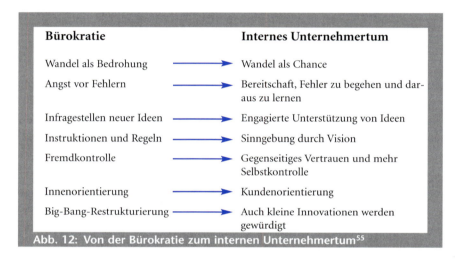

Bürokratie   **Internes Unternehmertum**

Wandel als Bedrohung → Wandel als Chance

Angst vor Fehlern → Bereitschaft, Fehler zu begehen und daraus zu lernen

Infragestellen neuer Ideen → Engagierte Unterstützung von Ideen

Instruktionen und Regeln → Sinngebung durch Vision

Fremdkontrolle → Gegenseitiges Vertrauen und mehr Selbstkontrolle

Innenorientierung → Kundenorientierung

Big-Bang-Restrukturierung → Auch kleine Innovationen werden gewürdigt

Abb. 12: Von der Bürokratie zum internen Unternehmertum[55]

Die Definition der Soll-Kultur ist eine notwendige, aber noch keine hinreichende Bedingung zur Förderung des Mitunternehmertums. Weitere entscheidende Schritte sind die Analyse der Ist-Kultur und die anschließende sukzessive Veränderung in Richtung des Soll-Zustandes. Für die Kulturanalyse bieten sich verschiedene Instrumente, wie z. B. Mitarbeiterbefragungen, Audits, Workshops oder ⇒ *Dokumentenanalysen* an. Bei der **ABB Schweiz** werden beispielsweise in regelmäßigen Abständen Gruppen von rund 50 Mitarbeitern dazu angeregt, in sog. »Dark Rooms« (vgl. Abb. 13) über die bestehenden Werte und Regeln nachzudenken, sie niederzuschreiben und an der Entwicklung in Richtung des Soll-Zustandes zu arbeiten.

Bei der Umsetzung der Soll-Kultur ist das Vorleben, das nachdrückliche Engagement des oberen Managements sowie der nachrangigen Führungskräfte von erfolgskritischer Bedeutung. Nur so kann Kultur als »gemeinsam geteilte **und** gelebte Werte« verstanden und realisiert werden.

---

54 Vgl. dazu auch Kuhn 1997
55 In Anlehnung an Bitzer 1991

I
Mit-
arbeiter
als Mit-
unter-
nehmer –
ein
Transfor-
mations-
konzept

Definierte Werte der ABB Schweiz

- Wir reden direkt, offen und verbindlich miteinander.
- Ich pack's an.
- Jede Person ist wichtig und befähigt, Verantwortung zu tragen.
- Der Erfolg unserer Kunden ist unser aller Erfolg.
- Das scheinbar Unmögliche fordert uns heraus.
- In ihrem Job soll jede Person Spitze sein.

Analyseinstrument »Dark Rooms«

Setting:
Ein Bistrotisch, zwei Stühle, 2 Gläser mit Wein, eine Kerze, Salznüsse

Aufgabe:
Ein sehr guter Freund von Dir wird demnächst in die ABB eintreten, und er möchte es dort zu etwas bringen. Er fragt Dich um Rat, worauf er achten soll, wenn er hier beginnt zu arbeiten. Welche Empfehlungen gibst Du ihm?

Abb. 13: Werte und Werteanalyse bei der ABB Schweiz[56]

Als hilfreich kann sich hierbei die Etablierung gewisser Rituale erweisen. So wurde bei **BMW** im **Werk Regensburg** in einem Unternehmensbereich die Prämierung des Fehlers des Monats eingeführt.[57] Damit wurde deutlich gemacht, dass ein Beschreiten neuer Wege als erwünscht gilt und die damit verbundenen Risiken akzeptiert werden, sofern sorgfältig und reflektiert gehandelt wird.

Aber auch durch eine gezielte Förderung der gruppen-, abteilungs- und unternehmensübergreifenden Kommunikation und durch die unbürokratische Bereitstellung von Ressourcen – z.B. Besprechungsräume, die ohne Voranmeldung genutzt werden können, um Pläne durchzusprechen; Moderationsmaterial, um Konzepte zu visualisieren oder Mittel, um spontan interessante Gesprächspartner einzuladen[58] – lässt sich signalisieren, dass eigeninitiatives Handeln begrüßt wird.

Die **Strategie** verbindet wertfundierte Ziele mit dafür ausgewählten Mitteln. Eine zentrale Rolle spielt hierbei ein zielgerichtetes **Empowerment** der Mitarbeiter. Dieses muss auch nach M. Hilti direkt mit den strategischen Zielen, dem Arbeitsprozess und der eigenen Zuständigkeit und Verantwortung verbunden sein.[59] Hierbei ist die kundenorientierte strategische Ausrichtung von besonderer Bedeutung, weil damit auch der interne Markt in den Fokus der Mitarbeiter gerückt wird. Abb. 14 zeigt beispielhaft, wie **Empowerment für internes Unternehmertum in Unternehmens- und Führungsgrundsätzen** verankert wird.

---

56 Vgl. Lichtsteiner 1999, S. 291
57 Vgl. Bihl 1995
58 Vgl. v. Rosenstiel 1999, S. 102
59 Vgl. Lawler 1977; Hilti 1999; Kuhn 1999

133

1. Wir fördern die Eigenverantwortung und Selbständigkeit aller Mitarbeitenden, indem wir Entscheidungs- und Handlungsspielräume schaffen und unternehmerisches Denken und Handeln belohnen. (Helvetia Patria)

2. Jeder Mitarbeiter hat einen möglichst vielseitigen und umfassend ausgestalteten Aufgabenbereich; dieser ist klar definiert und, falls erforderlich, schriftlich festgelegt. Innerhalb dieses Bereichs ist er selbständig und eigenverantwortlich tätig. Wir fördern unternehmerisches Denken in allen Bereichen!« (Globus)

3. Wir vereinbaren klare, herausfordernde, kunden- und ertragsorientierte Ziele, delegieren Verantwortung/Kompetenzen, gewähren Freiraum und fördern unternehmerisches Denken. (Möbel Pfister)

4. Unternehmerische Freiräume ausschöpfen: Unser Ziel – jedem Mitarbeiter bei Siemens die Freiheit geben, an seinem Platz die Verantwortung für das, was er tut, selbst zu übernehmen. (Siemens)

Abb. 14: Empowerment für Mitunternehmertum – strategische Förderung in Unternehmens-/Führungsgrundsätzen

Weiterhin zählt der Einsatz von fördernden Führungsinstrumenten, wie z. B. direkte Kommunikation, Management by Objectives, kooperativ-delegative Führungsstile oder interne Lenkpreise, individuelle, team- und organisationsbezogene Erfolgsbeteiligung[60] sowie persönliche Anerkennung zu einer mitunternehmerischen Strategiegestaltung.

Im Grunde sind sämtliche **Personalfunktionen und -instrumente** auf ihre Förderlichkeit für das Mitunternehmertums zu überprüfen und nötigenfalls zu revidieren.

Es muss sichergestellt werden, dass v. a. unternehmerisch qualifizierte und motivierte Mitarbeiter akquiriert, ausgewählt und zielgruppenspezifisch gefördert werden. Eine besondere Bedeutung kommt dabei der Auswahl und Entwicklung von Führungskräften als zentralen Kulturträgern zu. Um die unternehmerischen Potentiale von Belegschaftsmitgliedern zur Entfaltung zu bringen, müssen sich Führungskräfte als Wegweiser, Motivatoren und Berater begreifen, die ihren Mitarbeitern adäquate Spielräume gewähren und möglichst nur im Bedarfsfall (»by Exception«) eingreifen. Die **ABB Schweiz** hat deshalb eine Definition der zentralen Führungsrolle entwickelt, die der Selektion und Entwicklung von Führungskräften zugrunde gelegt wird. Dieses als COMOCH bezeichnete Akronym umfasst folgende drei Bausteine. Diese wurden mit den von uns entwickelten Führungsstilmetaphern[61] verbunden:

- COach: befähigen (Impresario)
- MOderator: vermitteln (Dirigent)
- CHampion: vorleben (Bandleader).

---

60 Vgl. Kapitel E IV. Honorierungskonzepte als Führungs- und Kooperationsinstrumente

61 Vgl. Kapitel C II. Unternehmens-, Führungs- und Kooperationskultur als Gestaltungskomponente

Bei 3M erhalten die Führungskräfte folgende Hinweise zur Förderung der **inno-vativ-problemlösenden Gestaltungskompetenz** (vgl. Abb. 15):

- Schaffen Sie Denkräume für Ihre Mitarbeiter
- Heben Sie Denkverbote auf
- Erlauben Sie Fehler
- Würdigen Sie Innovationsleistungen
- Fördern Sie intensive Kommunikation
- Werden Sie Coach für Innovation
- Beziehen Sie wichtige Kunden ein
- Innovationen können aus vielen Quellen kommen
- Rechnen Sie mit Innovationshürden

Abb. 15: 3M Grundregeln für Führungskräfte

Zur unternehmerischen **Organisation** werden insbesondere folgende Gestal-tungsoptionen diskutiert: am Markt und der Wertschöpfungskette orientierte Organisation, Dezentralisierung, Profit- oder Wertschöpfungs-Center-Organisa-tion. Dabei fällt auf, dass sich die Mehrzahl der Ansätze auf den Subunterneh-mer konzentriert. Ein klassisches Beispiel ist der Profit-Center-Leiter, der am von ihm erwirtschafteten Gewinn partizipiert. Müller-Stewens/Bretz charakterisieren diese Form der Unternehmenssteuerung als New Venture Management: »Dieses Management von neuartigen, besonders risikobehafteten Wagnissen (Herausfor-derungen) macht sich zur Aufgabe, die herausgestellte Invarianz von Unterneh-mensgröße und Innovationsfähigkeit zu brechen. Die Vorteile der Großunter-nehmung (…) sollen also mit den Vorteilen der innovativen Neugründung bzw. des mittelständischen Unternehmens (…) verheiratet werden.«[62] Hierbei sollen die Manager zu »Garanten des Unternehmergeistes auf breitester Basis«[63] werden. Die ABB Schweiz wurde deshalb in ca. 5000 Profit-Center aufgeteilt.

Albers[64] propagiert ein weitergehendes Konzept für interne Marktsteuerung: »Um nach wie vor die Verbundvorteile von Großunternehmen realisieren zu kön-nen, wird ein interner Beteiligungsmarkt vorgeschlagen, auf dem strategische Geschäftseinheiten, wie bei einer Submission, interessierten Managern des Unter-nehmens angeboten werden und demjenigen der Zuschlag für eine Position als Geschäftsführender Gesellschafter erteilt wird, der die Strategie mit der höchsten anteiligen Wertsteigerung anbietet. Auf diese Weise entsteht ein Ideen-Wettbe-werb um innovative Konzepte zur Wertsteuerung, der gleichzeitig zu einer effek-tiven »self selection« führt.«[65] Der interne Beteiligungsmarkt ist ein institutio-nelles Arrangement, das Marktkräfte mit den Vorteilen interner Koordination verbindet.

---

62 Müller-Stewens/Bretz 1991, S. 550
63 Ebenda, S. 552
64 Albers 1996
65 Albers 1996, S. 305

Zur organisatorischen Förderung der mitunternehmerischen Zielgruppen (Mitunternehmer, unternehmerisch motivierte Mitarbeiter…) bieten sich Projektorganisation, flexible Gestaltung von Arbeitszeit und -ort, ⇒ *virtuelle Organisation* sowie (teilautonome) Gruppenarbeit an – Organisationsformen, die dank
vorhandener Freiräume ein relativ hohes Maß an selbstbestimmtem Verhalten ermöglichen. Dabei haben in der Praxis – neben diversen Flexibilisierungsformen
– wohl die Ansätze zur Gruppenarbeit die weiteste Verbreitung gefunden – so z. B.
bei der Hilti AG. Bei Hilti gibt es keine Meister mehr. Stattdessen hat jede Arbeitsgruppe einen Coach, der jährlich von der Gruppe neu gewählt wird. Die Gruppen führen die Arbeitsvorbereitung und die Bestimmung des Arbeitsablaufs in
eigener Regie durch.[66] Ähnlich gestaltet sich die Arbeitsorganisation bei der AUDI
AG. Hier haben Mitarbeiter aus der Produktion ihr Verständnis von Unternehmertum explizit formuliert und in Beziehung zur Gruppenarbeit gesetzt (vgl.
Abb. 16).

Wir – die Gruppe
Informationen zur Gruppenarbeit   Der Mitarbeiter als »Unternehmer« **AUDI**

1. Was kennzeichnet einen Unternehmer?

Ein Unternehmer führt ein Unternehmen selbständig auf eigene Rechnung und
eigenes Risiko. Zum Beispiel:

- Hr. Müller, der einen Reifenservice für Autos und Motorräder anbietet.
- Hr. Agostini, der eine Pizzeria betreibt und dort 8 Mitarbeiter beschäftigt.
- Hr. Schmidt, der ein Haus baut und 2 Einliegerwohnungen zur Vermietung ein-
  plant.

Alle Unternehmen müssen so geleitet werden, dass auf Dauer am Ende ein Gewinn
erwirtschaftet wird.

**2. Warum sollte unsere Gruppe wie ein »Unternehmer« im Unternehmen Audi han-
deln?**

Jede Gruppe kennt ihr eigenes Arbeitsumfeld am besten. Handelt sie als Unternehmer, muss es Ziel sein, Arbeitsumfeld und Arbeitsplatz so zu gestalten, dass

- die Kunden mit dem Arbeitsergebnis (Produkte, Dienstleistungen) zufrieden sind
- bei jeder Entscheidung das Kosten-Nutzen-Verhältnis abgewogen wird
- damit ein Gewinn erzielt wird

3. Wie kann unsere Gruppe das unternehmerische Handeln stärker fördern?

Jeder von uns überlegt, was er als »Unternehmer« besser, wirtschaftlicher, einfacher
… machen würde. Wir vermeiden daher

- Überproduktion, d.h. unnötige Lager oder zu hohe Sicherheitspuffer
- Warten, wie z. B. das Warten auf fehlende Teile
- unnötige Bewegung, z. B. weite Laufwege
- Beförderung, z. B. Transport von Teilen, Behältern
- Nacharbeit

Abb. 16: Internes Unternehmertum durch Gruppenarbeit

---

66 Vgl. Hilti 1999

3.4.2.3 Interaktive (direkte) Führung

Die interaktive Führung behält auch im Konzept Mitunternehmertum große Bedeutung. Allerdings erscheint es unrealistisch, hierbei auf den vielgepriesenen Charismatiker[67] zu setzen, denn dieser Typus ist und bleibt »dünn gesät«. Wie Drucker schon vor einigen Jahrzehnten erkannte, sollte man auf solche Ausnahmefälle keine allgemeinen Führungsmodelle ausrichten.[68] Geeigneter als der charismatische »Hero-Ansatz« erscheint für die Förderung internen Unternehmertums die **Verbindung von** ziel- und ergebnisorientierter, also **transaktionaler** und wertverändernder, also **transformationaler Führung**. Sie bauen auf Konzept und Begriffen von B. Bass auf.[69]

Insbesondere der wert- und zielverändernden **transformationalen Führung** (vgl. Abb. 17) wird hohe praktische Relevanz – gerade für das Konzept Mitunternehmertum – zugeschrieben. So gaben beispielsweise in eigenen Umfragen zum bevorzugten Führertyp Studenten und Praktiker der als transformational bezeichneten Führungskraft deutlich den Vorrang vor dem mitreißend-begeisternden Charismatiker. Und nach der Prognose schweizerischer Personalexperten wird transformationale Führung der bedeutsamste Führungsstil der Zukunft sein.[70] Ebenso zeigten diverse amerikanische Studien,[71] dass besonders erfolgreiche Führungskräfte diesen Stil bevorzugt anwenden. Bei diesem Führungstypus steht die Coach- und Motivatorenrolle im Vordergrund. Zentrale Aufgabe ist hierbei eine **zielgruppenorientierte und ebenso die individualisierte Förderung** der Mitarbeiter.

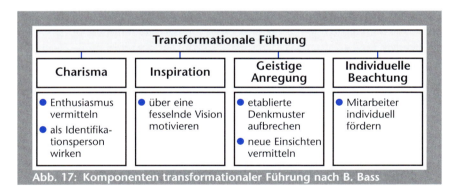

Abb. 17: Komponenten transformationaler Führung nach B. Bass

Aber auch die **transaktionale Führung** (vgl. Abb. 18) spielt eine entscheidende Rolle.

---

67 Vgl. Conger 1989
68 Drucker 1971, S. 163
69 Vgl. auch die Kapitel A IV. Führungstheorien und D I. Mitarbeiterführung – Führungsstile
70 Vgl. Wunderer/Dick 2000
71 Vgl. zusammenfassend Bass/Steyrer 1995

Aufgaben transaktionaler (ziel- und ergebnisorientierter) Führung
● Ziele klar und operational definieren bzw. vereinbaren
● Verträglichkeit von Mitarbeiter- und Arbeitszielen analysieren
● Aufgabeneignung und -motivation analysieren bzw. beachten
● Erfolgserwartung der Mitarbeiter stärken
● relevante Fähigkeiten fördern
● für förderliche Arbeitssituation sorgen
● Zielerreichung belohnen

Abb. 18: Transaktionale Führung

Transaktionale Führung ist nach B. Bass[72] Grundlage und Voraussetzung transformationaler Führung. Erst wenn die Aufgaben transaktionaler Führung in hinreichendem Maße erfüllt sind, können Mitarbeiter mit Hilfe der genannten
Führungsleistungen (vgl. Abb. 16) auf anspruchsvollere Werte und Ziele – wie
beispielsweise unternehmerisches Denken und Handeln – »transformiert« werden. Dies ist eine entscheidende Erkenntnis. Sie macht deutlich, dass erst die
Kombination von rationaler und emotionaler Führung optimale Effekte verspricht.

3.5 Auswahl und Entwicklung

Wie schon angesprochen, ist die Bereitschaft und Fähigkeit zu unternehmerischem Denken und Handeln individuell unterschiedlich ausgeprägt. Da davon
auszugehen ist, dass auch unternehmerische Qualifikation und Grundmotivation
bei den Arbeitnehmern in etwa »normalverteilt« sind, können realistischerweise
nicht alle Mitarbeiter zu Mitunternehmern werden. Dies ist bereits bei der Personalauswahl zu berücksichtigen.

Da weiterhin unterstellt werden kann, dass eine motivations- und fähigkeitsge-
rechte Förderung erfolgversprechender ist als undifferenzierte Maßnahmen, erfordert die erfolgreiche Förderung des Mitunternehmertums zudem eine Abkehr
von kollektiven Fördermodellen (z. B. nach Funktionen oder Positionen). Die
Mitarbeiter sollten vielmehr nach ihrem (mit-)unternehmerischen Reifegrad und
Kontext differenziert entwickelt und eingesetzt werden.

3.5.1 Mitunternehmerische Personalstruktur

Bei der Gestaltung der qualitativen **Personalstruktur** steht deren Ausrichtung
nach (mit-)unternehmerischer Befähigung und Motivation im Mittelpunkt. Sie
ist auch Bestandteil der strukturellen Führung. Insbesondere bei wenig, schwer
oder nur langfristig veränderbaren Schlüsselkompetenzen – wie etwa der Sozial-

---

72 Vgl. Bass 1985 sowie Kapitel D I. Mitarbeiterführung – Führungsstile

kompetenz – muss bei der Gewinnung und Auswahl besonders auf das bereits vorhandene Potential geachtet werden.

Deshalb werden beispielsweise bei der **Scintilla AG** (Tochtergesellschaft von Bosch) unsere drei mitunternehmerischen Schlüsselkompetenzen als zentrale funktionsübergreifende Auswahlkriterien verwendet und jeweils anhand von drei bis fünf Kriterien stellenspezifisch konkretisiert (vgl. Abb. 19). Die Beurteilung der Schlüsselkompetenzen erfolgt in Interviews. Dabei werden die Bewerber aufgefordert, mehrere einschneidende, positive oder gegebenenfalls auch negative Erfahrungen zu beschreiben und dabei auf folgende Aspekte einzugehen:

- Ausgangssituation
- eigenes Verhalten
- Ergebnisse.

Mehrere Interviewer operationalisieren vor dem Gespräch gemeinsam die drei Schlüsselkompetenzen. Dadurch wird eine funktions- oder stellenspezifische Ausprägung der Schlüsselkompetenzen sichergestellt.

Weiterhin sollten sich in Arbeitsteams die **Kompetenzen** der Mitglieder möglichst optimal **ergänzen**. Das gilt sowohl für verschiedene Schlüsselkompetenzen (Bsp.: Mitarbeiter mit hoher Gestaltungskompetenz werden durch Kollegen mit hoher Umsetzungskompetenz unterstützt) als auch für Facetten einer einzelnen Schlüsselkompetenz (Bsp. Sozialkompetenz: So kann eine hochgradig einfühlsame mit einer überzeugungsstarken Person ein ideales Team bilden). Damit werden auch wechselseitige Lerneffekte unterstützt. Ebenso können mitunternehmerisch weniger kompetente Mitarbeiter – etwa durch die Übernahme von Routinetätigkeiten und Unterstützung der Mitunternehmer – sinnvoll in Gruppenaufgaben eingebunden werden.[73] Zur Unterstützung einer effektiven und effizienten Kooperation bieten sich gezielte Teamentwicklungsseminare an.

Im Rahmen der **Personalentwicklung** sollte man unternehmerisch wenig qualifizierte oder motivierte Mitarbeiter nicht mit Ansprüchen überfordern, die sie von ihrem Potential oder ihrer Werthaltung her nicht erfüllen können oder wollen. Da die direkte Führungskraft dies besonders gut beurteilen kann, gehört es zu ihren undelegierbaren Aufgaben – z.B. im Rahmen der Leistungs- und Potentialbeurteilung – einzuschätzen, ob und inwieweit unternehmerische Kompetenz entwickelt werden kann und dann gezielt zu coachen bzw. zu motivieren. Hierbei müssen **Qualifikation** und **Motivation** zu unternehmerischem Handeln **getrennt** analysiert und gefördert werden. Denn wenn die nötige Motivation fehlt, werden selbst große Potentiale nicht im Sinne der strategischen Schwerpunkte entfaltet werden. So wurde in einer Erhebung zur Handlungskompetenz die Motivation zur Realisierung von Ideen als die zentrale Umsetzungsbarriere identifiziert.[74] Eine wichtige, bislang aber wenig thematisierte Führungsaufgabe in

I
Mit-
arbeiter
als Mit-
unter-
nehmer –
ein
Transfor-
mations-
konzept

---

73 Vgl. Kapitel D IV. Laterale Kooperation als Selbststeuerungs- und Führungsaufgabe
74 Vgl. Wunderer/Bruch 2000

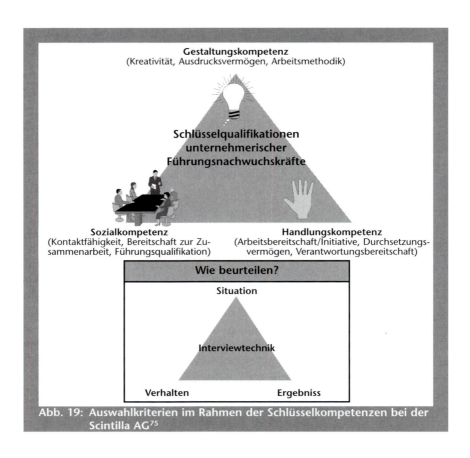

Abb. 19: Auswahlkriterien im Rahmen der Schlüsselkompetenzen bei der Scintilla AG[75]

diesem Kontext ist ferner der Abbau bzw. die Vermeidung von Demotivation. Die Remotivierung demotivierter Mitarbeiter wird damit zu einer zentralen Herausforderung für die Führungskraft.[76] **So braucht man Mitunternehmer kaum mehr zu motivieren, denn sie sind es ja schon. Aber demotivieren kann man auch sie, und zwar nachhaltig.** Dies wird in Theorie und Praxis bisher weitgehend ausgeblendet.

Abb. 20 zeigt idealtypische Vorschläge zur zielgruppenspezifischen Förderung auf der Grundlage unseres Personal-Portfolios.

Es ist eine besondere Aufgabe der Führungskraft, neben **zielgruppenspezifischer** auch **individuelle Förderung** zu leisten – dies insbesondere im Sinne einer Hilfe zur Selbsthilfe. Das inzwischen in vielen Firmen eingeführte Mitarbeitergespräch[77] ist bei entsprechender Vorbereitung und Durchführung ein sehr geeignetes In-

---

75 Vgl. Wunderer/Bruch 2000
76 Vgl. Kapitel C III. Identifikation, Motivierung und Remotivierung im Rahmen wertorientierter Führung
77 Vgl. Kapitel E III. Personalentwicklung als Führungsinstrument

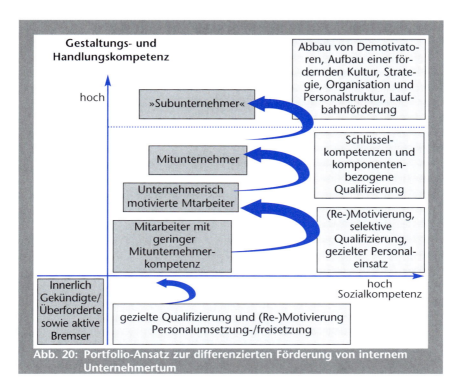

I

Mit-
arbeiter
als Mit-
unter-
nehmer –
ein
Transfor-
mations-
konzept

Abb. 20: Portfolio-Ansatz zur differenzierten Förderung von internem Unternehmertum

strument im Rahmen einer 180°- bis 360°-Beurteilung sowie einer ziel- und ergebnisorientierten Führung. Es regt auch alle Beteiligten an, anschließend individuelle und situationsgerechte Personalentwicklungsmaßnahmen vorzuschlagen, einzuleiten und in der nächsten Periode auf ihren Erfolg zu überprüfen. Die Führungskraft ist weiterhin besonders bei der **Entwicklung** der Mitarbeiter **am Arbeitsplatz** involviert. Dazu zählen nach eigenen Umfragen v. a: Einsatz in Projekten, Empowerment durch wichtigere und andere Aufgaben, delegative Führung, Job Rotation, Übertragung von Sonderaufgaben, ⇒ *Coaching* und ⇒ *Mentoring*.

Diese »**on the job**«-Förderung kann systematisch ergänzt werden durch Maßnahmen »**into the job**« (z. B. Patensystem zur Integration neuer Mitarbeiter), »**off the job**« (z. B. Kreativitätsseminare), »**near the job**« (z. B. Qualitätszirkel) oder auch »out of the job« (z.B. Outplacementberatung). Abb. 21 gibt einen Überblick über das Angebot zur Erweiterung der betrieblichen und fachlichen Kenntnisse (»Mitwissen«) bei BMW.

Veränderungen auf breiter Basis verspricht eine integrative ⇒ *Organisationsentwicklung*,[78] die sowohl beim Individuum und Team als bei der Organisation bzw. bei bestimmten Organisationsbereichen ansetzt. Abb. 22 zeigt beispielhaft, welche Maßnahmen dabei auf den verschiedenen Ebenen zum Einsatz gelangen können.

---

78 Vgl. Klimecki 1999

- »Schnupperarbeitstag« für engeren Bewerberkreis
- Mitarbeiterinformation (schriftliches Informationsmaterial in mehreren Sprachen und für verschiedene Zielgruppen)
- Videoinformationen zu personalpolitischen Themen (z. B. Mobilität, neue Arbeitsstrukturen)
- Einführung neuer Mitarbeiter (Betreuung ab Vertragsabschluss, Einführungs- und Informationsveranstaltungen bei Arbeitsantritt, intensive Unterstützung in den ersten Monaten)
- Schulungskurse für Nachwuchsmeister (Information über betriebliche Abläufe durch Referate und Diskussionsrunden – gestaltet und getragen von Führungskräften)
- Einsatz von Führungskräften in der Fertigung (z. B. Programme »Planer in die Fertigung«, »Führungskräfte ans Fließband«)
- Informations-Ecken (Kommunikationsinseln mit Informationen zu qualitätsrelevanten Themen, aktuellen Stand von Kennzahlen (z. B. Fehlzeiten, Materialverbrauch), Themen von allgemeinem Interesse)
- Arbeits- und Informationskreise
- Produktinformationen (spezielle Mitarbeiter-Informations-Teams entwickeln und führen werksspezifische Informationsprogramme und -veranstaltungen für die Mitarbeiter durch)

Abb. 21: Förderung unternehmerischen Mitwissens bei BMW[79]

Individualebene
- T-Gruppen (unstrukturierte Kleingruppen, die sich an einem neutralen Ort für ca. 10 Tage treffen, deren Mitglieder sich nicht kennen und die sich mit den wechselseitigen Interaktionen und der Dynamik innerhalb der Gruppe befassen)
- Kommunikations-, Problemlösungs- und Entscheidungstraining
- Rollenanalyse
- Management by Objectives (MbO)
- Arbeitsstrukturierung
- Coaching
- Ausbildung
- Karriereplanung
Gruppenebene
- Survey-Feedback-Methode (Einstellungserhebungen in Gruppen mit anschließendem Feedback und Diskussion der Ergebnisse)
- Konfrontationstreffen (bei Kommunikationsstörungen: Konfliktpartner konkretisieren ihre Wünsche und Erwartungen und erarbeiten entsprechende Lösungen. Ein Moderator begleitet und interpretiert den Prozess)
- Teamentwicklungstraining (Mitglieder bestehender Arbeitsgruppen analysieren die Art der gegenseitigen Wahrnehmung, Störungen der Kooperation, Missverständnisse beim Informationsaustausch und erarbeiten neue Kooperationsformen und -regeln)

---

79 Vgl. Bihl 1995

- Prozessberatung (Ein Moderator hilft den Kooperationspartnern, ihren Kommunikationsstil und ihre Kooperationsprobleme zu verdeutlichen, ohne in Diskussionsinhalte einzugreifen)
- Qualitätszirkel (Mitglieder eines Arbeitsbereiches treffen sich regelmäßig mit ihrem Vorgesetzten und einem Moderator, um Schwachstellen des Arbeitsbereiches zu identifizieren und Vorschläge für Qualitätssteigerung und Kostensenkung zu erarbeiten)
- Lernstatt (Mitglieder eines Arbeitsbereichs treffen sich für mehrere Monate regelmäßig mit Moderatoren, um betriebliche Erfahrungen auszutauschen und zu vertiefen, das Wissen über Zusammenhänge auszubauen, den Wissenstand auf ein einheitliches Niveau zu heben und die Kommunikation im Unternehmen zu verbessern)

Intergruppen-/Organisationsebene

- Intergruppen-Trainings (Workshops, Konfrontationstreffen, Kooperationstrainings zum Aufbau und zur Verbesserung der Zusammenarbeit zwischen Organisationseinheiten)
- Einführung von Integrationsstellen
- Erhöhung der Entscheidungsdelegation
- Management by Objectives (MbO)
- Arbeitsgestaltungsmaßnahmen (v. a. Job Rotation, Job Enrichment, Job Enlargement)
- Einsatz standardisierter OE-Verfahren (Phasenschemata, die Empfehlungen für die Gestaltung der Schrittabfolge des Organisationsentwicklungsprozesses geben, z.B. NPI, Managerial Grid)

Abb. 22: Methoden der Organisationsentwicklung[80]

3.5.2 Mitunternehmerische Leitsätze

Das Konzept Mitunternehmertum basiert in hohem Maße auf Prinzipien der kooperativen ⇒ *Selbstorganisation* und Selbstentwicklung.[81] Wenngleich auch hier Personalentwicklung eine zentrale Führungs- und Personalmanagementaufgabe bleibt, trägt der Mitarbeiter die Hauptverantwortung für seine »Transformation« zum Mitunternehmer. Wir haben deshalb – in Analogie zu den 10 **Leitsätzen für Intrapreneure**[82] – folgende sieben **Leitsätze für Mitunternehmer** aufgestellt:

---

80 Vgl. Comelli 1995; Becker 1999
81 Vgl. Kapitel E III. Personalentwicklung als Führungsinstrument
82 Vgl. Pinchot 1988, S. 19:
  »1. Komme jeden Tag mit der Bereitschaft zur Arbeit, gefeuert zu werden.
  2. Umgehe alle Anordnungen, die Deinen Traum stoppen können.
  3. Mach alles, was zur Realisierung Deines Ziels erforderlich ist – unabhängig davon, wie Deine eigentliche Aufgabenbeschreibung aussieht.
  4. Finde Leute, die Dir helfen.
  5. Folge bei der Auswahl von Mitarbeitern Deiner Intuition und arbeite nur mit den Besten zusammen.
  6. Arbeite solange es geht im Untergrund – eine zu frühe Publizität könnte das Immunsystem des Unternehmens mobilisieren.
  7. Wette nie in einem Rennen, wenn Du nicht selbst darin mitläufst.
  8. Denke daran, es ist leichter um Verzeihung zu bitten, als um Erlaubnis.
  9. Bleibe Deinen Zielen treu, aber sei realistisch in Bezug auf die Möglichkeiten, diese zu erreichen.
  10. Halte Deine Sponsoren in Ehren.«

1. Arbeite auf Dauer nur für Aufgaben, Organisationen und mit Menschen, mit denen Du Dich insgesamt (noch) **identifizieren** kannst.
2. Komme zur Arbeit mit der Bereitschaft, Dich **freiwillig** zu engagieren.
3. Verstehe Probleme als Herausforderung und **weniger** als Bedrohung.
4. Versuche ständig, **bessere Problemlösungen** in Deiner Arbeit zu entwickeln. Verbessere dabei auch Deine mitunternehmerischen Schlüsselkompetenzen sowie die Deines Teams.
5. Konzentriere Dich auf **Ergebnisse,** insbesondere auf Nutzen für Deine Bezugsgruppen (z. B. Kunden) statt auf Inputs.
6. **Setze** Deine Ziele – im Rahmen Deines Handlungsspielraums – möglichst eigenständig und selbstverantwortlich, aber strategie- und teamorientiert **um.**
7. Arbeite dabei **langfristig kooperativ** mit anderen Beteiligten zusammen. Verhalte Dich dabei so, wie Du selbst gerne behandelt werden möchtest.

Abb. 23: Verhaltens- und Entwicklungsleitsätze für Mitarbeiter als Mitunternehmer

Subsidiär haben die Führungskräfte für die Förderung und Unterstützung des Transformationsprozesses vom Mitarbeiter zum Mitunternehmer Sorge zu tragen. Die dabei zentralen Aufgaben lassen sich ebenfalls thesenartig verdichten (vgl. Abb. 24 sowie Abb. 1).

1. **Definiere, operationalisiere und kommuniziere die mitunternehmerischen Schlüsselkompetenzen**

2. **Motiviere und remotiviere:**
   Gehe achtsam mit der Identifikation Deines Teams um, also mit zentralen Werten, Skripten und Bindungen der Mitarbeiter. Konzentriere Dich bei der Motivation zunächst auf den Abbau demotivierender Umfeld- bzw. Arbeitsbedingungen, dann auf eine Erweiterung der Handlungs- und Verantwortungskompetenzen sowie eine sinnstiftende, lernfördernde und konstruktive Interpretation und Gestaltung der Arbeitssituation.

3. **Beginne mit dem Führungskonzept:**
   Fordere internes und externes Marktdenken und organisiere entsprechend. Fördere dazu ein langfristig kooperatives soziales Netzwerk zu relevanten Bezugsgruppen.

4. **Setze bei beiden Führungsdimensionen an:**
   Konzentriere Dich bei der Führung zunächst auf ein unterstützendes Umfeld durch unternehmerisches Infrastrukturmanagement (v. a. Kultur-, Strategie- und Organisationsgestaltung).
   Fördere wechselseitiges Vertrauen und Loyalität sowie neue Problemlösungen und ihre Umsetzung durch ziel- und ergebnisorientierte, inspirierende, sinnvermittelnde und individuelle Führung.

5. **Lege mehr Wert auf Mitarbeitergewinnung und -auswahl:**
   Stelle die Gewinnung und fundierte Potentialanalyse unternehmerisch möglichst qualifizierter und motivierter Mitarbeiter ins Zentrum. Führe, fördere und platziere dann die Mitarbeiter differenziert nach ihrer unternehmerischen Begabung und ihren Interessen.

144

6. **Führe und entwickle mehr zielgruppenorientiert und individuell:**
   Fördere internes Unternehmertum durch Selbstentwicklung, qualifikationsgerechte differenzierte Teambildung und portfoliogerechte Führung. Konzentriere Dich bei der Qualifizierung auf mitunternehmerische Schlüsselkompetenzen:
   - Mitunternehmer fördere v.a. über eine fördernde Arbeitssituation und den Abbau von Demotivatoren, Laufbahnentwicklung und umfassende Anerkennung.
   - Unternehmerisch motivierte Mitarbeiter qualifiziere auf noch wenig entwickelte Schlüsselkompetenzen, vermeide Demotivation und erkenne den Einsatz an.
   - Mitarbeiter mit geringer Mitunternehmerkompetenz fördere durch schrittweise und kontinuierliche Qualifikation und Motivation, ohne zu überfordern. Und setze sie im Team adäquat ein.
   - Bei innerlich Gekündigten, Überforderten und aktiven Bremsern konzentriere Dich auf den Abbau der Demotivation sowie auf gezielte Qualifizierung und Platzierung.
7. **Akzeptiere widersprüchliche Anforderungen:**
   Beachte, dass Führung widersprüchliche Anforderungen an das Management und die Mitarbeiter stellen muss (z.B. Vertrauen und Kontrolle, Distanz und Nähe, Gleich- und Sonderbehandlung). Berücksichtige dies bei der Gestaltung der Führungsbeziehungen.

Abb. 24: Gestaltungs- und Führungsleitsätze für das Management

4 Grenzen und Problempotentiale der Transformation

4.1 Darstellung

Das Konzept Mitunternehmer beinhaltet – ebenso wie jedes andere Konzept – neben Chancen auch Gefahren und Grenzen. Dazu zählen besonders folgende Aspekte:

- **Grenzen struktureller Führung**

  Insbesondere die **Unternehmenskultur** – der wichtigste Hebel unternehmerischer Förderung – ist ohne umfassenden Personalaustausch nur begrenzt und v.a. nur langfristig veränderbar: »Das »Machen« einer OK (Organisationskultur;[83] R.W.) ist (…) kein Akt, der mit der Tätigkeit eines Bildhauers oder Autoherstellers vergleichbar ist. (…) Manager, die eine Organisationskultur »machen« wollen, befinden sich in der gleichen Lage, wie Leute, die eine Ess-, Wohn-, Sprach-, Musik- etc. -kultur »machen« wollen: sie machen Vorschriften, geben Beispiele und werben; ob, wann und in welchem Maß sie ihre Vorstellungen durchsetzen, dies hängt (…) nicht nur von ihnen ab, sondern von den Traditionen, Werten, Mitteln und Lebensbedingungen derer, die sich ändern sollen.«[84] Unternehmerische Werte – als Grundlage unternehmerischen Denkens und Handelns – lassen sich nicht verordnen, sondern müssen mit Geduld und Konsequenz über eine kulturbewusste Führung und Förderung entwickelt werden.

  Weiterhin kann die für die **organisationale Förderung** des Mitunternehmertums typische Dezentralisierung und Center-Organisation – insbesondere bei

---

83 Der Begriff »Organisationskultur« wird synonym zu »Unternehmenskultur« verwendet.
84 Neuberger 1985c, S. 85f.

145

unzureichenden begleitenden Koordinations- und Integrationsbemühungen – zur Zersplitterung von Interessen und Aktivitäten, Synergieverlusten, zur Stärkung individualistischer Tendenzen (»Ich-AG«) sowie zu Problemen in der horizontalen Zusammenarbeit führen. **Wettbewerb muss also mit Kooperation verbunden werden.**

Noch umfassender sind die Anforderungen beim Wechsel zu einer Steuerungskonfiguration aus internem Markt und sozialem Netzwerk, insbesondere bei stark hierarchisch und bürokratisch geführten Organisationen (z. B. im öffentlichen Dienst).

Typische Gefahrenpotentiale im Bereich **Strategie** sind: unsystematische, punktuelle Aktionen, ein zu taktisches und kurzfristig orientiertes Vorgehen (z. B. eine Überbetonung monetärer Anreize), die Vernachlässigung der Personalselektion und -entwicklung, eine unzureichende Berücksichtigung der spezifischen Situation (insb. Besonderheiten der Unternehmensumwelt, der Branche, des Betriebes, der Aufgaben- und Personalstruktur) sowie eine mangelhafte Abstimmung der verschiedenen Maßnahmen und Instrumente. Weiterhin ist zu berücksichtigen, dass die gezielte unternehmerische Ausrichtung aller Personalfunktionen und -instrumente beträchtlichen Zeit- und Kostenaufwand verursacht.

● **Grenzen interaktiver Führung**

Die im Konzept Mitunternehmertum geforderten Führungsrollen – Infrastrukturförderer, Motivator und Coach – sowie die transformationale Führung stellen hohe Anforderungen an die Führungskräfte. Sie benötigen – insbesondere bei Mitarbeitern mit geringer unternehmerischer Motivation und/oder Qualifikation – viel psychologisches Geschick, Geduld und Frustrationstoleranz. Das sind Fähigkeiten, die nicht jede Führungskraft besitzt und die auch nur begrenzt entwickelbar sind. Aber auch die besser entwickelbare Handhabung bestimmter Führungstechniken bzw. -instrumente, wie z. B. MbO, muss erst erlernt bzw. vertieft werden.

Erschwerend kommt hinzu, dass eine gezielte Betreuung und Förderung von Mitarbeitern mit geringem mitunternehmerischen Reifegrad hohen Zeitaufwand erfordert, den Führungskräfte mit chronischem Zeitmangel ungern aufbringen.

Ein Mindestmaß an unternehmerischer Fähigkeit und Motivation auf Seiten der Mitarbeiter sowie eine positive, vertrauensgeprägte Führungsbeziehung sind weitere unabdingbare, aber nicht selbstverständliche Voraussetzungen für eine erfolgreiche interaktive Förderung des Mitunternehmertums.

● **Grenzen der Auswahl und Entwicklung**

Eine Optimierung der **Personalstruktur** wird durch das beschränkte Potential an unternehmerisch qualifizierten und motivierten Personen sowie durch Grenzen der Eignungsdiagnostik – gerade in bezug auf Schlüsselkompetenzen – begrenzt. Zudem unterliegt die Motivation situativen Schwankungen. Bei der Teamzusammensetzung sind schließlich neben einer hohen Komplementarität der Schlüsselkompetenzen i.d.R. noch weitere Kriterien – so z. B. die fachliche Qualifikation und die Vereinbarkeit der Charaktere – zu berücksichtigen. Als fundamentale Voraussetzung einer unternehmerischen Personalentwicklung können genannt werden: Fähigkeit und Bereitschaft der Mitarbeiter und Führungskräfte, eine Lernkultur (»Fehler sind keine Katastrophen, sondern Chancen«) sowie ein hinreichend ausgereiftes Personalmarketing- und -entwicklungsinstrumentarium.

I
**Mit-
arbeiter
als Mit-
unter-
nehmer –
ein
Transfor-
mations-
konzept**

● Missbrauchsgefahr

Es besteht die Gefahr, dass engagierte Mitarbeiter manipuliert oder – im Sinne einer Rundumnutzung[85] – ausgebeutet werden. Krell spricht in diesem Zusammenhang von einer Aufhebung der Trennung zwischen Arbeit und anderen Lebensbereichen: »Es wird erwartet (…), daß die Vergemeinschafteten ganz für die Firma da sind: arbeitslebenslänglich, arbeitsfreudig, mit vollem Einsatz und unter Aufopferung ihrer Freizeit und ihres Privatlebens.«[86] Umgekehrt können auch die Mitarbeiter die im Konzept des internen Unternehmertums typischen Freiräume missbrauchen und als »Trittbrettfahrer« die Unternehmung ausbeuten. Das Konzept ist deshalb auf der Basis eines langfristig ausgeglichenen Austauschverhältnisses zwischen Leistung und Gegenleistung zu realisieren.

● Vernachlässigung struktureller Barrieren

»Alle Mitarbeiter handeln unternehmerisch …« – diese Leitvorstellung ist heute in vielen Unternehmensgrundsätzen verankert. Mitunter bleibt gleichzeitig ausgeblendet, dass Barrieren in der Kultur, Strategie oder Organisation der Unternehmung Fähigkeit und/oder Motivation zu unternehmerischem Handeln hemmen oder zerstören können. Da die Beseitigung solcher Barrieren als grundlegende Voraussetzung mitunternehmerischen Engagements gelten kann, sollten Analyse und Abbau von (potentiellen) Hemmfaktoren (z. B. eine innovationsfeindliche Kultur, ein hoher Bürokratisierungsgrad, stark zerstückelte Arbeitsprozesse, geringe Handlungs- und Entscheidungsspielräume) einer gezielten Förderung unternehmerischen Handelns vorausgehen.[87]

● Fehler bei der Implementation des Konzeptes

Das Konzept Mitunternehmertum erweckt hohe, zuweilen auch unrealistische Erwartungen. Dabei wird nicht selten vergessen, dass dieser Ansatz weder von heute auf morgen noch bei allen Führungskräften und Mitarbeitern realisiert

---

85 Vgl. Deutschmann/Weber 1987
86 Krell 1994
87 Vgl. Kapitel E III. Personalentwicklung als Führungsinstrument und C III. Identifikation, Motivierung und Remotivierung im Rahmen werteorientierter Führung

werden kann, sondern dass dessen Implementation als langfristiger, kontinuierlicher sowie zielgruppendifferenzierter Transformationsprozess zu begreifen ist. Unsystematische und wenig umfassende (Strohfeuer-)Aktionen programmieren Enttäuschungen vor. Besondere Fallstricke liegen dabei in einer Überforderung der Mitarbeiter, wenn diese mit Anforderungen konfrontiert werden, die sie – zumindest gegenwärtig – nicht erfüllen können oder wollen. Schließlich bedarf es Fach-, Macht- und Beziehungspromotoren[88] – gerade bei den oberen Führungskräften –, um Probleme und Widerstände erfolgreich lösen und überwinden zu können.

Diese Problempotentiale sollten nicht geleugnet oder verharmlost werden. Vielmehr gilt es, sie bewusst zu analysieren, zu reflektieren und gezielt daran als Herausforderung zu arbeiten.

4.2 Folgerungen

Trotz einiger erfolgreicher Ansätze verwirklichten Mitunternehmertums ist der Weg zu einer umfassenden Realisierung dieses Konzeptes noch weit. In Zeiten des Shareholder Values und der zunehmenden Einflussnahme großer institutioneller Investoren auf die Unternehmensführung ist die Implementierung dieses Konzeptes als **langfristige Investition** anzusehen, die keinen direkten, kurzfristigen »Return of Investment« bietet. Es gibt aber auch schon Investorengruppen, die ihr Portfolio – gerade im Bereich von Dienstleistungsunternehmen – bewusst nach der Qualität des Personals, der Arbeitsbeziehungen und des Konzepts eines internen Unternehmertums zusammenstellen. Dennoch ist es auf breiter Basis erforderlich, Mitunternehmertum verstärkt als unternehmerische Kernkompetenz zu sehen, die schon auf mittlere Sicht strategische Wettbewerbsvorteile eröffnet.

Die Förderung dieses Verständnisses bezieht sich aber nicht nur auf die Investoren, sondern auch auf die Arbeitnehmer und insbesondere auf ihre institutionellen Vertretungen. Zu oft tendieren die Arbeitnehmervertretungen noch dazu, risikobehaftetere strukturelle Änderungen zu blockieren, die die Arbeitnehmer in die unternehmerische Pflicht nehmen. So hat es beispielsweise lange gedauert, bis das Konzept der teilautonomen Arbeitsgruppen von Arbeitnehmervertretern unterstützt wurde. Auch hier muss ein Umdenken stattfinden. Denn das Konzept des Mitunternehmertums bietet den Mitarbeitern schließlich ein großes persönliches Entfaltungspotential, neue Karrieremöglichkeiten, erhöhte Arbeitsmarktfähigkeit und nicht zuletzt auch die Chance, sich durch eigenes Handeln materiell zu verbessern. Das Bedürfnis nach kollektiver Mitbestimmung wird dabei allerdings nicht zwangsläufig erfüllt. Und das Topmanagement konzentriert sich einseitig bei der Förderung des internen Unternehmertums auf die Führungskräfte und blendet damit häufig immer noch etwa 90 % der Belegschaft aus.

---

88 Vgl. Walter 1998 sowie Kapitel A IV. Führungstheorien

Das Möglichkeitsspektrum zur Förderung der unternehmerischen Motivation und Qualifikation der Mitarbeiter ist breitgefächert und umfasst sowohl strukturelle als auch interaktive Aspekte. Diese müssen dabei aufeinander abgestimmt werden. Anspruchsvolle strukturelle Steuerung erfordert eine entsprechende Interpretation, Motivation und situative Umsetzung, die in der besonderen Verantwortung der Führungskraft liegen sollte. Bei qualifizierten, selbstverantwortlichen und engagierten Mitarbeitern kann der Schwerpunkt auf strukturelle Führungsmaßnahmen gelegt werden. Dabei hat die Kulturgestaltung die größte Bedeutung. Im Rahmen der direkten (interaktiven) Führung erhalten transformationale und kooperativ-delegative Führungsformen besondere Relevanz.

I
Mit-
arbeiter
als Mit-
unter-
nehmer –
ein
Transfor-
mations-
konzept

5 Zusammenfassung

Abschließend sollen die zentralen Aspekte des Konzeptes »Mitunternehmertum« noch einmal thesenartig zusammengefasst werden:

1. **Übergeordnetes Ziel** ist die langfristige Steigerung/Sicherung des Unternehmenswerts durch **Nutzenstiftung** (»**Wertschöpfung**«) **für die zentralen Bezugsgruppen**, insbesondere Kunden, Lieferanten, Kapitalgeber und Mitarbeiter. Es findet also keine einseitige Ausrichtung auf einen ⇒ *Stakeholder* (z. B. Kapitalgeber) statt.

   Das **Ziel des Transformationsprozesses** vom Mitarbeiter zum Mitunternehmer liegt in der aktiven und effizienten Unterstützung der Unternehmensstrategie durch problemlösendes, sozialkompetentes und umsetzendes Denken und Handeln möglichst vieler Mitarbeiter aus allen Hierarchie- und Funktionsbereichen.

   Mitwissen und Mitdenken, Mitentscheiden und Mithandeln, Mitverantworten, Mitfühlen und Miterleben, Mitentwickeln sowie Mitverdienen und Mitbeteiligen sind dabei die zentralen **personalen Gestaltungs- und Verhaltensziele.**

2. Es wird die Förderung unternehmerischer Denk- und Verhaltensweisen bei **breiten Belegschaftsschichten** – und nicht nur bei wenigen Entre- und Intrapreneuren – angestrebt. Denn nur durch das aktive Engagement möglichst vieler Mitarbeiter lässt sich eine unternehmenswertsteigernde Nutzenoptimierung für die Bezugsgruppen des Unternehmens erzielen.

3. Die Transformation zum Mitunternehmer setzt bestimmte Potentiale auf Seiten der Mitarbeiter voraus. Eine zentrale Rolle spielen hierbei drei **Schlüsselkompetenzen**: Gestaltungskompetenz (strategieorientierte ⇒ *Innovation*), Handlungskompetenz (effiziente Umsetzung), Sozialkompetenz (kooperative Selbstorganisation). Große Bedeutung haben ferner die **mitunternehmerische Identifikation und Motivation** der Mitarbeiter.

Führung, Auswahl und Entwicklung der Mitarbeiter orientieren sich an diesen Faktoren und nicht an allgemeinen oder fach-/stellenspezifischen Merkmalskatalogen.

4. Die Steuerung der unternehmensinternen Abläufe erfolgt vorrangig über die **Konzepte »(interner) Markt«** und **»soziales Netzwerk«**, also eine Kombination aus Wettbewerb und Kooperation (»coopetition«). Hierarchie und bürokratische Steuerung haben demgegenüber weniger Bedeutung.

5. Bei der Führung stehen **indirekte (strukturelle) Maßnahmen im Vordergrund**. Durch eine gezielte Gestaltung von Kultur, Strategie und Organisation werden optimale Bedingungen für unternehmerisches Verhalten geschaffen. Dabei werden insbesondere ⇒ *Selbststeuerung*, -organisation und -entwicklung gefördert. Im Rahmen der strukturellen Steuerung nimmt die Kulturgestaltung eine herausragende Stellung ein. **Ergänzend** dazu tritt die **direkte (interaktive) Führung**. Die Führungskraft wirkt hierbei v. a. als Coach und Motivator. Als Führungsstil wird die Kombination von ziel- und ergebnisorientierter transaktionaler und wertorientierter transformationaler Führung bevorzugt.

6. Es wird unterstellt, dass Mitarbeiter in unterschiedlichem Maße für unternehmerisches Verhalten qualifiziert und motiviert sind. Demnach wird zwischen **vier Zielgruppen** unternehmerischer Förderung unterschieden: Mitunternehmer, unternehmerisch motivierte Mitarbeiter, Mitarbeiter mit geringer Mitunternehmerkompetenz und innerlich Gekündigte/Überforderte sowie aktive Bremser. Förderansätze müssen auf diese unterschiedlichen Qualifikationen und Motivationen abgestimmt werden. Ebenso sind Fähigkeit und Bereitschaft zu unternehmerischem Engagement bereits bei Personalgewinnung und -auswahl systematisch zu berücksichtigen.

7. Den Möglichkeiten zur Förderung des Mitunternehmertums stehen auch **Grenzen und Gefahren** gegenüber. Insbesondere sind dies: Grenzen von Führung, Auswahl und Entwicklung sowie Missbrauchsmöglichkeiten, Ausblendung struktureller Barrieren und Fehler bei der Implementation. Diese Problempotentiale sollten weder Anlass zur Verdammung des Konzeptes geben noch dürfen sie tabuisiert oder verleugnet werden. Vielmehr sollte man offen darüber diskutieren und in konstruktiver Weise nach Lösungs- bzw. Verbesserungsmöglichkeiten suchen.

8. Insgesamt stellt die Förderung des Mitunternehmertums zunächst die größten Anforderungen zur Veränderung an die Führungskräfte. Sie bleiben die Schlüsselpersonen in diesem strategischen Transformationsprozess. Dieser muss keineswegs total bzw. auf einmal realisiert werden. Inkrementales Mitunternehmertum im Sinne eines »Continuous improvement« heißt auch hier die Devise. In vielen Unternehmens- und Führungsleitbildern wurde – wie aufgezeigt – schon ein erster Schritt getan. Die Transformation von der formulierten Soll- zur gelebten Ist-Kultur ist damit eingeleitet. Zur umfassenden Umsetzung bedarf es in Theorie und Praxis noch weiterer Anstrengungen, auch um konzeptimmanente Grenzen und Probleme noch besser zu erken-

nen und zu handhaben. Der Wille zur Umsetzung, zur Tat also, ist und bleibt die größte Herausforderung.[89] Dabei kann man sich von der Maxime Ph. Kotlers leiten lassen:

»There are three types of companies:
those who make things happen
those who watch things happen and
those who wonder what happened!«

I
Mit-
arbeiter
als Mit-
unter-
nehmer –
ein
Transfor-
mations-
konzept

6 Fragen zur Selbstüberprüfung

1. In welchen Kulturkreisen ist die Umsetzung des Mitunternehmertums realisierbar? Argumentieren Sie.

2. Welches interne Steuerungskonzept ist zur Realisierung des Mitunternehmertums am besten geeignet? Begründen Sie Ihre Wahl.

3. Diskutieren Sie die Möglichkeit/Notwendigkeit von Unternehmen interne Steuerungskonzepte zu wechseln. Welche Kriterien sind für einen solchen Wechsel maßgebend?

4. Nennen Sie die zentralen Schlüsselkompetenzen für internes Unternehmertum und diskutieren Sie deren Bedeutung.

5. Welche Probleme treten bei der Förderung der Handlungskompetenz auf?

6. Welche Eigenschaften/Verhaltensweisen sollte ein Mitarbeiter in Bezug auf erfolgreiche Kooperationsbeziehungen im Unternehmen haben?

7. Welche Möglichkeiten und Grenzen kann man in einem Portfolio-Ansatz zum internen Unternehmertum sehen?

8. Worin sehen Sie die Gründe für den hohen Anteil an innerlich Gekündigten/Überforderten und aktiven Bremsern in deutschen und schweizerischen Unternehmen? Wie könnte dieser Anteil gesenkt werden?

9. Wie können Mitunternehmer und innerlich Gekündigte gefördert werden?

---

89 Vgl. Wunderer/Bruch 2000

II. Historische Wurzeln und theoretische Grundlagen des Mitunternehmertums

Inhalt

Wenngleich das Konzept Mitunternehmertum ein relativ junger Ansatz ist, wurden zentrale Elemente schon früher diskutiert. In diesem Kapitel werden historische Vorläufer des Mitunternehmertums aus der Unternehmenspraxis sowie verwandte Konzepte aus Volkswirtschaftslehre und Psychologie vorgestellt und diskutiert. Dazu zählen Schumpeters Theorie der wirtschaftlichen Entwicklung, ordoliberalistische Ansätze sowie »Extra-Rollenverhalten in Organisationen« aus dem Bereich der Organisationspsychologie. Dabei werden Gemeinsamkeiten und Unterschiede zu unserem Ansatz herausgearbeitet.

Gliederung

1   Zur Geschichte des Mitunternehmertums
2   Mitunternehmertum aus der Perspektive volkswirtschaftlicher Theorien
3   Mitunternehmertum aus organisationspsychologischer Perspektive – Konzepte zum »Extra-Rollenverhalten in Organisationen«
4   Fragen zur Selbstüberprüfung

Verweise

Kapitel B I.   Mitarbeiter als Mitunternehmer – ein Transformationskonzept
Kapitel C III. Identifikation, Motivierung und Remotivierung im Rahmen werteorientierter Führung

1 Zur Geschichte des Mitunternehmertums

Überlegungen zum Mitunternehmertum haben eine lange Tradition. Nach Gaugler[1] reichen einige Wurzeln für die Mitunternehmer-Konzeption bis ins 19. Jahrhundert zurück. Wenngleich die damals erstmalig praktizierten Gewinn- und Kapitalbeteiligungsmodelle vor allem sozialpolitisch motiviert waren, verbanden sich damit zumindest einige Zielsetzungen, die auch in unserem heutigen Verständnis von Mitunternehmertum noch bedeutsam sind. So strebte der Nationalökonom Johann Heinrich von Thünen mit seiner Erfolgsbeteiligung neben der Erhöhung der Kaufkraft und der Vermögensbildung der Arbeitnehmer zugleich deren Integration und Identifikation mit dem Unternehmen an – ein Ziel, das in positiver instrumenteller Beziehung zum unternehmerischen Denken und Handeln der Mitarbeiter steht und damit auch in unserem Ansatz von Bedeutung ist.

Nach dem Zweiten Weltkrieg entstand in Literatur und Praxis »die Konzeption des Mitunternehmertums als besondere Ausprägung der partnerschaftlichen Unternehmensführung«[2]. Anders als bei den Vorläufern aus dem 19. Jahrhundert umfasste dabei die Beteiligung der Mitarbeiter nicht nur materielle, sondern auch immaterielle Komponenten. So wurde in der 1950 gegründeten Arbeitsgemeinschaft zur Förderung der Partnerschaft in der Wirtschaft e.V. (AGP) betriebliche Partnerschaft definiert als »jede durch eine Vereinbarung zwischen Unternehmensleitung und Mitarbeitern festgelegte Form der Zusammenarbeit, die außer einer ständigen Pflege der zwischenmenschlichen Beziehungen eine Mitwirkung und Mitverantwortung sowie eine materielle Beteiligung am Betriebserfolg zum Inhalt hat«[3].

In den 50er und 60er Jahren wurden verschiedene Firmenmodelle des Mitunternehmertums ins Leben gerufen. Ein prominentes Beispiel ist der Ansatz der Paul-Spindler-Werke aus Hilden, der sogenannte »Spindler-Plan«, dessen Grundkonzeption von 1951 bis zur Auflösung des Unternehmens im Jahre 1972 unverändert blieb. Wie Abb. 1 deutlich macht, werden darin mehrere Komponenten des Mitunternehmertums – nämlich Mitwissen, Mitentscheiden und Mitbeteiligen – angesprochen.

Zusammenfassend lässt sich mit Gaugler[4] folgende Bilanz ziehen:

»Ein Vergleich der historischen Wurzeln mit den Gegenwartsvorstellungen, Mitarbeiter zu Mitunternehmern werden zu lassen, zeigt, dass die neueren Mitunternehmer-Konzepte sehr stark auf das Verhalten der Mitarbeiter konzentriert sind; sie betonen das mitunternehmerische Verhalten im betrieblichen Leistungsprozess; sie sollen die Kreativität der Mitarbeiter stimulieren und auf die Innovationsbedarfe des Unternehmens ausrichten. In den Mitunternehmer-Kon-

---

1 Vgl. Gaugler 1999
2 Gaugler 1999, S. 7
3 Vgl. Fischer 1955; Gaugler 1999, S. 7
4 Gaugler 1999, S. 15.

- **Mitunternehmer-Vertrag:**
  Allen Mitarbeitern mit einer mindestens einjährigen Betriebszugehörigkeit wurde ein individueller Mitunternehmer-Vertrag angeboten.

- **Gewinn- und Kapitalbeteiligung:**
  Der Mitunternehmer wurde an den Geschäftsergebnissen und an den Veränderungen des Betriebsvermögens beteiligt.
  Über eine Rücklagenbildung aus den individuellen Gewinnanteilen wurde neben einer Gewinn- auch eine Verlustbeteiligung ermöglicht.
  Über die Rücklage hinaus konnte der Mitarbeiter Teile seiner Gewinnbeteiligung dem Unternehmen als Darlehen gegen Verzinsung zur Verfügung stellen.

- **Regelmäßige Mitarbeiterinformation:**
  Der Mitunternehmer wurde von der Geschäftsleitung in mindestens vierteljährlichen Abständen über ihre Pläne und die geschäftliche Lage unterrichtet.

- **Mitentscheidungsrechte:**
  Der Mitunternehmer hatte in verschiedenen Fällen das Recht zur Mitentscheidung, insb. bei:
  - grundsätzlichen Änderungen des Gegenstandes oder Zweckes des Unternehmens oder eines Produktionsverfahrens
  - größeren Veränderungen der Belegschaftsstärke
  - Investitionen mit bestimmten Auswirkungen auf die Kapazität des Unternehmens
  - größeren Aufwendungen für die Betreuung der Belegschaft
  - Aufnahme von Krediten und Übernahme von Verbindlichkeiten in bestimmter Höhe

Wurde eine dieser Maßnahmen gegen die Entscheidung des Mitunternehmers durchgeführt, so hatte dieser das Recht, binnen einer Woche die Sicherstellung seiner Rücklage zu verlangen.

Abb. 1: Grundzüge des Spindler-Plans[5]

Damals	Heute
… wurde ein dritter Weg zwischen Kapitalismus und Kommunismus gesucht.	… steht die interne Koordination der Unternehmung durch eine Kombination von interner Markt- und sozialer Netzwerksteuerung im Vordergrund.
… dominierten kollektive Gestaltungsansätze zu einer neuen Unternehmens- bzw. Betriebsverfassung.	… geht es vorrangig um zielgruppenorientierte und individualisierte Führungs- und Kooperationskonzepte.
… ging es vorrangig um die Neugestaltung der institutionell verfassten Arbeitsbeziehungen in Wirtschaft und Unternehmen.	… geht es vor allem um die Gestaltung der Führungs- und Kooperationsbeziehungen im Team und im Unternehmen.
… waren normativ-ethische Werthaltungen und gesellschaftspolitische Ziele handlungsleitend.	… stehen praktisch-normative Aspekte (insb. die Identifikation und Motivation der Mitarbeiter) im Mittelpunkt.
… basierten die meisten Konzepte auf einem patriarchalisch-kooperativem Führungsverständnis.	… wird ein transformationales Führungskonzept vorgeschlagen, das neben Respekt und Vertrauen die individuelle Beachtung und Förderung der Mitarbeiter durch die Führungskräfte herausstellt.

5 Vgl. Gaugler 1999, S. 8 ff.

… stand die Förderung von Fach- und Methodenqualifikationen sowie des menschlichen Miteinanders im Zentrum.	… ist die Förderung der mitunternehmerischen Schlüsselkompetenzen (Gestaltungskompetenz, Handlungskompetenz, Sozialkompetenz) gefordert.
… waren viele organisationale und instrumentelle Voraussetzungen für Mitunternehmertum nach heutigem Verständnis noch nicht vorhanden.	… begünstigen organisationale Gestaltungsmaßnahmen, wie Dezentralisierung, Lean Management oder Profit-Center und Führungsinstrumente wie MbO, Mitarbeitergespräche und Führungsanalysen die Umsetzung internen Unternehmertums.
… wurden die zentralen Konzepte v. a. von Mittelstandsunternehmern entwickelt.	… wird Mitunternehmertum gerade von Großunternehmen und Global players gefordert und gefördert, die darin einen Ansatz zur Vitalisierung ihrer tendenziell bürokratischen und hierarchischen Organisationen sehen.

Abb. 2: Mitunternehmertum – in den 50er/60er Jahren und heute

zepten der Jahre nach dem Zweiten Weltkrieg dominierte die Überwindung der Klassenkampf-Ideologie der Vergangenheit und die Verwirklichung der Menschenwürde in der Betriebsverfassung. Die Mitunternehmerpostulate der Gegenwart akzentuieren relativ stark ihre Ausrichtung auf die Existenzsicherung des Unternehmens und auf die Stärkung seiner Wettbewerbsfähigkeit.«

Vergleicht man speziell die Ansätze aus den 50er und 60er Jahren mit dem heutigen Mitunternehmerkonzept, so lassen sich idealtypisch folgende Kontraste herausarbeiten (vgl. Abb. 2).

2 Mitunternehmertum aus der Perspektive volkswirtschaftlicher Theorien[6]

2.1 Schumpeters aktionsorientierter und evolutionärer Ansatz

2.1.1 Darstellung

Schumpeter wollte die bis dahin vorherrschende statische Betrachtungsweise in der Volkswirtschaft überwinden und eine evolutionäre Theorie entwickeln. Im Mittelpunkt seines Interesses standen nicht – wie bislang üblich – exogene Faktoren und ihr Einfluss auf das individuelle Verhalten, sondern »das schöpferische Gestalten auf dem Gebiete der Wirtschaft«[7] selbst.

Bemerkenswert ist Schumpeters **Motivationskonzept** des Unternehmers. Der Unternehmer ist für ihn kein Anpasser an »Restriktionen«, sondern – im Gegenteil – jemand, der sich auf unbekannte Gebiete vorwagt, Grenzen überwindet

---

6 Vgl. ausführlicher: Wunderer 1995h
7 Schumpeter 1912, S. 104

und Neues schafft: »Während ein statisches Wirtschaftssubjekt aus ihnen (den Restriktionen, R. W.) in einer charakteristischen Weise ›passiv‹ die Konsequenzen zieht, gestaltet sie unser Mann der Tat…«[8]. Als Motive für unternehmerisches Verhalten der Akteure nennt Schumpeter[9]: Freude an sozialer Machtgestaltung, am schöpferischen Gestalten, am Erfolg und am Sieg über andere.

Dieses »unternehmerische Wirtschaftssubjekt« wird als »das Agens der wirtschaftlichen Entwicklung gesehen, weil es eine Veränderung aus der Wirtschaft selbst heraus erzeugt«.[10]

Dabei ist neben dem klassischen Eigentümerunternehmer »der Präsident oder ein anderes Mitglied des Verwaltungsrates als Unternehmer zu betrachten (…), in noch anderen der Generalsekretär oder der manager«[11].

Schumpeter erkannte weiterhin, dass Fähigkeit und Motivation zu unternehmerischem Handeln in der Bevölkerung sehr unterschiedlich verteilt sind. Er differenzierte in sehr plastischer Weise drei Gruppen von unterschiedlicher unternehmerischer Kompetenz:

»Es erhebt sich die Frage: Wie setzt sich das Neue in der Wirtschaft durch? …

Die meisten Leute gehen ihrem täglichen, gewohnten Erwerbe nach und haben damit genug zu tun …

Eine Minorität von Leuten mit einer schärfern Intelligenz und einer beweglichen Phantasie sehen zahllose neue Kombinationen …

Dann aber gibt es noch eine geringere Minorität – und diese handelt. … Die neuen Kombinationen kann man immer haben, aber das Unentbehrliche und Entscheidende ist **die Tat und die Kraft zur Tat**«.[12]

Wenngleich Schumpeter Mitarbeiter ohne Führungsfunktion noch nicht in seine Unternehmerdefinition eingeschlossen hatte, haben diese Überlegungen wichtige Impulse zur Entwicklung unseres Portfolio-Ansatzes[13] geliefert.

2.1.2 Beurteilung

Schumpeters Grundkonzept eignet sich vom Ansatz her für unser Konzept des Mitunternehmertums. Weiterhin bedeutsam ist seine Abkehr von einer exklusiven hierarchischen Fixierung auf die Führungsspitze oder der notwendigen Verbindung von Leitung und Eigentum (bzw. finanzieller Risikoübernahme).

In einer wesentlichen Charakterisierung finden wir Schumpeters »unternehmerisches Wirtschaftssubjekt« jedoch zu »klassisch« und zu wenig auf die Notwen-

---

8 Schumpeter 1912, S. 133
9 Vgl. Schumpeter 1912, S. 138, 141
10 Schumpeter 1912, S. 147
11 Schumpeter 1912, S. 175
12 Schumpeter 1912, S. 133.
13 Vgl. Kapitel B I. Mitarbeiter als Mitunternehmer – ein Transformationskonzept

digkeiten moderner Wertorientierungen[14] und Organisationsformen ausgerichtet. Schumpeter beschreibt seinen Unternehmer als grundsätzlich egozentrisch und unkooperativ: »Sehr gleichgültig ist ihm, was seine Genossen und Übergenossen zu seinem Unternehmen sagen werden … Die Fähigkeit, andere sich zu unterwerfen und seinen Zwecken dienstbar zu machen, zu befehlen und zu überwinden ist es, die – auch ohne besonders glänzende Intelligenz – zu erfolgreichem Tun führt.«[15] Ein solches Verhalten entspricht auch dem neueren Typus des »Intrapreneurs« nach Pinchot, dessen 10 Verhaltensgebote[16] in dieselbe Richtung gehen und die Ähnlichkeiten mit Verhaltensmodellen bzw. ⇒ *Menschenbildern* (⇒ *»homo oeconomicus«*) vieler volkswirtschaftlicher Theorien aufweisen.

Dieses stets nutzenoptimierende, nur rational kalkulierende, egozentrische und egoistische Wirtschaftssubjekt erfüllt jedoch keineswegs die Anforderungen, die eine organisationsinterne Kooperation im Dienste der langfristigen ⇒ *Wertschöpfung*[17] für das Unternehmen stellt. Die von Adam Smith[18] vor über 200 Jahren eindrücklich beschriebenen Vorteile der Arbeitsteilung müssen gerade in heutigen Organisationsformen mit Koordination, ⇒ *Kohäsion* und Kooperation synergiestiftend zusammengeführt werden. Dazu ist die Fähigkeit und Bereitschaft zur wechselseitigen Kooperation unabdingbar. Sie ist notwendiger Teil der Sozialkompetenz, die wir als Schlüsselkompetenz für unternehmerisches Verhalten definieren.[19]

Problematisch am Konzept Schumpeters scheint uns auch die Annahme, man habe sich als (Mit-)Unternehmer um gesetzte Restriktionen nicht zu kümmern und könne damit der mikropolitischen Philosophie eines Intrapreneurs (»Komme jeden Tag mit der Bereitschaft zur Arbeit, gefeuert zu werden«) jederzeit folgen: »Die Folgen, die eine Niederlage für ihn haben muss und die Frage, ob alle, die von ihm abhängig sind, dadurch nicht ihre Altersversorgung verlieren werden, beachtet er nicht«.[20] In wechselseitigen, langfristigen Beziehungen ist diese Strategie jedoch suboptimal.[21] Weiterhin missachtet diese Annahme, dass die von der Unternehmensführung bewusst gesetzten Restriktionen bzw. strukturell vorgegebenen Verhaltensspielräume auch das Unternehmerische fördern wollen und können – statt es zu verhindern. Da Strukturen als exogene Förderungs- und An-

---

14 Vgl. Kapitel C I. Wertewandel und Führung
15 Schumpeter 1912, S. 163f.
16 Vgl. Pinchot 1988 sowie Kapitel B I. Mitarbeiter als Mitunternehmer – ein Transformationskonzept, Abschnitt 3.5.2
17 Vgl. Schmid 1986
18 Vgl. Smith 1776; Smith hatte übrigens schon zuvor (1759) Anforderungen an das Sozialverhalten in seinen »Sentiments« sehr differenziert beschrieben. Dies wurde von den ⇒ »homo oeconomicus«-Vertretern in der Regel ausgeblendet. Erst in neuester Zeit wurden integrative Ansatz (z.B. das Konzept des »Homo oeconomicus maturus« nach Frey 1997) entwickelt.
19 Vgl. Kapitel B I. Mitarbeiter als Mitunternehmer – ein Transformationskonzept
20 Schumpeter 1912, S. 163
21 Vgl. Axelrod 1984 sowie Kapitel D IV. Laterale Kooperation als Selbststeuerungs- und Führungsaufgabe

reizkonzepte gänzlich ausgeblendet bleiben, finden wir Schumpeters Perspektive hier zu einseitig.

Fazit:

Der auf innovatives Verhalten – statt auf Gewinnmaximierung – ausgerichtete Motivationsansatz, seine Differenzierung der Wirtschaftssubjekte nach ihrer unternehmerischen Eignung sowie die evolutionäre Denkweise Schumpeters erweisen sich als besonders anregend für unser Konzept des **Mitunternehmertums**, insbesondere auch für die interaktive Führung. Die Charakterisierung eines rein »ich-bezogenen« Unternehmertyps und seinen rein personalen Ansatz betrachten wir dagegen als die zentralen Schwachpunkte. Ebenfalls nicht thematisiert wird das unternehmerische Verhalten von Mitarbeitern. Somit wird ausschließlich aus der Unternehmensführungsperspektive argumentiert. Dies ist zwar auch in der betriebswirtschaftlichen Managementlehre die Regel, erscheint uns jedoch als eine unnötige und unzweckmäßige Einengung der Zielgruppe. Kritisch bewerten wir auch die Reduktion des Unternehmers auf einen frühindustriellen egozentrischen Typ, der zudem nicht nach fördernden Bedingungen, sondern fast ausschließlich nach der Zerstörung oder Überwindung von Strukturen bzw. dem Aufbau neuer fragt. In der mangelnden strukturellen Ausrichtung, der Konzentration auf das Top Management, der Ausblendung von Kooperationsbereitschaft und -fähigkeit sehen wir somit wesentliche **Grenzen** des Ansatzes von Joseph Schumpeter für unsere Überlegungen.

2.2 Der strukturorientierte Ansatz des Ordo-Liberalismus

2.2.1 Darstellung

Der Ordo-Liberalismus ist keine in sich geschlossene Theorie, sondern wird durch mehrere Vertreter mit verschiedenen Ansätzen repräsentiert. Zentrale Gemeinsamkeit der Autoren aber ist die Konzentration auf die Setzung von Rahmenordnungen. Die Vertreter des Ordo-Liberalismus fühlen sich also vor allem strukturellen Steuerungskonzepten verpflichtet.

Von Schumpeters Theorie der wirtschaftlichen Entwicklung unterscheidet sich der Ordo-Liberalismus durch folgende Aspekte: Er geht nicht von einem charismatisch-egozentrischen Unternehmertyp aus, definiert auch kein Anforderungsprofil an dieses unternehmerische Verhalten und konzentriert sich nicht auf die personelle Dimension der Veränderung. Vielmehr sollen **fördernde Strukturen für unternehmerisches Denken und Handeln** geschaffen werden. Bei nicht ausreichender Wirkung der Strukturen oder unkontrolliertem, abweichendem Verhalten der Wirtschaftssubjekte sollen die zuständigen Instanzen auch gezielte Interventionen durchführen können.

Obwohl wir den Ordo-Liberalismus hier nicht vollständig darlegen können, möchten wir nun einige Ansätze herausgreifen, die im gegebenen Kontext von besonderer Bedeutung sind.

Dazu zählt zunächst einmal ein Ansatz von Hensel, der in einer Weiterentwicklung eines grundlegenden Konzeptes von Eucken neben die Wirtschaftsordnung ein »rechtliches und sittliches Gebilde« stellte, dem »alle in Verfassungen, Gesetzen und Ordnungen niedergelegten Rechtsregeln zugerechnet«[22] werden. »Es umfasst sämtliche ⇒ *Normen,* Institutionen, Sitten und Gebräuche. Also jene Regelungen, die nicht bewusst geschaffen sind, gleichwohl aber das wirtschaftliche Verhalten beeinflussen. Dadurch wird versucht, den kulturellen, religiösen und nationalen Besonderheiten von Wirtschaftssystemen gerecht zu werden. Zudem werden die Bedingungen mit Hilfe von Anreiz- und Kontrollsystemen analytisch zu erfassen versucht.«[23] Dieser institutionelle Ansatz ist für uns bedeutsam, weil er **Struktur und Kultur von Gesellschaft und Wirtschaft als konstitutive Merkmale** einbezieht. Theoretisch kann er auch durch den Strukturfunktionalismus[24] begründet werden. Hier lassen sich eindeutige **Parallelen zur Unternehmensorganisation, -strategie und -kultur** herstellen. Diese reichen bis zur Konzeption von wettbewerbspolitischen **Leitbildern,**[25] die eine deutliche Analogie zu Unternehmens- und Führungsleitbildern der Managementlehre aufzeigen. Die Theorie der Ordnungspolitik geht folglich von einem Leitbild aus, das heute als **Unternehmens- und Führungsleitbild** in vielen mittleren und größeren Unternehmen schriftlich formuliert ist und somit die Soll-Kultur und -Strategie festzulegen versucht.

Im Ordo-Liberalismus wird unterstellt, dass sich Volkswirtschaften nicht von selbst in optimaler Weise regulieren, sondern einer »durch Prinzipien geleiteten Wirtschaftspolitik«[26] bedürfen. Cassel verweist in diesem Zusammenhang auf die vier Kategorien von Walter Eucken, der nach konstituierenden, regulierenden, potentiell ergänzenden und staatsordnungspolitischen Prinzipien differenziert. Dieser Ansatz eignet sich gut für die **Gestaltung der internen ⇒ *Unternehmensverfassung*** unter einem (auch internen) **Marktsteuerungsprinzip.** Die Unternehmens- und Führungspolitik soll danach die Einhaltung der Prinzipien fördern und sichern sowie bei Versagen der strukturellen Steuerung über direkte hierarchische Steuerung eingreifen.

Im Rahmen der Ordnungspolitik lässt die neoklassische »Chicago-School« als »alleiniges ⇒ *Paradigma* die Steuerung der Effizienz der Einzelunternehmung gelten«[27]. Die **soziale Marktwirtschaft** will dagegen ⇒ *Effizienz-* und Produktivitätsvorteile mit sozialer Gerechtigkeit verbinden: »Dazu gehört auch ein ⇒ *Menschenbild,* das sich nicht ausschließlich am Leitbild des egoistisch veranlagten ⇒ *homo oeconomicus* und einer nur wirtschaftsliberal interpretierten Freiheit orien-

---

22 Hensel 1992
23 Hensel 1992
24 Vgl. Parsons 1951
25 Vgl. Molitor 1990, S. 50ff.
26 Cassel 1988, S. 324
27 Molitor 1990, S. 52.

tiert.«[28] Vielmehr wird davon ausgegangen, dass die Akteure über ein hinreichendes Maß an **Sozialkompetenz** – einer zentralen unternehmerischen Schlüsselkompetenz – verfügen: »Das Spannungsverhältnis zwischen Individuum und Gesellschaft wird (…) gelöst im Sinne der Gemeinschaftsbezogenheit und Gemeinschaftsgebundenheit der Person, ohne dabei den Eigenwert anzutasten«.[29]

Die Interpretation Cassels[30] von Wirtschaftsordnung, -verfassung und -system als Konzept einer »Koordination und Kooperation aller Wirtschaftseinheiten durch verhaltensbeeinflussende Regeln«, die Entscheidungs- und Verhaltensspielräume festlegen und damit die »homo-homini-lupus-Gesellschaft« überwinden wollen, entspricht weitgehend dem von uns verwendeten Steuerungskonzept über eine mitunternehmerische **Kultur** und **Organisation**. Die Gesamtheit derartiger Regeln wird als Sitten, Bräuche, Traditionen, Konventionen sowie moralische und rechtliche ⇒ *Normen* bezeichnet. Auf die Unternehmung übertragen können wir hier von **Führungsordnung** bzw. **Führungsgrundsätzen**[31] sprechen.

Streit[32] widmet sich speziell der Koordination und Information des Ordnungsproblems und differenziert dabei zwischen Koordination über Anweisung und Vereinbarung. In ähnlicher Weise plädieren wir dafür, die **mitunternehmerische Organisation** des Unternehmens durch die **Schaffung und Förderung interner Märkte** die **Koordination durch Vereinbarungen** auszubauen mit dem Ziel, die Hierarchie bzw. Bürokratie durch interne Markt- und soziale Netzwerksteuerung zu ergänzen und somit die Kombination Markt und Netzwerk als zentrale Steuerungskonfiguration zu implementieren.

2.2.2 Beurteilung

Die Ansätze zum Ordo-Liberalismus sind vielfältig, zumal sie von verschiedenen Autoren in verschiedenen Epochen vertreten werden. Die **Betonung der strukturellen Steuerung** (»Ordnungspolitik«) über Organisation und Kultur sowie deren Ergänzung durch direkte Eingriffe (»Prozesspolitik«) deckt sich mit unserem Verständnis von **Mitunternehmertum** in besonderem Maße.

Ein entscheidender Vorzug ist die Abkehr vom ⇒ *Menschenbild* des »⇒ *homo oeconomicus*« und die Einbeziehung von Sozialkompetenz (»kooperative Selbstorganisation«) in das unternehmerische Anforderungsprofil. Diese unternehmerische **Schlüsselkompetenzen** wird bei der langfristigen innerorganisatorischen Kooperation als notwendig und effizient betrachtet.

---

28 Büscher 1990, S. 424; vgl. dazu auch das wegweisende Modell des »homo oeconomicus maturus (HOM)«, der nicht nur auf extrinsische, materielle Belohnungen reagiert (Frey 1997). Frey leistet mit diesem Ansatz zugleich eine Weiterentwicklung der Neuen Politischen Ökonomie (vgl. Kirchgässner 1991; Wunderer 1995h), die gut mit der Entwicklung vom Intrapreneur zum Mitunternehmer vergleichbar ist.
29 Büscher 1990, S. 424
30 Cassel 1998, S. 314
31 Vgl. Wunderer/Klimecki 1990 sowie Kapitel E I. Führungs- und Kooperationsgrundsätze
32 Streit 1991, S. 32f.

Kritisch ist zu vermerken, dass in den vorwiegend normativen Gestaltungsregeln meist nur erwünschtes Verhalten diskutiert wird; mikropolitische Prozesse in Organisationen[33] werden damit ausgeblendet. Die Diskussion der Bezugsgruppen wird meist auf Konsumenten oder Arbeitnehmer reduziert. Und die Rolle des Managements wird ebenso wenig diskutiert wie spezifisch (mit-)unternehmerische Verhaltensmuster von Mitarbeitern.

II
Histo-
rische
Wurzeln
und
theore-
tische
Grund-
lagen

3 Mitunternehmertum aus organisationspsychologischer Perspektive – Konzepte zum »Extra-Rollenverhalten in Organisationen«

3.1 Darstellung

Mit »Extra-Rollenverhalten« werden eigeninitiative Verhaltensweisen bezeichnet, die nicht in formalen Rollenvorschriften festgelegt, dabei aber an den organisationalen Werten und Zielen orientiert sind.[34] »Es soll dazu führen, Engagement und Flexibilität zu stärken, um auf diese Weise u. a. der Innovationskraft des Unternehmens zu Gute zu kommen.«[35]

Als konstitutive Elemente des Extra-Rollenverhaltens lassen sich somit Verhaltensweisen bezeichnen,[36] die

- nicht unmittelbar vorgeschrieben sind und freiwillig gezeigt werden
- nicht direkt belohnt werden und
- Auswirkungen auf den Erfolg der Organisation haben.

Es wurden zahlreiche Konzepte – so etwa das Organizational Citizenship Behavior (OBC),[37] das Konzept des prosozialen organisationalen Verhaltens,[38] das Konzept der organisationalen Spontaneität,[39] das sog. »Arbeitsengagement aus freien Stücken«[40] und das Konzept der persönlichen Initiative[41] – entwickelt, die alle in die gleiche Richtung argumentieren[42] und die motivationalen Grundlagen **internen Unternehmertums** beschreiben.

Nach v. Rosenstiel[43] umfasst Extra-Rollenverhalten im Kern folgende vier Komponenten:

---

33 Vgl. Neuberger 1995c
34 Vgl. Nerdinger 1998; v. Rosenstiel 1999
35 v. Rosenstiel 1999, S. 84
36 Vgl. Nerdinger 1998, S. 29
37 Vgl. Organ 1988; Wunderer/Mittmann 1995b, insb. S. 158f.
38 Vgl. Brief/Motowidlo 1986; Wunderer/Grunwald 1980
39 Vgl. George/Brief 1992
40 Vgl. Müller/Bierhoff 1994
41 Vgl. Frese et al. 1994, 1996
42 Vgl. zusammenfassend Nerdinger 1998
43 Vgl. v. Rosenstiel 1999, S. 91

- Eigenverantwortlichkeit
- Risikobereitschaft
- Innovativität und
- Kooperativität.

Auch darin sind deutliche Parallelen zu unseren **mitunternehmerischen Schlüsselkompetenzen** erkennbar. Eigenverantwortlichkeit und Kooperativität sind konstitutive Elemente der Sozialkompetenz, Innovativität entspricht der Gestaltungskompetenz und Risikobereitschaft schließlich spielt sowohl bei Gestaltungskompetenz (als Bereitschaft neue, mit Unsicherheit behaftete Problemlösungen zu entwickeln) als auch bei der Handlungskompetenz (als Bereitschaft, Neues durchzusetzen) eine Rolle. Allerdings fehlt die umsetzungsorientierte Handlungskompetenz.

Sehen wir uns nun zwei Konzepte des Extra-Rollen-Verhaltens etwas näher an:

Einer der ersten und am besten erforschten Ansätze ist das »**Organizational Citizenship Behavior**«, kurz OCB genannt.[44] Besonders interessant erscheinen dabei die diversen Untersuchungen zu den Ursachen des OCB, zumal gesicherte Befunde zu den Bedingungsfaktoren Anregungen zur Förderung des Extra-Rollenverhaltens – und damit auch des **Mitunternehmertums** – versprechen.

Als wichtige Einflussfaktoren wurden u. a.

- die Stimmung am Arbeitsplatz[45]
- die erlebte Gerechtigkeit am Arbeitsplatz (Lohngerechtigkeit und Fairness der Vorgesetzten)[46]
- die Überwachung des Arbeitsverhaltens (enge Überwachung führt zu geringerem OCB)[47] sowie
- Vielfalt und Anspruchsniveau der Arbeitsaufgaben[48] identifiziert.

Damit wird deutlich, dass es in diesem Kontext um eine Verbindung von fördernden strukturellen Bedingungen und interaktivem Handeln geht.

Bedeutung kann dabei der erlebten Fairness der Organisation bzw. der Führungskräfte beigemessen werden.[49]

Müller/Bierhoffs[50] Konzept »**Arbeitsengagement aus freien Stücken**« entspricht im wesentlichen dem Ansatz »organizational spontaneity« nach George/Brief.[51]

---

44 Vgl. dazu im einzelnen Nerdinger 1998; Bretz/Hertel/Moser 1998
45 Vgl. George 1991
46 Vgl. Organ/Konovsky 1989; Kemery et al. 1996
47 Vgl. Niehoff/Moorman 1993
48 Vgl. Farh et al. 1990
49 Vgl. dazu die Befunde von Moorman 1991; Konovsky/Pugh 1994; Robinson/Morrison 1995
50 Vgl. Müller/Bierhoff 1994
51 Vgl. George/Brief 1992

Müller/Bierhoff sehen in der indirekten Förderung eines positiven Klimas durch **Kontrolle des Arbeitskontextes** den zentralen Hebel zur Förderung des Extra-Rollenverhaltens. Als Ansatzpunkte nennen sie z.B.:

II
Histo-
rische
Wurzeln
und
theore-
tische
Grund-
lagen

- gezielte Personalauswahl (Personen bevorzugen, die nicht nur fachlich, sondern auch von der Persönlichkeit mit den übrigen Teammitgliedern harmonieren)
- Teamentwicklungsseminare mit hohem Selbstbestimmungsgrad der Teilnehmer
- Bildung überschaubarer Kleingruppen
- Gruppenzusammensetzung nach ähnlichen sozialen Werthaltungen
- stimmungsaufhellende Raumattribute (freundliche Farben, gute Luftqualität, Pflanzen …)
- Auszeichnung herausragender Ergebnisse des Extra-Rollenverhaltens
- Erwähnung/Belobigung von Extra-Rollenverhalten, z. B. in Betriebszeitungen
- Förderung und Praktizierung von Humor im Arbeitsalltag (z.B. Auflockerung von Schriftstücken durch Cartoons).

Direkte Interventionen – wie z. B. Verhaltenstrainings zur Förderung von Eigeninitiative – lehnen sie demgegenüber ab, weil sie bei den Betroffenen Gefühle des Kontrollverlustes hervorrufen, die Stimmung trüben und somit kontraproduktiv wirken könnten.

In gleicher Weise setzt unser Konzept des **internen Unternehmertums** schwerpunktmäßig auf **strukturelle Führung**. Allerdings halten wir – ergänzend dazu – eine wohldosierte und auf die spezifische Person und Situation abgestimmte direkte Beeinflussung für sinnvoll und legitim. So können z. B. Führungskräfte vorsichtige, zurückhaltende Mitarbeiter gezielt ermutigen, neue Wege zu beschreiten oder Weiterbildungsmaßnahmen dazu beitragen, dem Extra-Rollenverhalten bzw. Mitunternehmertum abträgliche Denk- und Verhaltensmuster zu erkennen und abzubauen. Ebenso hilft eine konstruktive Interpretation der Arbeitssituation Blockaden abzubauen sowie die wahrgenommene Instrumentalität unternehmerischen Verhaltens für individuelle Ziele und die Erfolgserwartung der Mitarbeiter[52] zu erhöhen.

3.2 Beurteilung

Das Konstrukt Extra-Rollenverhalten, mit dem sich die psychologische Forschung seit einiger Zeit in verstärktem Maße befasst, liefert eine theoretische Grundlagen für die motivationalen Voraussetzungen des **Mitunternehmertums**. Die einzelnen Konzepte gehen auch davon aus, dass – insbesondere in wirtschaftlich schwierigen Zeiten und bei komplexen Aufgaben – Unternehmen nur dann Erfolg haben werden, wenn breite Schichten der Belegschaft mehr als das in Vor-

---

52 Vgl. Kapitel C III. Identifikation, Motivierung und Remotivierung im Rahmen werteorientierter Führung

schriften Fixierte leisten, wenn sie ihre jeweiligen Rollen den situativen Erfordernissen entsprechend selbständig interpretieren sowie engagiert und selbstverantwortlich ausgestalten.

Die **grundlegenden Komponenten** des Extra-Rollenverhaltens (Eigenverantwortlichkeit, Risikobereitschaft, Innovativität und Kooperativität) weisen eine große Nähe zu unseren **unternehmerischen Schlüsselkompetenzen** auf und unterstreichen deren Relevanz.

Mit am breitesten untersucht sind die Bedingungsfaktoren des Extra-Rollenverhaltens. Daraus lassen sich einige – empirisch fundierte – Anregungen zur Förderung des Mitunternehmertums finden. Die Befunde verweisen sowohl auf **strukturelle Maßnahmen**, wie Organisations- oder Abteilungskultur (Einflussfaktor: Stimmung am Arbeitsplatz), (Arbeits-)Organisation (Einflussfaktoren: Kontrolle des Arbeitsverhaltens, Vielfältigkeit und Niveau der Arbeitsaufgaben) als auch auf **interaktive Aspekte**, wie eine positive Beziehungsgestaltung durch Vorgesetzte. Die Betonung der wahrgenommenen Fairness und Wechselseitigkeit im Konzept des Organizational Citizenship Behavior bestätigt auch die praktische Relevanz der »goldenen Regel der Kooperation«.[53]

Kritisch zu bemerken ist, dass die Befunde zur Bedeutung der einzelnen Faktoren wenig konsistent sind[54] und daher keine eindeutige Rangierung der Einflussfaktoren erlauben. Weiterhin wären Forschungsdesigns wünschenswert, die eindeutigere Aussagen über Ursachen und Wirkungen ermöglichen. Diese Kritik gilt damit auch für relevante Elemente des Mitunternehmertums. Wie Bretz et al.[55] bemerken, sind selbst die empirisch gut belegten Zusammenhänge von OCB und anderen Variablen bisher vorwiegend korrelativer Natur. Ein dritter Kritikpunkt betrifft schließlich die Auswirkungen des Extra-Rollen-Verhaltens. Besonders interessant wäre es zu untersuchen, in welchen Situationen oder Arbeitsbereichen Extra-Rollen-Verhalten für den Unternehmenserfolg besondere Bedeutung hat, wann es deutlich gehemmt wird und wie es gefördert werden kann . Und schließlich darf nicht vergessen werden, dass langfristig extrafunktionales Verhalten auch nur in einem wechselseitigen Austauschverhältnis realisiert werden kann. Dieses Verhalten muss von der Organisation bzw. dem Management auch explizit beachtet und gratifiziert werden. Ansonsten ist »⇒ *innere Kündigung*«[56] schon vorprogrammiert.

---

53 Vgl. Kapitel D IV. Laterale Kooperation als Selbststeuerungs- und Führungsaufgabe
54 Vgl. Nerdinger 1998
55 Bretz et al. 1998, S. 95
56 Vgl. Hilb 1992

4 Fragen zur Selbstüberprüfung

1. Vergleichen Sie das Konzept Mitunternehmertum mit seinen historischen Vorläufern und begründen Sie die Unterschiede.

2 Welche Motive für unternehmerisches Verhalten der Akteure nennt Schumpeter?

3. Welche Maßnahmen zur Förderung unternehmerischen Denkens und Handelns befürworten die ordo-liberalistischen Ansätze?

4. Arbeiten Sie Gemeinsamkeiten und Unterschiede zwischen dem Konzept Mitunternehmertum und den Ansätzen zum »Extra-Rollenverhalten in Organisationen« heraus.

Werteorientierte Führung

C

I. Wertewandel und Führung

Inhalt

Gesellschaftliche Werte haben einen entscheidenden – allerdings oft zeitlich verzögerten – Einfluss auf Denk- und Verhaltensmuster der Organisationsmitglieder. Werte und Werthaltungen können sich im Zeitablauf ändern. So hat in weiten Teilen der westlichen Industrienationen in den 60er Jahren ein fundamentaler Wertewandel eingesetzt und die Erwartungen und Ansprüche an die Arbeitswelt nachhaltig verändert: Klassische Arbeitstugenden wie Fleiß, Ordnung und Pflichterfüllung haben zugunsten von Werten wie Selbständigkeit und Sinnerfüllung an Bedeutung verloren. Nach grundlegenden Erläuterungen zu Begriff und Funktion von Werten bzw. Werthaltungen werden im Folgenden die Werteentwicklung der letzten Jahre und Jahrzehnte diskutiert und in einem Exkurs die Auswirkungen auf das Führungsverständnis aufgezeigt. Aus den aktuellen Trends werden anschließend zentrale Folgerungen für die Mitarbeiterführung abgeleitet.

Gliederung

1   Definition und Funktion von Werten
2   Wertewandel
3   Exkurs: Werteentwicklung und Führungsverständnis
4   Führungspolitische und -praktische Folgerungen des Wertewandels
5   Fragen zur Selbstüberprüfung

Verweise

1 Definition und Funktion von Werten

> ## Definition
>
> Werte sind zu verstehen als Vorstellungen oder **Leitlinien** für das Wünschbare, das Richtige und das Gute.[1] Sie erfüllen eine **verhaltensbeeinflussende und legitimierende Funktion** bei der Wahl von Zielen und Mitteln für das Handeln, sei es individuell oder in der Führungs- oder Kollegenbeziehung.[2] Wertfundierte Einstellungen oder Handlungsabsichten und tatsächliches Handeln können sich allerdings beträchtlich unterscheiden bzw. erst zeitlich verzögert übereinstimmen.

Die **demoskopische Werteforschung** beschäftigt sich mit Veränderungen oder Trends in den Werthaltungen der Bevölkerung bzw. ausgewählter Bevölkerungsgruppen (z. B. Jugendliche, Akademiker, Führungskräfte, Selbständige, Frauen) in Bezug auf bestimmte Themen (z. B. die Einstellung zur Arbeit, Karriere, Familie, Ehe). Werden Befragungen mit gleichem Inhalt zu verschiedenen Zeitpunkten bei derselben Zielgruppe durchgeführt, so kann man aufgrund der ausgewerteten Daten **Entwicklungstrends** in einer Gesellschaft oder Bevölkerungsgruppe feststellen. Abb. 1 zeigt die Ergebnisse einer solchen Langzeitstudie: die Wertorientierungen in der Schweiz seit den 70er Jahren. Darin wird deutlich, dass die schweizerische Bevölkerung zunehmend »progressive« und »extravertierte« Werte vertritt.

Eine Längsschnittstudie für die Bundesrepublik Deutschland legt das Institut für Demoskopie in Allensbach vor. Seit Jahrzehnten wird einem repräsentativen Querschnitt der deutschen Bevölkerung regelmäßig folgende Frage gestellt:

»Zwei Männer/Frauen unterhalten sich über das Leben.

Der/Die erste sagt: »Ich betrachte mein Leben als eine Aufgabe, für die ich da bin und für die ich alle Kräfte einsetze. Ich möchte in meinem Leben etwas leisten, auch wenn das oft schwer und mühsam ist.«

Der/Die zweite sagt: »Ich möchte mein Leben genießen und mich nicht mehr abmühen als nötig. Man lebt schließlich nur einmal und die Hauptsache ist doch, dass man etwas von seinem Leben hat.«

Was meinen Sie: Welche(r) von beiden Männern/Frauen macht es richtig?«

Abb. 2 zeigt die Entwicklung der Antworten in der westdeutschen Bevölkerung seit 1956: Der Wert »Leistung« hat im Laufe der letzten vier Jahrzehnte gegen-

---

1 Vgl. Kaufmann et al. 1986; Klages 1985
2 Vgl. Kluckhohn 1951
3 Vgl. Hill 1989
4 v. Rosenstiel 1992b, S. 48

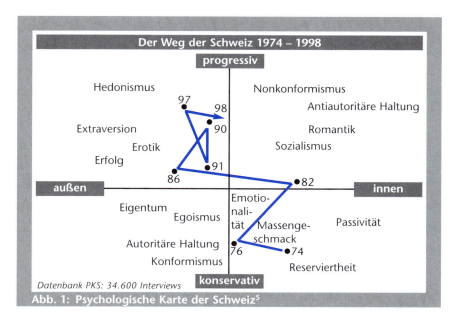

Der Weg der Schweiz 1974 – 1998

progressiv

Hedonismus

97
98
90
91
86
82

Extraversion
Erotik
Erfolg

Nonkonformismus

Antiautoritäre Haltung

Romantik

Sozialismus

außen

innen

Emotio-
nali-
tät

Eigentum
Egoismus

Massenge-
schmack

Passivität

Autoritäre Haltung
Konformismus

76
74

Reserviertheit

Datenbank PKS: 34.600 Interviews

konservativ

Abb. 1: Psychologische Karte der Schweiz[5]

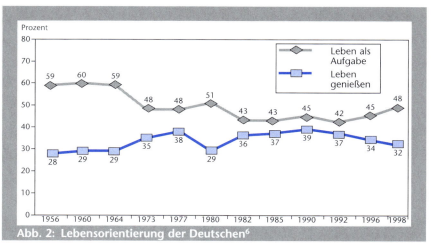

Prozent

| Leben als Aufgabe |
| Leben genießen |

59   60   59   48   48   51   43   43   45   42   45   48

28   29   29   35   38   29   36   37   39   37   34   32

1956 1960 1964 1973 1977 1980 1982 1985 1990 1992 1996 1998

Abb. 2: Lebensorientierung der Deutschen[6]

über dem Wert »Lebensgenuss« an Bedeutung verloren. In jüngster Zeit zeichnet sich aber wieder – wie schon vor 20 Jahren – eine Kehrtwende ab.

Weitere Befunde der gleichen Studie zeigen, dass die Tendenz zum Lebensgenuss mit zunehmendem Alter und höherer beruflicher Position abnimmt (vgl. Abb. 3). Dabei ist das Alter grundsätzlich als wichtigste ⇒ *Moderatorvariable* der Werteentwicklung zu bezeichnen.

---

5 DemoSCOPE 1999, S. 5
6 Quellen: Noelle-Neumann/Köcher 1997 sowie Allensbacher Archiv, IfD-Umfrage 6066

	Leben als Aufgabe	Leben genießen	Unentschieden
Altersgruppen			
16 bis 29 Jahre	32 %	40 %	28 %
30 bis 44 Jahre	45 %	39 %	16 %
45 bis 59 Jahre	54 %	27 %	19 %
60 Jahre und älter	62 %	22 %	16 %
Berufskreise			
Angelernte Arbeiter	44 %	33 %	23 %
Facharbeiter	47 %	38 %	15 %
Einfache Angestellte/Beamte	49 %	31 %	20 %
Leitende Angestellte/Beamte	56 %	21 %	23 %
Selbständige/freie Berufe	50 %	31 %	19 %

Abb. 3: Lebensorientierung der Deutschen – nach Alters- und Berufsgruppen differenziert (Stand: September 1998)[7]

Es ist jedoch zu beachten, dass über solche Befragungen nur die Handlungsdisposition, also das »Wollen«, nicht aber das konkrete Verhalten erfasst werden kann. Dieses wird auch maßgeblich durch das »Dürfen« und das »Können« bestimmt. Zudem zeigt sich hier oft ein deutlicher »time lag«. Dazu ein Beispiel: Bis nur der als richtig eingeschätzte Entschluss, weniger zu rauchen oder mehr Sport zu treiben in konkretes, langfristiges Verhalten umgesetzt wird, kann es Jahre dauern und die Umsetzung der guten Absicht mit vielen »Rückfällen« verbunden sein.

Dennoch beeinflussen Werte die strukturelle und interaktive Gestaltung von Führungs- und Kooperationsbeziehungen, -prozessen, -systemen und -instrumenten innerhalb einer Organisation sowie die gegenseitigen Erwartungen und das Verhalten der Organisationsmitglieder. Werte und Werthaltungen prägen besonders folgende Faktoren:

- die **Erwartungen der Mitarbeiter** an das Unternehmen, seine Führungssysteme, an die Arbeitsgestaltung und Anreizsysteme, den Führungsstil und die Führungsbeziehungen zwischen Vorgesetzten und Mitarbeitern
- die **Ansprüche der Unternehmensleitung** an Leistung und Verhalten der Organisationsmitglieder. Oft stecken dabei unternehmensweit gültige und explizit formulierte Werte (z. B. Führungsgrundsätze) einen Korridor für das erwünschte individuelle Verhalten der Mitarbeiter ab.
- die sogenannten »**Skripte**«, d. h. die in der Kindheit erworbenen und meist unbewussten individuellen Lebensmottos (z. B. »Sei perfekt«, »Bring neue Ideen«)[8] und – damit verbunden –
- das **Leistungs- und Sozialverhalten** der Organisationsmitglieder. Wie eigene Abfragen belegen, dominiert bei Führungskräften die in Abb. 4 dargestellte Rangfolge.

---

7 Quelle: Allensbacher Archiv, IfD-Umfrage 6066
8 Vgl. Kälin 1995; Kapitel D III. Grundmuster und Erklärungsansätze lateraler Kooperation

> 1. Bring neue Ideen!
>
> 2. Mach es!
>
> 3. Sei selbständig und stark!
>
> 4. Streng Dich an!
>
> 5. Sei perfekt!
>
> 6. Mach schnell!
>
> 7. Mach es anderen recht – sei kooperativ!

Abb. 4: Skripte von Führungskräften

In diesen Skripten sind implizit alle **drei mitunternehmerischen Schlüsselkompetenzen** integriert: »Bring neue Ideen!« spricht die Gestaltungskompetenz, »Mach es!« die Umsetzungskompetenz an. Die Imperative »Sei selbständig und stark!« und »Mach es allen recht – sei kooperativ!« betonen schließlich die beiden zentralen Aspekte der Sozialkompetenz. Damit wird einmal mehr die Bedeutung unserer drei Schlüsselkompetenzen unterstrichen.

Werte sind somit »**unsichtbare Führungskräfte**« mit oft stärkerem Einfluss als formale und transparente Anweisungen oder Vorschriften. Sie bestimmen, welche Denk- und Verhaltensmuster innerhalb eines gesellschaftlichen Systems als wünschenswert gelten. Da Unternehmen keine »geschlossenen Systeme« sind, sondern vom Austausch mit ihrer Umwelt leben, müssen sie sich mit Werteveränderungen auseinandersetzen und ihnen bei der Gestaltung der betrieblichen Lebenswelt Rechnung tragen.

2 Wertewandel

2.1 Begriff und allgemeine Entwicklung

> ### Definition
>
> Von **Wertewandel** spricht man, wenn sich neue Werte in der Gesellschaft bilden, andere verschwinden oder wenn die Intensität bestimmter Werte zu- oder abnimmt bzw. deren Rangordnung sich ändert.[9]

Untersuchungsergebnisse[10] belegen, dass sich die Werte in vielen westlichen Industrienationen in den letzten Jahrzehnten verändert haben. Nach v. Rosenstiel[11] lassen sich folgende Tendenzen feststellen:

- Säkularisierung fast aller Lebensbereiche
- Abwendung von der Arbeit als einer Pflicht

---

9 Vgl. v. Rosenstiel 1995, Sp. 2175
10 Vgl. zusammenfassend v. Rosenstiel 1995; Opaschowski 1997; Inglehart 1998
11 Vgl. v. Rosenstiel 1995, Sp. 2178

- Betonung des Wertes der Freizeit
- Ablehnung von Bindung, Unterordnung und Verpflichtung
- Betonung des eigenen (hedonistischen) Lebensgenusses
- Erhöhung der Ansprüche auf eigene Selbstverwirklichung
- Bejahung der Gleichheit und Gleichberechtigung der Geschlechter
- Betonung der eigenen Gesundheit
- Hochschätzung einer ungefährdeten und bewahrten Natur und
- Skepsis gegenüber den Werten der Industrialisierung (z. B. Gewinn, Wirtschaftswachstum technischer Fortschritt).

Klages[12] spricht von einer **Zunahme der Selbstentfaltungswerte** (insb. Emanzipation von Autoritäten, Gleichbehandlung, Gleichheit, Demokratie, Partizipation, Autonomie, Genuss, Abenteuer, Abwechslung, Ausleben emotionaler Bedürfnisse, Kreativität, Spontaneität, Selbstverwirklichung, Ungebundenheit, Eigenständigkeit) und einer **Abnahme der Pflicht- und Akzeptanzwerte** (insb. Disziplin, Gehorsam, Pflichterfüllung, Unterordnung, Fleiß, Bescheidenheit, Selbstbeherrschung, Selbstlosigkeit, Hinnahmebereitschaft, Fügsamkeit, Enthaltsamkeit). Letztere werden deshalb heute auch als »Sekundärtugenden« bezeichnet.

Diese Werteveränderungen setzten in den 60er Jahren ein und erreichten ihren Höhepunkt schon Mitte der 70er Jahre. Sie wurden insbesondere von jungen, gut ausgebildeten Personen aus städtischen Wohngebieten getragen. Dabei wirkten verschiedene Faktoren begünstigend auf die Entwicklung ein. Hier eine Auswahl zentraler Einflüsse:[13]

- **Altersstruktur:** Der Babyboom in den 50er und 60er Jahren hat zu einer relativ jungen Bevölkerung in Deutschland und damit zu einer raschen Verbreitung neuer Werthaltungen geführt. Das Alter erweist sich aber auch grundsätzlich als eine bzw. die zentrale Einflussgröße auf unterschiedliche Werthaltungen.

- **Bedürfnisbefriedigung und Defizitwahrnehmung:** Die Befriedigung grundlegender Bedürfnisse (wie Nahrung, Wohnung etc.) in breiten Bevölkerungsschichten begünstigt die Hinwendung zu »höheren« Bedürfnissen. Mit dem Erreichen materiellen Wohlstands wird bewusst, dass Geld allein nicht glücklich macht. Folglich wendet man sich anderen Werten zu.[14]

- **Sozialisation:** Die jüngere Bevölkerung ist in Wohlstand aufgewachsen und hat daher andere Wertorientierungen entwickelt als ihre an Mangel gewöhnten Vorfahren.[15] Die Gleichaltrigen (Peers) haben bei Jugendlichen einen ganz entscheidenden Einfluss auf die Werteentwicklung.

- **Bildungsinhalte:** Werte wie Selbstentfaltung, Emanzipation von Autoritäten, Mitsprache oder Toleranz avancieren zu Bildungszielen an (Hoch-)Schulen.

---

12 Vgl. Klages 1985
13 Vgl. Rosenstiel 1995, Sp. 2179
14 Vgl. dazu auch Inglehart 1997, 1998 sowie die nachfolgenden Ausführungen
15 Vgl. Inglehart 1977, 1998 sowie die nachfolgenden Ausführungen

- **Bildungsdauer:** Eine lange Ausbildung ermöglicht ein Leben, das relativ frei von Zwängen des beruflichen Alltags ist. Im Zuge steigender Ausbildungszeiten erhalten immer mehr junge Menschen Chancen, auch mit alternativen Lebensformen und -welten zu experimentieren.

- **Vergangenheitsschock:** Die Auseinandersetzung mit der nationalsozialistischen Vergangenheit Deutschlands begünstigt eine Abwendung von den Werten der älteren Generation.

- **Wahrnehmung von Nebenwirkungen:** Übersteigen die Konsequenzen bisheriger Wertorientierungen (z. B. Waldsterben, Umweltverschmutzung als Folge der Industrialisierung) eine kritische Schwelle, werden sie verstärkt wahrgenommen und fördern eine Neuorientierung.

- **Strukturwandel:** »Das Sein prägt das Bewusstsein.« So fördern sinkende Arbeitszeiten und steigende Freizeitmöglichkeiten einen Bedeutungsanstieg von Freizeitwerten.

- **Erziehung durch Institutionen:** Lehrer der sogenannten »68er Generation« beschleunigten als Multiplikatoren die Werteveränderung.

- **Beeinflussung durch Medien:** Medienvertreter fungieren als »Meinungsmacher« und Wertebeeinflusser.

Besonders umfassende empirische Arbeiten legt Inglehart vor,[16] der zwischen materialistischen und ⇒ *postmaterialistischen Werten* unterscheidet (vgl. Abb. 5).[17] Er beschränkt sich nicht – wie die meisten seiner Kollegen – auf westliche Industrienationen, sondern bezieht gleichzeitig osteuropäische, asiatische und afrikanische Länder in seine Untersuchungen ein. Bei seinen umfangreichen Längsschnittanalysen in insgesamt 43 Ländern stellte er in fast allen Gesellschaften einen deutlichen Trend zu ⇒ *postmaterialistischen Werten* fest. Wie Abb. 5 zeigt, spielen hierbei demokratische Aspekte eine zentrale Rolle.

Materialistische Werte	Postmaterialistische Werte
– Aufrechterhaltung der Ordnung	– Mitsprache in der Politik
– Kampf gegen Inflation	– Schutz der Redefreiheit
– Wirtschaftswachstum	– mehr Mitspracherecht am Arbeitsplatz
– starke Armee	– schönere Städte und Landschaften
– stabile Wirtschaft	– eine humanere Gesellschaft
– Verbrechensbekämpfung	– eine Gesellschaft, in der Ideen zählen

Abb. 5: Materialistische vs. postmaterialistische *Werte*[18]

16 Vgl. Inglehart 1977; 1998
17 Vgl. auch Inglehart 1977
18 Vgl. Inglehart 1998, S. 173

Die Präferenz der einen oder der anderen Wertekategorie erklärt Inglehart durch zwei grundlegende Annahmen:

● **Mangelhypothese:** Die Prioritäten einer Person sind Ausdruck ihrer sozio-ökonomischen Rahmenbedingungen: Man legt den größten Wert auf solche Dinge, die relativ knapp sind. Demnach ist die Neigung zu materialistischen Werten umso größer, je schlechter die Versorgungslage ist.

● **Sozialisationshypothese:** Entscheidend sind die sozio-ökonomischen Rahmenbedingungen in den Jugendjahren. Sie prägen die Wertorientierungen nachhaltig. So wird jemand, der in wirtschaftlich schlechten Verhältnissen (z. B. in Kriegszeiten) aufgewachsen ist, materiellen Werten sein Leben lang relativ hohe Bedeutung beimessen.

Diese Thesen finden empirische Bestätigung. Wie Abb. 6 zeigt, korreliert der Anteil der »Postmaterialisten« deutlich mit dem Bruttosozialprodukt des jeweiligen Landes. Dies kann als Beleg für die Mangelhypothese gewertet werden.

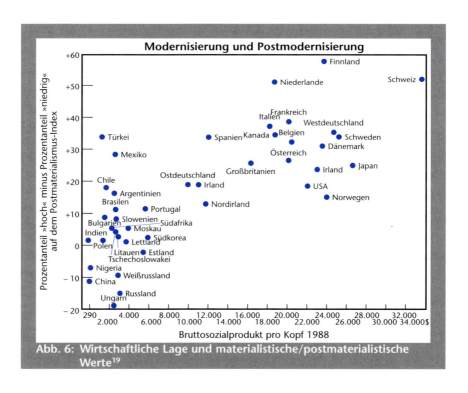

Abb. 6: Wirtschaftliche Lage und materialistische/postmaterialistische Werte[19]

Auch die Sozialisationshypothese erfährt Unterstützung. So lässt sich in ostasiatischen und osteuropäischen Staaten mit der Verbesserung der ökonomischen Verhältnisse ein progressiver Anstieg des Postmaterialismus nachweisen. Wie

---

19 Inglehart 1998, S. 216

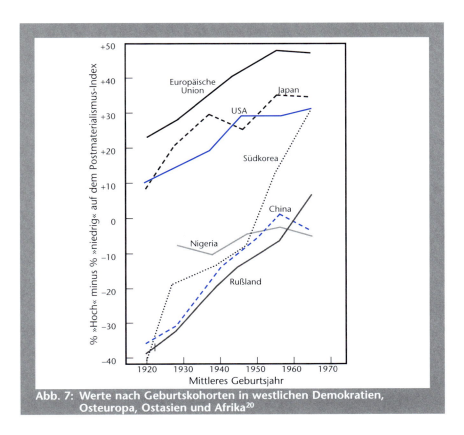

Abb. 7: Werte nach Geburtskohorten in westlichen Demokratien, Osteuropa, Ostasien und Afrika[20]

Abb. 7 illustriert, liegen die Anteile der Postmaterialisten bei den jüngeren Jahrgängen in Ländern wie Russland oder Südkorea deutlich höher als bei den älteren. »Zwar haben die reicheren Länder einen viel höheren absoluten Anteil an Postmaterialisten als die ärmeren, doch lässt sich ein steiles Gefälle feststellen, das die intergenerationellen Wertdifferenzen in den armen Ländern reflektiert, die in den vergangenen Jahrzehnten einen raschen Anstieg des vorherrschenden Lebensstandards erlebt haben.«[21]

2.2 Die Entwicklung der arbeitsrelevanten Werthaltungen, Einstellungen und Erwartungen

Viele der oben skizzierten Entwicklungen haben Einfluss auf die Einstellungen zur und die Erwartungen an die Arbeit. Es zeigen sich u. a. folgende Trends:[22]

---

20 Inglehart 1998, S. 208
21 Inglehart 1998, S. 209
22 Vgl. z.B. Noelle-Neumann/Strümpel 1984; Ulrich et al. 1985a und b; Hoff 1986; Kaufmann et al. 1986; Bertelsmann-Stiftung 1987; Inglehart 1989; Herbert 1991; Klages 1993; Fürstenberg 1993; v. Rosenstiel 1993; v. Rosenstiel et al. 1993

● Die ⇒ *Arbeitszufriedenheit* in der bundesdeutschen Bevölkerung ist innerhalb der letzten 30 Jahre gesunken.[24] Abb. 8 macht deutlich, welche Aspekte im Laufe der Jahrzehnte vermehrt bemängelt wurden. Der deutliche Anstieg in den Kategorien »Unterforderung«, »falscher Einsatz«, »nicht leistungsgerechte Entlohnung« und »fehlende Anerkennung« verweist auf ein erhebliches ungenutztes **unternehmerisches Potential** in der bundesdeutschen Bevölkerung.

	1967	1979	1997
Nicht leistungsgerechte Entlohnung »Wenn ich mich mit anderen vergleiche und an meine Arbeit denke, muss ich sagen, dass ich zuwenig verdiene.«	29 %	34 %	42 %
Unterforderung »Ich würde gern mehr Verantwortung übernehmen«	25 %	32 %	35 %
»Manchmal denke ich, dass einfach nicht genug von mir verlangt wird – ich könnte viel mehr leisten.«	12 %	14 %	26 %
Unzureichende Balance zwischen Arbeits- und Freizeit »Mein Beruf lässt mir zuwenig Zeit für das Privatleben.«	19 %	23 %	26 %
Fehlende Anerkennung »Ich höre bei meiner Arbeit kaum je ein aufmunterndes und anerkennendes Wort. Das fehlt mir.«	14 %	15 %	21 %
Probleme mit Vorgesetzten »Ich habe einen sehr schwierigen Vorgesetzten.«	13 %	15 %	19 %
Falscher Einsatz »Die Arbeit, die ich habe, entspricht weder meinem Können noch meiner Ausbildung.«	7 %	12 %	17 %
Probleme mit Kollegen »Leider machen mir Kollegen oft das Leben schwer.«	11 %	9 %	14 %
Überlastung »Man bürdet mir zuviel Arbeit auf. Ich habe das Gefühl, dass ich ausgenutzt werde.«	11 %	15 %	14 %

Abb. 8: Negative Aspekte im Arbeitsleben der westdeutschen Bevölkerung[25]

● Trotz des festgestellten Trends zu Lebensgenuss und ⇒ *Hedonismus* ist die noch in den 70er und 80er Jahren prognostizierte Leistungsverweigerung auch innerhalb der jüngeren Generation nicht eingetreten. Wie Abb. 9 zeigt, bevorzugten 1996 in einer Umfrage von Opaschowski[26] nur 32 % der repräsentativ Befragten im Alter zwischen 18 und 29 Jahren den reinen Lebensgenuss. Für 31 % waren beide Lebensorientierungen gleichwertig und 36 % bevorzugten sogar die Leistungsorientierung. **Leistung und Lebensgenuss** werden nach den

---

23 Vgl. z.B. Noelle-Neumann/Strümpel 1984; Ulrich et al. 1985a und b; Hoff 1986; Kaufmann et al. 1986; Bertelsmann-Stiftung 1987; Inglehart 1989; Herbert 1991; Klages 1993; Fürstenberg 1993; Klipstein/Pawlowsky 1993; v. Rosenstiel 1993; v. Rosenstiel et al. 1993
24 Vgl. Noelle-Neumann/Strümpel 1984; Noelle-Neumann/Köcher 1997; Noll/Weick 1997
25 Quelle: Noelle-Neumann/Köcher, R. 1997, S. 976
26 Vgl. Opaschowski 1997, S. 207

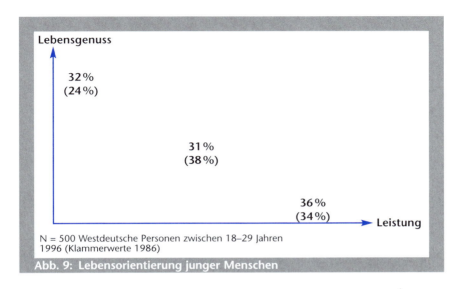

I
Werte-
wandel
und
Führung

Abb. 9: Lebensorientierung junger Menschen

Erkenntnissen von Opaschowski gerade von jungen Bundesbürgern **nicht als Gegensätze betrachtet**, sondern miteinander zu verbinden versucht: »Offensichtlich gehören Leistung und Lebensgenuss heute zum Leben wie Ein- und Ausatmen auch. Kein Lebensgenuss ohne Leistung. Umgekehrt gilt auch: Lebensgenuss lenkt nicht mehr automatisch von Leistung ab. Und wer sein Leben nicht genießen kann, wird auf Dauer auch nicht leistungsfähig sein.«[27] Zentral scheint hierbei der Wunsch nach **einer Balance zwischen Arbeit und Privatleben**. Dies bestätigen auch schweizerische Personalverantwortliche im Rahmen einer aktuellen Prognosestudie.[28]

● Neue Arbeitswerte, wie die Suche nach Spaß an der Arbeit, nach Selbständigkeit, herausfordernden Aufgaben und Entwicklungschancen, haben gegenüber klassischen Arbeitstugenden, wie Ordnung, Fleiß, Pflichterfüllung und Leistungsstreben an Bedeutung gewonnen.[29] Abb. 10 illustriert dies beispielhaft an der Entwicklung dreier Erziehungsziele.

Persönliche Unabhängigkeit und Freiräume bei der Arbeit haben heute große Bedeutung. Dieser Trend wird sich nach den Befunden von Opaschowski fortsetzen. Die Schlüsselfragen des Arbeitnehmers von morgen werden demnach lauten: »Welche persönlichen Entfaltungsmöglichkeiten habe ich? Welche Spielräume zum Gestalten bietet der Job? Und wie groß sind meine Freiräume – von der selbständigen und eigenverantwortlichen Tätigkeit bis hin zur freien und flexiblen Regelung der Arbeits-, Frei- und Urlaubszeiten?«[30] Kom-

---

27 Opaschowski 1997, S. 43
28 Vgl. Wunderer/Dick 2000
29 Vgl. Opaschowski 1997
30 Opaschowski 1997, S. 49

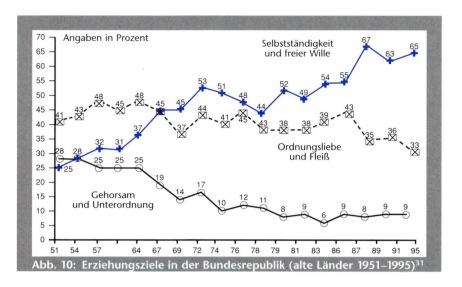

Abb. 10: Erziehungsziele in der Bundesrepublik (alte Länder 1951–1995)[31]

plementär dazu wird die **Bereitschaft zu hierarchischer Unterordnung, zu Gehorsam oder Fremdsteuerung** weiter abnehmen und einem wachsenden Bedürfnis nach Mitwirkung bzw. mitunternehmerischer Selbstorganisation, ⇒ *Selbststeuerung* und Selbstentwicklung weichen.

Obwohl die »alten Arbeitstugenden« im Laufe der Zeit an Bedeutung verloren haben, sind sie nach wie vor bedeutsam. So wurden in Repräsentativbefragungen im Jahre 1996 »alte Arbeitswerte«, wie Fleiß und Pflichterfüllung, fast ebenso häufig als wichtige Anforderungen der Arbeitswelt anerkannt wie die neuen Arbeitstugenden »Selbstständigkeit« und »Offenheit/Ehrlichkeit« (vgl. Abb. 11). Nach Gensicke bildet die **Kombination aus alten und neuen Werten** »das ideale Muster der produktiven Persönlichkeit«[32] – eine Erkenntnis, die gerade auch für den **Mitunternehmer** gilt. Wenngleich sein Handeln primär durch Motive wie Sinnerfüllung, Selbstständigkeit und ähnlichem gesteuert wird, benötigt er zugleich klassische Arbeitstugenden, wie Disziplin, Fleiß und Ausdauer, um nachhaltig und langfristig unternehmerisch engagiert arbeiten zu können. Denn jede Tätigkeit beinhaltet, neben ⇒ *intrinsisch* motivierenden Aspekten, auch weniger interessante (Routine-)Aufgaben. Auch lassen sich Innovationen nicht immer problemlos oder sofort realisieren. Internalisierte »Pflicht- und Akzeptanzwerte« verhindern in solchen Fällen das Absinken unternehmerischen Engagements.

● Die Arbeitsfreude, der **Spaß an der Arbeit**, am Handeln, am schöpferisch Neuen stand 1996 an der Spitze der Wertskala der repräsentativ befragten Bundesbürger. Hierbei wurde nach dem »persönlich größten Anreiz« für **zusätzliche**

31 v. Rosenstiel 1999, S. 99
32 Gensicke 1999, S. 34

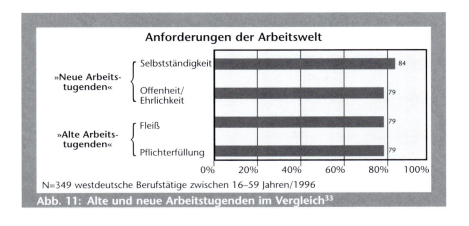

I
Werte-
wandel
und
Führung

Abb. 11: Alte und neue Arbeitstugenden im Vergleich[33]

Leistungen bei der Arbeit gefragt. Die entsprechenden Motive wurden wie folgt rangiert:[34]

1. Arbeit, die Spaß macht (70 %)
2. sinnvolle Arbeitsinhalte (51 %)
3. Leistungsprämien/Karriere-/Aufstiegschancen (je 34 %) und
4. kürzere Arbeitszeit (26 %).

Dabei erlebten Leistungsprämien mit 8 % den größten Bedeutungszuwachs seit 1992. Auch in einer ⇒ *postmaterialistischen* Gesellschaft ist Geld also keineswegs unwichtig. Denn die Vergütung dient nicht nur der Sicherung des Lebensunterhaltes, sie ist zugleich ein Zeichen von Anerkennung und Wertschätzung. Dies gilt besonders für leistungsabhängige Entgeltbestandteile, die auch als ⇒ *Symbol* für (Leistungs-)Gerechtigkeit stehen.

● **Der Wunsch nach einer klassischen Karriere** im Sinne von beruflichem Aufstieg, Einfluss, Status und hohem Einkommen ist nach verschiedenen Umfragen bei Nachwuchskräften **deutlich geringer** als bei älteren Führungskräften (vgl. Abb. 12).

Nach jüngsten Prognosen von schweizerischen Personalexperten wird bis zum Jahr 2010 die klassische Karriereorientierung selbst bei Führungskräften an Bedeutung verlieren.[35]

Gleichzeitig zeichnet sich ein Wandel im **Karriereverständnis** ab: So bedeutet Karriere für immer mehr Menschen, eine Arbeit zu haben, die Spaß macht, sowie eigene Vorstellungen verwirklichen zu können. Dies gilt wiederum in besonderem Maße für die jüngere Generation.[36]

---

33 Vgl. Opaschowski 1997, S. 207
34 Vgl. Opaschowski 1997, S. 208
35 Vgl. Wunderer/Dick 2000
36 Vgl. Opaschowski 1997, S. 208

181

Typ \ Gruppe	Nach-wuchs	Führung-kräfte
Karriereorientierung (Wunsch nach Einfluss, Status, Aufstieg, sehr guter Bezahlung, Bereitschaft zu Freizeitverzicht und Verantwortung)	31 % (21 %)	65 % (75 %)
freizeitorientierte Schonhaltung (geringer Ehrgeiz, Wunsch nach sicherer Stellung, geregelter Arbeitszeit und netten Kollegen, Zufriedenheit mit relativ geringem Einkommen; Sinnsuche v. a. in der Freizeit)	28 % (31 %)	13 % (7 %)
alternatives Engagement (Ablehnung großer u. »unmenschl.« Organisationen; Verzicht auf hohe Entlohnung und sozialen Status zugunsten einer sinnvollen Aufgabe; Bereitschaft zu überdurchschnittl. Engagement, wenn Sinnerfüllung gegeben)	41 % (46 %)	22 % (17 %)

Abb. 12: Berufsorientierung bei Führungs- und Führungsnachwuchskräften[37]

● Bei der **sozialen Orientierung** dominieren zwei Strömungen:[38] Einerseits findet man gerade in der jüngeren Generation wieder verstärkt **Wünsche nach Kooperation und Teamarbeit**. Andererseits finden sich auch **ausgeprägte individualistische Orientierungen**. So erbrachte eine Untersuchung, dass Hochschulabsolventen sowohl hohen Wert auf Kollegialität wie auch auf Selbstständigkeit bei der Arbeit legen.[39] Von Rosenstiel sieht hier keinen Widerspruch: »Den Qualifizierten ist Unterordnung meist zuwider; sie schätzen ihre Selbstständigkeit, möchten dann aber als geachtete und autonome Personen ihre Kompetenz in ein Team einbringen, innerhalb dessen sie gleichberechtigt agieren und kooperativ mit anderen an zielführenden Wegen arbeiten.«[40] Auch für Klages ist der Trend zur Individualisierung nicht gleichbedeutend mit einem Anstieg von Egoismus und Rücksichtslosigkeit. Im Gegenteil: Er kommt zum Schluss, dass Verantwortungsbereitschaft, Toleranz und zwischenmenschliche Harmonie im Zuge des Wertewandels eine deutliche Bestätigung oder Aufwertung erfahren haben.[41]

3 Exkurs: Werteentwicklung und Führungsverständnis

Die Werteentwicklung der letzten Jahrzehnte hat das Führungsverständnis und zum Teil auch das Führungsverhalten geprägt.[42] Im Folgenden wird die Entwicklung metaphorisch anhand von Tiergleichnissen charakterisiert (vgl. Abb. 13).

37 Umfrage von Wunderer/Kuhn 1993, S. 28. Werte in Klammern: Ergebnisse durch Umfragen von v. Rosenstiel 1993, S. 47ff.
38 Vgl. v. Rosenstiel 1998
39 Vgl. Maier et al. 1994
40 v. Rosenstiel 1998, S. 290
41 Vgl. Klages 1999, S. 6
42 Vgl. Kapitel D I. und C II.

C
Werteorientierte
Führung

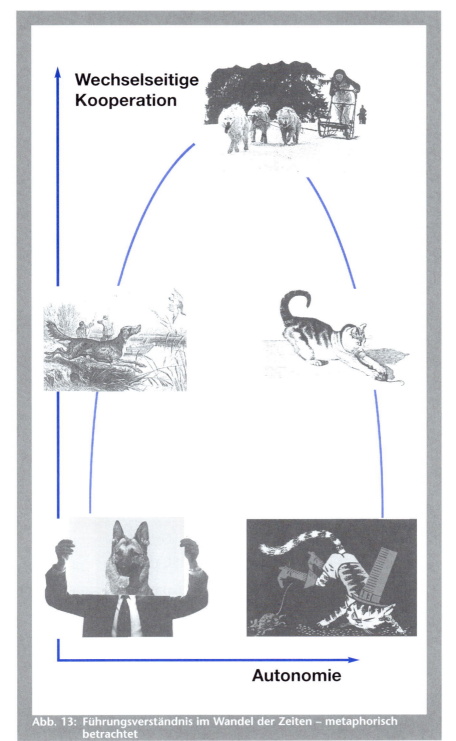

Wechselseitige Kooperation

Autonomie

Abb. 13: Führungsverständnis im Wandel der Zeiten – metaphorisch betrachtet

Die bis in die 50er Jahre dominierende **autokratische »Schäferhundführung«** nach der Befehlstaktik (»Sitz«, »Platz«, »Fass«) wurde abgelöst durch die an der Auftragstaktik orientierte **»Jagdhundführung«**, bei der die Mitarbeiter – analog zu globaleren Aufforderungen an den Jagdhund (z. B. »Apportiere das Wild«) – schon einen umfassenderen Spielraum bei der Durchführung der übertragenen Aufgabe erhielten.

In den 70er und 80er Jahren gewann die **teamorientierte »Huskyführung«** an Bedeutung. Diese zeigt eine kooperative, dabei gut strukturierte und arbeitsteilige Führungs- und Leistungsstruktur.

Seit Ende der 80er Jahre erfordert der verstärkte Wunsch nach zumindest operativer Selbstständigkeit, Unabhängigkeit und Arbeits(-zeit-)flexibilisierung zunehmend eine durch große Handlungsspielräume gekennzeichnete **delegative »Katzenführung«**.

Im internen Unternehmertum sind schließlich besonders **»gestiefelte Kater«** gefragt, die – wie die Märchenfigur – immer wieder neue Problemlösungen für ihren »Boss« und andere Bezugspersonen (im Märchen: der König und seine Tochter) in einer teilautonomen Führungsentwicklung.

Abb. 13 zeigt gleichzeitig die Analogien zur Führungsstilentwicklung von der autoritär-patriarchalischen zur delegativen bzw. zielorientierten Laissez-faire-Führungsbeziehung, die werte- und qualifikationsbedingte neue Anforderungen an die »Chefs« stellt.

4 Führungspolitische und -praktische Folgerungen des Wertewandels

Mit Werteveränderungen in der Gesellschaft gehen nicht zwangsläufig synchrone Veränderungen in den Unternehmen einher. Vielmehr treffen in Wirtschaftsorganisationen und Verwaltungen die gewandelten Werte oft auf die »zur Struktur gewordenen Wertorientierungen früherer Generationen«.[43] Damit können sich die Interessenunterschiede zwischen Individuum und Organisation verstärken.

Nach v. Rosenstiel[44] gibt es drei Möglichkeiten, dieses Dilemma zu entschärfen:

- **Selektion** (Auswahl solcher Mitarbeiter, die Wertorientierungen der Organisation teilen)
- **Sozialisation** (Angleichung der Wertorientierungen an die der Organisationen) und
- ⇒ *Organisationsentwicklung* (Anpassung der Organisationskultur und -struktur an die veränderten Werthaltungen in der Gesellschaft).

---

43 v. Rosenstiel 1995, Sp. 2181
44 Vgl. ebenda

Wenngleich Selektion und Sozialisation notwendige und geeignete Mittel zur Harmonisierung der Werte von Individuen und Organisationen sind, müssen sich Unternehmen und öffentliche Verwaltungen auch gesellschaftlichen Werteveränderungen anpassen. Opaschowski fasst die Entwicklung so zusammen: »Die Leistungsgesellschaft lebt!«[45] Denn auch die jüngere Generation ist in zunehmendem Maße zu Engagement und Leistung bereit, vorausgesetzt die Arbeit bietet Spaß, Sinn, Handlungsspielräume und Selbstverwirklichungschancen – Merkmale, die gerade das Konzept **Mitunternehmertum** charakterisieren. Insoweit sind Mitunternehmertum und Wertewandel kompatibel. Der Wertewandel wirkt begünstigend auf die Entwicklung unternehmerischer Orientierungen, indem er jene Motivstrukturen fördert, die Triebfedern unternehmerischen Handelns bilden. Die Organisationen sind nun gefordert, durch strukturelle und interaktive Führung dafür zu sorgen, dass sich diese Werte und Motive in Handlungen niederschlagen (können). Im Folgenden sollen dazu einige wichtige Ansatzpunkte vorgestellt werden.

4.1 Wertorientierte Führung als Teil struktureller Führung

Als Ansatzpunkte zur Gestaltung lassen sich wieder Kultur, Organisation, Strategie und Personalstruktur unterscheiden.

Kultur

Organisationskultur,[46] d.h. die in einer Organisation gültigen Denk- und Bewertungsmuster, manifestieren sich in allen organisationalen Entscheidungen und Handlungen und prägen daher die Gestaltung der Organisation, Strategie und auch der Personalstruktur. Zunächst werden zwei Möglichkeiten der Kulturgestaltung diskutiert.

● **Verankerung neuer Werte in Unternehmens- und Führungsgrundsätzen:**

Unternehmens- und Führungsgrundsätze treffen Aussagen über Unternehmens-, Führungs- und Kooperationsprinzipien und informieren über gewünschte Denk- und Verhaltensweisen.[47] Durch die Aufnahme neuer Werte lassen sich Zeichen setzen und Richtungsänderungen anzeigen. Recht deutlich spiegelt sich die Werteentwicklung in den Führungsgrundsätzen von Hewlett Packard wider (vgl. Abb. 14).

● **Symbolisches Management:**

Werte fungieren dann als Handlungsrichtlinien, wenn sie nicht nur schriftlich fixiert, sondern auch sichtbar »vorgelebt« werden. Hier sind besonders die Führungskräfte in ihrer Rolle als Kulturträger und -vermittler gefordert. Möglichkeiten zur Betonung zentraler Werte und Bedürfnisse, wie Sinngehalt,

---

45 Opaschowski 1997, S. 27 und S. 206
46 Vgl. auch Kapitel C II. Unternehmens-, Führungs- und Kooperationskultur als Gestaltungskomponente
47 Vgl. auch Kapitel E I. Führungs- und Kooperationsgrundsätze

»HP-WAY« – unser Führungsstil
● Respektieren der Persönlichkeit
● Möglichkeit der Selbstverwirklichung durch Freiräume
● Gegenseitiges Vertrauen und Helfen
● Fehler machen dürfen
● Leistungsbereitschaft durch Freude an der Arbeit
● Anerkennung der Leistung und Freude an der Arbeit
● Mitverantwortung durch gemeinsame Rechte und Pflichten
● Übersichtliche Bereiche durch Dezentralisierung
● Führen durch Zielvereinbarungen
● Informeller Umgang, offene Kommunikation
● Förderung und Weiterentwicklung
● Beschäftigungssicherheit
● Soziale Absicherung

Abb. 14: Grundsätze zum Führungsstil der Hewlett-Packard GmbH

Partizipation oder Gleichbehandlung, bieten eine aktive Informationspolitik, open-door-Regelungen, Mitwirkung an Workshops oder Trainings, Abschaffen von Titelhierarchien, aber auch kleine Gesten im Alltag, wie etwa spontanes Mitanpacken in der Produktion oder eine öffentliche Belobigung unkonventioneller Ideen von couragierten Verhaltensweisen der Mitarbeiter. Ein Beispiel dafür schildert die Begegnung von IBM-Chef Watson mit einer jungen Sicherheitsbeauftragten: »Als eines Tages (…) Watson mit einer Schar von Direktoren kam, verweigerte sie ihm zur Bestürzung aller Umstehenden den Zutritt, weil er den erforderlichen Sicherheitsausweis nicht hatte. Entgegen dem befürchteten Wutanfall lobte Watson die junge Frau und schickte einen der Direktoren fort, um einen Ausweis zu besorgen.«[48]

Organisation

● Veränderung der Arbeitsstrukturen und -inhalte:

Bedürfnisse nach Sinnerfüllung, Handlungsfreiheit, Selbstverwirklichung oder Kommunikation lassen sich nicht in stark arbeitsteiligen Arbeitsprozessen nach tayloristischem Vorbild realisieren. Dazu bedarf es vielmehr neuer Arbeitsstrukturen und erweiterter bzw. bereicherter Arbeitsinhalte. Wichtige Ansätze in diesem Kontext sind Gruppenarbeit, Job Rotation oder Projektarbeit.[49] Ein Beispiel ist das explizit auf den Wert »Selbstverwirklichung in der Arbeit« ausgerichtete Projekt »Neue Arbeitsstrukturen« bei BMW aus dem Jahre 1991 (vgl. Abb. 15).

● Flexibilisierung von Arbeitszeit und -ort:

Die Bedeutung von Freiheitsgraden und Spielräumen bei der Arbeit wird vermutlich noch zunehmen. Flexibilität von Arbeitszeit und -ort spielen daher

---

48 Zit. nach Neuberger/Kompa 1987, S. 59
49 Vgl. auch Kapitel D IV. Laterale Kooperation als Selbststeuerungs- und Führungsaufgabe

- **Erweiterung der Arbeitsinhalte** durch Integration sog. Sekundärfunktionen (wie z. B. Qualitätsprüfung, Logistik oder Instandhaltung) in die Fertigungsaufgabe.
- **Abflachung von Hierarchien** bei gleichzeitiger Verlagerung von Verantwortung nach unten.
- **Einführung von Gruppenarbeit:** 8 bis 12 Mitarbeiter arbeiten an einer abgeschlossenen Gruppenaufgabe mit einem gemeinsamen Ziel. Hierbei übernimmt die Gruppe definierte Verantwortung und arbeitet selbstständig innerhalb des vereinbarten Rahmens. Die Gruppenmitglieder wechseln systematisch die Aufgaben.
- **Einrichtung von Gruppensprechern:** Der Gruppensprecher koordiniert die Gruppenaktivitäten und moderiert die Gruppengespräche. Dafür ist er teilweise von seinen Aufgaben als Gruppenmitglied freigestellt. Der Gruppensprecher kann durch freie, geheime Wahl durch die Gruppe festgelegt oder durch den Vorgesetzten ernannt werden.
- **Einführung von Gruppengesprächen:** Das in regelmäßigen Abständen stattfindende Gruppengespräch dient zur ständigen Verbesserung von Arbeitsbedingungen und -abläufen sowie der Selbststeuerung und internen Kooperation der Gruppe.
- **Etablierung eines kontinuierlichen Verbesserungsprozesses (KVP)** zur dauerhaften Produktivitätsverbesserung. Der KVP ist ein wichtiger Teil der Gruppengepräche. Es werden ausdrücklich alle Mitarbeiter bei der Verbesserung von Arbeitsplätzen, -abläufen und -umfeld sowie von Produkten einbezogen. Durch die Gruppe realisierte Verbesserungen werden gezielt honoriert.
- **Erarbeitung von Zielvereinbarungen** in Form einfacher und klarer Kennzahlen für die und mit der Gruppe.
- **Entwicklung eines leistungsorientierten Entgeltsystems** mit gruppenbezogenen Bewertungs- und Vergütungselementen.
- **Qualifizierung aller Beteiligten** für die neuen Anforderungen.

Abb. 15: Schwerpunkte des Projektes »Neue Arbeitsstrukturen« der BMW AG[50]

eine große Rolle. Deshalb sind auch Führungskräften vermehrt Möglichkeiten zu unkonventioneller Arbeitszeitgestaltung (z. B. Teilzeitarbeit, Job Sharing, Sabbaticals, Lebensarbeitszeit etc.) zu eröffnen, insbesondere weiblichen in der Familienphase.[51] Moderne Kommunikationstechnologien wie Inter- und Intranet, e-mail, Mobiltelefon können dabei unterstützen.

Strategie

Unter dem Begriff »Strategie« verstehen wir die systematische Verknüpfung wertfundierter Ziele mit dafür geeigneten Maßnahmen. Aus Unternehmenswerten (z. B. Selbstverantwortung) werden führungs- und personalpolitische Ziele (z. B. Schaffung persönlicher Freiräume) abgeleitet. Die Strategie legt nun Wege zur Zielerreichung (z. B. delegative Führung) und geeignete Instrumente (z. B. MbO-Konzepte) fest.

Im Zuge des gesellschaftlichen Wertewandels gilt es, Ziele sowie Instrumente und Maßnahmen auf ihre Verträglichkeit mit den neuen Werten zu überprüfen und

---

50 Vgl. Bihl 1995, S. 102f.
51 Vgl. Wunderer/Dick 1997

187

im Bedarfsfall zu modifizieren bzw. neu zu gestalten. Dies wird anhand ausgewählter Personalfunktionen verdeutlicht:

● **Personalentwicklung:**

Personalentwicklung ist mehrfach gefordert. So muss sie die – im Kontext des gesellschaftlichen Wertewandels veränderten – Unternehmenswerte den Mitarbeitern nahebringen. Dies kann im Rahmen eines »Kulturtrainings« – wie es die Hilti AG betreibt[52] – geschehen. Da die Qualifikationen der Mitarbeiter längst nicht immer den veränderten Präferenzen und Ansprüchen an die Arbeit entsprechen, muss das Unternehmen die für eine Realisierung der neuen Werte notwendigen Kompetenzen entsprechend regeln. Abb. 16 zeigt beispielhaft wie die Personalentwicklung hier helfen kann.

Wert	Unterstützungsleistungen
Selbst-bestimmung	● Möglichkeit zur Erprobung verschiedener Einsatzbereiche (Job Rotation) ● systematisches Feedback in den einzelnen Einsatzstationen ● Assessment Center als zusätzliche Basis für Beratung ● eigenständige Laufbahnplanung durch den Mitarbeiter ● Entwicklung der für die Laufbahn nötigen Kompetenzen
Kreativität	● Vermittlung von Problemsensibilität, gedanklicher Risikobereitschaft und Kontrollfähigkeit mit Hilfe von Kreativitätstechniken ● Motivation, neue Wege zu gehen ● Stärkung der Selbstsicherheit/Training im Umgang mit Kritik
Sinngebung	● mit Widersprüchlichkeiten zu leben und ihnen Sinn zu geben als Lernziel ● für Führungs(-nachwuchs-)kräfte: Entwicklung der Fähigkeit, Sinn zu vermitteln, symbolisches Management zu betreiben
Balance zwischen Arbeit und Freizeit	● Entwicklung von Rollenkonzepten, die eine Entfaltung in mehreren Lebensbereichen erlauben ● Schaffung von Akzeptanz für eine Work-Life-Balance bei Führungskräften

Abb. 16: Neue Werte und Personalentwicklungsbedarf[53]

● **Honorierung:**

Wenngleich im Zuge des Wertewandels immaterielle Anreize in den Vordergrund gerückt sind, wurden materielle Aspekte keineswegs unwichtig. Sie sichern erst den Lebensstandard und schaffen so die Voraussetzungen für das Ausleben hedonistischer Neigungen. Bedeutsamer wird heute eine auch lei-

---

52 Vgl. Mayer 1998 sowie Kapitel C II. Unternehmens-, Führungs- und Kooperationskultur als Gestaltungskomponente
53 Vgl. v. Rosenstiel 1991, S. 117ff.

stungsbezogene Entgeltdifferenzierung. Diese basiert auf gängigen Gerechtig-keitsvorstellungen und trägt zur Aufrechterhaltung und Förderung der Lei-stungsmotivation bei. Durch eine Unterteilung des Begriffsverständnisses von »Leistung« in Einzel- und Gruppenleistung kann dabei neuen Arbeitsformen (z. B. teilautonomer Gruppenarbeit) Rechnung getragen und allzu individua-listischen Bestrebungen (»Einzelkämpfertum«, »Ellenbogenmentalität«, »Ich-AG«) entgegengewirkt werden.

- **Personaleinsatz:**

    Arbeit, so wurde belegt, soll Spaß machen und Sinn ergeben. Was als interes-sant und sinnvoll erlebt wird, differenziert aber nach den persönlichen Präfe-renzen der Arbeitnehmer. Insofern sind bei Personalauswahl- und -einsatzent-scheidungen neben der Eignung (Vermeidung von Über- und Unterforderung) in vermehrtem Maße die wertebasierten Neigungen der Kandidaten zu be-rücksichtigen.

    Da auch die Sozialbeziehungen am Arbeitsplatz die ⇒ *Arbeitszufriedenheit* be-einflussen, sollte bei der Gruppenbildung besonders auf die Vereinbarkeit der verschiedenen Charaktere geachtet werden.[54] Wenngleich Werte- und Einstel-lungspluralität innerhalb einer Gruppe durchaus bereichernd wirken, sollten konfliktfördernde Extreme im Interesse der Arbeitsfreude und -produktivität aller Beteiligten vermieden bzw. für Toleranz und Akzeptanz gesorgt werden.

Personalstruktur

Da Menschen die zentralen Kulturträger sind, hat die Personalstruktur im gege-benen Kontext eine herausragende Bedeutung. Von ihr hängt es – neben den Vorgaben durch Firmengründer, Unternehmensleitung und herausragenden Führungspersönlichkeiten – in entscheidendem Maße ab, welche Werte im Unter-nehmen – gerade auch auf unteren Hierarchieebenen – dominieren. Nach den vorliegenden Erkenntnissen spielt hierbei die Altersstruktur eine besondere Rolle. Da die jüngere Generation Träger und Promotor des Wertewandels ist, verändern sich die vorherrschenden Wertorientierungen mit der Altersstruktur der Beleg-schaft. Natürlich lassen sich keine Patentrezepte zur optimalen Werteverteilung ausstellen. Geht man jedoch mit Opaschowski davon aus, dass klassische Arbeits-tugenden, wie Fleiß oder Pflichterfüllung zwar an Bedeutung verloren haben, in der Arbeitswelt aber unverzichtbar bleiben, so scheint eine ausgewogene »Mi-schung« zwischen den Generationen wünschenswert. Sie sorgt nicht nur für eine Balance zwischen alten und neuen Arbeitstugenden, sondern ermöglicht auch **Austausch- und Lernprozesse zwischen den Generationen.**

Da Werte bereits frühzeitig erworben werden und später nur noch begrenzt und dazu meist nur mittelfristig veränderbar sind,[55] ist die Personalgewinnung und -auswahl der zentrale Ansatzpunkt zur Gestaltung der Personalstruktur. So sind

---

54 Vgl. Kapitel D IV. Laterale Kooperation als Selbststeuerungs- und Führungsaufgabe
55 Vgl. Inglehart 1998

bei der Personalakquisition (z. B. in Stellenanzeigen) und -auswahl (z. B. Auswahl-interviews oder Assessment Center) neben der Qualifikation gezielt gewünschte Werthaltungen und Einstellungen anzusprechen. Dies gilt in verstärktem Maße für die Auswahl von Führungskräften, die eine herausragende Rolle bei der Pflege und Vermittlung von Werten spielen.

4.2 Interaktive werteorientierte Führung

C
Werte-
orien-
tierte
Führung

Werteorientierung im Rahmen der direkten (interaktiven) Führungsbeziehung meint z. B.: **Werteveränderung, Angleichung des Führungsverhaltens an veränderte Werte** und entsprechende **Qualifizierung der Mitarbeiter**.

Werteveränderung

Werte lassen sich bei Erwachsenen nur schwer verändern. Dennoch können Führungskräfte in erheblichen Maße dazu beitragen, internalisierte Werte zu hinterfragen und gegebenenfalls zu modifizieren, zumindest aber für Toleranz und Akzeptanz anderer Wertemuster zu sorgen und somit die Koexistenz verschiedener Werte zu fördern. Sie können durch ihr Vorbild oder die Kommentierung bestimmter Aussagen oder Handlungen beeinflussen, belohnen oder sanktionieren. Dadurch lassen sich extreme Haltungen abmildern oder unrealistische Erwartungen und Ansprüche – z. B. bei Nachwuchskräften – korrigieren. Umgekehrt können aber auch junge Führungskräfte älteren Mitarbeitern zu neuen Erfahrungen und Einsichten verhelfen, z. B. indem sie instrumentelle Umsetzungen von Pflicht- und Akzeptanzwerten – wie etwa Zeiterfassungssysteme – relativieren oder größere Mitsprache- und Mitgestaltungsmöglichkeiten einräumen.

Da eine Vereinheitlichung der Werte aber weder möglich noch wünschenswert ist, haben Vorgesetzte weiterhin dafür zu sorgen, dass innerhalb ihrer Arbeitsgruppe verschiedene Wertorientierungen (z. B. von älteren und jüngeren oder von ausländischen und inländischen Mitarbeitern) nebeneinander bestehen können.

Angleichung des eigenen Führungsverhaltens

Vorgesetzte sollen nicht nur Werthaltungen ihrer Mitarbeiter beeinflussen; sie müssen auch ihre eigenen Werte und daraus resultierenden Verhaltensweisen überprüfen und korrigieren können. So lässt sich autoritäres Führungsverhalten nicht mit aktuellen Werten wie Selbstbestimmung, Eigenständigkeit und Individualität vereinbaren. Gefragt sind vielmehr kooperativ-delegative Führungsformen, die Partizipationschancen und Freiräume eröffnen. Selbst wenn sich eine Führungskraft nicht mit neueren Werteentwicklungen identifizieren kann und bestimmte Anforderungen – wie Work-Life-Balance – selbst nicht für sich beanspruchen will, ist sie gefordert, entsprechende Erwartungen bei ihren Mitarbeitern zu akzeptieren und ihnen – z. B. durch eine Verringerung der Präsenzzeiten oder durch Genehmigung von Heim- und Wochenendarbeit – möglichst Rechnung zu tragen. Entscheidender Faktor ist hier der (auch kulturelle) Wandel von der Zeit- zur Ergebnisorientierung.

Qualifizierung der Mitarbeiter

Nicht alle Arbeitnehmer haben die notwendigen Kompetenzen, um zeitgemäße Werte wie etwa Individualität oder Selbstverwirklichung in ihrer Arbeit realisieren zu können. Hier ist nicht nur die Personalentwicklungsabteilung, sondern v. a. auch der Vorgesetzte gefordert, dem Mitarbeiter zu einer realistischen Einschätzung seiner Stärken und Schwächen zu verhelfen, gemeinsam mit ihm Entwicklungsziele und -schritte zu planen und den Entwicklungsprozess unterstützend zu begleiten.

4.3 Förderung des Mitunternehmertums im Rahmen werteorientierter Führung

Die Verbindung von »neuen« und »alten« Arbeitstugenden ermöglicht erst mitunternehmerisches Verhalten. Deshalb kann diesem in der Wertsteuerung besonders anspruchsvollen Konzept nur über eine integrierte Förderung Rechnung getragen werden. Dies kann u.a. über eine entsprechende Zusammensetzung von Arbeitsteams realisiert werden.[56] Weiterhin ist bei der werteorientierten Auswahl, Entwicklung und Führung den grundlegenden Orientierungen (Skripten) und Identifikationsdispositionen[57] besondere Aufmerksamkeit zu schenken.

5 Fragen zur Selbstüberprüfung

1. Diskutieren Sie je zwei ausgewählte strukturelle und interaktive Gestaltungselemente einer wertorientierten Führung.

2. Erörtern Sie die Verträglichkeit aktueller Werte mit dem Konzept Mitunternehmertum anhand von zwei konkreten Beispielen.

3. Worin liegen die Grenzen einer werteorientierten Führung?

4. Zeigen Sie auf, mit welchen Maßnahmen und Instrumenten die Führung zu einer Harmonisierung der Werte »Leistung« und »Lebensgenuss« beitragen kann.

5. Eine Unternehmung hat die Werte »Delegation« und »Individualität« in ihren Leitsätzen verankert. Diskutieren Sie, wie diese Werte im Rahmen der strukturellen Führung umgesetzt werden können.

---

56 Vgl. Kapitel D IV. Laterale Kooperation als Selbststeuerungs- und Führungsaufgabe
57 Vgl. Kapitel C III. Identifikation, Motivierung und Remotivierung im Rahmen werteorientierter Führung

II. Unternehmens-, Führungs- und Kooperationskultur als Gestaltungskomponente

Inhalt

Wird Unternehmenskultur unter dem Führungs- und Kooperationsaspekt betrachtet, so kommt ihr die Rolle einer »unsichtbaren Führungskraft« zu, die das Verhalten der Organisationsmitglieder auf indirekte Weise als zentrale Einflussgröße struktureller Führung, steuert. Ihre Bedeutung wird in diesem Kapitel nach einer begrifflichen Grundlegung aufgezeigt. Dann werden Entstehung, Ausdrucksformen und Funktionen der Unternehmenskultur skizziert und Ansatzpunkte zur Kulturanalyse diskutiert. Abschließend werden unterschiedliche Auffassungen zur Kulturgestaltung und ein Praxisbeispiel behandelt sowie Folgerungen für die Förderung des Mitunternehmertums skizziert.

Gliederung

1 Definition und Dimensionen der Unternehmenskultur
2 Wandel im Führungsverständnis – die Unternehmenskultur als strategisches Erfolgspotential
3 Entstehung, Ausdrucksformen und Funktionen der Unternehmenskultur
4 Kulturanalyse
5 Kulturgestaltung
6 Folgerungen für die Förderung des Mitunternehmertums
7 Fragen zur Selbstüberprüfung

Verweise

Kapitel A IV.   Führungstheorien
Kapitel B I.   Mitarbeiter als Mitunternehmer – ein Transformationskonzept
Kapitel C I.   Wertewandel und Führung
Kapitel E I.   Führungs- und Kooperationsgrundsätze
Kapitel E V.   Führungs- und Kooperations-Controlling im Kontext des Personal-Controllings

1 Definition und Dimensionen der Unternehmenskultur

Im Rahmen einer werteorientierten Unternehmensgestaltung kommt der Unternehmenskultur eine integrierende Funktion zu. Aus der Vielzahl von Definitionsversuchen zum Begriff der »Unternehmenskultur« werden exemplarisch drei herausgegriffen:

Definitionen

● Die Unternehmenskultur umfasst die Gesamtheit der in einem Unternehmen tradierten, wandelbaren, zeitspezifischen, jedoch auch **über ⇒ *Symbole* und ⇒ *Artefakte* erfahrbaren Wertvorstellungen, Denkhaltungen und ⇒ *Normen***, die das Denken und Verhalten von Mitarbeitern aller Stufen sowie das Erscheinungsbild des Unternehmens prägen.[1]

● Unter der Bezeichnung »Unternehmungskultur« werden allgemein die **kognitiv entwickelten Fähigkeiten** einer Unternehmung sowie die **affektiv geprägten Einstellungen** ihrer Mitarbeiter zur Aufgabe, zum Produkt, zu den Kollegen, zur Führung und zur Unternehmung in ihrer Formung von Perzeptionen (Wahrnehmungen) und Präferenzen (Vorlieben) gegenüber Ereignissen und Entwicklungen verstanden.[2]

● Den Kern der Unternehmenskultur bilden die **gemeinsam geteilten und gelebten Werthaltungen** einer Organisation.[3]

Die Unternehmenskultur wird also geprägt durch die **Werthaltungen, Wahrnehmens- und Verhaltensmuster, die Gebräuche und Umgangsformen** der Organisationsmitglieder. Sie beeinflusst die strukturelle, funktionale und instrumentelle Gestaltung des Unternehmens. Sie wird um so überzeugender gelebt, je mehr das gesamte Führungssystem des Unternehmens diese Werte reproduziert. Diese Werte prägen auch das Problemlösungsverhalten der Menschen und die Problemlösungsergebnisse im jeweiligen Sozialgebilde. Somit wird unter anderem auch der Erfolg der Unternehmung von der jeweiligen Unternehmenskultur beeinflusst.[4]

Sackmann hat anhand zahlreicher Definitionen zur Unternehmenskultur die maßgeblichen Dimensionen (⇒ *Normen*, Richtlinien, Regeln, Standards) unter Berücksichtigung des Zeitfaktors um einen Kulturkern geordnet (vgl. dazu Abb. 1).[5] Danach entsteht mit steigender Existenzdauer und zunehmender Erfahrung eines Unternehmens ein immer größeres Netzwerk – bestehend aus ideel-

---

1 Vgl. Pümpin et al. 1985; Heinen/Dill 1990
2 Bleicher 1986b, S. 99
3 Vgl. Sathe 1985
4 Rühli 1994, S. 339
5 Vgl. Sackmann 1983

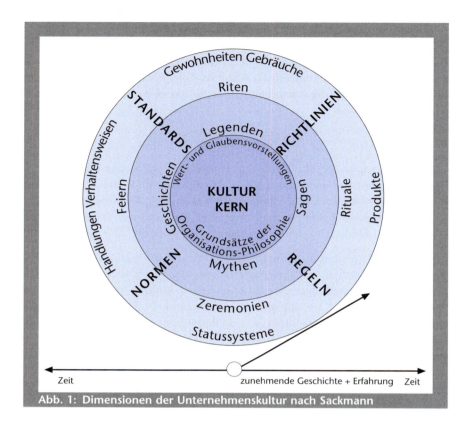

Abb. 1: Dimensionen der Unternehmenskultur nach Sackmann

lem und materiellem Kulturgut – um diesen Kulturkern. Je näher Elemente dieses Netzes den Kulturkern betreffen, desto größer ist ihr Stellenwert für die Kulturprägung.

2 Wandel im Führungsverständnis –
die Unternehmenskultur als strategisches Erfolgspotential

In den 60er Jahren herrschten Gestaltungsansätze vor, die organisationale Abläufe über »**Allgemeine Führungsanweisungen**«, unterstützt durch Stellenbeschreibungen und Richtlinien (z. B. im sogenannten ⇒ *Harzburger Modell*[6]), steuern.

In den 70er Jahren wurden zum gleichen Zweck auf breiter Ebene **Führungsleitbilder und -leitsätze**[7] partizipativ entwickelt und zunehmend auf die Verhaltensebene ausgerichtet. Nachfolgend werden einige Beispiele dazu gezeigt (vgl. Abb. 2)

---

6 Vgl. Höhn 1966
7 Vgl. Wunderer/Klimecki 1990 sowie Kapitel E I. Führungs- und Kooperationsgrundsätze

II
Unterneh-
mens-,
Führungs-
und
Koope-
rations-
kultur

Aus den Führungsgrundsätzen der Bell AG

Führen Sie, wie es Ihnen richtig erscheint, aber:

- Führen Sie!
- Lösen Sie die Aufgaben in Ihrem Aufgabenbereich selbst (nicht nach oben delegieren)!
- Ihre Führung muss Erfolg haben, auch morgen.
- Den Erfolg erreichen Sie aber nur zusammen mit Ihren Mitarbeitern

Leitsätze für Hilti-Mitarbeiter

- In seiner Arbeit denkt der Mitarbeiter zuerst an unsere Kunden, in zweiter Linie ans Unternehmen und dann an sich.
- Eine Leistung soll so erbracht werden, wie man sie auch vom Empfänger erwarten würde.
- Unser Denken und Handeln richtet sich stets nach einem optimalen Verhältnis von Kosten und Nutzen.
- Durch Innovationen in allen Belangen kann jeder Mitarbeiter schon heute das Morgen mitgestalten.
- Das Unternehmen kann nur dann erfolgreich sein, wenn auch seine Mitarbeiter erfolgreich sind.

Abb. 2: Führungs- und Verhaltensleitsätze

In den 80er Jahren rückte die »**charismatische Führung**«[8] als primäres Steuerungsmedium in den Vordergrund. Die Umsetzung scheiterte am zu geringen Potential an charismatischen Managern. Auch sie unterliegen dem Gesetz der ⇒ *Normalverteilung*. Deshalb erhielten Publikationen zur Unternehmenskultur im Laufe der 80er Jahre in der Betriebswirtschafts- und Managementlehre einen zentralen Stellenwert, der sich auch in **Schlagworten**, wie ⇒ »*Corporate Identity*« ⇒ »*Vision*« bzw. ⇒ »*Mission*« zeigte. Nun sollte die **Organisations- und Führungskultur charismatisch beeinflussen** – auch ohne genügend Vorbilder. Ausgelöst wurde diese Diskussion von Unternehmensberatungen, die nach den zentralen Merkmalen erfolgreicher Firmen suchten.[9] Die gemeinsam geteilten Werthaltungen wurden dabei als erfolgskritischer Wettbewerbsfaktor einer »weichen« Steuerung von Organisationen und Personen erkannt.[10] Dies war auch eine Reaktion auf vorausgegangene technokratische, auf quantitative ⇒ *Managementtechniken* ausgerichtete ⇒ *Führungsphilosophien*. Zahlreiche Veröffentlichungen aus dieser Zeit wurden zu »Kultbüchern« für erfolgreiches Management: »In Search of Excellence«,[11] »Theorie Z«,[12] »Corporate Cultures«[13] und »The Art of Japanese Management«.[14]

Der kulturelle Wertewandel zeigte sich auch in veränderten Werthaltungen bzw. Wertprioritäten der Mitarbeiter und verlangte nach einer Unternehmensführung,

---

8 Vgl. House 1987
9 Vgl. Peters/Waterman 1982
10 Vgl. Pascale/Athos 1981
11 Vgl. Peters/Waterman 1982
12 Vgl. Ouchi 1981
13 Vgl. Deal/Kennedy 1987
14 Vgl. Pascale/Athos 1981

die Sinn machen und vermitteln konnte. Die **Sinnvermittlung**[15] über gemeinsam geteilte Werte wurde als werteorientierte Führungsdimension bezeichnet und als Grundlage der Mitarbeitermotivation und -identifikation betrachtet.[16] Diese **weichen Faktoren** der Unternehmens- und Verhaltenssteuerung unterscheiden sich von den **harten Strukturelementen**, weil sie

- kurzfristig schwer von Konkurrenten imitierbar sind
- quantitativ nur ordinal erfasst werden können
- technisch nicht »machbar« sind
- rational nicht restlos erklärbar sind und
- länder- und unternehmensspezifische Eigenheiten aufweisen.[17]

Nach einer Prognose von Personalexperten aus 23 schweizerischen Großunternehmen werden die weichen Formen der strukturellen Führung in Zukunft noch erheblich an Bedeutung gewinnen.[18] Demnach werden sie im Jahr 2010 an erster Stelle vor interaktiver sowie vor den harten Faktoren struktureller Führung rangieren (vgl. Abb. 3).

	Mittelwerte Heute	Mittelwerte 2010
Weiche Faktoren der strukturellen Führung (Führungsphilosophie, Führungskultur)	2.8	3.8
Interaktive bzw. direkte Führung	3.6	3.7
Harte Faktoren der strukturellen Führung (Unternehmens-/Betriebsverfassung, Führungsorganisation, Führungsrichtlinien, Führungsordnung)	3.6	3.1

Abb. 3: Heutige und zukünftige Bedeutung der verschiedenen Führungsdimensionen

3 Entstehung, Ausdrucksformen und Funktionen der Unternehmenskultur

3.1 Entstehung

Unternehmenskultur »entsteht vor dem Hintergrund gemeinsamer Problemlagen und Erfahrungen in der sozialen Interaktion der Gruppenmitglieder als Ergebnis sozialer Lernprozesse«[19]. Nach Ebers werden die spezifischen Inhalte der Unternehmenskultur durch das Zusammenspiel dreier Bereiche bestimmt:

---

15 Vgl. Hartfelder 1984
16 Vgl. Peters/Waterman 1982
17 Neuberger/Kompa 1994, S. 11
18 Vgl. Wunderer/Dick 2000 (Legende: 1 = sehr geringe Bedeutung; 5 = sehr große Bedeutung)
19 Ebers 1995, Sp. 1668

196

- **Umwelteinflüsse:** Unternehmenskulturen werden auf verschiedene Weise von Umweltfaktoren – und zwar insbesondere durch landeskulturelle Charakteristika[20] – geprägt: »Zum einen werden gesellschaftliche Orientierungs- und Verhaltensmuster über die Organisationsmitglieder unmittelbar personal in Organisationen hineingetragen. Zum zweiten machen Organisationsmitglieder, um Unsicherheit zu bewältigen, für ihre Organisationskultur Anleihen bei ihrer gesellschaftlich kulturellen Umwelt (…). Schließlich können Organisationsmitglieder drittens auch aus bestimmten Interessen solche kulturellen Werte und Verhaltensweisen zeigen, die in ihrer relevanten Umwelt positiv sanktioniert werden (…).«[21]

Als Beispiel für Einflüsse aus der Unternehmensumwelt zeigt Abb. 4 zentrale Elemente der deutschschweizerischen Landeskultur.[22] Hierbei wird das Konstrukt »Landeskultur« in zweifacher Weise operationalisiert: einmal als Werte (Soll) und ein zweites Mal als Praktiken (Ist). Die Ergebnisse zeigen deutlich, dass Werte sich nicht zwangsläufig oder unmittelbar in Verhaltensweisen und Verfahren niederschlagen.

- **Individuelle Einflüsse:** Dazu zählen insbesondere die Prägungen durch Führungspersönlichkeiten, wie Firmengründer, Eigentümer oder sonstige Führungskräfte. Da die Organisationsmitglieder bereits vor Eintritt in die Organisation zentrale Werthaltungen und Verhaltensmuster erworben haben, ist die Größe des Führungseinflusses in Fachkreisen allerdings umstritten. Nach den Befunden von Hofstede et al.[23] wird die Unternehmenskultur daneben in hohem Maße von der demographischen Zusammensetzung der Belegschaft bestimmt. Hierbei spielen u. a. Ausbildung, Alter, Geschlecht und Seniorität der Beschäftigten eine zentrale Rolle.

- **Organisatorische Einflüsse:** Verschiedene Merkmale der Unternehmensstruktur beeinflussen aufgrund ihrer verhaltenssteuernden Wirkungen die Unternehmenskultur. Empirisch belegt ist insbesondere der Einfluss der Eigentumsverhältnisse, der Organisationsgröße, des Spezialisierungs-, Formalisierungs- und Zentralisierungsgrades sowie der Länge des Planungshorizontes.[24]

---

20 Vgl. Hofstede et al. 1990; Weibler/Wunderer 2000
21 Ebers 1995, Sp. 1673
22 Diese Befunde sind ein Teilergebnis des mehrjährigen, quantitativ und qualitativ ausgerichteten, internationalen Forschungsprojektes GLOBE (»The Global Leadership and Organizational Behavior Effectiveness Research Program«), an dem insgesamt über 60 Nationen teilnehmen und unser Institut als Landesvertreter Schweiz fungiert; vgl. ausführlicher Weibler/Wunderer 1997; Weibler 1999; Weibler/Wunderer 2000
23 Vgl. Hofstede et al. 1990
24 Vgl. Hofstede et al. 1990; Zammuto/Krakower 1991

Landeskulturdimension	Soll (Werte)	Ist (Praktiken)
Machtdistanz: Das Ausmaß, in dem die Gesellschaft die Ungleichheit ihrer Mitglieder hinsichtlich Macht, Prestige und Status absichert	niedrig	mittel-hoch
Unsicherheitsvermeidung: Das Ausmaß, in dem die Gesellschaft Unsicherheit durch soziale Interventionen wie Regeln, Vorschriften etc. reduziert	mittel-niedrig	hoch
Kollektivismus: 1. Das Ausmaß, in dem die Gesellschaft kollektives Verhalten ermutigt und belohnt 2. Das Ausmaß, in dem die Gesellschaft die Identifikation mit Familie und Gesellschaft und die Loyalität ihnen gegenüber fördert	mittel-hoch	mittel
Geschlechtergleichstellung: Das Ausmaß, in dem die Gesellschaft Maskulinität bzw. Feminität betont und fördert	mittel-hoch	mittel-niedrig
Bestimmtheit: Das Ausmaß, in dem die Gesellschaft Aggressivität, Durchsetzungsfähigkeit und Dominanz fördert	mittel	mittel
Humanorientierung: Das Ausmaß, in dem die Gesellschaft ihre Mitglieder ermutigt und belohnt, ein faires, altruistisches, durch Sorge um andere geprägtes Verhalten fördert	hoch	mittel
Zukunftsorientierung: Das Ausmaß, in dem die Gesellschaft ein nach vorne gerichtetes Verhalten ermutigt und belohnt	mittel-hoch	mittel-hoch
Leistungsorientierung: Das Ausmaß, in dem eine Gesellschaft ihre Mitglieder zu Verbesserungen und exzellenten Leistungen ermutigt und sie entsprechend belohnt	hoch	mittel-hoch
Befragt wurden 321 mittlere Manager aus 19 Organisationen dreier Branchen: Finanzdienstleistungen, Telekommunikation und verarbeitende Nahrungsmittelindustrie		

Abb. 4: Ausprägung der deutschschweizerischen Landeskultur[25]

3.2 Ausdrucksformen bzw. Gestaltungselemente und Funktionen

3.2.1 Überblick

Die Ausdrucksformen respektive Gestaltungselemente der Unternehmenskultur können wie folgt nach **kommunikations-, handlungs- sowie objektbezogenen Typen** gruppiert werden. Abb. 5 zeigt entsprechende Beispiele.

Die indirekte werteorientierte Führung über gemeinsam geteilte und gelebte Werthaltungen, verbindende Gebräuche, Rituale, Leitbilder, ⇒ *Symbole* und ⇒ *Nor-*

---

25 Nach Weibler 1999, S. 116

Kommunikationsorientierte Ausdrucksformen:

- Mythen
- Stories
- Slogans
- Witze
- Glaubenssätze
- Sprachmuster/-regelungen (z. B. Anglizismen, Abkürzungen, Fachtermini, Insiderslang)

Handlungsorientierte Ausdrucksformen

- **Riten, Rituale, Zeremonien:**
  - Veröffentlichung von Beförderungen
  - Feiern von Jubiläen
  - Lehrlingsfreisprechung
  - Feiern bei Beförderungen, Gehaltserhöhungen, Übergang vom Tarif- zum AT-Angestellten, Einstand
  - Verabschiedung
  - Ernennung mit alten Titeln und Bekanntgabe in Werkszeitungen
  - Betriebsversammlungen
  - Bilanzerläuterungen
- **Symbolische Handlungen:**
  - Präsentation neuer Produkte mit dem gesamten Entwicklungsteam
  - Veröffentlichung von Interna am Schwarzen Brett und in Mitarbeiterzeitungen
  - Kaffeepausen zur informalen Abstimmung als Zeichen offener Kommunikation
  - Schulung von Führungskräften zum Kennenlernen von Personen und Aufgaben
  - Tragen von Namensschildern und Anrede mit Vornamen
  - Gemeinsames Essen und Diskussion mit dem Vorstand
  - Gebrauchte Briefumschläge auch an die Direktoren als Zeichen der Sparsamkeit
  - Mitarbeiterbefragungen als Symbol für Mitarbeiterorientierung
  - Geschäftsführertreffen mit Sitzordnung, Kamingesprächen und Besprechung der Unternehmenspolitik
  - Outplacement und Betreuung ehemaliger Mitarbeiter
- **Gemeinschaftsbildende Handlungen:**
  - Gemeinschaftsveranstaltungen wie Sportfeste
  - Ausflüge nach Projektabschluss
  - Betriebsausflüge
  - Feiern zum Abschluss des Geschäftsjahres zur emotionalen Identifizierung
  - Bonus-Weekend
  - Welcome-Parties
  - Firmen-Parties
  - Betriebsausflüge mit Spezial-Effekten zur Unterstützung des »Wir-Gefühls«
  - Firmen-Kleidung bei Sportveranstaltungen

Objektbezogene Ausdrucksformen:

- Statussymbole
- Architektur
- Leitsätze, Führungsgrundsätze
- Politiken (Unternehmens-, Personalpolitik)
- Strategische Leitideen für (mit-)unternehmerisches Handeln
- Unternehmens- und Arbeitsorganisation (Aufbau, Ablauf)
- Ausgestaltung der Führungssysteme
- Programme, Techniken, Instrumente
- Logo, Corporate Design, Webside, Briefpapier

Abb. 5: Ausdrucksformen bzw. Gestaltungselemente der Unternehmenskultur[26]

---

26 Vgl. Schein 1985; Pümpin et al. 1985; Neuberger/Kompa 1986, 1987; Bleicher 1992a; Thom 1992; Scholz 1993; Sattelberger 1995

- Sinnvermittlung, -verstärkung, -veränderung
- Undokumentierte strategische Grundorientierung als »Hinterkopf-Strategie« oder explizit in den Leitsätzen transparent formulierte Erwartungen
- Indirekte, informelle, weiche, qualitative Steuerung und Führung (Unternehmens-kultur als »unsichtbare Führungskraft«)
- Interpretation, Legitimation, Stabilisierung von Entscheidungen und Verhalten der Organisationsmitglieder
- Personalentwicklung, Verhaltensmodifikation (Unternehmenskultur als »unsicht-barer Mentor«)
- Selektion von Bezugsgruppen (Unternehmenskultur als »unsichtbarer Kooptateur«)
- Steuerung über Visionen und Missionen
- Zentrales Element über Selbststeuerung des Unternehmens

Abb. 6: Funktionen der Unternehmenskultur

men hat als strukturelle Führung neben der strategischen und organisatorischen Steuerung eine zentrale Funktionen (vgl. Abb. 6), insbesondere als »**unsichtbare Führungskraft**«. Darin zeigt sich ein wesentlicher Bedeutungswandel, insbesondere eine Distanzierung vom omnipotenten, sichtbaren und identifizierbaren Führungsvorbild und Hinwendung zur unsichtbaren und schwer zu charakterisierenden Führungskultur. »Werte und ⇒ *Normen* tragen das Verhalten der Mitglieder des sozialen Systems »Unternehmung«. Sie helfen, Informationen, Politiken, Strukturen, Systeme und Träger auszuwählen, und beeinflussen damit die Unternehmensentwicklung.«[27]

3.2.2 Ausgewählte Beispiele

Nun werden Ausdrucksformen der Unternehmenskultur, deren Botschaften und Wirkungsweisen anhand einiger Beispiele verdeutlicht.

Kommunikationsorientierte Ausdrucksformen

- **Geschichten, Anekdoten, ⇒ *Mythen* aus dem Firmenalltag (vgl. Abb. 7)**
  Neben solchen offiziell erwünschten und gerne erzählten Geschichten kursieren in Unternehmen auch Erzählungen, die von offizieller Seite ausgeblendet oder sogar unterdrückt werden, weil darin Schattenseiten der Unternehmung offengelegt werden, z. B.:

  – Bürokratismus
  – die Verschwendungssucht der Unternehmensleitung bei gleichzeitigen Sparappellen
  – unerschütterliches Festhalten an gescheiterten Projekten
  – Bürokratismus
  – Eitelkeit und Arroganz von Vorgesetzten und
  – Gelegenheiten, bei denen sich Vorgesetzte blamiert haben.

---

27 Bleicher 1992a, S. 147
28 Vgl. Neuberger 1990; Neuberger/Kompa 1994

II
Unterneh-
mens-,
Führungs-
und
Koope-
rations-
kultur

Der große Boss kennt und kann Drecksarbeit

Bei einem Streik reparierte der AT & T-Vorstandsvorsitzende eigenhändig Kundentele-
fone.

Botschaft: Unser Management ist fähig und volksnah. Die da oben kennen unsere Probleme, man kann mit ihnen reden.

Der Boss ist menschlich

Ein 3-M-Projektleiter hatte einen schweren und kostspieligen Fehler gemacht und ging
– gefasst aufs Schlimmste – zu seinem Chef, um ihm zu beichten. Dieser: »… schaute
mich eine Minute lang an und sagte dann: Moment mal … Ich habe Ihr Projekt be-
fürwortet und wenn es einen Fehler gibt, dann haben wir ihn zusammen gemacht.«

Botschaft: Vertusche keinen Fehler! Wenn Du alles versucht hast und ehrlich alle Tat-
sachen rechtzeitig auf den Tisch legst, passiert Dir nichts!

Die größten Schwierigkeiten lassen sich meistern

In fast allen Firmen gibt es Geschichten über Katastrophen, Engpässe, Streiks Zusam-
menbrüche etc. und wie es einzelnen oder Gruppen gelang, durch Mut, Kreativität,
Ausdauer, Zusammenhalt die Krise zu meistern.

Botschaft: Es war alles schon mal schlimmer und wir haben's doch geschafft. Es gibt
auch in ausweglosen Situationen eine Lösung. Wir können, wenn wir wollen!

Abb. 7: Firmengeschichten[29]

Auch solche Geschichten repräsentieren die Unternehmenskultur. Sie fungieren als Lebenshilfe oder Legitimationsgrundlage des eigenen Handelns und
enthalten z.B. Botschaften wie: »Lass dich nicht einschüchtern, die kochen
auch nur mit Wasser!«, »Andere haben sich auch getraut, etwas dagegen zu
unternehmen, versuch du es auch!« oder »Wenn »die da oben« sich so gemein
verhalten, dann kannst Du mit gutem Gewissen zurückzahlen (Zahlen frisie-
ren, blaumachen, was mitgehen lassen, Ausschuss produzieren, einen Kollegen
decken)«.[30]

- **Slogans, Mottos, Leitsätze:**

  Hierbei handelt es sich um griffige Schlagwörter, mit denen zentrale Werte des
  Unternehmens plakativ hervorgehoben werden. Diese sind zumeist an Kunden oder Öffentlichkeit gerichtet, verpflichten aber zugleich den Mitarbeiter
  zur Einlösung des öffentlich deklarierten Anspruchs. Ein gutes Beispiel für
  (mit-)unternehmerisches Gedankengut liefern die neuen Slogans von Mercedes-Benz (vgl. Abb. 8).

- **Sprachregelungen:**

  In vielen Unternehmen existieren bestimmte Sprachcodes, die bewusstseins-
  bildend und vereinheitlichend wirken sollen. Beispielsweise ist überliefert, dass

---

29 Nach Neuberger/Kompa 1986, S. 61 (gekürzt)
30 Neuberger/Kompa 1987, S. 106

»Genau dann, wenn man denkt, man hat alles erreicht, wird es Zeit, den nächsten Schritt zu tun.«

»Wer heute noch seine Querköpfe feuert, wird morgen von ihnen aufgekauft.«

»Wer ist der Firmengründer? Wer ist der Lehrling? Wen interessiert das schon?«

Abb. 8: Werbeslogans von Mercedes-Benz

bei Holiday Inn das Wort »Problem« verboten ist: Es heißt dort: Chance. Ebenso wird dort das Wort »Angestellter« durch »Angehöriger der Holiday-Inn-Mitarbeiterfamilie« ersetzt.[31] Die dahinterstehenden Botschaften lassen sich in etwa so übersetzen: »Krisen zeigen Verbesserungsmöglichkeiten auf« und »Wir sitzen alle im selben Boot«.

Zum Teil haben Sprachregelungen auch eine ablenkende oder verharmlosende Funktion: Wenn unangenehme Dinge (z. B. Fehlentscheidungen, Krisen, Korruption) tabuisiert oder geschönt werden, wenn z. B. Misserfolge oder Verluste als Minuswachstum, Erfolgsdefizit, Konsolidierungsphase oder Wachstumspause beschrieben werden.

● **Witze, Kalendersprüche, Graffities:**

Diese Sprachprodukte werden nicht von offizieller Seite propagiert, sondern sind Ausdruck von Sub- und Gegenkulturen, in denen offiziell proklamierte Werte karrikiert werden. Vielfach sind sie – gerade wenn bestimmte Themen gehäuft auftreten – ⇒ *Indikatoren* für Mängel und Widersprüche zwischen offiziellen und faktischen Werten, Einstellungen und Verhaltensweisen im Unternehmen. Auch entlasten sie im Arbeitsalltag. Abb. 9 zeigt, wie Beförderungstaktiken und Managementqualifikation sarkastisch hinterfragt werden.

● Der Präsident des Konzerns empfängt den jungen Angestellten und klopft ihm wohlwollend auf die Schulter. »Ich muss Ihnen sagen, junger Mann«, beginnt er leutselig, »dass Sie sich ausgezeichnet entwickeln. Vor drei Monaten sind Sie in unsere Firma eingetreten. Bereits einen Monat später wurden Sie zum Direktionsassistenten ernannt und heute habe ich die Ehre, Ihnen mitzuteilen, dass Sie in den Aufsichtsrat unserer Firma gewählt worden sind. Was haben Sie dazu zu sagen?« »Danke, Papa!«

● Was ist das Gemeinsame und der Unterschied zwischen unserer Firma und dem Eiffelturm? Bei beiden sitzen an den wichtigen Stellen Nieten; beim Eiffelturm sind die größten Nieten unten.

● »Sie wollen einen Posten in unserer Firma. Was können Sie denn?« »Nichts!« »Tut mir leid, die hochbezahlten Positionen sind alle schon besetzt.«

Abb. 9: Beförderungstaktiken und Managementqualifikation[32]

31 Zit. nach Neuberger/Kompa 1987, S. 122
32 Vgl. Neuberger/Kompa 1987; Neuberger 1988

Auch Bürosprüche, in denen offiziell vertretene Werte persifliert werden (vgl. Abb. 10), können auf Lücken zwischen Anspruch und Wirklichkeit verweisen.

offizieller Wert	Persiflage
Rationalität	Planung ist das methodische Vorgehen, ein zufälliges Ergebnis zu erreichen
Leistung	Schiebung macht den Meister. Hörig währt am längsten.
Integrität	Wer hier kein Schwein ist, wird schnell zur Sau gemacht.
Kostenbewusstsein	Wir müssen sparen, wo es geht. Koste es, was es wolle.
Selbstbestimmung	Hier kann jeder machen, was ich will.
Innovationsfreude/Kreativität	Wer wagt, spinnt.
Fairness	Was du nicht willst, dass man dir tu, das füg doch einfach andern zu.
Vertrauen	Die tun so, als ob sie uns bezahlen. Und wir tun so, als ob wir arbeiten würden.

Abb. 10: Bürosprüche als Ausdruck von Gegenkulturen[33]

Handlungsorientierte Ausdrucksformen

Die Unternehmenskultur zeigt sich weiterhin sehr deutlich in der Art und Weise, wie im Unternehmen gehandelt wird, welche Gebräuche und Traditionen gepflegt werden, wie Prozesse und Verfahren gestaltet sind. Nach Neuberger/Kompa haben selbst scheinbar rein rationale Prozeduren, wie z. B. Personalauswahl, Tarifverhandlungen mit Gewerkschaften oder Konferenzen neben der Lösung bestimmter Sachaufgaben (instrumentelle Funktion) noch weitere, sogenannte »expressive« Funktionen. Dazu zwei Beispiele in Abb. 11.

Instrumentelle Funktionen	Expressive Funktionen
Beispiel 1: Assessment Center	
verspricht Auswahl der bestgeeignetstenKandidaten	● betont zentrale Werte und Prinzipien ● signalisiert, dass es schwierig und ehrenvoll ist, aufgenommen zu werden ● attestiert dem eingestellten Bewerber Wertschätzung und fördert so sein Selbstvertrauen und seine Loyalität gegenüber dem Unternehmen ● vermittelt die Sicherheit, dass wertkonforme Personen aufgenommen werden ● verteilt Verantwortung im Auswahlprozess

---

33 Nach Neuberger/Kompa 1987

Beispiel 2: Konferenzen und Tagungen	
dienen der Wissensvermittlung und dem Erfahrungsaustausch	● unterstreichen Werte wie Kooperation, Teamwork, Sachlichkeit ● bieten Gelegenheit zur Status- und Machtdemonstration (Zutritt als Statusfaktor) ● können gemeinschaftsbildend wirken ● vermitteln das Gefühl von Aktivität, Tatkraft und Problembewusstsein ● bieten Möglichkeiten zur Selbstdarstellung ● erlauben in ritualisierten Wortgefechten die Errichtung/Bestätigung einer Dominanzordnung ● dienen – besonders als jour fixe – einer Strukturierung der Zeit

Abb. 11: Instrumentelle und expressive Aufgaben von Assessment Center oder Konferenzen[34]

Objektbezogene Ausdrucksformen

● **Unternehmensleitbilder:**

In den nachfolgenden zwei Ausschnitten aus Firmenleitbildern (vgl. Abb. 12) wird der Stellenwert der Mitarbeiter und des Gewinns explizit zum Ausdruck gebracht.

> »Als Unternehmer richten wir naturgemäß unser Denken auf den Gewinn. Trotzdem stehen die Menschen bei uns an erster Stelle. Unsere frühzeitige Betonung menschlicher Beziehungen entsprang nicht der Selbstlosigkeit, sondern der einfachen Überzeugung, dass es für ein Unternehmen einen Gewinn bedeutet, wenn man seine Mitarbeiter achtet und diesen Menschen hilft, sich selbst zu achten!« (Th. Watson, IBM)
>
> Wir speziell wollen das, was wir machen, gut machen … wenn es irgend geht, sogar der Beste zu sein auf seinem Gebiet. Ich halte gar nichts vom Geld als Ziel des Unternehmers. Die Amerikaner glauben ja, dass wir für den Profit leben. Das halte ich für Schwachsinn. Wir brauchen ein Ziel, das jeder Mitarbeiter einsehen kann, weil es seinem eigenen Wesen und Denken entspricht.« (ein Vorstandsvorsitzender der Bosch)

Abb. 12: Stellenwert von Mitarbeitern und Gewinn im Unternehmensleitbild[35]

● **Statussymbole:**

Statussymbole, wie Titel, Dienstwagen, Größe und Lage von Büros, Büroausstattung etc., spielen in der Unternehmenspraxis eine große Rolle. Sie erfüllen eine Reihe von Funktionen: Sie zeichnen aus, grenzen ab, motivieren, symbolisieren Rangordnungen und stiften Identität. Aufgrund dieses breiten

---

34 Nach Neuberger/Kompa 1987, S. 166ff.
35 Vgl. Watson 1964; Grünenberg/Bierich 1989
35 Vgl. Pümpin et al. 1985; Deal/Kennedy 1987

Wirkungsspektrums scheint es praktisch unmöglich, Statussymbole abzuschaffen. Das zeigten besonders intensive Versuche in China während der Kulturrevolution. Neuberger/Kompa postulieren daher, dass die Anzahl der Statussymbole immer gleich bleibt: »Werden sie in einem bestimmten Bereich offiziell abgeschafft, so sprießen in gleichem Umfang an anderen Stellen und auf andere Weise – für Insider aber unübersehbar – neue Differenzierungen (…)«.[36] Dass dabei die immaterielle Seite im Vordergrund steht, mag ein Beispiel aus der Versicherungsbranche belegen (vgl. Abb. 13).

»Über diese Schwelle der finanziellen Selbstzufriedenheit muss man sie durch immaterielle Reize hinweglocken, wie den bei Versicherungsgesellschaften immer noch beliebten ›Millionärsklub‹. Die Mitgliedschaft wird jenen Vertretern verliehen, die im Lebensversicherungs- und Leibrentengeschäft einen Jahresumsatz von mindestens einer Million Dollar erzielen. Ihre Namen kommen in goldenen Lettern auf eine Tafel im Chefbüro. Ihre Leistung wird auf goldenen Füllhaltern eingraviert, die ihnen überreicht werden. Ihr Photo wird in der Firmenzeitschrift veröffentlicht.«

Abb. 13: Statussymbole in der amerikanischen Versicherungswirtschaft[37]

Als Statussymbol kann praktisch alles fungieren, was knapp und begehrenswert ist. Deshalb ist die Abgrenzung zu Abzeichen, Emblemen, Logos etc. schwierig. Ojektivierungen können aber auch noch zusätzliche Werte, ⇒ *Normen* und Glaubenssätze symbolisieren.

● **Embleme, Abzeichen, Logos etc.:**

Dazu ein von Deal/Kennedy[38] überliefertes Beispiel für eine wirksame ⇒ *Metapher*: Mary Kay Ash, Inhaberin einer amerikanischen Kosmetikfirma, versucht ihre Verkäuferinnen mit ihrem eigenen Selbstvertrauen zu inspirieren, indem sie ihnen Anstecknadeln in Form einer Hummel verleiht. Dabei erklärt sie ihnen, dass Hummeln nach Auskunft von Aerodynamik-Ingenieuren eigentlich gar nicht fliegen können, weil sie zu schwer und ihre Flügel zu schwach seien, Hummeln dies aber nicht wüssten und einfach fliegen würden. Die dahinterstehende Botschaft: Jeder kann über sich hinauswachsen, wenn er nur genug Mut und Ausdauer hat.

Die wenigen Beispiele vermitteln bereits ein Bild von der Wirkungskraft der Unternehmenskultur als zentrale verhaltenssteuernde Einflussgröße einer strukturellen Führung.

---

36 Neuberger/Kompa 1987, S. 193
37 Page 1972, S. 179
38 Deal/Kennedy 1987
40 Deal/Kennedy 1987, S. 196
41 Bleicher 1992a, S. 169

4 Kulturanalyse

Unternehmens-, Führungs- und Kooperationskultur kann nicht direkt erfasst, sondern muss erschlossen werden. Hierzu werden beobachtbare Phänomene benötigt, von denen aus Aussagen über das Konstrukt »Kultur« möglich sind. Hofstede unterscheidet vier Strategien, die einen Zugang zur **Kulturanalyse** und -beschreibung ermöglichen (vgl. Abb. 14).

	provoziert	**natürlich**
Worte	Interviews Fragebögen Projektive Tests	Inhaltsanalyse von ● Reden ● Diskussionen ● Dokumenten
Taten	Laborexperimente Feldexperimente	Direkte Beobachtungen Nutzung verfügbaren deskriptiven Material

Abb. 14: Strategien zur Erfassung der Führungskultur[42]

Demnach können also Worte, beobachtbares Verhalten oder Verhaltensfolgen inklusive damit verbundene ⇒ *Artefakte* untersucht werden. Die entsprechenden Daten werden entweder unmittelbar für den Untersuchungszweck generiert (»provoziert«) oder liegen unabhängig von der konkreten Untersuchung bereits vor (»natürlich«). So können beispielsweise über Beobachtung von Verhaltensweisen (z. B. Kontrollverhalten von Führungskräften, Kooperation zwischen Kollegen) oder Interpretation von Dokumenten (z. B. Unternehmensgrundsätze) und anderen ⇒ *Artefakten* (z. B. Gebäude- und Raumgestaltung) Rückschlüsse auf die Unternehmens-, Führungs- und Kooperationskultur gezogen werden.

Es sollten mindestens zwei unterschiedliche forschungsmethodische Strategien zum Einsatz kommen. Dabei sollte möglichst sowohl die »provozierte« als auch die »natürliche« Datengewinnungsmethode angewandt werden, da hierdurch Messfehler reduziert werden können. Besonders bedeutsam ist dies bei Methoden, die auf Selbstbeschreibungen (wie Interviews oder schriftliche Befragungen) beruhen. Denn hier besteht besonders die Gefahr, dass eine »Beeinflussung des Messergebnisses durch Merkmale der Untersuchungssituation, speziell durch den Messvorgang selbst«[43], erfolgt. Sie sollten deshalb immer durch nicht-reaktive Verfahren (wie die Analyse von Dokumenten, Verfahren, Regelungen und Objekten) ergänzt werden.[44]

---

42 Nach Hofstede 1980, S. 17 (leicht modifiziert)
43 Kromrey 1994, S. 424
44 Vgl. ausführlicher Weibler/Wunderer 1997

5 Kulturgestaltung

5.1 Bestimmungsfaktoren der Kulturgestaltung

Inwieweit und in welcher Form in der Praxis gezielt an der Unternehmenskulturgestaltung gearbeitet wird und welche Rolle die Führungskraft dabei spielt, hängt insbesondere von zwei Faktoren ab: von der **Einschätzung der Beeinflussbarkeit** der Unternehmenskultur sowie vom **allgemeinen Organisations- und Führungsverständnis**. Idealtypisch lassen sich zwei Gestaltungsphilosophien (»machen« vs. »kultivieren«) und drei Organisations- und Führungskonzeptionen (»autokratisch-zentralistisch«, »kooperativ«, »delegativ-kooperativ«) unterscheiden, die zunächst einzeln skizziert und dann in ihrem Zusammenwirken dargestellt werden.

5.1.1 Zwei Gestaltungsphilosophien: Machen vs. kultivieren

Mit der Diskussion um die Unternehmenskultur wurde verstärkt die Frage behandelt, inwieweit man »**weiche Faktoren**« der Führung gezielt und bewusst gestalten (machen) oder nur bestehende Potentiale weiterentwickeln (kultivieren) könne.[545] Während man bei den »harten Faktoren« der Führung die bewusste Gestaltung als möglich, üblich und erfolgversprechend einschätzt, werden bei den »weichen Faktoren« meist Selbstentwicklungs- bzw. Selbstorganisationsaspekte betont. Eine mittel- bis langfristige Beeinflussung scheint möglich über positive oder konstruktive Interpretation, Verstärkung oder Sanktion, weniger über gezielte und kurzfristige Projekte und Richtlinien. Die Praxis geht hier häufig unbekümmert bis naiv vor. Dies zeigt sich v. a. in Aktivitäten der Kulturintegration bei Fusionen, v. a. im Management selbst. Hier kommt es dann meist zu einem Personalaustausch, zur Dominanz der »Siegerkultur« oder zu einem Misserfolg. Realistischer ist das Ziel, insbesondere Potentiale auszuschöpfen, zu fördern, zu erhalten und längerfristig zu kultivieren.

5.1.2 Organisations- und Führungsverständnis – drei verschiedene Ansätze

Mit der Dynamisierung und Globalisierung der Märkte, den technologischen Veränderungen sowie dem gesellschaftlichen Wandel und den damit verbundenen Änderungen in den Wertstrukturen der Mitarbeiter hat sich das Organisations- und Führungsverständnis geändert. Idealtypisch können drei Konzepte unterschieden werden:

● **autokratisch-zentralistisches Konzept:**

In der zentralistisch-autokratischen Variante definiert der Unternehmer bzw. Unternehmensleiter nach dem Konzept: »l'entreprise, c'est moi« die Unternehmenskultur in ihren wesentlichen Elementen und Ausprägungen. Er ist »Alleinautor« und zugleich Exeget der »Unternehmensreligion«. Diese Füh-

---

45 Vgl. Dachler/Dyllik 1988

rung entspricht einem patriarchalisch-autoritativen Führungskonzept, einem einseitigen Befehlsmodell. Unternehmer oder Unternehmensleitung sind Vormacher, Entscheider, Befehlsgeber, Kontrolleur und kybernetischer Regler in einem. Dieses Konzept erfordert Mitarbeiter, welche v. a. die klassischen Arbeitstugenden,[46] wie Unterordnung, Gehorsam, Pflichtgefühl, Pünktlichkeit, Exaktheit sowie Respekt, vor der formalen Autorität als Werthaltung internalisiert haben. Ansonsten können sie durch Sanktionen gezwungen werden, gegenläufige Werthaltungen im äußeren Verhalten nicht zu zeigen. Die Leitung erlässt ihre Vorstellungen in entsprechenden Richtlinien. Die »Untergebenen« haben diese strikten Vorgaben anzuwenden und zu verfestigen. Entsprechend ausgestaltet und implementiert sind denn auch die Führungsrichtlinien. Der Mitarbeiter wird wie ein deutscher Schäferhund auf Befehl und Gehorsam trainiert (»Bodo sitz«, »Bodo fass«), wobei drei autokratische »K« – nämlich Kommandieren, Kontrollieren und Korrigieren – die zentralen Führungsfunktionen kennzeichnen.

- **kooperatives Teamkonzept:**

Mit dem gesellschaftlichen Wertewandel und der zunehmenden Verbreitung humanistischen Gedankengutes in der Wirtschaft, die in den Forderungen nach Partizipation, ⇒ *Humanisierung* des Arbeitsplatzes und Emanzipation gipfelten und mit einer wesentlich gestiegenen Qualifikation der Mitarbeiter verbunden war, ergab sich ein neuer Schwerpunkt. Unter dem Leitbild der kooperativen Führung wird der Vorgesetzte zum »Primus inter Pares«, zum Kollegen des Mitarbeiters. Die Führungskultur wird vom Team gestaltet und geprägt. Als Tiermetapher eignet sich dafür das Husky-Gespann, bei dem Führer und Hunde gemeinsam das Ziel mit hoher Motivation anstreben. Die entsprechenden »3K« lauten: Kooperieren, Kommunizieren, Koordinieren.

- **delegativ-kooperatives Konzept:**

Es wird in der Praxis noch mehr gefordert als realisiert (Ausnahmen bilden z. B. High-Tech-Betriebe). Hier wird der Mitarbeiter als **Mitunternehmer** gefordert und gefördert. Der Vorgesetzte, der sich auf das Infrastrukturmanagement konzentriert, hat unter anderem die Verantwortung für eine optimale und motivierende Gestaltung und Interpretation der Arbeitssituation, während der Mitarbeiter innovative Leistungen mitentwickelt und umsetzt. Dieser Mitarbeitertyp ist v. a. ⇒ *intrinsisch* motivierbar und fühlt sich mehr der Aufgabe als einem Boss verpflichtet. Selbständigkeit, Selbstorganisation und ⇒ *Innovation*, sind zentrale Charakteristika dieses Ansatzes. Das Unabhängigkeitsstreben der Katze charakterisiert diese Grundhaltung treffend. Mit Bezug auf das kreative Verhalten ist die ⇒ *Metapher* des »gestiefelten Katers« noch treffender.[47] Dabei lauten die »3 K's«: Fordern, Fördern, Feedback geben.

---

46 Vgl. Kapitel C I. Wertewandel und Führung
47 Vgl. dazu den Exkurs in Kapitel C I. Wertewandel und Führung

Abb. 15 fasst die zentralen Aspekte der verschiedenen Ansätze in plakativen Schlagworten zusammen.

Ansatz / Dimension	autoritär-zentralistisches Konzept	kooperatives Teamkonzept	delegativ-kooperatives Konzept
Organisationsphilosophie	Palast	Dorf	Zelt
Führungsphilosophie	zentralistisch	förderalistisch	pluralistisch
Geführtenphilosophie	Untergebener	Mitarbeiter	Mitunternehmer
Führungsstil	autoritär-patriarchisch	konsultativ-kooperativ	delegativ-kooperativ bis autonom
Tiermetapher	Schäferhund	Husky-Gespann	Katze/gestiefelter Kater
Führungsfunktionen	kommandieren kontrollieren korrigieren	kommunizieren kooperieren koordinieren	fordern fördern Feedback geben

Abb. 15: Idealtypische Organisations- und Führungskonzepte

5.1.3 Kulturgestaltung in Abhängigkeit von Gestaltungsphilosophie und Organisations- bzw. Führungsverständnis

Gestaltung der Unternehmenskultur bei einer »Macher-Philosophie«

Bei vorherrschender Manager- oder **»Macher-Philosophie«** sind die Rollen je nach Führungsverständnis nach einer literarischen ⇒ *Metapher* so verteilt:

● Beim **autokratisch-zentralistischen Konzept** versteht sich der Unternehmer bzw. Unternehmensleiter als »**Autor**« und versucht, der Unternehmenskultur seinen unverwechselbaren Stempel aufzudrücken. Diese Rolleninterpretation ist ganz besonders bei Klein- und Mittelbetrieben – insbesondere in der Gründergeneration – zu finden.

● Beim **kooperativen Teamkonzept** hat die Führungskraft die Rolle eines »**Koautors**« übernommen, die er mit seinen engeren Mitarbeitern teilt. Diese Konzeption findet man besonders in Kleinunternehmen sowie Forschungs- und Entwicklungsteams.

● Bei dem für das **Mitunternehmertum** typischen **delegativ-kooperativen Konzept** übernimmt der Mitarbeiter im fachlich-professionellen Bereich die zentrale Rolle für die inhaltliche Gestaltung. Der Unternehmer oder Vorgesetzte konzentriert sich auf die Formulierung und Umsetzung der gemeinsamen ⇒ *Mission*, also auf die »**Herausgeberrolle**«, dabei auch auf die Prozessbegleitung sowie auf Koordinations- und Repräsentationsfunktionen. Hierbei verdeutlicht er durch symbolische Handlungen die Relevanz bestimmter Werte. Für das **Mitunternehmertum** heißt dies: open-door-policy praktizieren, Mitarbeiter um Rat fragen, zu Innovationen anregen, gute Ideen öffentlich belobigen, Fehler tolererien, coachen, aber auch Freiräume geben und Ressourcen beschaffen. Dieses Konzept herrscht heute bei Führungsgrundsätzen[48] eindeutig vor.

Gestaltung der Unternehmenskultur bei einer »Kultivierungsphilosophie«

Dominiert eine Philosophie der fördernden Pflege der Unternehmenskultur, dann scheinen andere musikalische ⇒ *Metaphern* zutreffender.

- Beim **zentralistisch-autokratischen Konzept** versteht sich der Unternehmer oder Manager als »**Dirigent**«. Er fühlt sich zentral verantwortlich für werkgerechte, hier also kulturgerechte Interpretation und Wiedergabe einer vorgegebenen und bewährten Komposition. Er achtet darauf, dass alle in qualifizierter und abgestimmter Weise ihren Part übernehmen.
- Beim **kooperativen Teamkonzept** verstehen sich der Unternehmer oder Manager als »**1. Geiger**« in einem Kammerensemble. Sie geben zwar den Ton und Takt an, aber das Werk wird mit hoher Motivation gemeinsam im Team erbracht.
- Beim **delegativ-kooperativen Konzept** übernimmt die Führungskraft die Rolle eines »**Impresarios**« v. a. für die fördernde Infrastrukturgestaltung, für Mitarbeiterauswahl und -einsatz sowie für ⇒ *Coaching*. Er steht seinen mitunternehmerisch qualifzierten und motivierten Solisten mit Rat und Tat zur Seite. Die musikalische Leistung selbst wird von diesen erbracht.

Abb. 16 zeigt abschließend noch einmal die Rollenverteilung auf einen Blick.

Gestaltungsphilosophie / Organisations-/ Führungsverständnis	Macher-Philosophie (»Neues schaffen«)	Kultivierungsphilosophie (»Bestehendes entwickeln«)
autokratisch-zentralistisch	Autor	Dirigent
kooperativ	Koautor	1. Geiger
delegativ-kooperativ	Herausgeber	Impresario

Abb. 16: Führungsrollen bei unterschiedlichen Gestaltungsphilosophien und Organisations- und Führungskonzeptionen

5.2 Praxisbeispiel: Training zur Mitunternehmerkultur bei der Hilti AG

Wegen landeskultureller Unterschiede in den arbeitsbezogenen Denk- und Verhaltensmustern stehen viele international tätige Unternehmen vor dem Problem, zentrale Unternehmenswerte in allen Niederlassungen zu etablieren. Die Hilti AG

---

48 Vgl. Kapitel E I. Führungs- und Kooperationsgrundsätze sowie B I. Mitarbeiter als Mitunternehmer – ein Transformationskonzept

begegnet diesem Dilemma mit einem weltweit einheitlichen Trainingsprogramm namens »⇒ *Innovation* 1 Compact«.[49] In einem dreitägigen, über neun Monate verteilten Erlebnis-Workshop werden allen Hilti-Mitarbeitern die zentralen Werte des Unternehmens (vgl. Abb. 17) verdeutlicht.

Toleranz:	Die Meinung anderer achten, umfassend über den eigenen Bereich hinaus denken und die eigene Position durch andere Denkansätze in Frage stellen können.
Veränderung:	Den Wandel akzeptieren, bereit sein, sich Neuem zu stellen, Risiken zu tragen und Chancen zu nutzen.
Selbstverantwortung:	Verantwortung als persönliche Aufgabe erkennen und wahrnehmen. Für eigenes Tun und Lassen voll einstehen.
Wahlfreiheit:	Die Freiheit erkennen und nutzen, den eigenen Weg zu wählen, gewisse Bedingungen und Situationen zu akzeptieren, zu verändern oder allenfalls zu verlassen.
Lernen:	Durch Wissen, Fähigkeiten und Motivation neue Erfahrungen gewinnen. Fehler als Lernschritte betrachten. Positive und negative Erfahrungen als Grundlage für Lernprozesse nutzen.

Abb. 17: grundlegende Werte der Hilti AG[50]

Trainer und Moderatoren sind Hilti-Mitarbeiter, die für diese Aufgabe geschult werden. In den mehrmonatigen Abständen zwischen den einzelnen Veranstaltungen erhalten die Teilnehmer Gelegenheit, die im Workshop erworbenen Erkenntnisse im Alltag zu erproben.

Der Ansatz wird im Top-down-Verfahren realisiert. So werden in allen Hilti-Betrieben zuerst die Führungskräfte geschult. Danach absolvieren diese gemeinsam mit ihren Mitarbeitern den ersten und – etwa drei Monate später – den zweiten Trainingstag. Nach weiteren drei Monaten übernehmen sie die Moderation des dritten Trainingstags in eigener Regie. Hierbei wird reflektiert, welche Entwicklungen sich seit Schulungsbeginn im Team vollzogen haben und das weitere Vorgehen festgelegt.

Im Rahmen des Programms werden folgende Mittel eingesetzt:

- Lektüre und Diskussion zum Verständnis der Thematik
- Übungen, um eigene Erfahrungen und Erlebnisse einbringen zu können
- Spiele, um Prinzipien zu erleben
- Feedback durch definierte Prozesse
- Präsentationen, um zu zeigen, wie Erfahrungen/Erlebnisse ein- und umgesetzt werden.

---

49 Vgl. Mayer 1998
50 Mayer 1998, S. 15f.; vgl. auch Hilti 1999

Zur Unterstützung erhält jeder Teilnehmer Arbeitshefte sowie eine eigens zum Zwecke des Wertetransfers produzierte Videokassette.

Die Erfahrungen mit diesem Ansatz sind gut: Thematik, Methodik und Trainer erfahren bei den Teilnehmern hohe Akzeptanz und Wertschätzung, die Hilti-eigenen, nebenamtlichen Trainer erleben ihre Tätigkeit als persönlichen Gewinn, und vielerorts sind auch nachhaltige Veränderungen in den Abteilungen zu beobachten.

6 Folgerungen für die Förderung des Mitunternehmertums

Wie in Kapitel B I. »Mitarbeiter als Mitunternehmer – ein Transformationskonzept« schon behandelt, geht es bei der Förderung des Mitunternehmertums besonders um einen kulturellen Transformationsprozess.

Er betrifft die Werthaltungen des gesamten Managements und der Mitarbeiter. Eigene Umfragen zeigten, dass etwa zwei Drittel der Führungskräfte und die Hälfte der Mitarbeiter schon unternehmerische Einstellungen und Werthaltungen zeigen.[51] Diese Gruppe muss also darin nur noch bestärkt bzw. darf nicht durch Motivationsbarrieren[52] blockiert werden.

Bei den restlichen Führungskräften und Mitarbeitern geht es entweder um eine (Re-)Motivation in Richtung Mitunternehmertum oder zumindest um die verstärkte Akzeptanz mitunternehmerischer Denk- und Handlungsmuster. Dabei ist auf eine möglichst umfassende Anwendung kulturfördernder Aktivitäten zu achten, also auch im Bereich der geschilderten ⇒ Artefakte und im symbolischen Management[53]. Die interaktiven Führungsbeziehungen und das Vorleben dieser Werte durch das Management sind dabei entscheidende Erfolgsfaktoren. Die Erfahrungen mit Qualitätszirkeln und teilautonomen Arbeitsgruppen in der Industrie haben gezeigt, dass internes Unternehmertum mit Erfolg auch in der ausführenden Ebene realisiert werden kann.[54] Ähnliches gilt für die Förderung des Customer Focus bei kundenfernen Abteilungen.

7 Fragen zur Selbstüberprüfung

1. Welche Funktionen hat eine Unternehmenskultur?

2. Welche Unterschiede bestehen zwischen den weichen und harten Faktoren der Unternehmens- und Verhaltenssteuerung?

---

51 Vgl. Kapitel B I. Mitarbeiter als Mitunternehmer – ein Transformationskonzept
52 Vgl. Kapitel C III. Identifikation, Motivierung und Remotivierung im Rahmen werteorientierter Führung
53 Vgl. Abschnitt 3.2 dieses Kapitels
54 Vgl. Kapitel B I. Mitarbeiter als Mitunternehmer – ein Transformationskonzept

3. Diskutieren Sie die Wechselwirkung zwischen Unternehmenskultur und direkter Führung.

4. Skizzieren Sie die idealtypische Unternehmenskultur a) für ein innovatives, kleines Gentechnologie-Unternehmen b) für ein ehemalig staatliches Industrieunternehmen in Osteuropa, das privatisiert wurde. Beziehen Sie zentral die möglichen Gestaltungselemente einer Unternehmenskultur in Ihre Argumentation mit ein.

5. Diskutieren Sie die »Machbarkeit« der Unternehmenskultur.

6. Schildern Sie Möglichkeiten und Grenzen eines gezielten Kulturtrainings.

7. Diskutieren Sie die Möglichkeiten und Grenzen einer Vereinheitlichung von Unternehmenskulturen nach einer Fusion.

II
Unterneh-
mens-,
Führungs-
und
Koope-
rations-
kultur

III. Identifikation, Motivierung und Remotivierung im Rahmen werteorientierter Führung

Inhalt

Das Kapitel diskutiert Identifikation einerseits als Voraussetzung einer Motivierungspolitik und andererseits als direkt verhaltensbeeinflussendes Konzept. Hierbei wird aufgezeigt, dass den betrieblichen Motivierungspolitiken eine Identifikationspolitik zur Seite gestellt werden sollte, die auf die Verankerung der individuellen und selbstgewählten Werte der Mitarbeiter an personalen und sachlichen Objekten der Arbeitswelt ausgerichtet ist. Auf der Grundlage der dargestellten inhalts- und prozesstheoretischen Motivationstheorien werden anschließend Gestaltungs- und Handlungsempfehlungen für die strukturelle und interaktive Führung abgeleitet. Danach wird über die Remotivierung demotivierter Mitarbeiter reflektiert. Dabei werden sowohl Ausdrucksformen, Ursachen und Folgen von Demotivation skizziert als auch Strategien zur Remotivierung bzw. Demotivationsprophylaxe vorgestellt.

Gliederung

Verweise

214

1 Grundlagen

Jede Organisation braucht Einbindungsmuster, damit sie ihre Ziele erreichen und ihren Mitgliedern sinnvolle Arbeitsperspektiven anbieten kann. Dieses Organisationsproblem haben Unternehmen fast ausschließlich über **Motivierungspolitik** zu lösen versucht. Wir wissen aber, dass die Motivierung als Führungsaufgabe an Grenzen stößt. Insbesondere die Versuche, Mitarbeiter ⇒ *extrinsisch* zu motivieren, also sie mit Belohnung und/oder Strafe bzw. Belohnungsentzug zu bestimmten Verhaltensweisen zu bewegen, ist in jüngerer Zeit vermehrt ins Kreuzfeuer der Kritik geraten.[1] Bemängelt werden in diesem Kontext insbesondere folgende Aspekte:

- ⇒ *Extrinsischen* Motivierungsversuchen liegt ein **einseitiges** ⇒ *Menschenbild* (⇒ *homo oeconomicus*) zugrunde. Es wird unterstellt, dass Menschen nicht gerne freiwillig arbeiten wollen und deshalb mittels Belohnung oder Bestrafung dazu angereizt werden müssen.

- Belohnungen **motivieren kurzfristig**, werden mit der Zeit allerdings immer selbstverständlicher und büßen damit ihre motivierende Wirkung ein.

- Belohnungen **beeinträchtigen das Arbeitsklima**, wenn gute Netzwerkbeziehungen der Jagd nach Belohnungen zum Opfer fallen.

- Belohnungen werden **als Allheilmittel angesehen**. Man versucht damit Probleme zu lösen, die ganz andere Lösungen verlangen, z. B. systematisches Feedback, soziale Unterstützung oder Spielraum zur Selbstbestimmung.

- Belohnungen **schwächen die Risikofreude** und hemmen damit unternehmerisches Denken und Handeln.[2]

- Belohnungen **untergraben das Interesse an der Arbeit**. Nach den Erkenntnissen von Deci/Ryan[3] vermitteln Belohnungen den Eindruck, man sei »fremdgesteuert«. Dies vermindert das Interesse an der Tätigkeit. Mit anderen Worten: Belohnungen können die ⇒ *intrinsische* Motivation verdrängen. Nach Frey[4] finden solche Verdrängungseffekte dann statt, wenn:
  a) der Mitarbeiter zuvor ein signifikantes Maß an ⇒ *intrinsischer* Arbeitsmotivation zeigte,
  b) durch die ⇒ *extrinsische* Motivierung die Selbstachtung und Selbstbestimmung eingeschränkt wird und
  c) ein impliziter Vertrag verletzt wird, der auf gegenseitiger Wertschätzung des Engagements beruht, die Beweggründe des Engagements (z. B. Freude an der Arbeit) also nicht gewürdigt, sogar missachtet werden.

---

1 Vgl. Kohn 1994; Sprenger 1995
2 Empirisch belegt ist folgendes Beispiel: Als Mitarbeitern für ihre Tätigkeit Akkordlöhne gezahlt wurden, gingen diese immer mehr dazu über, leichtere Aufgaben zu übernehmen, weil sie nur über eine höhere Mengenleistung ihre Vergütung steigern konnten (zit. nach Kohn 1994).
3 Vgl. Deci/Ryan 1985
4 Vgl. Frey 1997; Frey/Osterloh 1997

Fazit: Äußere Anreize sind nur begrenzt leistungswirksam. Aber sie sind besonders für dysfunktionale Nebenwirkungen verantwortlich: Demotivation, Frustration, ⇒ *innere Kündigung*. Dieses Problem wird durch die Werteentwicklung der letzten Jahrzehnte[5] noch verschärft.

Diesen Entwicklungen kann man nicht mit einer bloßen Anpassung der Anreizkonzepte des Unternehmens begegnen. Ein Mitarbeiter wird sich z. B. kaum für die zielorientierte Erledigung »seiner« Aufgaben motivieren lassen, wenn er sich weder mit Zielen noch mit Aufgaben seiner Position identifizieren kann. Im Rahmen der Motivierungspolitik fehlen daher weniger zusätzliche Anreize, sondern ein grundsätzliches Überdenken von Anreizkonzepten.[6] Hierbei ist es von zentraler Bedeutung, die betriebliche Motivierungspolitik durch eine Identifikationspolitik zu fundieren. Organisationen, die Identifikationslücken schließen wollen, müssen Anreizpotentiale aufbauen, die eine stärkere **Selbstmotivation** des Mitarbeiters auf der Grundlage von Identifikationskonzepten ermöglichen. Eine weitere Aufgabe sehen wir in der **Remotivierung** demotivierter Mitarbeiter.

Definitionen

Motivation ist ein Zustand des inneren »Angetriebenseins« einer Person. Die aktuellen Motivationsinhalte basieren auf vorgängigen Entscheidungen über allgemeine Lebens-, Arbeits- und Berufswerte sowie deren grundsätzlichen Orientierung an Aufgaben, Personen oder Institutionen. Der Motivationsprozess wird durch Bedeutung, Instrumentalität und Erfolgserwartung bestimmt.

Demotivation ist ein Zustand beeinträchtigter bzw. zerstörter Motivation.

Remotivation ist ein erneuter Zustand zielgerichteter Aktivierung nach einer Demotivation.

Identifikation bezeichnet die freigewählte Verankerung von Werten (Lebenswerten, Arbeits-, Berufs- und Organisationswerten) mit personellen oder sachlichen Objekten der Arbeitswelt (z. B. Vorgesetzte, Mitarbeiter, Kollegen, Tätigkeit, Arbeitsplatz, Leistungsprogramm, Abteilungsziele, Unternehmen).

Die individuelle Bereitschaft, sich mit Personen und Gegebenheiten in der Firma und am Arbeitsplatz zu identifizieren, wird als **Identifikationsdisposition** bezeichnet. Sie ist abhängig von den individuellen Werthaltungen und Einstellungen. So wird sich ein Mitarbeiter mit hohem Umweltbewusstsein eher mit Unternehmen oder Tätigkeiten identifizieren, in denen dieser Aspekt besonders berücksichtigt wird. Ebenso wird sich eine Person mit ausgeprägter »freizeitorientierter Schonhaltung« kaum mit Tätigkeiten identifizieren, die durch weit überdurchschnittliche Arbeitszeiten gekennzeichnet sind.

---

5 Vgl. Kapitel C I. Wertewandel und Führung
6 Vgl. Wunderer/Mittmann 1995b

Es lassen sich drei **Identifikations- und Steuerungsmuster** erkennen: Personen oder sachliche Gegebenheiten werden als Identifikationsobjekte gewählt, wenn sie Werte und Ziele repräsentieren, die erstrebenswert erscheinen (**Idealität**), Ähnlichkeit zu eigenen Werten oder Zielen aufweisen (**Similarität**) oder mit eigenen Werten und Zielen übereinstimmen (**Identität**) (vgl. Abb. 1). Die Entscheidung für bestimmte Werte oder Ziele und ihre Verankerung mit ausgewählten Identifikationsobjekten geschieht dabei häufig unbewusst.

Identifikationsobjekte Identifikationsbedingungen	personale Objekte	sachliche Objekte
Idealität	erfolgreiche Vorbilder »So wie der/die möchte ich gerne sein«	Verkörperung sozial anerkannter Werte und Ziele »Wir stellen umweltverträgliche Produkte her«
Similarität	Bezugspersonen »Wir sind uns in vielem ähnlich«	Verkörperung ähnlicher Werte und Ziele »In unserer Abteilung kann ich auch eigene Ideen verwirklichen«
Identität	Teammitgliedschaft »Das ist mein Team«	Verkörperung eigener Werte und Ziele »Das Produktprogramm meiner Firma entspricht voll und ganz meinen Erwartungen«

Abb. 1: Selbststeuerungsmuster der Identifikation[7]

Während es sich bei der **Identifikation** um ein Konzept handelt, bei dem Werte durch die Betroffenen in eigener Entscheidung mit Objekten verbunden, ja gleichsam verankert (»assimiliert«) werden, sind **Motivierung**, und **Remotivierung** Führungsaktivitäten mit hohem Fremdsteuerungsanteil.

Definition

Motivierung ist die attraktive Gestaltung, Präsentation und Interpretation von bedürfnisbefriedigenden Optionen (z. B. fordernde und sinnvolle Tätigkeit, Selbstentfaltung, Verantwortung, Anerkennung, Kontakt, Sicherheit) der Arbeitswelt zur Beeinflussung von Bedürfnissen (Motiven) auf der Grundlage von vorgewählten Werten und Identifikationsobjekten, um dauerhaft intensive Handlungen zugunsten der Unternehmens- und Arbeitsziele zu fördern. Motivierung muss daher auf drei Komponenten der Motivation zielen: Dauer, Intensität und Richtung.

Remotivierung bezeichnet die Wiederherstellung beeinträchtigter bzw. zerstörter Motivation durch den Abbau von Demotivatoren.

---

7 Vgl. Wunderer/Mittmann 1995b, S. 23

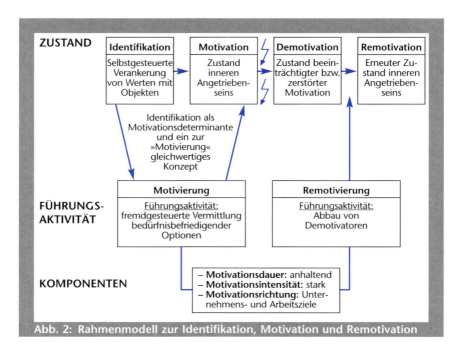

Abb. 2: Rahmenmodell zur Identifikation, Motivation und Remotivation

Identifikation bildet somit die **Voraussetzung** für die Führungstätigkeit »Moti-vieren«: Menschen können nur motiviert werden, wenn sie sich zumindest zu ei-nem gewissen Grad mit den betrieblichen Gegebenheiten identifizieren können. Motivierung muss daher auf zentralen Werten und Einstellungen der Mitarbeiter aufbauen. Beispielsweise kann ein Mitarbeiter mit einem hohen Bedürfnis nach Selbstbestimmung durch Handlungsspielräume und Hilfe zur Selbsthilfe moti-viert werden, nicht aber über operative Hilfestellungen. Andererseits stellt Identi-fikation als ⇒ *Selbststeuerung* eine Alternative zur fremdgesteuerten Motivierung dar. So ist jemand, der sich z. B. mit seiner Tätigkeit identifizieren kann, von selbst motiviert, gute Arbeitsergebnisse zu erbringen. Eine stark gerichtete Identifika-tion kann aber auch Motivierungsbestrebungen beeinträchtigen. So wird z. B. ein überzeugter Ökologe wenig motiviert sein, an der Entwicklung von bestimmten chemischen Pflanzenschutzmitteln mitzuwirken.

Mit anderen Worten: Motivation, der Zustand des inneren Angetriebenseins, kann auf zweierlei Weise zustande kommen:

● direkt durch eine hohe ziel- und aufgabengerichtete bzw. kompatible Identi-fikation mit Personen oder sachlichen Objekten aus dem Arbeitsumfeld oder
● indirekt über den Zwischenschritt »Motivierung«.

Identifikation rangiert also zeitlich vor der Motivation. Diese Zusammenhänge sind im linken Teil der Abb. 2 graphisch dargestellt. Der rechte Teil veranschau-licht die Beziehungen zwischen Demotivation, Remotivierung und Remotivation.

2 Identifikationspolitik – Basis für Selbstmotivation

2.1 Begriff und Ziele

> **Definition**
>
> Die **Identifikationspolitik** einer Unternehmung bietet zielorientiert Identifikationsmöglichkeiten auf der Basis starker arbeitsrelevanter Werte (z. B. Sinnvermittlung).

Die Identifikationspolitik ist eine wichtige Grundlage des Personalmanagements.[8] Sie sollte selbst strategisch orientiert sein. Damit sind langfristige Unternehmensentwicklung wie auch wichtige Trends auf dem Arbeitsmarkt zu berücksichtigen.

Die Identifikationspolitik hat folgende **Ziele:**[9]

- **identifikationsorientierte Auswahl von Mitarbeitern:** So sollte bei der Auswahl von (neuen) Mitarbeitern darauf geachtet werden, inwieweit die übertragenen Aufgaben und Arbeitsbedingungen sich mit deren Identitätsdisposition vereinbaren lassen. Dies geschieht in der Regel nicht systematisch oder gezielt.

- **frühzeitige qualitative Einbindung des Mitarbeiters:** Dies erfordert eine enge Abstimmung der strategischen Unternehmensentwicklung mit den bevorzugten Identifikationsobjekten aktueller und potentieller Mitarbeiter. Die Einarbeitung ist eine der kritischsten Phasen der Identifikationspolitik. Nach den Ergebnissen der empirischen Identifikationsforschung[10] sollten Einarbeitungsprogramme stärker auf zentrale Identifikationsobjekte der Mitarbeiter abgestimmt werden.

- **Bereitstellung und Kommunikation attraktiver Identifikationsangebote:** Hierbei sollte die strategische Bedeutung dieser Angebote für das Unternehmen (z. B. Arbeit in Teams) mit den Bedürfnissen von Mitarbeitern abgestimmt werden. Differenzierte Identifikationsmöglichkeiten für unterschiedliche Zielgruppen (z. B. Konzepte für Lehrlinge, Führungskräfte, ältere und jüngere Mitarbeiter, Frauen mit kleinen Kindern usw.) sind dabei zu beachten.

- **positive Gestaltung wichtiger Einflussfaktoren auf die Identifikation:** Hier muss man sich auf unternehmensspezifische **Schlüsselfaktoren** konzentrieren, insbesondere in der
  - **Arbeit** (z. B. interessante, verantwortungsvolle oder statusfördernde Tätigkeiten)
  - **Führung** (z. B. gezielte Förderung von Selbständigkeit und Entwicklung)
  - **Kooperation** (z. B. starke wechselseitige Achtung und Unterstützung) und

---

8 Vgl. Morris/Lydka/O'Creevy 1993
9 Vgl. Wunderer/Mittmann 1995b
10 Vgl. Wunderer/Mittmann 1995b

– **Unternehmenskultur** (z. B. Berücksichtigung zentraler Identifikationsobjekte in definierten (Leitbilder) und gelebten Werthaltungen).

2.2 Komponenten der Identifikationspolitik

Auf der Grundlage empirischer Ergebnisse der Identifikationsforschung sowie eigener Fallstudien[11] können folgende Komponenten und Phasen einer Identifikationspolitik differenziert werden:

- Analyse der Identifikationsbedürfnisse von (potentiellen) Mitarbeitern
- Beurteilung von Identifikationsproblemen
- strategische Abstimmung des Identifikationsbedarfs des Unternehmens
- Ermittlung der Identifikationspotentiale des Unternehmens
- Auswahl identifikationspolitischer Strategien
- Einsatz adäquater Führungsinstrumente und
- Identifikations-Controlling.

2.2.1 Analyse der Identifikationsbedürfnisse von (potentiellen) Mitarbeitern

In vielen Unternehmen besteht Unklarheit über wichtige Identifikationsbedürfnisse von Mitarbeitern sowie deren gesellschaftliche Grundlagen. In Mitarbeiterbefragungen wird entweder auf die Erfassung der Identifikation verzichtet, oder man begnügt sich mit allgemein gehaltenen Aussagen zur Identifikation mit dem Unternehmen insgesamt. Unsere empirischen Ergebnisse zeigen aber, dass die Identifikation mit dem Gesamtunternehmen nur eine Identifikationsorientierung unter vielen ist. Sie ist i. d. R. sogar deutlich schwächer ausgerichtet als die Identifikation mit der eigenen Aufgabe oder dem Team.

Für eine fundierte Identifikationspolitik sollte daher in **Mitarbeiterbefragungen** die Identifikation einbezogen werden. Dabei sind mindestens folgende Bereiche abzudecken:

- **Werteorientierungen/Identifikationsdispositionen** (allgemeine Lebens- und Arbeitswerte) und ihre Auswirkungen auf die Einstellungen des Mitarbeiters zum Unternehmen: Empirische Befunde zeigen, dass die betriebliche Identifikation über allgemeine Werthaltungen entscheidend vorgeprägt wird. So identifizieren sich beispielsweise Mitarbeiter, die ihr »Leben als Aufgabe« verstehen, auch signifikant mehr mit betrieblichen Identifikationsobjekten als Mitarbeiter, die ihr Leben genießen wollen. Diverse Untersuchungen in der Werteforschung geben Aufschluss über zentrale Entwicklungstrends.[12] Es scheint ratsam, sich bei betrieblichen Umfragen an Fragen aus bekannten demographischen Erhebungen zu orientieren, denn damit können betriebliche Ergebnisse mit den Tendenzen in der Gesamtbevölkerung oder in bestimmten Bevölkerungsgruppen (z. B. zum Arbeitsethos) in Beziehung gesetzt werden.

11 Vgl. Wunderer/Mittmann 1995b
12 Vgl. dazu auch Kapitel C I. Wertewandel und Führung

- **differenzierte Identifikationsorientierungen** (Aufgabe; Abteilung; Leistungsziele; Unternehmen; Vorgesetzte; Arbeitsteams; Kunden) **für unterschiedliche Zielgruppen**: Mitarbeiterbefragungen sollten so angelegt werden, dass die wichtigsten Ergebnisse zielgruppenspezifisch ausgewertet werden können. Die wichtigsten Differenzierungsmerkmale sind: Alter, Werteorientierung, Hierarchie und Abteilung.[13]

- zentrale Merkmale aus den identifikationskritischen Bereichen **Arbeits- und Führungssituation, Führungs- und Kooperationsstil** von Vorgesetzten sowie **Unternehmens-** und **Führungskultur**: Hier ist darauf zu achten, dass alle wichtigen Schlüsselfaktoren mit besonders signifikantem Einfluss auf die Identifikation berücksichtigt werden.

Erst ein derart differenziertes **Identifikations-Controlling** sowie entsprechende Auswertungen erlauben fundierte Aussagen zu Identifikationsbedürfnissen der Mitarbeiter. Die hier erzielten Ergebnisse sollten dann mit dem Identifikationsbedarf aus Sicht der Unternehmung und den gegebenen Identifikationsmöglichkeiten abgestimmt werden.

2.2.2 Beurteilung von Identifikationsproblemen

Identifikationsprobleme basieren meist auf Identifikationslücken oder -barrieren im Unternehmen. Sie sind wichtige Frühwarnindikatoren für das strategische Konzept des Unternehmens und für die fehlende Übereinstimmung zwischen dem Identifikationsraum der Unternehmung und dem Arbeits- und Lebenskonzept des Mitarbeiters.

> **Definition**
>
> Der **Identifikationsraum** stellt die von einer Unternehmung bewusst oder unbewusst zur Verfügung gestellten personellen oder sachlichen Identifikationsobjekte dar, mit denen sich der Mitarbeiter identifiziert.

Für das **Unternehmen** entstehen bei mangelnder oder zu niedriger Identifikation Leistungsdefizite und damit eine Gefährdung der strategischen Zielerreichung. Für den **Mitarbeiter** bedeuten mangelnde Identifikationsmöglichkeiten immer auch eine Gefährdung seiner individuellen Lebensbalance (Arbeits- und Lebenszufriedenheit).

Aus eigenen Fallstudien[14] lassen sich insbesondere folgende **allgemeine Ursachen für eine schwache Identifikation** ableiten:

- In der **Arbeitssituation** verstehen sich Mitarbeiter nur als »Rädchen im Getriebe«. Aufgaben werden ohne Herausforderung und Sinn erlebt.

---

13 Vgl. Wunderer/Mittmann 1995b, S. 114
14 Vgl. Wunderer/Mittmann 1995b

- In der **Führungssituation** fehlen Vorbilder sowie gezielte mitarbeiterorientierte Einsatz- und Förderungsmaßnahmen.
- Der **Führungs- und Kooperationsstil** des Vorgesetzten lässt wenig Selbstorganisation zu oder unterstützt Teambeziehungen nicht.
- Die in Leitbildern propagierte **Unternehmenskultur** wird nicht gelebt.

Identifikationsprobleme sind meist nicht direkt sichtbar, sondern müssen erschlossen werden – z.B. über Erhebungen zu den Einstellungen der Mitarbeiter.

Anzeichen für Identifikationsdefizite sind:

- Unzufriedenheit mit Arbeit und Führung
- geringes Verantwortungsbewusstsein und Engagement bei der Aufgabenerfüllung
- niedrige Leistungsbereitschaft
- niedrige Kooperationsbereitschaft
- wenig Vertrauen in Vorgesetzte
- geringe Akzeptanz von Führungsentscheidungen
- begrenzte Loyalität und
- hohe Absenz- und Fluktuationsraten.

Ein entsprechendes Analysekonzept wird in Abb. 3 gezeigt.

	sehr schwach	schwach	ziemlich schwach	eher schwach als stark	eher stark als schwach	ziemlich stark	stark	sehr stark
1. Wie fühle ich mich verbunden mit den mir übertragenen *Aufgaben*?	1	2	3	4	5	6	7	8
2. Wie fühle ich mich verbunden mit arbeitsbezogenen Erfolgen und Problemen meines *Vorgesetzten*?	1	2	3	4	5	6	7	8
3. Wie fühle ich mich verbunden mit meinem gegenwärtigen *Arbeitsort*?	1	2	3	4	5	6	7	8
4. Wie fühle ich mich verbunden mit arbeitsbezogenen Erfolgen und Problemen meiner *Kollegen*?	1	2	3	4	5	6	7	8
5. Wie fühle ich mich verbunden mit Erfolgen und Problemen meines *Unternehmens*?	1	2	3	4	5	6	7	8
6. Wie fühle ich mich verbunden mit Erfolgen und Problemen der *Kunden* meines Unternehmens?	1	2	3	4	5	6	7	8
7. Wie fühle ich mich verbunden mit Erfolgen und Problemen meiner *Organisationseinheit*?	1	2	3	4	5	6	7	8
8. Wie fühle ich mich verbunden mit meinem gegenwärtigen *Arbeitsplatz* (Ausstattung, Lage, Arbeitsmittel, »Umfeld«)?	1	2	3	4	5	6	7	8
9. Wie fühle ich mich verbunden mit Erfolgen und Problemen meiner direkten *Mitarbeiter*?	1	2	3	4	5	6	7	8
10. Wie fühle ich mich verbunden mit dem Leistungsprogramm meiner *Organisationseinheit*?	1	2	3	4	5	6	7	8
11. Wie fühle ich mich verbunden mit meiner wichtigsten *außerberuflichen Betätigung* (»Hobby«)?	1	2	3	4	5	6	7	8
12. Wie fühle ich mich verbunden mit meiner wichtigsten *außerberuflichen Bezugsperson* (z.B. Familienmitglieder, Freunde)?	1	2	3	4	5	6	7	8

Abb. 3: Fragebogen zur Identifikation[15]

15 Wunderer/Mittmann 1995, S. 49

2.2.3 Strategische Abstimmung des Identifikationsbedarfs des Unternehmens

Wieviel Identifikation brauchen moderne Unternehmen? Gibt es Bereiche im Unternehmen, wo auf eine hohe Identifikation am wenigsten verzichtet werden kann? Wie formulieren moderne Unternehmen ihren gewünschten Identifikationsraum?

Die Beantwortung dieser Fragen führt zu einer **unternehmensspezifischen Standortbestimmung in der Identifikationspolitik**. Sie sollte eng mit folgenden strategischen Grundkonzepten abgestimmt werden:

- ⇒ *Unternehmensphilosophie* und zentrale Leitbilder
- Strategisches Produkt-/Marktkonzept
- Strategisches Human-Resources-Konzept
- bereichsspezifische Ziele
- Führungsgrundsätze
- ⇒ *Corporate Identity*

III
Identifi-
kation,
Motivie-
rung und
Remoti-
vierung

Auf der Grundlage fundamentaler Unternehmensentscheide sind also zentrale Identifikationserfordernisse zu ermitteln. Abb. 4 illustriert dies an einem Beispiel der Praxis.

Ein Beispiel:
Ein Unternehmen verfolgt das Ziel, sein gesamtes Führungs- und Organisationskonzept markt- und kundenorientierter auszurichten. Wichtige Entscheidungen bei der Bearbeitung von Kundenaufträgen sollen verstärkt vor Ort und ohne langwierige Umwege über Zentralabteilungen erfolgen. Deshalb wird ein Großteil des operativen Geschäfts in Arbeitsgruppen organisiert. Diese erledigen arbeitsteilig Aufgaben, die bislang getrennten Funktionsbereichen zugeordnet waren. Die Ziele für die Arbeit der Arbeitsgruppen werden jährlich auf der Grundlage von Geschäftsstrategien festgelegt und in regelmäßigen Abständen überprüft.

Frage:
Von welchem **Identifikationskonzept** hängt der Erfolg dieser grundlegenden Umorientierungen der Unternehmensstrategie ab?

Antwort:

- Das Unternehmen braucht Mitarbeiter, die sich insbesondere auch mit Erfolgen und Problemen ihrer **Kunden** identifizieren.

- Voraussetzung für die Kundenorientierung ist wiederum, dass sich die Mitarbeiter mit ihren **Aufgaben** identifizieren. Denn wer von seiner Tätigkeit nicht überzeugt ist, kann die Arbeitsergebnisse dem Kunden kaum erfolgreich nahebringen.

- Die Mitarbeiter sollten sich mit dem **Leistungsprogramm ihrer Gruppe** (und dem der Unternehmung) identifizieren können, da ein hohes Maß an Selbständigkeit im Unternehmen auch in großem Umfang Selbstmotivation für herausfordernde Ziele verlangt.

- Die Mitarbeiter müssen sich mit ihrer **Arbeitsgruppe** identifizieren. Denn je mehr der Abstimmungsbedarf von getrennten Funktionsbereichen in eigenverantwortliche Entscheidungen der Gruppe verlegt wird, desto stärker muss auch der Gruppenzusammenhalt sein.

Abb. 4: Identifikationsbedarf in Abhängigkeit zentraler Unternehmensentscheide

Wichtig ist ein **Vergleich** des Identifikationsbedarfs des Unternehmens mit der tatsächlichen Identifikation seiner Mitarbeiter. Im folgenden Beispiel (vgl. Abb. 5) liegt die größte **Schnittmenge** bei der hohen Aufgabenidentifikation. Die Identifikation mit dem Leistungsprogramm, dem Team und den Kunden sind dagegen noch defizitär.

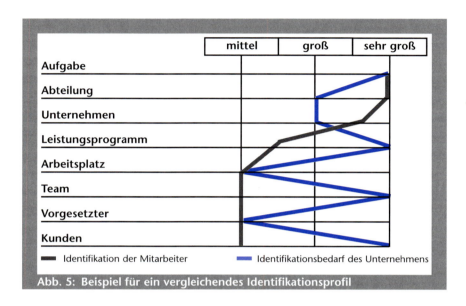

Abb. 5: Beispiel für ein vergleichendes Identifikationsprofil

2.2.4 Ermittlung der Identifikationspotentiale des Unternehmens

Im Mittelpunkt steht hier die Frage: Welche Möglichkeiten hat das Unternehmen, erkannte Identifikationsdefizite abzubauen bzw. die Identifikation der Mitarbeiter aktiv zu fördern. Eine entscheidende Rolle spielen hierbei die sogenannten Identifikationspotentiale.

Definition

Identifikationspotentiale sind strategische Schlüsselfaktoren, die eine hohe Ausprägung der Identifikation signifikant unterstützen. Sie müssen für jedes Unternehmen gesondert ermittelt werden.

Identifikationspotentiale lassen sich in folgendem dreistufigen Vorgehen ermitteln:

1. Welche Unternehmenspotentiale fördern **allgemein** die Identifikation mit dem Unternehmen bzw. mit bestimmten Identifikationsobjekten?

   Hierbei helfen Befunde der empirischen Identifikationsforschung. Sie liefern unternehmens- und branchenübergreifend wichtige Schlüsselfaktoren. So wird die Identifikation mit dem Gesamtunternehmen nach eigenen Umfragen besonders durch folgende Faktoren gefördert:[16]

- Die Mitarbeiter sehen Möglichkeiten, Beiträge zur Erreichung wichtiger Firmenziele zu leisten.
- Aufgaben werden als interessant und verantwortungsvoll eingeschätzt.
- Qualifikation, Leistungsmotivation und Zufriedenheit der Mitarbeiter sind erkennbare Ziele ihrer Vorgesetzten – auch im Tagesgeschäft.
- Vorgesetzte verfolgen einen kooperativ-delegativen Führungsstil mit Entscheidungsfreiheit der Mitarbeiter. Ihr Kooperationsstil ist unterstützend und orientiert sich am Modell »Teamkonzept«.
- Wichtige Firmengrundsätze werden sichtbar gelebt (»walk the talk«).

2. Gibt es **spezielle** Potentiale, die die Identifikation bei unternehmensspezifischen Rahmenbedingungen hemmen oder fördern?

Zur Ermittlung dieser unternehmensspezifischen Faktoren können Ergebnisse von Mitarbeiterbefragungen oder Personalbeurteilungen und Mitarbeitergesprächen auch statistisch ausgewertet werden.

3. Wie positioniert sich das Unternehmen oder ein Bereich mit seinen speziellen Identifikationspotentialen am Arbeitsmarkt?

Über Benchmarking kann ein systematischer Vergleich zwischen den allgemeinen und unternehmensspezifischen Schlüsselfaktoren Aufschluss über eigene Stärken und Schwächen geben.

2.2.5 Auswahl identifikationspolitischer Strategien

Nachdem Identifikationsbedürfnisse von Mitarbeitern untersucht, Identifikationsprobleme beurteilt sowie Identifikationsbedarf und -potentiale des Unternehmens ermittelt wurden, gilt es, eine geeignete identifikationspolitische Strategie zu entwickeln.

Grundsätzlich lässt sich zwischen klassischen und modernen identifikationspolitischen Strategien unterscheiden:

- **Klassische Strategien** zielen darauf ab, die Betriebstreue und -loyalität zu fördern. Die Mitarbeiter sollen sich mit dem Unternehmen als Ganzes identifizieren und ihm treu bleiben. Dahinter steht auch der Gedanke, dass sich mangelnde Identifikation v. a. in Fluktuation und Absentismus ausdrückt. Problematisch ist allerdings, dass dabei Aspekte, wie Entfremdung oder »⇒ *innere Kündigung*«, unberücksichtigt bleiben, die zwar nicht zwangsläufig zum Verlust des Mitarbeiters führen, wohl aber dessen mitunternehmerisches Engagement entscheidend beeinträchtigen.

- **Neuere Strategien** postulieren, dass die Identifikation mit dem Gesamtunternehmen keine hinreichende Einbindung der Mitarbeiter gewährleistet. Sie

---

16 Vgl. Wunderer/Mittmann 1995b, S. 59

postulieren, dass innerhalb des Unternehmens verschiedene Identifikationsräume die Einbindung fördern können. Mitarbeiter können z. B. durch Identifikation mit Zielen und Aufgaben, mit ihrer Arbeitsgruppe oder mit Kunden sehr leistungsbereit und effizient sein, ohne sich dem Unternehmen »mit Haut und Haaren« zu verschreiben. Vielmehr gilt es, sich selbst und dem Unternehmen verbunden zu bleiben. Diese Verbindung von Individualismus und Sozietät leitet auch Studenten, die sich eine große Wohnung teilen, dabei aber über Privat- wie auch Gemeinschaftsräume verfügen wollen.

Idealtypisch können **vier moderne Identifikationsstrategien** unterschieden werden: Team-, Professionalismus-, Ziel- und Markt-Strategie. Abb. 6 zeigt deren identifikationspolitische Grundlagen, Identifikationswirkung und Grenzen.

	Professionalismus	Ziele	Netzwerk	Markt
Identifikationsgrundlagen				
● Identifikationspotential	Selbststeuerung	attraktive Ziele	Gruppenzusammenhalt	wechselseitige Abhängigkeit
● zentraler Wert	Selbstentfaltung	Engagement	Wechselseitigkeit	Gewinn
● zentrale Identifikationsobjekte	Fachaufgaben regelgerechte Problemlösung	Ziele Leistungsprogramm	Team Abteilung	Kunden Produkte Leistungen
Grenzen	mangelnde Team-/Kundenorientierung	mangelnde Flexibilität	mangelnde strategische Einbindung	mangelnde Firmenorientierung

Abb. 6: Einbindungsstrategien

Die Übersicht zeigt: Es gibt keine optimale Strategie, die jedem Mitarbeiter und jeder Unternehmenssituation gerecht werden kann. Jede zeitigt spezifische Chancen und Risiken. Durch einen Strategiemix können Chancen erhöht und Risiken gemindert werden. Für »Mitunternehmer« besonders zentral ist die Kombination von Markt- und Netzwerkorientierung.[17] Danach folgen Ziel- und Professionalismus-Strategie.

2.2.6 Einsatz adäquater Führungsinstrumente

Aus der von der Unternehmung festgelegten Strategie(-kombination) folgen **konkrete Aufgaben** für das obere Management, die Personalabteilung sowie die einzelnen Führungskräfte. Fallstudien und Umfragen zeigen, dass insbesondere folgende Bereiche und Instrumente/Maßnahmen bewusster zur Förderung der Identifikation genutzt werden könnten (vgl. Abb. 7).[18]

---

17 Vgl. Kapitel B I. Mitarbeiter als Mitunternehmer – ein Transformationskonzept
18 Vgl. Wunderer/Mittmann 1995b

Aufgabenfeld	Wichtige Instrumente und Maßnahmen
Arbeits- und Aufgaben- gestaltung	● interessante, sinn- und verantwortungsvolle Aufgaben ● Transparenz der Beiträge für übergeordnete Leistungsziele ● Entscheidungsbeteiligung ● gut abgegrenzte Verantwortungsbereiche ● klar formulierte Ziele ● Möglichkeiten für Selbstachtung und Identität in der Arbeit ● physische und psychische Leistungsbedingungen
Personal- und Führungs- kräfte- gestaltung	● **individuell**: Selbständigkeit, eigenständige Lernprozesse, auf persönliche Eignung/Neigung zugeschnittene Karrieren ● **in der Arbeitsgruppe**: Freiräume und kooperative Selbstkoordina- tion, die vom Vorgesetzten unterstützt werden ● **in der Kundenbeziehung**: außenorientierte Lernprozesse bei Lei- stungen für die Marktpartner
Anreizpolitik	● gerechte Anerkennung besonderer Leistungen
Führungs- politik und -grundsätze	● echte Teambildung in den sozialen Beziehungen ● Freiräume in den Arbeitsbeziehungen ● Qualifikation, Leistungsmotivation und Zufriedenheit der Mitarbei- ter als gelebter Führungsgrundsatz ● Qualitäts-, Termin- und Ertragsorientierung der Vorgesetzten als Voraussetzung für attraktive individuelle, Gruppen- und Marktlei- stungsziele
Interne und externe Kommuni- kation	● Kommunikation mit dem Marktpartner ebenso beachten wie Kommunikation mit den Mitarbeitern ● Mitarbeiter nach außen als PR-Agenten verstehen ● Erfolge und Probleme der Marktpartner nach innen ernst nehmen ● umfassende strategische Informationen sichern ● Feedback über Leistungsprobleme und -ergebnisse ● durch umfassende interne Informationen für Transparenz im Lei- stungsprozess sorgen
unternehmens- politische Grundsätze	● Leitbilder leben ● Mitarbeiter als Mitunternehmer sehen, auswählen, fördern, führen ● den mit und in der Firma zufriedenen Mitarbeiter als Unterneh- mensgrundsatz verankern ● Personalpolitik als Personal-Marketing-Aktivität definieren ● unternehmenspolitische Grundsatzentscheidungen sinnvoll treffen ● ehrgeizigen strategischen Zielsetzungen vor dem Tagesgeschäft Priorität verschaffen ● Verantwortungsgefühl der Firma gegenüber dem Mitarbeiter doku- mentieren

Abb. 7: Instrumente und Maßnahmen der Identifikationspolitik

III
Identifi-
kation,
Motivie-
rung und
Remoti-
vierung

Dabei ist jedoch zu beachten, dass die Identifikation als **Selbststeuerungsprozess** der Mitarbeiter weder direkt leicht beeinflussbar noch beliebig veränderbar ist. Die Implementationsstrategie muss berücksichtigen, dass die Identifikationspolitik

● auf langfristigen **Angeboten zur** ⇒ *Selbststeuerung* **und -bindung** beruht (z. B. ⇒ *Coaching*, ⇒ *Counselling* und ⇒ *Mentoring* des Vorgesetzten zur Entwick- lung der Eigenverantwortlichkeit von Mitarbeitern)

- **prozessorientiert und evolutionär** vorgehen muss (z. B. beim schwierigen Aufbau selbständiger Arbeitsgruppen im Unternehmen)

- sich auf bestimmte **Schwerpunkte** fokussieren sollte (z. B. eine stärkere Kundenorientierung in ausgewählten Abteilungen)

- wegen unterschiedlicher Mitarbeitergruppen **zielgruppenspezifisch** vorgehen muss (z. B. identifikationsorientiertes Einarbeitungspogramm für neue Mitarbeiter)

- immer auch ein **situationsgerechtes Entwicklungskonzept** verfolgen soll (z. B. eine neue Produkt- und Leistungsorientierung bei Reorganisationsmaßnahmen).

2.2.7 Identifikations-Controlling

Das Personal-Controlling[19] umfasst auch Aspekte der Identifikation. Allerdings sind hier die direkt **quantitativ messbaren** Outputgrößen (z. B. Fluktuationsrate und Fehlzeiten) keineswegs die Faktoren mit der stärksten Aussagekraft für Identifikationsprozesse.[20] Wichtiger sind **qualitative, nur indirekt erfassbare Faktoren**, wie (sich u. U. wandelnde!) Zusammenhänge zwischen Wertorientierungen, Identifikation, Motivation, Arbeits-, Führungs-, und Kooperationsbeziehungen sowie der Unternehmenskultur.

Identifikations-Controlling soll daher

- ein ⇒ *Frühwarnsystem* **des strategischen Personalmanagements** entwickeln, v. a. über regelmäßige Mitarbeiterbefragungen, Vergleiche mit Bevölkerungsumfragen aus der Werteforschung sowie mit anonym aufbereiteten Identifikationsdaten aus anderen Unternehmen und speziellen statistischen Auswertungen, und

- die Schritte der Identifikationspolitik **evaluierend unterstützen**.

3 Motivierung als zentrale Führungsaufgabe

Die **Verhaltenssteuerung über Motivierung für Ziele, Aufgaben, Mittel und Verhaltensweisen** gilt als zentrale, nicht-delegierbare Führungsaufgabe. Dazu werden im Folgenden auf der Basis zentraler Motivationstheorien konkrete Gestaltungsempfehlungen gegeben. Es folgt ein Vorschlag zur Weiterentwicklung der gängigen theoretischen Ansätze.

---

19 Vgl. Wunderer/Schlagenhaufer 1994; Wunderer/Jaritz 1999 sowie Kapitel E V. Führungs- und Kooperations-Controlling im Kontext des Personal-Controllings
20 Vgl. Lodahl/Kejner 1965; Mowday/Porter/Steers 1982

3.1 Klassische motivationstheoretische Konzepte und führungspraktische Folgerungen

3.1.1 Bedürfnisorientierte »Inhaltstheorien« der Motivation

Darstellung

Inhaltstheorien befassen sich mit der Frage, **was** motiviert. Sie versuchen, Kausalerklärungen zu liefern: Ein beobachtetes Verhalten wird auf bestimmte Bedürfnisse zurückgeführt. Im folgenden werden beispielhaft das theoretische Konzept von A. Maslow und das auf empirischer Basis entwickelte Modell von F. Herzberg referiert.

Maslow wollte einen »dritten Weg« zwischen der Psychotechnik des Taylorismus und dem psychoanalytischen Freudianismus gehen und damit den Beginn eines »neuen Jahrhunderts der Arbeit« einläuten.[21] Er formulierte eine **Psychologie des Wachstums** und der mentalen Gesundheit. In seiner humanistischen Motivationspsychologie werden die menschlichen Bedürfnisse in einer vieldiskutierten Bedürfnispyramide in fünf Klassen zusammengefasst (vgl. Abb. 8):

- physiologische Bedürfnisse (z. B. Bedürfnisse nach Nahrung, Sauerstoff, Schlaf …)
- Sicherheitsbedürfnisse (z. B. Bedürfnisse nach Schutz, Vorsorge, Angstfreiheit …)
- soziale Bedürfnisse (z. B. Bedürfnisse nach Kontakt, Zugehörigkeit, Geborgenheit …)
- Ich-Bedürfnisse (z. B. Bedürfnisse nach Anerkennung, Status, Prestige …)
- Bedürfnisse nach Selbstverwirklichung (Bedürfnisse nach Realisierung der eigenen angelegten Möglichkeiten und Fähigkeiten, Bedürfnis nach Verstehen und Einsicht[22]).

Bei den ersten vier Kategorien handelt es sich nach Maslow um sogenannte »**Defizitmotive**«, die bei Mangelzuständen wirksam werden. In die fünfte Kategorie fallen Bedürfnisse nach Wachstum und Selbstverwirklichung. Sie werden deshalb als »**Wachstumsmotive**« bezeichnet.

Kernstück der Argumentation ist, fundamentale Bedürfnisse seien die wirkungsstärkeren (sog. »**Präpotenzhypothese**«). Erst wenn ein niederwertigeres Bedürfnis befriedigt ist, wird das nächsthöhere aktiviert (»**Satisfactions-Progressions-Hypothese**«). Wird ein höherwertiges Bedürfnis über längere Zeit nicht erfüllt, so erfolgt ein Rückfall auf ein niederwertigeres (»**Frustrations-Regressions-Hypothese**«). Anders als die vier übrigen Kategorien sind die Bedürfnisse nach Selbstverwirklichung grenzenlos und können nie völlig befriedigt werden. Dazu zählt z. B. das Streben nach Ganzheit, Vollkommenheit, Lebendigkeit, Einfach-

---

21 Vgl. Maslow 1973
22 Umschreibung von Heckhausen 1989; die Selbstverwirklichungsbedürfnisse sind nach Maslow nicht näher spezifiziert, weil sie auch individuell sehr unterschiedlich interpretiert werden können.

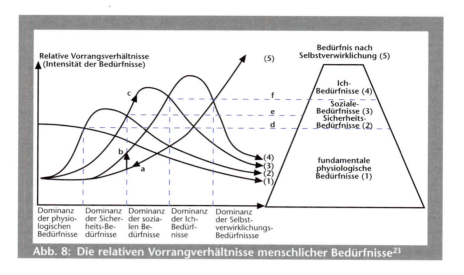

Abb. 8: Die relativen Vorrangverhältnisse menschlicher Bedürfnisse[23]

heit, Schönheit, Güte, Einzigartigkeit, Verspieltheit, Mühelosigkeit, Wahrheit und Selbstgenügsamkeit.

Die Kurven in Abb. 8 bringen die relativen Vorrangverhältnisse (Intensitäten) der Bedürfnisse (1–5) zum Ausdruck: Zunächst dominieren die physiologischen Bedürfnisse das Verhalten. Je stärker und nachhaltiger diese befriedigt werden, desto mehr verlieren sie an verhaltenslenkender Kraft und desto stärker macht sich die nächsthöhere Kategorie der Sicherheitsbedürfnisse bemerkbar. Dieser Verlauf setzt sich fort, bis schließlich Selbstverwirklichungsmotive im Vordergrund stehen, für die sich bisher kein Wendepunkt in der Vorrangkurve nachweisen ließ. Dieser Verlauf kann gestört werden:

● durch **Entzug von Bedürfnisbefriedigung** (»Deprivation«): Bleibt eine bereits überwundene Bedürfniskategorie (z. B. soziale Bedürfnisse) unerfüllt, so wird das höherwertige Motiv (z. B. Selbstverwirklichung) zunächst zwar weiterverfolgt, verliert aber an Intensität. Dies ist in Abb. 8 durch einen gegenläufigen Weg auf der Kurve der Bedürfniskategorie Selbstverwirklichung dargestellt (Pfeil a). Eine deutliche und längerfristige Nichtbefriedigung führt schließlich zur Wiederaufwertung niedrigerer Bedürfnisse (Pfeil b), zur zeitweiligen Aufgabe höherer Bedürfnisse und zu Handlungen zur Mangelbeseitigung. Ist dies gelungen, werden Motivdominanzen aktiviert, d. h. erneut höhere Bedürfnisse angestrebt (z. B. Pfeil c).

● durch dauerhafte **Fixierung** auf eine hierarchisch niedrige Bedürfniskategorie (Pfeile d, e, f). Diese kann z. B. durch eine wiederholte starke Deprivation höherwertiger Bedürfnisse, durch kulturelle ⇒ Normen oder durch negative Lebenserfahrungen bedingt sein. Sie bewirkt eine hoch selektive und einseitige

23 Nick 1974, S. 31

Wahrnehmung und Interpretion von Situationen. Wer auf Sicherheitsbedürfnisse fixiert ist, wird z. B. Stellenangebote einseitig nach Bezahlung und Arbeitsplatzsicherheit beurteilen, dagegen »mitunternehmerische« Aspekte, wie Sinngehalt und Entfaltungsmöglichkeiten wenig beachten.

Herzberg untersuchte auf empirischem Wege – mit Hilfe der sogenannten »Critical Incident Technique« – das Zustandekommen von ⇒ *Arbeitszufriedenheit*: So fragte er 230 Ingenieure, an welche Ereignisse bzw. Situationen in ihrer Arbeit sie sich gerne und an welche sie sich ungerne erinnern. Auf der Grundlage der Befragungsergebnisse entwickelte er seine vielzitierte »**Zweifaktoren-Theorie**« **der Motivation.**

⇒ *Arbeitszufriedenheit* wird danach als ein zweidimensionales Konzept mit den Dimensionen »unzufrieden – nicht unzufrieden« und »zufrieden-nicht zufrieden« verstanden und dargestellt. Für Unzufriedenheit (bzw. deren Abwesenheit) sind die sogenannten »**Hygienefaktoren**« (v. a. Unternehmenspolitik und -organisation, Kollegen, Vorgesetze, Mitarbeiter, Arbeitsbedingungen, Gehalt, Arbeitsplatzsicherheit, Einflüsse auf das persönliche) verantwortlich, für Zufriedenheit (bzw. deren Abwesenheit) die »**Motivatoren**« (Leistungserfolg, Anerkennung, Arbeitsinhalte, Verantwortung sowie Aufstiegs- und Entfaltungsmöglichkeiten). Abb. 9 zeigt die Ergebnisse der Originalstudie.

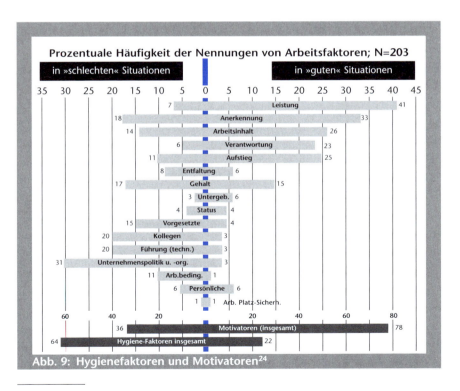

Abb. 9: **Hygienefaktoren und Motivatoren**[24]

---

24 Neuberger 1974, S. 121

Diese bedürfnisorientierten Inhaltstheorien der Motivation wurden in Befragungen der Praxis tendenziell bestätigt. Sie ließen sich für konkrete und praktikable Motivationstaktiken der Vorgesetzten besonders gut einsetzen und bestimmten die Diskussion der Managementlehre an Hochschulen und in der Praxis – v. a. seit den sechziger Jahren. Voraussetzung ist dabei, dass die Führungskraft die Motive und ihre situative Veränderung individuell erkennt und bewusst anzusprechen versucht.

Beurteilung

Inhaltsbezogene Motivationstheorien liefern Hinweise für den Führungsalltag. Sie

- informieren, wie bestimmte Motivationen bei verschiedenen Mitarbeitergruppen ausgeprägt bzw. gewichtet sein können

- begründen, warum zu bestimmten Leistungsangeboten (z. B. Unternehmenspolitik, Führungsmittel, Information) in erster Linie Unzufriedenheit geäußert wird und warum selbst bei erfolgreicher Verbesserung dieser Angebote keine langfristigen Leistungssteigerungen zu erwarten sind, auch wenn dadurch Frustrationen abgebaut wurden

- appellieren, sich bei hinreichendem Erfüllungsgrad der Hygienefaktoren auf Motivatoren (Herzberg) bzw. Wachstumsmotive (Maslow) zu konzentrieren

- regen an, Organisations- und Führungskonzepte (z. B. Delegation) sowie über Qualifizierungsmaßnahmen den Grad der Selbständigkeit und Verantwortung zu erhöhen (Empowerment)

- weisen auf die Bedeutung von Anerkennung und Selbstachtung hin und

- inspirieren dazu, sich bei schon motivierten Mitarbeitern auf den Abbau frustrierender Motivationsbarrieren zu konzentrieren anstatt neue, ⇒ *extrinsisch* orientierte Motivationsprogramme einzuführen.

Die inhaltsorientierten Motivationstheorien weisen aber auch **Grenzen** auf:

- Die bedürfnisorientierten Motivationstheorien vernachlässigen die Identifikation als Grundlage der Motivation sowie als das bedeutsamere Führungsinstrument für ⇒ *Selbststeuerung*. Ihre undifferenzierte und meist statische Anwendung führte zu übergeneralisierten Motivationskonzepten, welche die individuelle und dynamische Bedürfnisstruktur des Einzelnen ausblenden.

- Die Motivationspyramide von **Maslow** wurde über- und fehlinterpretiert. Dies gilt insbesondere für die Annahme, dass ab gewissen Entwicklungsstufen »niederwertige« Defizitmotive nicht oder kaum mehr relevant seien (z. B. Einkommen) und dass es einen klaren Entwicklungspfad zur wachstumsfördernden Motivation gebe. Zudem scheint es fraglich, ob die postulierte Rangordnung auf alle Kulturen zutrifft.[25] So rangieren in kollektivistischen Gesellschaften (z. B. Japan) soziale Bedürfnisse vor den »Ich-Bedürfnissen«.

---

25 Vgl. Neuberger 1985

- Ebenso wurde die idealtypische Differenzierung von **Herzberg** auf der Basis seiner Fallstudie überinterpretiert. Dadurch wurde die Bedeutung des Einkommens auf einen »Hygiene-Faktor« reduziert und übersehen, dass mit der Honorierung auch Anerkennung, Selbstachtung und Statuseinschätzung angesprochen sind.

- Das Hauptproblem inhaltlicher Motivationstheorien unter Führungsaspekten liegt jedoch in der These, ein attraktives Motivationsangebot würde schon ein entsprechendes Leistungsverhalten sichern. Dabei wird übersehen, dass weitere Faktoren – so z. B. Qualifikation und situativer Kontext – eine entscheidende Rolle spielen.

- Die Folgerungen konzentrieren sich zu stark auf Motivation und vernachlässigen die Bedeutung von Motivationsbarrieren für grundsätzlich motivierte Mitarbeiter. Und sie sind häufig zu optimistisch mit ihrer These, jeder Mensch sei grundsätzlich gezielt und wirkungsadäquat zu motivieren.

Führungspraktische Folgerungen

Die Inhaltstheorien der Motivation geben Hinweise zur Bereitstellung und Gestaltung von motivierenden Anreizen. Zentrale Ansatzpunkte hierbei sind:

- **Analyse individueller bzw. gruppenspezifischer Motivstrukturen** (z. B. im Rahmen von Mitarbeiterbefragungen): Hierdurch können wichtige Informationen für eine bedürfnisgerechte Anreizgestaltung geschaffen und damit Fehlinvestitionen in unwirksame Anreizkonzepte vermieden werden.

- **Evaluation des Erfüllungsgrades klassischer Defizitmotive bzw. Hygienefaktoren**: Die Befriedigung von Defizitmotiven (nach Maslow) bzw. Hygienefaktoren (nach Herzberg) sind Voraussetzung für persönliches Wachstum bzw. die Vermeidung von Unzufriedenheit und damit für mitunternehmerisches Engagement der Mitarbeiter. Deshalb gilt es, systematisch zu überprüfen, ob diese Bedürfnisse hinreichend erfüllt sind und im Bedarfsfall geeignete Maßnahmen zu entwickeln. Abb. 10 zeigt Beispiele und ihre Verbindung zu den Theorien von Maslow und Herzberg auf.

- **Schwerpunktsetzung auf Wachstumsmotive und Motivatoren**: Während die Befriedigung von Defizitbedürfnissen und Hygienefaktoren zwar Mangelzustände und Unzufriedenheit vermeiden hilft und damit die Basis für den Erhalt der Leistungsbereitschaft der Mitarbeiter legt, verspricht die Erfüllung von Wachstumsmotiven und Motivatoren deutliche Motivationsschübe und damit auch eine merkliche und nachhaltige Steigerung des unternehmerischen Denkens und Handelns. Deshalb sollte diesen Aspekten besondere Aufmerksamkeit geschenkt werden. Wie Untersuchungen belegen, haben hierbei folgende Aspekte besondere Bedeutung: **Interessante, sinnvolle und spaßmachende Arbeit, Entwicklungsmöglichkeiten, Handlungsspielräume und Übertragung von Verantwortung** sowie **leistungsgerechte Entlohnung**. Letztere kann insoweit zu den Motivatoren gezählt werden, als sie Ausdruck für Wertschätzung

Maßnahme	Thereotischer Ansatzpunkt	
	nach Maslow	nach Herzberg
Verbesserung der Arbeitsbedingungen	physiologische Bedürfnisse	Hygienfaktor »Arbeitsbedingungen«
Veränderung Unternehmens-/ Personalpolitik, z. B. umweltverträgliche Produkte, Vermeidung von »hire & fire«-Politik	Sicherheitsbedürfnisse	Hygienefaktor »Unternehmenspolitik und -organisation«
Marktgerechte Entlohnung	Sicherheitsbedürfnisse/Ich-Bedürfnisse	Hygienefaktor »Gehalt«
Optimierung der Teamzusammensetzung (Vereinbarkeit der Charaktere)	soziale Bedürfnisse	Hygienefaktor »Kollegen«
Etablierung von Statussymbolen	Ich-Bedürfnisse	Hygienefaktor »Status«
Vorgesetztenschulung, Veränderung der Führungskräfteauswahl und -beurteilung	–	Hygienefaktor »Vorgesetzter«

Abb. 10: Ansatzpunkte zur Erfüllung von Defizitmotiven und Hygienefaktoren (Beispiele)

Aspekt	Führungsinstrumente und Maßnahmen
Interessante, sinnvolle und spaßmachende Arbeit	• eignungs- und neigungsgerechter Personaleinsatz • Information über aktuelle Entwicklung in Unternehmen und Unternehmenswelt • Information über die Bedeutung der Arbeit im Gesamtkontext • Vermittlung von Visionen (transformationale Führung) • ganzheitliche Arbeitsgestaltung (Job Enlargement, Job Enrichment, teilautonome Arbeitsgruppen) • Vermittlung von Kenntnissen, Fertigkeiten, Techniken, mit denen sich die Arbeit kreativer, leichter oder interessanter bewältigen lässt
Entwicklungsmöglichkeiten	• reifegradgerechte Führung • Sonderaufgaben, Projektarbeit, Stellvertretung nach Qualifikation und Motivation • Job Rotation • Coaching, Mentoring
Handlungsspielraum und Verantwortung	• ganzheitliche Aufgabengestaltung (Job Enrichment, Job Enlargement, teilautonome Arbeitsgruppen) • delegative Führung • ziel- und ergebnisorientierte Führung • flexible Arbeits- und -ortsgestaltung
leistungsgerechte Entlohnung	• Leistungsprämien • variable Entgeltgestaltung • Ergebnis- bzw. Erfolgsbeteiligungen • Prämierung von Verbesserungsvorschlägen
gute soziale Beziehungen am Arbeitsplatz	• konsultativ-kooperative Führung • vertrauensvolle, offene Kommunikation • Zeit für informelle Kommunikation • Teambeurteilung • Honorierung des Teamerfolgs • gute Teamorganisation

Abb. 11: Ansatzpunkte zur Erfüllung zentraler Motivatoren

und Anerkennung ist. In Abb. 11 sind einige Beispiele für die Erfüllung dieser Faktoren im Rahmen struktureller und interaktiver Führung aufgeführt.

3.1.2 Kognitive Prozesstheorien der Motivation

Darstellung

Prozesstheorien der Motivation beschäftigen sich mit der Frage, wie Motivation abläuft. Sie konzentrieren sich somit auf Motivationsprozesse und ihre Bedeutung für zielorientiertes Leistungsverhalten statt auf Motivationsinhalte.[26] Sie betrachten den Menschen als kognitiv und rational gesteuertes Wesen, das sein Handeln an drei Kriterien ausrichtet: **Valenz, Instrumentalität** und **Erfolgserwartung**. Leistungsbereitschaft ist als das Produkt dieser drei Faktoren zu begreifen (vgl. Abb. 12).

Abb. 12: Grundmodell der kognitiven Prozesstheorien der Motivation

Die aktuelle Gewichtung – **Valenz** genannt – bestimmter Ziele bzw. Motive bildet die Grundlage für ihre Attraktivität. Sie kann individuell sehr verschieden ausfallen: Den jungen Familienvater interessieren besonders das Einkommen und die Aufstiegsmöglichkeiten, während seinen ledigen Kollegen vielleicht eher die Möglichkeit reizt, interessante Arbeitsplätze in verschiedenen Firmen und/oder in verschiedenen Ländern kennenzulernen. Die Valenz ist relativ stabil, soweit sie von der Identifikationsdisposition beeinflusst wird. Je extrovertierter allerdings Mitarbeiter sind, desto mehr kann ihre Valenz über Führung beeinflusst werden.

Die **Instrumentalität** charakterisiert die Einschätzung des Mitarbeiters, inwieweit mit einer bestimmten Handlungsalternative (inkl. den hierfür notwendigen Mitteln und Ressourcen) das gewünschte Ziel oder Ergebnis zu erreichen ist. Der Eine setzt dabei mehr auf persönlichen Einsatz, der Andere auf Beziehungen und der Dritte schließlich auf seinen glücklichen Stern. Die Instrumentalität ist insbesondere durch strukturelle Führungsmaßnahmen gut zu beeinflussen. Die Beeinflussung der Richtung motivierten Handelns ist hier eine besondere Aufgabe des Managements (z. B. durch Management by Objectives). Die Führungskraft übernimmt dabei die Rolle eines Infrastrukturförderers.

Die **Erfolgserwartung** besagt, wie die Wahrscheinlichkeit der Zielerreichung subjektiv eingeschätzt wird. Sie hängt insbesondere der Persönlichkeit des einzelnen Mitarbeiters (z. B. seinem Machbarkeitsglauben oder Optimismus) sowie von

---

26 Vgl. Atkinson 1975; Lawler 1977; Steers/Porter 1987

seinen Erfahrungen mit bisher gewählten Alternativen und Aktivitäten ab. Wer grundsätzlich dazu neigt, an Aufgaben optimistischer heranzugehen, nicht von vorneherein Misserfolge der eigenen Unfähigkeit zuschreibt und dabei den Schwierigkeitsgrad von Aufgaben nicht gleich als überhöht einschätzt, der wird auf attraktive Optionen auch aktiv und zielgerichtet reagieren.

Prozesstheorien der Motivation können damit auch in Verbindung mit weiteren kognitiven Konzepten – den sogenannten »Zurechnungstheorien« – diskutiert werden. Diese attributionstheoretischen Ansätze beziehen sich v. a. auf die Bewertung der Erfolgserwartung und -zurechnung im Motivationsprozess durch den Mitarbeiter. Aus seinen früheren Erfahrungen greift er dabei in der **Erfolgsattribuierung** v. a. auf vier **Einflussfaktoren** (vgl. Abb. 13) zurück:

- eigene **Qualifikation**
- **Aufgabenschwierigkeit**
- eigene **Anstrengung** und
- **Zufall (Glück, Pech).**

Stabilität über die Zeit	Ort der Verursachung	
	in der Person (internal)	in den Umständen (external)
stabil	eigene Begabung	Aufgabenschwierigkeit
instabil	eigene Anstrengung	Zufall

Abb. 13: Vierfeldertafel zur Kausalattribuierung nach Weiner[27]

Korrelations- und Experimentalstudien ergaben persönlichkeitsspezifische Konzepte der Ursachenzuschreibung für Erfolg bzw. Misserfolg. Daraus wurden **zwei Idealtypen** gebildet:

- **Erfolgszurechner** neigen dazu, Erfolge der eigenen Begabung oder Anstrengung zuzurechnen, während sie bei Misserfolg dafür die ungünstige Arbeitssituation (z. B. Aufgaben, Mitarbeiter, Arbeitsumwelt und Arbeitsplatz) verantwortlich machen.

- **Misserfolgszurechner** schreiben ihre Erfolge eher einer günstigen Arbeitssituation zu, während sie Misserfolge v. a. auf ihre mangelnde Begabung bzw. Leistungsmotivation zurückführen.

Diese Zurechnungen nehmen einen zentralen Einfluss auf das Verhalten. Wer sich selbst etwas zutraut, wird auch versuchen, seine Ziele zu realisieren.

So stellen **Misserfolgszurechner** besondere Anforderungen an die Führung, weil diese auch deren Erfolgseinschätzungen positiv beeinflussen muss, um zielorientierte Aktivitäten auszulösen. Es reicht hier also nicht, die bedürfnisbefriedi-

---

27 Weiner 1976, S. 82

genden Optionen attraktiv zu gestalten und zu präsentieren. Denn entscheidend für eine positive Handlungstendenz dieser Mitarbeiter ist erst die wirksame Beeinflussung der Erfolgswahrscheinlichkeit sowie der Ziel-Mittel-Instrumentalität. Umgekehrt haben **Erfolgszurechner** Mühe, Misserfolge auf mangelnde eigene Fähigkeit oder Anstrengung zurückzuführen, lieber machen sie andere oder die »Umstände« dafür verantwortlich. Deshalb vergessen sie auch leicht die Anerkennung anderer. Hier ist es Aufgabe der Führungskraft, dem Betroffenen zu einer realistischeren Einschätzung zu verhelfen. Solche Führungsaufgaben werden bei der Diskussion motivierender Führung meist übersehen.

Beurteilung

III
Identifi-
kation,
Motivie-
rung und
Remoti-
vierung

Prozesstheorien konzentrieren sich – unabhängig von jeweiligen Motivationsinhalten – auf den **Wahrnehmungs-, Entscheidungs- und Handlungsprozess.** Dabei hat die Attraktivität der Motivationsobjekte die Bedeutung eines »Zündfunkens« und Intensitätsverstärkers. Sie definiert deren individuelle »Valenz« für den Mitarbeiter. Diese ist also nur einer der drei zentralen Einflussfaktoren, der zudem durch Führung nur begrenzt veränderbar ist (z. B. über transformationale Führung), da die Valenz v. a. durch die besondere Wertestruktur und -konfiguration des jeweiligen Mitarbeiters beeinflusst wird.

Die eigentliche **Führungsaufgabe** stellt sich bei den **Informations-, Interpretations- und Unterstützungsfunktionen.** Es gilt, entsprechende Mittel und Wege zur Erreichung des individuell und situativ bevorzugten Motivationsziels aufzuzeigen und bereitzustellen (»Instrumentalitäten«) sowie die subjektive Erfolgseinschätzung (»Erfolgswahrscheinlichkeit«) positiv zu beeinflussen (insbesondere bei tendenziellen Misserfolgszurechnern).

Dies erfordert eine differenzierte und individuelle Analyse der Valenzen, eine konstruktive Interpretation der Leistungsziele und -aufgaben sowie eine fördernde Gestaltung der Arbeitsbedingungen, z. B. über Organisation.

Die Prozesstheorien zeigen somit, dass es nicht um einen einfachen kausalen oder linearen Zusammenhang zwischen Motivationsangebot und leistungsorientiertem Verhalten geht.

Allerdings sind die bisher diskutierten Konzepte für die Führungspraxis **relativ abstrakt** und **zu formalisiert**, um als direkte Führungshilfe schon leicht umsetzbare Dienste leisten zu können. Auch einige **Grundannahmen** sind **nicht unproblematisch:**

- So setzt die multiplikative Verküpfung der drei Komponenten voraus, dass diese unabhängig voneinander und daher einzeln zu beeinflussen sind. Ziele, Instrumentalitäten und Erfolgserwartungen können sich aber erst im Zuge des Handelns konkretisieren und verändern.

- Dem Entscheidungs- und Handlungsträger sind nicht alle notwendigen Parameter bewusst und mitteilbar. Viele Motive sind unbewusst und menschliches Handeln wird nicht nur von rationalen Überlegungen gesteuert.

Ansatzpunkt »Valenz«

● Unternehmerischen Zielen bzw. Teamaufgaben besondere Bedeutung geben durch
  – Verbesserung des Kenntnisstandes (aktive Informationspolitik, Gesamtzusammenhänge deutlich machen, Kommunikationskultur aufbauen)
  – Symbolisches Management (Einbindung/Verpflichtung der »Kulturträger« Führungskräfte, spezielle Instrumente, wie Vorschlagswesen, ⇒ *Qualitätszirkel*)
● Reorganisation von Arbeitsprozessen (mehr Sinn durch ganzheitlichere Arbeitsgestaltung)
● Kriterien unternehmerischen Verhaltens in Beurteilungssysteme integrieren und mit anderen materiellen und immateriellen Anreizen verknüpfen
● über transformationale Führung zentrale Werte, Ziele, Aufgaben der Unternehmung höher gewichten
● Personalmarketing und -auswahl revidieren (unternehmerisch motivierte Personen bevorzugt gewinnen und auswählen)

Ansatzpunkt »Instrumentalität«
● Zielvereinbarungen, ⇒ *Mitarbeitergespräche*, ⇒ *Coaching-* und ⇒ *Mentoring-Konzepte* einführen oder verstärken und Führungskräfte entsprechend schulen (institutionelle Grundlagen für individuelle Beratung und Hilfestellung) ● Personalabteilung zum Beratungs-/Kooperationspartner für Führungskräfte und Mitarbeiter entwickeln (insb. professionelle Unterstützung in methodischen Fragen) ● Politik der »offenen« Türe bei Führungskräften und Personalabteilung pflegen (Offenheit und Ansprechbarkeit signalisieren und dadurch Schwellenängste abbauen) ● Überprüfung/Revidierung des Personaleinsatzes (qualifikationsgerechte/qualifizierende und neigungsgerechte Aufgabenzuteilung, »fördern und fordern«) ● Überprüfung/Revidierung der Arbeitsorganisation (für optimale Arbeitsbedingungen und Ressourcenausstattung sorgen) ● kooperativ-delegative Führung (im Bedarfsfall mit Beratung verbinden) ● über individuelle Laufbahnplanung Perspektiven aufzeigen ● individuellen Entwicklungsbedarf ermitteln und geeignete Maßnahmen ableiten ● Personalentwicklung on the job (Coaching, Mentoring, Job-Rotation, Job Enrichment, Projektarbeit, Stellvertretung etc.) verstärken ● Information, Beratung, Hilfestellung bei schwierigen oder neuartigen Aufgaben geben
Ansatzpunkt »Erfolgserwartung«
● Hilfestellung geben, z. B. über Coaching-, Paten-, Mentorensysteme ● Führungskräfte im Umgang mit Erfolgs-/Misserfolgszurechnern schulen, bei Führungskräfteauswahl auf dafür notwendige Kompetenzen achten ● in Führungsseminaren Förderung des Selbstvertrauens, Abbau von zurechnungsbedingten Schuldzuweisungen, Umgang mit Herausforderungen einbeziehen ● Lernkultur pflegen (Null-Fehler-Mentalität vermeiden; Probleme oder Fehler als (Lern-)Chancen definieren) ● objektivierte Erfolgszurechnung ermöglichen, Beurteilungs- und Gratifikationssysteme entsprechend anpassen ● realistische Ziele setzen oder vereinbaren ● qualifikationsgerechter/-fördernder Arbeitseinsatz (insb. Vermeidung von Überforderung) ● förderliche Teamzusammenstellung (sozialkompetente und sich auch fachlich unterstützende Kollegen) ● »reifegradgerechte« Führung nach Qualifikation und Motivation ● individuelle Hilfestellung geben ● auch kleine Erfolge belohnen (Gratifikationssysteme entsprechend gestalten/anpassen)

Abb. 14: Instrumente und Maßnahmen zur Förderung von Valenz, Instrumentalität und Erfolgserwartung

Insgesamt helfen aber kognitive Prozesstheorien zur eigenen Motivationsoptimierung, die Aufgabe der Motivierung in einer differenzierteren Form zu verstehen und anzusehen. Ebenso vermeidet ihre Berücksichtigung, sich auf goldene Motivationsregeln oder -rezepte zu verlassen. Schließlich ergänzen sie die auf Motivationsinhalte fokussierten Ansätze.

Führungspraktische Folgerungen

Die drei Komponenten »Valenz«, »Instrumentalität« und »Erfolgserwartung« bezeichnen zugleich drei zentrale Ansatzpunkte für die Führung. Ihre Aufgabe ist es,

- Werte, Ziele oder Aufgaben für die Mitarbeiter attraktiv zu machen, sie mit den individuellen Bedürfnissen in Einklang zu bringen oder die Gewichtung zu verändern (transformieren) (**Valenz**)
- den Mitarbeitern Wege und Mittel zur Zielerreichung aufzuzeigen bzw. diese zu unterstützen (**Instrumenalität**) und
- ihnen das Gefühl zu geben, angestrebte Ziele auch erreichen zu können (**Erfolgserwartung**).

Abb. 14 zeigt verschiedene Instrumente und Maßnahmen, die sich auch und in besonderem Maße zur Förderung der **unternehmerischen Motivation** eignen.

Zusammenfassend ist festzustellen, dass der strukturellen und interaktiven Führung ein differenziertes Arsenal von Möglichkeiten zur Verfügung steht, um Motivation und Motivationsprozesse der Mitarbeiter zu beeinflussen; dies auf der Grundlage einer relativ stabilen Identifikationsstruktur. Das erfordert in Ergänzung zu den strukturellen Maßnahmen über Kultur-, Organisations- und Strategiegestaltung auch eine sensitive, individuelle und situationsgerechte direkte Führung. Ebenso müssen sich die Mitarbeiter mit Zielen, Programmen, Aufgaben bzw. Produkten und Bezugspersonen grundsätzlich identifizieren können. Die üblichen Motivatoren müssen auch von den Mitarbeitern als attraktiv bewertet werden.

3.2 Fazit und Ausblick

Nachdem zentrale Konzepte aus der Motivationstheorie vorgestellt und auf ihre Anwendbarkeit für die Führungspraxis geprüft und diskutiert wurden, werden nun grundsätzliche Defizite der Motivationsforschung aufgezeigt, die für die Mitarbeiterführung bedeutsam sind. Anschließend werden Ansatzpunkte zur konzeptionellen Weiterentwicklung der bestehenden Konzepte vorgestellt.

3.2.1 Drei generelle Defizite der Motivationstheorien

Drei Faktoren wurden in allen skizzierten motivationstheoretischen Ansätzen ausgeblendet, obgleich sie hohe praktische Relevanz besitzen:

- **die Motivstruktur des Vorgesetzten**

  Die Bedeutung der Motivstruktur der Führungskraft und ihre Vereinbarkeit mit derjenigen des Geführten wird weitgehend **vernachlässigt**. In der Praxis hat jedoch das Zusammenspiel und damit die Wirkungsanalyse dieser beiden Faktoren hohen Einfluss auf Führungsbeziehung und Mitarbeitermotivation. So ist nicht erwiesen, dass eine hohe Ähnlichkeit der beiden Motivstrukturen optimale Effekte bewirkt. Diese erleichtert zwar das Verständnis für ähnliche Bedürfnisse, garantiert jedoch noch nicht ihre optimale Erfüllung. Erheben beide z. B. hohe Ansprüche an Autonomie, entstehen daraus leicht Probleme (z. B. ungenügende Abstimmung und Koordination von Aktivitäten, ungenügende Beratung und Hilfestellung für den Mitarbeiter, wechselseitig begrenzte Bereitschaft zum Zuhören und zur eigenen Beeinflussbarkeit). Umgekehrt können komplementäre Motivationsstrukturen zu einer funktionierenden motivationalen Koalition führen. So lässt sich z. B. die freiwillige Akzeptanz eines autoritär-patriarchalischen Führungsstils durch die Entscheidungs- und Verantwortungsscheu des Mitarbeiters erklären. Eine wissenschaftliche Erforschung dieser Zusammenhänge gibt wichtige Hinweise für die Stellenbesetzung und die Bildung von Vorgesetzten-Mitarbeiter-Gespannen.

● **die Wechselseitigkeit der Motivationsbeziehung zwischen Vorgesetzten und Mitarbeitern**

Wir verstehen Führung als wechselseitige soziale Einflussnahme, was insbesondere in den Konzepten »kooperative Führung«[28] und »Führung von unten«[29] deutlich wird. In einem solchen **Interaktionsansatz** der Führung sind auch die Mitarbeiter gehalten, die **Motivationsstruktur**, die **Erwartungen** und die dem Vorgesetzten zur Verfügung stehenden (und ebenso die nicht gegebenen) **Instrumente** in der wechselseitigen Zusammenarbeit einzuschätzen und zu berücksichtigen. Damit wird eine vorherrschende ⇒ *Führungsphilosophie* substantiell geändert, welche die Mitarbeiter nur als Motivationsobjekt und abhängige Variable interpretiert und Mitarbeiter die Rolle übernehmen, auf Motivierungsversuche der Vorgesetzten zufrieden und leistungsbereit oder frustriert und demotiviert zu reagieren.

Es ist also Zeit, sich von diesem einseitigen »Ammen«-Konzept der Motivation zu verabschieden und es durch einen **mitunternehmerischen Ansatz** zur primären **Verpflichtung zur Selbstmotivation**, zur **wechselseitigen aktiven Motivierung** sowie zur Motivation über **strukturelle Führungsmaßnahmen** (v. a. Arbeitssituation, wie Aufgabe, Arbeitszeit, -platz, -ort und -technologie, -gruppe und -klima) zu ersetzen.

Motivierung durch direkte Führungsmaßnahmen des Vorgesetzten bleibt eine wichtige Funktion. Ebenso bedeutsam ist, dass diese nicht als Unzufriedenheitsmacher empfunden wird. Hier können Führungskräfte aktiv mitwirken und damit präventive statt therapierende Rollen übernehmen. Auch Mitarbeiter sollten sich (auch im eigenen Interesse) überlegen, wie sie ihren Chef leistungsmotiviert und zufrieden halten könnten. Erst so entsteht eine um-

---

28 Vgl. Kapitel D I. Mitarbeiterführung – Führungsstile
29 Vgl. Kapitel D II. Führung des Chefs (Führung von unten) – Einflussstrategien

fassende und wechselseitige Teammotivation, die allen Mitgliedern Ansprüche und alternative Angebote bei der gemeinsamen Aufgabenerfüllung sichert.

- **rollenspezifische Differenzierung der Motivationskonzepte**

Die Inhaltstheorien gehen von der Grundannahme aus, dass Menschen von einem einheitlichen, allenfalls hierarchischen oder dynamischen Motivbündel geprägt sind. A. Maslow definierte dies personenspezifisch. F. Herzberg bevorzugte die Arbeitsposition seiner befragten Ingenieure als Referenz. Wir bevorzugen einen **rollenspezifischen Ansatz**. Dieser geht von folgender Hypothese aus: Jeder wird in seinen Rollen (z. B. Chef, Mitarbeiter, Kollege) von unterschiedlichen, zumindest verschieden gewichteten Motiven beeinflusst. Dazu wird ein Entwurf vorgestellt.

3.2.2 Ein rollenbezogenes Konzept der Motivation

Der zuvor geäußerten Kritik wird in zwei Punkten Rechnung getragen: Zunächst wird eine rollenspezifische Differenzierung zentraler Motivationsinhalte vorgestellt. Dann wird diskutiert, inwieweit und womit Mitarbeiter ihre Vorgesetzten motivieren können.

Abb. 15 zeigt einen ersten Versuch, sechs **zentrale Rollenmotivationen** mit ihren möglichen Inhalten in idealtypischer Weise differenzierend zu beschreiben.

1. Professionelle Motivation (durch Arbeit)	2. Unternehmensmotivation (durch Institution)	3. Private Motivation (durch berufliche Rollen)
Interessante/sinnhafte Arbeit	Seriöser/sozialer Arbeitgeber	Sinnvolle Balance/Differenzierung zwischen Arbeit und Freizeit
Entwicklungschancen	interessante(s) Branche/ Leistungsprogramm	Synergien zwischen Berufs- und Privatrollen
Einkommen	attraktive Lokation	Synergien für private Bezugspersonen (Partner, Kinder, Freunde)
förderliche Arbeitssituation (sachlich/personell)	Unternehmens-/Führungskultur	Selbstachtung/Anerkennung/Entwicklung
4. Geführtenmotivation (durch Führer)	**5. Führermotivation** (durch Geführte)	**6. Kollegenmotivation** (durch Kollegen)
Vorbild des Vorgesetzten (menschlich/fachlich)	Leistungsergebnis (ziel-/zeitgerecht)	Unterstützung der Arbeitsziele
Mitwirkung bzw. Selbständigkeit	Leistungsverhalten/ (v. a. selbständig, entlastend)	Offenheit für eigene Arbeitsprobleme
persönliche und fachliche Kommunikation	Sozialverhalten (v. a. unterstützend/loyal/kollegial)	Zuverlässigkeit
Anerkennung und Förderung durch Vorgesetzten	Akzeptanz/Förderung persönlicher Ziele	aufwandsminimierende Kooperation

Abb. 15: Rollenspezifische Motivatoren – mögliche Komponenten und Inhalte

U. E. bietet eine Verbindung von Rollentheorie und Prozesstheorie einen sinnvollen Ansatz, die bisher recht undifferenzierten Inhaltstheorien der Motivation zu erweitern. Hierbei wäre zunächst die Valenz (Bedeutung) der einzelnen Rollensegmente für die Gesamtmotivation, ihre wechselseitige Komplementarität bzw. Synergie sowie die Hierarchie der einzelnen Motivatoren innerhalb der jeweiligen Rolle zu analysieren. Dann müssten die Instrumentalitäten einzelner führungs- und personalpolitischer Maßnahmen zur Befriedigung der rollenspezifischen Motivatoren behandelt werden, aber es wäre auch zu diskutieren, welchen Einfluss die subjektiven Erfolgserwartungen zur Befriedigung attraktiver rollenspezifischer Motivatoren haben können. Schließlich ist zu klären, wie sich die gesamte Arbeitsmotivation ermitteln lässt, ob z. B. als Produkt von Valenz, Instrumentalität und subjektiver Erfolgserwartungen der einzelnen rollenspezifischen Motivatoren. V. a. wäre aber die Erkenntnis fundiert herauszuarbeiten, dass die Valenz einzelner Motivatoren auch stark rollenspezifisch bestimmt ist, und nicht einfach summarisch und undifferenziert als eine persönlichkeits- oder positionsbezogene Einheit diskutiert werden kann.

Wie und wodurch können nun **Vorgesetzte** durch ihre Mitarbeiter **motiviert** werden?

Aus **Sicht des Vorgesetzten** stehen in der Regel die sachliche, anregende und fundierte Argumentation bzw. **Arbeitsvorbereitung** sowie die ziel-, zeit- und auftragsgerechte Arbeitsleistung im Vordergrund. Dann folgt die Bereitschaft zur positiven Zusammenarbeit, inklusive informellem, vertrauensbildendem Kontakt. Dies zeigen Ergebnisse entsprechender Umfragen.[30]

Wenn die Geführten über hohes Spezialwissen verfügen und beim Vorgesetzten die **Führungs- und Managementrolle** im Mittelpunkt steht, ist dessen Positionsmotivation und -erfolg besonders von seinen Mitarbeitern bestimmt. **Selbständige, professionelle Aufgabenerledigung** und fundiertes ⇒ *Counselling* erhalten hier hohe Bedeutung (Valenz). In einer **Experten- und Spezialistenrolle** wird der Vorgesetzte v. a. durch **Entlastung im operativen Bereich**, aber auch durch eine Minimierung des – häufig ungeliebten – **Führungsaufwandes** besonders motiviert.

Die ziel-/auftragsgerechte und selbstständige **Leistung** des Mitarbeiters sowie konsensbereite, dabei zeitsparende **Kooperation** dürften damit die zentralen Ansatzpunkte zur Motivierung der Vorgesetzten durch ihre Mitarbeiter sein. Von **hoher Instrumentalität** sind: Bereitschaft zu eigenen Vorschlägen, durchdachte und termingerechte Vorlagen sowie die Akzeptanz – zumindest Toleranz – von Position und Person der Führungskraft einschließlich der Vermeidung von Demotivation (z. B. im Bereich von Anerkennungs-, Durchsetzungs- und Selbstverwirklichungsbedürfnissen).

In tendenziell **kooperativen Führungsbeziehungen**, in denen die wechselseitige Interaktion dominiert, ist neben der Entscheidungs- und Arbeitsrolle gerade die

---

30 Vgl. Wunderer 1992a

Wahrnehmung der Beziehungsrolle bedeutsam. Dabei werden alle Einflussstrategien tendenziell relevant, die bei der Steuerung von lateralen (horizontalen) Kollegenbeziehungen in den letzten Jahren differenziert diskutiert wurden.[31]

Die Mitarbeiter sollten deshalb die Erwartungen ihrer Führungskraft analysieren. Neben der Beobachtung im Arbeitsalltag eignet sich dafür das ⇒ *Mitarbeitergespräch,* in welchem der Vorgesetzte gehalten ist, anhand der periodischen Leistungsbeurteilung und Zielvereinbarung seine Prioritäten systematisch, transparent und zukunftsorientiert zu äußern.

4 Remotivierung und Motivationsbarrieren abbauen als Führungsaufgabe

III
Identifi-
kation,
Motivie-
rung und
Remoti-
vierung

4.1 Problemfeld Demotivation

Motivierung ist ein in Theorie und Praxis altbekanntes, vieldiskutiertes Thema. Zahlreiche organisations- und arbeitspsychologische Studien befassten sich mit Motivationsbedingungen, -inhalten, -prozessen sowie Motivierungstechniken, viele Unternehmen entwickelten ausgefeilte Motivierungs- und Anreizprogramme. Dass bereits motivierte Mitarbeiter – wie etwa Mitunternehmer – durch verschiedene Faktoren demotiviert werden, wurde dagegen vernachlässigt. Erfahrungsberichte aus der Praxis sowie erste eigene explorative Untersuchungen belegen jedoch, dass in diesen Motivationsbarrieren ein erhebliches Problempotential liegt. Somit kann die **Remotivierung** demotivierter Mitarbeiter bzw. die Vermeidung von Demotivation als eine zentrale Führungsaufgabe bezeichnet werden (hier auch im Sinne eines unterlassenden Führungshandelns). Das bezieht sich auch auf die Vermeidung von Motivationsbarrieren (Demotivatoren). Dies gilt besonders für **Mitunternehmer** sowie **mitunternehmerisch motivierte Mitarbeiter**, die nach ersten Analysen etwa die Hälfte aller Beschäftigten umfasst, denn sie sind ja schon selbst motiviert.[32]

Bevor wir auf entsprechende Ansatzpunkte eingehen, werden Ausdrucksformen, Ursachen und Auswirkungen von Demotivation beleuchtet. Dabei wird auch auf verwandte Themen – insbesondere die »⇒ *innere Kündigung*«[33] – zurückgegriffen.

4.1.1 Ausdrucksformen und Indikatoren

Remotivierung setzt voraus, Demotivation und ihre Ursachen sowie die versäumten Gelegenheiten ihrer Vermeidung zu erkennen. Dies aber ist schwierig. Demotivation ist komplex und facettenreich. In Analogie zum »Motivationssyndrom« kann hier von einem »**Demotivations-**« bzw. »**Frustrationssyndrom**« gesprochen werden.[34] Dieses ist gekennzeichnet durch:

---

31 Vgl. Wunderer 1991a
32 Vgl. Kapitel B I. Mitarbeiter als Mitunternehmer – ein Transformationskonzept
33 Vgl. z.B. Faller 1991, Hilb 1992; Krystek/Becherer/Deichelmann 1995
34 Vgl. House/Shamir 1995, Sp. 889; Shamir 1991

- abnehmende Bedeutung gemeinschaftlich geteilter Werte und gemeinsamer Identifikation
- verminderte Wertschätzung der Anstrengung für eine Zielerreichung
- verringertes Bewusstsein für die eigene Leistungsfähigkeit
- geringes Selbstwertgefühl sowie verringertes Vertrauen in Vorgesetzte/Führungskräfte
- abnehmende Hoffung auf eine bessere berufliche Zukunft.

Demotivation kann ebenso wie Identifikation oder Motivation selten direkt durch Beobachtung eindeutig diagnostiziert werden. Sie muss deshalb über Symptome oder ⇒ *Indikatoren* erschlossen werden. So kann man es als **Anzeichen für eine Demotivation** – als Gegenteil von freiwilligem Engagement deuten – wenn ein Mitarbeiter

- ungern an seine Arbeit denkt
- kein Interesse mehr oder gesteigertes Interesse an Auseinandersetzungen hat
- zum typischen Ja- oder Nein-Sager geworden ist
- zum Konformisten oder Opponenten geworden ist
- Chefentscheidungen nicht mehr, nur zustimmend oder stets kritisch kommentiert
- seine Kompetenz nicht mehr ausschöpft oder sich stur darauf beruft
- Eingriffe in seinen Kompetenzbereich hinnimmt
- kein Karriere-Interesse mehr äußert
- sich beim Auftreten zurückhält oder als Cliquenführer agiert
- erhöhte Absenz zeigt.[35]

Demotivation in größerem Umfang kann sich auch in **Kennzahlen** widerspiegeln, so z. B. in:

- Leistungsergebnissen
- Fehlzeitenkennzahlen
- Fluktuationsraten
- Ausschussquoten
- Qualität und Quantität der Verbesserungsvorschläge
- geleisteten Überstunden und (freiwilliger) Übernahme von Sonderaufgaben
- Beschwerdequote und Ausmaß der Kritik von unten nach oben
- Qualität und Quantität der Mitwirkung bei Mitarbeiterbesprechungen, Projekten oder betrieblichen Veranstaltungen
- dem Ausmaß der Eigeninitiative und eigener Vorschläge zu Weiterbildungsmaßnahmen
- dem Ausmaß, in dem Angebote im sozialen Bereich (z. B. Kantine, Sport, Kultur) von Mitarbeitern wahrgenommen werden.[36]

Allerdings ist zu berücksichtigen, dass jedes dieser Symptome auch andere Ursachen als Demotivation haben kann. So kann beispielsweise ein zurückhalten-

---

35 Vgl. Krystek/Becherer/Deichelmann 1995, S. 45
36 Vgl. Raidt 1987; Faller 1991

des Auftreten charakterspezifisch, eine hohe Ausschussquote auch materialtechnisch bedingt sein. Dennoch liefern solche ⇒ *Indikatoren* – insbesondere in Kombination miteinander – wichtige Hinweise und fungieren somit als »Warnlampen«.

4.1.2 Ursachen

Eine Remotivierung setzt nicht nur die Diagnose des Phänomens »Demotivation« voraus, sondern erfordert zugleich Informationen über die wichtigsten Ursachen. Diese sind meist auch mit Barrieren für motiviertes Handeln identisch.

Wie schon bei den Erscheinungsformen begegnet man auch bei den Ursachen vielen potentiell relevanten Faktoren. Denn auch Demotivation ist durch verschiedene, sich gegenseitig verstärkende Einflüsse bedingt. Diese lassen sich in vier Feldern zusammenfassen (vgl. Abb. 16).

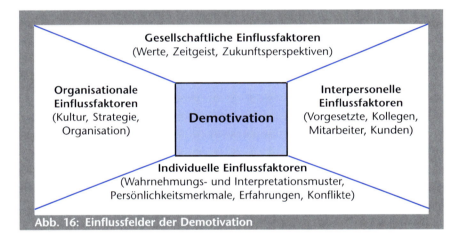

Abb. 16: Einflussfelder der Demotivation

Individuelle Einflussfaktoren

In diese Kategorie fallen individuelle Wahrnehmungs- und Interpretationsmuster, Persönlichkeitsmerkmale, Erwartungen und Einstellungen. Sozialpsychologische Erkenntnisse zeigen, dass Demotivation besonders entsteht,

- wenn die Situation im Unternehmen deutlich von den Erwartungen der Person abweicht[37]
- die Belastungen größer als die Erträge eingeschätzt werden[38]

---

37 Vgl. dazu die Literatur zum »Konzept des psychologischen Vertrags«, z.B. Rousseau 1989, Rousseau/McLean 1993, Kniehl 1998, S. 37
38 Vgl. Kniehl 1998, S. 33

- das verlangte Verhalten nicht mit eigenen Einstellungen oder Gefühlen in Einklang zu bringen ist[39] oder
- starke Einschränkungen der Situationskontrolle bzw. Autonomie erlebt werden.[40]

Darüber hinaus können **Persönlichkeitsmerkmale,** wie Ängstlichkeit, Depressivität, mangelnde Selbstachtung, ein unterentwickeltes Durchsetzungsvermögen oder Unsicherheit die Neigung zur Demotivation verstärken. Eine entscheidende Rolle spielt ferner die **Realitätsgerechtigkeit der Erwartungen.** Überzogene Erwartungen führen schnell zu Enttäuschungen und in der Folge leicht zu Demotivation. So betrachten viele Jungakademiker ihren Hochschulababschluss als Garant für eine Karriere und müssen dann in der Praxis erfahren, dass die formale Ausbildung eine allenfalls notwendige, aber keine hinreichende Bedingung für berufliches Fortkommen ist. Eine falsche Berufswahl sowie Defizite in der individuellen Lebens- und Karriereplanung werden so zu Demotivatoren.[41]

Interpersonelle Einflussfaktoren

Hierzu zählen Probleme mit Personen aus dem Arbeitsumfeld, insbesondere mit Vorgesetzten, Kollegen und Mitarbeitern, aber auch mit Kunden, Lieferanten, Behördenvertretern oder sonstigen Kontaktpersonen. Verschiedene Untersuchungsergebnisse lassen darauf schließen, dass **Vorgesetzte** und **Kollegen** hierbei eine herausragende Rolle einnehmen.[42] So zeigt beispielsweise eine repräsentative Längsschnittanalyse auf der Basis eines sozio-ökonomischen Panels, dass Konflikte mit dem direkten Vorgesetzten einen erheblichen Einfluss auf die (rückläufige) ⟹ *Arbeitszufriedenheit* in der Bundesrepublik nehmen.[43] Typische Problemfelder und potentielle Demotivatoren im Führungsverhalten der Vorgesetzten sind:[44]

- unklares, verspätetes, partielles oder mangelndes Informationsverhalten
- mangelnde Gesprächs- und Diskussionsbereitschaft
- einsame oder fehlende Entscheidungen
- unzureichende Mitwirkungsmöglichkeiten
- Kompetenzräuberei (Eingriffe ins Aufgabenfeld, Übergehen von Absprachen)
- Kommunikationsfehler.

Bei der **Kooperation** zwischen **Kollegen im Team** reicht das Spektrum von fehlender Anerkennung, unzureichender gegenseitiger Unterstützung, persönlichen Antipathien über Rivalitäten und Konkurrenzkämpfe bis hin zum »Psychoterror am Arbeitsplatz«, dem sogenannten Mobbing.[45] Bei der **abteilungsübergreifen-**

---

39 Vgl. Theorien der kognitiven und emotionalen Dissonanz (z.B. Frey 1995; Hochschild 1990)
40 Vgl. Faller 1991
41 Vgl. Krystek/Becherer/Deichelmann 1995, S. 70f.
42 Vgl. Höhn 1983; Raidt 1987; Krystek et al. 1995, Volk 1989
43 Vgl. Noll/Weick 1997
44 Vgl. Krystek/Becherer/Deichelmann 1995, S. 81
45 Vgl. Krystek/Becherer/Deichelmann 1995, S. 93

den Zusammenarbeit kommen noch die typischen Konfliktquellen der lateralen Kooperation[46] hinzu, wie Abhängigkeiten von anderen Bereichen, einseitige Orientierung auf die eigene Organisationseinheit oder mangelnde Ausrichtung an gemeinsamen Zielen.

Organisationale Einflussfaktoren

Demotivierend können alle Gegebenheiten in der Unternehmenskultur, -strategie und -organisation wirken, die zentrale Arbeitswerte, wie Spaß, Sinn, Autonomie, Leistungsgerechtigkeit oder Selbstverwirklichung beeinträchtigen. Nach den Befunden von Krystek/Becherer/Deichelmann[47] haben folgende Faktoren besondere Bedeutung:

III
Identifi-
kation,
Motivie-
rung und
Remoti-
vierung

- fehlende Transparenz der Unternehmenszusammenhänge oder -strategie
- die Unfähigkeit der Unternehmungspolitik, vielen Mitarbeitern die Sinnhaftigkeit ihres Handelns zu vermitteln
- starre und bürokratische Organisations- und Führungsstrukturen
- mangelndes Angebot an Freiräumen zur Kreativitätsentfaltung und
- unbefriedigende Gestaltung und Abstimmung einzelner Arbeitsbedingungen.

Ein besonderes Problempotential zeigen Reorganisationsprozesse, zumal die damit verbundenen Veränderungen (Entlassungen, Versetzungen, erhöhte Mobilitäts- und Flexibilitätserfordernisse etc.) einen Nährboden für Entwurzelung, Verunsicherung und Frustration bilden.

Gesellschaftliche Einflussfaktoren

Da Unternehmen keine »geschlossenen Institutionen« und Mitarbeiter immer Teil einer übergreifenden Gesellschaft sind, bleiben sie natürlich nicht unberührt von gesellschaftlichen Trends. Hierzu zählt die Werteentwicklung ebenso wie politische, wirtschaftliche und kulturelle Einflussfaktoren. Demotivation kann besonders begünstigt werden durch:[48]

- ungünstige Perspektiven am Arbeitsmarkt
- fehlende Visionen in der Gesellschaft
- den Trend zur »Anspruchsgesellschaft« (überhöhte Erwartungen) und
- zunehmende Möglichkeiten der Selbstverwirklichung außerhalb der Arbeit.

4.1.3 Auswirkungen

Ebenso wie die Ausdrucksformen und die Ursachen ist auch das Spektrum an Auswirkungen der Demotivation breit gefächert. Abb. 17 zeigt einige Konsequenzen auf unterschiedlichen Ebenen auf. Ob und inwieweit diese eintreten, hängt von weiteren situativen Faktoren ab. Hier sehen wir noch erheblichen For-

---

46 Vgl. Kapitel D IV. Laterale Kooperation als Selbststeuerungs- und Führungsaufgabe
47 Vgl. Krystek/Becherer/Deichelmann 1995, S. 117
48 Vgl. Hilb 1992, 1995; Krystek/Becherer/Deichelmann 1995

Individuelle Ebene	● Enttäuschung, Frustration, Aggression ● Resignation, nachlassendes Engagement ● Missstimmung bis hin zur Depression ● Verkümmerung der Kenntnisse und Fähigkeiten ● zunehmende Distanz zu den Kollegen, soziale Isolation ● Beeinträchtigung des außerbetrieblichen Engagements und des familiären Zusammenlebens ● psychosomatische Beschwerden
Interpersonelle Ebene	● konformes, angepasstes Verhalten ● Passivität/Gleichgültigkeit bei Koordinationsfragen und Entscheidungen ● sinkende Interaktion ● Konfliktvermeidung, »Pseudo-Harmonie«
Organisationale Ebene	● Leistungsminderung und damit verbundene Kostensteigerung ● Nichtausschöpfung von Potentialen ● Verringerung der Innovationsneigung ● Zunahme der Arbeitsunfälle ● Erhöhung der Fehlzeiten ● Verschlechterung des Betriebsklimas
Gesellschaftliche Ebene	● sinkende Innovationsfähigkeit ● Verschlechterung der Wettbewerbsfähigkeit ● Erhöhung von Krankenstand, Arbeitslosigkeit und Frühpensionierung

Abb. 17: Mögliche Folgen von Demotivation[49]

schungsbedarf. Ebenso müsste noch untersucht werden, ob Demotivation neben den geschilderten negativen Konsequenzen nicht auch positive Effekte haben kann, beispielsweise den Anstoß zu grundlegenden Veränderungen.

4.1.4 Ein Analysekonzept

Erste Analysen zu Barrieren für motiviertes Mitdenken, Mithandeln, Mithelfen und Mitverantworten haben wir nach folgendem Konzept vorgenommen (vgl. Abb. 18).

Bei ersten Vorstudien zeigten sich folgende Hauptbarrieren:

● Arbeitsinhalte- und -koordination
● Organisationskultur und Beziehungskonflikte
● Honorierung und mangelnde Anerkennung.

Diese blockierten nach Aussagen der befragten Führungskräfte im Durchschnitt 17 % der eigenen Produktivität/Arbeitsleistung, wobei die Spanne zwischen 0 und 70 % lag.

---

49 Vgl. Faller 1991; Krystek/Becherer/Deichelmann 1995

A) Motivationsbarrieren
1. **Arbeitsinhalt:** *nicht:* herausfordernd / sinnvoll / vielfältig / lernfördernd / ganheitlich // zu: unbestimmt / überfordernd / monoton // kein Spaß /…
2. **Arbeitskoordination:** *unklare:* Kommunikation / Aufgaben- / Kompetenzabgrenzung / Zielbestimmung // unproduktive Arbeitssitzungen / ungleiche, ungerechte Arbeitsauslastung /
3. **Ressourcen:** *ungenügende(s):* Budget / Arbeitsplatzausstattung / Informationszugänge / Anzahl und Qualität von Mitarbeitern / Kollegen / …
4. **Arbeitsdurchführung:** ungünstige: Arbeitsbedingungen / Arbeitsprozessgestaltung // zu großer Zeitdruck bzw. Zeitmangel / …
5. **Arbeitsergebnis / Anerkennung:** unbefriedigende(s): Arbeitsergebnis / Erfolgszurechnung / Feedback / Anerkennung besonderer Leistung // *unfaire:* Kritik / …
6. **Verantwortung:** zu wenig / zu viel / unklar / zersplittert / überlagernd / …
7. **Organisationskultur:** Widersprüche zu eigenen Werten / »Reden« und Verhalten differieren / »Misstrauenskultur« / hemmende Bürokratie / Intransparenz // *fehlende:* Lernmöglichkeiten / Fehlertoleranz / Konfliktkultur /…
8. **Verhältnis zu Kollegen:** *mangelnde:* Qualifikation / Motivation / Zusammenarbeit // Gruppenkonflikte / …
9. **Verhältnis zum direkten Vorgesetzten:** *mangelnde:* Qualifikation / Ermutigung / Motivation / Kooperation / Mitsprache / Vorbildfunktion // negative Führungsbeziehung / Nichteinhaltung von Zusagen / … – negative Führungsbeziehung / Nichteinhaltung von Zusagen / …
10. **Verhältnis zum höheren Management:** *mangelhaftes:* mitarbeiterorientiertes Denken / Handeln / Vorbild / Führungsverhalten / …
11. **Unternehmens- und Personalpolitik:** intransparent / widersprüchlich / ständig wechselnd / fehlende bzw. inkonsequente Umsetzung / …
12. **Honorierung:** *fehlende:* Markt- / Leistungsgerechtigkeit // zu hohe Einkommensgefälle zwischen Bereichen oder Hierarchien / Intransparenz / …
13. **Wirtschaftliche Situation:** *fehlende(r):* Unternehmenserfolg / Arbeitsplatz- / Beschäftigungssicherheit // Produkt- / Branchenprobleme / …
14. **Externe Beziehungen:** *schwieriges Verhältnis zu:* Kunden / Lieferanten / Behörden / …
15. **Perspektiven:** Visionslosigkeit // *zu wenig:* Entwicklungschancen / Aufstiegsmöglichkeiten / neue Aufgaben / …
16. **Identifikation / Motivation:** besonderes Engagement wird nicht gewürdigt // enttäuscht / zerstört /…
17. **Einflüsse auf das persönliche Leben:** fehlende Balance zwischen Arbeit und Freizeit / Gesundheit / Stress /…
18. **Einflüsse aus dem persönlichen Leben:** private Belastungen / Konflikte / Lebensplanung / andere Werte / …
19. **Sonstige(r) wichtige(r) Motivationsbarriere(n):** …
B) Wie hoch schätzen Sie die Einflussmöglichkeiten zum Abbau der 4 stärksten Motivationsbarrieren – durch Sie selbst? – durch Ihre(n) direkte(n) Vorgesetzte(n)? – durch das oberste Management?
C) Wenn Sie Bilanz ziehen, wie stark sind Sie insgesamt in / durch Ihre(r) Arbeit – motiviert? – durch Motvationsbarrieren eingeschränkt? – im Vergleich zum Vorjahr stärker eingeschränkt?
D) Wie hoch schätzen Sie den durchschnittlichen Verlust Ihrer Produktivität / Arbeitsleistung durch Motivationsbarrieren ein?

Abb. 18: Befragungskonzept zur Qualität der Arbeitsbeziehung

4.2 Ansatzpunkte zur Remotivierung

Remotivierung hat die Aufgabe, den Mitarbeiter bei der Wiederherstellung der verlorenen Motivation zu unterstützen. Demotivatoren müssen identifiziert und gezielt abgebaut werden. Überdies scheint eine Demotivationsprophylaxe sinnvoll und – zumindest innerhalb gewisser Grenzen – möglich. Im folgenden werden einige Ansatzpunkte einer Remotivierung bzw. Demotivationsprävention skizziert. Die zuvor diskutierte Dreiteilung wurde gewählt, um eine systematische Darstellung zu ermöglichen; sie ist allerdings nicht trennscharf.

Auf individuelle Faktoren gerichtete Maßnahmen und Instrumente:

● **Realistische Darstellung von Unternehmen und Arbeitssituation bei Personalgewinnung und -auswahl:** Demotivation tritt u. a. dann auf, wenn eigene Erwartungen enttäuscht werden oder wenn das geforderte Verhalten eigenen Bestrebungen oder Emotionen widerspricht. Umso wichtiger ist es, bei der Personalakquisition und -auswahl ein realitätsgerechtes Bild von der Unternehmenswirklichkeit zu zeichnen und die Erwartungen an den Mitarbeiter möglichst genau zu spezifizieren.

● **Personalauswahl auf der Basis von Schlüsselqualifikationen bzw. -kompetenzen:** Da bestimmte Charaktermerkmale die Entstehung von Demotivation begünstigen, sind bei der Personalauswahl neben fachlichen vermehrt persönlichkeitsspezifische Aspekte zu berücksichtigen. Hier bieten sich vermehrt mitunternehmerische Schlüsselkompetenzen (Sozial-, Gestaltungs- und Handlungskompetenz) an.

● **Sorgfältige Einführung neuer Mitarbeiter:** Mit gezielten Erläuterungen und Informationen im Rahmen spezieller Einführungsprogramme, durch Vorgesetzte oder »Paten« können viele betriebliche Gegebenheiten einsichtig gemacht und unrealistische Erwartungen korrigiert werden.

● **Kooperativ-delegative Führung:** Autoritäre Führung wird vielfach als demotivierende Einschränkung der Situationskontrolle erlebt. Kooperative oder delegative Führung fördert dagegen das Gefühl, aktiv mitreden, mitentscheiden und mitgestalten zu können.

● **Transformationale Führung:** Durch die Vermittlung von »Visionen«, intellektuelle Anregung und Eingehen auf die individuellen Besonderheiten kann man Einfluss auf das Erleben der betrieblichen Situation durch den Mitarbeiter nehmen.

● **Mitarbeitergespräch:** Im Rahmen des Mitarbeitergesprächs lassen sich zentrale Demotivatoren aufspüren und erste Schritte zu deren Abbau vorbereiten. Voraussetzungen sind eine systematische Vorbereitung und sorgfältige Durchführung sowie eine vertrauensbasierte Vorgesetzten-Mitarbeiter-Beziehung.

● ⇒ *Coaching,* ⇒ *Mentoring:* Unzureichende Lebens- und Karriereplanung und damit verbundene Perpektivlosigkeit wirken demotivierend. Hier kann eine systematische Laufbahnberatung und -begleitung durch den direkten Vorgesetzten bzw. durch spezielle Mentoren gegensteuern.

- **Outplacement**: Für Mitarbeiter, die sich trotz diverser Bemühungen nicht remotivieren lassen, weil sie den falschen Beruf gewählt haben, sich mit der Branche, dem Unternehmen oder ihrer speziellen Tätigkeit nicht identizfizieren können, kann ein gezieltes Outplacement helfen. Die Betroffenen erhalten damit professionelle Unterstützung bei der Suche nach einem neuen Arbeitsplatz.

Auf interpersonelle Faktoren gerichtete Maßnahmen und Instrumente:

- **Sensibilisierung und Schulung von Führungskräften**: Das Führungsverhalten der Vorgesetzten kann als zentraler Demotivator bezeichnet werden. Da vielen diese Wirkung ihres Verhaltens nicht bewusst ist, müssen sie gezielt sensibilisiert und trainiert werden. So sollten Themen wie Demotivation, Motivationsbarrieren und Remotivierung explizit in die Führungskräfteaus- und -weiterbildung integriert werden.

- **Sozialkompetenz als zentrales Kriterium bei Führungskräfteauswahl und Beförderung**: Führungsaufgaben verlangen ein hohes Maß an Sozialkompetenz. Da sich die Sozialkompetenz nur begrenzt mittels Entwicklungsmaßnahmen erhöhen lässt, muss sie bei der Selektion von Führungskräften bzw. bei Beförderungsentscheiden besonderes Gewicht erhalten.

- **Ergänzende Teamzusammenstellung**: Auch bei der Teambildung sollte Fachkompetenz nicht das einzige Kriterium sein. Wird darüberhinaus getestet, inwieweit »die Chemie« zwischen Vorgesetztem und Mitarbeitern sowie zwischen den Mitarbeitern untereinander stimmt, können persönliche Animositäten und charakterliche Unverträglichkeiten reduziert werden. Bei bereits bestehenden Teams sind Umsetzungen denkbar.

- **Teamentwicklung**: Im Rahmen professionell durchgeführter Teamentwicklungsmaßnahmen lassen sich latente Konflikte innerhalb von Arbeitsgruppen aufdecken und Lösungen erarbeiten, die für die Mitglieder akzeptabel sind.

- **Förderung der lateralen Kooperation**: Die Kooperation zwischen Teams und Abteilungen erweist sich meist als konflikträchtiger als die Zusammenarbeit innerhalb der Arbeitsgruppe.[50] Über Abbau von Schnittstellen, Betonung gemeinsamer Ziele, Aufbau und Pflege einer Kooperationskultur, ⇒ *Organisationsentwicklung*, Verstärkung der Prozessorientierung oder Kooperationstrainings kann Konflikten entgegengewirkt werden.

Auf organisationale Faktoren gerichtete Maßnahmen und Instrumente:

Im Grunde können dazu alle Ansätze gerechnet werden, die internes Unternehmertum fördern. Einige Beispiele:

---

50 Vgl. Kapitel D IV. Laterale Kooperation als Selbststeuerungs- und Führungsaufgabe

- **Aufbau und Erhalt einer Vertrauenskultur:** Re- und Umstrukturierungen in den Unternehmen haben Unsicherheit und Vertrauensverluste ausgelöst. Mögliche Konfliktlösungsansätze in diesem Kontext sind: partizipative Entwicklung eines Unternehmensleitbildes, offene Informationspolitik (siehe oben), symbolisches Management, Ausbau der Mitwirkungsmöglichkeiten, Erweiterung der Handlungsspielräume und Übergang zu vermehrter Selbstkontrolle.

- **intensive Kommunikation und Information:** Durch ausführliche Information über Ereignisse im Unternehmen und in der Unternehmensumwelt sowie durch Erläuterung der Gesamtzusammenhänge wird Transparenz geschaffen und Sinn vermittelt. Viele Entscheidungen, Regelungen und Vorgehensweisen werden damit einsichtiger und akzeptabler gemacht. Konkrete Instrumente und Maßnahmen hierfür sind Unternehmens- und Führungsgrundsätze, Informationsveranstaltungen, open-door-policy, Stellenbeschreibungen, Berichte in Werkszeitschriften und auf Betriebsversammlungen, e-mail-Infos.

- **Veränderung der Arbeitsorganisation:** Bürokratische Organisations- und Führungsstrukturen sowie enge Entscheidungs- und Gestaltungsspielräume be- bzw. verhindern nicht nur die Entfaltung unternehmerischer Potentiale, sondern führen gerade bei unternehmerisch motivierten Personen leicht zu Frustration und Demotivation. Hier kann beispielsweise mit der Schaffung von dezentralen teilautonomen Einheiten, dem Abbau bzw. der Auflockerung von Routineprozessen (z. B. durch Job Enlargement, Job Enrichment und Job Rotation), der Einführung von Qualitätszirkeln u. ä. Abhilfe geschaffen werden.

- **Beteiligungsformen/leistungsgerechte Entlohnung:** Wenngleich ⇒ *intrinsische* Aspekte bei der Remotivierung bzw. Demotivationsprävention eindeutig im Vordergrund stehen, können ergänzend ⇒ *extrinsische* Anreize eingesetzt werden. Insbesondere durch eine Beteiligung am Unternehmenserfolg bzw. durch eine explizite Honorierung seiner persönlichen Leistung wird dem neuerdings wieder stärkeren Bedürfnis nach Leistungsgerechtigkeit[51] Rechnung getragen.

Soweit einige Ansatzpunkte zur Remotivierung demotivierter Mitarbeiter sowie zur Vermeidung von Demotivation. Sie sollten einen Eindruck über die grundsätzlichen Möglichkeiten vermitteln, können aber nicht als Pauschalrezepte gelten. Bei jedem einzelnen Fall ist zu prüfen, wo die zentralen Probleme bzw. Problempotentiale liegen, um gezielt daran anzusetzen. Dabei ist eine systematische Abstimmung der einzelnen Instrumente und Maßnahmen von erfolgskritischer Bedeutung.

---

51 Vgl. Kapitel C I. Wertewandel und Führung

5 Fazit

Motivation ist in reifen Interaktionsbeziehungen v. a. eine **Selbstführungsaufgabe** im Kontext selbstgewählter und -bewerteter Identifikationsobjekte sowie – zumindest bei einer Gesamtbilanzierung – genügend attraktiver Optionen der Arbeitswelt.

Aber es gibt **Grenzen**. Sie können metaphorisch so dargestellt werden: Der Betrieb ist keine »Selbstbedienungscafeteria«, und keineswegs alle Mitarbeiter bevorzugen dieses Konzept. Weder Anreizoptionen des Unternehmens noch die Leistungsgegenwerte sind mit fixen Preisen – noch dazu in festen »Wechselkursen« – zu etikettieren. Auch wird zum Teil nur auf Kredit geliefert und bezogen. Bedürfnisse – besonders »höherwertige« – können auch zurückgestellt, dagegen aber nur begrenzt auf Vorrat befriedigt werden. Die Optionen lassen sich nicht – wie in einem Katalog – zerlegen und einfach differenzieren. Zudem verändern sie sich laufend auf beiden Seiten – real und in der persönlichen Wahrnehmung bzw. Bewertung. So gleicht die Aufgabe der Führung eher der eines **Reisevermittlers** statt der eines **Reiseveranstalters**. Sie sollte v. a. **konstitutiv** auf das Angebot (die »Optionen«) selbst Einfluss zu nehmen versuchen und es **konstruktiv** mit den individuellen und situativen Motivationsstrukturen abstimmen. Im Rahmen der direkten Führung können schließlich die Optionen bedürfnisgerecht (**konstruktivistisch**) interpretiert und vermittelt werden. Dabei geht es nicht zuletzt um die geeigneten Wege zum Ziel (Instrumentalität) und die positive Beeinflussung von Erfolgserwartungen – insbesondere bei schwierigeren Aufgaben. Ebenso sollte sie frustrierende Faktoren vermeiden, zumindest aber reduzieren. Die Führungskraft ist aber zugleich noch **Reisebegleiter**. Gerade in dieser gemeinsamen Aufgabe möchte sie als soziales Wesen aber auch ihre Bedürfnisse einbringen und Befriedigung möglichst über die gemeinsame Zielerreichung erlangen.

6 Fragen zur Selbstüberprüfung

1. Was sind wichtige Ursachen für eine schwache Identifikation?

2. Welche Bedeutung haben Mitarbeiterbefragungen im Rahmen der Identifikationspolitik? Wie sollten diese Befragungen gestaltet sein?

3. Vergleichen Sie zwei identifikationsorientierte Einbindungsstrategien.

4. Nehmen Sie zu folgender Aussage Stellung: Das Handeln der Vorgesetzten ist der entscheidende Identifikationsfaktor für Mitarbeiter.

5. Welche Faktoren können nach Herzberg als Hygienefaktoren bzw. als Motivatoren identifiziert werden?

6. Diskutieren Sie die Möglichkeit, durch Führung die Leistungsbereitschaft der Mitarbeiter zu erhöhen.

7. Können charismatische Führer die Valenzen der Mitarbeiter erhöhen? Begründen Sie Ihre Antwort.

8. Wie lässt sich der Motivationsprozess beeinflussen? Wo liegen die Grenzen?

9. Welche Faktoren in Ihrem Arbeitsumfeld demotivieren Sie? Wie und durch wen könnte Abhilfe geschaffen werden?

Gestaltung der Führungs- und Kooperationsbeziehungen

D

I. Mitarbeiterführung – Führungsstile

Inhalt

Dieses Kapitel behandelt das im Rahmen der Führungslehre bevorzugte Thema »Führungsstile«. Nach einer begrifflichen Abgrenzung werden die empirische Führungsstilforschung beleuchtet, eine Führungsstiltypologie entwickelt und situative Einflüsse auf Führungsstil und Führungserfolg diskutiert. Dann werden ausgewählte Führungskonzepte, insbesondere die transaktionale und transformationale Führung, dargestellt und die empirisch bedeutsamsten Führungsstile – konsultative, kooperative und delegative Führung – eingehend beschrieben. Anschließend sind Untersuchungsergebnisse zum Führungsverhalten von Frauen präsentiert. Anmerkungen zur Änderung von Führungsstilen bilden den Abschluss.

Gliederung

Verweise

1 Grundlagen

1.1 Begriffsbestimmung

Der Begriff »Führungsstil« nimmt in der Führungs- und Managementliteratur eine zentrale Rolle ein. Er wird zur Beschreibung und Erklärung unterschiedlicher Phänomene aus dem Bereich »Führung« verwendet – so als konsistentes Verhalten des Vorgesetzten gegenüber Mitarbeitern, als Managementphilosophie oder Gruppenklima, Führungsmodell oder -system, zeitlich überdauernde Bedürfnisstruktur des Vorgesetzten oder Führungstechnik.[1] Deshalb erfolgen zunächst einige Begriffsabgrenzungen.

D
Gestaltung der Führungs- und Kooperationsbeziehungen

> **Definition**
>
> Als **Führungsverhalten** bezeichnen wir alle Verhaltensweisen, die auf eine zielorientierte Einflussnahme zur Erfüllung gemeinsamer Aufgaben in oder mit einer strukturierten Arbeitssituation ausgerichtet sind.

Demgegenüber bezeichnet **Führungsstil** (auch Führungsform genannt) eine »Kombination mehrerer Verhaltenskomponenten aus dem breiten Spektrum möglichen Führungsverhaltens«[2]. Im Gegensatz zu anderen Auffassungen[3] betrachten wir den Führungsstil nicht als situations- und personenübergreifend konstant. Wir vertreten die Ansicht, dass er in **Abhängigkeit von situativen Faktoren** (z. B. der Qualifikation und Motivation der Geführten oder der Aufgabenart) **innerhalb gewisser Bandbreiten variiert**.

> **Definition**
>
> Wir definieren **Führungsstil** als ein innerhalb von Bandbreiten und Führungskontexten konsistentes, typisiertes und wiederkehrendes Führungsverhalten.

Die Beziehung zwischen Führungsstil und Führungsverhalten entspricht der zwischen einem theoretischen Begriff und einem Beobachtungsgegenstand: Über wiederholt beobachtbare Verhaltensmuster des Vorgesetzten wird ein Führungsstil erschlossen. Damit verbindet sich das Ziel, »die Komplexität des Führungsverhaltens auf argumentationsfähige Stücke zu reduzieren«[4].

Der Begriff der **Führungsbeziehung** macht die Wechselseitigkeit der Einflussgestaltung zwischen Vorgesetzten und Mitarbeitern deutlich. So ist ein autoritärer Führungsstil – außer in Zwangssituationen – nur erfolgreich praktizierbar, wenn die Mitarbeiter diesem Verhalten positiv oder zumindest indifferent gegenüber-

---

1 Vgl. Wunderer/Grunwald 1980, Bd. 1
2 Nieder 1974, S. 21
3 Vgl. Staehle/Sydow 1987
4 Schreyögg 1977a, zit. nach Staehle/Sydow 1987, Sp. 662

stehen. Und kooperative Führung ist nur mit wechselseitig aktiver Einflussnahme realisierbar.

1.2 Empirische Führungsstilforschung

Seit den dreißiger Jahren wurde in zahlreichen Labor- und Feldstudien[5] versucht, Führungsverhalten zu »erfassen«, zu klassifizieren und seine Auswirkungen auf den – durch verschiedene soziale und ökonomische Effizienzmaße operationalisierten – Führungserfolg zu ermitteln.

Den Auftakt der empirischen Führungsstilforschung bildeten die vielzitierten Untersuchungen von Kurt Lewin und seinen Mitarbeitern an der **Iowa University Elementary School** in den Jahren 1938–1940. Unter Laborbedingungen wurden die Auswirkungen autoritärer und demokratischer Führung[6] auf Kinder untersucht. Hierbei wurde eine deutliche Überlegenheit des demokratischen Führungsstils festgestellt (vgl. Abb. 1). Diese Gegenüberstellung von autoritärer und demokratischer Führung hat die Führungsstildiskussion nachhaltig geprägt. Heute finden wir ähnliche Gegensatzpaare (z. B. »autoritär – kooperativ«, »direktiv – partizipativ«) zumeist als Extrempole von Kontinuen vor.

autoritär geführte Gruppe	demokratisch geführte Gruppe
● hohe Spannung, Konflikte	● entspannte, freundschaftliche Atmosphäre
● gehorsames bis unterwürfiges Gruppenverhalten	● kollegial-kooperatives Gruppenverhalten
● höhere Arbeitsintensität	● höhere Originalität der Arbeitsergebnisse
● Arbeitsunterbrechung bei Abwesenheit des Führers	● Weiterarbeit bei Abwesenheit des Führers

Abb. 1: Konsequenzen autoritärer vs. demokratischer Führung[7]

In der weiteren empirischen Führungsstilforschung dominierten Feldstudien. Ab Ende der vierziger Jahre versuchten zwei unabhängig voneinander arbeitende Forschergruppen, in aufwendigen Untersuchungen erfolgsbestimmende Dimensionen der Führung in Organisationen zu ermitteln. Beide Teams gingen empi-

---

5 Vgl. zusammenfassend Seidel 1978; Wunderer/Grunwald 1980, Bd. 1; Bass 1990a

6 Der **autoritäre Führer** bestimmte die Ziele und Aufgaben der Gruppen. Er verteilte die Aufgaben und stellte die Arbeitsgruppen zusammen. Bei der Bewertung der Tätigkeiten ließ er nicht erkennen, welchen Beurteilungsmaßstab er zugrunde legte.
Der **demokratische Führer** hingegen ermutigte die Gruppenmitglieder, ihre Aktivitäten und Ziele zum Gegenstand von Gruppendiskussionen und -entscheidungen zu machen. Die Arbeitsverteilung und Gruppenbildung überließ er den Mitgliedern. Bei der Bewertung der Tätigkeiten legte er seinen Beurteilungsmaßstab offen (vgl. im einzelnen Lewin/Lippitt/White 1939).

7 Vgl. Staehle/Sydow 1987

risch-induktiv vor. Sie verzichteten auf eine umfassende, grundlegende Führungstheorie und leiteten ihre Erkenntnisse unmittelbar aus dem statistisch abgesicherten Vergleich des Verhaltens erfolgreicher und erfolgloser Führungskräfte ab:

- Die Gruppe um Likert, Katz und Kahn an der University of Michigan (»**Michigan-Studien**«) identifizierte zwei grundlegende Orientierungsmuster – **Aufgabenorientierung (Production Orientation)** und **Mitarbeiterorientierung (Employee Orientation)** – die jeweils **die Extrempole eines Kontinuums** repräsentieren. Zentrale Erkenntnis ihrer Untersuchung ist, dass effektive und effiziente Vorgesetzte eher mitarbeiter- als aufgabenorientiert führen.[8]

- Die Gruppe um Fleishman und Hemphill an der Ohio State University (»Ohio-Studien«) stellte mit Hilfe von ⇒ *Faktorenanalysen* fest, dass sich die Verhaltensunterschiede zwischen erfolgreichen und erfolglosen Führer größtenteils in **zwei** als (⇒ *Initiating Structure* und ⇒ *Consideration* bezeichneten) **Dimensionen** zusammenfassen lassen. Diese entsprechen inhaltlich weitgehend denen der Michigan-Gruppe, werden jedoch als unabhängig voneinander betrachtet und damit in einen zweidimensionalen Raum gestellt. Demnach geht es hier nicht, wie beim Michigan-Kontinuum, um ein »entweder-oder«, denn ein Vorgesetzter kann sowohl mitarbeiter- als auch aufgabenorientiert führen. Führungserfolg setzt eine hohe Ausprägung auf beiden Dimensionen voraus. Abb. 2 zeigt in pointierter Weise auf, welche Facetten des Vorgesetztenverhaltens ⇒ *Initiating Structure* und ⇒ *Consideration*[9] beinhalten.

Consideration (Mitarbeiterorientierung)	Initiating Structure (Aufgabenorientierung)
• Er achtet auf das Wohlergehen seiner Mitarbeiter.	• Er tadelt mangelhafte Arbeit.
• Er bemüht sich um ein gutes Verhältnis zu seinen Unterstellten.	• Er regt langsam arbeitende Mitarbeiter an, sich mehr anzustrengen.
• Er behandelt alle seine Unterstellten als Gleichberechtigte.	• Er legt besonderen Wert auf die Arbeitsmenge.
• Er unterstützt seine Mitarbeiter bei dem, was sie tun oder tun müssen.	• Er herrscht mit eiserner Hand.
• Er macht es seinen Mitarbeitern leicht, unbefangen und frei mit ihm zu reden.	• Er achtet darauf, dass seine Mitarbeiter ihre Arbeitskraft voll einsetzen.
• Er setzt sich für seine Leute ein.	• Er stachelt seine Mitarbeiter durch Druck und Manipulation zu größeren Anstrengungen an.
	• Er verlangt von leistungsschwachen Mitarbeitern, dass sie mehr aus sich rausholen.

Abb. 2: Zentrale Inhalte der Ohio-Dimensionen[10]

---

8 Vgl. Likert, 1961 1967
9 Vgl. Stogdill 1974
10 Vgl. Fleishman 1962, 1973; Neuberger 1976; Wunderer/Grunwald 1980

Obwohl oder weil inzwischen Hunderte von Untersuchungen über die Wirkung von Führungsstilen auf ökonomische (v. a. Leistung) und soziale ⇒ *Effizienz* (v. a. Mitarbeiterzufriedenheit) durchgeführt wurden, konnten die Aussagen dieser Pionierstudien nicht eindeutig bestätigt werden. In den Erhebungen zeigten sich uneinheitliche Korrelationen zwischen Führungsstil und Führungserfolg.[11] Dies mag zum Teil auf methodische Unzulänglichkeiten, auf unterschiedliche Stichproben und uneinheitlich operationalisierte Erfolgsmaße zurückzuführen sein.[12] Gleichzeitig deutet dieser Befund jedoch darauf hin, dass die Annahme, der Führungsstil sei der einzige und entscheidende Bestimmungsfaktor des Führungserfolges zu stark von der Komplexität des Führungsalltags abstrahiert.

Überdies wird hier ein generelles Problem der Führungsforschung sichtbar: die Schwierigkeit, Führungsverhalten und – daraus abgeleitet – Führungsstile objektiv zu erfassen.[13] Da der Mensch seine soziale Umwelt nicht einfach wie ein Computer registriert und verarbeitet, sondern aufgrund seines (sub-)kulturell geformten, aber dennoch individuell unterschiedlichen Wirklichkeitsverständnisses wahrnimmt und interpretiert, kann das »objektiv« gleiche Vorgesetztenverhalten – in Abhängigkeit vom jeweiligen Erfahrungshorizont – sehr unterschiedlich gedeutet werden – von Betroffenen (Mitarbeitern) wie auch von (mehr oder weniger) unbeteiligten Beobachtern.

1.3 Entwicklung einer Führungsstiltypologie

Die Führungslehre bietet eine Reihe von Rastern zur Kategorisierung von Führungsstilen an (vgl. im Überblick Abb. 3). Diese wurden zum Teil auf der Basis der empirischen Führungsstilforschung entwickelt, zum Teil aber auch aus theoretischen Konzepten, wie etwa aus Max Webers Typologie der Herrschaftsansprüche,[14] abgeleitet. Den verschiedenen Klassifikationen liegen inhaltlich und zahlenmäßig unterschiedliche Dimensionen zugrunde. Besonders häufig finden sich die Ohio-Dimensionen **Aufgaben- und Mitarbeiterorientierung** sowie die Dimension **Partizipationsorientierung** – einzeln oder kombiniert – wieder.[15]

Für unser Konzept stand zum einen die Arbeit von Tannenbaum/Schmidt, zum anderen die auf den Ohio-Dimensionen basierenden zweidimensionalen Ansätze Pate.

Das Führungsstilkontinuum von Tannenbaum/Schmidt[16] ist der bekannteste **eindimensionale** Ansatz. Nach dem Grad der Mitarbeiterbeteiligung bei Entscheidungen werden sieben Führungsstile unterschieden (vgl. Abb. 4).

---

11 Vgl. Yukl 1971; Allerbeck 1977; Seidel 1978, Bass 1990a
12 Vgl. Neuberger 1994a
13 Vgl. Neuberger 1994a
14 Vgl. Weber 1972
15 Vgl. dazu im einzelnen Wunderer/Grunwald 1980/Bd. 1. Neuerdings werden klassische Typologien durch die Differenz in transaktionale und transformationale Führung ergänzt. Diese werden in Abschnitt 2 diskutiert.
16 Vgl. Tannenbaum/Schmidt 1958

Typologie nach	Dimensionen	Führungsstile
Lewin et al.	nicht explizit bekannt	● autoritär ● demokratisch ● laissez faire
Likert/Katz/Kahn (»Michigan-Studien«)	Aufgabenorientierung vs. Mitarbeiterorientierung	● aufgabenorientiert (»production centered«) ● mitarbeiterorientiert (»employee centered«)
Tannenbaum/Schmidt	Entscheidungs-partizipation	● autoritär ● patriarchalisch ● informierend ● beratend ● kooperativ ● delegativ ● autonom
Fleishman/Hemphill (»Ohio-Studien«)	– Aufgabenorientierung (Initiating Structure) – Mitarbeiterorientierung (Consideration)	● aufgabenorientiert ● mitarbeiterorientiert
Blake/Mouton	– Aufgabenorientierung – Mitarbeiterorientierung	● »laissezfaire pflegen« (1,1) ● »über Leichen gehen« (9,1) ● »ausgeglichene Kombinationen suchen« (5,5) ● »exzellente Führung« (9,9) ● »geselliges Beisammensein (1,9)
Hersey/Blanchard	– Aufgabenorientierung – Mitarbeiterorientierung	● unterweisen (»telling«) ● delegieren (»delegating«) ● verkaufen (»selling«) ● partizipieren (»participating«)
Wunderer	– Entscheidungspartizipation (Teilhabe) – wechselseitige Kooperation (Teilnahme)	● autoritär ● patriarchalisch ● konsultativ ● kooperativ ● delegativ ● autonom
Bass	ziel-/ergebnisorientiert wert-/mitarbeiterorientiert	● transaktional ● transformational

Abb. 3: Führungsstiltypologien

D
Gestal-
tung der
Führungs-
und
Koope-
rations-
bezie-
hungen

Das populärste **zweidimensionale** Konzept in der Tradition der Ohio-Studien stammt von Blake/Mouton.[17] In ihrem Verhaltensgitter (»Managerial Grid«) sind fünf »Extremstile« aufgeführt (vgl. Abb. 5).

Wir sind der Ansicht, dass keiner der beiden Ansätze das Konstrukt Führungsstil hinreichend abbilden kann.

17 Vgl. Blake/Mouton 1968

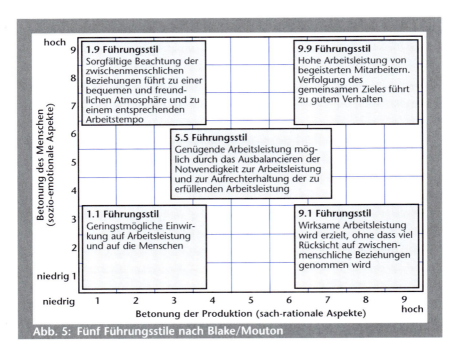

	Willensbildung beim Vorgesetzten					Willensbildung beim Mitarbeiter	
1	**2**	**3**	**4**	**5**	**6**	**7**
Vorgesetzter entscheidet ohne Konsultation der Mitarbeiter	Vorgesetzter entscheidet; er versucht aber, die Mitarbeiter von seiner Entscheidung zu überzeugen, bevor er sie anordnet	Vorgesetzter entscheidet; er gestattet jedoch Fragen zu seinen Entscheidungen, um dadurch Akzeptanz zu erreichen	Vorgesetzter informiert Mitarbeiter über beabsichtigte Entscheidungen; Mitarbeiter können ihre Meinung äußern, bevor der Vorgesetzte die entgültige Entscheidung trifft	Mitarbeiter/ Gruppe entwickelt Vorschläge; Vorgesetzter entscheidet sich für die von ihm favorisierte Alternative	Mitarbeiter/ Gruppe entscheidet nachdem der Vorgesetzte die Probleme aufgezeigt und die Grenzen des Entscheidungsspielraums festgelegt hat	Mitarbeiter/ Gruppe entscheidet, Vorgesetzter fungiert als Koordinator nach innen und außen
»Autoritär«	»Patriarchalisch«	»Informierend«	»Beratend«	»Kooperativ«	»Delegativ«	»Autonom«

Abb. 4: Führungsstilkontinuum nach Tannenbaum/Schmidt

Abb. 5: Fünf Führungsstile nach Blake/Mouton

Tannenbaum/Schmidt reduzieren den Führungsstil auf das **Entscheidungsverhalten des Führers**. Damit wird zwar der in Vorgesetzten-Mitarbeiter-Beziehungen bedeutsame Faktor »Macht« thematisiert, soziale Aspekte der Beziehungsgestaltung bleiben jedoch ausgeblendet. Unseres Erachtens hat aber gerade die soziale Qualität der Vorgesetzten-Mitarbeiter-Beziehung zentralen Einfluss auf die Entscheidungsfindung.

263

Im Verhaltensgitter von Blake/Mouton – wie auch in anderen, auf den Ohio-Dimensionen aufbauenden Ansätzen – findet zwar die sozio-emotionale Qualität der Beziehungsgestaltung explizit Berücksichtigung, dafür werden Machtaspekte allenfalls am Rande, als Unterpunkt im Rahmen der »⇒ *Initiating Structure*« (Aufgabenorientierung), thematisiert. V. a. ist die Dimension »Ziel- bzw. Aufgabenorientierung« unseres Erachtens ein allgemeines Merkmal von Führung, nicht aber eines speziellen Führungsstils.

Wir versuchen, diese Defizite in einem zweidimensionalen Konzept zu beheben, das den Führungsstil durch die Faktoren »**Partizipation (Teilhabe)**« und »**prosoziale Beziehungsgestaltung (Teilnahme)**« beschreibt. Demzufolge umfasst Führung eine **Machtdimension** und eine **prosoziale Dimension**.

Definitionen

In der **Machtdimension der Führung** wird die dem Mitarbeiter gewährte Entscheidungsbeteiligung bzw. Autonomie abgebildet.

Die **prosoziale Dimension der Führung** charakterisiert die zwischenmenschliche Qualität der Führungsbeziehung, insbesondere das Ausmaß an wechselseitigem Vertrauen, gegenseitiger Unterstützung und Akzeptanz.

Unter Verwendung des Ansatzes von Tannenbaum/Schmidt unterscheiden wir die in Abb. 6 dargestellten sechs Führungsstile.[18]

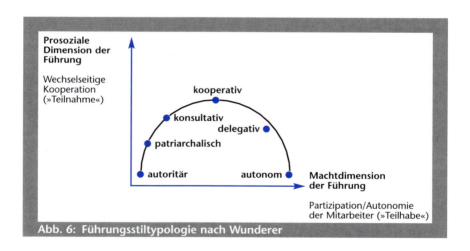

Abb. 6: Führungsstiltypologie nach Wunderer

Hierbei handelt es sich um **Idealtypen**, die als Beschreibungskategorien für Theorie und Praxis v. a. heuristischen Wert haben. Die Grenzen zwischen den einzel-

---

18 Der »informierende« Führungsstil wurde hier in den »konsultativen« integriert. Dadurch wurde die Anzahl der Führungsstile auf sechs reduziert.

nen Führungsstilen sind fließend. Es ist auch wahrscheinlich, dass viele Führungskräfte in verschiedenen **Führungsphasen** verschiedene Führungsstile verwenden.
So kann beispielsweise ein »Patriarch« bei der Entscheidungsvorbereitung mehr
konsultieren und kooperieren, während er den Entscheid in der für ihn typischen
Weise fällt (vgl. Abb. 7).

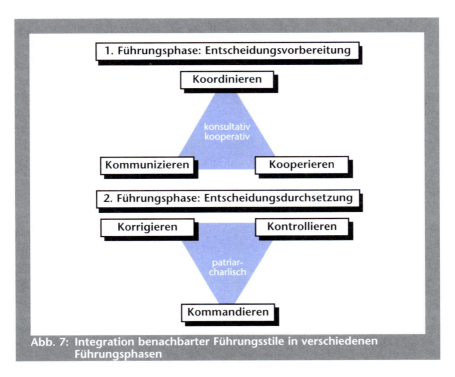

Abb. 7: **Integration benachbarter Führungsstile in verschiedenen
Führungsphasen**

1.4 Situativer Führungsstil als ein realistisches Führungskonzept

Bisher konnte keine eindeutige Kausalbeziehung zwischen Führungsstil und Führungserfolg nachgewiesen werden. Dies führte zu der plausiblen Hypothese, je
nach situativer Konstellation seien **unterschiedliche Führungsstile** erfolgversprechend. Dieser Einsicht wurde durch zahlreiche Untersuchungen mit erwei-
tertem Forschungsdesign und diverse Modellentwicklungen – man denke zum
Beispiel an die Reifegradtheorie von Hersey/Blanchard[19] oder an das Kontingenzmodell von Fiedler[20] – Rechnung getragen. Bahnbrechende Erkenntnisse blieben
allerdings aus. In der Ermittlung moderierender Situationsvariablen liegt also
noch Forschungsbedarf, einschließlich besserer theoretischer Fundierung.[21]

---

19 Vgl. Hersey/Blanchard 1988 sowie Kapitel A IV. Führungstheorien
20 Vgl. Fiedler 1967 sowie Kapitel A IV. Führungstheorien
21 Vgl. Neuberger 1994a

Untersuchungsbedürftig erscheinen dabei nicht nur die Korrelationen zwischen Führungsstil und Führungserfolg, sondern auch die **Bestimmungsfaktoren** des Führungsstil. Denn verbesserte Kenntnisse über die Determinanten von Führungsverhalten und Führungsstil sind auch eine wichtige Voraussetzung für die erfolgreiche Implementierung neuer Führungskonzepte. Deshalb sollte der Frage »Was bestimmt den Führungserfolg?« die Frage »Was bestimmt den Führungsstil?« vorausgehen. Abb. 8 zeigt – ohne Anspruch auf Vollständigkeit – in der Literatur häufig diskutierte und analysierte **situative Einflussfaktoren auf Führungsstil und -erfolg.**

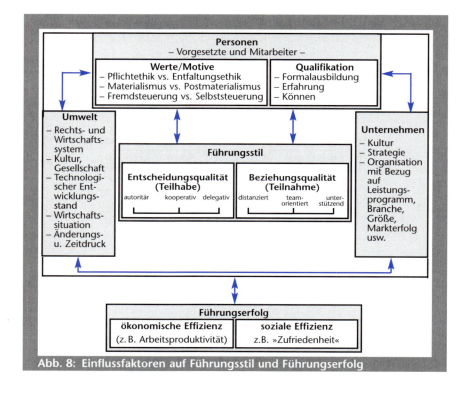

Abb. 8: Einflussfaktoren auf Führungsstil und Führungserfolg

Bei allen situativen Einschränkungen sollte jedoch nicht vergessen werden, dass kooperative Führungsbeziehungen anthropologischen, sozialphilosophischen, sozioemotionalen, bedürfnisorientierten, kurzum humanen Forderungen an die Gestaltung zwischenmenschlicher Beziehungen grundsätzlich besser entsprechen als autoritäre.

Faktisch bewegt sich **die Mehrzahl der erwünschten und real praktizierten Führungsstile** in größeren deutschsprachigen Unternehmen **zwischen konsultativer und delegativer Führung.**[22] Deshalb werden diese drei Führungsstilvarianten im

22 Vgl. Wunderer 1995d

266

Folgenden einer näheren Betrachtung unterzogen. Zuvor werden jedoch die neuerdings breit diskutierten Konzepte transaktionaler und transformationaler Führung vorgestellt.

2 Transaktionale und transformationale Führung

2.1 Merkmale

Die von Burns[23] entwickelte Unterscheidung zwischen transaktionaler und transformationaler (synonym: transformativer) Führung wurde v. a. durch die Arbeiten von Bass auf breiter Basis publik. Bass hat das Konzept theoretisch weiterentwickelt und mit Hilfe eines standardisierten, mehrfach überarbeiteten Fragebogens, dem sogenannten »Multifactor Leadership Questionaire« (MLQ), empirisch zu erfassen versucht.[24]

Der **transaktionale Führungsstil** konzentriert sich auf die klassische Interpretation der Aufgabenorientierung. Er beinhaltet nach Bass zwei Faktoren: **Contingent Reward** (Weg- und Zielklärung sowie leistungsbezogene Belohnungsvergabe) und **Management by Exception**. Dahinter stehen austausch- und motivationstheoretische Überlegungen.[25] Der Geführte ist bemüht, seine Arbeit nach den Vorstellungen des Führers zu leisten, dafür erhält er die gewünschten Belohnungen. Bei der Vergabe von Belohnungen orientiert sich der Führer also an den Bedürfnissen und Präferenzen des Geführten. Eingegriffen wird von seiten des Führers nur bei unbefriedigenden Ergebnissen bzw. auf Wunsch des Mitarbeiters (Management by Exception). Transaktionale Führung äußert sich u. a. wie folgt:[26]

Die Führungskraft

- sorgt dafür, dass es eine enge Übereinstimmung gibt, zwischen dem, was sie von den Mitarbeitern erwartet und dem, was die Mitarbeiter für ihre Anstrengungen bekommen
- erfüllt die Wünsche der Mitarbeiter im Austausch gegen ihre Unterstützung
- empfiehlt Mitarbeiter weiter, wenn sie gute Arbeit leisten
- erkundigt sich nach den Wünschen der Mitarbeiter und hilft ihnen, sie zu erfüllen
- drückt Anerkennung aus, wenn die Mitarbeiter gute Arbeit leisten
- gibt Rückmeldungen darüber, wie die Mitarbeiter vorankommen
- ist mit der Leistung der Mitarbeiter zufrieden, so lange alles seinen gewohnten Gang geht und
- vermeidet Eingriffe, außer, wenn die Mitarbeiter gesteckte Ziele nicht erreichen.

---

23 Vgl. Burns 1978
24 Bass 1985; Bass/Steyrer 1995
25 Vgl. Kapitel C III. Identifikation, Motivierung und Remotivierung im Rahmen werteorientierter Führung
26 Vgl. Steyrer 1995

Der **transformationale Führungsstil** zeichnet sich hingegen dadurch aus, dass der Führer Werte und Motive seiner Mitarbeiter auf eine höhere Ebene »transformiert« und dadurch deren Bedürfnisse und Präferenzen im gewünschten oder erwarteten Sinne verändert. Wie Abb. 9 zeigt, umfasst die transformationale Führung vier Komponenten: **Charisma, Inspiration,**[27] **geistige Anregung** und **individuelle Beachtung.**

Abb. 9: Komponenten transformationaler Führung

Transformationale Führung wird von Bass als »Erweiterung« zur transaktionalen verstanden: »Ihre spezifische Wirkung fängt gewissermaßen dort an, wo Belohnung und Bestrafung oder andere instrumentelle Effekte aufhören (...)«.[28]

Wenngleich andere Autoren Bass' Differenzierung transformationaler Führung nicht übernehmen, »kann als gemeinsames Begriffselement herausgestrichen werden, dass es im Rahmen transformationaler Führungsprozesse um die Konzentration auf visionäre Inhalte geht und damit eine Fokussierung der emotionalen Energien aller Organisationsmitglieder auf das gemeinsame Ziel erreicht wird«.[29] In verschiedenen Untersuchungen wurde der transformationalen Führung im Vergleich zu anderen Führungsstilen erhöhte soziale und ökonomische ⇒ *Effizienz* bescheinigt.[30] Die zentralen ⇒ *Indikatoren* transformationaler Führung definiert Bass unter anderem so:[31]

Die **Führungskraft**

- wird als ein Symbol für Erfolg und Leistung angesehen
- vermittelt den Mitarbeitern das Gefühl, dass sie einer Berufung folgen

---

27 Ursprünglich war die Komponente »Inspiration« in »Charisma« integriert. In der neueren Version des MLQ (vgl. Bass/Avolio 1990) wurden beide Aspekte getrennt, zumal das Vermitteln packender Visionen nicht zwangsläufig mit einer Identifikation mit der Person des Führers einhergehen muss.
28 Bass/Steyrer 1995, Sp. 2054
29 Vgl. Steyrer 1991, S. 341
30 Vgl. Singer 1985; Avolio/Bass 1988; Hater/Bass 1988; Seltzer/Bass 1990; Yammarino/Bass 1990
31 Vgl. Steyrer 1995

- hat eine Zukunftsvision, die die Mitarbeiter anspornt
- vermittelt den Mitarbeitern, ein hohes Leistungsniveau zu erwarten
- ermöglicht es den Mitarbeitern, alte Probleme in einem neuen Licht zu sehen
- gibt den Mitarbeitern mit ihren Argumenten Anlass, ihre Art und Weise, über Probleme nachzudenken, zu verändern
- verlangt von den Mitarbeitern, dass sie ihre Meinungen mit guten Argumenten untermauern
- legt viel Wert auf große Sorgfalt bei Problemlösungen bevor Handlungsschritte unternommen werden
- veranlasst die Mitarbeiter, Probleme als Chancen zum Lernen zu betrachten
- steht den Mitarbeitern mit Rat zur Seite, wenn sie es brauchen
- schafft Vertrauen in sie und
- erweckt Stolz darauf, mit ihr zusammenzuarbeiten.

Die wesentlichen ⇒ *Indikatoren* weisen Parallelen zu bisherigen Führungsstiltypologien auf, zeigen aber zugleich eine spezielle und neue Sichtweise seitens des transformationalen Führungsstils.

Im folgenden werden beide Ansätze einer kurzen Beurteilung unterzogen. Dann folgt eine Bewertung aus der Perspektive des Konzeptes **Mitunternehmertum**.

2.2 Beurteilung

2.2.1 Allgemeine Bewertung

Transaktionale Führung basiert auf der Weg-Ziel-Theorie, die einem rationalen Nutzenkonzept verpflichtet ist sowie auf einem delegativen Führungskonzept.[32] Grundlegend ist die Annahme, dass jeder Mitarbeiter vor dem Vollzug einer Handlung überlegt, mit welcher Wahrscheinlichkeit und in welchem Ausmaß diese Handlung zur Erreichung seiner individuellen Ziele beiträgt. Der Vorgesetzte soll sich über das Aufzeigen relevanter Weg-Ziel-Beziehungen die Gefolgschaft seiner Mitarbeiter sichern. Möchte der Vorgesetzte seine Mitarbeiter beispielsweise zu vermehrtem **unternehmerischen Denken** und **Handeln** anregen, so muss er jeden einzelnen von ihnen davon überzeugen, dass entsprechende Verhaltensweisen dessen persönlichen Zielen – z. B. Beförderung, Gehaltserhöhung, Verbesserung der Arbeitsmarktfähigkeit oder Selbstverwirklichung – zuträglich sind. Um die Ziele, Interessen und Bedürfnisse seiner Mitarbeiter abschätzen zu können, muss er sich in deren Situation versetzen, ihre Motive und Kalküle nachvollziehen, sie so als seine Kunden sehen.

Grundprinzipien transaktionaler Führung fließen in verschiedener Form in Führungskonzepte ein. Als prominentes Beispiel kann das »**Management by Objektives**«[33] gelten. Transaktionale Führung scheint zwar prinzipiell geeignet, »den

---

32 Vgl. die Kapitel A IV. Führungstheorien und C III. Identifikation, Motivierung und Remotivierung im Rahmen werteorientierter Führung

33 Vgl. Abschnitt 5

Untergebenen zu Rollenklarheit, Rollenakzeptanz, ⇒ *Arbeitszufriedenheit* und erhöhter Leistung zu verhelfen«.[34] Allerdings kennt eine Führungskraft kaum die Präferenz- und Bedürfnisstrukturen aller Mitarbeiter und verfügt nicht immer über Mittel und Wege zur Zielerreichung. Schließlich ist menschliches Handeln nicht nur von rationalen Kosten-Nutzen-Überlegungen geleitet, auch wenn das Ökonomen postulieren.[35]

An dieser Stelle greift die **transformationale Führung** ein. Sie wirkt nicht nur auf die kognitive Ebene ein, sondern erfasst die Gesamtpersönlichkeit. Die Verhaltenssteuerung erfolgt auch auf einer tieferen emotionalen Schicht und ist so umfassender.

Vielfach wird transformationale Führung auf unkritische Weise idealisiert.[36] **Grenzen** und **Gefahren** beziehen sich in erster Linie auf die zentrale Komponente »**Charisma**« – jene »außeralltägliche Qualität eines Menschen«,[37] die Identifikationsprozesse impliziert und dadurch die Mitarbeiter in ihren Bann schlägt. Besonders bedenkenswert ist dabei, dass

- es nur sehr wenige charismatische Führungspersönlichkeiten gibt
- Charisma kaum oder nur begrenzt erlernbar ist
- eine starke Identifikation mit einem charismatischen Führer negative Konsequenzen zeitigen kann, wie Identitätsverlust, destruktiven Gehorsam und infantile Verhaltensmuster (z. B. Massenhysterie)
- eine einseitige Ausrichtung auf einen charismatischen Führer aktuellen gesellschaftlichen Tendenzen (z. B. dem wachsenden Bedürfnis nach Selbstbestimmung) und betrieblichen Anforderungen (z. B. Eigenverantwortung der Mitarbeiter) widerspricht und
- charismatische Führung von der Zuschreibung der Geführten lebt und von daher meist nur eine Episode darstellt.[38]

Die Komponente »Charisma« stellt nach Bass jedoch nur eine spezifisch interpretierte Komponente transformationaler Führung dar. Zudem definiert er sie weit weniger extrem und irrational als andere Autoren. Die übrigen Komponenten bzw. Führungsaufgaben sind deutlich weniger anspruchsvoll und können von wesentlich mehr Personen erfüllt werden.

2.2.2 Transaktionale und transformationale Führung aus mitunternehmerischer Perspektive

Transaktionale Führung fördert prinzipiell marktbezogenes unternehmerisches Denken und Handeln in Organisationen. Dem Mitarbeiter wird vor Augen ge-

---

34 Bass 1986; zit. nach Sistenich 1993, S. 40
35 Anders z.B. Frey 1997
36 Vgl. dazu Sistenich 1993; Neuberger 1994a; Weibler 1997
37 Weber 1963 zit. nach Sistenich 1993, S. 8
38 Vgl. die ausführlicheren Erläuterungen im Kapitel A IV. Führungstheorien

führt, wie er durch unternehmerisches Handeln die Erreichung seiner individuellen Interessen und Ziele vorantreiben kann und im Bedarfsfall Rat und Unterstützung erteilt. Dies verstärkt die unternehmerische Motivation. Das Management by Exception-Prinzip gewährleistet die notwendigen Freiräume zur Entwicklung und Erprobung von Innovationen im Rahmen der betrieblichen Aufgabenerfüllung.

Transaktionale Führung stößt dort an ihre Grenzen, wo das Denken in Nutzen-Kosten-Relationen aufhört, wo sich schwer Instrumentalitäten herstellen lassen, wo also **unternehmerisches Handeln** in keiner positiven Beziehung zu den Zielen des Mitarbeiters steht, und wo adäquate Anreize fehlen (weil höhere Positionen besetzt sind, kann z. B. die gewünschte Beförderung nicht versprochen werden).

Transformationale Führung spricht dagegen nicht nur den ⇒ *homo oeconomicus* im Mitarbeiter, sondern den ganzen Menschen an – nach B. Frey der »Homo Oeconomicus Maturus«[39]. Sie lockt nicht mit ⇒ *extrinsischen Belohnungen*, sondern weckt Begeisterung für sachbezogene Werte, Ziele und Aufgaben. Sieht man von den Problempotentialen der Komponente »Charisma« ab, so scheint die transformationale Führung besonders gut mit dem Konzept **Mitunternehmertum** kompatibel. Die Komponenten »**Inspiration**« (Motivation durch Aufzeigen einer fesselnden Vision), »**geistige Anregung**« (Aufbrechen etablierter Denkmuster und Vermittlung neuer Einsichten) und »**individuelle Beachtung**« (individuelle Förderung der Mitarbeiter) bezeichnen zentrale Ansatzpunkte zur interaktiven Förderung unternehmerischen Denkens und Handelns von Mitarbeitern aller Hierarchieebenen und Funktionsbereiche.

Und schließlich kann ein mitunternehmerischer Mitarbeiter auch seine Vorgesetzten in ähnlicher Weise für Ziele und Projekte begeistern, sie also auch transaktional und transformational beeinflussen.[40]

3 Konsultative Führung

3.1 Merkmale

Bei konsultativer Führung **werden Mitarbeiter auf Initiative des Vorgesetzten beratend tätig**. Das zwischenmenschliche Vertrauen, die Interaktion wie auch die Entscheidungspartizipation sind geringer ausgeprägt als bei kooperativer Führung. Eine aktive, selbstinitiierte Einflussnahme durch Mitarbeiter wird grundsätzlich nicht erwartet bzw. geleistet. Damit ist die initiative »Beratung des Vorgesetzten durch seine Mitarbeiter[41]« ausgeklammert. Konsultative Führung wird damit als ein Spezialkonzept einer grundsätzlich auftragsbezogenen also »reakti-

---

39 Vgl. Frey 1997
40 Vgl. Kapitel D II. Führung des Chefs (Führung von unten) – Einflussstrategien
41 Vgl. Wunderer 1995i sowie Kapitel B I. Mitarbeiter als Mitunternehmer – ein Transformationskonzept

ven« Beratung der Führungskraft verstanden. Immerhin aber avanciert der »Arbeitnehmer« beim konsultativen Führungsstil zum »Mitarbeiter« (insbesondere zum »Mitdenker«), der nicht – wie bei autoritärer und patriarchalischer Führung – nur ausführt, sondern auf Anforderung beratend mitwirkt.

Dass konsultative Führung kein Kind des modernen Industriezeitalters ist, macht ein historisches Beispiel deutlich: Die **Führungsgrundsätze des hl. Benedikt**[42] zeigen, dass diese Führungsform schon im Altertum als Norm- und wohl auch als Ist-Stil bei wichtigen Entscheiden im Klosterleben verwendet wurde. Diese Regel wurde um 500 n. Chr. formuliert und gilt noch heute – wenn auch in zeitgemäßer Interpretation. Die dritte von insgesamt über 100 Regeln definiert das von Benedikt erwartete Entscheidungsverhalten des Abtes beachtlich präzise und schon im Sinne einer echten Führungsbeziehung. Denn das dabei erwartete Verhalten der »Klostergemeinde« im Beratungsprozess wird ebenfalls normiert:

»So oft im Kloster eine wichtige Angelegenheit zu entscheiden ist, rufe der Abt die ganze Klostergemeinde zusammen und lege selber dar, worum es sich handelt. Und er höre den Rat der Brüder an, überlege dann bei sich und tue, was nach seinem Urteil das Nützlichste sei. Dass aber alle zur Beratung gerufen werden, bestimmen wir deshalb, weil der Herr oft einem Jüngeren offenbart, was das Beste ist. Freilich sollen dann die Brüder ihren Rat in aller Demut und Unterwürfigkeit geben und sich nicht herausnehmen, ihre Meinung hartnäckig zu verteidigen.«[43]

3.2 Konsultative Führung in der Praxis

In unseren empirischen Erhebungen im Rahmen von Führungsanalysen in Unternehmen sowie Fortbildungsveranstaltungen zeigte sich folgendes: Konsultative Führung wird von den Befragten als der **am häufigsten erlebte Führungsstil** bezeichnet. Als erwünschte Führungsstile werden von Führungskräften und Spezialisten aber eindeutig kooperative und delegative Formen bevorzugt. Ein konsultativer Führungsstil wird dagegen meist nur dann gewünscht, wenn noch patriarchalische Führung praktiziert wird.

Konsultative Führung wird v. a. bei der **Entscheidungsvorbereitung** sowie bei **Problemen in der Umsetzungsphase** eingesetzt. In kollektiver Form findet sie bevorzugt im Rahmen von regelmäßigen oder themen- bzw. projektzentrierten Besprechungen Anwendung. Vorgesetzte finden damit Unterstützung bei ihrer Urteilsbildung und können zugleich mögliche Implementationswiderstände bei den Mitarbeitern erkennen.

Besonders zeitsparend erweist sich beratende Führung in Verbindung mit einer unpersönlichen, vorwiegend sachbezogenen Beziehungsqualität. Die Führungskraft bittet hier z. B. zu bestimmten Aktenvorgängen um schriftliche Kommen-

42 Vgl. Erzabtei Beuron o.J.
43 Erzabteil Beuron o.J., S. 24

tare und Vorschläge. Die Mitarbeiter erfahren vielfach selten oder erst viel später, inwieweit ihre Beratung in die Entscheidung eingeflossen ist. Dafür werden von ihnen auch keine sofortigen Antworten – wie in Besprechungen – erwartet.

Das betriebliche **Vorschlagswesen** sowie neuere Konzepte von **Qualitäts- oder Werkstattzirkeln** bauen auf den Prinzipien konsultativer Führung auf. Auch im japanischen »Ringi-System« ist dieser Führungsstil institutionalisiert; hier werden bestimmte Führungsebenen oder Mitarbeiter gebeten, zu strategischen Überlegungen der Geschäftsleitung fachlich fundiert Stellung zu nehmen. Die Geschäftsleitung entscheidet dann – wie schon der Abt im 6. Jahrhundert – »für sich«.

Weiterhin ist konsultative Führung typisch für die **Führung durch den nächsthöheren Vorgesetzten**[44] sowie für die **Zusammenarbeit zwischen Linie und Stab**. Dies wird häufig in entsprechenden Kompetenzregelungen der Führungsorganisation kodifiziert.

Ferner kann konsultative Führung auch als ein **Übergangsstil von autoritären zu kooperativ-delegativen Formen** charakterisiert werden. Schließlich erweist sich Konsultation als wirkungsvolle Einflussstrategie bei der Führung »von unten«.[45]

3.3 Beurteilung

Zunächst wird konsultative Führung im Kontext benachbarter Führungsstile beurteilt. Dann wird gezeigt, in welchen Situationen konsultative Führung empfehlenswert erscheint sowie über die Vereinbarkeit konsultativer und mitunternehmerischer Führung diskutiert.

3.3.1 Konsultative Führung im Vergleich zu autoritär-patriarchalischen Führungsformen

Vorteile konsultativer Führung:

- Sie ist ein Vorbereitungs- und Übergangsstil für kooperative Führung, der die Mitarbeiter zum Mitdenken anregt.
- Das Spezialwissen von Mitarbeitern wird besser genutzt.
- Sie verbessert die Entscheidungsqualität durch zusätzliche Information und Argumentation. Implementationswiderstände können frühzeitig erkannt werden.
- Die Mitarbeiterqualifikation wird durch Beschäftigung mit Entscheidungsproblemen der Vorgesetztenebene gefördert.
- Durch Einbezug in den Entscheidungsprozess wird die Motivation der Mitarbeiter erhöht.

---

44 Vgl. Weibler 1994
45 Vgl. Kapitel D II. Führung des Chefs (Führung von unten) – Einflussstrategien

- Neue Vorgesetzte können sich gezielt und selektiv kundig machen, ohne zeitaufwendige Vorbereitungs- und Abstimmungsprozesse zu durchlaufen.
- Die Führungskraft wird fachlich umfassend und aktuell informiert und kann damit nächsthöheren Ebenen oder Kunden eigenständig und fundiert Auskunft geben.
- Relevante Programme des Personalmanagements (z. B. Qualitätszirkel und Vorschlagswesen) werden damit vorbereitet und unterstützt.

Grenzen konsultativer Führung:

- Konsultative Führung kann zur Verschiebung von Verantwortung auf Mitarbeiter führen, insbesondere bei unangenehmen oder kritischen Entscheiden der Führungskraft.
- Bei entsprechender Gesellschafts- oder Unternehmenskultur kann der Vorgesetzte leicht als inkompetent oder unsicher eingeschätzt werden.
- Die Konsultation im Entscheidungsprozess erfordert mehr Zeit und problemlösungsfähige Mitarbeiter.

3.3.2 Konsultative Führung im Vergleich zu kooperativ-delegativen Führungsformen

Vorteile konsultativer Führung:

- Sie gewährleistet größere Einheitlichkeit von strategischen und operativen Entscheiden, da sie in einer Hand liegen.
- Die Mitarbeiter wissen, wann und inwieweit sie von sich aus aktiv werden sollen. Der direkte und persönliche Abstimmungs- und Kommunikationsaufwand ist geringer, insbesondere bei schriftlichen Konsultationsverfahren.
- Weniger qualifizierte Mitarbeiter können leichter eingesetzt werden.
- Es ist weniger Kooperations- oder Delegationskompetenz der Führungskraft und weniger Initiative und Einsatzbereitschaft der Mitarbeiter erforderlich.
- Die Entscheidungszeiten sind kürzer, v. a. bei der Entscheidungsvorbereitung.
- Die Vorgesetzten befürchten weniger, die »Kontrolle« zu verlieren. Gleichzeitig werden die Kontrollkosten minimiert.
- Führungskräfte können unerwünschten – v. a. taktischen – Beeinflussungsversuchen von Mitarbeitern frühzeitiger begegnen.

Nachteile konsultativer Führung:

- Qualifizierte und initiative Mitarbeiter fühlen sich nicht genügend einbezogen und damit weniger motiviert.
- Teambildung wird weniger gefördert, die Beziehungsgestaltung weniger berücksichtigt.
- Es bestehen deutlich geringere Möglichkeiten zur Personalentwicklung on the job, z. B. bei geplanter Vorbereitung für eine Stellvertretung oder Nachfolge.
- Initiatives, unternehmerisches Verhalten der Mitarbeiter wird kaum unterstützt.

3.3.3 Günstige Bedingungen für konsultative Führung

Konsultative Führung erweist sich insbesondere in folgenden Situationskonstellationen als erfolgreich:

- Die Mitarbeiter erwarten mehr Fremd- als ⇒ *Selbststeuerung* und verfügen allenfalls über mittlere Fachqualifikation und Berufserfahrung.
- Die Führungskraft hat gute Fachkenntnisse und Einblick in die Arbeit der Mitarbeiter.
- Es herrscht eine zentralistische Marktlenkung und/oder Gesellschaftsordnung vor.
- Unternehmens- und Führungskultur weisen zentralistisch-autokratische Züge auf.
- Es bestehen einfache, wenig komplexe und entkoppelte Prozessstrukturen.
- Die Marktsituation ist turbulent, die Entscheidungs- und Durchsetzungszeit knapp.

3.3.4 Konsultative Führung aus mitunternehmerischer Perspektive

Konsultative Führung ist im allgemeinen nur als **Vorstufe** zur Förderung des **Mitunternehmertums** geeignet. Die Mitarbeiter werden zu wenig in die Entscheidungsfindung einbezogen und erhalten zu wenig Experimentierchancen als dass sich kreative Potentiale auf breiter Basis entfalten könnten. Langfristig kann sogar Dequalifikation auftreten, wenn vorhandene Ideen- und Fähigkeitspotentiale unausgeschöpft bleiben. Und engagierte, ⇒ *intrinsisch* motivierte Mitarbeiter finden dabei zu wenig Identifikations- und Entfaltungsmöglichkeiten und können durch eine Unternutzung ihrer Fähigkeiten demotiviert werden. Deshalb kann konsultative Führung sogar zu einem Abbau unternehmerischer Qualifikation und Motivation führen.

Andererseits unterstützt konsultative Führung erste Schritte in Richtung **Mitunternehmertum**, denn sie ist ein **Vorbereitungs- und Übergangsstil** auf dem Weg zu kooperativ-delegativen Führungsformen. Gerade wenn bislang eher autoritär-patriarchalisch geführt wurde, kann konsultative Führung erstmalig zum offiziell gewünschten Mitdenken anregen und damit die Grundlage für ein ausgeprägteres Mitentscheiden, Mithandeln und Mitverantworten legen. Erfahrungen mit Qualitätszirkeln zeigen dies. Schließlich eignet sich konsultative Führung zur Führung und Förderung von Mitarbeitern mit geringer Mitunternehmerkompetenz, die – wie eigene Untersuchungen in deutschen und schweizerischen Unternehmen zeigen – immerhin etwa 30 % der Belegschaften ausmachen.

3.4 Fazit

Konsultative Führung bildet den Einstieg in eine wechselseitige Führungsbeziehung. Die Führungskraft behält dabei noch die volle Initiative und Kontrolle, die Mitarbeiter werden weniger bei der Mitwirkung beansprucht.

Bei niedrigerem Reifegrad von Mitarbeitern und Vorgesetzten, in Stresssituationen oder der Vorentscheidungsphase lässt sich konsultative Führung effektiv einsetzen. Sie kann aber das Potential qualifizierter und motivierter Mitarbeiter nicht befriedigend ausschöpfen. Für komplexe Aufgaben, für dezentrale und umfassende unternehmerische Verhaltensweisen auf allen Ebenen ist sie nicht optimal. Sie ist jedoch eine sehr geeignete Vorstufe zur Weiterentwicklung auf kooperativ-delegative Führungsformen.

4 Kooperative Führung

4.1 Merkmale

Nach Stogdill[46] gibt es über Führung fast so viele Definitionen wie Führungsforscher. Dies gilt besonders für die Teilmenge der kooperativen Führung. Wir haben auf der Grundlage literarischer und empirischer Analysen einen Beschreibungsansatz entwickelt, der sich auf die Dimensionen »Partizipation« und »prosoziale Beziehungsgestaltung« konzentriert, zehn konstruktive Merkmale und drei zugrunde liegende Grundwerte unterscheidet.[47] Zur Konkretisierung der beiden Führungsdimensionen sind in Abb. 10 deren typische Elemente bzw. Instrumente zusammengefasst. Abb. 11 gibt einen Überblick zum Konzept der kooperativen Führung.

D
Gestaltung der Führungs- und Kooperationsbeziehungen

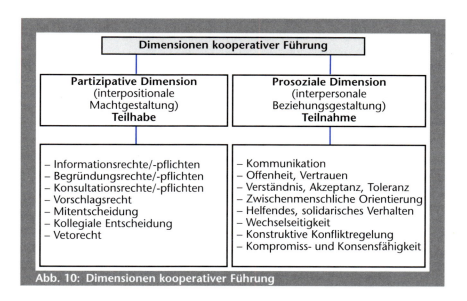

Abb. 10: Dimensionen kooperativer Führung

---

46 Vgl. Bass 1990a
47 Vgl. Wunderer/Grunwald 1980, Bd. 2 (im folgenden in leicht modifizierter Form dargestellt)

Kooperative Führung – Definition, Merkmale, Grundwerte

4 Dimensionen

1. Zielorientierte soziale Einflussnahme zur Erfüllung gemeinsamer Aufgaben → Ziel-Leistungs-Aspekt ⎫
2. in/mit einer strukturierten Arbeitssituation → Kontext-Aspekt (Kultur-/Strategie-Organisations-gestaltung) ⎬ **Führung in Organisationen**

3. unter wechselseitiger, tendenziell symmetrischer Einflussausübung → partizipativer Aspekt (interaktive Macht-gestaltung) ⎫
4. und konsensfähiger Gestaltung der Arbeits- und Sozialbeziehungen → prosozialer Aspekt (interaktive Beziehungs-gestaltung) ⎬ **Qualität der kooperativen Führung**

10 Merkmale

1. Ziel-, Leistungs- und Wertschöpfungsorientierung
2. Rollendifferenzierung und Sachautorität
3. Multilaterale Informations- und Kommunikationsbeziehungen
4. Gemeinsame und wechselseitige Einflussausübung
5. Konfliktregelung durch Aushandeln und Verhandeln
6. Gruppenorientierung; partnerschaftliche Zusammenarbeit
7. Vertrauen als Grundlage und Medium der Zusammenarbeit
8. Bedürfnisbefriedigung von Mitarbeitern, Vorgesetzten und Anspruchsgruppen
9. Organisations- und Personalentwicklung
10. Unternehmerische Markt- und Netzwerksteuerung

3 Grundwerte

1. Arbeit und Leistung
2. Wechselseitigkeit der Einfluss- und Austauschbeziehungen
3. Wertschöpfung für zentrale Bezugsgruppen (z. B. Mitarbeiter, Kunden, Kapitalgeber)

Abb. 11: Modifiziertes Konzept der kooperativen Führung nach Wunderer/Grunwald

4.2 Kooperative Führung in der Praxis

4.2.1 Relevanz

Unter dem Einfluss gesamtgesellschaftlicher Demokratisierungs- und Humanisierungstendenzen wurde kooperative Führung bereits in den siebziger Jahren zum idealen – arbeitnehmerischen und betrieblichen Interessen gleichermaßen zuträglichen – Führungsstil erkoren.[48] In den letzten Jahren verstärkte sich ihre Bedeutung noch. Wesentliche Bestimmungsfaktoren dafür sind:

---

48 Vgl. Wunderer/Grunwald 1980, Bd. 2; Wunderer 1981b

- **Veränderte Werthaltungen der Mitarbeiter**:[49] V. a. in der jüngeren Generation werden alte Pflicht- und Akzeptanzwerte[50] wie Disziplin, Gehorsam und Selbstbeherrschung auf mittlere Ausprägungsgrade reduziert, wogegen Selbstentfaltungswerte wie Autonomie, Demokratie, Gleichheit und Kreativität – also Werte, die nach partnerschaftlichen Strukturen in der Arbeitswelt verlangen – an Bedeutung gewinnen. Gestützt und verstärkt wird dieser gesellschaftliche Wertewandel durch Erziehung, Gruppeneinflüsse und entsprechende Sozial- und Arbeitsgesetze.

- **Technologischer Wandel und Qualifikationsanstieg bei den Mitarbeitern**: Die Zunahme qualifizierter Tätigkeiten im Zuge des technologischen Wandels sowie die Besetzung von Positionen mit höher qualifizierten Mitarbeitern bilden eine weitere Grundlage für Forderungen nach kooperativeren Führungsformen.[51]

- **Strukturelle und instrumentelle Absicherung der kooperativen Führung**: Da Führungspraktiker oft vorsichtige bis misstrauische Grundeinstellungen gegenüber einem von Natur aus »kooperativen Menschen« zeigen, sichern sie sich u. a. durch institutionelle und strukturelle Regelungen ab. Dies wird noch diskutiert.

4.2.2 Strukturelle Rahmenbedingungen kooperativer Führung

Bei der aktiven strukturellen Gestaltung kooperativer Führung lassen sich harte und weiche Maßnahmen unterscheiden.[52] Die **harten Faktoren** umfassen im weiteren Sinne insbesondere:

- die **Unternehmens- und Betriebsverfassung**
- die **Qualität der Arbeitnehmer-Arbeitgeber-Beziehungen**
- die **Führungsorganisation** (v. a. kollegiale und dezentrale sowie matrixorientierte Formen)
- institutionalisierte und formalisierte sowie instrumentell unterstützte **Management- und Führungskonzepte** (z. B. Management by Objectives) sowie
- damit verbundene **Führungsinstrumente** (z. B. Führungsgrundsätze).

Diese strukturellen, vorwiegend strategischen und organisatorischen Maßnahmen zur Gestaltung günstiger Arbeits- und Führungssituationen für kooperative Führung wurden im deutschsprachigen Raum intensiv diskutiert und auch im breiten Maße zu realisieren versucht.[53]

Zu den **weichen Faktoren** struktureller Führung zählen ⇒ *Führungsphilosophie* und -**kultur**. Hier geht es besonders um die Beeinflussung der »inneren Verfas-

---

49 Vgl. Wunderer/Kuhn 1993; Kapitel C I. Wertewandel und Führung
50 Vgl. Klages 1985; Opaschowski 1997; Noelle-Neumann 1997
51 Vgl. Wunderer/Kuhn 1993
52 Vgl. auch Pascale/Athos 1981
53 Vgl. Albach 1983; Wunderer 1983a; Wunderer/Klimecki 1990; Frese 1992; Kieser/Reber/Wunderer 1995;

sung«, der Denkmuster in den Köpfen der Organisationsmitglieder, zum Teil durch langfristige, unspektakuläre, implizite und individuelle Lernprozesse.

Ebenso wurden erhebliche Anstrengungen im Bereich der **Führungsentwicklung** unternommen, um Vorgesetzte über Möglichkeiten und Vorteile kooperativer Führungsformen zu informieren. Damit verbundene Einsichten führten jedoch nicht immer zu nachhaltigen Verhaltensänderungen.[54]

Mit Maßnahmen zur ⇒ *Organisationsentwicklung*[55] wurde eine umfassende Veränderung von Organisationsstrukturen, Einstellungen und Verhaltensweisen durch kollektive Lernprozesse zu erreichen versucht. Zu weitgehende Forderungen, zu kurzfristige Zielsetzungen und mangelnde Unterstützung der Unternehmensleitungen bei auftauchenden Problemen führten dabei oft zu Misserfolgen. Zudem wurden diese Maßnahmen im Zuge wirtschaftlicher Krisensituationen oft durch autoritär realisierte Reorganisationsmaßnahmen ersetzt. Aber man kann – insbesondere in erfolgreichen Organisationen[56] – Wirkungen solch struktureller Strategien in Richtung kooperativer Führung erkennen. Zumindest verbesserten sie tendenziell die Führungssituation für alle, die nach einer Unterstützung und Legitimation kooperativer Führung in ihrem Arbeitsbereich suchten.

4.3 Beurteilung

Weil kooperative Führung als **sozial erwünscht** proklamiert und zu realisieren versucht wird, scheint es angebracht, ihre **Probleme und Grenzen** nicht aus den Augen zu verlieren. Im Folgenden werden fünf davon ausgewählt, die uns aus langjähriger Beschäftigung mit dem Thema – auch in der Praxis – besonders bedeutsam erscheinen. Dann wird diskutiert, inwieweit sich kooperative Führung mit dem Konzept **Mitunternehmertum** vereinbaren lässt.

4.3.1 Problematische Aspekte

Einseitige Fokussierung

Führungsstile beschreiben wir anhand der Dimensionen »Teilhabe« (Partizipation) und »Teilnahme« (prosoziale Beziehungsgestaltung).

In der betriebswirtschaftlichen und gesellschaftspolitischen Diskussion steht die **partizipative Dimension** eindeutig im Vordergrund. Dabei dominieren »strukturelle Optimisten«, die zugleich von tiefem Misstrauen gegenüber der menschlichen Natur erfüllt sind (»interaktive Pessimisten«) – v. a. sofern mit Positionsmacht ausgestattet. Ihrer Ansicht nach muss Partizipation institutionell durch Gesetze, Verfassungen, Führungsorganisation und/oder Führungsrichtlinien abgesichert werden.

---

54 Vgl. Wunderer 1985b; Neuberger 1994b
55 Vgl. Staehle 1992; Fatzer 1993; Probst/Büchel 1994; Sattelberger 1996; Klimecki/Gmür 1998
56 Vgl. z.B. Peters/Waterman 1983

Die **prosoziale Dimension** wird dagegen bevorzugt von Psychologen und Soziologen thematisiert. Die Analyse von Gruppen- und Interaktionsprozessen zeigt, dass z. B. die bei kooperativer Führung erforderliche, tendenziell symmetrische Partizipation nur bei wechselseitiger fachlicher und persönlicher Akzeptanz, gegenseitigem Vertrauen und Willen zur Zusammenarbeit praktiziert werden kann. Von Kritikern wird diese Dimension gern als »⇒ *Human Relations*-Ideologie«, z. T. auch als ideologische Legitimation für manipulativen oder mythenbehafteten Machteinsatz angesehen.[57]

Uns scheint, dass nur die Realisierung beider Dimensionen kooperative Führung sichert.[58] Während die Partizipation v. a. fachliche Problemlösungskompetenz erfordert, setzt die prosoziale Beziehungsgestaltung bei Vorgesetzten und Mitarbeitern hohe Sozialkompetenz (»emotionale Intelligenz«[59]) voraus; sie ist schwerer zu erreichen und zu vermitteln.

Kooperative Führung und Motivation

Aus Sicht von Motivationstheorien relativiert sich die Bedeutung kooperativer Führung. Neuere motivationsorientierte Führungstheorien – z. B. die Weg-Ziel-Theorie – betrachten den Menschen als rationalen Nutzenmaximierer. Im Lichte rationaler Kalküle dürften aber gerade erfolgsorientierten, kalkulativen Führungskräften kooperativ gestaltete Führungsaktivitäten nur begrenzt attraktiv erscheinen, weil die Praxis meist nur den monetären Führungserfolg bewertet. Nicht selten werden nicht-kooperative, aber effektive Führungskräfte bei wichtigen Gehalts- und Karriereentscheidungen kooperativ Führenden, aber sonst weniger Erfolgreichen, vorgezogen. Eine Prämierung kooperativen Führungsverhaltens ist in der Praxis nicht nur schwer realisierbar, sondern auch unüblich. Aus der Sicht einer motivationsorientierten Führungstheorie[60] erhält kooperative Führung bei den gegebenen Gratifikationssystemen somit nur eine **geringe Instrumentalität**. Zudem besteht eine deutliche Differenz zwischen einer hohen kognitiven Bedeutungseinschätzung (»**Valenz**«) durch die offiziell positive Bewertung kooperativen Führungsverhaltens und einer wesentlich geringeren realen Valenz bei der tatsächlichen Bewertung durch vorgesetzte Stellen.

Die motivationale Wirkung kooperativer Führung auf die Geführten hängt wesentlich von der relativen **Bedeutung der interaktiven Führung** in der realen Arbeitssituation ab. Bei hoher Arbeitsteilung und hochstrukturierter Ablauforganisation (z. B. Fließbandarbeit), bei überwiegender Abwesenheit des Vorgesetzten (z. B. in Vertriebsfunktionen) sowie bei hoch introvertierten Mitarbeitern dürfte die Bedeutung von kooperativer Führung für die Leistungsmotivation einen wesentlich niedrigeren Stellenwert einnehmen als bei extrovertierten Mitarbeitern

---

57 Vgl. z.B. Kubicek 1984b
58 Vgl. Wunderer 1981b
59 Vgl. Goleman/Griese 1996
60 Vgl. die Kapitel A IV. Führungstheorien und C III. Identifikation, Motivierung und Remotivierung im Rahmen werteorientierter Führung

mit hohen personellen Identifikationsbedürfnissen, bei geringer Arbeitsteilung bzw. hoher Anwesenheitsrate des Vorgesetzten (z. B. in Projektorganisationen).

Weiterhin wird die motivationale Relevanz kooperativer Führung von den **individuellen Bedürfnis- und Motivstrukturen** der Beteiligten beeinflusst. Mitarbeiter, die Leistungsmotivation erst dann entwickeln, wenn ihre sozialen und personalen Bedürfnisse befriedigt sind, werden auf kooperative Führung anders reagieren als »Selbstläufer«. Vorgesetzte, die kooperative Führung nur als Belohnungskonzept für erfolgreiche Mitarbeiter interpretieren, werden sie anders gewichten als solche, die in ihr »den größten motivationalen Anreizwert«[61] sehen.

Unterschiedliche Auffassungen über kooperative Führung

Eigene Untersuchungen auf der Grundlage des Konzepts von Tannenbaum/Schmidt erbrachten **rollenspezifische Bewertungsdifferenzen** bei der Festlegung des Begriffsinhalts von kooperativer Führung:[62] In die Rolle des Mitarbeiters versetzt, zeigten die gleichen Personen anspruchsvollere Erwartungen als in der Vorgesetztenrolle.[63] Ähnliche Interpretationsdifferenzen ergab eine eigene 1983 in Zusammenarbeit mit dem EMNID-Institut durchgeführte **repräsentative Befragung** der bundesdeutschen Bevölkerung. Auch hier zeigte sich, dass kooperative Führung vom Begriffsinhalt und -umfang weite und zum Teil sehr differenzierte Interpretationsspielräume (von konsultativ über delegativ in der Machtdimension bis zu prosozial in der Beziehungsdimension) aufweist. Dies führt auch in der Führungspraxis zu Missverständnissen und Konflikten.

Unterschiedliche Gerechtigkeitspostulate

Unter divergierenden Gerechtigkeitsaspekten – «Jedem das Gleiche« versus »Jedem das Seine« – werden auch unterschiedliche Forderungen an die Gestaltung von Führungsbeziehungen in der Arbeitsgruppe gestellt.

Bei eigenen Befragungen votierten Vorgesetzte überwiegend für das Führungskonzept »Jedem das Seine«, während die Mitarbeiter bezüglich der Vorgesetztenbehandlung »Jedem das Gleiche« bevorzugten. Im wechselseitigen Bemühen um kooperative Führungsbeziehungen im Team[64] dürfte es nach dem Konzept »Jedem das Gleiche« – zumindest in der prosozialen Dimension[65] – grundsätzlich keine interpersonellen Differenzierungen geben. Aus unterschiedlichen Situationsbedingungen (u. a. unterschiedliche Aufgaben, fachliche Qualifikation und

---

61 Hoffmann 1980, S. 527
62 Vgl. Wunderer 1995e
63 Häufigste Rangierung aus Mitarbeiterperspektive (nach dem Analysekonzept von Tannenbaum/Schmidt): »Die Gruppe entwickelt Vorschläge. Der Vorgesetzte entscheidet sich für die von ihm favorisierte Alternative.«
Häufigste Rangierung aus Vorgesetztenperspektive: »Der Vorgesetzte informiert seine Mitarbeiter über beabsichtigte Entscheidungen; diese können ihre Meinung äußern, bevor der Vorgesetzte die endgültige Entscheidung trifft.«
64 Vgl. Wunderer 1991a
65 Vgl. Bierhoff 1980; Staub 1982

Leistungsmotivation) resultieren aber differenzierende Verhaltensweisen gegenüber verschiedenen Mitarbeitern.

Probleme bei der Einführung kooperativer Führung

Philosophien zur Veränderbarkeit menschlichen Verhaltens lauten unterschiedlich.[66] Der eigenschaftstheoretische Ansatz ist eher pessimistisch, der behavioristische dagegen optimistisch.[67] Bei der Verhaltensmodifikation in Richtung kooperativer Führung zeigen sich v. a. folgende Probleme:

- **Zu anspruchsvolle Formulierungen** von kooperativer Führung entmutigen gerade »Lernwillige« – v. a. wenn diese nicht als Idealtypus charakterisiert wird.

- Kooperative Führung wird oft **zu wenig operationalisiert** – selbst in sogenannten Führungsgrundsätzen. Es werden weder konkrete Lernziele noch konkrete Lerninhalte definiert. Damit wird die Erfolgsbeurteilung erschwert. Zudem sind die Personalbeurteilungssysteme – zumindest im Bereich der Verhaltensbeurteilung – zu selten mit den Führungsgrundsätzen abgestimmt.

- Es werden **zu umfassende Realisierungsansprüche** gestellt. Von der Information zur Delegation, von der Motivation bis zur Personalförderung sollen möglichst mit dem Zeitpunkt der Ratifizierung der kooperativen Führung in allen Bereichen Veränderungen realisiert werden. Während man für die Entwicklung neuer anspruchsvoller Produkte im technischen Bereich vier bis zehn Jahre rechnet und bereitwillig große materielle und personelle Ressourcen einsetzt, geht man bei Personalentwicklungsmaßnahmen oft von naiv kurzen Zeitspannen aus, die manchmal auf den Besuch eines Führungsseminars beschränkt werden.

- **Die Verhaltensänderung von Vorgesetzten wird zu viel, die von Mitarbeitern zu wenig beachtet.** Aus diesem patriarchalischen, manchmal auch gewerkschaftlichen[68] Konzept der Verantwortungszurechnung resultieren Überforderungen der Vorgesetzten und Unterforderungen der Mitarbeiter. So beschränkt sich Führungstraining meist auf die Vorgesetzten. Selbst wenn man dabei Lernfortschritte erreicht, können (und müssen) die am Arbeitsplatz verbleibenden Mitarbeiter keine gleichgerichteten und gleichzeitigen Lernfortschritte erzielen. Das Konzept des simultanen Führungstrainings in Arbeitsgruppen wird viel zu wenig praktiziert. Meist wird es aus kosten- oder arbeitstechnischen Gründen verworfen.

- **Verhaltensänderung wird zu stark über fremdinitiiertes Führungstraining außerhalb des Arbeitsplatzes gefördert.** Gezielter Verhaltensentwicklung am Arbeitsplatz wird zu wenig Aufmerksamkeit gewidmet.

---

66 Vgl. Keller/Ribes-Inesta 1974; Mahoney 1977; Wunderer 1985b
67 Vgl. Kapitel A IV. Führungstheorien
68 »Ausschlaggebend ist fast immer der Führungsstil des Vorgesetzten, wenn die Zusammenarbeit zwischen Vorgesetzten und Mitarbeitern nicht funktioniert« (Dachrodt 1976, S. 15)

- **Institutionellen und formalisierten Verhaltensvorschriften wird** für die Verhaltensmodifikation **mehr Bedeutung zugemessen als informellen** – beispielsweise in Mitarbeitergesprächen formulierten – »**Verhaltenskontrakten**«.

- **Personalentwicklung** wird **ohne** Abstimmung mit begleitenden Maßnahmen der ⇒ *Organisationsentwicklung* (**Strukturentwicklung**) betrieben. Damit wird die Gestaltung der günstigen Führungssituation zu wenig beachtet.

4.3.2 Kooperative Führung aus mitunternehmerischer Perspektive

Kooperative Führung ist in hohem Maße mit dem Konzept **Mitunternehmertum** kompatibel – insbesondere in der prosozialen Dimension. Durch die proaktive Einbindung der Mitarbeiter in Entscheidungsprozesse und die hohe Interaktionsdichte werden insbesondere die **unternehmerischen Komponenten** Mitwissen, Mitdenken, Mitentscheiden, Mitfühlen und Miterleben sowie Mitverantworten angesprochen. Die intensive Interaktion ermöglicht dem Mitarbeiter die Netzwerkbildung sowie die Beobachtung unternehmerischen Verhaltens unmittelbar am Beispiel des Vorgesetzten. Sie führt weiterhin zu einer besseren Personenkenntnis und schafft damit günstige Voraussetzungen für eine erfolgreiche individuelle Förderung der **unternehmerischen Qualifikation und Motivation** von Mitarbeitern (insb. über ⇒ *Coaching*) und Vorgesetzten (insb. über ⇒ *Counselling* sowie »Führung von unten«). Die Nutzung von Fach- und Erfahrungswissen bei der Entscheidungsfindung verspricht zudem qualitativ hochwertigere – sprich kreativere und innovativere – Problemlösungen.

Allerdings setzt eine effiziente und erfolgreiche **Förderung des Mitunternehmertums** durch kooperative Führung relativ reife Mitarbeiter voraus, die bereits über ein genügendes Maß an unternehmerischer Qualifikation (insb. Sozialkompetenz) sowie eine unternehmerische Motivation verfügen. Durch die Interaktionsintensität und die kollektive Entscheidungsfindung erhält der Mitarbeiter unter Umständen wenig Gelegenheit zum eigenständigen Experimentieren. In diesem Fall werden Selbständigkeit, ⇒ *Selbstorganisation* und Selbstentwicklung – also konstitutive Elemente des Konzeptes Mitunternehmertum – wenig gefördert. Die enge persönliche Beziehung zwischen Vorgesetztem und Mitarbeiter birgt zudem die Gefahr von Überidentifikation und »Groupthink«[69] in sich. Dies kann zu unliebsamen Konsequenzen führen. Ist beispielsweise die unternehmerische Motivation eines Mitarbeiters eng mit der Person des Vorgesetzten verbunden, zieht dessen Ausscheiden mitunter Demotivationseffekte nach sich. Überdies kann die hohe Interaktionsdichte introvertierte Personen – Mitarbeiter wie Vorgesetzte – überfordern.

4.4 Fazit

Bis in die achtziger Jahre hat man kooperative Führung als »den« **Idealstil** propagiert und auch in Führungsgrundsätzen normativ verankert. Sie eignet sich –

---

69 Vgl. Janis 1972 sowie Kapitel A IV. Führungstheorien

mit gewissen Einschränkungen – auch gut zur Förderung (**mit**)**unternehmerischen Denkens und Handelns** breiter Belegschaftsschichten.

Im Bereich der Organisationsformen kann man schon seit mehr als 20 Jahren unter den Maximen der »Dezentralisierung« und »⇒ *Humanisierung der Arbeitswelt*« sowie dem Einfluss der Systemtheorie oder der Arbeitswissenschaft Konzepte der ⇒ *Selbststeuerung,* ⇒ *Selbstorganisation* ⇒ *teilautonomer Arbeitsgruppen* und Selbstentwicklung finden.[70] Diese beeinflussten bisher die Führungsstildiskussion nur teilweise.

Auch nach unseren Prognosestudien in der Schweiz[71] und der Bundesrepublik Deutschland[72] zeichnet sich ein organisatorisches wie motivationales Bedürfnis nach selbststeuernden, delegativen wie auch (mit-)unternehmerischen Führungskonzepten ab – insbesondere bei komplexen, wenig strukturierten Aufgaben sowie qualifizierten und motivierten Mitarbeitern. In diesem Kontext könnte sich kooperative Führung als ein **historisches Übergangskonzept** – von vorgesetzten zentrierten Einflussformen der Fremdsteuerung zu mitarbeiterzentrierten Konzepten der Selbstorganisation erweisen.

5 Delegative Führung

5.1 Merkmale

Lokalisiert man delegative Führung im zweidimensionalen Kontinuum der Führungsstile, so ergibt sich folgendes Bild:

In der **Entscheidungsebene** wird bei delegativer Führung der Entscheidungsinhalt mit maßgeblicher Beteiligung bzw. in weitgehender Selbständigkeit der Geführten festgelegt und v. a. umgesetzt. Die für den kooperativen Führungsstil charakteristische Gemeinsamkeit bei der Entscheidungsfindung und z. T. auch bei der Umsetzung im Team ist deutlich weniger ausgeprägt. Vorgesetzte und Mitarbeiter arbeiten bei delegativer Führung unabhängiger, müssen dafür gemeinsame Entscheidungsaktivitäten grundsätzlicher, planmäßiger und systematischer durchführen.

Für die **Beziehungsebene** gilt ähnliches. Da bei delegativer Führung die wechselseitige Interaktion geringer ist als bei kooperativer, muss eine grundsätzlich positive prosoziale Beziehung zwischen den Beteiligten bestehen. Erforderlich ist insbesondere hohes Vertrauen des Delegierenden in Fähigkeiten, Verantwortungsbereitschaft, Loyalität und Motivation zur Aufgabenerfüllung des Mitarbeiters. Die begrenzte oder sogar gänzlich fehlende Handlungskontrolle muss durch hohe Selbstkontrolle des Delegierten sowie durch Ergebniskontrolle des Delegierenden ersetzt werden. Die geringeren wechselseitigen Interaktionen reduzieren im allgemeinen auch den Anteil an interaktiver Führung. Dafür kommt die

---

70 Vgl. Probst 1987; Hilb 1990b; Schmidt 1993; Ulich 1994
71 Vgl. Wunderer/Kuhn 1992; Wunderer/Dick 2000
72 Vgl. Wunderer/Kuhn 1993

strukturelle Führung (v. a. durch Führungskultur, Organisation und institutionelle Kontrolle) stärker zum Einsatz.

5.2 Delegationsphilosophien und -konzepte – Darstellung, Beurteilung und Weiterentwicklung

In der wissenschaftlichen Diskussion findet man unterschiedliche Ansätze:

Von Organisationsforschern und -praktikern sowie von Anhängern bürokratischer Regelungen werden **organisationale Delegationsansätze** bevorzugt, die eine klare, transparente, unpersönliche, möglichst standardisierte und schriftliche Festlegung der Delegationsspielräume einschließen.[73] Dies geschieht über Regelungen der Aufbauorganisation (z. B. klare Abgrenzungen hierarchisch abgestufter Kompetenzen), der Ablauforganisation (v. a. durch Prozesskettendefinitionen oder Stellenbeschreibungen) sowie spezielle Richtlinien (z. B. Führungsanweisungen) im Rahmen entsprechender Führungsnormen (Kultur).

Psychologen, aber auch Führungskräfte bevorzugen hingegen **verhaltensorientierte Delegationsansätze**. Diese reduzieren die wesentlichen Einflussvariablen auf das Delegationsverhalten der Führer und die Delegationsakzeptanz der Geführten. Die **verhaltensorientierte Delegationsphilosophie** wird besonders am Konzept von Hersey/Blanchard[74] deutlich. Hier wird dem Vorgesetzten empfohlen, seinen Führungsstil – und damit auch sein Delegationsverhalten – in Abhängigkeit vom Reifegrad der Mitarbeiter zu variieren, also nur nach Fähigkeit und Motivation zur selbständigen Aufgabenerledigung.

Wir vertreten die Ansicht, dass weder strukturelle noch verhaltensorientierte Ansätze alleine die Wirklichkeit hinreichend abbilden können. Dazu bedarf es eines integrierten Ansatzes. Dazu werden die Grundformen der in der Praxis dominierenden strukturellen Delegationskonzepte vorgestellt und in einem zweiten Schritt zu einem **integrativen Ansatz struktureller Führung** verknüpft. Im Weiteren wird dieser durch die Einbeziehung weiterer – struktureller wie auch verhaltensorientierter – Aspekte zu einem **Rahmenmodell delegativer Führung** ausgebaut.

5.2.1 Strukturelle Delegationskonzepte

Im Zentrum der strukturellen Delegation steht deren Gegenstand. Wir unterscheiden danach drei leitende Ansätze bzw. Dimensionen: **aufgaben-, ziel- und missionsorientierte Delegation**.

● Aufgabenorientierte Delegationskonzepte

Aufgabenorientierte Konzepte zeichnen sich durch eine Fokussierung der - Delegationsregelungen auf die Funktionen aus. Diese werden in – z. T. sehr ausführlichen – Stellenbeschreibungen geregelt. Das ⇒ *Harzburger Modell*[75] ist

---

73 Vgl. Höhn 1966; Bruch 1996
74 Vgl. Kapitel A IV. Führungstheorien
75 Vgl. Höhn 1966

dafür das beste Beispiel. Die Praxis hat diesen Ansatz bevorzugt. Auf der Basis einer differenzierten Aufgabenregelung werden ebenso differenzierte Festlegungen zur damit verbundenen Entscheidungs-, Weisungs- und Verantwortungsdelegation getroffen. Damit erhält der Mitarbeiter einen klar definierten und genau abgegrenzten Aufgabenbereich mit abgestuften Kompetenzregelungen.

Mit einer klaren Aufgabenregelung sind aber nur **Mittel** zur Erreichung von Führungszielen definiert, die politische Ausrichtung (v. a. durch Ziele) bleibt davon weitgehend unberührt. Der Selbständigkeit in der Aufgabenerfüllung steht dann leicht eine ebenso umfassende Unklarheit bzw. Unselbständigkeit in der Zielfestlegung gegenüber.

● **Zielorientierte Delegationskonzepte**

Mit zunehmendem Reifegrad der Managementfunktionen (v. a. Planung, Entscheidungsfindung, Organisation und Kontrolle), aber auch mit steigender Qualifikation und wachsenden Ansprüchen an selbständige Aufgabenerledigung sowie mit verbesserten Managementinstrumenten und -methoden entwickelte sich schon Mitte der 50er Jahre in den USA ein Konzept der zielorientierten Mitarbeiterführung, **Management by Objectives (MbO)** genannt.[76] Es wird durch folgende Prämissen und Prinzipien charakterisiert:

Prämissen des MbO über menschliches Verhalten:

– Kenntnis der Ziele fördert Identifikation und Motivation
– Beteiligung bei Zielbestimmung fördert Akzeptanz
– Mitarbeiter muss die Leistungsbeurteilungskriterien kennen
– Selbstkontrolle über Zielerreichung fördert Leistung
– objektive Entlohnung fördert Zufriedenheit; bei unzureichender Leistung erfolgt keine Bestrafung, sondern Förderung und Fortbildung.

Grundprinzipien des MbO:

– Zielorientierung anstelle von Verfahrensorientierung
– regelmäßige Zielüberprüfung und -anpassung
– Partizipation der Mitarbeiter bei der Zielbildung und
– Kontrolle und Beurteilung der Managementleistung anhand von Soll-/Ist-Vergleichen.

Typisch für diesen Ansatz ist der Aufbau einer Zielhierarchie in einem verschränkten Top-Down- und Bottom-Up-Vorgehen: »Oberziele werden in Subziele zerlegt und den verschiedenen hierarchischen Ebenen und Abteilungen so zugeordnet, dass das Unternehmen insgesamt über ein inhaltlich aufeinander abgestimmtes Zielsystem geführt wird.«[77] Unter Berücksichtigung der wichtigsten Dimensionen und Kriterien kann man den MbO-Ansatz folgendermaßen zusammenfassen (vgl. Abb. 12):[78]

---

76 Vgl. Drucker 1954
77 Gebert 1995, Sp. 427
78 Vgl. dazu Sager/Ramseier 1999

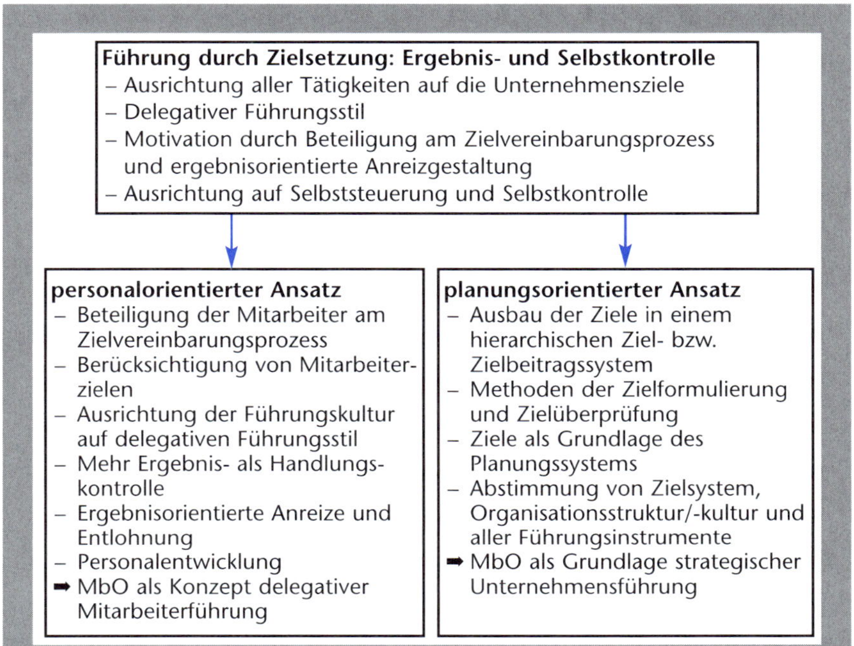

Führung durch Zielsetzung: Ergebnis- und Selbstkontrolle
- Ausrichtung aller Tätigkeiten auf die Unternehmensziele
- Delegativer Führungsstil
- Motivation durch Beteiligung am Zielvereinbarungsprozess und ergebnisorientierte Anreizgestaltung
- Ausrichtung auf Selbststeuerung und Selbstkontrolle

personalorientierter Ansatz
- Beteiligung der Mitarbeiter am Zielvereinbarungsprozess
- Berücksichtigung von Mitarbeiter-zielen
- Ausrichtung der Führungskultur auf delegativen Führungsstil
- Mehr Ergebnis- als Handlungs-kontrolle
- Ergebnisorientierte Anreize und Entlohnung
- Personalentwicklung
- ➡ MbO als Konzept delegativer Mitarbeiterführung

planungsorientierter Ansatz
- Ausbau der Ziele in einem hierarchischen Ziel- bzw. Zielbeitragssystem
- Methoden der Zielformulierung und Zielüberprüfung
- Ziele als Grundlage des Planungssystems
- Abstimmung von Zielsystem, Organisationsstruktur/-kultur und aller Führungsinstrumente
- ➡ MbO als Grundlage strategischer Unternehmensführung

Abb. 12: MbO als Konzept delegativer Mitarbeiterführung und strategischer Unternehmensführung

In den 60er und 70er Jahren wurden hierzu verschiedene Varianten entwickelt und publiziert.[79] Das MbO-Konzept wurde mit großer Begeisterung aufge-nommen, jedoch in den wenigsten Firmen in Form einer **Führung über Ziel-vorgabe oder Zielvereinbarung** praktiziert. Der hohe Abstraktions- und Kom-plexitätsgrad von Zielen, die mangelnde Erfahrung mit der Zielformulierung und Operationalisierung sowie die fehlenden Instrumente zu ihrer Definition und Evaluation führten meist dazu, dass Ziele mit Hauptaufgaben oder maxi-mal mit Schwerpunktaufgaben (Programmen) gleichgesetzt wurden. Damit waren aber wieder nur die Mittel zur Zielerreichung definiert und nicht der Kurs selbst.

In den 80er Jahren förderten dann Dezentralisierungsprozesse sowie das Kon-zept strategischer Unternehmensführung die Entwicklung einer **ziel- und ergebnisorientierten Delegationskonzeption**. Damit wurden auch entspre-chende Änderungen in der Organisationsstruktur und im Verhalten der Füh-rungskräfte erforderlich.

Die **Vorteile zielorientierter Führung** liegen in einer wesentlich stärkeren Ent-lastung der Führenden von operativen Entscheiden, einer deutlich höheren Selbstständigkeit der Geführten in der Zielumsetzung, einer meist höheren

---

79 Vgl. z.B. Odiorne 1965; Humble 1972

Mitwirkung schon bei der Zielvereinbarung sowie einer ziel- und ergebnis-orientierten Evaluation mit entsprechenden Konsequenzen. Damit wird die (mit-) unternehmerische Ausrichtung der Führung auch in den Subsystemen[81] gefordert und gefördert. Dies verlangt Führungskräfte, die neben ihrem Spezialwissen über die Fähigkeit verfügen, ihren Bereich ziel- und ergebnis-orientiert zu führen und Verantwortung für die Resultate zu übernehmen. Den Zusammenhang zwischen Führungsorganisation und Führungsstil im MbO-Konzept zeigt Abb. 13.

D
Gestal-
tung der
Führungs-
und
Koope-
rations-
bezie-
hungen

Führungsorganisatorische Mittel	Führungsstilelemente
wirken auf:	
● Profit-Center-Konzept ● Cost-Center-Konzept ● Aktionsplan ● Selbstkontrolle	● Maß der Entscheidungsdelegation an Mitarbeitern
● Zielvereinbarungsgespräch ● Aktionsplan	● Maß der Entscheidungspartizipation von Mitarbeitern
● Anreizsystem ● Zielvereinbarungsgespräch ● Leistungsbeurteilungsgespräch ● Aktions-Verbesserungsplan	● Grad der partnerschaftlichen Führung des Vorgesetzten im Hinblick auf die informierende (instruierende) und die motivierende Komponente seines Führungsverhaltens
● Anreizsystem ● Entwicklungsgespräch ● Zielvereinbarungsgespräch ● Personalentwicklungsplan	● Grad der Mitarbeiterorientierung des Vorgesetzten
● Selbstkontrolle ● Zielvereinbarungsgespräch ● Leistungsbeurteilungsgespräch	● Maß des statusrelevanten Vorgesetzten verhaltens, das die Statusdifferenzen zu den Mitarbeitern abbaut

Abb. 13: Führungsorganisatorische Instrumente im MbO-Konzept und ihre Auswirkungen auf den Führungsstil[80]

● **Missions- bzw. visionsorientierte Delegationskonzepte**

Das Jesuswort: »Gehet hin in alle Welt und lehret alle Völker …« demonstriert am eindrücklichsten, wie eine motivierende ⇒ *Mission* bei eigenverantwort-lichen »Missionaren« – trotz unzulänglicher Ressourcen, insbesondere Kommunikations- und Managementinstrumente – mit relativ geringen operativen Eingriffen in einer sehr flachen Hierarchie[82] erfolgreich umgesetzt werden konnte. Hier sind Aspekte der transformationalen Führung (⇒ *Vision*, Inspiration) angesprochen.

---

80 Vgl. Seidel 1992
81 Vgl. Kapitel B I. Mitarbeiter als Mitunternehmer – ein Transformationskonzept
82 Die katholische Kirche führt bis heute global nur über drei Ebenen.

Einen vergleichbaren Ansatz versuchen Managementtheorie und -praxis verstärkt seit den 80er Jahren zu verwirklichen. Die Probleme mit zielorientierten Konzepten können ein Grund dafür sein, sich auf unverbindlichere, weniger plan- und kontrollierbare Visionen zurückzuziehen. Verhaltenspsychologisch könnte man diese Entwicklung auch damit erklären, dass ⇒ *Visionen* eine höhere Identifikations- bzw. Motivationswirkung versprechen, weil sie die Sinnfrage des Handelns in den Mittelpunkt stellen. Die wichtigsten Kommunikationsinstrumente dafür sind Unternehmens- und Führungsleitbilder.[83]

5.2.2 Ein missions-, ziel- und aufgabenbezogener Ansatz struktureller Delegation

Wir bevorzugen ein integratives, jedoch mit differenzierten Führungszielen verbundenes Delegationskonzept struktureller Führung (vgl. Abb. 14).

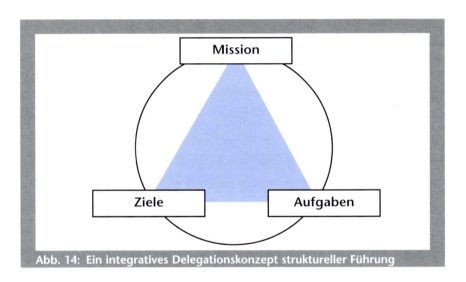

Abb. 14: Ein integratives Delegationskonzept struktureller Führung

Hierbei wird schon über die weiche Erfolgsgröße der Führungskultur die ⇒ *Mission*, also die zentrale Sinndeutung und -interpretation zum »Warum« des organisationalen Handelns in möglichst pointierter (also gerade nicht beliebig verallgemeinerbarer) Form definiert. Sie bildet damit zugleich die Leitplanke für die Entscheidungs- und Handlungsspielräume. Dagegen stehen wir der unkritischen Verwendung des Begriffs »⇒ *Vision*« zurückhaltend gegenüber.

In der **zielorientierten Dimension** delegativer Führung sind die für die mittelfristige Periode ausgewählten und gewichteten Ziele beschrieben. Zielkonflikte sollten dabei offen angesprochen und geregelt werden.

83 Vgl. Tschirky 1980; Wunderer 1983b; Hilb 1990a; Wunderer/Klimecki 1990; Bleicher 1994

In der **Aufgabendimension** sind dagegen neben den einzelnen Funktionen die damit verbundenen Grundentscheide zur funktionsorientierten Festlegung und Verteilung von Kompetenzen zu regeln.

Wir sind – beispielsweise im Gegensatz zu Bleicher[84] – nicht der Auffassung, dass diese drei Dimensionen unterschiedlichen hierarchischen Ebenen zugeordnet werden können. Gerade unter systemischer Betrachtung muss auch für die Delegation an untere Subsysteme eine Verbindung von **Vision, Zielorientierung und Aufgabenorientierung** in jeder Position gesichert sein. Die oberste Geschäftsleitung kann unmöglich für Tausende von Mitarbeitern eine einzige Sinndeutung und -interpretation festlegen und vermitteln. Deshalb muss jeder Mitarbeiter – insbesondere bei hohem Professionalisierungsgrad – eine aufgaben- und funktionsorientierte ⇒ *Vision*, Zielbestimmung und Aufgabendefinition mit seinen direkten Vorgesetzten entwickeln und vereinbaren können. Gerade auf den unteren Hierarchieebenen fehlt es oftmals an Sinn- und Zielorientierung und somit an entsprechender Identifikation und Motivation. Umgekehrt ist auch für oberste Ebenen eine Ziel- und Aufgabenorientierung erforderlich, denn der Versuch, sich nur mit Visionen und Strategien – abgehoben vom konkreten Alltagsgeschäft – zu befassen, führt schnell zu einer akademischen »Gipfeldiplomatie« über Stäbe oder externe Berater.

Jede delegative Führung erfordert somit missions-, ziel- und aufgabenorientierte Anteile, wenn auch mit unterschiedlichen Schwerpunkten. Die stärksten Differenzierungen zwischen einzelnen Stellen sind natürlich im Rahmen der konkreten Aufgaben und der damit verbundenen Kompetenzdelegation möglich. Dies betrifft

- den **Delegationsumfang** (z. B. Kompetenzgrad)
- die **Richtung** (z. B. Stellvertretung durch Mitarbeiter, Vorgesetzte und Kollegen)
- die **Zuordnung** (z. B. personengeteilte oder -verteilte Delegation)
- die **Position** (z. B. gesetzlich oder statuarisch festgelegt)
- die **Aufgabenart und Managementphase** (z. B. Planungs-, Organisations-, Entscheidungs-, Kontroll- oder Umsetzungsaufgaben) und
- die **Delegationszeit** (permanent oder zeitlich befristet).

5.2.3 Ein Rahmenkonzept delegativer Führung

Im Folgenden wird versucht, anhand acht wesentlicher Dimensionen[85] einen ⇒ *Bezugsrahmen* für die delegative Führung zu entwickeln (vgl. Abb. 15). Dabei werden strukturelle und verhaltensbezogene Aspekte integriert.

Das **Wertesystem** (**Mission**), bestehend aus individuellen und kollektiv geteilten Werten, bildet die Basis für Delegationsentscheide. Von besonderer Bedeutung sind hierbei Bezugsgruppenorientierung der Leistung sowie Werte des **Mitunternehmertum**s (Selbständigkeit und Kooperation, Wettbewerb und Zusammenarbeit, Kreativität und Umsetzung).

---

84 Bleicher 1992a
85 Vgl. dazu auch Wild 1974

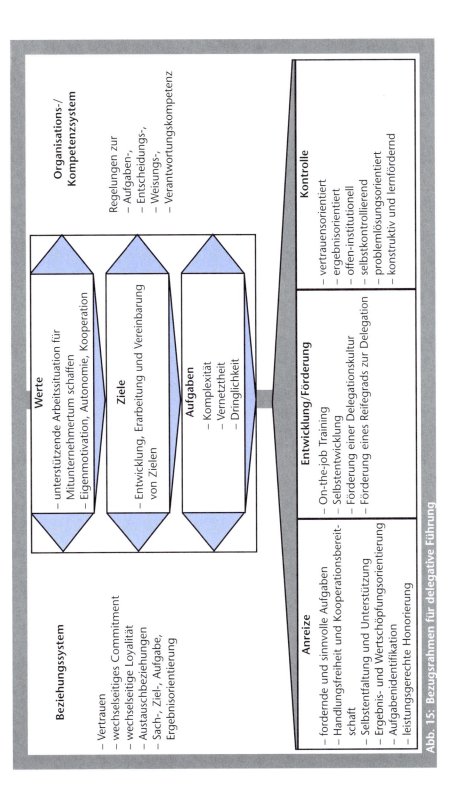

Beziehungssystem

– Vertrauen
– wechselseitiges Commitment
– wechselseitige Loyalität
– Austauschbeziehungen
– Sach-, Ziel-, Aufgabe,
  Ergebnisorientierung

Werte

– unterstützende Arbeitssituation für
  Mitunternehmertum schaffen
– Eigenmotivation, Autonomie, Kooperation

Ziele

– Entwicklung, Erarbeitung und Vereinbarung
  von Zielen

Aufgaben

– Komplexität
– Vernetztheit
– Dringlichkeit

**Organisations-/
Kompetenzsystem**

Regelungen zur
– Aufgaben-,
– Entscheidungs-,
– Weisungs-,
– Verantwortungskompetenz

Anreize

– fordernde und sinnvolle Aufgaben
– Handlungsfreiheit und Kooperationsbereit-
  schaft
– Selbstentfaltung und Unterstützung
– Ergebnis- und Wertschöpfungsorientierung
– Aufgabenidentifikation
– leistungsgerechte Honorierung

Entwicklung/Förderung

– On-the-job Training
– Selbstentwicklung
– Förderung einer Delegationskultur
– Förderung eines Reifegrads zur Delegation

Kontrolle

– vertrauensorientiert
– ergebnisorientiert
– offen-institutionell
– selbstkontrollierend
– problemlösungsorientiert
– konstruktiv und lernfördernd

Abb. 15: Bezugsrahmen für delegative Führung

Das **Zielsystem** betrifft sowohl die Auswahl der vereinbarten oder vorgegebenen Ziele (Zielkombination bzw. -konfiguration) als auch die Entwicklung und Erarbeitung von Zielen in entsprechenden Vereinbarungsprozessen.

Das **Aufgabensystem** wird einerseits durch die Komplexität, Vernetztheit oder Dringlichkeit der Aufgaben definiert, andererseits wird es als Ansatz zur Regelung von Delegationen auf der Basis von Funktionen und Aufgaben verstanden.

Im **Organisations- und Kompetenzsystem** werden die strukturellen und tendenziell personenunabhängigen Grundentscheide zur Dezentralität der Aufbauorganisation sowie die damit verbundenen Entscheide zur Gestaltung der Arbeits- und Ablauforganisation geregelt. Besondere Bedeutung erlangt die Abstimmung zwischen Ziel- und Aufgabensystem und den entsprechenden Regelungen zur Entscheidungs-, Weisungs- und Verantwortungskompetenz.

Das **Kontrollsystem** ist gerade bei delegativer Führung von besonderer Bedeutung. Denn ohne die Kontrollfunktion würde man in den Bereich einer »Laissez-faire«-Führung geraten. Allerdings ist die Kontrolle bei delegativer Führung von einer speziellen Qualität. Sie ist mehr ergebnis- als handlungsorientiert, mehr offen institutionell als verdeckt persönlich, mehr formell als informell, mehr auf Selbst- als auf Fremdkontrolle basierend, mehr vertrauens- als misstrauensorientiert und schließlich mehr lern- als revisionsbezogen.

Das **Anreizsystem** delegativer Führung muss mit allen anderen Teilsystemen abgestimmt werden. Zunächst geht es um die immateriellen, ⇒ *intrinsisch* motivierenden Anreize delegativer Führung, die sich v. a. in Handlungsfreiheit und in Möglichkeiten zur Selbstentfaltung und -organisation zeigen. Daneben muss es natürlich auch materiell motivieren. Dabei geht es weniger um die Belohnung von Fähigkeiten und Verhaltensweisen als um die ergebnisorientierte und damit variable Vergütung der in der Berichtsperiode erbrachten Leistungen.

Das **Beziehungssystem** wird in erster Linie durch Vertrauens-, Verpflichtungs-, wechselseitige Austausch- sowie Loyalitätsbeziehungen charakterisiert – und dies ohne starke Interaktionsintensität bzw. -häufigkeit. Es ist besonders von der jeweiligen Zweierbeziehung geprägt, die starken situativen Schwankungen unterliegen kann. In der Praxis ist sie wohl die wesentlichste Einflussgröße auf das wechselseitige Delegationsverhalten.

Schließlich ist das **Entwicklungs- und Förderungssystem** einzubeziehen. Es basiert zunächst auf dem Anforderungsprofil delegativer Führung – sowohl für Vorgesetzte als auch für Mitarbeiter. Im Zentrum steht die »on-the-job«-Förderung. Wesentlich ist dabei auch die Förderung einer entsprechenden Delegationskultur, die bis zur Institutionalisierung von sogenannten »Intrapreneuring-Programmen«[86] bzw. der bewussten Förderung einer »Führung von unten«[87] geht. ⇒ *Mentoring*, ⇒ *Coaching* und ⇒ *Counselling*[88] sind dafür typische neuere Ansätze.

---

86 Vgl. Bitzer 1991
87 Vgl. Kapitel D II. Führung des Chefs (Führung von unten) – Einflussstrategien
88 Vgl. Kapitel E III. Personalentwicklung als Führungsinstrument

Fazit: Dieser ⇒ *Bezugsrahmen* zu einem umfassenden Delegationskonzept macht deutlich, dass delegative Führung an drei Ebenen – nämlich an Werten, Zielen und Aufgaben – zugleich ansetzen kann. Er zeigt die dafür notwendigen Voraussetzungen auf zwischenmenschlicher, organisatorischer und personalpolitischer Ebene. Der Ansatz lässt sich gut ökonomisch mit langfristigen Principal-Agent-Beziehungen[89] erklären.

5.3 Delegative Führung in der Praxis

Empirische Befunde zeigen, dass gerade bei der delegativen Führung die Diskrepanz zwischen Soll (gewünschte Häufigkeit) und Ist (erlebte Häufigkeit) groß ist.[90] Delegative Führung ist ein anspruchsvolles Konzept, das noch vergleichsweise wenig umfassend praktiziert, von qualifizierten und eigenständigen Mitarbeitern aber gewünscht wird. Im Kontext zunehmender betrieblicher Flexibilitätserfordernisse sowie steigender Qualifikation und Autonomiebedürfnisse der Mitarbeiter wird delegative Führung in Zukunft noch an Bedeutung gewinnen.[91] Deshalb noch einige Empfehlungen zu ihrer Realisierung.

Diese lassen sich für den delegativen Führer insbesondere aus den diskutierten Konzepten transaktionaler und transformationaler Führung[92] ableiten.

Die **transaktionale Führung** fokussiert auf die **Ziel- und Aufgabendimension**. Dazu werden folgende Verhaltensempfehlungen gegeben:

- Konzentriere Dich auf vorgegebene Ziele!
- Definiere Ziele klar und operational (z. B. als Aufgaben/Programme)!
- Nutze Präferenzen der Mitarbeiter für gewünschte Ergebnisse!
- Beeinflusse die Erwartung, dass Leistungseinsatz zu angestrebten Ergebnissen führen!
- Analysiere die Verträglichkeit von Mitarbeiterzielen und Arbeitszielen!
- Analysiere Aufgabeneignung und -motivation!
- Fördere Fähigkeiten zur Zielerreichung!
- Sorge für eine günstige Arbeitssituation!
- Sichere Belohnung für Zielerreichung!

Bei der **transformationalen Führung** steht dagegen die ⇒ **Mission** im Mittelpunkt. Sie zeichnet sich dadurch aus, dass der Führer Werthaltungen und Motive der Geführten verändert, diese also nicht nur als Mittel zur Erreichung von Zielen verwendet. Die dafür zutreffende Maxime formulierte **Saint-Exupéry**: »Wenn Du ein Schiff bauen willst, so trommle nicht die Männer zusammen, um Holz zu beschaffen, Werkzeuge vorzubereiten und Aufgaben zu vergeben, sondern lehre sie die Sehnsucht nach dem endlosen weiten Meer.« Dieser Leitsatz lässt sich wie folgt operationalisieren:

---

89 Vgl. Kapitel A IV. Führungstheorien
90 Vgl. Wunderer 1995d
91 Vgl. Wunderer/Dick 2000
92 Vgl. Avolio/Bass 1988 sowie Abschnitt 2

- Artikuliere v. a. Werte und ⇒ *Missionen*!
- Appelliere an höhere, umfassendere Werte!
- Verändere fundamentale Motive und Werthaltungen!
- Aktiviere Motive und transformiere sie auf höhere!
- Steigere die Attraktivität von Aufgaben und Zielen!
- Erreiche hohe Aufgabenidentifikation!
- Inspiriere zu neuen Problemlösungen!
- Kümmere Dich individuell um Deine Mitarbeiter!

5.4 Beurteilung

5.4.1 Allgemeine Bewertung

D
Gestaltung der Führungs- und Kooperationsbeziehungen

Delegative Führung – insbesondere den integrierten Ansatz – kann man als **das anspruchsvollste Konzept im Kontinuum der Führungsstile** bezeichnen. Es stellt hohe Anforderungen an Qualifikation und Motivation der beteiligten Personen wie auch an den kulturellen, strategischen und organisationalen Reifegrad der Unternehmung. Deshalb erfordert die Einführung und Realisierung dieses Konzepts viel längere Entwicklungszeiten als viele Unternehmensleitungen und -berater annehmen oder versprechen.

Gerade die Erfahrungen mit dem ⇒ *Harzburger Modell* haben gezeigt, dass es nicht genügt, Delegation über strukturelle Führung (insbesondere Organisation) zu regeln. Dieses Ergebnis macht deutlich, dass Menschen eben doch nicht nur »organization men« sind, die sich beliebig steuern lassen. Ebenso einseitig haben sich rein verhaltensorientierte Ansätze erwiesen, da sie den strukturellen »Oberbau«, also das gesamte Umfeld in unzulässiger Weise vernachlässigen und damit eine Art »Robinson-Crusoe-Philosophie«[93] unterstellen, nach welcher Vorgesetzte und Mitarbeiter sich auf einer Insel befinden, wo sie frei entscheiden können, ob sie heute oder morgen »jagen, fischen oder am Strand liegen«.

Die **Beziehungsebene** bleibt für die reale Gestaltung von Delegationsbeziehungen in der Regel die bedeutsamste. Sie kann nur begrenzt von außen beeinflusst werden. Das betont weiterhin die zentrale Bedeutung von Personalauswahl und Personaleinsatz.

5.4.2 Delegative Führung aus mitunternehmerischer Perspektive

Da das integrierte Konzept delegativer Führung und **Mitunternehmertum** auf ähnlichen Prinzipien, wie etwa ⇒ *Selbstorganisation* und Selbstentwicklung, Eigenverantwortung und Kooperation oder Ergebnisorientierung und -beteiligung basieren, harmonieren beide Konzepte. Im Rahmen delegativer Führung erhalten Mitarbeiter jene Frei- und Experimentierräume, die für die Entwicklung kreativer Problemlösungen notwendig und förderlich sind, über die missionsorientierte

---

93 Vgl. Defoe 1719, 1970

Komponente wird die Identifikation angesprochen. Insofern erscheint delegative Führung besonders geeignet zur Führung **unternehmerisch** hinreichend qualifizierter und motivierter Mitarbeiter, insbesondere für solche mit weniger ausgeprägtem Interaktionsbedürfnis.

Genau im **Reifegrad** der Beteiligten zeigt sich aber zugleich eine zentrale Grenze: Nur bei entsprechend **reifen Mitarbeitern** leistet delegative Führung einen Beitrag zur Realisierung des **Mitunternehmertums**. Übersteigen die Handlungsspielräume den Reifegrad des Mitarbeiters kann es leicht zur Überforderung – und damit zur Demotivation – oder auch zum Missbrauch kommen. Andererseits erfordert sie von der Führungskraft die Fähigkeit und Bereitschaft, in der Delegation eine Chance und keine fachliche und soziale Machtenteignung zu sehen. Der Delegationsgrad muss deshalb im Einzelfall dem jeweiligen Reifegrad aller Beteiligten angepasst werden.

5.5 Fazit

Von allen Führungsstilen entspricht delegative Führung sowohl der gesellschaftlichen Werteentwicklung als auch aktuellen betrieblichen Erfordernissen (z. B. ⇒ *Selbstorganisation*, Eigenverantwortung) am besten und verwirklicht das Konzept **Mitunternehmertum** am stärksten. Wenngleich sie hohe Anforderungen an Führende, Geführte und Organisation stellt und lange Implementationszeiten in Anspruch nimmt, ist zu erwarten, dass sie vermehrt Einzug in die Unternehmenspraxis halten wird. Sie muss allerdings auch wertorientiert gestaltet sein und eine kooperative Beziehungsgestaltung zugrunde legen.

6 Exkurs: Führen Frauen anders? –
Ergebnisse einer empirischen Untersuchung

Seit Beginn der 90er Jahre wurde immer wieder versucht, die Existenz eines »typisch weiblichen« Führungsstils nachzuweisen, der in sozialer und ökonomischer Hinsicht der effizientere sei. In populärwissenschaftlicher Literatur und Managementpresse wurde v. a. behauptet, weibliche Führungskräfte seien sozialer, würden ihren Mitarbeiterinnen und Mitarbeitern mehr Mitsprache- und Mitentscheidungsrechte einräumen, mehr mit ihnen kommunizieren, sie mehr persönlich unterstützen.[94]

Wir haben diese These im Rahmen einer rund 700 Personen umfassenden schriftlichen Erhebung überprüft.[95] Dabei wurden Personalexperten, die Mitarbeiterinnen und Mitarbeiter von männlichen und weiblichen Führungskräften wie auch die Führungskräfte selbst nach ihren einschlägigen Eindrücken und Erfahrungen gefragt. Es zeigte sich folgendes Ergebnis: Die 31 befragten Personal-

---

94 Vgl. z.B. Loden 1991; Rosener 1990, Helgesen 1991; Siegel 1991
95 Vgl. Wunderer/Dick 1997

experten – v. a. die weiblichen Vertreter – sehen tatsächlich geschlechtstypische Unterschiede im Führungsverhalten. Die Personalexpertinnen nehmen entsprechende Differenzen sowohl häufiger als auch in größerer Ausprägung wahr als ihre männlichen Kollegen. Zudem ist über die Hälfte der Personalexpertinnen – gegenüber 8 % der männlichen Kollegen – der Ansicht, dass das Führungsverhalten der weiblichen Führungskräfte erfolgreicher ist.

Diese Aussagen konnten in der personenmäßig weitaus umfangreicheren Mitarbeiterbefragung (256 weibliche, 241 männliche Befragte) auf der Grundlage unserer zweidimensionalen Führungsstiltypologie nicht bestätigt werden. Die weiblichen und männlichen Führungskräfte wurden von ihren Mitarbeiterinnen und Mitarbeitern in ihrem Führungsverhalten sehr ähnlich beurteilt. Abb. 16 illustriert dies am Beispiel der Entscheidungsfindung (Machtdimension der Führung).

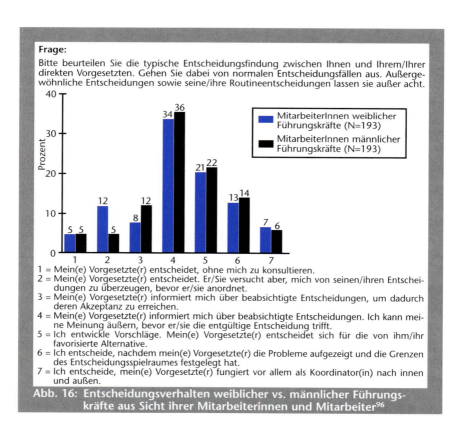

Frage:
Bitte beurteilen Sie die typische Entscheidungsfindung zwischen Ihnen und Ihrem/Ihrer direkten Vorgesetzten. Gehen Sie dabei von normalen Entscheidungsfällen aus. Außergewöhnliche Entscheidungen sowie seine/ihre Routineentscheidungen lassen sie außer acht.

MitarbeiterInnen weiblicher Führungskräfte (N=193)
MitarbeiterInnen männlicher Führungskräfte (N=193)

1 = Mein(e) Vorgesetzte(r) entscheidet, ohne mich zu konsultieren.
2 = Mein(e) Vorgesetzte(r) entscheidet. Er/Sie versucht aber, mich von seinen/ihren Entscheidungen zu überzeugen, bevor er/sie anordnet.
3 = Mein(e) Vorgesetzte(r) informiert mich über beabsichtigte Entscheidungen, um dadurch deren Akzeptanz zu erreichen.
4 = Mein(e) Vorgesetzte(r) informiert mich über beabsichtigte Entscheidungen. Ich kann meine Meinung äußern, bevor er/sie die entgültige Entscheidung trifft.
5 = Ich entwickle Vorschläge. Mein(e) Vorgesetzte(r) entscheidet sich für die von ihm/ihr favorisierte Alternative.
6 = Ich entscheide, nachdem mein(e) Vorgesetzte(r) die Probleme aufgezeigt und die Grenzen des Entscheidungsspielraumes festgelegt hat.
7 = Ich entscheide, mein(e) Vorgesetzte(r) fungiert vor allem als Koordinator(in) nach innen und außen.

Abb. 16: Entscheidungsverhalten weiblicher vs. männlicher Führungskräfte aus Sicht ihrer Mitarbeiterinnen und Mitarbeiter[96]

Es ließen sich also nur sehr geringe Unterschiede zwischen weiblichen und männlichen Führungskräften feststellen: Männer wie Frauen praktizieren am häufig-

96 Wunderer/Dick 1997, S. 70

sten die sogenannte »konsultative Führung«, d. h. sie informieren ihre Mitarbeiter/innen über beabsichtigte Entscheidungen und geben ihnen Gelegenheit zur Stellungnahme. Der »kooperative Führungsstil« wird – entgegen den Erwartungen – von Frauen nicht häufiger angewandt. Bei den »patriarchalisch Führenden« sind die Frauen mit 12 % sogar um 7 % häufiger vertreten. Insgesamt aber ergibt sich ein recht ausgewogenes Bild. Gleiches gilt für die prosoziale Dimension der Führung. Auch in der Mitarbeiterzufriedenheit ergeben sich keine nennenswerten Unterschiede.

Nun besagen diese Befunde nicht zwangsläufig, dass weibliche Führungskräfte nicht das Potential haben, um anders und besser zu führen. Denn es ist ja durchaus denkbar, dass sie sich ihren Mitarbeiterinnen und Mitarbeitern gegenüber prosozial und partizipativ verhalten möchten, dies unter den gegebenen Bedingungen aber nicht können. Wir haben deshalb jene 82 weiblichen und 79 männlichen Führungskräfte, die bereits von ihren Mitarbeitern beurteilt wurden, gefragt, wie ihre **Idealvorstellung** von Führung aussieht. Signifikante Unterschiede im Antwortverhalten der Geschlechter könnten hier auf unterschiedliche Anlagen und Motivstrukturen verweisen. Aber die Antwortverteilung von Männern und Frauen fiel wiederum ähnlich aus. Es finden sich keine Anhaltspunkte dafür, dass weibliche Führungskräfte prosozialere und partizipativere Führungsformen bevorzugen.

Fazit: Anhand der Mehrzahl unserer Befunde konnten wir die vielpropagierte These, dass Frauen im Durchschnitt anders – und erfolgreicher – führen, nicht bestätigen.

7 Zur Änderung von Führungsstilen in Organisationen[97]

Während sich autoritäre Führungsstile – bei dafür günstigen Bedingungen – relativ zügig durchsetzen lassen, führt der Weg zur erfolgreichen organisationsweiten Implementation kooperativ-delegativer Führung v. a. über realistisch formulierte Anspruchsniveaus, einer schrittweisen Verbesserung der situationalen Bedingungen und schwierigen, langwierigen Lernprozesse aller Beteiligten.

Es empfiehlt sich ein zehnstufiges Vorgehen (vgl. Abb. 17).

Von zentraler Bedeutung ist auch eine umfassende und differenzierte Ausrichtung und Abstimmung aller Führungs- und personalpolitischen Instrumente auf den gewünschten Führungsstil (vgl. Abb. 18). So sind schon im Rahmen der Personalakquisition und -auswahl gezielt solche Mitarbeiter und Führungskräfte anzusprechen und zu selektieren, die den gewünschten Führungsstil realisieren können und wollen. Bei delegativer Führung müssten eigenverantwortliche und -motivierte Mitarbeiter sowie Führungskräfte, die sich in erster Linie als Infra-

---

97 Zur individuellen Entwicklung vgl. Kapitel E III. Personalentwicklung als Führungsinstrument

D
Gestal-
tung der
Führungs-
und
Koope-
rations-
bezie-
hungen

1. Diagnose

- Entwicklungsgeschichte des Führungsstils in der Organisation
- Strukturelle Aspekte, d. h. Führungskultur (z. B. Kunden- und Netzwerkorientierung), Führungsstrategie (z. B. Führungsgrundsätze), Führungsorganisation (z. B. Dezentralisierungsgrad, interner Markt), Personalstruktur (v. a. Mitarbeiterqualifikation
- Interaktive Aspekte, z. B. Führungs- und Kooperationsbeziehungen, Motivations- und Identifikationsanalysen

2. Zielgruppen der Diagnose definieren

- Geschäftsführung, Unternehmer
- Mittlere Führungskräfte (häufig Problemgruppe)
- Geführte
- Arbeitnehmervertretung
- wichtige externe Einflussgruppen (z. B. Staat, Gesellschaft, Behörden)

3. Ist-, Soll- und Defizit-Analyse

- Bedeutung
- Stärke
- Ausmaß
- Dauer
- Veränderbarkeit

4. Promotoren finden und fördern

- Vorbilder (»Lernmodelle«), erfolgreiche Benchmarks
- Fach-, Macht-, Prozess- und Netzwerkpromotoren

6. Konzeption integrierter Vorschläge

- Vorschläge zu einzelnen Problembereichen entwickeln, z. B. zu Information, Beurteilung, Entscheidungsprozess, Organisation, Entwicklung
- Konzeption in Arbeitsgruppen entwickeln; Arbeitsgruppen nach Wollen, Wissen und Können zusammensetzen
- Konzeption zunächst situationsspezifisch erarbeiten (z. B. Sparten)
- Personalabteilung und/oder Projektgruppe Begleitmaßnahmen übertragen
- Funktionen und Instrumente integriert darauf ausrichten (vgl. Abb. 18)

7. Konzept auf breiter Basis bekannt machen, diskutieren und revidieren

8. Experimentier- und Testphase

- Experimentiergruppen finden und motivieren
- 1–2 Jahre Zeit einplanen

9. Einführungsphase

- schrittweise, aber zügige Umsetzung des Konzeptes
- Ressourcen bereitstellen

10. Evaluation des Erfolgs über ein Führungs-Controlling

- nach ca. 3–5 Jahren

Abb. 17: 10 Stufen zur Implementation eines neuen Führungsstils

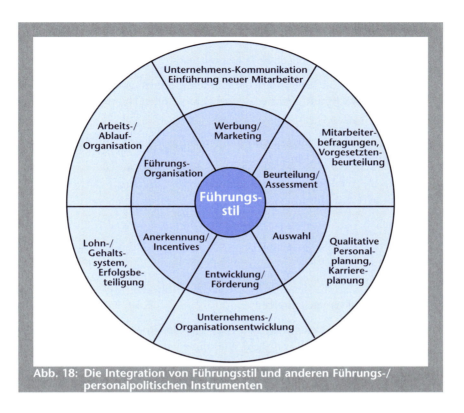

**Abb. 18: Die Integration von Führungsstil und anderen Führungs-/
personalpolitischen Instrumenten**

strukturmanager begreifen, angeworben und ausgewählt werden. Im Rahmen der Personalentwicklung können die entsprechenden Kompetenzen gezielt erweitert und vertieft werden. Gleichfalls muss die Führungsorganisation auf den entsprechenden Führungsstil abgestimmt werden. So ermöglicht z. B. delegative Führung einen höheren Grad an Dezentralisierung, zugleich erfordert sie die Übertragung umfassenderer Kompetenzen. Weiterhin gewinnt der propagierte Führungsstil an Verbindlichkeit, wenn damit verbundene Anforderungen an Führern und Geführten systematisch in Auswahl-, Entwicklungs-, Beurteilungs- und Honorierungssysteme einfließen.

8 Fragen zur Selbstüberprüfung

1. Was bestimmt den Erfolg eines Führungsstils?

2. Welche Dimension klassifiziert die einzelnen Führungsstile im Ansatz von Tannenbaum/Schmidt? Welche anderen Dimensionen könnten berücksichtigt werden?

3. Vergleichen Sie das Modell von Tannenbaum/Schmidt mit der situativen Reifegradtheorie von Hersey/Blanchard.

4. Nehmen Sie zu folgender Aussage Stellung: »Allein die Person des Vorgesetzten determiniert den Führungsstil!«

5. Vergleichen Sie die transformationale und die transaktionale Führung.

6. Welche Vor- und Nachteile hat delegative Führung im Vergleich zur kooperativen Führung?

7. Inwieweit fördert die zielorientierte Mitarbeiterführung (MbO) ein Mitunternehmertum in Organisationen?

8. Welche Konflikte können zwischen Werten, Zielen und Aufgaben im Rahmen der delegativen Führung auftreten? Wie können diese Konflikte gelöst werden?

9. Zeigen Sie Maßnahmen zur Anwendung eines Führungsstils Ihrer Wahl auf. Gehen Sie dabei auf mögliche Gefahren und Grenzen in der Praxis ein.

II. Führung des Chefs (Führung von unten) – Einflussstrategien

Inhalt

Im Zuge von Wertewandel, technologischem Fortschritt, Veränderungen im Organisations- und Führungsverständnis und der erhöhten Qualifikation der Mitarbeiter steigt die Bedeutung der Beeinflussung von Vorgesetzten durch ihre Untergebenen. Im Folgenden werden zunächst Merkmale, Besonderheiten und praktische Bedeutung der »Führung des Chefs« aufgezeigt. Daran schließt sich eine Darstellung theoretisch fundierter und empirisch belegter Einflussstrategien und -typen sowie eine Diskussion von Förderungsmöglichkeiten an. Abschließend wird die Führung des Chefs aus dem Blickwinkel des Mitunternehmertums beleuchtet.

Gliederung

1 Definition und Formen der »Führung des Chefs«
2 Praktische Bedeutung der »Führung des Chefs«
3 Einflussstrategien und -typen: theoretische Grundlagen und empirische Befunde
4 Ansätze zur Förderung der »Führung des Chefs«
5 »Führung des Chefs« im Kontext des Mitunternehmertums
6 Fragen zur Selbstüberprüfung

Verweise

Kapitel A IV.   Führungstheorien
Kapitel C I.   Wertewandel und Führung

1 Definition und Formen der »Führung des Chefs«

Mit dem Begriff »Führung« verbindet sich in der Regel die Vorstellung, dass eine hierarchisch höhergestellte Person Einfluss auf eine oder mehrere rangniedrigere Person(en) ausübt, sie anleitet oder coacht und ihnen Wege weist. Ein Blick auf die Führungswirklichkeit zeigt jedoch, dass die Einflussnahme zwischen Vorgesetztem und Mitarbeiter nicht nur in einer Richtung (»von oben nach unten«) erfolgt, sondern prinzipiell **wechselseitig** angelegt ist. Denn selbst autoritäre Führung benötigt Mitarbeiter, die sich so führen lassen.

Sehr klar zeigt sich die Bedeutung des Einflusses »von unten« in der Beziehung zwischen Chef und Sekretärin. Wenngleich dem Vorgesetzten hierarchisch wie auch statusmäßig weit untergeordnet, verfügt sie oft im Rahmen ihrer Tätigkeit über ein erhebliches Einflusspotential. Sie sammelt und selektioniert Informationen, organisiert und koordiniert, fungiert als »Schnittstelle« nach außen und als Informationszentrale für interne Mitarbeiter. Die Art und Weise, in der sie diese Funktionen erfüllt, hat erhebliche Konsequenzen für die Führungskraft. So können die Systematik der Informationssammlung, -auswertung und -aufbereitung, die Zuverlässigkeit und Genauigkeit bei der Erledigung von Organisations- und Koordinationsaufgaben, die Art Anrufe entgegenzunehmen, Kunden zu empfangen oder Informationen an Mitarbeiter weiterzugeben, positive oder negative Effekte zeitigen. Im positiven Fall gewinnt die Sekretärin im Laufe der Zeit nicht selten eine besondere Vertrauensstellung, avanciert sozusagen zum »guten Geist des Hauses« oder zur »grauen Eminenz« und kann damit ihre Einflussmöglichkeiten weiter ausbauen.

Ein weiteres Beispiel liefert die Projektarbeit: So können Projektmitarbeiter dank hoher Fachkompetenz in erheblichem Maße Einfluss auf die Projektleitung nehmen.

Diese Beispiele illustrieren, dass Mitarbeiter – auch bei verhältnismäßig starkem hierarchischen Gefälle – über mehr oder weniger große Einflusspotentiale verfügen. Dem wird mit unserer bewusst von einer Einflussrichtung unabhängig gewählten Definition von Führung (»zielorientierte soziale Einflussnahme zur Erfüllung gemeinsamer Aufgaben«) Rechnung getragen. Im Einklang damit definieren wir Führung von unten (synonym: »Führung des Chefs«) wie folgt:

> ## Definition
>
> **Führung des Chefs** (Führung von unten) ist die zielorientierte, wechselseitige und soziale Einflussnahme auf Personen einer höheren Hierarchiestufe zur Erfüllung gemeinsamer Aufgaben.

Anders als Machiavellismus[1] oder ⇒ *Mikropolitik*[2] ist die Führung von unten nicht (nur) eigennützig motiviert, sondern (auch und v. a.) auf die Erfüllung gemeinsamer Aufgaben gerichtet.

Die »Bottom-up-Beeinflussung« ist auch konzeptioneller Bestandteil der stark wechselseitigen kooperativen Führung. Weiterhin zeigt die »Führung des Chefs« Gemeinsamkeiten mit der Einflussnahme zwischen Kollegen (»laterale Kooperation«), da bei beiden eine in hierarchischen Organisationen ganz entscheidende Einflussmöglichkeit entfällt: Konflikte mit dem Mittel der direkten hierarchischen Weisung zu lösen. Sowohl bei der lateralen Kooperation als auch bei der Führung von unten ist eine erfolgreiche Zusammenarbeit somit langfristig nur über wechselseitige Abstimmung und Konsens möglich.

Es können **zwei Formen der Führung von unten** unterschieden werden (vgl. Abb. 1).

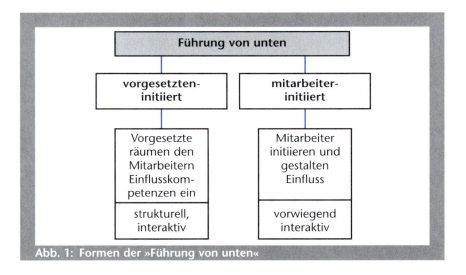

Abb. 1: Formen der »Führung von unten«

Bei der **vorgesetzteninitiierten Führung von unten** wird dem Mitarbeiter beispielsweise im Rahmen konsultativer, noch stärker aber bei partizipativer und delegativer Führung vom Vorgesetzten ein wesentliches Einflusspotential eingeräumt. Die **mitarbeiterinitiierte Führung von unten** wird v. a. von den Mitarbeitern veranlasst und ausgestaltet. Dies beginnt bei der beratenden Stab-Linien-Kooperation und endet bei der Figur des sich gegen Widerstände von oben durchsetzenden »Intrapreneurs«.[3]

---

1 Vgl. Riklin 1996
2 Vgl. Neuberger 1995c
3 Vgl. dazu Pinchot 1988 und Kapitel B I. Mitarbeiter als Mitunternehmer – ein Transformationskonzept, Abschnitt 3.5.2

Während sich die vorgesetzteninitiierte Führung von unten sowohl der struktu-rellen als auch der interaktiven Dimension bedienen kann, ist die mitarbeiter-initiierte Führung von unten schwerpunktmäßig **interaktiv** begründet. Gleich-wohl verfügen die Mitarbeiter über gewisse strukturelle Möglichkeiten, vor allem im Bereich der Führungs- und Kooperationskultur. So können sie über den lang-fristigen Aufbau einer Vertrauensbasis ihre Einflusschancen auf den Vorgesetzten dauerhaft verbessern.

Bei der konkreten Ausgestaltung der Führung von unten wirken verschiedene Faktoren mit. Wichtige Aspekte sind: Persönlichkeit beider Beteiligten, Unterneh-mens- und Führungskultur, Aufgabenstruktur, Qualifikation und Motivation für die jeweilige Aufgabe und die Qualität der Arbeitsbeziehungen.

Grundsätzlich gilt aber: Auch wenn die Führungskraft eine Einflussnahme durch die Mitarbeiter akzeptiert oder sogar aktiv fördert, behält sie in jedem Fall die Verantwortung für ihr Entscheiden und Handeln.

D
Gestal-
tung der
Führungs-
und
Koope-
rations-
bezie-
hungen

2 Praktische Bedeutung der »Führung des Chefs«

Wenngleich die Führung von unten in der betrieblichen Praxis schon immer eine Rolle gespielt hat, hat sie heute mehr Bedeutung denn je. Dafür sind fünf Fakto-ren verantwortlich:

● **Qualifikationswandel der Mitarbeiter:**

Die gestiegene Qualifikation der Mitarbeiter, verbunden mit höherer Arbeits-teiligkeit in Teams, führt zur »**Vermehrung**« von »**Professionals**«, denen der direkte Vorgesetzte fachlich häufig nicht mehr überlegen sein kann. Als Spe-zialisten können sie nun wirksam auf der Aufgabenebene Einfluss nehmen. Die Chefs übernehmen dann zunehmend Projektleiterrollen. Im weiteren Ver-lauf gewinnt die »**Impresario**-Rolle« an Bedeutung, in der die Führungskraft v.a. für die Gestaltung optimaler Arbeitsbedingungen ihrer Mitarbeiter zu-ständig ist.[4] Diese Entwicklung kann auch mit dem ⇒ *Subsidiaritäts*- und dem Substitutionsprinzip der Führung in Verbindung gebracht werden: Einerseits besteht Subsidiarität der Führung von oben durch die Selbstorganisation der Untergebenen, andererseits erfolgt eine zunehmende Substitution interaktiver durch rahmensetzende strukturelle Führung, insbesondere über die Gestaltung der Führungs-/Kooperationskultur und -organisation.

Die skizzierten Tendenzen geben Führungskräften und Mitarbeitern vermehrt Gelegenheit, mit vereinten Kräften an der Entwicklung und Umsetzung von Innovationen arbeiten: Die Rollenverteilung kann sich dabei – vereinfacht ausgedrückt – wie folgt gestalten: Der Mitarbeiter liefert in der Rolle des Fach-

---

4   Vgl. Wunderer 1992b sowie Kapitel C II. Unternehmens-, Führungs- und Kooperations-kultur als Gestaltungskomponente, Abschnitt 5.3.1

promotors die zentralen inhaltlichen Inputs, während der Vorgesetzte mit Hilfe seiner Positionsmacht (Machtpromotor) und/oder seines Beziehungsnetzwerkes (Beziehungspromotor) vor allem die Realisierung der Ideen vorantreibt.[5] Führungskraft und Mitarbeiter können somit also effektive Promotorengespanne bilden.

- **Wandel im Organisationsverständnis:**

  Auch dieser Wandel geht in die gleiche Richtung.[6] Die Dezentralisierung der Führungsorganisation, die Reduzierung von Führungsebenen, die Möglichkeit von Mitarbeitern, zu »eskalieren«, also nächsthöhere Ebenen bei wichtigen, aber umstrittenen Entscheiden in Anspruch zu nehmen sowie die Delegation von Verantwortung sind hier nur einige Schlagworte zum »**Empowerment**« der Mitarbeiter durch führungsorganisatorische Konzepte.

- **Technologischer Wandel:**

  Der technologische Wandel erleichtert den direkten und schnellen Zugriff der Mitarbeiter zu zahlreichen Informationen (z. B. e-mail, Inter- und Intranet etc.) und verstärkt so die **Unabhängigkeit des Mitarbeiters**.

- **Wertewandel:**

  Der Wertewandel[7] hat auch zu einem **Bedeutungsverlust formaler Autorität** im Führungsprozess in allen Organisationen (Unternehmen, Militär, Ausbildungsinstitutionen) geführt. Entsprechende Sozialverfassungen[8] (insbesondere Unternehmens- und Führungsgrundsätze) wollen den Einfluss von Mitarbeitern über konsultative, kooperative bzw. delegativ-autonome Führungskonzepte erhöhen. Dabei erhalten im Führungsprozess Werte wie Unabhängigkeit, Gleichberechtigung oder Überzeugungsfähigkeit wachsendes Gewicht. Dagegen nimmt die Bedeutung von Gehorsam, formaler Autorität und Unterordnung ab.[9]

- **Wandel im Führungsverständnis:**

  Die skizzierten Einflussfaktoren haben auch eine Änderung im Selbstverständnis der Führungsfunktion bewirkt. Im Vordergrund stehen nun die strategische Einflussnahme, die Sicherung einer fördernden Arbeitssituation über strukturelle Führung sowie die Anregung zu erhöhter **Eigenverantwortung** und stärker **ergebnisorientierter Führung**.

Fazit

Die fünf Einflussfaktoren wirken in die gleiche Richtung. Sie reduzieren, modifizieren oder substituieren insbesondere die formale Autoritätsgrundlage und

---

5 Vgl. zum Promotorenkonzept Witte 1976, Walter 1998 sowie Kapitel A IV. Führungstheorien
6 Vgl. Bleicher 1991b, Gomez 1990
7 Vgl. Kapitel C I. Wertewandel und Führung
8 Vgl. Wunderer/Klimecki 1990
9 Vgl. Klages 1985, Opaschowski 1997

-macht der direkten Vorgesetzten im Führungsprozess und erweitern den Einflussbereich der Mitarbeiter. Eine an gemeinsamen Zielen orientierte Einflussnahme der Mitarbeiter auf ihre Vorgesetzten leistet unter den heutigen Bedingungen einen entscheidenden, unverzichtbaren Beitrag zum Unternehmenserfolg. Sie ist zugleich eine wesentliche Voraussetzung für **mitunternehmerisches Denken und Handeln** der Mitarbeiter und dient damit der Förderung internen Unternehmertums.

3 Einflussstrategien und -typen: theoretische Grundlagen und empirische Befunde

Die Analyse der »Führung von unten« nach dem eindimensionalen Ansatz von Tannenbaum/Schmidt[10] macht deutlich, dass schon mit dem konsultativen Führungsstil der Einfluss des Mitarbeiters bei der Entscheidungsfindung des Vorgesetzten über die Beratungsdimension beginnt. Dieser verstärkt sich bei kooperativen und delegativ-autonomen Führungsstilen zunehmend.

Das Konzept von Tannenbaum/Schmidt konzentriert sich nur auf die Erklärung der von Vorgesetzten gesteuerten Einflussnahme der Mitarbeiter.

In unserem **zweidimensionalen Führungskonzept**[11] wird die eben angesprochene Dimension der Partizipation (»**Machtgestaltung**«) durch eine prosoziale Dimension (»**Beziehungsgestaltung**«) zwischen den beiden sich wechselseitig beeinflussenden Personen ergänzt. Letztere betont die zwischenmenschliche Komponente von Einflussformen zwischen Vorgesetzten und Mitarbeitern, die bei kooperativen Konzepten am höchsten ausgeprägt ist.[12] Die prosoziale Dimension ist bei der »Führung von unten« von besonderem Interesse, da Mitarbeiter über die Beziehungsebene (»Freundlichkeit«) ihre Chefs stärker beeinflussen können als über die Machtebene.

Kipnis et al. differenzieren folgende sieben Einflussdimensionen:[13]

- Reason (rationale, sachliche Argumentation und Vorlagen)
- Friendliness (freundliches, unterstützendes Verhalten)
- Assertiveness (Bestimmtheit, Nachhaken, Konsequenz)
- Bargaining (Verhandeln, Tauschgeschäfte, Wechselseitigkeit)
- Coalition (Koalitionen bilden)
- Higher Authority (höheres Management einschalten) und
- Sanctions (Sanktionen).

Davon stehen Mitarbeitern, die in der Regel über keine formalen Sanktionsmöglichkeiten verfügen, insoweit die ersten sechs zur Verfügung.

---

10 Vgl. Kapitel D I. Mitarbeiterführung – Führungsstile
11 Vgl. Kapitel D I. Mitarbeiterführung – Führungsstile
12 Vgl. Wunderer 1995e
13 Vgl. Kipnis et al. 1980; Kipnis/Schmidt 1988

Die Befragungsergebnisse von Kipnis et al. in den USA zeigen, dass Mitarbeiter vor allem über die zwei erstgenannten Einflussdimensionen (Reason, Friendliness) sowie über Koalitionsbildung versuchen, ihre Vorgesetzten in ihrem Sinne zu beeinflussen.[14] Dagegen ist die Dimension »Assertiveness«, die wir mit dem Begriff »Bestimmtheit« übersetzen, bei den Vorgesetzten populärer (vgl. Abb. 2).

»Führung von unten«		»Führung von oben«	
Kipnis et al.	Wunderer	Kipnis et al.	Wunderer
1. Begründung	1. Begründung	1. Begründung	1. Begründung
2. Koalition	2. Freundlichkeit	2. Bestimmtheit	2. Freundlichkeit
3. Freundlichkeit	3. Bestimmtheit	3. Freundlichkeit	3. Bestimmtheit
4. Verhandlung	4. Koalition	4. Koalition	4. Koalition
5. Bestimmtheit	5. Höhere Autorität	5. Verhandlung	5. Verhandlung
6. Höhere Autorität	6. Verhandlung	6. Höhere Autorität	6. Höhere Autorität
		7. Sanktionen	7. Sanktionen

Abb. 2: Strategien der Führung von unten und oben[15]

II
Führung
des Chefs
(Führung
von
unten) –
Einfluss-
strategien

Wir haben den übersetzten Fragebogen von Kipnis et al. 1992 von 76 Teilnehmern von zwei Nachdiplomkursen in Unternehmensführung beantworten lassen. Dabei wurde nach Einflussstrategien gegenüber dem Chef, den eigenen Mitarbeitern sowie Kollegen gefragt. In der Untersuchung fanden sich die in den Abb. 2 und 3 dargestellten Ergebnisse. Sie zeigen einmal, dass auch bei schweizerischen Führungskräften bei ihrer »Führung von unten« die Einflussstrategien »sachliche Begründung« und »Freundlichkeit« dominierten. Weiterhin wird deutlich, dass Vorgesetzte, Mitarbeiter und Kollegen auf ganz ähnliche Weise beeinflusst werden (vgl. Abb. 3).

Dieser Befund wird durch die Befragungen von 197 und weiteren 237 berufsbegleitenden MBA-Studenten durch Yukl/Falbe, die noch die Einflussstrategien »Konsultation des Chefs« und »inspirierende Vorschläge« hinzufügten, bestätigt. Die drei untersuchten Einflussrichtungen (»downward, upward, lateral«) zeigten keine signifikanten Unterschiede in der Wahl der Einflussstrategien. Bestimmte Strategien werden jedoch generell häufiger als andere eingesetzt. Abb. 4 stellt die Reihenfolge der von den Befragten bevorzugten acht Einflussstrategien in allen drei Richtungen dar.[16]

Im Einklang damit gelangten Kipnis/Schmidt zu dem Ergebnis, dass die Verwendung ihrer sechs Einflussstrategien besonders vom jeweiligen Persönlichkeits-

---

14 Vgl. Kipnis et al. 1984

15 Vgl. Kipnis et al. 1984; die Rangierung ist das Ergebnis empirischer Untersuchungen der Autoren.

16 Vgl. Yukl/Falbe 1990, S. 139

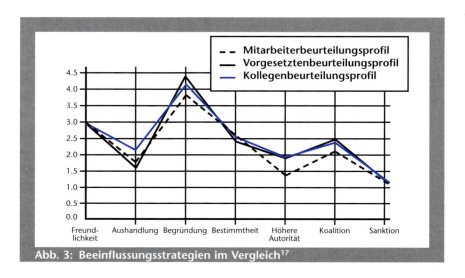

Abb. 3: Beeinflussungsstrategien im Vergleich[17]

	»nach unten«	»lateral«	»nach oben«
Konsultation	1	1	2
Sachliche Überzeugung	2	2	1
Inspirierende Vorschläge	3	3	3
Beziehungs-Taktiken	4	4	5
Koalition	5	5	4
Druck ausüben	6	7	7
Höheres Management	7	6	6
Verhandlungs-Austausch	8	8	8

Abb. 4: Einflussstrategien (Rangfolge benutzter Taktiken)

profil des Beeinflussenden und weniger von der Einflussrichtung abhängt. Sie bildeten aufgrund einer Clusteranalyse **vier Strategietypen:**

- den Macher (»Shotgun«)
- den Beziehungsspezialisten (»Ingratiator«)
- den Diplomaten (»Tactician«) sowie
- den Mitläufer (»Bystander«).

Sie zeigten, dass diese in signifikant unterschiedlichem Maße von den sechs genannten Einflussdimensionen Gebrauch machen: Der Macher verwendet alle Strategien in überdurchschnittlichem Maße. Dabei erlangen insbesondere die Strategien »Bestimmtheit« und »Einschalten höherer Autoritäten herausragende Bedeutung«. Demgegenüber setzt der Beziehungsspezialist v.a. auf Freundlichkeit und Aushandlung und der Diplomat auf Begründung. Der Mitläufer nutzt da-

---

17 Bei den Zahlen auf der Ordinate handelt es sich um standardisierte Mittelwerte.

gegen alle Strategien in unterdurchschnittlichem Maße und kann somit als Gegentypus des Machers bezeichnet werden.[18]

Aufgrund ihrer explorativen Befunde schreiben Kipnis/Schmidt tendenziell dem Diplomaten die größten Erfolgsaussichten zu. Als Erfolgsindikatoren nennen sie eine bessere Leistungsbewertung durch Vorgesetzte,[19] das vergleichsweise höchste Gehalt sowie das geringste psychische und physische Stressniveau. Mit anderen Worten: Die »Führung von unten« scheint generell dann erfolgreich, wenn sie sich auf gut vorbereitete und ausgearbeitete Vorschläge und Ergebnisse stützen kann.

Die bislang referierten Umfragen geben Aufschluss über bevorzugte Einflussformen und deren Erfolgschancen aus Sicht von Unterstellten. Eine Erweiterung dieser Perspektive liefern die Arbeiten von Schilit/Locke. Diese verwendeten in der ⇒ *Pilotstudie* 24, in der Hauptstudie 19 Einflussformen, die sie zur Kategorisierung der freien Antworten aus verschiedenen Studien übernahmen. Hier wurden dann 83 Personen aus der Mitarbeiterperspektive und 70 aus der Vorgesetztenperspektive zu erfolgreichen bzw. erfolglosen Einflussformen interviewt.

Auch hier wurde die **rationale, logische Präsentation von Ideen und Vorschlägen** als die mit Abstand am häufigsten verwendete Einflussmethode genannt – und zwar aus beiden Perspektiven und sowohl in erfolgreichen als auch in nicht erfolgreichen Situationen. Dabei wurde sie für erfolgreiche Situationen allerdings gerade aus Vorgesetzenperspektive weitaus häufiger genannt als für erfolglose Situationen. Die vier nächsthäufigen Einflussformen aus der Untergebenenperspektive waren:

- Argumentieren mit arbeitsrelevanten Vorteilen für den Chef
- Beharrlichkeit bzw. Konsequenz bei der Verfolgung des Mitarbeiterziels
- Übergehen des Chefs durch das Einschalten indirekter Vorgesetzter und
- Verweis auf unterstützende firmenspezifische Ursachen oder Regeln.

Im Anschluss wurde nach **Ursachen für Erfolg und Misserfolg der genannten Einflussversuche** gefragt. Abb. 5 zeigt einen Extrakt der bedeutsamsten 6 von 12 genannten Gründen.

Hier zeigt sich auch eine methodische Grenze des Selbstbefragungskonzepts. Die »engstirnige« Einstellung des Chefs wurde aus der Untergebenenperspektive zu mehr als 50 % und damit als die häufigste Ursache erfolgloser »Führung nach oben« genannt. Aus der Vorgesetztenperspektive dagegen wurde dieser Aspekt nur von 2 % angeführt. Der als günstig eingeschätzte Inhalt bzw. Gegenstand des Einflussversuches erwies sich in dieser Analyse als die am häufigsten genannte Ursache für Erfolg.

---

18 Vgl. Kipnis/Schmidt 1988; vgl. dazu auch Wunderer/Weibler 1992
19 Dies gilt allerdings nur für die männliche Untersuchungsstichprobe. Bei den Frauen erhielten in einer Stichprobe (Arbeiterinnen) die Beziehungsspezialistinnen und in einer anderen (»Supervisor«) die Mitläuferinnen die besten Bewertungen.

	Mitarbeiter-perspektive (N = 83) Beeinflussung		Vorgesetzten-perspektive (N = 70) Beeinflussung	
	erfolg-reich	nicht erfolgreich	erfolg-reich	nicht erfolgreich
Inhalt des Einflussversuchs ist günstig/ungünstig	79 %	35 %	67 %	56 %
Kompetenz/Inkompetenz des Mitarbeiters	63 %	13 %	54 %	35 %
Vorteilhafte/unvorteilhafte Art der Präsentation des Einflussversuchs	64 %	23 %	59 %	47 %
Gute/schlechte persönliche Beziehungen zum Chef	45 %	32 %	54 %	16 %
Offene/engstirnige geistige Haltung des Chefs	23 %	52 %	42 %	2 %
Gute/schlechte Unterstützung von Organisationsmitgliedern	20 %	6 %	13 %	3 %

Abb. 5: Gründe für Erfolg und Misserfolg von Mitarbeitern

D
Gestal-
tung der
Führungs-
und
Koope-
rations-
bezie-
hungen

Schließlich wurde noch nach den wesentlichen **Folgen von Einflussversuchen** gefragt. In beiden zitierten Studien stand die **erfolgreiche Umsetzung**, einschließlich gestiegener Produktivität und Einflussakzeptanz beim höheren Management, mit Abstand an der Spitze der erfolgreichen Versuche.[20]

Abschließend sei noch erwähnt, dass als **weitere Einflussfaktoren** auf die untersuchten Aspekte v.a. die **Größe der Organisation** (bei kleinen Organisationen wurde z. B. die Beziehungsgestaltung zum Vorgesetzten signifikant häufiger angewandt) sowie die **Zugehörigkeit zum öffentlichen Sektor oder zu privaten Unternehmen** (hier wurden inhaltliche Einflussversuche und die Fachkompetenz aus der Perspektive des Mitarbeiters signifikant häufiger eingesetzt), statistisch zuverlässige Unterschiede brachten. Das Geschlecht der Beeinflussenden konnte dagegen nicht als signifikantes Differenzierungsmerkmal nachgewiesen werden.

4 Ansätze zur Förderung der »Führung des Chefs«

Aus betriebswirtschaftlich-organisatorischer Sicht sehen wir den Schwerpunkt der Förderung einer »Führung von unten« in dem **Abbau von Hemmnissen** (z. B. autoritärer Führungsstil, mangelnde Kommunikation, zentralisierte Entscheidungsbildung oder statusorientierte Führungskultur) und dem **Aufbau einer unterstützenden Führungssituation**. Diese kann besonders durch strukturelle Führung strategisch beeinflusst werden. Sie bedarf aber der interaktiven Ergänzung. Abb. 6 gibt einen Überblick über mögliche Ansatzpunkte.

---

20 Vgl. dazu Case et al. 1988 sowie Schilit/Locke 1982

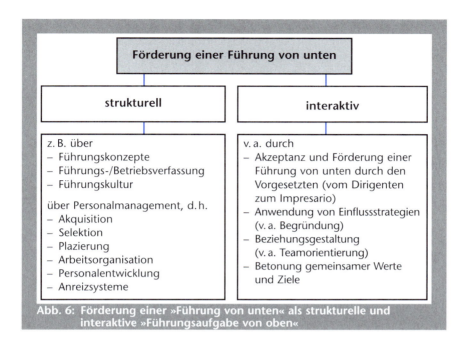

Abb. 6: Förderung einer »Führung von unten« als strukturelle und interaktive »Führungsaufgabe von oben«

II
Führung
des Chefs
(Führung
von
unten) –
Einfluss-
strategien

4.1 Strukturelle Förderung einer »Führung des Chefs«: Gestaltung von Funktionen und Programmen des Personalmanagements

4.1.1 Gestaltung von Personalmanagementfunktionen

Schon bei der **Akquisition** neuer Mitarbeiter, insbesondere von Führungskräften, ist die Qualifikation für wechselseitige Enflussbeziehungen anzusprechen. Hierzu gehören eine sinnvolle Kombination von **Selbstvertrauen** bzw. **Selbstbehauptung** und **Kooperations-** bzw. **Integrationsfähigkeit**, also die mitunternehmerische Schlüsselkompetenz »Sozialkompetenz« bzw. »kooperative Selbstorganisation«. Hinweise in Ausschreibungen und Bewerbungsgesprächen auf Konzepte des ⇒ *Coaching* und ⇒ *Counselling*, aber auch Organisationsentwicklungsmaßnahmen und Qualitäts- bzw. Werkstattzirkel wären hier zu nennen.

In der **Personalselektion** ist auf förderliche Anforderungskriterien speziell einzugehen. Dies gilt insbesondere für die **Definition der Auswahlkriterien** im Assessment.

Bei internen **Plazierungsmaßnahmen** sollte auch auf eine optimale Abstimmung der gewünschten und erforderlichen Rollenverteilungen beim Einflussprozess in Arbeitsgruppen zwischen Vorgesetzten und Mitarbeitern geachtet werden.

Bei der **Führungs- und Arbeitsorganisation** kann von individualisierten Stellenanforderungen zu **Rollenbeschreibungen von Arbeitsgruppen** übergegangen werden.

311

Im Rahmen von **Personalentwicklungsmaßnahmen** bieten sich viele Ansätze an. Sie beginnen »into the job« über entsprechende **Einführungs- sowie Förderungsprogramme** für unternehmerisches Verhalten. Ihr Schwerpunkt liegt bei »on-the-job«-Maßnahmen, wie z.B. ⇒ *Coaching* und ⇒ *Mentoring*, aber auch in der Übertragung von **Sonderaufgaben** und **Stellvertretungen**. Spezielle Entwicklungsmaßnahmen (z.B. »Sich-Führen-Lassen – Führung von unten«) in der **Führungsschulung** sind weitere Ansätze. Besondere Bedeutung haben auch »near-the-job«-Programme, z.B. über **Qualitäts- bzw. Kreativitätszirkel** oder ⇒ *Task-Forces*.

Im Bereich der **Führungskonzepte** ist z.B. die unterstützende Formulierung und **Implementierung von interaktiven und partizipativen Führungsstilen** (von konsultativen bis kooperativ-delegativen Konzepten) angesprochen. Den gemeinsam geteilten und gelebten Kooperationswerten (Führungskultur) kommt dabei besondere Bedeutung zu.

Auch die **Anreizsysteme** sollten die »Führung von unten« explizit fördern. Dazu gehören das ⇒ *Counselling* des Mitarbeiters, das **Vorschlagswesen, Stellvertretungsregelungen** sowie auf unternehmerisches Verhalten ausgerichtete **Incentive-Programme**.

4.1.2 Unterstützungsprogramme

Im Rahmen der Personalmanagementfunktionen können allgemeine wie auch spezielle Personal- und Führungsprogramme zur Förderung der »Führung von unten« entwickelt oder genutzt werden. Dies beginnt mit der **Führungsverfassung** (z.B. Führungsgrundsätze), der **Betriebsverfassung** (Partizipation der Mitarbeiter am unternehmenspolitischen Entscheidungsprozess) sowie der **Führungsorganisation**.

Neben diesen »harten« Maßnahmen hat die Förderung einer unterstützenden **Führungskultur** zentrale Bedeutung. Sie beginnt mit der Definition förderlicher Kooperationswerte in einer ⇒ *Führungsphilosophie* oder in Führungsleitbildern und endet bei symbolischen Handlungen des Managements zur Unterstützung unternehmerischen Verhaltens. Als zentral können hierbei einige **Grundsätze** gelten, die schon intensiver bei der lateralen Kooperation[21] diskutiert sind:

- Eine herausragende Rolle spielt die sogenannte **goldene Regel der Kooperation**. Diese in der »Bergpredigt«,[22] im »kategorischen Imperativ« (I. Kant) sowie in Computersimulationen von Axelrod[23] formulierte Maxime besagt: »Wie Du mir, so ich Dir« (tit for tat) – allerdings mit positivem Einstieg.
- Als wesentlicher Inhalt von neueren Verhandlungskonzepten[24] steht die Maxime, dass beide Kooperationspartner ein »Nullsummen-Spiel« (»Ich gewinne, du verlierst – du gewinnst, ich verliere«) vermeiden und sich nach der Devise

---

21 Vgl. Kapitel D IV. Laterale Kooperation als Selbststeuerungs- und Führungsaufgabe
22 Vgl. Matthäus 7,12 in Bibel sowie Kapitel D IV.
23 Vgl. Axelrod 1984
24 Vgl. Fisher/Ury 1984; Gordon 1991

»Wir beide gewinnen« ausrichten sollten, wenn sie optimale Ergebnisse in einer auf Dauer angelegten Zusammenarbeit erreichen wollen.

Diese Prinzipien relativieren Denkmuster, die fragen, wer nun wen besonders beeinflusse. Denn im Vordergrund steht die »zielorientierte **wechselseitige** Beeinflussung zur Erfüllung **gemeinsamer Aufgaben.**« Sie machen auch deutlich, dass es nicht in erster Linie um die individuellen Motivationen von Führern und Geführten geht, sondern vielmehr Ziele bei der Erfüllung der gemeinsamen Aufgaben – wie z. B. Umweltanpassung, Kundenorientierung, Beitrag zum Gesamtsystem, Realisierung arbeitsteiliger Leistungserstellung oder Förderung des Mitunternehmertums – im Vordergrund stehen.

Weiterhin sollte auch die erwünschte »**Führungsstilbandbreite**« (z. B. von konsultativ bis delegativ) definiert werden.

Bei Aufgaben zur **Personalentwicklung** sollte die **Selbstverantwortung** und die **Selbstentwicklung** der Betroffenen besonders betont werden. Die Stellvertretung durch Mitarbeiter ist ein probates Analyseinstrument zur Beobachtung der Fähigkeiten und der Akzeptanz einer zeitweisen »Führung von oben«. Ebenso sind individuelle bis kollektive Fördermaßnahmen einschließlich Formen kollektiver Entscheidungsfindung, wie Konferenzen und Metaplan-Methoden, zu nennen. Aber auch Sonderaufgaben, wie ⇒ *Task-forces*, Projektgruppen aktivieren die »bottom-up«-Mitwirkung von Mitarbeitern.

Programme zum **Vorschlagswesen, Offene-Tür-Regelungen, Offen-gesagt-Aktionen** sowie die grundsätzliche, aber klar geregelte **Möglichkeit** für Mitarbeiter, in ihrer Hierarchie zu »**eskalieren**«, also bei wesentlichen Fragen das höhere Management einzuschalten, gehen in die gleiche Richtung. Ebenso kann die »Führung von unten« durch die »Vorgesetztenbeurteilung« unterstützt werden. In die gleiche Richtung zielt der Einbezug entsprechender Kriterien in die »Personalbeurteilung« (z. B. Offenheit für Vorschläge von Mitarbeitern, für ⇒ *Coaching* und ⇒ *Counselling*). Regelmäßige Meinungsumfragen bei den Mitarbeitern, die sich auf den Führungsstil und die Führungsqualität ihrer Vorgesetzten (auch bezüglich einer »Führung von unten«) beziehen, haben dann besondere Bedeutung, wenn sie ernst genommen werden und zu konsequenten Folgerungen in der Führungspolitik führen.

Diese Beispiele sind schon heute Bestandteil der Personal- und Führungspolitik mancher Unternehmen, insbesondere im High-Tech-Bereich.[25] Die Programme haben trotz einer weiterhin vorherrschenden hierarchischen Struktur und Führungskultur sicherlich maßgeblich dazu beigetragen, Initiativen von Mitarbeitern konkret wie symbolisch zu fördern.[26]

---

25 Die IBM war hier ein Vorreiter, vgl. dazu insbesondere Watson 1964

26 Nach unserer Kenntnis gehört IBM auch zu den wenigen Firmen, bei denen die erwähnten Personalprogramme bis zum obersten Management traditionell ernst genommen und durch konkrete Führungsmaßnahmen um- und durchgesetzt werden. Erst dies entscheidet über den Erfolg solcher Programme.

4.2 Interaktive Förderung der »Führung des Chefs«

Die interaktive Führung hat die Aufgabe, die strukturellen Förderansätze situations- und personenspezifisch zu präzisieren und zu ergänzen. In diesem Kontext hat der Vorgesetzte insbesondere folgende Aufgaben:

- **Akzeptanz/Erwünschtheit signalisieren:** Der Mitarbeiter muss erkennen, dass seine aktive Einflussnahme akzeptiert oder sogar erwünscht ist. Diese Einsicht kann der Vorgesetzte aktiv fördern – insbesondere durch permanente Ansprechbarkeit, gelebte Open-door-Policy, Konsultation des Mitarbeiters und Einbezug in die Entscheidungsfindung, Toleranz von Fehlern und eine Integration der Führung von unten in Zielvereinbarungen.

- **Vorbildverhalten:** Es kann nicht zwangsläufig vorausgesetzt werden, dass die Mitarbeiter erfolgreiche Einflussstrategien, wie z. B. rationales Argumentieren, beherrschen. Hier können Vorgesetzte als Lernmodelle fungieren, indem sie entsprechende Strategien bewusst vorleben.

- **Arbeitsklima und Abteilungs-/Gruppenkultur pflegen:** Führung von unten setzt nicht nur bestimmte Fähigkeiten voraus, sondern – ähnlich wie unternehmerisches Verhalten – auch die Bereitschaft zu besonderem Engagement am Arbeitsplatz. Diese lässt sich durch Schaffung eines guten Arbeitsklimas, Etablierung einer Teamkultur und bewusste Pflege von Kooperationswerten positiv beeinflussen.

- **individuell fördern:** Sowohl Fähigkeit als auch Motivation zur Führung von unten sind von Mitarbeiter zu Mitarbeiter unterschiedlich ausgeprägt. Es ist die Aufgabe des Vorgesetzten, die individuellen Kompetenzen und Präferenzen (z. B. hinsichtlich der Einflussstrategien) zu analysieren und – im nächsten Schritt – gezielt zu fördern. So scheint es weniger aussichtsreich, ausgeprägte Individualisten zum Teamplaying oder besonders sanftmütige Mitarbeiter zu harten Durchsetzungsstrategien anzuregen. Vielmehr sollten individuelle Stärken und Neigungen gezielt gefördert werden – z. B. durch einen den Mitarbeiterbedürfnissen und -fähigkeiten gerechten Führungsstil, individuelles ⇒ *Coaching* oder die Übertragung eignungs- und neigungsgerechter Aufgaben.

- **Feedback geben:** Während die Wirkung von Einflussversuchen in der Regel offen in Form von Erfolg oder Misserfolg zutage tritt, bleiben die Wirkungsursachen vielfach im Dunkeln. Da ein mehrfaches Scheitern von Einflussversuchen Frustration und Demotivation auf seiten des Mitarbeiters nach sich ziehen kann, scheint es sinnvoll, dem Mitarbeiter ein ehrliches und zugleich konstruktives Feedback über die Wirkung seiner Einflussnahme zu geben, ihm die Hintergründe des Scheiterns (z. B. Abneigung des Vorgesetzten gegen bestimmte Strategien oder situative Unangemessenheit) aufzuzeigen und ihm so Wege zu einer – im gegebenen Kontext – erfolgreicheren Einflussnahme zu weisen.

- **Belohnen:** Durch eine materielle (z. B. Prämie für besonders guten Vorschlag) oder immaterielle (z. B. Lob) Belohnung der Einflussnahme von unten erhalten die Mitarbeiter Anerkennung und werden somit – idealerweise – zu weiteren Einflussversuchen angeregt. Wichtig erscheint auch ein sensibler Umgang mit nicht realisierbaren Vorschlägen. Hier ist die Aktivität als solche anzuerkennen, auch wenn der Inhalt weniger brauchbar erscheint.

5 »Führung des Chefs« im Kontext des Mitunternehmertums

Die Ansätze »Führung von unten« und »**Mitunternehmertum**«[27] weisen diverse Berührungspunkte auf:

- Beiden Ansätzen liegt ein ⇒ *Menschenbild* zugrunde, das explizit alle Mitarbeiter einschließt: Auch der hierarchisch nachrangige Mitarbeiter wird nicht als willenlose Manövriermasse, sondern als aktiver, eigenständiger Mitgestalter betrieblicher Prozesse verstanden. Beide Konzepte verlassen somit die noch weitverbreitete führerzentrierte Perspektive.

- Die von der empirischen Forschung ermittelten Strategien zur Vorgesetztenbeeinflussung erscheinen damit zur Verwirklichung des Mitunternehmertums geeignet. Die im Mitunternehmertum bevorzugten Steuerungskonfiguration – einer Kombination aus sozialem Netzwerk und internen Markt – sind insbesondere Koalitionsbildung, Freundlichkeit, rationale Argumentation und Verhandlung von Bedeutung. Überdies erfordert die Umsetzung innovativer Ideen ausdauerndes und konsequentes Verhalten, wie es die Einflussstrategie »Bestimmtheit« vorsieht. Insofern kann Führung von unten als Teilkonzept des umfassenderen Ansatzes Mitunternehmertum betrachtet werden.

- Umgekehrt liefert das Konzept Mitunternehmertum wichtige Aufschlüsse über persönliche Voraussetzungen einer erfolgreichen Führung von unten: So spielt bei allen Einflussstrategien die mitunternehmerische Schlüsselkompetenz Sozialkompetenz, definiert als eine geglückte Verbindung von Selbständigkeit und Kooperation, eine wichtige Rolle. Je nach Einflussstrategie rücken dabei unterschiedliche Aspekte[28] in den Vordergrund (vgl. Abb. 7).

- Wie beim Mitunternehmertum steht auch bei der Führung von unten die strukturelle Steuerung im Mittelpunkt. Auch hier wird mit strukturellen Mitteln der Rahmen vorgegeben, während die interaktive Führung das auf die Situation und Person abgestimmte »Feintuning« übernimmt. Da Führung von unten in enger Beziehung zum Mitunternehmertum steht, eignen sich viele der oben skizzierten Ansätze zur Förderung der Führung von unten (z. B. ⇒ *Coaching*, ⇒ *Mentoring*, Vorschlagswesen, Offene-Tür-Regelungen, Kooperationswerte etc.) ebenso zur Förderung des Mitunternehmertums.

---

27 Vgl. Kapitel B I. Mitarbeiter als Mitunternehmer – ein Transformationskonzept
28 Nach Preiser 1978

Einflussstrategie	Zentrale Aspekte der Sozialkompetenz
Rationale Argumentation	– sprachliche und nonverbale Ausdrucksfähigkeit – Selbstkontrolle
Freundlichkeit	– Kontaktfähigkeit – Konflikttoleranz
Bestimmtheit	– Selbstkontrolle – Durchsetzungsfähigkeit
Koalition	– Kontaktfähigkeit – kognitive Komplexität – Konflikttoleranz – Verantwortungsbewusstsein
Verhandlung	– Wahrnehmungsfähigkeit – sprachliche und nonverbale Ausdrucksfähigkeit – Kontaktfähigkeit – Selbstkontrolle – Kritikfähigkeit – Konflikttoleranz – kognitive Komplexität – Flexibilität
Höhere Autorität	– sprachliche und nonverbale Ausdrucksfähigkeit – Kontaktfähigkeit

Abb. 7: Einflussstrategien und Aspekte der Sozialkompetenz

D
Gestal-
tung der
Führungs-
und
Koope-
rations-
bezie-
hungen

6 Fragen zur Selbstüberprüfung

1. Erarbeiten Sie Gemeinsamkeiten und Unterschiede zwischen Führung von oben und Führung von unten.

2. Welches sind die häufigsten Einflussstrategien einer Führung des Chefs?

3. Diskutieren Sie Erfolgsfaktoren bei einer Führung des Chefs.

4. Stellen Sie konkrete Maßnahmen zur strukturellen und interaktiven Förderung der Führung des Chefs vor. Diskutieren Sie weiter, inwieweit sich diese auch zur Förderung des Mitunternehmertums eignen.

5. Sie wollen eine vorgesetzte Person von Ihrem Plan überzeugen, die diesen voraussichtlich nicht spontan unterstützen wird. Wie gehen Sie vor?

6. Betrachten Sie nun die Strategien »Begründung« und »Freundlichkeit«. Entwickeln und begründen Sie für jede dieser Strategien drei Fördermaßnahmen. Beschreiben Sie die wesentlichen Grenzen einer Förderung der Führung von unten am Beispiel der vorab diskutierten Maßnahmen.

7. Inwieweit ist die Förderung der Führung von unten Teil eines internen Unternehmertums?

III. Grundmuster und Erklärungsansätze lateraler Kooperation

Inhalt

Die folgenden Ausführungen behandeln Grundmuster und Aspekte der Zusammenarbeit zwischen Organisationseinheiten. Insbesondere das Problem des »Ressortegoismus« von Subsystemen wird aus empirischer, sozio-biologischer, psychoanalytischer und organisationstheoretischer Perspektive diskutiert. Da sich die Ausführungen auf die Analyseebene konzentrieren, werden Ansätze zur Gestaltung lateraler Kooperationsbeziehungen erst im nächsten Abschnitt diskutiert.

Gliederung

Verweise

1 Entwicklungstendenzen

Kultureller Wertewandel, der Anstieg von kundenorientierter Team- und Gruppenarbeit, Lean-Management, Flexibilisierungsdruck und die damit verbundene Abflachung der Hierarchien sowie die Profit-Center-Organisation (und eine zunehmende Internationalisierung) verändern die bisherigen Bedingungen und Formen der Kooperation in Unternehmen. Mit zunehmender Komplexität der Aufgabenstrukturen in Organisationen wächst auch der Bedarf an arbeitsteiliger Kooperation. Viele Koordinationsaufgaben können nicht mehr effizient durch Hierarchie gelöst werden. Auch für die Mitarbeiter gewinnt das Bedürfnis nach Entscheidungs- und Handlungsfreiheit, nach Kommunikation, Empathie und Vertrauen sowie die Notwendigkeit eines konstruktiven Umgangs mit Konflikten an Bedeutung. Verstärkt durch technologische Entwicklungen (z. B. Telekommunikations- und Informationssysteme) werden Netzwerkbeziehungen und Kooperationen in virtuellen Netzwerken wichtig. Damit rücken die Möglichkeiten von ⇒ *Selbststeuerung* sowie spezifische Aufgaben und Probleme einer Führung für innerorganisatorische Beziehungen sowie Team-Kooperation in den Vordergrund.

2 Definition und Besonderheit lateraler Kooperation

Der Begriff »lateral« bedeutet »seitlich«, »seitwärts«. Laterales Denken[1] versucht alle Seiten eines Problems zu berücksichtigen, wobei auch unorthodoxe, beim logischen Denken oft unbeachtete oder ignorierte Methoden angewendet werden. Laterale Beziehungen in Organisationen verweisen dagegen auf arbeitsspezifische und soziale Verbindungen zwischen Kollegen.

> ## Definition
>
> Laterale Kooperation wird als ziel- und konsensorientierte Zusammenarbeit zur arbeitsteiligen Erfüllung von stellenübergreifenden Aufgaben in und mit einer strukturierten Arbeitssituation durch hierarchisch formal etwa gleichgestellte Organisationsmitglieder verstanden.

Laterale Kooperationsbeziehungen befinden sich häufig in einem empfindlichen Gleichgewicht, auf dessen Veränderung die Betroffenen sensibel reagieren. Kollegenkooperation läßt sich als Prototyp für selbststeuernde Beziehungen verstehen, bei denen direkte Führungseingriffe die Ausnahme bilden sollten (Subsidiarität direkter vertikaler Führung). Unternehmen mit ausgeprägter »Führungsorientierung« ignorieren dies leicht; laterale Zusammenarbeit wird dann ebenso fremdgesteuert wie die vertikale. Häufig finden sich dann aber weniger manifeste Kooperationskonflikte als in Unternehmen, die von ihrer Führungskultur oder aus anderen Gründen (z. B. turbulente Märkte, mehr interne Marktsteuerung

---

1 De Bono 1996

oder komplexe Aufgaben) delegative und selbstorganisierende Steuerungskonzepte bevorzugen.[2]

Weil horizontale Zusammenarbeit zwischen verschiedenen Organisationseinheiten (z. B. Abteilungen oder Teams/Kollegen) im Interesse der Leistungseffizienz oder der Suche und Umsetzung kreativer Ideen nicht dem Zufall überlassen werden kann, wird **verpflichtendes Engagement** zur Kooperation eine notwendige Verhaltensgrundlage. Diese verbindlichen Verpflichtungen werden v. a. durch **strukturelle** und allgemeingültige Organisationsentscheidungen statt über unmittelbare (interaktive) Führungsbeziehungen bestimmt (vgl. Abb. 1).

	Kooperative Führung (vertikal)	Laterale Kooperation (horizontal)
Ziel-/Leistungsaspekt	Zielorientierte, soziale Einflußnahme zur Erfüllung gemeinsamer Aufgaben	Zielorientierte, arbeitsteilige Erfüllung von übergreifenden Aufgaben
Organisationsaspekt	in bzw. mit einer strukturierten Arbeitssituation	in/mit einer strukturierten Arbeitssituation
Machtaspekt	unter wechselseitiger, tendenziell symmetrischer Einflussnahme und	durch hierarchisch etwa gleichgestellter Mitglieder
Interaktionsaspekt	unter konsensfähiger Gestaltung der Arbeits- und Sozialbeziehungen	in abstimmungsorganisatorischer und konsensorientierter Zusammenarbeit

Abb. 1: Definitionen von kooperativer Führung und lateraler Kooperation

Die laterale Kooperation beruht auf vier **Grundprinzipien**:

- Primat der horizontalen Beziehungssteuerung (Kollegenkooperation)
- Horizontale Kooperation durch Selbstverpflichtung und Selbstorganisation
- Gestaltung förderlicher und Abbau hemmender struktureller Kooperationsbeziehungen (Kultur, Strategie, Organisation, Personalstruktur)
- Ergänzende interaktive Führung.

Neben vertikalen oder horizontalen Formen der Zusammenarbeit[3] gibt es auch Arten **diagonaler** meist strukturbezogener **Kooperation**. Diese kann begründet sein:

- formal (z. B. bei Kooperation zwischen Zentralabteilungen und Linie)
- informell (z. B. Zusammenarbeit von formal gleichrangigen Stelleninhabern unterschiedlichem Status, z. B. nach Seniorität oder Standing) und
- Mischformen formaler und informeller Kooperationen.

---

2 Vgl. Sherif et al. 1961; Walton 1969; Rhenman et al. 1970; Dutton/Walton 1972; Delhees 1979; Kieser 1983; Klimecki 1985; Wunderer, 1974; Wunderer/Kuhn 1995a

3 Die vertikale Zusammenarbeit wird im Zusammenhang mit der Diskussion von Führungsstil behandelt. Vgl. Kapitel D I. Mitarbeiterführung – Führungsstile

Der Begriff der lateralen Kooperation ist somit erstens auf die Zusammenarbeit zwischen Teamkollegen, zweitens zwischen Abteilungen und drittens die Organisationen anwendbar. Im Folgenden wird der letztgenannte Aspekt ausgeklammert (vgl. Abb. 2).

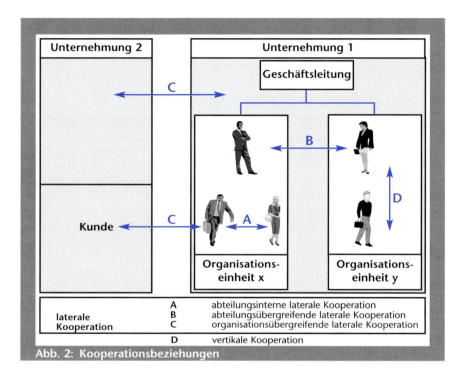

Abb. 2: Kooperationsbeziehungen

Ein erster Vergleich zwischen vertikalen Führungs- und horizontalen Kooperationsbeziehungen zwischen Abteilungen zeigt wichtige **Unterschiede:**[4]

- Was bei Führung und bei den abteilungsinternen Kollegenbeziehungen unter der günstigen Bedingung gemeinsamer Gruppenmitgliedschaft angestrebt wird (Partizipation und Konsens), wird bei lateraler Kooperation zwischen Abteilungen unter der ungünstigen Bedingung getrennter Gruppenmitgliedschaft und damit auch erschwerter Kommunikation vorausgesetzt.

- Was bei Führung als sozial erstrebenswertes Optimum, nämlich als kooperative Führung, verstanden wird, ist bei lateraler Kooperation schon die Arbeitsgrundlage einer funktionsfähigen Zusammenarbeit.

- Wo kooperative Führung nur einer unter mehreren situativ effizienten Führungsstilen ist, scheint es nur eine generell effiziente Gestaltungsform hori-

---

4 Weitere Überlegungen in Kapitel D IV. Laterale Kooperation als Selbststeuerungs- und Führungsaufgabe

zontaler Zusammenarbeit zu geben. Laterale Zusammenarbeit muß also immer »kooperative« Qualitäten aufweisen.

● Laterale Kooperationskonflikte werden oft »totgeschwiegen«, umgeleitet oder verdrängt. Dies führt z. B. zu sogenannten »Konfliktsparbüchern«, in denen gerade laterale Konflikte »hochverzinslich« und langfristig angelegt werden.

● Während durch Führung Teamarbeit (wie z. B. teilautonome Arbeitsgruppen) angeordnet werden kann, müssen bei lateralen Teamkooperationen die Koordinationsmechanismen durch die Betroffenen selbst ausgehandelt oder strukturell geregelt werden.

● Während über Führung Kooperationen mit Zweck- und Interessenausrichtung vorgegeben werden (z. B. temporäre Projektgruppen mit delegierter Arbeitsaufgabe), herrscht bei lateralen Beziehungen – selbst in strukturierten Arbeitssituationen – leicht ein konfliktträchtiger Interessenpluralismus vor.

2.1 Teaminterne und teamübergreifende Kooperation

Grundlegend kann zwischen teaminterner und teamübergreifender Kooperation unterschieden werden.

In einer aktuellen Studie[5] wurde die gegenwärtige und zukünftige Bedeutung der teaminternen Kooperation sowie der teamübergreifenden Kooperation von 26 Personalverantwortlichen schweizerischer Großunternehmen so beurteilt (vgl. Abb. 3):

	Mittelwerte Heute	Mittelwerte 2010
(1) teaminterne Kooperation	3.5	4.1
(2) teamübergreifende Kooperation	2.8	4.3
(1 = sehr gering, 2 = gering, 3 = mittel, 4 = groß, 5 = sehr groß)		

Abb. 3: Einschätzung Team-Kooperation

Als größte Probleme teaminterner Kooperation gelten:[6]

● zu starke Ausrichtung der Führung auf Einzelleistungen (Teamleistungen werden zu wenig honoriert)
● hoher Zeit- und Leistungsdruck (zu wenig Zeit für Teamarbeit)
● ungenügende Sozialkompetenz und Toleranz der Teammitglieder
● persönliche Antipathien und Konkurrenz zwischen Teammitgliedern

---

5 Vgl. Wunderer/Dick 2000
6 Zu Ursachen von Teamkonflikten D IV. Laterale Kooperation als Selbststeuerungs- und Führungsaufgabe

- mangelnde Vorbilder im Management
- Führung des Teams nach dem Prinzip »Teile und herrsche« und
- unklare oder willkürlich wechselnde Kompetenzabgrenzungen.

Fazit

Die laterale Kooperation innerhalb und zwischen Abteilungen muß unter organisatorisch und psychologisch wesentlich **ungünstigeren Bedingungen** als in vertikalen Führungsbeziehungen eine hohe Qualität der Zusammenarbeit erreichen. Warum und wo verursacht nun diese Zusammenarbeit den Betroffenen so viele Konflikte? Dies wird in folgenden **Problemfeldern** diskutiert:

- **Zur kollegialen Verhaltensdisposition:**
  Kann für die Zusammenarbeit zwischen Mitgliedern unterschiedlicher Abteilungen – auch in größeren Organisationen – von kooperativer Befähigung und kollegialer Kooperationsmotivation ausgegangen werden oder ist »Ressortegoismus« die beherrschende Triebfeder?

- **Zu den Beziehungsgrundlagen kollegialen Verhaltens:**
  Welche Beziehungsgrundlagen sind zu unterstellen? Welche eignen sich unter den bisher diskutierten Kontextfaktoren (Struktur und Verhaltensdisposition)? Müßte ein realistisches Grundmodell kollegialer Beziehungen von einem utilitaristischen Konzept auf der Basis ressortegoistischer Verhaltensdispositionen und konkurrenzorientierter Strukturen ausgehen?

- **Zur Organisationsstruktur und -kultur:**
  Fördern die üblichen Organisationsstrukturen und die vorherrschenden Organisationskulturen unseres westlichen Kulturkreises die Kooperation oder die Konkurrenz zwischen Abteilungen? Welche Bedeutung haben laterale Netzwerkorganisationen?

3 Grundfragen und Grundmuster lateraler Kooperation

3.1 Zur kollegialen Verhaltensdisposition

Die grundlegende Frage lautet: Sind Lebewesen, sind Menschen grundsätzlich mehr egoistisch oder altruistisch veranlagt, mehr unkooperativ oder kooperativ? Welche Einflüsse sind aus einer solchen möglicherweise grundsätzlichen Verhaltensdisposition für die Beziehungen zwischen Gruppen abzuleiten? Welches Menschenbild liegt den angenommenen Verhaltensdispositionen zugrunde?[7]

- **Ein sozio-biologischer Erklärungsansatz:**
Helfendes, prosoziales, altruistisches Verhalten findet sich auch in der Tierwelt recht häufig. Es könnte deshalb genetisch bestimmt sein, dient aber insbesondere

---

7 Vgl. Kappler 1992 sowie die ökonomische Diskussion über das Konstrukt des »homo oeconomicus« (vgl. Kirchgässsner1991, Frey, 1997)

dem Schutz der eigenen Brut bzw. des »Genpools«. Diese Orientierung geht bis zum Einsatz des eigenen Lebens für das Überleben seiner Nächsten. Ähnlich hilfreiches Verhalten findet sich auch unter Horden und zusammenlebenden Populationen.[8] Dagegen wurde dies unter verfeindeten Tieren und Sippen nie beobachtet.[9] Daraus wird geschlossen, daß auch zwischen Tieren eine Art »**Wir-Beziehung**« existieren muß, die **prosoziale Reaktionen sichert**.

Soziobiologen, wie etwa Campbell, haben die Hypothese aufgestellt, daß die biologische Selektion auch beim Menschen den Altruismus selektiere, jedoch nur auf dem Niveau der sozialen Wirbeltiere insgesamt:[10] Das Niveau liege jedoch unterhalb des biosozialen Optimismus. Gerade dies sei nun der Grund für die Definition sozialer ⇒ *Normen* und Regeln, welche die genetisch programmierte Eigennützigkeit besonders für das Zusammenleben in Gruppen überwinden soll. So ergaben Forschungen, daß sich der Abbau von egoistischen Verhaltensweisen innerhalb der »Wir-Gruppe«, das heißt der »Family-Group«, vollzieht. **Genetische Codierung und auch ⇒ *soziale Normen* fördern also mehr gruppenegoistische Verhaltensweisen, statt sie zu begrenzen.**

Wie Befragungen und Experimente zeigen, werden Personen und Gruppen bei verdichteter Population wesentlich stärker als Fremdgruppen wahrgenommen. Durch eine häufigere, intensivere und länger andauernde Bekanntschaftsbeziehung steigt die Bereitschaft zu reziproken Verhaltensweisen innerhalb der bekannten Gruppe sowie eine aggressivere Terrainverteidigung gegenüber Fremden.

Selbst bei der Terrainmarkierung können wir Analogien zwischen Tieren und Menschen beobachten. So ist bekannt, daß viele Tiere, z. B. Hunde, ihr Terrain durch sogenannte Duftmarken abgrenzen. Menschen, insbesondere in Organisationen, verwenden dazu nur andere Mittel, z. B. die Stellenbeschreibung. Je ängstlicher der Pinscher, desto mehr Duftmarken setzt er. Je ängstlicher der »organization man«, desto umfangreicher, detaillierter und fundierter wird seine Stellenbeschreibung.

Fazit

Genetische Programmierung und ⇒ *soziale Normen* begünstigen ressort-egoistisches Verhalten bei der Kooperation zwischen Organisationseinheiten. Dies muß aus soziobiologischer Sicht als eine Basismotivation angesehen werden. Dabei wurde deutlich, daß Sippen- bzw. Gruppenegoismus aus teaminterner Sicht als altruistisches Verhalten verstanden wird und wesentlich zum Überleben des eigenen Systems beiträgt.

Die wesentliche Neuerung bei menschlicher Kooperation besteht in einer Erweiterung der zugrundeliegenden kognitiven sowie emotionalen Fähigkeiten bzw.

---

8 Vgl. Axelrod 1984
9 Vgl. Staub 1982
10 Vgl. Campbell 1972. Zur Bedeutung des »reziproken Altruismus« vgl. Anzensberger 1991, S. 12; Trivers 1971

der Verhaltensoptionen und damit der Möglichkeit, zwischen (empathischer) Intention und Wirkung zu unterscheiden.

● Ein psychoanalytisches Konzept:

Ein weiterer Erklärungsansatz ist psychoanalytisch fundiert; er liefert zugleich eine Begründung für die unterschiedlichen ⇒ Normen zwischen abteilungsinternen und -externen Kollegenbeziehungen. Eine zentrale Rolle für die Kooperation zwischen formal Gleichgestellten spielen (nach diesem Ansatz) die Kindheitserfahrungen innerhalb der Familienbeziehungen, insbesondere die Geschwisterbeziehungen – ist doch die Familie der Prototyp der natürlichen Organisation. Sie wird deshalb zu einem »primitiven Nachschlagewerk für spätere Arbeitserfahrungen in Organisationen«[11]. So werden bereits in der frühesten Phase des mentalen Lebens Grundannahmen für das Verhältnis zu anderen Gruppen gelegt.[12]

Eric Berne spricht von einem **früh gelernten Skript**, welches man in seinem Lebensdrama immer wieder spiele, nur auf unterschiedlichen Schauplätzen.[13]

Dabei ist das Ausmaß der situativ-emotionalen Übereinstimmung mit den erlernten Skriptmustern entscheidend für den Grad der Befriedigung der wechselseitigen Beziehungen. Viele der Probleme lateraler Beziehungen entstehen aus Fehlinterpretationen oder Fehlaufführungen dieser frühkindlichen Skripterfahrungen.

Die zugrundeliegende Hypothese lautet: »Der Urzustand der ausschließlichen oder eindeutig bevorzugten Verbindung zwischen Kind und Eltern, dieser paradiesische Zustand, dauerte in der Phantasie des Kindes ewig, hätte nicht ein Rivale, ein Geschwister, diese Position verändert«.[14] Eine mögliche Reaktion darauf: Kann man sich nicht mehr als »Mittelpunkt der Beziehungen zu den allmächtigen Eltern durchsetzen, dann verfällt man dem Gefühl, daß alle gleich behandelt werden sollten«[15]. Dieses **Streben nach Gleichbehandlung** entspricht auch dem elterlichen Konfliktlösungsmodell. So entwickelt sich das »Gleichheitsprinzip als Ersatz für die verlorene Stellung des Begünstigten und bildet sogleich die Grundlage der Gruppenbildung«[16]. Selbst bis in den politischen Raum hinein kann man feststellen, daß Konzepte der Gleichheit, der Egalité, mit Vorliebe von Personen, Gruppen oder Klassen vertreten wurden, die sich von »Vater Staat« in die Rolle des Benachteiligten verurteilt sahen.

---

11 Zaleznik 1975

12 Vgl. Bion 1961; Bion beschreibt das sog. »Fight/Flight«: Verhalten in Gruppen. »Preoccupation with fight/flight leads the group to ignore other activities, or if it cannot do this, to suppress them or run away from them.«, S. 64; vgl. auch Klein 1959

13 Vgl. Berne 1975; Kruse 1986, S. 141

14 Zaleznik 1975. Es ist deshalb auch nicht erstaunlich, dass schon in der Genesis im alten Testament der Mord Abels durch den älteren Kain geschildert wird. Mit ihm beginnt danach die Geschichte der Menschheit. Grund ist die als ungleich eingeschätzte Anerkennung eines Opfers, das auch die eigenen Leistungen symbolisiert. Vgl. dazu neuere Forschung zu Familienkonstellationen, insb. Toman 1996

15 Zaleznik 1975, S. 124

16 Zaleznik 1975, S. 124

Wenn dieses Gleichheitskonzept aber durch den Mechanismus der Verdrängung ursprünglicher gruppeninterner Rivalität entstanden ist, kann versucht werden, das **unterdrückte Rivalitätsstreben auf externe Gruppenbeziehungen zu verschieben**. Die andere Gruppe dient damit zur Abwehr von Ängsten und Bewältigung der internen Aggressionen, um die inneren Feindseligkeiten umzulenken.

Ein anderer tiefenspsychologischer Zusammenhang dieser latenten Beziehungsdynamik besteht in der ausgeprägten **Abgrenzung gegenüber externen Koalitionspartnern zur Stabilisierung des sozio-emotionalen Gleichgewichts** der eigenen Gruppe. Die Distanz gegenüber den Anderen dient so der Verstärkung der Gruppenidentität und Verarbeitung eigener libidinöser Strebungen[17] sowie als unbewußte Umgangsweise mit der eigenen Endlichkeit.[18]

Fazit

Rivalität und aggressive Gefühle gegenüber benachbarten Organisationseinheiten sind damit auch erklärbar aus der Unterdrückung, der Verdrängung dieser Gefühle in der eigenen Organisationseinheit, der sogenannten Familienorganisation. Die Projektion negativer Bilder auf Organisationsmitglieder anderer Abteilungen fungieren auch häufig als Kommunikationsersatz oder -verdrängung im eigenen Bereich.

3.2 Zu den Beziehungsgrundlagen kollegialen Verhaltens

Kollegiales Verhalten, d. h. »kooperative« laterale Beziehungen können auf folgenden **Interaktionsgrundlagen**[19] beruhen:

- **Gefühle**, vor allem auf der Basis von Sympathie, Freundschaft, Verbundenheit (freiwilliges »Geben und Nehmen«)

- ⇒ *Normen* **und Wertvorstellungen**, also auf der Grundlage einer freiwilligen Kooperationsethik, auf internalisierten Kooperationswerten und -normen, folglich auf Verpflichtungen, die auf Erkenntnissen über Gesetze des Zusammenlebens beruhen.

- **Macht und formaler Zwang.** In Wirtschaftsorganisationen kann dies im Rahmen eines freiwillig geschlossenen Arbeitsvertrages begründet werden (z. B. im Direktionsrecht). Ebenso ist laterale Kooperation durch die Ablauforganisation festlegbar. Eine Telefonistin muß z. B. über Prozessorganisation mit allen angeschlossenen Abteilungen kooperieren.

- **Rollen und Skripte.** Laterale Kooperation hat seine Wurzel in einem Handlungssystem, bei dem die einzelnen Akteure durch Rollen und »Verhaltensdrehbücher« handeln und miteinander verbunden sind. In diesen Rollen und

---

17 Vgl. Neuberger 1991
18 Vgl. Sievers 1994
19 Vgl. Kirsch et al. 1975; Derlega/Grzelak 1982

Skripten konkretisieren sich die funktionalen aber auch extra-funktionalen Erwartungen an das Kooperationsverhalten der einzelnen Systemmitglieder, die auch zu Rollenkonflikten führen können.

- **Materiell bewertbarer Leistungsaustausch.** Dieses gerade im ökonomischen Bereich altbekannte Kooperationskonzept erfordert eine utilitaristische Motivation auf der Basis einer egoistischen Kalkulation. Voraussetzung einer entsprechenden Tauschinteraktion sind ein »interner Markt« und entsprechende Verrechnungseinheiten und Rechnungsinstrumente oder Anreizsysteme.

Eine erste Diskussion der aufgeführten Steuerungskonzepte führt zu folgenden Resultaten: Der kombinierte und dosierte Einsatz dieser Kooperationsgrundlagen würde optimale kooperationspolitische Konfigurationen und situative Differenzierungen ermöglichen. Es bestehen jedoch unterschiedlich günstige Bedingungen für ihren Einsatz. Auch wenn emotionale und werteorientierte Kooperationsgrundlagen die wirksamsten Formen zwischenmenschlicher Zusammenarbeit begründen, werden sie in modernen Organisationen begrenzt. Zumindest in Mittel- und Großbetrieben des westlichen Kulturkreises ist kollegiales Verhalten zwischen Organisationseinheiten nur sehr eingeschränkt auf der Grundlage von persönlicher Sympathie oder normativer bzw. informaler[20] Verpflichtung dauerhaft zu erwarten. Dazu müßte erst die »Unternehmenskultur« entsprechend verändert werden, was keineswegs nur ein innerbetriebliches Problem wäre, denn Verhalten in Organisationen ist stark von gesellschaftlichen Werten geprägt.

Deshalb wird – das ist in der Führungspraxis alltäglich – bei einem Versagen dieser Interaktionsgrundlagen über Verträge, Regeln und Formen gegengesteuert. Formale Organisation wird als das dafür geeignete Mittel verwendet. Viele Aufbauorganisationen begünstigen aber – soweit es die Zusammenarbeit zwischen Abteilungen betrifft – konkurrenzorientierte Verhaltensweisen.

Rollen und Skripte schreiben über die Identifikation von spezifischen Erwartungszusammenhängen ein spezifisches Kooperationsverhalten vor. Um das konkrete Verhalten zu regulieren, müssen jedoch die verbindlichen Normen und Erwartungen in einem Sozialisationsprozess verinnerlicht und durch Sanktionen abgesichert werden. Auch kann die objektivierende Verallgemeinerung des Anderen i. S. einer austauschbaren Rolle soziale Beziehungen vereinheitlichen. Zudem sind die individuellen und sozialen Skripte über die offiziellen und sachlich-funktionalen Rollenzuschreibungen hinaus auch durch informale sowie extra-funktionale Rollen bestimmt.

Bleibt noch das Tauschmodell.[21] Es geht davon aus, dass Interaktionen auf freiwilliger Basis auch auf anonymen »Märkten«, bei widersprüchlichen Zielsetzungen und bei rein interessenbezogenen Einstellungen praktiziert werden können.

---

20 Vgl. Kliemt/Schauenberg 1984

21 In seiner ökonomischen Variante wird es von Lindbloom (1983) explizit für laterale ˙Kooperation diskutiert. In der sozialwissenschaftlichen Interpretation haben sich damit vor allem Homans (1958) sowie Blau (1954) befasst.

Eine Voraussetzung dafür ist allerdings das **Prinzip der Wechselseitigkeit** als Interaktionsgrundlage und Verhaltensnorm.[22] Diese Basis kann auch »Ressortegoisten« zu kooperierendem Leistungsaustausch und wechselseitigen Kollegenbeziehungen anreizen.

3.3 Zur Organisationskultur

Fördern die üblichen Organisationsstrukturen und -kulturen die Kooperation zwischen selbständigen Organisationseinheiten? Wie gestaltet sich die Kooperation in lateralen Netzwerkbeziehungen? Unbestritten führen alle funktionalen Strukturen der Führungsorganisation zu eingebauten Konflikten zwischen Abteilungen.[23] Wie zuvor schon angedeutet, sind hiervon wechselseitig besonders betroffen: Verkauf und Produktion, Verkauf und Lager beziehungsweise Logistik, Verkauf und Einkauf, Entwicklung und Produktion bzw. Service in den Linien. Ähnliche Ziel-, Wert-, Prioritäten- und Ressourcenkonflikte finden sich bei der Matrixorganisation. Und beim Sparten- oder divisionalem Organisationsmodell ist innerorganisatorischer, dann allerdings fairer Wettbewerb geradezu ein Organisationsziel.

Gleiches gilt auch für die Organisationskultur, welche die zentralen Werthaltungen der Unternehmung repräsentiert. In westlichen Ländern werden individualistische Werte bevorzugt. Diese werden aber insoweit »sozialisiert« als familienähnliche Organisationsgrößen und -formen dies begünstigen. So ist kollegiales Verhalten **innerhalb** von Abteilungen eine Kooperationsnorm und damit Bestandteil der Abteilungskultur.

Dies gilt keineswegs für die Zusammenarbeit **zwischen** Abteilungen, insbesondere nicht in anonymisierten Mittel- und Großbetrieben. Ebenso gilt es nicht in Führungsstrukturen, bei denen z. B. kein Firmenpatriarch das »hohe Lied« von der Betriebsfamilie singt oder sonst um die Pflege einer entsprechenden Kooperationsphilosophie bemüht ist.

In die gleiche Richtung weist die gängige Personalauslesepolitik. Kollegiales Verhalten zwischen Abteilungen ist bei der Personalauswahl keine Selektionsvoraussetzung, Egoismus als leistungsförderndes Kriterium wird dagegen bevorzugt. Die Bereitschaft zur abteilungsübergreifenden, teamorientierten Zusammenarbeit wird zunehmend »cross-functional« und in lateralen Netzwerken erforderlich. Doch wird Konkurrenzverhalten zwischen Abteilungen, soweit es nicht zu offenen Konflikten führt, kaum sanktioniert und kollegiales Verhalten nicht bzw. nur unzureichend explizit belohnt.

---

22 Vgl. dazu besonders Wunderer/Grunwald 1980, Bd. II. Hier wird das Konzept der Wechselseitigkeit (Reziprozitätsprinzip) als konstitutives Element kooperativer Führung thematisiert.
23 Zu funktionalen Konflikten zwischen Abteilungen vgl. z. B. Walton et al. 1969; Staerkle 1978; McCann/Galbraith 1981; Kieser 1983, Wunderer 1974, 1993; Klimecki 1985

Fazit

Organisationsstrukturen sowie westliche Organisationskulturen fördern eher konkurrierendes als kooperatives Verhalten zwischen selbständigen Organisationseinheiten und ihren Mitgliedern. Demgegenüber dominieren für die Zusammenarbeit innerhalb von Organisationseinheiten eher kooperative ⇒ *Normen*, und zwar vertikal wie lateral.

4 Laterale Netzwerksteuerung und -kooperation

Eine Betrachtung lateraler Netzwerkbeziehungen lässt die Struktur und Dynamik lateraler Kooperationsprozesse besser erfassen. Mehrere eigene Studien bestätigen die Bedeutung der Netzwerkorganisation. Erstens wird sie als notwendige Ergänzung interner Marktsteuerung bewertet, denn sie verbindet Konkurrenz mit Kooperation.[24] Zweitens wurde bei eigenen Umfragen eine **verstärkte Netzwerksteuerung** als zukünftig bevorzugte Strategie beurteilt.[25]

Der Begriff **Netzwerk** betont die Selbstorganisation bzw. -koordination zwischen relativ autonomen Akteuren zur Erreichung gemeinsamer Resultate. Laterale Netzwerke entstehen durch **wechselseitige, oft lose Kopplungen**, die sich über organisatorisch-soziale Strukturen[26] sowie über funktional-technologische und informelle Prozesse entwickeln.[27] Netzwerke sind **multilateral und simultan** angelegt.[28] Laterale Netzwerkorganisationen[29] stellen **dezentrale Koordinationsformen** dar.[30] Sie zeichnen sich durch komplexe, eher kooperative als kompetitive und durch relativ stabile soziale Beziehungen zwischen Organisationsmitgliedern und Organisationseinheiten aus.[31]

Innerhalb der lateralen Netzbeziehungen kann zwischen den **Ressourcen, den Handelnden selbst sowie ihren Beziehungsaktivitäten** unterschieden werden. Die Ressourcen betreffen besonders die technologische Ausstattung sowie die technische Kompetenz der Mitarbeiter im Umgang mit ihnen.[32] Beziehungsaktivitäten in lateralen Netzwerken differenzieren sich nach Art der kooperativen Verflechtungsmerkmale, der Kooperationsdauer und Reichweite der Zusammenarbeit sowie dem Niveau der Selbstständigkeit der Partner und dem Grad der Unterstützung durch Informationstechnologien.[33]

---

24 Vgl. Kapitel B I. Mitarbeiter als Mitunternehmer – ein Transformationskonzept
25 Vgl. Wunderer/Dick 2000
26 Vgl. Powell 1990
27 Vgl. Krackhardt/Hanson 1993
28 Vgl. Denison 1996
29 Vgl. Klein 1996
30 Sie werden auch als »cluster organisations« beschrieben. Vgl. Quinn & Mills, 1991; Mills 1991
31 Vgl. Sydow et al. 1995
32 Vgl. Sydow et al. 1995, S. 15
33 Vgl. Picot/Reichwald/Wigand 1996, S. 281

Laterale Netzwerkkonzepte ersetzen bzw. verändern eine hierarchisch-funktionale und zentral koordinierte Organisation durch selbststeuernde und lose gekoppelte Organisationseinheiten. Die dezentralen Arbeitsformen erfordern dabei ein hohes Maß an Selbstdisziplin, Eigeninitiative, Motivation, sozialer Kompetenz und Beherrschung der Informations- und Kommunikationstechniken.[34]

Beim lateralen sozialen Netzwerk stehen **wechselseitige Kooperation**, persönliche Begegnung und emotionaler Austausch auf der Basis **langfristiger, nützlicher Beziehungen** im Vordergrund. In diesem vorrangig sozialen, **vertrauensbasierten**[35] Tausch wird nicht primär geldwert organisiert und gemessen; auch werden nicht nur Verhalten und Ergebnisse, sondern ebenso (vermutete) Motive und Absichten in die Bewertung der Transaktionen einbezogen. Damit zeigen sich auch hier Parallelen zur Netzwerksteuerung im **Mitunternehmertum**.[36]

4.1 Vorteile und Problemfelder lateraler Netzwerke

Vorteile

Auf der Grundlage moderner informationstechnologischer Vernetzung[37] und sozialer Verflechtung dienen laterale Netzwerke einer effizienten **Informationsübermittlung** und neuen Formen sozialer Kommunikation. Sie ermöglichen transaktionskostensparende Kommunikationsprozesse und stellen zugleich **potentielle Wissensgeneratoren sowie Innovationsmedien** dar. Durch ihre Querschnittsfunktion können Netzwerke bestehende funktionale oder divisionale Strukturen und Prozesse verknüpfen und so **zusatznutzenstiftende Synergien** fördern. Laterale Netzwerke fördern **organisatorisches Probehandeln**, das individuelle Spielräume (Optionalisierung) bei gleichzeitiger sozialer Verankerung eröffnet. Diese Spielräume lassen auch einseitige Arbeitsteilung und »egoistisches Marktverhalten« durch langfristig ausgerichtete, soziale Kooperation überwinden. Weitere Vorteile sind der Zugang zu »fremden« Ressourcen, die Möglichkeiten zu interorganisationalem Lernen, Zeitvorteile sowie die Verbindung von formaler und informaler Kooperation.

»Das Denken in Netzwerkbeziehungen und der Prozess der Bildung sozialer Netzwerke verkörpern … wesentliche Bausteine für sinnvoll ausgewogene Organisationsstrukturen. Netzwerke werden zur Kommunikationsverbesserung genutzt. Sie erhöhen Problembewusstsein, (Arbeits-)Moral und Bedürfnisbefriedigung. Sie helfen dem einzelnen ebenso wie Arbeits- oder Projektgruppen und Familienverbänden, die Grenzen ihrer Möglichkeiten hinauszuschieben« (Robert K. Müller, Arthur D. Little).[38]

---

34 Vgl. Picot/Reichwald/Wigand 1996, S. 454f.
35 Vgl. Nerdinger 1998
36 Vgl. Kapitel B I. Mitunternehmertum – ein Transformationskonzept
37 Vgl. Hummel 1996
38 Fischer 1995, S. 284

Problemfelder

Hier sind insbesondere folgende zu nennen:

- fehlende Kooperationsbereitschaft und -fähigkeit der Beteiligten
- die technische und sozial anspruchsvolle Implementation und Integration
- Abhängigkeit von Informations- und Telekommunikationstechnologien
- potentielle Identifikations- und Motivationsprobleme der Mitarbeiter bis hin zur Gefahr der Profilierungsschwäche, z. B. bei Kunden
- Lockerung und Öffnung bestehender Beziehungsstrukturen, die mit Bedürfnissen der Mitarbeiter nach stabilen Beziehungen kollidieren
- Spannungsfelder zwischen Netzwerkkoordination und Macht, Loyalität und Unabhängigkeit, Vertrauen und Abhängigkeit, Egoismus und Prosozialität
- Kontrollverluste und
- die optimale Dosierung zwischen Wettbewerb und Kooperation.

4.2 Kooperation in sozialen Netzwerken und die »Virtualisierung« von Organisationen

Durch die modernen Informationstechnologien und die damit verbunden neuen Formen zwischenmenschlicher Kommunikation verändern sich die **sozialen Kooperationsbeziehungen in Organisationen**. Der Ausdruck ⇒ »*virtuell*« steht für »nicht wirklich«, »scheinbar« oder »der Anlage nach als möglich vorhanden«. ⇒ *Virtualität* spezifiziert ein konkretes Objekt (z. B. eine Organisation) über Eigenschaften, die nicht physisch, aber doch der Möglichkeit nach vorhanden sind. ⇒ *Virtuelle Organisationen* und Unternehmen setzen sich aus kompetenz- und prozessorientierten Modulen, Organisationseinheiten und Arbeitsplätzen zusammen. Sie entstehen durch aufgaben-, problem- oder kundenorientierte Vernetzungen bzw. projektorientierte, befristete Partnerschaften. Neben Markt- und Wettbewerbsorientierung wird daher eine **Vertrauenskultur unverzichtbar**. In ihr müssen Offenheit, Fairness, Anerkennung und Integrität das Denken und Handeln der Organisationsmitglieder prägen. Die Einhaltung dieser Werte kann aber – auch wegen fehlender Kontroll- und Sanktionsmöglichkeiten – dem Vertrauensgeber nicht garantiert werden. Aber das Risiko von Vertrauensmissbrauch ist auch ein Merkmal für Vertrauensbeziehungen. Schon bei der Einführung virtueller Technologien müssen »Vertrauen« thematisiert und »vertrauensbildende« Maßnahmen als Teil des **symbolischen Managements** einbezogen werden. Die Förderung von Vertrauensbeziehungen und Beziehungsnetzen sowie Verhandlungsgeschick und Repräsentationsvermögen kennzeichnen die **Rolle des Managers als »Networker«**.[39] Die Rolle der **Mitarbeiter** in Netzwerken erfordert neben selbstständiger Zielsetzung, Übernahme von Verantwortung für die Qualität und Flexibilität der Aufgabenerfüllung auch Selbstkontrolle und Eigeninitiative zur Problem- und Konfliktlösung.[40]

---

39 Vgl. Pribilla et al. 1996
40 Vgl. Picot/Reichwald/Wigand 1996, S. 452

Grundsätzlich ist die ⇒ *virtuelle Organisation* kein universelles organisatorisches Gestaltungsprinzip und ist nur unter bestimmten Bedingungen empfehlenswert.[41]

Netzwerke und ihre Kommunikationssysteme stellen neue Anforderungen an das Personalmanagement[42] und die Personalentwicklung, die Netzwerkbildung so fördern können:[43]

- Personalauswahl nach Sozialkompetenz für Arbeiten in Netzwerken
- Integration von Gruppenneulingen (z. B. Einführungskurse, ⇒ *Mentoring*)[44]
- Multiplikatorenkonzept (interne Spezialisten für Schulungsarbeit)
- Lerngemeinschaften (als eine Form der Selbstentwicklung und qualifizierende Arbeitsgestaltung)[45]
- Kooperationstraining (zur Förderung sozialer Handlungskompetenz)[46]
- Kollegiale Supervision: Mitarbeiter diskutieren praktische Probleme, um von unterschiedlichen Erfahrungen und Sichtweisen der Teilnehmer zu profitieren
- Kooptation: Ergänzung des Netzwerks durch gezielte Aufnahme von Personen, die anderen Organisationen bzw. Organisationseinheiten angehören.[47] Dies kann sowohl auf interorganisationaler Ebene (Umweltkontrolle) als auch auf organisationaler Ebene (Selbstrekrutierung) erfolgen.
- Anreizstrukturen zur Förderung kooperativen Handelns[48]
- Einführung moderner, personalwirtschaftlicher Informations- und Kommunikationstechnologien[49] und
- Förderung von Beziehungspromotoren[50].

III
Grund-
muster
und Er-
klärungs-
ansätze
lateraler
Koope-
ration

5 Fragen zur Selbstüberprüfung

1. Welche Besonderheiten weist eine laterale Kooperation im Vergleich zu vertikalen Führungsbeziehungen auf?

2. Diskutieren Sie verschiedene Beziehungsgrundlagen kollegialen Verhaltens.

3. Beschreiben Sie die Vorteile und mögliche Problemfelder lateraler Netzwerke.

4. Was ist bei einer Kooperation in sozialen Netzwerken virtualisierter Organisation zu beachten?

5. Wie kann eine soziale Netzwerkbildung personalwirtschaftlich gefördert werden?

---

41 Vgl. Picot/Reichwald/Wigand 1996, S. 393
42 Vgl. Straus et al. 1998
43 Vgl. Neuberger 1994b
44 Vgl. Kapitel E III Personalentwicklung als Führungsinstrument
45 Vgl. Lave/Wenger 1993
46 Udris 1998, S. 185f.
47 Vgl. Ziegler 1987
48 Vgl. Crandal/Wallace 1998
49 Vgl. z.B. Steiner, 1998
50 Vgl. Kapitel A IV. Führungstheorien; vgl. Walter 1998

IV. Laterale Kooperation als Selbststeuerungs- und Führungsaufgabe

Inhalt

Dieses zweite Kapitel zur lateralen Kooperation stellt Konfliktpotentiale und Ansätze zu ihrer Handhabung bei der Zusammenarbeit in der Praxis in den Vordergrund. Laterale Kooperationsbeziehungen befinden sich häufig in einem empfindlichen Gleichgewicht, auf dessen Veränderung die Betroffenen sensibel reagieren. Nach der Analyse von Ursachen zu Kooperationskonflikten wird ein ⇒ *Bezugsrahmen* entwickelt, mit dem strukturelle und interaktive Führungsmaßnahmen zur Konfliktvermeidung und -handhabung sowie zur Förderung der lateralen Kooperation diskutiert werden. Dabei hat die ⇒ *Selbststeuerung* der Betroffenen hohe Bedeutung. Bei den Führungsmaßnahmen wird zwischen abteilungsinterner und abteilungsübergreifender Kooperation unterschieden. Abschließend werden bevorzugte Strategien zur Handhabung von Kooperationskonflikten, das Harvard Konzept als Verhandlungsansatz sowie weitere Möglichkeiten eines Konfliktmanagements vorgestellt.

Gliederung

1 Laterale Kooperationskonflikte
2 Ein Bezugsrahmen zur Steuerung von lateraler Kooperation
3 Interaktive (direkte) Führung bei lateraler Kooperation
4 Strukturelle (indirekte) Führung bei lateraler Kooperation
5 Bevorzugte Strategien zur Handhabung von Kooperationskonflikten
6 Das Harvard Konzept: ein Verhandlungsmodell
7 Konfliktmanagement bei lateraler Kooperation
8 Mitunternehmerische Zusammenarbeit über kooperationsfördernde Organisationsformen
9 Fragen zur Selbstüberprüfung

Verweise

1 Laterale Kooperationskonflikte

1.1 Unterschiede zwischen vertikalen und lateralen Kooperationsbeziehungen im Führungszusammenhang

Die Analyse der Unterschiede konzentriert sich auf sechs Bereiche: Konfliktlösung, Statusdifferenzierung, ⇒ *Kohäsion*, Zielbildung, Organisationswachstum sowie Vertrauen und Wechselseitigkeit.

- Eine **Konfliktlösung** ist im Gegensatz zu vertikalen Führungsbeziehungen bei der lateralen Kooperation nicht mit dem Mittel der direkten Weisung möglich, ohne die laterale Kooperation in eine hierarchische Beziehung zu überführen. Die erfolgreiche Zusammenarbeit erfolgt deshalb vorwiegend über **wechselseitige Abstimmung und Konsens**.

- Vertikale Führungsbeziehungen sind durch relativ eindeutige und nur begrenzt veränderbare **Statusdifferenzierung** gekennzeichnet. Gerade dies fehlt bei den lateralen Kooperationen, da die Kooperationspartner führungsorganisatorisch gleichgestellt sind. So bildet die laterale Statusdifferenzierung ein höchst »**empfindliches**« **Gleichgewicht** mit sehr dynamischem Charakter.

- Während in den vertikalen Beziehungen enger **Gruppenzusammenhalt** (⇒ *Kohäsion*) als Grundlage kooperativer Führung definiert ist, werden in den lateralen Kooperationsbeziehungen noch immer **Differenzierungsregeln** (z. B. »fordernde Konkurrenz«, »divide et impera«, individuelle Ergebnisverantwortung) als Wegweiser zur Organisationseffizienz verstanden. Beispiele dazu sind: divisionale Organisationsformen, hausinterne Konkurrenzmarken oder Konkurrenzdruck unter Kollegen durch interne Nachfolgeregelungen.

- Im Vergleich zur lateralen Kooperation gelingt in der vertikalen Führungslinie die Einigung auf **gemeinsame Ziele** meist leichter. Im horizontalen Bereich entwickeln sich dagegen »systemimmanent« **konfligierende Abteilungsziele**. So geraten z. B. Vertriebsabteilungen mit Forderungen nach einem breiten Sortiment, kurzen Lieferfristen, langen Zahlungszielen leicht in Konflikt mit den gegensätzlichen Zielen von Produktions- oder Finanzabteilungen.

- Horizontale Führungsbeziehungen werden durch das **Wachstum der Organisation** stärker belastet. Die Forderung nach Zusammenarbeit mit mehreren Organisationseinheiten mit vielen Schnittstellen, unterschiedlichen Zielen, Prioritäten und unterschiedlichem Selbstverständnis kann als **Kooperationsbelastung** betrachtet werden, die subjektiv auch als Überlastung empfunden wird.

Zentrale Kategorien jeder Kooperation sind **Vertrauen und Wechselseitigkeit**. Beides kann in den Führungsbeziehungen durch häufige persönliche Kontakte, besondere Führungsgespräche und schrittweise Entwicklung eines mittelfristigen Anreiz-Beitragsgleichgewichts erreicht werden. Im horizontalen Bereich wird das Prinzip der Wechselseitigkeit leicht gestört, da die **bilateralen Austauschbezie-**

IV
Laterale Koope-
ration als Selbst-
steue-
rungs-
und Führungs-
aufgabe

hungen zwischen **Organisationseinheiten** i. d. R. **nicht symmetrisch** gestaltet werden können. Zudem ist schon in mittelgroßen Organisationen zu beobachten, dass Zeit und Möglichkeit für vertrauensbildende, persönliche Kontakte häufig fehlen.

1.2 Konflikte bei lateraler Kooperation

Konflikte entstehen einmal durch organisationale Prozesse (z. B. Verteilung von Ressourcen oder durch Arbeitsbedingungen, Verantwortungsregelungen). Sie können auch durch taktische bis manipulative Zielsetzungen und Verhaltensweisen (⟹ *Mikropolitik*) verursacht werden.

Definition

Laterale Kooperationskonflikte in Organisationen werden als Spannungszustand zwischen zur Zusammenarbeit verpflichteten, führungsorganisatorisch etwa gleichrangigen Organisationsmitgliedern oder -einheiten verstanden, die nicht mit dem Mittel der direkten Weisung, sondern über Konsensfindung gelöst werden müssen.

Bei Analysen der Kooperationsbeziehungen in Unternehmen stellten wir folgende Frage:

»Die Zusammenarbeit in Unternehmen läuft nicht immer ohne Konflikte ab. Probleme können dabei **sachlich** und **persönlich** begründet sein.

Frage: Wo treten für Sie persönlich – insgesamt gesehen – die stärksten Konflikte auf?

1. In der Zusammenarbeit mit Ihren direkten Vorgesetzten oder mit Ihren Mitarbeitern (falls Sie eine Vorgesetztenfunktion ausüben).
2. In Kooperationsbeziehungen zu Kollegen, welche Ihrem Vorgesetzten unterstellt sind.
3. In Ihren Kooperationsbeziehungen zu anderen Organisationseinheiten (z. B. Zentralabteilungen, Geschäftsbereicahe)?«

Abb. 1: Analyse der Kooperationsbeziehungen – Fragen

Darauf antworteten 746 Führungskräfte und Spezialisten eines Dienstleistungsunternehmens (11 000 Beschäftigte) (Umfrage 1), 440 eines Industrieunternehmens (5 500 Beschäftigte) (Umfrage 2) und 698 Mitarbeiter einer Dienstleistungsdisvision (5 500 Beschäftigte) (Umfrage 3) folgendermaßen (vgl. Abb. 2).

Insgesamt erweist sich damit die laterale Zusammenarbeit mit anderen Organisationseinheiten als **stärkstes innerbetriebliches Konfliktfeld**, das aber in Theorie und Praxis gegenüber der Führung stark vernachlässigt wird.

Weitere Auswertungen der Befragungen ergaben, daß die vertikalen Führungsbeziehungen mit steigender Führungsebene tendenziell als weniger problematisch

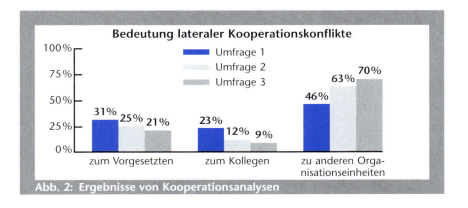

Abb. 2: Ergebnisse von Kooperationsanalysen

eingeschätzt werden. Die **laterale Kooperationsbelastung** war dagegen im Top-Management sowie in Dienstleistungsunternehmen besonders hoch.

1.3 Ursachen lateraler Kooperationskonflikte

Typische Konfliktbeziehungen zwischen Organisationseinheiten bestehen z. B. zwischen Zentralabteilungen und Fachabteilungen, Stabsabteilungen oder internen Dienstleistern und Linieneinheiten, Verwaltung und ärztlicher Leitung im Krankenhaus, Redaktions- und Druckressort in Zeitungen, aber auch zwischen Einkauf und Verkauf in Handelsbetrieben, zwischen der Forschungs- & Entwicklungsabteilung und der Produktion zwischen Logistik oder Marketing bzw. Serviceabteilungen und Produktion.

Folgende **Ursachen lateraler Kooperationskonflikte** werden häufig genannt:[1]

- wachsende Betriebsgrößen und zunehmende horizontale Arbeitsteilung
- ausschließlich ökonomische Orientierung der Unternehmensspitzen im Kampf um die Profilierung am Markt, dabei zunehmende Distanzierung der Führungskräfte von den Unternehmensleitungen
- Rationalisierungs- und Leistungsdruck
- Dominanz rationalistischer Führungskonzepte und -philosophien
- mangelnde Möglichkeiten zur personalen Identifikation mit Kollegen oder Vorgesetzten
- Überlastung der Führungskräfte mit ihrem »Innensystem« sowie wachsender Außendruck durch erschwerte Marktbedingungen
- zunehmende Entfremdung und Anonymisierung zwischen Führungskräften
- zunehmender Individualismus und wachsende Egozentrik sowie Förderung von »locals« bei Karriereentscheidungen
- unterschiedliche Erfolgschancen bei gleichem persönlichem Einsatz.

In unseren Befragungen wurden Ursachen wie folgt bewertet (vgl. Abb. 3):

---

1 Vgl. Gouldner 1957/58; Walton et al. 1966; Wunderer 1974, 1978a, 1995; Klimecki 1985

Ursachen für Kooperationskonflikte Aus der Sicht von repräsentativ befragten 1884 Führungskräften und Spezialisten	Mittelwert (Rang) (1 = sehr geringe Bedeutung, 8 = sehr hohe Bedeutung)		
	Industrie- Betrieb n = 440	Dienst- leistungs- betrieb n = 746	Dienst- leistungs- betrieb n = 698
a) Strukturelle Ursachen	**4.8**	**4.3**	**5.3**
1. Abhängigkeit von der Leistung anderer Organisationseinheiten	5.7	4.7	5.7
2. Zielkonflikte mit anderen Organisationseinheiten	5.1	4.3	5.6
3. Ungleiche Erfolgs-/Anerkennungschancen	4.7	4.4	5.1
4. Mangelnde Gesprächsgelegenheit	4.6	4.4	–
5. Weisungen aus anderen Organisationseinheiten	4.3	4.5	5.0
6. Weitergabe von externem Druck an andere Organisationseinheiten	4.6	3.9	–
7. Unzureichende Aufgabenabgrenzung zwischen Organisationseinheiten	4.3	3.8	5.2
b) Personelle Ursachen	**4.8**	**4.3**	**5.5**
1. Mangelnde Kenntnis der Probleme/Aufgaben anderer	5.2	4.7	6.1
2. Einseitige Orientierung auf die eigene Organisationseinheit	5.3	4.6	5.8
3. Mangelnde Einsicht in die Notwendigkeit der Kooperation	4.9	4.6	–
4. Mangelnde Bereitschaft zu kooperativem Verhalten	4.9	4.4	5.1
5. Mangelnde Orientierung an gemeinsamen Zielen	5.0	4.2	–
6. Konkurrenzgefühle zwischen Mitarbeitern der Organisationseinheiten	4.3	4.2	5.6
7. Mangelnde Fähigkeit zu kooperativem Verhalten	4.4	4.0	–
8. Wenig qualifizierte Vorgesetzte/Mitarbeiter in einzelnen Organisationseinheiten	4.2	3.8	–
Gesamtwertung	**4.8**	**4.3**	**5.4**

Abb. 3: Konfliktursachen lateraler Kooperation in drei Großunternehmen

D
Gestaltung der Führungs- und Kooperationsbeziehungen

Bei einer aktuellen Prognosebefragung wurden von 28 Personalverantwortlichen großer schweizer Unternehmen Ursachen teamübergreifender Kooperationskonflikte hinsichtlich ihrer gegenwärtigen und zukünftigen Bedeutung so eingeschätzt (vgl. Abb. 4).[2]

2 Vgl. Wunderer/Dick 2000

	Mittelwerte Heute	Mittelwerte 2010
(1) Abhängigkeit von den Leistungen anderer Organisationseinheiten	3.0	**3.6**
(2) Zielkonflikte mit anderen Organisationseinheiten	3.2	3.3
(3) Anonymisierung der Arbeitsbeziehungen durch Virtualisierung der Organisation	2.5	3.3
(4) mangelnde Kenntnis der Probleme/Aufgaben anderer	3.5	3.3
(5) mangelnde Gesprächsgelegenheit	3.5	3.3
(6) Konkurrenzgefühle zwischen Mitarbeitern verschiedener Organisationseinheiten	3.7	3.2
(7) fehlende Kooperationskultur	3.3	3.2
(1 = sehr gering, 2 = gering, 3 = mittel, 4 = gross, 5 = sehr gross)		

Abb. 4: Bedeutung der Ursachen teamübergreifender Kooperationskonflikte

Die Konfliktursachen lateraler Kooperation lassen sich in vier **zentrale interdependente Konfliktdimensionen** zusammenfassen (vgl. Abb. 5).

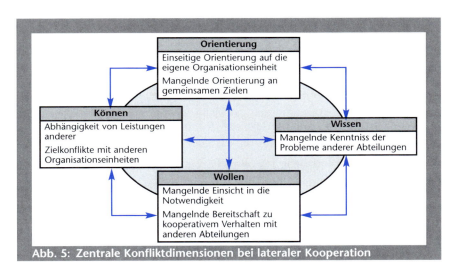

Abb. 5: Zentrale Konfliktdimensionen bei lateraler Kooperation

Im Folgenden werden entsprechend der Unterscheidung von persönlichen (individuelle und interpersonelle) und sachlichen (organisationale und umweltbezogene) Konfliktpotentialen[3] jeweils ausgewählte Einflussgrößen angesprochen.

a) Individuelles Konfliktpotential

Diese wird von vielen Faktoren beeinflusst. Häufig handelt es sich dabei um **unbewusste Handlungsmuster oder persönliche Werte**, wie hohes Anerkennungs-

---

3 Vgl. Kochan/Schmidt 1972

337

bedürfnis und (vermeintliche) Konkurrenz um begrenzte Ressourcen, Wettbewerbs- und Vorteilsorientierung, Abgrenzungsbedürfnisse und Beherrschungsängste sowie mangelnde Fähigkeiten. Davon wird auch das individuelle Konfliktpotential bestimmt. Es handelt sich dabei um **Denk-, Bewertungs- und Verhaltensweisen**, die sich eine Person im Laufe ihrer Sozialisation angeeignet hat und die bei Erwachsenen nur noch begrenzt verändert werden können.[4]

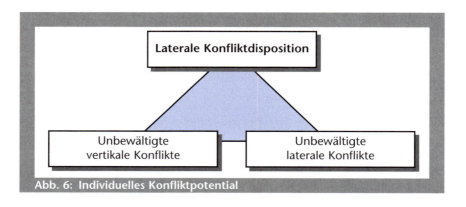

Abb. 6: Individuelles Konfliktpotential

D
Gestaltung der Führungs- und Kooperationsbeziehungen

Als besonders relevant erwiesen sich bei unseren Umfragen:

- **mangelnde Bereitschaft** zu besserer Zusammenarbeit (z. B. wegen Statusdenken, Konkurrenzängsten oder Gruppenegoismus) und
- **mangelnde Einsicht** in die Notwendigkeit zur besseren Zusammenarbeit mit anderen Organisations- und Führungsbereichen.

Es lassen sich 5 **Einstellungs- und Persönlichkeitstypen** anhand ihrer motivationalen Orientierung unterscheiden, die das Kooperationsverhalten prägen:[5]

- **Individualistische Einstellung:** Menschen mit individualistischer Einstellung versuchen in erster Linie, den eigenen Vorteil zu maximieren.
- **Wettbewerbsorientierung:** Damit will man v. a. andere übertreffen. Hier geht es nicht um die Vorteilsmaximierung an sich, sondern darum, die Differenz zu anderen möglichst zu erhöhen.
- **Kooperative Orientierung:** Diese berücksichtigt sowohl den eigenen Vorteil als auch das Wohlergehen von Kooperationspartnern. Auch basiert sie auf der Einsicht, dass sich Beziehungen nur dann langfristig fortsetzen lassen, wenn sie für alle Beteiligten Vorteile bringen.
- **Altruistische Orientierung:** Sie will v. a. Kooperationspartner unterstützen. Die Konsequenzen für sich selbst werden dagegen weit weniger gewichtet; und
- **Streben nach Gleichheit der Belohnungen** – auch um nicht benachteiligt zu werden.

---

4 Vgl. Toman 1996. Vgl. D III. Grundmuster und Erklärungsansätze lateraler Kooperation 2. Ein psychoanalytisches Konzept
5 Vgl. Bierhoff/Müller 1993; Knight/Dubro 1984

338

Es ist offensichtlich, dass Individualismus und Wettbewerbsorientierung die Kooperation im Unternehmen weniger fördern als kooperative bzw. altruistische Orientierungen. In einer empirischen Studie von Knight/Dubro[6] zeigte sich bei Personalmanagern folgende Verteilung (vgl. Abb. 7).

Individualistische Einstellung und Wettbewerbsorientierung	24 %
Wettbewerb	23 %
Individualistische Einstellung	14 %
Gleichheit der Belohnungen/Individualismus	15 %
Kooperation	13 %
Gleichheit der Belohnungen	8 %

Abb. 7: Verteilung »Kooperationsorientierungen«

Die altruistische Orientierung spielte bei der untersuchten Population eine untergeordnete Rolle und wurde daher nicht aufgeführt. Frauen waren eher unter den kooperativen und den gleichheitsorientierten Personen zu finden, Männer mehr unter den Wettbewerbsorientierten.

Nicht ausgetragene oder unbewältigte laterale und vertikale Kooperationskonflikte (»Konfliktsparbücher«) verstärken **Ängste** oder **Aggression**. Sie können auf aktuelle Situationen oder andere Personen übertragen werden (**Konfliktverschiebung**); und erhöhen so das Konfliktpotential, da sie zu negativen Erwartungen und Mißtrauen führen.

b) Interpersonelles Konfliktpotential

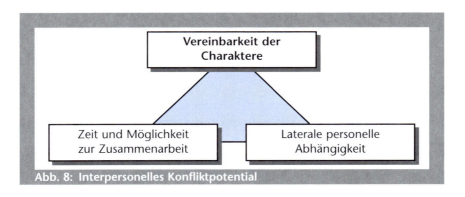

Abb. 8: Interpersonelles Konfliktpotential

Die **Unvereinbarkeit von Charakteren** spielt bei Kooperationskonflikten eine besondere Rolle. So können Konflikte auftreten, wenn z. B. eine sehr zuverlässige und

---

6 Vgl. Knight/Dubro 1984

339

ordnungsliebende Person mit einem »kreativen Chaoten« zusammenarbeiten muß, der Unterlagen verliert, Versprechungen nicht einhält oder Termine verpasst.

Doch auch der **Grad der vermuteten Ähnlichkeit** provoziert Probleme, z. B. wenn zwei machtorientierte Personen mit starkem Durchsetzungswillen kooperieren müssen. Ähnliches gilt, wenn verdrängtes eigenes Fehlverhalten beim anderen sichtbar und in Form **psychologischer Entlastungsreaktionen** beim Partner besonders kritisch vermerkt wird. Vergleichbares gilt, wenn **eigene Ansprüche** (»**Ideale**«) von anderen als gegensätzlich gewichtet werden (z. B. Offenheit, Fairness, Einsatz, Zuverlässigkeit).

Interpersonale Abhängigkeiten können sich auch aus Einflüssen aus der **Arbeitsumwelt** ergeben, die in die Arbeitssituation übertragen werden (z. B. aus Verwandtschaftsbeziehungen, Vereins- oder Parteihierarchien). Auch im **Arbeitsprozess** bestehen solche einseitigen Abhängigkeiten, die das gegenseitige Anreiz-Beitragsgleichgewicht stören können. Im Gegensatz dazu haben sich »Zeit und Möglichkeit zur lateralen Kooperation« als relativ wenig störende Einflussgrößen erwiesen.

Zudem können interpersonelle Beurteilungskonflikte (Uneinigkeit über Wege), Bewertungskonflikte (Uneinigkeit über Ziele) und Verteilungskonflikte (Uneinigkeit über die Verteilung von Ressourcen) unterschieden werden.[7] Schließlich geht es um die zentrale Kategorie des wechselseitigen Vertrauens.

Vertrauen in einen Kooperationspartner setzt voraus, dass

- sein Verhalten absehbar und verläßlich ist
- er Versprechungen erfüllt
- sich fair und loyal verhält
- ehrlich ist
- Geheimnisse bewahren kann
- ein offenes Ohr für Meinungen und Ideen hat
- aufgabenbezogene Kenntnisse besitzt und
- erreichbar ist, wenn er gebraucht wird.[8]

c) Organisationales Konfliktpotential

In unseren Befragungen wurden in der Natur der Sachaufgaben begründete gegensätzliche Sachinteressen mit anderen Führungsbereichen (**Zielkonflikte und Interessengegensätze zwischen Organisationseinheiten**) bevorzugt von oberen Führungsebenen als belastende Störgrößen lateraler Kooperation bezeichnet. Aber auch die Zusammenarbeit zwischen Projekt- und Fachabteilungen, zwischen Linien- und Stabsabteilungen sowie zwischen verschiedenen Organisationseinheiten ist davon betroffen. Konflikte zeigen sich auch bei der Setzung von Prioritäten, der Wahl einzelner Ziele sowie der Wahrnehmung einzelner Rollen und

---

7 Vgl. Rüttinger 1989
8 Vgl. von Butler 1991; zit. nach Bierhoff/Müller 1993

Abb. 9: Organisationales Konfliktpotential

Interessen. Konflikte zwischen Verkauf und Einkauf ergeben sich, wenn sich z. B. der Einkauf zu stark an seiner Zielvorgabe orientiert und Waren beschafft, die zwar kostengünstig sind, sich aber nicht oder nur schwer verkaufen lassen, weil sie z. B. Qualitätsmängel aufweisen, nicht dem Zeitgeschmack entsprechen oder nicht zielgruppengerecht sind.

Eine weitere zentrale Störgröße ist die **organisationale Abhängigkeit zwischen internen Dienstleistungsabteilungen** oder zentralen **Stäben** (z. B. Rechnungswesen, Controlling, Revision, Personalwesen, Organisation) und den sogenannten »**Linien**« (z. B. Verkauf, Fertigung, Einkauf). Hier bestehen häufig einseitige Anreiz-Beitragsungleichgewichte sowie ungleich verteilte Chancen für Erfolgserlebnisse. Dazu tritt eine Statusdifferenzierung zwischen formal gleichrangigen Abteilungen, bei der die Auftragsabteilungen (Linien) »oben« und die internen Dienstleistungsabteilungen (z. B. Organisations-, Personalabteilung) »unten« rangieren. Neben Informationsasymmetrien ist noch das **Ressourcenproblem** zu nennen (z. B. zwischen Sparten mit unterschiedlicher Cash-flow-Rate bei zukunftsorientierten Investitionen).

d) Umweltbezogenes Konfliktpotential

Jede Abteilung hat eine andere Umwelt. Marketing und Verkauf sind vor allem von externen Kunden beeinflußt, an das interne Rechnungswesen werden dagegen besonders von internen Bezugspersonen Ansprüche gestellt. Die Praxis hat gezeigt, daß »externe Bedrohungen« von Organisationen die Bereitschaft zur internen lateralen Kooperation erhöhen. Abteilungen mit starkem Aussendruck versuchen, diesen auf die internen Beziehungen weiterzuleiten (vgl. Konflikte zwischen Verkauf und Produktion oder Einkauf). Probleme der **abteilungsspezifischen Abhängigkeit von externen Ressourcen** zeigen, daß Abteilungen einer unterschiedlichen externen Kooperationsbelastung ausgesetzt sind, die sich auf die internen Kooperationsbeziehungen auswirken. Weitere Organisationskonflikte ergeben sich aus **Beziehungen mit Externen**, etwa mit staatlichen Stellen bezüglich Umweltschutznormen, mit Lieferanten im Hinblick auf Lieferkonditionen oder mit Konkurrenten beim Wettbewerb um neue Kunden.

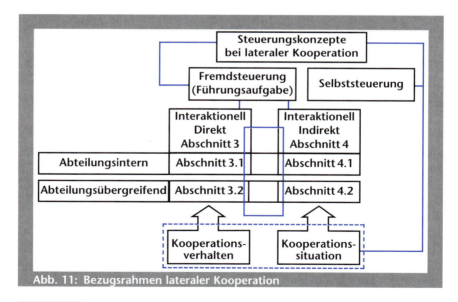

Abb. 10: Umweltbezogenes Konfliktpotential

Kooperationskonflikte haben aber auch **positive Funktionen**.[9] Sie zeigen Störfelder in der Organisation und ihren Beziehungsnetzen,[10] regen zum Nachdenken an und ermöglichen oft erst dann eine Kommunikation über Konflikte. Stagnation und Erstarrung werden verhindert und Anstöße zu Veränderungen und Verbesserungen gegeben.

2 Ein Bezugsrahmen zur Steuerung lateraler Kooperation

Die Abb. 11 zeigt einen ⇒ *Bezugsrahmen* für laterale Kooperation, der Steuerungskonzepte zur Gestaltung lateraler Kooperationsbeziehungen beschreibt.

Abb. 11: Bezugsrahmen lateraler Kooperation

---

9 Vgl. Berkel 1994, 1995; Rahim, 1986
10 Vgl. Schwarz 1990, S. 13f.

Laterale Kooperation kann durch die **Steuerungskonzepte der Selbst- und Fremd-steuerung** gestaltet bzw. kultiviert werden.

2.1 Selbststeuerung

Die ⇒ *Selbststeuerung* durch die beteiligten Kollegen im Rahmen vorgegebener oder vereinbarter Kooperationsstrukturen (z. B. Aufbau- und Ablauforganisation, Richtlinien für die Zusammenarbeit) sind die **zweckmäßigste Steuerungskonzep-tionen** für laterale Kooperation. Die Kollegen sind dabei zugleich persönlich Handelnde und Betroffene. Bei konfligierenden Zielsetzungen, begrenzten oder widersprüchlichen Informationen oder Bewertungen, sogar bei persönlichen Antipathien müssen sie selbst einen handlungsfähigen Konsens erreichen.

Vorteile der kooperativen Selbststeuerung:

- sind situations-/bedürfnisgerechtere Lösungen
- sind selbsterarbeitete Lösungen erfahren mehr Akzeptanz, erzeugen mehr eigene Verpflichtungen (⇒ *Commitment*), sind längerfristig stabil
- sind gemeinsame Lösungen erhöhen das Vertrauen der Kooperationspartner und fördern die Zusammenarbeit
- entspricht Wünschen nach Selbstverantwortung und
- entlastet Führungskräfte.

Folgende Regeln zur selbststeuernden Konfliktbewältigung durch die Betroffenen wurden von Berkel vorgeschlagen (vgl. Abb. 12).[11]

- **Mit leichten Punkten beginnen, die eine rasche Einigung zulassen**
  Gemeinsame Konfliktbewältigung entwickelt sich oft erst beim Verhandeln. Gelingt es, einen ersten Fortschritt zu erzielen, so ermutigt das zu weiteren Schritten. Strit-tige Themen kann man zerlegen und zunächst die einfacheren Aspekte »abarbeiten«.

- **Zwei-Phasen-Abfolge**
  Zunächst hilft ein Rahmen, z. B. wenige, aber gemeinsame Ziele benennen und erst dann auf Details eingehen.

- **Verhandlungsabfolge festlegen**
  Damit kann man eine zersplitternde Diskussion der verschiedenen Aspekte verhin-dern. Kein Element des Endergebnisses soll endgültig gebilligt werden, bevor nicht alle Punkte diskutiert wurden. Damit kann man auch früher diskutierte Punkte mit den späteren vergleichen.

- **Trennung von Diskussion und Lösung**
  Um neue Lösungen zu suchen, kann man zunächst die Konfliktthemen diskutieren. Man muß nicht über jeden Punkt sofort Einigung erzielen. Das Problem sollte aus verschiedenen Perspektiven beleuchtet werden, um akzeptable Lösungsmöglichkei-ten zu erkennen.

11 Vgl. Berkel 1993, S. 373f.

D
Gestal-
tung der
Führungs-
und
Koope-
rations-
bezie-
hungen

● **Konfliktträger und einigende Verhandlungsführung teilen**
Ein Verhandlungsführer wird seinen Standpunkt verteidigen, sollte aber auch auf die Argumente der Gegenseite eingehen. Oft ist es schwierig, ein Gleichgewicht zwischen »Härte« und Entgegenkommen zu finden. Dazu können sich auch zwei Personen die Verhandlungsführung teilen: Die eine vertritt mit Nachdruck die eigenen Interessen, während die andere Einigungsmöglichkeiten auslotet.

● **Konfliktanalyse durch gefühlsgeladenen Konfliktausdruck ergänzen**
Auch wenn die Verhandlungen sachlich geführt werden, löst gerade eine rationale Argumentation bei der Gegenseite oft nicht die notwendige Betroffenheit aus, die sie zum Einlenken bewegt. Dies können emotionale Äußerungen erreichen: z. B. wie sehr die momentane Situation belastet oder wie man sich durch die Gegenpartei persönlich angegriffen fühlt.

● **Für entspannte Atmosphäre sorgen**
Man sollte genügend Zeit haben, sich auch informell zu unterhalten (z. B. beim Essen); das bessert die Stimmung und lockert die Atmosphäre.

● **Rollentausch praktizieren**
Hierbei formieren die Beteiligten die Standpunkte der jeweiligen Gegenpartei. Dies erhöht das Verständnis für die Position der Gegenpartei – weil man sich differenziert mit deren Problemen und Argumenten auseinandersetzen muß.

Abb. 12: Regeln zur selbststeuernden Konfliktbewältigung

2.2 Fremdsteuerung

Ergänzende **Führung durch Vorgesetzte** konzentriert sich bei lateraler Kooperation auf:

● **Fördernde Kooperationssituationen schaffen.** Dies geschieht über **strukturelle Führung**, also Kooperationskultur und -organisation (Gestaltung der Aufbau- und Ablauforganisation), durch strategische Richtlinien und Programme sowie damit verbundene Kooperationsinstrumente. So wird auch die ⇒ *Selbststeuerung* unterstützt.

● **Günstiges Kooperationsverhalten sichern** durch Beeinflussung der betroffenen Mitarbeiter (**interaktive Führung**). Dabei geht es besonders um die Interpretation, individuelle Anwendung und auch situative Modifikation der strukturellen Führung. Innerhalb dieses Handlungsspielraumes gestaltet der Vorgesetzte direkt die gruppendynamischen Kollegenbeziehungen. Dazu gehören die Analyse der Kooperationskonflikte sowie die individuelle Anwendung von Konfliktvermeidungs- und -lösungsstrategien, z. B. durch Information, Anreiz- und Sanktionsgestaltung oder ergänzende hierarchische Konfliktregelungen. Dies wird in Abschnitt 3 noch diskutiert.

Mischformen des strukturellen und interaktiven Führungseinflusses auf die laterale Kooperation ergeben sich, wenn auf Wunsch von beteiligten Kooperationspartnern Vorgesetzte oder zentrale Stellen als »Schlichter«, »Schiedsrichter« oder Strukturförderer (insbesondere in Organisations- und Personalabteilungen) tätig werden.

Folgt laterale Zusammenarbeit dem Leitbild von ⇒ *Selbststeuerung* und -entwicklung der Kooperationsbeziehungen, werden sich **Führungsmaßnahmen** v. a. auf **günstige Kooperationssituationen** konzentrieren und unmittelbare Führungseingriffe nach dem ⇒ *Subsidiaritätsprinzip* gestalten. Denn solche Interventionen zeigen grundsätzlich ein Versagen der ⇒ *Selbststeuerung*. Andererseits kann sich der Vorgesetzte bei manifesten Konflikten nicht auf die Rolle eines »Nachtwächters« zurückziehen. Er sollte eine Mischung und gute Dosierung zwischen strukturell geschaffener Kooperationssituation und interaktional gefördertem Kooperationsverhalten erreichen.

3 Interaktive (direkte) Führung bei lateraler Kooperation

3.1 Direkte Führung bei abteilungsinterner Kooperation

Direkte Führung gewinnt insbesondere bei **abteilungsinterner Teamkooperation** an Bedeutung. Dabei sollte sich der direkte Führungseinfluss des Vorgesetzten auf die **Vermeidung und Handhabung von Kooperationskonflikten** konzentrieren. Folgende Maßnahmen werden dazu besonders behandelt:

- Konfliktanalyse
- Konfliktverminderung oder -vermeidung und
- Konflikthandhabung.

Bei einer umfassenderen Konfliktanalyse sind folgende Punkte zu beachten (vgl. Abb. 13):

Wahrnehmen, Denken und Vorstellungen verzerren sich	Gefühle, Empfindungen und Haltungen verengen sich	Motive, Ziele und Absichten werden inflexibel	Verbales und nonverbales Verhalten und Handeln verarmen
– schon selektive Wahrnehmungen werden noch mehr gefiltert, verzerrt und auf immer weniger Möglichkeiten eingeengt – es herrschen Entweder-Oder-Kategorien, Pauschalisierungen und Verallgemeinerungen vor – die Parteien sehen sich gegenseitig nur noch in Schwarz-Weiß-Bildern	– das Verhalten, ja schon die Person des Konfliktgegners löst Reizbarkeit aus – Einstellungen zum anderen werden nicht nuanciert, sondern nur noch negativ gesehen – die Parteien kapseln sich ab, können sich nicht mehr in andere einfühlen	– um sich durchzusetzen, versteift man sich auf wenige Alternativen – angestrebte Ziele werden starr an bestimmte Mittel gebunden – im Zorn werden Instinkte aktiviert und Hemmungen abgebaut	– das Verhalten wird stereotyp, unbeweglich und auf vorhersagbare Muster fixiert – das Verhalten konzentriert sich auf Konfliktspannung, statt auf Problemlösungen – das Handeln richtet sich auf Gegner, die besiegt werden sollen, statt auf Ziele

Abb. 13: Aspekte bei Konfliktanalyse

D
**Gestal-
tung der
Führungs-
und
Koope-
rations-
bezie-
hungen**

● Konfliktanalyse

Die Diskussion typischer Kooperationskonflikte erfolgt in Abschnitt 3.[12] Von den vier Konfliktdimensionen (individuelle, interpersonelle, organisatorische und umweltbezogene) haben die individuellen und interpersonellen besonderes Gewicht.

Bei abteilungsinterner Kooperation herrscht bei Mitarbeitern die Tendenz vor, Kooperationsprobleme erst im äußersten Fall an höhere Vorgesetzte zu bringen, was auch den Führungskräften entgegenkommt. **Antizipative Konfliktvermeidung** bedarf steter Aufmerksamkeit und sozialer Sensitivität, auch für schwächere Signale. Dies bezieht sich auf die Beobachtung kollegialen Verhaltens jedes Mitarbeiters, insbesondere bei der Übernahme von Sonderaufgaben (z. B. auch unbeliebten Tätigkeiten). Hinzu kommt die sorgsame **Analyse eigener Verhaltenswirkungen der Führungskraft** auf die Mitarbeiter. Diese sollte auf verbale wie nonverbale Zeichen achten. Gerade vom Vorgesetzten induzierte Kooperationskonflikte erweisen sich bei dessen Analyse leicht als »blinde Flecke«. So sind ein offenes Auge und Ohr gerade bei gemeinsamen Besprechungen und Zusammenkünften besonders hilfreich.

● Konfliktverminderung

Sie sollte sich zunächst auf die **vom Vorgesetzten selbst induzierten Kooperationskonflikte** konzentrieren. Dies betrifft besonders:

– Klare Ziel- und Mittelabstimmung, Offenlegung von Ziel- und Prioritätenkonflikten, bei vagen Zielen intensive Prozesskoordination

– **Klare Kompetenzen-, Entscheidungen und Verantwortlichkeitsregelungen** gerade bei situativen Zuordnungen und Sonderaufgaben sowie zur Minimierung organisatorischer Schnittstellenprobleme und persönlicher Beziehungsprobleme

– **Beachtung von Gerechtigkeitspostulaten** bei der individuellen und kollektiven Führung. Allerdings stehen zwei Gerechtigkeitsmaximen in Konkurrenz. Nach dem **Postulat der Gleichbehandlung** (»ausgleichende Gerechtigkeit«) erwarten Mitarbeiter, in gleicher oder vergleichbarer Weise belastet, belohnt oder sanktioniert zu werden. Dazu gehört die Vermeidung von Günstlings- oder Favoritenrollen.

– Nach dem **Postulat der zuteilenden Gerechtigkeit** sollen individuell begründete Unterschiede (z. B. nach Funktion, Bezahlung, Können, aber auch psychischer und physischer Befindlichkeit) berücksichtigt werden. In der abteilungsinternen Teamkooperation steht die Förderung der Gleichbehandlung im Vordergrund. Deshalb müssen Vorgesetzte – insbesondere bei Mitarbeitern mit vergleichbaren Aufgaben – sorgsam mit differenzierenden Leistungsanreizen und -gratifikationen umgehen.

---

12 Vgl. dazu auch Brockhoff 1989; Klimecki 1990; Schwarz 1997; Wunderer 1978a, 1995

● Konflikthandhabung

Im interaktiven Führungsbereich kann der Vorgesetzte **Schiedsrichter- und Schlichterfunktionen bei der Konflikthandhabung**[13] einnehmen, sofern unparteiisches und gerechtes Verhalten die notwendige Akzeptanz sichert. In der Schiedsrichterrolle klärt die Führungskraft z. B. mehrdeutige Interpretationen von Verantwortlichkeiten oder kollegialen Verhaltensgrundsätzen. Dies setzt zuvor definierte Regelungen (z. B. Führungs- und Kooperationsgrundsätze) voraus. Der Einsatz als Schiedsrichter dient hier zur Interpretation und Einhaltung bestehender Kooperationsregeln. Die Schlichterrolle kommt bei Ressourcen-, Verteilungs- und Prioritätskonflikten zwischen Kollegen in Frage, bei denen ein Teilen des Streitwertes möglich ist und die Betroffenen eine aktive Konflikthandhabung bevorzugen, sich aber selbst nicht einigen können.[14]

Offensichtliches und wiederholtes unkollegiales Verhalten eines Mitarbeiters – v. a. wenn Kollegen dagegen machtlos sind – erfordert schließlich direktes Eingreifen. Allein diese Möglichkeit genügt oft schon, solche Verhaltensweisen zu verhindern oder zu mindern. Zur direkten – und grundsätzlichen – Führungsaufgabe gehört es auch, **Personalprogramme zur Konfliktanalyse, -vermeidung und -handhabung** zu entwickeln und situativ angemessen einzusetzen (z. B. ⇒ *Mitarbeitergespräche*, Personalselektion, -einsatz und -entwicklung sowie Anreizsysteme und Sanktionen).

IV
Laterale Koope-ration als Selbst-steue-rungs-und Führungs-aufgabe

3.2 Direkte Führung zur abteilungsübergreifenden Kooperation

Hier zeigt die Praxis z. T. ein doppeltes Gesicht. Während bei interner Teamkooperation die üblichen ⇒ *Normen* kollegiales Verhalten fordern und der Vorgesetzte an reibungsfreier Zusammenarbeit seiner Mitarbeiter besonders interessiert ist, erweist er sich bei abteilungsübergreifender Kooperation leicht als ein »Local« (»Kirchturmpolitiker«),[15] der vor allem Interessen der eigenen Organisationseinheit wahren will. Damit werden Mitarbeiter mit extern unkollegialen Verhaltensweisen implizit oder auch explizit unterstützt. Manche Führungskräfte versuchen sogar, Mitarbeiter für eigene laterale Konflikte mit Gleichgestellten als »Speerspitzen« einzusetzen. Sofern sich der Vorgesetzte dagegen als ein **Verbindungsglied** zwischen Organisationseinheiten[16] und Angehöriger des übergeordneten Systems (»Unternehmung«) versteht, ist er als »**Cosmopolitan**«[17] (»Weltbürger«) an kooperativer Zusammenarbeit auch mit anderen Einheiten interessiert. Dann wird er auch bei Kooperationskonflikten eines Mitarbeiters mit anderen Einheiten schon bei deren Analyse mit den Kollegen in Kontakt treten, um einseitige Informationen und Interpretationen zu vermeiden. Das Verhalten von Mitgliedern anderer Organisationseinheiten kann aber grundsätzlich nicht

---

13 Vgl. Walton 1969
14 Vgl. Blake et al. 1964
15 Vgl. Gouldner 1957/58
16 Vgl. das Konzept des »Linking-pin« von Likert 1975
17 Vgl. Gouldner 1957/58

direkt gesteuert werden. Daher ist für erfolgreiche direkte Führung bei abteilungsübergreifender Kooperation eine effektive **laterale Kooperation der Vorgesetzten** untereinander entscheidend. Vorbeugendes, konfliktvermeidendes Verhalten ist besonders wirkungsvoll. Dabei sollte zwischen zweckmäßiger Interessenwahrung und kollegialer Interessenvertretung differenziert werden.

Die direkten Führungsaufgaben bei lateraler Kooperation lassen sich so zusammenfassen (vgl. Abb. 14).

abteilungsintern	**Konfliktanalyse** – antizipative Konflikthandhabung – Analyse eigener Verhaltenswirkung **Konfliktverminderung** – klare Entscheidungen und Verantwortlichkeiten – Beachtung von Gerechtigkeitspostulaten **Konflikthandhabung** – Schiedsrichter- und Schlichterfunktion – Anwendung von Personalprogrammen zum Umgang mit Konflikten
abteilungsübergreifend	**Konfliktvorbeugung** und konfliktvermeidendes Verhalten **Einbezug der Kollegen** anderer Abteilungen schon bei der Konfliktanalyse **Laterale Kooperation unter Vorgesetztenkollegen** als Voraussetzung

Abb. 14: Anforderungen an die interaktive Führung bei lateraler Kooperation

4 Strukturelle (indirekte) Führung bei lateraler Kooperation

Sie soll eine **günstige Kooperationssituation schaffen** und die laterale ⇒ *Selbststeuerung* unterstützen. Sie entlastet von direkten Führungsaktivitäten und ist eine zweckmäßige Führungsstrategie zur Vermeidung von Kooperationskonflikten. Der Vorgesetzte muss weniger auf konkrete Anlässe reagieren. Er kann sich auf die strukturelle Gestaltung einer kooperationsfördernden Unternehmens- und Abteilungskultur, einer darauf abgestellten Ablauforganisation und auf kooperationsfördernde Personalprogramme konzentrieren.

4.1 Strukturelle Maßnahmen zur Förderung abteilungsinterner Kooperation

Zur Förderung der Teamkooperation empfehlen sich folgende Maßnahmen:

- Beeinflussung der abteilungsinternen »Kooperationskultur« (⇒ *Symbole*, ignale, ⇒ *Normen*, Regeln) durch die Führungskraft
- Beachtung lateraler Kooperationsfähigkeit und -motivation bei der Auswahl und Entwicklung neuer Teammitglieder (z. B. Einbezug zukünftiger Kollegen in Vorstellungsgespräche oder ausgleichende Teamzusammensetzung)

- glaubwürdige Betonung der Bedeutung von Arbeitsteams, auch durch institutionelle Maßnahmen (z. B. gemeinsame Besprechungen, Veranstaltungen) und
- institutionelle Ermutigung und Anerkennung kooperativer Kollegen.

Insgesamt stehen bei der strukturellen Beeinflussung **abteilungsinterner** Kooperation die »weichen« Führungsmaßnahmen zur Kooperationskultur im Vordergrund. Bedeutsam ist hier aber die interaktive Förderung.

4.2 Strukturelle Führung bei abteilungsübergreifender Kooperation

Bei **abteilungsübergreifender** Kooperation stehen **strukturelle Maßnahmen im Vordergrund**. Diese beziehen sich auf das Kooperationsprogramm. Wie schon an anderer Stelle dargelegt,[18] widerspricht die Forderung nach kollegialem Verhalten zwischen Organisationseinheiten verschiedenen psychologischen, soziologischen sowie soziobiologischen Rollenmustern.[19] Dies wird verstärkt, wenn – wie in großen Organisationen – zwischen Organisationseinheiten kaum persönliche Kontakte bestehen, konfliktfördernde Organisationsformen vorherrschen (z. B. funktionale Unternehmensorganisation) und die Anreizkonzepte konkurrenzorientiertes Differenzierungsverhalten fördern, denn Revierverhalten kennzeichnet nicht nur die Tierwelt.

In solchen Fällen bedarf es einer grundlegenden **strategischen Kooperationsdiskussion**. Diese sollte die Kooperationssituation nach Art, Inhalt, Umfang und Gewicht typischer Kooperationskonflikte analysieren. Dann können Maßnahmen zur Handhabung der Probleme entwickelt werden,[20] insbesondere Konzepte der ⇒ *Organisationsentwicklung*. Diese streben über evolutorische Lernprozesse, Änderungen im Bereich der unternehmenstypischen Einstellungen, Werte und Verhaltenskonzepte sowie der offiziellen Grundsätze, Regeln, Programme und Organisationsstrukturen an. **Divisionalisierungskonzepte** erhöhen die Bereitschaft von Funktionsverantwortlichen zur Zusammenarbeit.[21] Die Verantwortung für ein auch gemeinsam zu vertretendes Ergebnis, stärkere Marktbezogenheit sowie enge Abstimmung aller Betroffenen sind wichtige Gründe dafür. Positive Wirkungen versprechen auch **abteilungsübergreifende** ⇒ *Task Forces* oder **Projektgruppen**.

Auch **Fortbildungsveranstaltungen** mit gezielter Zusammensetzung der Mitglieder aus verschiedenen Organisationseinheiten sind ein wirksames Mittel. Durch das persönliche Kennenlernen werden »Beißhemmungen«[22] aufgebaut. Zugleich zeigt sich, daß auch die Anderen unter ähnlichen Problemen leiden. Zweckmäßig ist auch ein Training zur lateralen Kooperation, das situationsspezifische Lö-

IV
Laterale Kooperation als Selbststeuerungs- und Führungsaufgabe

---

18 Vgl. Wunderer 1985c und Kapitel D III. Grundmuster und Erklärungsansätze lateraler Kooperation

19 Vgl. Campell 1972; Staub 1982; Axelrod 1984; vgl. Abschnitt 1

20 Vgl. Blake et al. 1964; Walton 1969; Neilsen 1972; Krüger 1973; Deutsch 1976; Wunderer 1978a; Delhees 1979; Bambeck 1989; Ury 1992

21 Vgl. Brummund 1983; Kieser 1983

22 Vgl. Campell 1972

sungskonzepte erarbeitet. Nutzenstiftend sind dabei Vereinbarungen der Beteiligten, zukünftig bei Konflikten in eine offene, konstruktive Kommunikation zu treten und gemeinsam nach Problemlösungen zu suchen.[23] Wenn solche Veranstaltungen das gesamte Management erfassen, dann entsteht ein neues Verständnis und eine andere Bewertung dieser Probleme, kurzum eine neue »Wirklichkeit«,[24] die neue Wahrnehmungen, Einstellungen und auch Verhaltensweisen fördert. Positive Erfolgserlebnisse stellen dabei Verstärkereffekte und Lernschleifen dar. Andererseits erzeugen gerade im Laufe solcher »Auftau- und Änderungsphasen« gegensätzliche Signale von obersten Stellen bei den Betroffenen Resignation und führen die laterale Kooperation hinter den früheren Stand zurück.

Wichtig ist schließlich die systematische Entwicklung von Personalprogrammen. Dazu zählen Analysen zur lateralen Kooperationssituation (z. B. durch Meinungsbefragungen, Personalbeurteilungen), Informations- und Kommunikationsförderung, Berücksichtigung von kollegialem Verhalten bei der Besetzung von Positionen mit hoher Kooperationsbelastung[25] und fördernde Anreiz- und Sanktionierungsprogramme.

5 Bevorzugte Strategien zur Handhabung von Kooperationskonflikten

Zunächst werden vergleichbare, »goldene Verhaltensregeln« der Kooperation als Maximen zur Konflikthandhabung genannt (vgl. Abb. 15).

»Was Du nicht willst, das man Dir tu, das füg' auch keinem anderen zu« (Sprichwort).

»Was Ihr wollt, das die Menschen Euch antun sollen, das tut Ihnen gleichermaßen«.[26]

»Wie Du mir so ich Dir« oder »Tit for Tat« mit positiven Kooperationsangebot.[27]

»Tue anderen nicht an, was Du nicht willst, das sie Dir antun«.[28]

»Handle so, daß die Maxime Deines Willens jederzeit zugleich als Prinzip einer allgemeinen Gesetzgebung gelten könnte.«[29]

Abb. 15: »Goldene Verhaltensregeln« in verschiedenen Formulierungen[30]

---

23 Vgl. Blake et al. 1964; Walton 1969

24 Vgl. Watzlawick 1981

25 Vgl. Wunderer 1974

26 Jesus Christus, in: Matthäus 7, 12, Bibel

27 Vgl. Axelrodt 1984

28 Konfuzius: in: Lesefrüchte – 520 v. Chr.

29 Vgl. Kant 1989. Im kategorischen Imperativ weist diese Regel zusätzlich auf die zentrale Bedeutung entsprechender Institutionen hin – z.B. auf Gesetze und Regeln. Erforderlich ist allerdings die Einsicht in die Bedeutung dieses Kooperationsprinzips. Wäre damit der aufgeklärte Ressortegoist in den Schranken selbstgewählter Institutionen auch ein wirtschaftsethisches Grundkonzept?

30 Vgl. dazu auch Wunderer 1983

Abschließend werden häufig eingesetzte **Strategien** zusammengefaßt (vgl. Abb. 16).

1. Klare Ziel- und Mittelabstimmung, Ziel-/Prioritätskonflikte offenlegen; bei vagen Zielen intensive Prozesskoordination

2. Minimierung organisatorischer und persönlicher Beziehungen zur Vermeidung von Schnittstellen durch klare Aufgaben- und Kompetenzabgrenzungen

3. Zentralisierung von Konflikten durch hierarchische Konfliktlösung (Entscheider, Schiedsrichter) oder Customer-Focus als externes und internes Koordinationskonzept; Schlichtung durch unbeteiligte Dritte (z. B. Berater)

4. Dezentralisierung von Konflikten, z. B. über Matrix-/Projekt-/Center-Organisation, integrierte Teams

5. Zusammenarbeit nach der »goldenen Regel«: »Wie Du mir, so ich Dir« (»tit for tat«), allerdings mit positivem Kooperationsangebot

6. Kooperationskultur: Konzentration auf einen »gemeinsamen Nenner« (große Koalition, Allianzen) bzw. Integration durch Betonung gemeinsamer Werte, Ziele, Aufgaben oder Verpflichtungen gegenüber Bezugsgruppen (v. a. Kunden)

7. In überlappenden Gruppenmitgliedschaften (Vorgesetzten-, Kollegen-, Mitarbeiter- sowie Kundenrolle) denken

8. Kooperationsfördernde Kommunikation und Information, auch über interaktive Informationstechnologie

9. Personalpolitik: Personalselektion und -einsatz, Führung und Personalentwicklung, Gratifikation und Sanktion sowie alle Instrumente (z. B. Beurteilung, Entwicklung, Honorierung) auch auf Kooperations- und Konsensfähigkeit bzw. -bereitschaft ausrichten

10. Verhandlungen (z. B. »Verhandlungspakete schnüren«, »Ausgleichszahlungen«, »günstige Situationen abwarten«; Harvard-Konzept anwenden)

Abb. 16: Bevorzugte Strategien zur Konflikthandhabung

6 Das Harvard Konzept: ein Verhandlungsmodell

Es wurde von Experten der juristischen Fakultät der Harvard University entwickelt und wird seitdem in speziellen Kursen vermittelt, um **sachgerechtes problembewusstes Verhandeln** zu unterstützen. Vier Handlungsmaximen für eine **zielgerichtete Konfliktlösung** werden vorgeschlagen:

- Menschen und Probleme getrennt voneinander behandeln!
- Auf Interessen konzentrieren, nicht auf Positionen!
- Entscheidungsalternativen zu beiderseitigem Nutzen entwickeln!
- Auf der Anwendung neutraler (objektiver) Beurteilungskriterien bestehen!

Im Folgenden werden diese vier Grundprinzipen sachgerechten Verhandelns erläutert.

6.1 Menschen und Probleme getrennt voneinander behandeln

Jeder Verhandlungspartner wird von Gefühlen, Überzeugungen und Prinzipien geleitet. Zudem ist er an Werte und Zielvorgaben sowie Parteipositionen gebunden. Es zeigen sich zwei Grundinteressen: Die Partner sind am Verhandlungsgegenstand und einer interessengeleiteten Lösungsfindung interessiert. Darüber hinaus sollen oft auch persönliche Beziehungen positiv gestaltet werden. Bei Verhandlungen werden die sachliche und persönliche Komponente häufig nicht getrennt voneinander betrachtet. Das Harvard Konzept formuliert dazu den Grundsatz: »Kümmern Sie sich um das Problem Mensch!«

Die Grundsätze werden nach folgenden Kategorien und Empfehlungen zusammengefaßt (siehe Abb. 17).

Kategorie	Empfehlung
Vorstellungen	– Versetze Dich in die Lage des anderen! – Leite die Absichten Anderer nicht aus Deinen Befürchtungen ab! – Schiebe die Schuld für eigene Probleme nicht den Anderen zu! – Spreche über die Vorstellungen beider Seiten! – Ermögliche der Gegenseite, das Gesicht zu wahren! – Beteilige die Gegenseite am Ergebnis!
Emotionen	– Erkenne, begründe und verstehe Emotionen! – Artikuliere Emotionen und anerkenne ihre Berechtigung! – Reagiere nicht auf emotionale Ausbrüche direkt! – Nutze symbolische Gesten (z. B. sich entschuldigen)!
Kommunikation	– Höre aufmerksam zu und gebe Rückmeldung über das Gesagte! – Spreche verständlich! – Rede über Dich selbst, nicht über die Gegenseite!
Akzeptanz	– Akzeptiere den anderen mit seinen Vorstellungen, Emotionen und Kommunikationsbedürfnissen! Werde vom Verhandlungsgegner zum Verhandlungspartner!

Abb. 17: Gestaltungsempfehlungen für Verhandlungsbeziehungen

6.2 Auf Interessen konzentrieren, nicht auf Positionen

Interessen basieren auf Bedürfnissen und Motiven, bestimmte Positionen einzunehmen und zu vertreten. In sachgerechten Verhandlungen sollte man auch die Interessen der anderen herausfinden. Positionen sind meist konkreter und deutlicher definiert als Interessen. Erst sollten eigene Interessen bestimmt und Informationen über die Interessen des Verhandlungspartners gewonnen werden. »Warum handelt der andere so und nicht anders?« ist eine zentrale Frage. Auch Wahlmöglichkeiten des Verhandlungspartners müssen identifiziert und seine unterschiedlichen Interessen erkannt werden: Welche kurzfristigen (langfristigen) Konsequenzen ergeben sich aus einer möglichen Lösung? Welche Effekte treten bei den externen Unterstützern und in der Öffentlichkeit auf? Wird es ein Präzedenzfall? Könnte diese Entscheidung andere Vorgänge behindern? Könnte die Entscheidung auch später getroffen werden?

6.3 Entscheidungsmöglichkeiten zum beiderseitigen Nutzen entwickeln

Im Verhandlungsprozess sollte man flexibel für Wahlmöglichkeiten sein und weitere Alternativen entwickeln. Daher sollte man kreative von kritischen (bewertenden) Prozessen trennen z. B. über Brainstorming, auch in einer gemeinsamen Brainstorming-Sitzung. Alternative Möglichkeiten sollten eine vorteilhafte Lösung für *beide* Seiten anstreben, v. a. über *gemeinsame Interessen.* Dazu helfen folgende Fragen: Welchen Überzeugungen (Prinzipien) folgen die Parteien? Welche Risikobereitschaft haben sie? Welche zeitabhängige Wertschätzung liegt vor? Existiert ein Präzedenzfall der Gegenseite, an dem ich mich orientieren kann?

Im Rahmen des Harvard Konzepts wurde ein Kreisdiagramm (Abb. 18) entwickelt, auch, um die Zahl der Alternativen zu erhöhen.

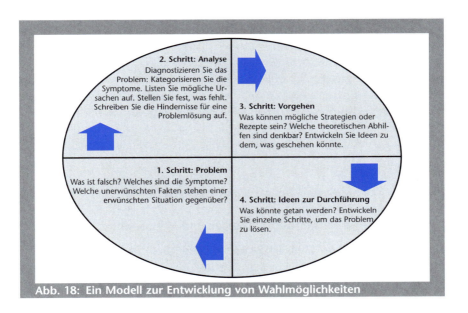

2. Schritt: Analyse
Diagnostizieren Sie das Problem: Kategorisieren Sie die Symptome. Listen Sie mögliche Ursachen auf. Stellen Sie fest, was fehlt. Schreiben Sie die Hindernisse für eine Problemlösung auf.

3. Schritt: Vorgehen
Was können mögliche Strategien oder Rezepte sein? Welche theoretischen Abhilfen sind denkbar? Entwickeln Sie Ideen zu dem, was geschehen könnte.

1. Schritt: Problem
Was ist falsch? Welches sind die Symptome? Welche unerwünschten Fakten stehen einer erwünschten Situation gegenüber?

4. Schritt: Ideen zur Durchführung
Was könnte getan werden? Entwickeln Sie einzelne Schritte, um das Problem zu lösen.

Abb. 18: Ein Modell zur Entwicklung von Wahlmöglichkeiten

6.4 Auf der Anwendung objektiver (neutraler) Beurteilungskriterien bestehen

Objektive Beurteilungskriterien erleichtern das Verhandeln, wenn sie akzeptiert werden und als neutrale Bewertungsmaßstäbe dienen. Beispiele dafür sind: Marktwert, frühere Vergleichsfälle, wissenschaftliche Gutachten, Kriterien von Sachverständigen, Kosten, Traditionen, moralische Maßstäbe.

Bei ungleicher Machtverteilung und fehlender sachgerechter Verhandlungsbereitschaft helfen ergänzende Elemente für eine Konfliktlösung, z. B. wenn eine Partei objektiv stärker ist oder es zwei ergänzende Ziele für den schwächeren Partner gibt. Hierzu muss man sich vor unvorteilhaften Übereinkünften schützen,

IV

Laterale Koope-
ration als
Selbst-
steue-
rungs-
und
Führungs-
aufgabe

z. B. bei Drohungen der stärkeren Seite. Dazu kann man sich vor der Verhandlung ein Limit setzen, was allerdings den eigenen Handlungsspielraum einschränkt. Der Schwächere sollte eine »beste Alternative zur Verhandlungsübereinkunft« entwickeln und damit u. U. auch die Verhandlungen beenden. Blockierende Verhandlungspartner soll man vom Positionskampf zur Beschäftigung mit Sachinhalten führen. Hier muss der verhandlungsbereite Partner Dritte in den Verhandlungsprozess einbeziehen bzw. ein »Verhandlungs-Judo« einsetzen. Im Rahmen des »Schlichteransatzes« wird ein unparteiischer Dritter einbezogen der die Interessen der beiden Parteien auslotet und daraus eine Lösung für beide Parteien entwickelt. Beim »Verhandlungs-Judo« reagiert man auf die aggressiven positionsgeleiteten Angriffe des anderen angemessen. Es verwendet Fragen anstelle von Statements, denn diese fördern Problemlösungen statt Widerstand.

Ury formuliert hierzu drei Empfehlungen:

- Greifen Sie nicht die Position der anderen an; werfen Sie lieber ein Blick dahinter!
- Verteidigen Sie nicht Ihre Vorstellungen, laden Sie die Gegenseite zu Kritik und Ratschlägen ein! Ziel ist es, die eigenen Vorstellungen vom gegnerischen Standpunkt aus zu verbessern und der Gegenseite das Gefühl zu vermitteln, diese könne die Interessen der anderen durch konstruktive Vorschläge beeinflussen.
- Gestalten Sie persönliche Angriffe in sachbezogene Auseinandersetzungen um.

7 Konfliktmanagement bei lateraler Kooperation

7.1 Empfohlene Verhandlungsmuster und Verhandlungstaktiken

Konflikte durch unterschiedliche Interessen können schnell eskalieren und hohe Kosten verursachen. Diese beinhalten die Transaktions- und Opportunitätskosten der Konflikte (z. B. Verlust an Marktanteilen, Umsatzeinbussen, Gerichtskosten, Schadensersatzforderungen), aber auch indirekte Kosten, wie Ineffizienzen in der Zusammenarbeit, die aus Vertrauens- und Prestigeverlusten resultieren.

Konfliktmanagement will Konfliktkosten gering halten und beiderseitige Nutzensteigerungen über »win-win-Situationen« realisieren. Ury et al.[30] berücksichtigen bei ihren Vorschlägen die interaktive wie die strukturelle Ebene. Sie geben Empfehlungen, wie erfolgreich und sachgerecht verhandelt werden kann. Ergänzend wird die Frage diskutiert, wie man sich mit unangenehmen Kontrahenten einigt.[31] Ury konzentriert sich dabei auf **Konfliktlösungsmöglichkeiten auf persönlicher Ebene** und stellt u. a. folgende **interaktive Verhandlungsmuster** zur Konfliktlösung vor (siehe Abb. 19).

31 Vgl. Ury et al. 1991; Fisher et al. 1998
32 Vgl. Ury 1992

1. Frühzeitig in Kontakt und Verhandlungen treten; günstiges Verhandlungsklima schaffen
2. Eigene/fremde Interessen identifizieren statt »Positionen« einnehmen
3. Aktiv zuhören, anerkennen, wiederholen und präzisieren
4. Verhandlungen nicht nur zur Einigung, sondern zur Transparenz führen
5. Auf gemeinsame Interessen ausrichten und »Selbstfesselungspositionen« vermeiden
6. Gegenseite um Rat fragen, statt Gegenpositionen aufzubauen
7. Problemlösende Fragen stellen (»Licht«), statt bloß zu behaupten! (»Hitze«) (z. B. über: »Warum-«/-»Warum-Nicht« oder »Was-Wäre-Wenn«-Fragen«)
8. Faire und einsichtige Maßstäbe entwickeln (»Die Menschen lassen sich viel leichter durch eigene Argumente überzeugen, als durch solche, auf die andere kommen.« B. Pascal)
9. »An die Seite des Kontrahenten treten, um ihn so zu »entwaffnen«
10. Eigene und fremde »Best-Alternativen« überprüfen
11. Vom Du und Ich zum Wir übergehen (»Brückenbauen« durch flexibles Angebot)
12. Vom destruktiven zum partnerschaftlichen Konfliktumgang (»Schaffe ich meine Feinde nicht aus der Welt, wenn ich sie zu Freunden mache«? A. Lincoln)
13. Eigene Alternativen entwickeln, zugleich Respekt und Zurückhaltung zeigen
14. Auch bei Machtvorsprung um eine dauerhafte Übereinkunft verhandeln (»Das Wichtigste ist zu wissen, wann man einen Vorteil nutzen muß; das Zweitwichtigste ist, wann man auf einen Vorteil verzichten sollte.« D. Benjamin)
15. Gefühle und unbewältigte Konflikte berücksichtigen
16. Fehler zugeben und sich entschuldigen
17. Warnen statt drohen bzw. Angriffe und Zwang durch »Entwertung« von Gegenalternativen neutralisieren
18. Macht der Beharrlichkeit und des Schweigens einsetzen
19. Koalitionen zur Stärkung eigener (Best-)Alternativen einbeziehen
20. Risikominimierende Vereinbarungen (z. B. über detailliertes Memorandum, Garantien, Schlichtungsverfahren) treffen

Abb. 19: Interaktive Verhandlungstaktiken nach Ury[32]

7.2 Konfliktlösungskonzepte

Konflikte in Organisationen sind alltäglich. Durch die zunehmende Etablierung von Marktlösungen in Bezug auf die interne Steuerung des Unternehmens und daraus resultierendem Wettbewerbsdruck zwischen den Abteilungen, durch flache Hierarchien sowie erfolgs- und ergebnisorientierte Steuerung werden Konflikte verstärkt. Nur die wenigsten Unternehmen verfügen über Konfliktlösungskonzepte. Konfliktmanagement sollte Streitfragen auf der Basis einer an Interessen orientierten Konfliktlösungskonzeption lösen. Ury definiert dazu **drei Phasen**: Die Analyse des bestehenden Systems, die Entwicklung eines neuen und die entsprechende Umsetzung. Er nennt **drei Möglichkeiten** zur Konfliktlösung:

32 Vgl. Ury 1992

355

- Interessenausgleich
- Bestimmen der Rechtspositionen und
- Festlegen der Machtpositionen.

Dazu zieht er **vier Kriterien** heran. Diese sind eng miteinander verbunden. Ihre Summe wird als Erfolg (Kosten und Nutzen) der Konfliktlösung bezeichnet:

- Zufriedenheit mit dem Ergebnis (Wird die Lösung als gerecht empfunden und die Lösungstrategie von den beteiligten Parteien als fair eingestuft?)
- Transaktionskosten der Anbahnung, Verhandlung, Durchsetzung und Kontrolle
- Auswirkungen auf die Beteiligten und
- Gefahr von Folgekonflikten.

Interessenausgleich wird als effizienteste Lösung eingeschätzt. Oft sind aber Rechts- bzw. Machtpositionen bestimmend. Dies gilt v. a. bei polarisierten Interessen oder bei voreingenommen Parteien. Im Laufe von Konfliktlösungsverhandlungen rücken die drei Elemente »Interessen«, »Recht« und »Macht« abwechselnd in den Mittelpunkt. Dieses Wechselspiel zu regulieren und als zielgerichteten Prozeß zu gestalten, ist die zentrale Aufgabe eines Konfliktlösungssystems. Ury stellt dazu ein **Basismodell** vor. Es besteht aus verfügbaren Strategien, der Motivation, den Fertigkeiten der Parteien und den verfügbaren Mitteln. Auch das soziale und wirtschaftliche, kulturelle Umfeld hat indirekten Einfluß auf die angewandten Verfahren.

Drei zentrale Fragen gilt es im Rahmen der **Analyse** eines Konfliktlösungsystems zu lösen:

- Welches sind die laufenden und welches kürzlich aufgetretene Streitfragen?
- Wie werden diese Konflikte beigelegt?
- Warum werden besonders diese Verfahren eingesetzt?

Zur **ersten Frage**: Wer sind die Konfliktgegner? Welche Konflikttypen gibt es? Wie häufig kommt es zu Konflikten? Welche Ursachen haben die Konflikte? Die **zweite Frage** analysiert die angewandten Verfahren anhand der genannten vier Bewertungsmassstäbe. Die **dritte Frage** befasst sich mit der Beeinflussung der angewandten Strategien durch die vier Faktoren: Organisation und das Umfeld, Fertigkeiten, Motivation, Mittel bzw. verfügbare Strategien. Dabei sind Aspekte der **Führungsdimensionen** und der lateralen Kooperation von großer Bedeutung. Abb. 20 veranschaulicht diese Aspekte.

Sowohl Aspekte der interaktiven wie der strukturellen Führungsdimension sind bei der Wahl und Umsetzung einer Konfliktlösungsstrategie bedeutsam. Darüber hinaus haben der praktizierte Führungsstil und das Identifikations- bzw. Motivationspotential entscheidenden Einfluss auf die möglichen Konfliktlösungsstrategien.

Bei der Umsetzung eines auf das individuelle Konfliktpotential des Unternehmens ausgerichteten Konfliktlösungssystems handelt es sich nicht nur um eine techni-

Einflussfaktor	Analyseschwerpunkt	Führungsaspekte
Organisation/ Umfeld	Inwiefern werden die angewandten Verfahren von den Entscheidungsprozessen beeinflusst? Inwieweit werden Entscheidungen zentralistisch oder dezentral gelenkt? Welchen Einfluss haben Personalauswahl und Weiterbildung auf das Konfliktlösungssystem? Welchen Einfluss hat informelles und formelles Lob auf die angewandten Verfahren? Welche Lösungsstrategien werden von Vorgesetzten, Kollegen und unterstellten Mitarbeitern anerkannt und gelobt? Welchen Einfluss haben Sitten und Bräuche?	● Praktizierter Führungsstil ● Identifikation und Motivation ● Personalauswahl und -entwicklung als Führungsfunktion ● Anreizsysteme ● Teamorientierte Führung ● Personalmanagement ● Unternehmenskultur
Fertigkeiten	Welche Kommunikationsfähigkeiten haben die Beteiligten?	● Praktizierter Führungsstil ● Führungs- und Kooperations-Controlling ● »Führung von unten«
Motivation	Welche Motive stehen hinter den Strategien (Kosten-Nutzen-Überlegungen oder Routinen)?	● Motivation ● Identifikation ● Anreizsysteme
Mittel	Welche Personen könnten die Parteien um Hilfe bitten? Wer kommt als Schlichter in Frage? Als wie geschickt werden sie eingeschätzt? Behindern Normen oder fehlende Informationen zum Problem die Verhandlungen?	● Vorgesetztenrolle ● Praktizierter Führungsstil ● Personalbeurteilung und -entwicklung ● Coaching
Verfügbare Strategien	Auf welchen Gewohnheiten, Gesetzen, Verträgen und Vorschriften basieren diese Strategien?	● Unternehmens- und Führungskultur ● Führungsgrundsätze ● Praktizierter Führungsstil ● Identifikation

Abb. 20: Relevante Führungsaspekte im Rahmen von Konfliktlösungsstrategien

sche Aufgabe, auch **politische Aspekte** spielen eine wichtige Rolle. Die betroffenen Parteien müssen bei der Umsetzung einbezogen werden, um Unterstützung bei den Betroffenen für das System zu finden, Widerstände zu überwinden, Menschen zu motivieren und die neuen Konfliktlösungsverfahren auch anzuwenden.

Die möglichen Konfliktparteien müssen von der Vorteilhaftigkeit des neuen Konfliktlösungssystems überzeugt werden. Ury nennt dazu folgende Aspekte:

● Das Verhalten von Führungskräften dient als **Vorbild**. Da das Verhalten eines Vorgesetzten für Mitarbeiter stilprägend ist, muß dieser die Möglichkeiten des Konfliktlösungssystems konsequent nutzen und dies auch seinen Mitarbeitern gegenüber artikulieren und vorleben.

- Ziele setzen. **Management by Objectives (MbO)** soll auch im Konfliktlösungssystem zu zielorientiertem Handeln und zu einem Interessenausgleich führen.

- **Anreize entwickeln.** Die Art der Konfliktbewältigung kann als Bestandteil der Leistungsbewertung von Managern berücksichtigt werden.

- Erfolge in der Konfliktbewältigung sollten umfassend und frühzeitig allen Interessengruppen durch **institutionalisierte Medien** (z. B. Unternehmens-Intranet, Mitarbeiterzeitschriften, Betriebsversammlungen, Anzeigen in Printmedien, Pressemitteilungen, Aktionärsbriefe) kommuniziert werden.

- Im Rahmen von Personalentwicklungsmaßnahmen sind entsprechende **Aus- und Fortbildungsprogramme** für die Konfliktparteien zu entwickeln und anzubieten.

8 Mitunternehmerische Zusammenarbeit und kooperationsfördernde Organisationsformen

8.1 Definition und Aspekte mitunternehmerischer Kooperation

> **Definition**
>
> Mitunternehmerische Kooperation ist eine Zusammenarbeit zur gemeinschaftlichen Erfüllung von Aufgaben. Als laterales Beziehungsverhältnis ist diese Kooperationsform nicht an formal-hierarchische Beziehungen gebunden. Sie konzentriert sich hier besonders auf problematische abteilungsübergreifende Zusammenarbeit. Weiterhin zielt sie auf teamorientierte Kooperations- und Organisationsformen.

Umstrukturierungen von Unternehmen in den letzten Jahren (Lean Management, Business Reegineering etc.) konzentrierten sich in der Steuerung auf Dezentralisierung und interne Märkte. Dies führte von einer hierarchischen zu einer netzwerkartigen Ausrichtung sich zunehmend selbst steuernder Mitarbeiter und Organisationseinheiten. Die **teamorientierte Aufgabenausrichtung** ist durch intensive laterale Interaktion und Öffnung räumlicher und zeitlicher Grenzen (bis hin zu virtuellen Arbeitsformen) charakterisiert. Auch mit der Ausrichtung der Organisation auf »Empowerment«, »⇒ Commitment« und projektorientierte Zusammenarbeit werden die lateralen Beziehungen zwischen Mitarbeitern in der Arbeitsgruppe verstärkt.

Laterale Kooperationsbeziehungen können auch als grundlegende Strukturen **mitunternehmerischer Organisation** bestimmt werden und stellen eine **Grundvoraussetzung für eine effiziente ⇒ Selbstorganisation** dar.[33]

---

33 Vgl. Jung 1987

Die mitunternehmerischen Kooperationspartner müssen dabei mit **spannungsreichen Beziehungsverhältnissen** umgehen. Denn teilautonomen Entscheidungs- und Handlungsspielräumen stehen gegenseitige Abhängigkeiten zur gemeinschaftlichen Zielerreichung gegenüber. Das gleichzeitige Fördern von Kooperation und Wettbewerb, von Vertrauen und Kontrolle sowie von Stabilität und Wandel in lateralen Netzwerkbeziehungen charakterisiert mitunternehmerische Gestaltungs- und Konfliktpotentiale.

Laterales Mitunternehmertum erfordert daher eine neue **Steuerungskonfiguration** und Mischkultur zwischen **internem Markt** (**Konkurrenz**) und **sozialem Tausch** (**Kooperation**). Man kann diese Steuerungskonfiguration über einen lateralen Netzwerkverbund als »organisationsinterne soziale Marktwirtschaft« charakterisieren.[34] Diese erfordert langfristige, wechselseitige und vertrauensfundierte Kooperation.[35] Besonders diskutiert wurden in den letzten Jahren Gruppenkooperation in neuen Organisationsformen sowie ausgleichende Teamintegration durch Stellenbesetzung.

8.2 Internes Unternehmertum durch kooperationsfördernde Organisationsformen

Arbeitsgruppen sind durch ein interaktives Verhältnis wechselseitiger Einflussnahme zur Verwirklichung gemeinsamen Aufgaben charakterisiert, die eine spezifische Gruppenstruktur mit Rollen und ⇒ *Normen* sowie einem Wir-Gefühl ausweisen.[36] Neben Projektgruppen und Qualitätszirkeln bieten sich dafür insbesondere teilautonome Arbeitsgruppen an. Letztere betreffen vorwiegend die teaminterne Kooperation.

● **Projektgruppen und »Task Forces«**

In Projektgruppen werden neuartige oder komplexe Problemstellungen meist teamübergreifend und zeitbefristet bearbeitet. Ihre Zielsetzung wird vom Management vorgegeben. Im Gegensatz zu ⇒ *Qualitätszirkeln* ist die Teilnahme meist nicht freiwillig, sondern erfolgt über Arbeitsaufträge und nach Expertenwissen.

Bei »task forces« sollen Entschlüsse dort fallen, wo das Informationsniveau optimal ist. Die ⇒ *»Task Force«* ist somit eine Gruppe von Mitarbeitern, die zeitlich begrenzt an einem Problem gemeinsam arbeitet, ohne jedoch aus der angestammten organisatorischen Umgebung herausgelöst zu werden.

● **Qualitätszirkel**

⇒ *Qualitätszirkel* sind kleine moderierte Gruppen von Mitarbeitern, die regelmäßig auf freiwilliger Grundlage zusammenkommen, um selbstgewählte Probleme

---

34 Vgl. Wunderer 1999, S. 35 und Kapitel B I. Mitarbeiter als Mit-Unternehmer – ein Transformationskonzept
35 Gomez/Rüegg-Stürm 1997; Wunderer 1991a; Axelrod 1984
36 v. Rosenstiel 1993, Manz/Sims 1993

aus ihrem Arbeitsbereich zu bearbeiten.[37] Sie arbeiten parallel zur regulären Organisationsstruktur und verfügen über keine eigene Entscheidungskompetenz zur Umsetzung von Problemlösungen. Ihre Ziele liegen auf betrieblicher und individueller Ebene, z.B. Qualitätssteigerung, Kostensenkung, Partizipation, ⇒ *Arbeitszufriedenheit*. Beteiligte Personen(-gruppen) sind: Teilnehmer, Leiter und ein Moderator, der Koordinator als Gesamtverantwortlicher für das QC-Programm zuweilen noch eine Steuergruppe als organisationsweit verankertes Kollegialorgan. Weiterentwicklungen der Qualitätszirkel sind sog. »KVP-Gruppen«. KVP steht für kontinuierliche Verbesserungs-Prozesse (japanisch »Kaizen«).[38]

● **Teilautonome Arbeitsgruppe als teamorientierte Kooperation**

In teilautonomen oder selbstregulierenden Arbeitsgruppen werden umfassende Aufgabenbereiche zur dauernden Erledigung in eigener Verantwortung übertragen.[39] Dabei wird die Arbeitserweiterung, -bereicherung und -wechsel auf eine Gruppensituation angewendet und so Voraussetzungen für eine menschengerechtere Tätigkeit und zugleich höhere Produktivität, Qualität und Flexibilität geschaffen.[40] Wesentliche Merkmale teilautonomer Arbeitsgruppen sind die (zumindest partielle) **selbstständige Planung, Steuerung und Kontrolle der übertragenen Aufgaben**. Entscheidungen zur Selbstregulation (aus dem Arbeitsprozess), der ⇒ *Selbstorganisation* und -verwaltung (der Arbeitsgruppe) setzen Freiheitsgrade bei der Arbeitsausführung voraus. Teilautonome Gruppenarbeit bietet sich als Gestaltungsform mitunternehmerischer Kooperation an, wenn einzelne Arbeitsplätze einer Gruppe organisatorisch eng verkoppelt sind, zentrale Steuerung schwierig ist, die Arbeitsaufgabe flexible Zusammenarbeit erfordert, die Mitarbeiter engen sozialen Kontakt untereinander wünschen und freiwilliges Engagement bei der Problemlösung und -umsetzung gezeigt wird.

Durch die Delegation von kompletten Aufgaben an partiell autonome Gruppen wird auch die vertikale und horizontale Funktions- und Arbeitsteilung, wie auch die Führungsstruktur in anderen Bereichen der Organisation verändert.

8.3 Gestaltung und Steuerung mitunternehmerischer teamübergreifender und -interner Kooperation

Primär erfolgt eine Steuerung mit-unternehmerischer Kooperation über fördernde **Rahmenbedingungen**, ein konstruktives Kooperationsklima und eine solide Vertrauensbasis. **Personalpolitik** muss bei Auswahl und Besetzung der Mitarbei-

---

37 Vgl. Antoni 1990, Bungard 1992

38 Zu Auswirkungen und Problemen vgl. Neuberger 1994, S. 222f.

39 Vgl. Ulich 1994, S. 176

40 Vgl. Antoni 1996

41 Vgl. Antoni 1995, 1998, S. 159

42 Bei dieser sind sowohl finanzielle, räumliche und zeitliche Ressourcen als auch technische, mitarbeiterbezogene und umwelt- bzw. marktbezogene Aspekte zu berücksichtigen.

43 Vgl. Antoni 1998, S. 164

ter auf kooperative Anforderungen achten. Zudem werden Teambildungen durch verstärkte **Projektorganisation** begünstigt. Teams sollten durch gruppenbezogene **Entgeltsysteme und Anreizsysteme** bei Zielerreichung (z. B. Gruppenbelohnungen oder Teamprämien) materiell unterstützt werden. Strukturelle Hilfestellung und Abstimmung von Aufgabenspezifikation, Entscheidungen und Handlungen können den **Selbstkoordinationsprozess** der Kooperationspartner unterstützen (Hilfe zur Selbsthilfe). Gerade bei der Einführung von lateralen Kooperationen kann es sinnvoll sein, **Integratoren** oder Integrationsrollen von ausgewählten Beteiligten zum Aufbau lateraler »**organisational capability**« einzusetzen.[44]

Von grundlegender Bedeutung ist eine **Konfliktprophylaxe** (z. B. durch Erweiterung des ⇒ *Bezugsrahmens*, Kommunikations- und Informationskultivierung, partizipative Entscheidungsprozesse, teambezogene sowie individualisierte Weiterbildungsprogramme). Hilfreich kann auch ein **Abbau von kooperationsspezifischen Belastungen** sein, die z. B. durch strukturelle Regelungslücken, Abhängigkeiten von Kooperationspartnern, Zwang zur Auseinandersetzung mit unterschiedlichen Interessen entstehen. Zusätzlich sollten gefährdende Konkurrenzsituationen und Konflikteskalation vermieden werden (z. B. durch Konfrontationsmeetings, moderierte Problemlösungsgespräche oder Rollenverhandlungen). Konflikte sind über kompromissorientierte Verhandlungsnormen, integrative Problemslösungsstrategien, Kompensationsvereinbarungen, gruppendynamische Methoden (wie Sensitivity-Training, Transaktionsanalyse) besser zu handhaben.

Zudem dient ein **Controlling** der Kooperationskosten (die durch Anpassungs- und Integrationsmassnahmen entstehen) sowie die **Evaluation** der Team-Kooperationen über systematische Bewertung von mitunternehmerischer Kooperation (z. B. durch, Feedback, Teamgesprächen, »Group-Dimension-Description«-Fragebogen, Selbstberichte der Gruppenmitglieder[45]). Der Erfolg von Kooperationsprojekten hängt immer von einer situationsspezifischen Gestaltung des »**Steuerungs-Mix**« der erwähnten Instrumente ab.

Schließlich ist es aus rollentheoretischer Sicht wichtig, dass in mitunternehmerischen Teams alle wichtigen Teamrollen vertreten sind und zudem alle Mitglieder ihre eigenen Rollenstärken und -schwächen sowie ihrer Kollegen kennen. Ein Konzept zur ausgleichenden Übernahme von Teamaufgaben verschiedener Teamtypen wird in dem Rollenkonzept (»Team-Design-Methode«) von Margenison/Cann dargestellt.[46] Mit diesem kann eine optimale Gruppenleistung durch verteilte und kooperative Rollentypen optimiert werden (siehe Abb. 21).

Ebenso können Führungskräfte und Mitarbeiter nach ihrer Einschätzung im mitunternehmerischen Portfolio[47] in Teams organisiert werden. Denn häufig sichert

---

44 Vgl. Galbraith 1994, S. 86f.

45 Vgl. Wottawa/Thierau 1990

46 Margersion/McCann 1985. Diese Konzeption baut auf der Jungschen Persönlichkeitslehre auf. Vgl. auch Dyer1987

47 Vgl. Kapitel B I. Mitarbeiter als Mitunternehmer – ein Transformationskonzept

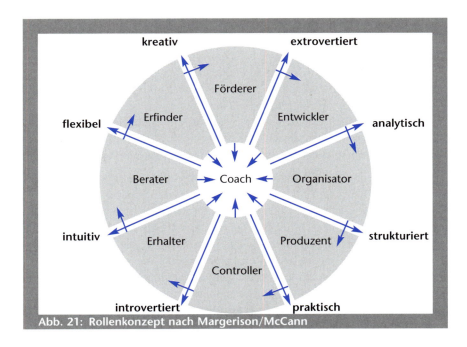

Abb. 21: Rollenkonzept nach Margerison/McCann

erst die Teambildung durch sich ergänzende Qualifikationen, dass das gesamte Anforderungsprofil und alle erforderlichen »Master-Competencies« eines Teams abgedeckt wird. Dies vermittelt auch jedem Mitglied einer Organisationseinheit das Gefühl, einen wichtigen und unverwechselbaren Beitrag für den Gesamterfolg leisten zu können.

9 Fragen zur Selbstüberprüfung

1   Welches sind die Beziehungsgrundlagen kooperativen Verhaltens?

2   Welche strategischen Überlegungen sprechen für eine laterale Kooperation in Netzwerken oder über ⇒ *virtuelle Organisationen*?

3   Was bestimmt die neue Rollenverteilung und Anforderungen von Managern und Mitarbeitern in lateralen Netzwerken und ⇒ *virtuellen Organisationen*?

4   Wie kann man die Kooperationskultur beeinflussen?

5   Warum steigt die laterale Kooperationsbelastung mit steigender Führungsebene?

6   Worin liegen zentrale Ursachen lateraler Kooperationsbeziehungen und mit welchen strukturellen Führungsmaßnahmen kann ihnen begegnet werden?

7   Was leistet das Harvard-Konzept zum Umgang mit lateralen Konflikten?

8   Was sind die Besonderheiten mitunternehmerischer Team-Kooperation?

Funktionen und Instrumente für Führung und Kooperation

I. Führungs- und Kooperationsgrundsätze

Inhalt

Führungs- und Kooperationsgrundsätze sind ein strategisches Instrument der strukturellen Führung, welche die Werte der ⇒ *Unternehmensphilosophie* sowie die Stoßrichtung der Unternehmens- und Personalpolitik konkretisieren sollen. Führungsgrundsätze können als strukturelles Instrument explizit schriftlich fixiert werden oder im Rahmen der interaktiven Führung als normative Verhaltensorientierung von Führungskräften und Mitarbeitern implizit in die Führungsbeziehungen einfließen. Die Inhalte von Führungsgrundsätzen haben sich im Zeitverlauf von bürokratischer hin zu kooperativ-delegativer Ausrichtung gewandelt. Führungsgrundsätze formulieren in der Regel Aussagen zu den Verhaltensprinzipien für die Gestaltung von Führungsbeziehungen, zugrundeliegenden Werten und Zielen sowie wichtigen Führungsinstrumenten und -funktionen. Ihre Hauptaufgaben liegen in der strukturellen ⇒ *Organisationsentwicklung* und -steuerung sowie der Organisationsdarstellung.

Gliederung

1 Entwicklungstendenzen
2 Begriff und Formen von Führungsgrundsätzen
3 Führungs- und Kooperationsgrundsätze im Kontext von Führungsphilosophie, -politik, und -verhalten
4 Inhalte von Führungsgrundsätzen
5 Allgemeines Konzept zu den Inhalten von Führungsgrundsätzen
6 Funktionen von Führungsgrundsätzen
7 Empirische Befunde und Realisierungsprobleme
8 Zur Formulierung und Einführung von Führungsgrundsätzen
9 Fragen zur Selbstüberprüfung

Verweise

1 Entwicklungstendenzen

Man kann folgende Entwicklungsstadien unterscheiden: Zunächst herrschten einzelne, ausgewählte Verhaltensmaximen vor. Diese finden sich seit über 4000 Jahren.[1] In den 60er Jahren finden sich erste systematische Regeln für die Strukturierung und Organisation des Führungsverhaltens für Vorgesetzte. In den 70er Jahren dominieren systematische Führungsgrundsätze für Vorgesetzte mit verhaltenswissenschaftlicher, dabei insbesondere kooperativer Ausrichtung. Nun überwiegen systematische Verhaltenspostulate, die sich auf die wechselseitige Gestaltung von Führungs- und Kooperationsbeziehungen konzentrieren.

Durch den aktuellen Bedarf an situations- und problemspezifischer Orientierung haben Leitbilder und Grundsätze sowohl in ihrer strategischen (Planungs-)Ausrichtung als auch zur Schaffung einer Normen- und Wertebasis besondere Bedeutung. Gleiches gilt für die Transformation der Unternehmenskultur. Vorstellungen über grundlegende Führungspraktiken sowie über Verhaltensnormen zu ihrer Verwirklichung werden als identifikations- und motivationsvermittelnde Konzepte eingesetzt.

Die weitere Entwicklung der Führungsgrundsätze wird sich auf eine Integration mit anderen Konzepten (z. B. Unternehmensleitbildern) und v. a. Instrumenten des Personalmanagements, der Organisations- bzw. Personalentwicklung sowie einer Evaluation der Funktionen und Wirkungen des normierten Führungsverhaltens ausrichten.

E
Funktio-
nen und
Instru-
mente
für
Führung
und
Koope-
ration

---

1 Beispiele klassischer Führungs- und Kooperationsgrundsätze:

Staat (um 2700 v. Chr.): »Solltest Du einer von denen sein, an den Petitionen herangetragen werden, so höre Dir in Ruhe an, was der Antragsteller zu sagen hat. Weise ihn nicht zurück, bevor er sich enthüllen konnte. Es ist nicht notwendig, dass alle seine Bitten gewährt werden, aber gutes Zuhören ist Balsam für sein Herz!« (Ptah-Hotep, Wesir des ägyptischen Königs Issi; zit. nach Kieser/Kubicek 1978, S. 78); Staat (um 1200 v. Chr.) »Das Geschäft ist Dir zu schwer, Du kannst es allein nicht ausrichten. Sieh Dich aber unter dem ganzen Volk um nach redlichen Leuten …, die setze über sie als Oberste, über 1000, über 100 über 50 und über 10 … So kannst Du dabei bestehen, und auch alle diese Leute werden befriedigt heimgehen!« (Altes Testament, Zweites Buch Moses, 18. Kapitel); Staatsphilosophie (um 550 v. Chr.): »Herrscht ein Großer, so weiß das Volk kaum, dass er da ist. Die Werke sind vollbracht, die Geschäfte gehen ihren Lauf, und die Leute denken alle: ›Wir haben es allein geschafft‹.« (Lao-tse 604-520 v. Chr.); Kirche (um 530 n. Chr.): »Sooft im Kloster eine wichtige Angelegenheit zu entscheiden ist, rufe der Abt die ganze Klostergemeinde zusammen und lege selber dar, worum es sich handelt, und er höre den Rat der Brüder an, überlege dann bei sich und tue, was nach seinem Urteil das Nützlichste sei. Freilich sollen dann die Brüder ihren Rat in aller Demut und Unterwürfigkeit geben und sich nicht herausnehmen, ihre Meinung hartnäckig zu verteidigen.« (Die Regel des Heiligen Benedikt, Erzabtei Beuron, o. J., S. 24); Unternehmen (1872 n. Chr.): »Anregungen und Vorschläge zu Verbesserungen sind aus allen Kreisen der Mitarbeiter dankbar entgegenzunehmen … Eine Abweisung der gemachten Vorschläge ohne eine vorangegangene Prüfung soll nicht stattfinden. Wohingegen dann auch nicht erwartet werden muss, dass eine erfolgte Ablehnung dem Betreffenden … genüge und ihm keineswegs Grund zur Empfindlichkeit und Beschwerde gebe.« (Fried. Krupp, Generalregulativ, §13; zit. nach Wunderer 1983 b)

2 Begriff und Formen von Führungsgrundsätzen

> ## Definition
>
> **Führungsgrundsätze** beschreiben und/oder normieren die Führungsbeziehungen zwischen Vorgesetzten und Mitarbeitern im Rahmen einer ziel- und werteorientierten Führungskonzeption zur Förderung eines erwünschten organisations- und mitgliedergerechten Sozial- und Leistungsverhaltens. Sie können in schriftlicher Form (explizit) verbindlich fixiert werden oder als ungeschriebene ⇒ *Normen* zur Verhaltensorientierung in den Führungsbeziehungen dienen. Häufig werden zusätzlich Prinzipien für die laterale Kooperation einbezogen.

Explizite und implizite Führungsgrundsätze:[2]

Im Rahmen der **interaktiven Führung** kommen Führungsgrundsätze einerseits in Form von ungeschriebenen, nicht formalisierten und häufig individualisierten Erwartungen an Vorgesetzte zum Tragen. Andererseits sind Führungsprinzipien der jeweiligen Vorgesetzten selbst von deren individuellen Werthaltungen, Erfahrungen, Fähigkeiten und Motiven beeinflusst. Sie können z. B. im Rahmen von institutionalisierten Mitarbeitergesprächen sowie durch die Vorgesetztenbeurteilung offengelegt werden.

Neben dieser interaktiven, situativen und mehr individualistischen Form können Führungsgrundsätze auch **als generalisierte, unternehmensweit verpflichtende Regelungen schriftlich fixiert** werden. Dies geschieht unter anderem durch institutionalisierte Richtlinien zur Führungsorganisation (z. B. Aufgaben- und Kompetenzverteilungen, Aufbau- und Ablauforganisation) oder zum Führungsverhalten. Diese strukturelle Führung versucht, mittels schriftlich fixierter Führungsgrundsätze, die Führungsbeziehungen unternehmensweit in Richtung eines erwünschten Führungskonzepts zu beeinflussen, indem die offiziellen Erwartungen an die Führungsrolle normiert und formalisiert werden. Die schriftlichen Führungsleitsätze modifizieren, ergänzen und legitimieren damit die direkte Führung der Vorgesetzten und definieren zugleich Verhaltensprämissen und -spielräume in den Subsystemen der Führung. Je nachdem, ob es sich bei den Führungsgrundsätzen um schriftlich verbindliche Regelungen oder bloß implizit vorhandene Werthaltungen der Führungskräfte handelt, können diese als weiche oder harte Führungsinstrumente bezeichnet werden.

I
Füh-
rungs-
und
Koope-
rations-
grund-
sätze

---

[2] Vgl. dazu Meier 1972; Lattmann 1975; Fiedler 1980; Tschirky 1980; König 1982; Töpfer 1982; Knebel/Schneider 1983; Kossbiel 1983b; Küller 1983; Paschen 1983; Wunderer 1983a und b; Kubicek 1984a; Wunderer/Klimecki 1990; Rühli 1992: Matje 1996; Gabele et al. 1992

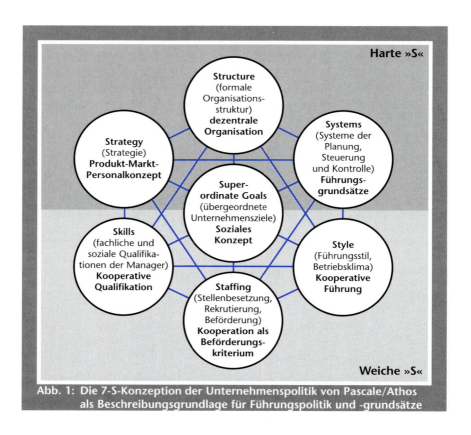

Abb. 1: Die 7-S-Konzeption der Unternehmenspolitik von Pascale/Athos als Beschreibungsgrundlage für Führungspolitik und -grundsätze

E
Funktio-
nen und
Instru-
mente
für
Führung
und
Koope-
ration

Harte und weiche Führungsinstrumente:

Pascale/Athos[3] differenzieren Führungsfunktionen in »**harte**« und »**weiche**« Führungsinstrumente. Wie Abb. 1 zeigt, zählen Führungssysteme danach zu den harten, Führungsstil und -verhalten zu den weichen Instrumenten. Über Führungsgrundsätze oder gar Führungsrichtlinien lassen sich relativ weiche, implizite Verhaltensmuster (Werthaltungen) in harte, schriftlich fixierte Regelungen überführen. Letzteres entspricht auch der **strukturellen** ⇒ *Führungsphilosophie* des westlichen Managements.

Formalisierte Führungsgrundsätze sind Ausdruck einer bestimmten Führungskultur. Die schriftliche Veröffentlichung soll Transparenz, Generalisierung und Verbindlichkeit bei den Mitarbeitern sichern und das Führungs- und Kooperations-Controlling unterstützen.[4] Als eine besonders »harte« Verankerung kann die Regelung einer Führungskonzeption in Form von Führungsgrundsätzen in der ⇒ *Unternehmensverfassung* bezeichnet werden.[5]

---

3 Vgl. Pascale/Athos 1981
4 Vgl. Kap. E V. Führungs- und Kooperations-Controlling
5 Vgl. Küller 1983; Wunderer 1983a und b

Definition

Unter ⇒ *Unternehmensverfassung*[6] verstehen wir:
1. die Normierung der Führungsorganisation von in Marktwirtschaften tätigen Wirtschaftsbetrieben (institutioneller Aspekt) und
2. ein System normativer Pflichten und Rechte von Mitgliedern der Führungsorganisation (personeller Aspekt).

Abweichungen zwischen erwünschtem und realem Verhalten:

Zwischen gefordertem bzw. gewolltem Handeln und dem realen Verhalten von Organisationsmitgliedern zeigen sich oft große Abweichungen. Alle Versuche, schon aus ⇒ *Dokumentenanalysen* von Führungsgrundsätzen auf den praktizierten Führungsstil in Organisationen schließen zu wollen,[7] sind somit zum Scheitern verurteilt. Andererseits liefern Abweichungsanalysen zwischen erwünschtem und realem Führungsverhalten konkrete Informationen über Frustrationen der Beteiligten und geben Anstöße zu Änderungen.

So wie schriftlich fixierte Gesetze einer Gesellschaft keine Garantie für gesetzeskonformes Verhalten sämtlicher Mitglieder bieten, kann auch die tatsächlich gelebte Führungskultur eines Unternehmens erheblich von den schriftlich fixierten Führungsgrundsätzen abweichen. Widerstände gegen Führungsgrundsätze werden um so größer sein, je mehr die Unternehmensleitung sie im Alleingang ohne Partizipation oder Konsultation der Beteiligten und Betroffenen verabschiedet und je idealistischer und praxisferner sie formuliert sind.

I
Füh-
rungs-
und
Koope-
rations-
grund-
sätze

3 Führungs- und Kooperationsgrundsätze im Kontext von Führungsphilosophie, -politik, und -verhalten

Führungsgrundsätze sind ein strategisches Instrument der strukturellen Führung, um die Werte der ⇒ *Unternehmensphilosophie* oder des Unternehmensleitbildes sowie die Ziele der Unternehmens- und Personalpolitik umzusetzen und zu konkretisieren.[8] Gleichzeitig sind sie Ausdruck der gelebten Unternehmens- und Führungskultur und wirken durch ihren verbindlichen Charakter wieder prägend auf diese ein. Die Aufstellung von Führungsgrundsätzen ist allerdings weit einfacher als deren Einführung und konsequente Umsetzung in sämtlichen führungsorganisatorischen Systemen und Instrumenten. Hierfür sind v. a. Information, Motivation und Gratifikation sowie begleitende Führungsschulungen besonders wichtig.[9] Abb. 2 veranschaulicht die Einbindung von Führungsgrundsätzen in ein führungsstrategisches Konzept:[10]

---

6 Vgl. Wunderer/Klimecki 1990; Bleicher 1992a
7 Vgl. Albach 1983
8 Vgl. Wunderer/Klimecki 1990
9 Vgl. die Praxisberichte in Wunderer 1983a und b
10 In Anlehnung an H. Ulrich

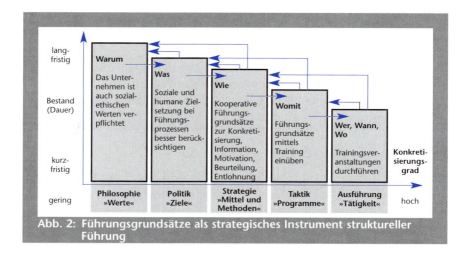

Abb. 2: Führungsgrundsätze als strategisches Instrument struktureller Führung

Führungsgrundsätze versuchen, die relativ umfassende, langfristige und konkrete ⇒*Führungsphilosophie* zu systematisieren, transparent und damit leichter durchsetzbar zu machen. Ob dies in Form von zentral entwickelten und verabschiedeten verbindlichen Statements der Unternehmensleitung oder in Form von partizipativ oder kooperativ entwickelten Vereinbarungen geschieht, ist ein Indiz für den Grad der Übereinstimmung von erklärten Führungs(soll-)werten und realisierter Führungspraxis.

Der Zusammenhang von Führungsgrundsätzen im Kontext von ⇒ *Führungsphilosophie*, Führungspolitik und normativer Führungsordnung (z. B. durch Führungsgrundsätze bzw. Führungsanweisungen) und dem Führungsverhalten soll in der Abb. 3 anhand eines Beispiels aufgezeigt werden.

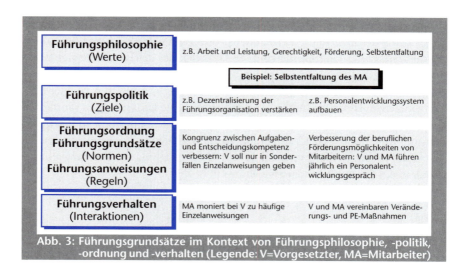

Abb. 3: Führungsgrundsätze im Kontext von Führungsphilosophie, -politik, -ordnung und -verhalten (Legende: V=Vorgesetzter, MA=Mitarbeiter)

Der Grundsatz einer partizipativen Erarbeitung wird beispielsweise in der Zielsetzung der Führungsgrundsätze der Drägerwerk AG explizit zum Ausdruck gebracht (siehe Abb. 4a und b).

Zusammenarbeit und Führung bei Dräger

Die Art unserer Zusammenarbeit und Führung soll die Bedürfnisse aller Mitarbeiter und Mitarbeiterinnen nach Achtung und Sicherheit, nach persönlicher Leistung und Entfaltung und nach Selbstverantwortung und Autonomie gewährleisten.

Uns ist bewusst, dass Vertrauen in die Mitarbeiter, gemeinsame Werte und Ziele und gemeinsames Handeln das Fundament für das qualifizierte Überleben des Drägerwerkes bilden.

Deshalb haben Vorstand und Mitarbeiter gemeinsam Grundsätze für Zusammenarbeit und Führung erarbeitet und folgende Schwerpunkte gesetzt:
Mitarbeiter und Führungskräfte
Organisation
Kooperation
Kommunikation und Information
Förderung
Mitarbeitergespräch

Abb. 4a: Zielsetzungen und inhaltliche Schwerpunkte der Führungsgrundsätze der Drägerwerk AG

I Führungs- und Kooperationsgrundsätze

Mitarbeiter und Führungskräfte

Führungskräfte sind zuerst Mitarbeiter, jedoch mit bestimmten Aufgaben und Qualifikationen. Führungskräfte müssen Vorbild sein und sich so verhalten, daß ihnen Autorität zuerkannt wird.

Organisation

Die Organisationsstrukturen müssen Wirtschaftlichkeit und Effizienz gewährleisten, Freiräume für Handeln bieten und flexibel auf Veränderungen reagieren.

Kooperation

Kooperation heißt Teamarbeit und Mitwirkung der Mitarbeiter.

Förderung

Die Förderung der Mitarbeiter dient ihrer fachlichen und persönlichen Qualifizierung für zukünftige Aufgaben und der guten Zusammenarbeit.

Kommunikation und Information

Zusammenarbeit und Führung vollziehen sich im fachlichen und persönlichen Dialog und werden durch Hierarchie- und Spartengrenzen nicht eingeengt.

Mitarbeitergespräch

Das Mitarbeitergespräch ist für uns der ideale Weg zur Festigung und Vertiefung der Zusammenarbeit. Im Mitarbeitergespräch überprüfen wir regelmäßig die Verwirklichung unserer Unternehmensgrundsätze.

Abb. 4b: Zielsetzungen und inhaltliche Schwerpunkte der Führungsgrundsätze der Drägerwerk AG

4 Inhalte von Führungsgrundsätzen

⇒ *Inhaltsanalysen* veröffentlichter Führungsgrundsätze[11] ergaben eine hohe Übereinstimmung im Aufbau und in den Formulierungen. Dabei dominierte bis etwa Mitte der 70er Jahre das ⇒ *Harzburger Modell* als Formulierungsgrundlage, das relativ einheitlich und standardisiert in den Firmen eingeführt wurde. Im Vordergrund standen dabei organisatorische Regelungen, unter anderem zur Kompetenzverteilung, Gestaltung der Informations- und Konsultationsbeziehungen sowie Aufbau- und Ablauforganisation. Dieser eher bürokratische Typ von Führungsgrundsätzen wurde ab Mitte der 70er Jahre ergänzt bzw. abgelöst durch einen mehr verhaltenswissenschaftlich orientierten Typus.[12] Er entwickelte sich aus der wissenschaftlichen Diskussion zur **kooperativen Führung**,[13] wie auch aus Erfahrungen der Praxis mit dem bürokratischen Typus.[14] Das Konzept der kooperativen Führung entspricht der Phase einer humanistischen Werteströmung, die auch die Führungslehre beeinflusste. Dadurch wurde der bürokratische Typ von Führungsgrundsätzen besonders im Bereich der **Gestaltung der prosozialen Führungsbeziehungen** ergänzt, also durch Betonung der Dimensionen »Vertrauen«, »wechselseitige Unterstützung«, »Selbstentfaltung«, »Achtung des einzelnen« und »Menschenwürde«. Das kooperativ-delegative Führungskonzept gilt heute noch als vorherrschendes Leitbild. Insbesondere für High-Tech-Unternehmen wurde es zu einem **Effizienzmodell des Managements** definiert. Unter situationstheoretischer Betrachtung erweist es sich als besonders effizient bei komplexen Aufgaben mit differenzierten Ansprüchen an eine gemeinsame professionelle Problemlösung, die der Vorgesetzte allein nicht mehr bewältigen kann und die deshalb in Zusammenarbeit mit qualifizierten und teamorientierten Mitarbeitern realisiert werden muß. Das kooperative Konzept erfordert allerdings neben einer ausgeprägten und dauerhaften Teammotivation aller Beteiligten einen hohen Zeitaufwand für die Teambildung und -erhaltung, die man nicht instrumentalisieren kann. Die kooperativ-delegative Führung erfordert einen hohen Reifegrad bei Vorgesetzten und Mitarbeitern.[15]

5 Allgemeines Konzept zu den Inhalten von Führungsgrundsätzen

Zahlreiche Beispiele von Führungsgrundsätzen sind inzwischen veröffentlicht und untersucht worden,[16] die es erlauben, folgende Aussagen zu einem allgemeinen Konzept ihrer Inhalte zu machen:[17]

---

11 Vgl. Albach 1983; Fiedler 1980; Gabele et al. 1982; Stark 1983; Töpfer/Zander 1982
12 Vgl. Wunderer 1983a und b; Wunderer/Klimecki 1990
13 Vgl. Wunderer/Grunwald 1980; Neuberger 1989; Türk 1988; Riklin 1987
14 Vgl. Höhn 1966; Guserl 1973
15 Vgl. Kapitel D I. Mitarbeiterführung – Führungsstile
16 Vgl. Töpfer/Zander 1982; Wunderer 1983a und b; Wunderer/Klimecki 1990; Bleicher 1992a, Gabele, et al. 1982
17 Vgl. Wunderer 1978c

PRINZIPIEN
● prosoziales Verhalten (Teilnahme an Kooperationsprozessen), z. B. Einfühlung, Vertrauen, Akzeptanz, Wechselseitigkeit ● partizipatives Verhalten (Teilhabe an Entscheidungsprozessen), z. B. Mitwirkung, ● Mitbestimmung, Delegation

ZIELE
● Ökonomische Effizienz (Leistungswirksamkeit oder Wirtschaftlichkeit) zentrale Kriterien sind z. B. rationale Aufgabenerfüllung, sachgemäßer Umgang mit Ressourcen Soziale Effizienz (Mitarbeiterzufriedenheit/Bedürfniserfüllung) zentrale Kriterien sind z. B. Sinn und Spaß an der Arbeit, Anerkennung, Kontakt, Sicherheit

FÜHRUNGSPOLITISCHE INSTRUMENTE
● Kooperation und Delegation als Grundregeln für die laterale und vertikale Zusammenarbeit ● Kommunikation (z. B. Aussagen über Inhalte, Formen und Bedeutung der Kommunikation) ● Motivation (Bedürfnisse, Anreize) als individuelle Steuerung ● Organisation (Führungs- und Arbeitsorganisation), z. B. Definition von Führungsaufgaben und -kompetenzen, Delegation von Verantwortung, Partizipation und Zusammenarbeit, Prinzipien mitarbeitergerechter Arbeitsorganisation ● Position, z. B. Leitlinien zur Gewinnung, Umsetzung und Freigabe von Mitarbeitern Grundsätze der internen Nachfolge oder Stellvertretung ● Sanktion (z. B. Steuerung über monetäre und nicht monetäre Anreize, Bewertungsverfahren, Kontrollmaßnahmen, Beschwerderegelung) ● Promotion (Grundsätze der Personal- und Organisationsentwicklung)

Abb. 5: Inhalte von Verhaltensleitsätzen

I
Füh-
rungs-
und
Koope-
rations-
grund-
sätze

6 Funktionen von Führungsgrundsätzen

Führungsgrundsätze können zur Erfüllung von **drei Funktionen** beitragen, wobei wieder einzelne Teilfunktionen unterscheidbar sind:

a) **Strukturelle** ⇒ *Organisationsentwicklung*

Führungsgrundsätze treffen Aussagen über **allgemeine Kooperations- und Führungsprinzipien** und damit verbundene Folgerungen für die Gestaltung von Teilsystemen der Führung. Sie sind damit ein zentraler Bestandteil von Führungsmodellen.[18] Aus organisationspolitischer Sicht trägt die Vorgabe schriftlich formulierter Führungsgrundsätze dazu bei, **erwünschte Einstellungen und Verhaltensweisen zu generalisieren**, in zeitlich relativ überdauernder und personenunabhängiger Weise festzulegen und die Vorgesetzten zu entlasten. Schließlich können Führungsgrundsätze klare **Gestaltungshinweise für instrumentelle Maß-**

---

18 Vgl. Wild 1974; Baugut/Krüger 1976; Bleicher/Meyer 1976; Wunderer/Grunwald 1980

373

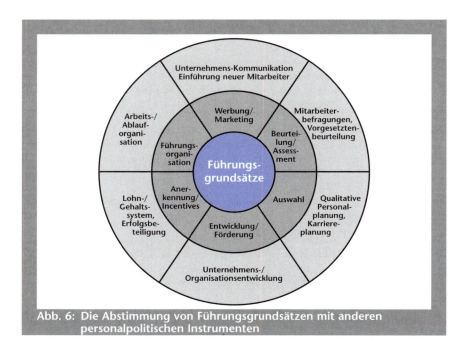

Abb. 6: Die Abstimmung von Führungsgrundsätzen mit anderen personalpolitischen Instrumenten

E

Funktio-
nen und
Instru-
mente
für
Führung
und
Koope-
ration

nahmen zur Internalisierung und Anwendung von Führungs- und Kooperations-
normen liefern (z. B. über Informations- und Bildungsprogramme).

Die **Verbindung von Organisations- und Personalentwicklung** gehört zu den
zentralen Forderungen an Führungsgrundsätze. Dabei zeigte sich in der Praxis,
dass der Entwicklungsprozess oft wichtiger ist als die formulierten Inhalte selbst,
die mehr das Protokoll der relevanten Diskussion als eine am »grünen Tisch« ver-
fasste Deklaration sein sollten (vgl. Abb. 6).

b) Strukturelle Organisationssteuerung

● **Information und Orientierung**

Mit der Information aller Mitarbeiter über **das erwünschte Kooperations-
und Leistungsverhalten** erhalten auch eine gemeinsame, einheitliche, systematische und transparente **Orientierungshilfe**. Sie kann zugleich für die erforderliche Kommunikation über die Ziele, Absichten und Folgen solcher
Grundsätze, einzelne Inhalte sowie Instrumente zu ihrer Realisierung dienen.
Dies soll anhand der schriftlich niedergelegten inhaltlichen Konkretisierung
des Führungsgrundsatzes zu »Mitarbeiter und Führungskräfte« der Drägerwerk AG aufgezeigt werden (vgl. Abb. 7).

● **Motivation und Appell**

Durch strukturierendes Führungsverhalten wird im Sinne der »**Weg-Ziel-Mo-
tivation**« erreicht, daß Mitarbeiter die Ziele und Möglichkeiten zu deren Ver-

Führungsgrundsatz
Mitarbeiter und Führungskräfte:
»Führungskräfte sind zuerst Mitarbeiter, jedoch mit bestimmten Aufgaben und Qualifikationen. Führungskräfte müssen Vorbild sein und sich so verhalten, dass ihnen Autorität zuerkannt wird«.
Inhaltliche Konkretisierung
Die Mitarbeiter wollen:
– sich an Zielen, Lösungen und Entscheidungen und der Verantwortung beteiligen und am Bild, der Entwicklung und dem Gewinn des Unternehmens mitwirken. – gefordert und gefördert werden und in Freiräumen persönliche und fachliche Leistung entfalten. – Vertrauen spüren. – sich über ihren unmittelbaren Wirkungsbereich hinaus für andere Unternehmensbereiche engagieren. – als Menschen geschätzt werden und unabhängig von Position und Titel Akzeptanz finden. – bei fachlichen und persönlichen Leistungen materielle und immaterielle Anerkennung erhalten. – bei Eignung Führungsaufgaben übernehmen und den Erfolg des Unternehmens zu ihrem persönlichen Anliegen machen.
Führungskräfte:
– erkennen die Qualitäten und Potentiale ihrer Mitarbeiter. – fordern und fördern ihre Mitarbeiter. – geben Beispiele für erfolgreiche Motivation, Kommunikation, Kooperation, Konfliktlösung, Integration und Anerkennung. – sind zukunftsorientiert, sach- und beziehungsorientiert und regen fachliche und soziale Innovationen an. – zeichnen sich durch positive Haltungen gegenüber dem Unternehmen und seinen Zielen aus.

Abb. 7: Führungsgrundsätze zu »Mitarbeiter und Führungskräfte« der Drägerwerk AG

wirklichung besser kennen. Die Weg-Ziel-Theorie geht davon aus, dass Menschen von mehreren Handlungsalternativen diejenige auswählen, die ihnen den größten Nutzen bringt. Sie orientiert sich dabei an drei Größen:

- **Valenz** (Wie wünschenswert erscheint ein bestimmtes Ziel?)
- **Instrumentalität** (Mit welchen Verhaltensweisen und Ressourcen kann ein bestimmtes Ziel erreicht werden?)
- **Erfolgserwartung** (Wie wahrscheinlich ist die Zielerreichung unter den gegebenen Umständen?)

Führungsgrundsätze können auf die Valenz und v. a. auf die Instrumentalität einwirken. So können durch überzeugend formulierte Grundsätze die Werte und Ziele für die Mitarbeiter transparenter gemacht und durch die Vermittlung eine Verstärkung von erwünschten Einstellungen und erfolgsversprechenden Verhaltensweisen konkrete Unterstützungshilfe geleistet werden. Die

I
Führungs-
und
Koope-
rations-
grund-
sätze

Grundsätze haben zugleich Appellcharakter. Selbst bei eingeschränkter Motivation der Beteiligten soll das erwünschte Kooperationsverhalten angestrebt werden.

- **Aktivierung und Legitimation**

Führungsgrundsätze werden erst durch Umsetzung in »wahrnehmbares Verhalten« handlungswirksam. Bloße Proklamation oder Änderung der Einstellung allein genügt noch nicht. Umsetzung setzt die konkrete Realisierbarkeit der Erwartungen durch die Mitarbeiter und Führungskräfte voraus. Diese setzt wiederum eine Entwicklung der Führenden und Geführten, aber auch den Abbau struktureller Hemmnisse (z. B. in der Führungskultur und -organisation) voraus. Auf der anderen Seite können Führungsgrundsätze als Element der ⇒ *Unternehmensverfassung* ein daraus abgeleitetes Handeln legitimieren.

- **Beurteilung und Sanktion**

Führungsgrundsätze ohne instrumentelle Unterstützung sowie Anreiz- und Sanktionscharakter werden nur wenig Verhaltenswirksamkeit zeigen. Deshalb müssen Leistungsbeurteilungen mit der Formulierung der Führungsgrundsätze abgestimmt werden. Soweit jährliche Beratungs- und Förderungsgespräche vorgesehen sind, sollten die Leitsätze als »Checklisten« für die Beurteilung des Führungs- und Kooperationsverhaltens verwendet werden (können). Wird z. B. der »leistungsfähige Unkooperative« bei Entgelt- und Karriereentscheidungen doch anderen vorgezogen, dann sollten an die Sanktionswirkung von Führungsgrundsätzen auch keine praxisrelevanten Anforderungen gestellt werden. Schließlich können Führungsgrundsätze als Grundlage für die Konzeption von **Führungs- und Kooperationsanalysen**[19] verwendet werden, um so einen Vergleich zwischen erwünschten Verhaltensnormen und ihrem Realisierungsgrad zu ermöglichen.

c) Organisationsdarstellung und Imageaufbau

Hier geht es darum, durch Veröffentlichung von Führungs- und Kooperationsgrundsätzen – in Ergänzung zu PR-Maßnahmen im ökonomischen und technischen Bereich – auch den personalen Aspekt in vertrauensfördernder Weise einzusetzen. Dass manche Unternehmen darin den Schwerpunkt ihrer Aktivitäten sehen, bringt innerbetrieblich oft mehr Schaden als Nutzen, da die Glaubwürdigkeit der deklarierten Ziele bald in Frage gestellt wird. Führungsgrundsätze können auch als akquisitorisches Potential bei der Personalwerbung eingesetzt werden oder anderen Organisationen Anregungen zur Formulierung eigener Grundsätze geben.

Weitere Funktionen sind:[20]
- Standardisierungs- und Vereinheitlichungsfunktion der Sollvorstellungen

---

19 Vgl. Kapitel E V. Führungs- und Kooperations-Controlling im Kontext des Personal-Controllings
20 Vgl. Breisig 1987, S. 163ff.

- Harmonisierungsfunktion und
- Entlastungsfunktion (incl. Transaktionskosten) der Führung.[21]

7 Empirische Befunde und Realisierungsprobleme

Empirische Untersuchungen[22] ergaben unter anderem hohe Zustimmungsgrade der Unternehmungspraxis bei folgenden **Funktionen**:

Führungs- und Kooperationsgrundsätze:

- erleichtern die direkte Kommunikation zwischen Vorgesetzten und Mitarbeitern über die Gestaltung ihrer Führungsbeziehungen
- stellen sicher, dass jeder eindeutig weiß, wie er sich verhalten soll
- lassen eigenes und fremdes Verhalten besser beurteilen.

Werden Grundwerte der Führung (z. B. Gerechtigkeit, wechselseitige Unterstützung) stärker verwirklicht:

- können Mitarbeiter gezielt auf das gewünschte Verhalten hin entwickelt (»geschult«) werden
- verbessert sich die Handhabung von Konflikten.

Es zeigen sich folgende **Realisierungsprobleme:**

- zu wenig Synchronisation der einzelnen Instrumente
- Belastung von Führungskräften (Anspruchsorientierung der Mitarbeiter)
- Glaube an bürokratische Verfahren bei der Realisierung, zu wenig Orientierung am »Lernzielcharakter« der Grundsätze
- zu kurzer »Atem« der Verantwortlichen
- zu hohe Ansprüche, zu wenig Hilfen und zu wenig konkrete Anreize
- zu wenig Einbeziehung der Mitarbeiter bei der Formulierung und Implementierung
- zu wenig Defizitorientierung und Konzentration auf veränderbare Defizite
- zu wenig Politik des »Brescheschlagens« und
- zu starke Orientierung an der Formulierung statt am Ziel der Verhaltenssteuerung.

8 Zur Formulierung und Einführung von Führungsgrundsätzen

Werden Führungs- und Kooperationsgrundsätze als ein normatives und zielgruppenorientiertes Konzept sowie als Teil einer wertbezogenen Verhaltens- und ⇒ *Organisationsentwicklung* verstanden, dann sind bei ihrer Formulierung und Einführung unter anderem folgende Punkte zu beachten:

---

21 Vgl. Wunderer 1983a
22 Vgl. Wunderer 1983a und b; Wunderer/Klimecki 1990

● **Führungs- und Kooperationsphilosophie als Grundlage:**

Ausgangspunkt sollte die Diskussion um die angestrebten Werte, ⇒ *Normen* und Ziele sein. Dabei werden das ⇒ *Menschenbild,* die ⇒ *Führungsphilosophie* und Organisationskultur erkennbar.

● **Partizipationsgrad bei der Einführung:**

Hier spannt sich der Bogen von einer »Führungsanweisung« ohne vorherige Konsultation der Betroffenen bis hin zum Versuch einer umfassenden Einbindung möglichst vieler Organisationsmitglieder in direkter oder repräsentativer Form.

● **Führungs- und Kooperationsgrundsätze als Teil umfassender Organisationsentwicklungsstrategien:**

⇒ *Organisationsentwicklung* wird mit Bennis[23] als eine komplexe normative Strategie verstanden, die darauf abzielt, Meinungen, Einstellungen, Werte und Strukturen von Organisationen zu analysieren und zu beeinflussen. Dabei werden sowohl Führungs- und Kooperationsbeziehungen als auch Organisationsstrukturen verändert. Führungsgrundsätze beziehen sich in erster Linie auf die Führungs- und Kooperationsbeziehungen.

● **Instrumentelle Absicherung und Konkretisierung:**

Sollen die Grundsätze mehr als Deklarationen sein, dann müssen sie unbedingt mit konkreten instrumentellen Maßnahmen verbunden und abgestimmt werden. Dies erfordert strategische (inhaltliche und methodische) Abstimmung unter anderem mit: Führungs- und Kooperationsanalysen, Personalbeurteilungen, ⇒ *Assessments,* Meinungsumfragen Fortbildungsprogrammen, Organisationsmaßnahmen (z. B. Reorganisation), Anreiz- und Sanktionsregelungen, Entgeltsystemen, der Personalentwicklung, Nachfolgeentscheidungen, Förderungs- und Entwicklungsgesprächen.

● **Sicherung der Wirksamkeit von Führungs- und Kooperationsgrundsätzen:**

Die Beachtung folgender Vorgehensweisen hat in der Praxis die Wirksamkeit von Führungsgrundsätzen erhöht:[24]

– Vereinbarkeit mit der gelebten Führungs- und Kooperationskultur, den Führungs- und Kooperationsprinzipien[25] und der Organisation sichern
– Einbindung in das Unternehmensleitbild[26]
– Betonung des Leitliniencharakters zur Orientierung auf ein gewünschtes Verhalten
– Formulierung von verständlichen Leitsätzen mit Aufforderungscharakter
– Offenheit für situationsgerechte Interpretation und Wahrnehmung[27]

23 Vgl. Bennis 1974
24 Vgl. Wunderer 1983a und b; Wunderer/Klimecki 1990
25 Vgl. Urwick 1938; Koontz/O'Donnell 1972
26 Vgl. Bleicher 1992a
27 Vgl. Franke/Kühlmann 1986

- Strategische Abstimmung mit anderen führungs- und personalpolitischen Instrumenten
- zweckmäßige Dosierung zwischen mehr »weichen« und mehr »harten«, also zwischen interaktiven und strukturellen Maßnahmen zur Beeinflussung der Führungsbeziehungen
- Abstimmung zwischen strukturellen und interaktiven Führungsmaßnahmen bzw. Schwerpunkten
- operationale Zwischenschritte zur Erreichung größerer Leitziele vorsehen
- mindestens mittelfristige Perspektiven bei ihrer Umsetzung
- Priorisierung von Entwicklungszielen von Führungsgrundsätzen, nachrangige Beachtung von PR-Funktionen
- realistische Einschätzung von Möglichkeiten der Verhaltensmodifikation in Führungsbeziehungen, d. h. realisierbare Ziele festlegen
- Konsequenz bei ihrer Realisierung, nicht zuletzt beim Management[28] und
- Regelmäßige Evaluation der Wirkung über Controlling

Zunehmend fordern gerade »Global Players« in Unternehmens- und Führungsgrundsätzen unternehmerisches Denken und Handeln in allen Hierarchiestufen, also nicht nur bei Führungskräften. Dazu einige Beispiele[29] aus unserer Dokumentensammlung (vgl. Abb. 8).

I
Füh-
rungs-
und
Koope-
rations-
grund-
sätze

1. Wir wünschen uns unsere Mitarbeiter als ›Unternehmer‹ in eigener Sache, die ihre Stärken und die Wettbewerbsvorteile ihrer Geschäfte genau kennen, sich etwas zutrauen und an den Erfolg glauben … (Siemens)

2. Alle arbeiten unternehmerisch, unbürokratisch und produktiv. (IBM)

3. Wir bauen auf gerichtete Eigenständigkeit, d. h. wir geben einen Rahmen vor … Wir fördern und belohnen ein unternehmerisches und risikobereites Verhalten. (Ciba)

4. Wir sind auf … Mitarbeiter auf allen Funktionsebenen angewiesen, die … unternehmerisches Denken und Handeln als ihre ureigenste Aufgabe sehen … (Mannesmann AG)

5. Wir denken, entscheiden und handeln unternehmerisch … (UBS – Schweizerische Bankgesellschaft)

6. Wir fördern unternehmerisches Denken in allen Bereichen. (Mövenpick)

7. MitarbeiterInnen sollen auf allen hierarchischen Ebenen die ihnen sich bietenden Aufgaben mit starker Bereitschaft zu unternehmerischer Mitverantwortung angehen und bewältigen. (Edeka)

8. Die Wachstumsstrategie der DaimlerChrysler AG wird aus drei Kernelementen bestehen. Es sind wertorientierte Führung, Innovation, Globalisierung. Dies erfordert eine Führungsphilosophie, die auf unternehmerisches Denken und Handeln gründet. Im Mittelpunkt der wertorientierten Führung werden somit die Qualifikation, die Leistungsbereitschaft, die Zufriedenheit und damit insgesamt das Engagement der Mitarbeiter für das Unternehmen stehen. (DaimlerChrysler)

Abb. 8: Mitunternehmertum in Unternehmens- und Führungsleitsätzen

---

28 Vgl. Watson 1964
29 Vgl. in Kap B I. Mitarbeiter als Mitunternehmer – ein Transformationskonzept, (Abb. 14)

9 Fragen zur Selbstüberprüfung

1. Wonach können Führungsgrundsätze unterschieden werden?

2. Was ist bei der Implementierung von Führungsgrundsätzen zu beachten?

3. Entwickeln Sie beispielhaft Führungsgrundsätze für ein Unternehmen mit kooperativ-delegativer und mit-unternehmerischer Führungskultur.

E
Funktio-
nen und
Instru-
mente
für
Führung
und
Koope-
ration

II. Personalbeurteilung – kooperatives Mitarbeitergespräch

Inhalt

Die Evaluation des Mitarbeiterpotentials und seiner Leistungen durch institutionalisierte und zielorientierte Beurteilungssysteme ist eine erfolgskritische Funktion des Personalmanagements sowie der Führungskräfte. Zunächst werden Begriff und Zielsetzung der Personalbeurteilungen sowie verschiedene Differenzierungsmerkmale für die Potential- und Leistungsbeurteilung betrachtet. Anschließend werden Bewertungsgrundlagen, Skalierungen und mögliche Beurteilungsfehler diskutiert. Ausführlich wird das Mitarbeitergespräch als eine kooperative Form der Personalbeurteilung vorgestellt. Zum Schluss wird auf Formen und Problemfelder der Kollegen- und Vorgesetztenbeurteilung eingegangen. Damit werden wesentliche Ansätze und Instrumente des Führungs- und Kooperations-Controllings diskutiert.

Gliederung

1 Definition und Zielsetzung der Personalbeurteilung
2 Differenzierungsmerkmale der Personalbeurteilung
3 Potential- und Leistungsbeurteilung
4 Bewertungsgrundlagen
5 Beurteilungsfehler und mögliche Lösungsansätze
6 Das Mitarbeitergespräch als kooperative, kommunikative und integrierte Form der Personalbeurteilung
7 Vorgesetzten- und Kollegenbeurteilung
8 Fragen zur Selbstüberprüfung

Verweise

1 Definition und Zielsetzung der Personalbeurteilung

> **Definition**
>
> **Personalbeurteilung** wird verstanden als eine innerbetriebliche, systematische Urteilsbildung über Mitglieder von Organisationen hinsichtlich ihrer Leistungen (Verhalten und Ergebnisse) und ihrer Potentiale.

Die Personalbeurteilung – insbesondere die Potential- und Leistungsbeurteilung – nimmt innerhalb des Personalmanagements einen besonderen Stellenwert ein, da sie wichtige Entscheidungskriterien für die Personalauswahl und -planung (Stellenbesetzung, Nachfolgewahl, Laufbahn- und Karriereplanung, Gehalts- und Lohnbestimmung) sowie für spezifische Anreiz- und Förderkonzepte und Weiterbildungsprogramme der Mitarbeiter liefert (vgl. Abb. 1).

Personalbeurteilung (Potential-/Leistungsbeurteilung) als Entscheidungsgrundlage für:
- – Interne versus externe Stellenbesetzung
- – Nachfolgeregelung
- – Individuelle Laufbahnplanung
- – Beurteilung des unternehmensweiten Human-Potentials
- – Individuelle und unternehmensweite Förderkonzepte und -maßnahmen
- – Anreizsysteme und Honorierung
- – Weiterbildungsprogramme

Abb. 1: Zielsetzung der Personalbeurteilung

Bei der Positionierung der Humanressourcen als strategischem Erfolgsfaktor sind im Bereich der Personalbeurteilung folgende Zielsetzungen besonders relevant:

- ● **Gewinnung und Erhaltung bestehender und potentieller Mitarbeiter:** Ein nach innen und außen gerichtetes Personalmarketing soll durch die attraktive Gestaltung der Arbeitsangebote bestehende Mitarbeiter langfristig erhalten sowie potentielle Bewerber anziehen.

- ● **Potentialerfassung auf Unternehmensebene:** Eine summarische, unternehmensweite Beurteilung vorhandener Potentiale gibt Aufschluss über qualitative und quantitative Anforderungen und wieweit diese durch das vorhandene Human-Ressourcen-Potential gedeckt werden können. Diese Anforderungen sind in enger Abstimmung mit den strategischen Zielen des Unternehmens und einer zielgruppenbezogenen Personalentwicklung (z. B. Mitunternehmer oder ältere Mitarbeiter) zu formulieren.

- ● **Individuelle Potentialerfassung:** Die Erfassung der individuellen Potentiale bildet die Grundlage für gezielte zukünftige Förderungsmaßnahmen der Mitarbeiter im Hinblick auf die Laufbahn-, Karriere-, Stellen- und Nachfolgeplanung.

- **Individuelle Leistungserfassung:** Die Leistungsbeurteilung dient der Standortbestimmung und Zielüberprüfung zwischen Mitarbeiter und Vorgesetztem.

2 Differenzierungsmerkmale der Personalbeurteilung

Die Personalbeurteilung lässt sich wie folgt nach mehreren Merkmalen differenzieren (vgl. Abb. 2).

Zielsetzung:	– Personalpolitische Ziele zentraler Stellen – Führungspolitische Ziele des Vorgesetzten – Persönliche Entwicklungsziele der Mitarbeiter
Zeitdimension:	– Vergangenheitsorientiert (Retrospektives Leistungs- und Führungsverhalten der letzten Beurteilungsperiode) – Zukunftsorientiert (Beurteilung vergangener Leistungen als Grundlage zukunftsorientierter Potentialplanung)
Bewertungsgrundlagen:	– Persönlichkeitsbezogen – Funktionsbezogen – Ziel- und Leistungsbezogen
Standardisierungsgrad:	– Frei – Standardisiert – Halbstandardisiert
Skalierung:	– Mehrstufig – 1–2-stufig
Selektion der Beurteilungs merkmale:	– Arbeits- und Arbeitsplatzanforderungen – Persönlichkeit – Leistungsziele und -ergebnisse – Leistungsverhalten – Leistungsumfeld (z. B. Vorgesetzte, Kollegen)
Beurteilung	– direkt/indirekt – interne/externe Kunden – 360° Grad-Beurteilung
Philosophie:	– Kooperatives, gegenseitiges Feedback-Gespräch – Einseitige Beurteilung durch Vorgesetzten

Abb. 2: Differenzierungsmerkmale der Personalbeurteilung

II
Personal-
beur-
teilung –
koope-
ratives
Mit-
arbeiter-
gespräch

Diese Differenzierungsmerkmale werden im Zusammenhang mit der Personalbeurteilung nachfolgend erläutert.

3 Potential- und Leistungsbeurteilung

Die Personalbeurteilung kann nach zwei Kategorien differenziert werden: der »Potential-« und der »Leistungsbeurteilung«. Erstere verfolgt das Ziel, unternehmensweite und individuelle Potentiale der Mitarbeiter festzustellen und zu fördern. Die zweite strebt demgegenüber eine individuelle Leistungserfassung an. Diese unterschiedlichen Ziele können in der Regel nicht mit dem gleichen Personalbeurteilungsbogen realisiert werden.

● **Ziele und Methodik der Potentialbeurteilung:**

– Permanente, unternehmensweite Inventur des Leistungspotentials der Mitarbeiter
– Primär ein personalpolitisches Instrumentarium zentraler Personalstellen zur Sicherung zukünftiger Human-Potentiale
– Einsatzplanung und -entscheidungen (Nachfolgeplanung, Versetzung)
– Karriereplanung (funktions- und laufbahnbezogene Beförderungsentscheidungen) und
– Personalentwicklungsplanung (Fort- und Weiterbildung, Job Rotation etc.).

● **Ziele der Leistungsbeurteilung:**

– Primär führungspolitisches Instrumentarium zur Leistungsevaluation für Vorgesetzte und Mitarbeiter zur Unternehmenssicherung und Leistungsverbesserung
– Vorgesetzter und Mitarbeiter vereinbaren Leistungs- und Kooperationsziele für einen definierten Zeitraum im Rahmen der Unternehmensstrategie.
– Der Vorgesetzte legt die Zielhierarchie nicht nur offen, sondern kann diese im Beurteilungsgespräch mit dem Mitarbeiter auch kritisch reflektieren und die Zielvereinbarung anpassen.
– Der Vorgesetzte legt die Gewichtung der einzelnen Beurteilungsmerkmale offen und gibt dem Mitarbeiter Entscheidungshilfen bei Zielkonflikten.
– Der Vorgesetzte informiert seine Mitarbeiter systematisch und umfassend über seine Einschätzung des Arbeitsergebnisses sowie des Leistungs- und Kooperationsverhaltens. Er gibt damit Hilfe zur Selbsterkenntnis und ⇒ *Selbststeuerung.*
– Der Mitarbeiter beurteilt die Leistung oder Barrieren bei der Realisierung seiner Leistungsziele.

Wesentlich für den sinnvollen Einsatz von Leistungsbeurteilungen ist die **Zurechenbarkeit** der erbrachten Leistungen zu den Personen. Bei Gruppenarbeit sind gruppenorientierte Verfahren der Leistungsbeurteilung zu entwickeln. Um die Leistungsfähigkeit des Einzelnen im Team (Gruppenleistung/intra- oder inter-team-Flexibilität) zurechnen zu können sind die erreichte Qualifikation und Verantwortung einzelner Mitglieder als anteilige Leistung zu bestimmen. Dabei ist zu beachten, dass der Gruppenzusammenhalt durch die Rückführung der Gruppenergebnisse auf Einzelne gestört werden kann.[1]

Abb. 3 zeigt die Differenzierungsmerkmale der beiden Beurteilungssysteme.

---

1 Becker 1999, S. 356

E
Funktio-
nen und
Instru-
mente
für
Führung
und
Koope-
ration

Differen-zierungs-merkmale:	Potentialbeurteilung	Leistungsbeurteilung
Zweck:	Unternehmensbereichsweite oder individuelle Feststellung und Prognose des Qualifikationspotentials der Mitarbeiter für zukünftige »Arbeitssituationen«. Sie dient als Grundlage für: – Entscheidungen zur Aufgaben- und Kompetenzverteilung, Einsatzplanung, Beförderung, Laufbahnplanung sowie für Entwicklungs- und Fördermaßnahmen – Aufbau eines Personalinformationssystems – Aufbau eines Personalplanungssystems – Organisationsanalyse und -gestaltung	Erfassung und Bewertung der Zielerreichung, der Leistungsergebnisse sowie des Leistungs- und Sozialverhaltens von Mitarbeitern in ihrer gegenwärtigen »Arbeitssituation« Sie dient als Grundlage für: – fundierte und umfassende Kommunikation über Leistungsziele (Management by Objectives) – offene und systematische Informationen des Mitarbeiters – Rückkopplungsinformationen für den Vorgesetzten – Anregungen für Leistungs- und Verhaltensänderungen – Begründung von leistungsbezogenen Anreizentscheidungen
Zeithorizont:	Zukunftsorientierte Qualifikationsprognose, mittelfristige Beurteilungsperiode (alle 2–5 Jahre)	Vergangenheitsorientierte Leistungserfassung, kurzfristige Beurteilungsperiode (mind. 1 x jährlich)
Beurteilung:	Kenntnisbezogene sowie eigenschaftsorientierte Bewertungskriterien, ergänzend ergebnisbezogen	Ziel- und ergebnis- bzw. funktionsbezogene Bewertungskriterien; ergänzend eigenschafts-, verhaltens- und kenntnisbezogen
Standardisierungsgrad:	Tendenziell standardisiertes Beurteilungsverfahren, um Vergleichbarkeit und Auswertbarkeit zu erhöhen	Mehrere Varianten möglich; von offen bis vollstandardisiert.
Auswertung:	Auswertung der Ergebnisse nach Funktions-, Positions- und Mitarbeitergruppen, teilweise in Portfolios	Auswertung nach Organisationseinheiten und Zielgruppen von Mitarbeitern
Zuständigkeit:	Vorgesetzte, Personalspezialisten sowie zusätzliche Organisationsmitglieder als Beurteiler	Direkter und nächsthöherer Vorgesetzter, beurteilter Mitarbeiter, evtl. auch Arbeitskollegen, Kunden, Projektgruppenmitglieder

Abb. 3: Potential- und Leistungsbeurteilung als Teilsysteme einer integrierten Personalbeurteilung

4 Bewertungsgrundlagen

In der Personalbeurteilung kann zwischen zwei Bewertungsgrundlagen differenziert werden:

● **Persönlichkeitsbezogene Beurteilung:**

Bewertungsgrundlage sind die Merkmale der »Arbeitspersönlichkeit« d. h. der »Berufsperson«. Voraussetzung dafür ist ein einheitliches, einfaches und handhabbares »Gerüst« von Beurteilungsmerkmalen des personen- und sachbezogenen Leistungsverhaltens sowie des Führungsverhaltens.

● **Funktionsbezogene Beurteilung:**

Bewertungsgrundlage ist die Erfüllung wesentlicher Stellenziele oder -aufgaben. Voraussetzungen dafür sind Stellenbeschreibung, Vereinbarung von Leistungszielen zwischen Vorgesetztem und Mitarbeiter (Management by Objectives, Ermittlung der Ergebnisse), kürzere Beurteilungszeiträume und damit kurzfristige Revisionsmöglichkeiten der Leistungsziele. Die Führungsspitze muss mit der Definition von Zielen der Organisation beginnen. Funktionen können nach dem Grad der Beeinflussbarkeit durch den Aufgabenträger differenziert werden. Es muss Klarheit darüber bestehen, dass Leistungsziele teilweise nur qualitativ definierbar sind.

4.1 Standardisierungsgrade

In der Personalbeurteilung kann mit **drei Standardisierungsgraden** gearbeitet werden:

● **Freie Beurteilung – keine Standardisierung:**

Weder strukturierte Vorgaben der Beurteilungsmerkmale noch Definition der Merkmale oder der Bewertungsstufen.

Vorteile: Dieses Verfahren ermöglicht eine individuelle Personalbeurteilung. Es ist deshalb besonders für kleinere Organisationseinheiten sowie zur Realisierung führungspolitischer Zielsetzungen zwischen direktem Vorgesetzten und Beurteiltem empfehlenswert.

Probleme: Sie erfordert vom Beurteiler erheblichen Formulierungs- und Beurteilungsaufwand. Die vom Mitarbeiter unter Umständen erstellte Selbsteinschätzung stimmt oft in den Beurteilungskriterien nicht mit der des Vorgesetzten überein. Eine offene Beurteilung lässt sich auch zentral nicht vergleichend auswerten.

● **Standardisierte (strukturierte) Beurteilung:**

Vorgabe von definierten Beurteilungsmerkmalen und Definition der Bewertungsstufen. Quantitative Bewertung, Auswertung und Gewichtung möglich.

Vorteile: Einfache Handhabung, leichte zentrale Auswertbarkeit, klare Definition der Beurteilungsmerkmale.

Probleme: Mehr analytische und partielle (»Schlüssellochbewertung«) als ganzheitliche Beurteilungsmethode. Vorgesetzte machen es sich hier oft zu leicht (»Ankreuzmethode«), bewerten nur nach vorgegebenem Schema und setzen gern Quantifizierung mit Objektivierung der Beurteilung gleich (»Zahlentaktik« statt echter Beurteilung). Der Aufbau der Bewertungsstufen ist häufig mehr nach logischen als nach anwendungspsychologischen Grundsätzen orientiert.

● Halbstandardisierte Beurteilung:

Hier werden Beurteilungskategorien vorgegeben, teilweise auch Beschreibungshilfen. Die qualitative Beurteilung von Einzelmerkmalen ist häufig kombiniert mit quantifizierter Gesamtbewertung.

Vorteile: Individuellere und »treffendere« Möglichkeiten der Beurteilung. Arithmetische Bewertungstaktik wird vermieden. Zur Realisierung führungspolitischer Zielsetzungen besonders geeignet.

Probleme: Zentrale Vergleichbarkeit und Auswertung in großen Organisationseinheiten ist erschwert. Bei vorgegebenen Beschreibungshilfen werden diese ebenso unreflektiert übernommen wie bei standardisierten Verfahren. Beurteilung ganzer Bewertungskategorien (z. B. Fachkenntnisse) erfolgt dann nur mit einem Begriff. Unterschiedliche Interpretation und Bewertung ähnlicher Begriffe (z. B. fix, fleißig, genau, detailorientiert). Direkte Ableitung eines quantitativen Gesamturteils aus den Einzelbewertungen ist nicht möglich.

Kommentar: Für führungspolitische Zielsetzungen, für komplexe Aufgaben sowie für kleinere Einheiten sind freie oder halbstandardisierte Beurteilungssysteme gut einsetzbar. Für zentrale personalpolitische Aufgaben mit Möglichkeit zur Verarbeitung der Beurteilungsdaten innerhalb eines Personalinformationssystems und für Großbetriebe ist die standardisierte Beurteilungsform vorzuziehen.

Bei zunehmend flexiblen und variationsreicheren Arbeitstätigkeiten müssen anstelle einfacher standardisierter Leistungsbeurteilungen **differenziertere Analyse-, Mess- und Bewertungsverfahren** entwickelt werden, die tätigkeitsbezogen, anforderungsgerecht, messbar und bewertbar machen, was ein Mitarbeiter in seiner spezifischen Arbeit tatsächlich leistet. Wird eine variationsreiche Leistung mit einer unflexiblen, standardisierten Leistungsbeurteilung gemessen, kann dies zur Demotivation der Mitarbeiter, Konflikten und Fehlentscheidungen führen.[2]

II
Personal-
beur-
teilung –
koope-
ratives
Mit-
arbeiter-
gespräch

---

2 Vgl. Becker 1999, S. 369

4.2 Skalierung von Beurteilungsmerkmalen

Die Skalierung erlaubt eine quantitative Einschätzung von Beurteilungsmerkmalen sowie eine quantitative Auswertung.

- **Mehrstufige Skalierung von Beurteilungsmerkmalen** (z. B. von »sehr geschickt« bis »sehr ungeschickt« oder »sehr gut« bis »mangelhaft«):

  Vorteile: Einschränkung individueller und berufsbezogener Einschätzungsdifferenzen gleicher Bewertungsstufen (z. B. Psychologen bewerten meist milder als Juristen). Vergleichbarkeit, Nachprüfbarkeit und zentrale Auswertbarkeit von Beurteilungen wird erleichtert.

  Probleme: Gleiche Skalenabstände sind verbal häufig schwer zu definieren; ordinale Skalenabstände werden kardinal ausgewertet (Addition von Beurteilungspunkten). Problem der Vermischung von verschiedenen Beurteilungsaspekten in einer Beurteilungsskala. Skalen beginnen häufig bei zu negativ definierten Bewertungsstufen, die nicht ausgenutzt werden (linksverteilte Bewertungen). Durch die Verbindung mit quantitativer Bewertung bildet meist der absolute Wert und nicht die entsprechende Stufenbeschreibung die Beurteilungsgrundlage.

- **Ein- bis zweistufige Skalierung von Beurteilungsmerkmalen** (z. B. Definition der »Gut-Erfüllung« oder »Gut-Schlecht-Erfüllung«): Sie wird bei funktionsbezogenen Beurteilungssystemen mit Leistungsstandards verwendet.

  Vorteile: Operationale Definition von Leistungszielen möglich. Vorgesetzter und Mitarbeiter werden zur Definition der »Gut-Erfüllung« einer Aufgabe angehalten. Der Beurteilte weiss damit genauer, welche Aufgaben vorrangig und mit welchen Qualitätsanforderungen zu erfüllen sind. Er weiss auch, wonach er beurteilt wird, und wirkt an der Festlegung der Leistungsziele mit. Diese Methode erfordert, dass Bewertungsgrundlagen und -maßstäbe zu Beginn der Beurteilungsperiode offengelegt werden. Erfüllungsstufen werden organisations- und arbeitsplatzspezifisch bestimmt.

  Probleme: Schwierigkeiten und mangelnde Übung beim Festlegen von Leistungszielen, der qualitativen und quantitativen Formulierung einer Erfüllungsstufe. Begrenzte eigenverantwortliche Beeinflussbarkeit oder mangelnde Konstanz der eigenen Stellenaufgaben (situative Abhängigkeiten) führt zur generellen Ablehnung mit der Beschäftigung von Leistungszielen. Es wird nicht berücksichtigt, dass zur Einführung dieses Verfahrens mehrere Anlauf- und Erprobungsperioden erforderlich sind.

  Kommentar: Trotz mancher definitorischer Schwierigkeiten ist eine Skalierung von Bewertungsaussagen generell empfehlenswert. Bei standardisierten Verfahren gilt dies für Einzelmerkmale und die Gesamtbewertung, bei freieren Formen zumindest für die Gesamtbewertung, unter Umständen auch für die skalierte Definition von Beschreibungshilfen. Die mehrstufige Skalierung wird besonders bei der persönlichkeitsbezogenen Beurteilung verwendet, während der Anwendungsschwerpunkt ein- bis zweistufiger Skalierung bei der funktionsbezogenen Bewertung liegt.

4.3 Auswahl, Definition und Gewichtung personenbezogener Beurteilungsmerkmale

● **Allgemeine persönlichkeitsbezogene Definition (die »Arbeitspersönlichkeit«):**

Vorteile: Aufbau des Bogens nach allgemeinen psychologischen Grundlagen wird ermöglicht. Kein besonderer Arbeitsaufwand, um organisationsspezifische Merkmale zu finden. Kommt Forderungen nach einer Vereinheitlichung der Beurteilungsmerkmale entgegen. Erleichtert die Übernahme von Personalbeurteilungs-Systemen aus anderen Anwendungsbereichen.

Nachteile: Spezielle Anforderungen der Organisation, des Arbeitsplatzes, der jeweiligen Stellenaufgabe, des besonderen Qualifikationsniveaus oder organisationsinterner Sprachregelungen werden nicht berücksichtigt.

● **Organisationsspezifische Definition (die »Arbeitspersönlichkeit im XY-Unternehmen«):**

Vorteil: Spezielle Anforderungen der Organisation können berücksichtigt werden.

Probleme: Höherer Arbeitsaufwand, psychologische »Laien« müssen über die Merkmalsauswahl bestimmen, Vergleichbarkeit von Beurteilungen zwischen einzelnen Häusern und entsprechende Versetzungspolitik wird erschwert.

● **Arbeitsplatzspezifisch** – entweder nach Funktionsgruppen oder dem einzelnen Arbeitsplatz:

Vorteile: Individuelle und aufgabenspezifische Merkmalsauswahl und Merkmalsgewichtung sind möglich. Damit kann eine direkte Verbindung von spezifischen Stellenanforderungen (z. B. über ein Anforderungsprofil) und funktionsbezogenen Aufgaben erreicht werden.

Nachteile: Erschwerte zentrale Auswertbarkeit, ungeübte Vorgesetzte sollen über Merkmalsauswahl entscheiden. Erschwerte Vergleichbarkeit.

Kommentar: Bei persönlichkeitsbezogener Personalbeurteilung wird zunehmend auf fach- und arbeitsplatzübergreifenden Schlüsselkompetenzen oder sog. »Master-Comptencies« fokussiert. Diese können organisations- oder funktionsspezifisch ermittelt werden. Sie werden zunehmend auf strategische Zielsetzungen (z. B. mitunternehmerische Schlüsselkompetenzen) und weniger auf die vollständige Beschreibung und Erfassung der Arbeitspersönlichkeit ausgerichtet.

Bei der Gewichtung der Beurteilungsmerkmale sind **zwei Grundformen** anwendbar

- **Unbewusste bzw. unbeabsichtigte Gewichtung:**

  Es wird (u. U. »bewusst«) auf eine Gewichtung verzichtet. Durch die Anzahl der Merkmale pro Beurteilungskategorie wird jedoch indirekt gewichtet. Mit dem Gewichtungsverzicht wird zwangsläufig jedes verwendete Merkmal (z. B. schöpferische Gestaltungskraft versus schriftliche Ausdrucksfähigkeit) in gleicher Weise gewichtet, unabhängig von seiner Bedeutung am Arbeitsplatz.

- **Bewusste Gewichtung:**

  Entweder durch die Möglichkeit, bestimmte Beurteilungsmerkmale nicht zu verwenden. Oder durch Vergeben unterschiedlicher Punktwerte bzw. durch Multiplikation mit Gewichtungsfaktoren.

  Kommentar: Auf eine bewusste Gewichtung sollte nicht verzichtet werden. Jeder Beurteiler sollte – unabhängig von fälligen Beurteilungen – die drei bis vier wichtigsten und unter Umständen noch die drei bis vier am wenigsten wichtigen Beurteilungsmerkmale ermitteln. Die Gewichtung kann auch durch eine zentrale Stelle vorgegeben werden. Durch die Gewichtung kennt auch der Beurteilte die wichtigen Merkmale. Ebenso ist eine Gewichtung nach Funktionsgruppen (z. B. Abteilungsleiter, Gruppenleiter, Sachbearbeiter) möglich. Entsprechende Tests ergaben hierfür signifikante Unterschiede. Danach wurden z. B. Intelligenzniveau und Verhandlungsgeschick mit steigender Position höher, Merkmale des Arbeitseinsatzes (Leistungsbereitschaft, Ausdauer, Sorgfalt) niedriger gewichtet.

E
Funktio-
nen und
Instru-
mente
für
Führung
und
Koope-
ration

5 Beurteilungsfehler und mögliche Lösungsansätze

Beurteilungsfehler mindern die Aussagekraft der Personalbeurteilung oder verzerren eine objektive Urteilsbildung. Da nicht nur quantitativ messbare Leistungsdimensionen bewertet werden, sondern auch soziales Verhalten und Beziehungen, beeinflussen diese die Beurteiler und damit auch deren Urteil. Häufige **»Störfaktoren«** einer Personalbeurteilung sind:

- **Vorurteile und das »Einfrieren« des ersten Eindrucks**

  Ein erster Eindruck als Momentaufnahme führt zu einem oft lange nachwirkenden Gesamturteil. Er wirkt wie eine »Wahrnehmungsbrille«, durch die spätere Erfahrungen mit diesem Mitarbeiter gefiltert werden. Zur Selbstkontrolle sollte der Beurteiler, auch bei längerer Arbeitsbeziehung, an die erste Begegnung zurückdenken und sich fragen:

  – Wie hat sich die Einschätzung des Mitarbeiters seitdem verändert?
  – Hat der Mitarbeiter sich entwickelt?
  – Hat der Beurteiler ihn besser kennengelernt?
  – Welche Tendenzen konnten im letzten Zeitraum beobachtet werden?

● Das »Andorra-Phänomen«: Man wird so, wie man beurteilt wird:

In dem Schauspiel Andorra von Max Frisch geht es um den Jungen Andri, der das uneheliche Kind eines Dorflehrers ist, der ihn aber für ein aufgenommenes Judenkind ausgibt. Für die Leute von Andorra ist ein Jude geizig, feige und faul. Sie erwarten dasselbe von Andri, der sich anfangs dagegen wehrt, dann resigniert und schließlich den Erwartungen seiner Umwelt in seinem Verhalten weitgehend entspricht, ja entsprechen will. Solche »**sich selbst erfüllenden Prophezeiungen**« treten auf, wenn soziale Urteile gleichzeitig als Erwartungen wirken, an die der Beurteilte sich anpasst. Dieser Prozess ist in der Personalbeurteilung von besonderer Bedeutung, da der beurteilende Vorgesetzte viele Bedingungen für das Eintreffen seiner Vorhersage (der Beurteilung) schaffen kann. Diese Auswirkung der Beurteilung fällt selten auf; sie wird eher als Bestätigung der »guten Menschenkenntnis« des Beurteilers gewertet. Ein Beispiel: Wenn ein Vorgesetzter einen Mitarbeiter als engagiert, begabt und entwicklungsfähig einschätzt, so gibt er ihm auch vermutlich mehr Chancen als bei einer pessimistischen und kritischen Beurteilung.

Beurteiler können sich folgendes fragen:

– Warum schätze ich diesen Mitarbeiter so positiv (negativ) ein?
– Welche eigenen Gefühle, objektiven Leistungen und andere Wahrnehmungen liegen dem Urteil zugrunde?
– Wird dieser Mitarbeiter von anderen ähnlich gesehen?

● **Projektionen und die Suche nach dem »Sündenbock«:**

Mitunter entlasten sich Vorgesetzte, indem sie eigene Versäumnisse in der Beurteilung den Mitarbeitern attribuieren und auf sie abschieben. Das kann der Vorgesetzte durch folgende Fragen prüfen:

– Gibt es in seinem Führungsbereich ein Problem, das er bei vielen Mitarbeitern in der Beurteilung negativ bewertet?
– Handelt es sich dabei vielleicht um ein Problem der gesamten Arbeitsgruppe? Inwieweit trägt er dazu bei?

Oft adaptiert ein Vorgesetzter den Führungsstil, den er in seiner Rolle als Mitarbeiter erlebt. Dann beurteilt er seine Mitarbeiter so streng oder so nachlässig, wie er sich selbst eingeschätzt fühlt. Der Vorgesetzte muss sich hier fragen:

– Warum kann er Unmut und Kritik seinem eigenen Vorgesetzten gegenüber nicht direkt äußern?
– Inwieweit lässt er sich vom Führungsverhalten des Chefs beeinflussen?

● **Wenige Eindrücke überstrahlen weitere Urteile:**

Äußerlichkeiten, z. B. in Kleidung und Auftreten, sind wichtige Hinweise auf die Persönlichkeit eines Menschen. Wenn allerdings von ihnen auf Eigenschaften geschlossen wird, die nur wenig damit zu tun haben, spricht man vom

II
Personal-
beur-
teilung –
koope-
ratives
Mit-
arbeiter-
gespräch

»Halo-Effekt« (auch Mondhof-Effekt[3]). Ein einzelnes Merkmal wird hier zum »Etikett« für den Menschen, z. B. »Brillenträger sind intelligenter«, oder ein unpünktlicher Mitarbeiter wird auch schlechter fachlich qualifiziert. Leistungsmerkmale können übermäßig extrapoliert werden, wenn z. B. entscheidungsfreudigen Mitarbeitern auch Verantwortungsbewusstsein, Verhandlungsgeschick und Führungsbegabung zugeschrieben wird. Dieser Überstrahlungsprozess tritt um so stärker auf, je schwerer die Beurteilungskriterien zu beobachten sind, je unschärfer sie definiert wurden, je unbekannter oder unverständlicher sie dem Beurteiler sind, je weniger sie quantifiziert werden können und je beeinflussbarer sie für Werturteile und Interpretationen sind. Wird ein Mitarbeiter bei den meisten Kriterien über- oder unterdurchschnittlich beurteilt, kann sich der Vorgesetzte fragen:

– Wo kann oder sollte die Beurteilung differenziert werden?
– Welche Kriterien sind dem Gesamteindruck ungerechtfertigt angeglichen?

● **Das eigene Menschenbild:**

»Beurteilen« besteht aus Interpretieren und Bewerten des Wahrgenommenen. Der Beurteiler interpretiert seine Beobachtungen aufgrund seiner – ihm meist nicht bewussten – Vorstellung davon, wie Menschen nun einmal sind, seinem impliziten Welt- und Persönlichkeitsbild. Dieses individuelle Bezugssystem wird dadurch verstärkt, dass man dazu nicht passende Eigenschaften und Verhaltensweisen übersieht, umdeutet oder abwertet. Im Extrem führt das zu Einengung der Beurteilung auf wenige Kategorien (»Schubladendenken«). Der Vorgesetzte kann sich fragen:

– Welche Merkmale und Kriterien sehe ich bei allen Mitarbeitern gleich oder ähnlich?
– Wird der Beurteilte von anderen anders bewertet?
– Welche Eigenschaften oder Verhaltensweisen werden vermutlich von seinen Mitarbeitern bei ihm (dem Beurteiler) als beliebt bzw. unbeliebt eingeschätzt?

● **Die Idealisierung und die »Mildetendenz«:**

Wenn ein Vorgesetzter an sich selbst oder seine Mitarbeiter unrealistisch überhöhte Anforderungen stellt, können derartige Idealbilder als Bezugssysteme (Wertmaßstäbe) wirken. Mit einem Idealbild verglichen werden die meisten Menschen als ungenügend beurteilt. Andere Vorgesetzte geben durchgehend milde, beschönigende Beurteilungen ab. So vermeiden sie Auseinandersetzungen und sie können »wohlwollende Gönner« spielen.

● **Die Tendenz zur »blassen Mitte«:**

Deutlich positive und negative Urteile sind mit einem höheren Urteilsrisiko verbunden. Manche Beurteiler vermeiden, sich zu exponieren, indem sie die

---

3 Wird der Mond durch Wolken verdeckt und nur durchschimmernd sichtbar, wird er vom Betrachter als größer wahrgenommen.

Mitarbeiter als »farblosen Durchschnitt« sehen und ihre Urteile auf der »grauen Mitte« ansiedeln. Um dieser Tendenz entgegenzuwirken, kann der Beurteiler – bei kleinen Mitarbeitergruppen – bei jedem Merkmalskriterium eine Rangreihe aller Mitarbeiter erstellen. Er kann sich die Fragen stellen:

– Wie hoch ist der Anteil der durchschnittlichen, positiven und negativen Beurteilungen?
– Ist diese Verteilung gerechtfertigt?
– Wo könnte differenzierter beurteilt werden?

● **Die informelle soziale Situation:**

Informell kommunizierte Informationen über Mitarbeiter dienen auch der situativen Orientierung. Gezielte Hintergrundinformationen können als Hinweise auf bisher unbeachtete Fähigkeiten und Interessen des Mitarbeiters dienen und als Fragestellungen in den Beurteilungsprozess eingehen. Sie sollten immer ausdrücklich überprüft werden (z. B. im Mitarbeitergespräch), um die Übernahme unkontrollierter Vorurteile zu vermeiden.

Schwieriger zu kontrollieren ist der Einfluss der Gruppensituation auf das Ansehen und Image eines Mitarbeiters. In jeder Organisationseinheit bilden sich selbstverständliche Meinungen über spezifische Fähigkeiten und Schwächen von Mitarbeitern heraus, die unter Umständen erst durch neue Vorgesetzte korrigiert werden. Der Beurteiler sollte sich deshalb fragen:

– Wie könnte sich die Leistung des Mitarbeiters an einem anderen Arbeitsplatz, in einer anderen Arbeitsgruppe entwickeln?
– Wie könnte sich das Fehlen des Mitarbeiters auf die Zusammenarbeit, die Gruppenkohäsion oder auf das Arbeitsklima im Führungsbereich auswirken?

● **Die gezielte Fehlbeurteilung:**

Bisher wurden Urteilstendenzen dargestellt, die eher unabsichtlich in das Beurteilungsergebnis eingehen. Bei der gezielten Fehlbeurteilung sollen Ziele des Beurteilers oder die seines Führungsbereichs gefördert werden. So werden qualifizierte oder sympathische Mitarbeiter als »noch nicht ganz reif« für höhere Aufgaben unterbewertet, um sie im eigenen Bereich zu halten. Ebenso kann man leistungsschwache oder unliebsame Mitarbeiter »wegloben«. Hier sollte der Beurteiler den Konflikt zwischen den von ihm vertretenen Abteilungsinteressen, den Interessen seines Mitarbeiters und seiner Verpflichtung ihm gegenüber abwägen, um den Unterschied zwischen Führungsverantwortung und »Günstlingswirtschaft«, »Abteilungsegoismus« und persönlichen Zukunftsstrategien (»eine Hand wäscht die andere«) klar zu erkennen. Eine Mehrfachbeurteilung verhindert diese Gefahr.

Mögliche Lösungsansätze zu objektiverer Beurteilung

Soweit Beurteilung von Mitarbeitern auf persönlichen, subjektiven Wahrnehmungen, Bewertungen und Zielsetzungen basiert, wird sie auch immer subjek-

II
Personal-
beur-
teilung –
koope-
ratives
Mit-
arbeiter-
gespräch

tiv bleiben. Dazu sollte der Beurteiler sich auch offen bekennen. Eine **Erhöhung des Objektivitätsgrades** ist aber durch folgende Maßnahmen tendenziell möglich:

● **Systematische Beurteilung:**

Durch die Anwendung eines anforderungsgerechten, systematisch, umfassend und verständlich formulierten Kriterienkatalogs wird die Verzerrungs- und Überstrahlungstendenz von Bewertungen gemindert und die vergleichbare Überprüfung von Mehrpersonenurteilen erleichtert.

● **Selbstbeurteilung:**

Durch eine Selbstbeurteilung des Mitarbeiters, die dem Vorgesetzten nicht vor dessen Beurteilung bekanntgemacht werden sollte, kann die Überprüfung der Beurteilung durch den Betroffenen in unabhängiger und systematischer Form erleichtern.[4]

● **Mehrfachbeurteilung:**

Zur Erhöhung der Objektivität sollen mehrere Beurteiler, die den Mitarbeiter aus eigener Erfahrung kennen, eine voneinander unabhängige Beurteilung abgeben. Beim 360°-Beurteilungskonzept[5] sind dies Vorgesetzte, Mitarbeiter, Arbeitskollegen, Projektgruppenmitglieder, interne Kunden sowie der Beurteilte selbst. Diese Vorgehensweise gewährt dem Beurteilten Schutz vor willkürlicher und einseitiger Beurteilung.

● **Längsschnittbeurteilungen:**

Dabei geht es um einen Zeitvergleich von Beurteilungen zur selben Person in verschiedenen Zeitabschnitten. Extreme Beurteilungsunterschiede führen dann zumindest zu einer Überprüfung.

● **Querschnittsbeurteilungen:**

Ein interpersoneller Vergleich zwischen verschiedenen Mitarbeitern vergleichbarer Anforderungsstufen sichert gleiche Bewertungsmaßstäbe.

● **Mehrmethodenbeurteilung:**

Durch die Verwendung verschiedener Beurteilungsgrundlagen und -methoden erhöht sich die Zuverlässigkeit von Beurteilungsaussagen. So können neben einer Beurteilung von Verhaltensweisen objektivierbare Leistungsergebnisse oder -anforderungen ergänzend hinzugezogen werden.

● **Besprechung der Beurteilung:**

Eine Besprechung der Beurteilungsergebnisse mit dem Mitarbeiter ermöglicht Begründungen und Rückfragen. Abweichende Meinungen werden den ver-

---

4 Vgl. dazu auch die Ausführungen zum Mitarbeitergespräch in Abschnitt 6; vgl. Pullig 1992
5 Vgl. Hilb 1995

E
Funktio-
nen und
Instru-
mente
für
Führung
und
Koope-
ration

antwortlichen Beurteiler zur Überprüfung des eigenen Urteils veranlassen, damit aber nicht immer zu einer Änderung.

- **Revisionsoffenheit:**

  Bekennt man sich zur unvermeidlichen Subjektivität von Beurteilungen, besonders soweit sie auf Beobachtungen basiert, dann wird das Beurteilungsergebnis auch relativiert. Dies erhöht die Bereitschaft zur Überprüfung von Urteilen.

- **Die Beteiligung des Beurteilten an der Urteilsfindung:**

  Eine Beteiligung des Beurteilten erfolgt a) durch vorherige Selbstbewertung oder durch Anhörung vor endgültiger Beurteilung sowie b) über die Möglichkeit, Stellungnahmen zur Beurteilung abzugeben. Aus führungspolitischer Sicht und im Rahmen des Mitarbeitergesprächs wird die institutionalisierte offengelegte Selbstbewertung zunehmend gefordert. Sie ist jedoch nur bei entsprechendem Reifegrad der Betroffenen zweckmäßig.

  Zahlreiche der erwähnten Kriterien zur Erreichung einer höheren Objektivität in der Personalbeurteilung werden in einem kooperativen Mitarbeitergespräch bereits erfüllt. Deshalb wird dieser Ansatz näher erläutert.

6 Das Mitarbeitergespräch als kooperative und integrierte Form der Personalbeurteilung

Während in traditionellen Beurteilungsverfahren die Qualifikation des Mitarbeiters und das Feedback durch den direkten Vorgesetzten nur von oben nach unten erfolgt, wird in einer kooperativen Führungsbeziehung ein **partnerschaftlicher Dialog** angestrebt.[6]

Bei einem kooperativ gestalteten Mitarbeitergespräch wird durch wechselseitige Rückmeldung die konstruktive Kommunikation erhöht. Dabei verändern sich auch die Rollen der Beteiligten. Die Führungskraft fungiert unter anderem als Coach und Mentor. Aber auch der Mitarbeiter erhält im Rahmen seiner »Führung des Chefs«[7] neue Aufgaben; einmal über seine Selbsteinschätzung und Selbstführung, zum andern als Beurteiler und Counseller seiner Führungskraft.

Im Rahmen dieser wechselseitigen Führungsfunktion werden folgende Führungsaufgaben erfüllt:[8]

- Kooperative Vereinbarung und Beurteilung der Ziele und Ergebnisse

6 Vgl. Prasch/Rebele 1995
7 Vgl. dazu die Ausführungen in Kapitel D II. Führung des Chefs (Führung von unten) – Einflussstrategien
8 Vgl. Prasch/Rebele 1995

II
Personal-
beur-
teilung –
koope-
ratives
Mit-
arbeiter-
gespräch

- Wechselseitige Beurteilung der Arbeits- und Führungssituation, des Mitarbeiter- und z. T. des Vorgesetztenverhaltens
- Vereinbarung von Förder- und Weiterbildungsmaßnahmen und
- Verbindung mit weiteren Führungsaufgaben (z. B. Empowerment, Qualifizierung, Motivation bzw. Abbau von Motivationsbarrieren).

Damit werden Ziele einer kooperativen Führungsgestaltung, der wechselseitigen Beurteilung von Anforderungen, Qualifikationen bzw. Neigungen, umfassender Überlegungen zur Mitarbeiterentwicklung und -förderung sowie Vereinbarungen zum Führungs-, Kooperations- und Leistungsverhalten kombiniert.

Über eine **Führung durch Zielvereinbarung** werden Mitarbeiter in ihrem Leistungs- wie auch in ihrem Kooperationsverhalten gefördert. Über die Standardaufgaben hinaus werden eindeutigere Maßstäbe für den Leistungsbeitrag bestimmt, die erforderlichen Ressourcen zur Zielerfüllung abgeklärt und evtl. Erfolgsanteile bei Zielerfüllung oder Sanktion bei Nichterreichung der vereinbarten Ziele festgelegt (vgl. Abb. 4).

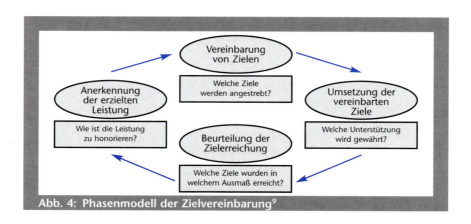

Abb. 4: **Phasenmodell der Zielvereinbarung**[9]

E
Funktio-
nen und
Instru-
mente
für
Führung
und
Koope-
ration

Neben der Beurteilungsfunktion erfüllt Führen durch Zielvereinbarungen folgende Teilfunktionen:[10]

- Schaffung kreativer Freiräume (Empowermentfunktion)
- Festlegung von Meilensteinen, Meldepunkten und Unterstützungszusagen (Orientierungsfunktion)
- Schaffung von Offenheit, Transparenz und Vergleichbarkeit der Leistungsstandards (Informationsfunktion)
- Vereinbarung von herausfordernden Zielen (Optimierungsfunktion)
- Förderung von Fach-, Methoden- und Sozialkompetenz (Qualifizierungsfunktion)

9 Becker 1999, S. 348
10 Vgl. Becker 1999, S. 343

- Vereinbarung von angemessenen materiellen und immateriellen Leistungs-anreizen (⇒ *Lokomotion*sfunktion)
- Schaffung von herausfordernden Arbeitsinhalten (Motivationsfunktion) und
- Aktivierung von mit-unternehmerischem Engagement und Verantwortung.

Abb. 5 zeigt wichtige Kriterien.

Organisation	● Orientieren sich die Einzelziele an den Zielen der Abteilung oder des Bereichs? ● Haben die zur Zielerfüllung notwendigen Abstimmungsmaßnah-men mit anderen Abteilungen oder Bereichen stattgefunden?
Information	● Sind die Ziele klar und verständlich formuliert? ● Ist vereinbart worden, wie das Ziel gemessen und anhand welcher Kriterien es gemessen wird?
Optimierung	● Sind herausfordernde Ziele vereinbart worden?
Verteilung	● Sind die zur Zielerfüllung notwendigen Mittel und Ressourcen fest-gelegt worden?
Empowerment	● Sind die zur Zielerfüllung erforderlichen Kompetenzen zugewiesen worden?
Orientierung	● Besteht eine Vorstellung darüber, mit welchen Maßnahmen das Einzelziel erreicht werden soll?
Motivation	● Sind die gegenseitigen Erwartungen von Führungskraft und Mit-arbeiter abgestimmt worden?
Lokomotion	● Sind im Gespräch Möglichkeiten der Anerkennung der Leistung des Mitarbeiters vereinbart worden?
Qualifizierung	● Sind Führungskraft und Mitarbeiter mit dem Instrument ›Zielver-einbarung‹ vertraut und auf die neuen Anforderungen vorbereitet?

Abb. 5: Checkliste der Zielvereinbarung[11]

II
Personal-beur-teilung –
koope-ratives
Mit-arbeiter-gespräch

6.1 Wechselseitige Beurteilung der Zielerreichung und gemein-same Vereinbarung künftiger Ziele im Mitarbeitergespräch

Ausgangspunkt des Mitarbeitergesprächs bildet die gemeinsame Analyse der Ziel-erreichung und Aufgabenerfüllung des vergangenen Jahres. Dabei kann der Mit-arbeiter einen bereits ausgefüllten Bogen (Selbstqualifikation) in das Gespräch einbringen. Er erhält die Gelegenheit zur Darstellung der geleisteten Arbeit und zur Erläuterung möglicher Einflussfaktoren auf die Zielerreichung. Bedingung zur Feststellung der Zielerreichung ist die sorgfältige Definition qualitativer oder quantitativer Ziele und die Vereinbarung von Messgrößen. Durch die Zielverein-barung (Management by Objectives) wird eine solide, nachvollziehbare und praktische Grundlage für das Mitarbeitergespräch geschaffen.

Bei kooperativer Zielvereinbarung erfährt der Mitarbeiter vor dem Gespräch die Ziele seiner Führungskraft oder seines Bereichs, damit er dann seinen eigenen

11 Becker 1999, S. 350

397

Zielbeitrag formulieren kann. Der Mitarbeiter wird unternehmerisch gefordert, indem er seine Kenntnisse, Möglichkeiten und Bedingungen vor Ort einbringen muss. Er plant seine Prioritäten und seinen Aufwand und entwickelt aus allgemeinen Aufgaben persönliche Zielvorschläge. Die Führungskraft wird im gemeinsamen Gespräch diese Ziele auf ihre Vereinbarkeit mit strategischen Bereichszielen, sowie mit Zielen anderer Mitarbeiter überprüfen und allfällige Korrekturen vornehmen.

Folgende Auflistung zeigt **Kriterien bzw. Gesprächsinhalte zur Operationalisierung des Mitarbeitergesprächs,** die situationsgerecht dem Reifegrad der Unternehmung und der Mitarbeiter anzupassen sind:[12]

Kreativität/Problemlösungs- und Gestaltungskompetenzen

- Bereitschaft und Fähigkeit andere Wege zu gehen (Innovationskompetenz)
- Kreative und inkrementale Verbesserungsideen (z. B. der Arbeitsorganisation)
- Fähigkeit und Entwicklung als Chance und nicht als Bedrohung wahrnehmen
- Fähigkeit, Entwicklungschancen und -risiken kompetent beurteilen zu können und
- Fähigkeit, Methoden kreativer Arbeit systematisch einsetzen zu können.

Entscheidungs-, Umsetzungs- und Handlungskompetenzen

- Entscheidungsfreude
- Rechtzeitiges Entscheiden
- Ablehnung von Rückdelegation
- Konsequente Vertretung getroffener Entscheidungen nach innen und außen
- Wahrung ziel- und bedürfnisgerechter sowie zeit- und nutzenorientierter ⇒ *Effizienz*
- Systematische Arbeitsausführung und
- Durchsetzungsfähigkeit.

Selbstorganisation

- Setzen eigener Ziele/eigenständigen Handelns und Arbeitsausführung
- Fachkenntnisse, Lernbereitschaft und -fähigkeit und
- Denken in Systemen.

Kooperatives Verhalten und soziale Kompetenzen

- Kommunikations- und Teamfähigkeit/Anpassungsvermögen
- Mitarbeit in abteilungsübergreifenden Projekten
- Respektieren anderer Zuständigkeiten, Kompetenzen, Verantwortlichkeiten
- Einfühlungsvermögen (z. B. Fähigkeit, auf Probleme anderer einzugehen) und
- Verantwortungsbereitschaft.

Führungsverhalten

- Visionäre Überzeugungskraft

---

12 In Anlehnng an Becker 1999, S. 376

- Fähigkeit, Mitarbeiter zu motivieren und zu fördern
- Persönlichkeit, Mitarbeitern als Vorbild dienen
- Delegationsbereitschaft
- Gelassenheit, bei Konflikten ausgleichen zu wirken, und
- Weitsicht, Entwicklungen abschätzen zu können.

Der Vorteil solcher Kriterien liegt in der Sicherung eines unternehmenseinheitlichen Mindestmaßes an Gesprächsinhalten. Die Gefahr solcher Kataloge liegt andererseits in einer gedankenlosen Übernahme und einer damit verbundenen Nichtbeachtung situativer und individueller Besonderheiten.

Feedback-Regeln für das strukturierte Mitarbeitergespräch[13]

- Feedback auf Rückmeldung von Beobachtungen, Eindrücken und Gefühlen möglichst konkret und spezifisch auf wahrgenommenes Verhalten beziehen
- Feedback sollte besser früher und anlassbezogen als später erfolgen
- Feedback ist keine Verallgemeinerung der Beobachtungen und keine Verurteilung der Person
- Feedback bezieht sich auf die eigene Wirkung, und nicht auf die Bewertung anderer
- Feedback kann nicht als falsch oder richtig diskutiert werden; es kann höchstens eine Verständniserklärung folgen.

Die gemeinsamen Vereinbarungen und Beurteilungen können schriftlich auf einem vorbereiteten Bogen wie folgt festgehalten werden (siehe Abb. 6).[14]

II
**Personal-
beur-
teilung –
koope-
ratives
Mit-
arbeiter-
gespräch**

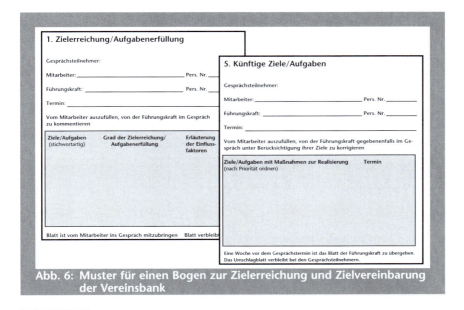

Abb. 6: Muster für einen Bogen zur Zielerreichung und Zielvereinbarung der Vereinsbank

---

13 Vgl. Becker 1999, S. 379
14 Vgl. Prasch/Rebele 1995

6.2 Wechselseitige Beurteilung der Arbeits- und Führungssituation sowie des Mitarbeiterverhaltens

Im Rahmen einer kooperativen Gestaltung und Beurteilung der Führungsbeziehung sowie der lateralen Kooperation[15] muss der Mitarbeiter die innerbetrieblichen Arbeitsbedingungen, die Beziehung zum direkten Vorgesetzten und dessen Führungsverhalten sowie die Zusammenarbeit mit anderen Einheiten einschätzen können. Dazu kann auf einen (halb-)standardisierten Fragebogen zurückgegriffen werden, der auch vom Mitarbeiter vor dem Gespräch auszufüllen ist. Im persönlichen Gespräch erhält der Vorgesetzte ein Feedback zu seinem Führungsverhalten (⇒ *Counselling*) und es können allfällige Maßnahmen zur Verbesserung der Arbeits- und Führungssituation vereinbart werden. Bei der Zielfestlegung und Vereinbarung sowie bei der Führungs- und Arbeitssituation sind Vorgesetzte und Mitarbeiter gleichermaßen beteiligt. Bei der Ergebnis- und Verhaltensbeurteilung des Mitarbeiters geht die Hauptinitiative auf die Führungskraft über. Dabei sollen Stärken und Verbesserungsmöglichkeiten im Verhalten des Mitarbeiters festgestellt werden (vgl. Abb. 7).

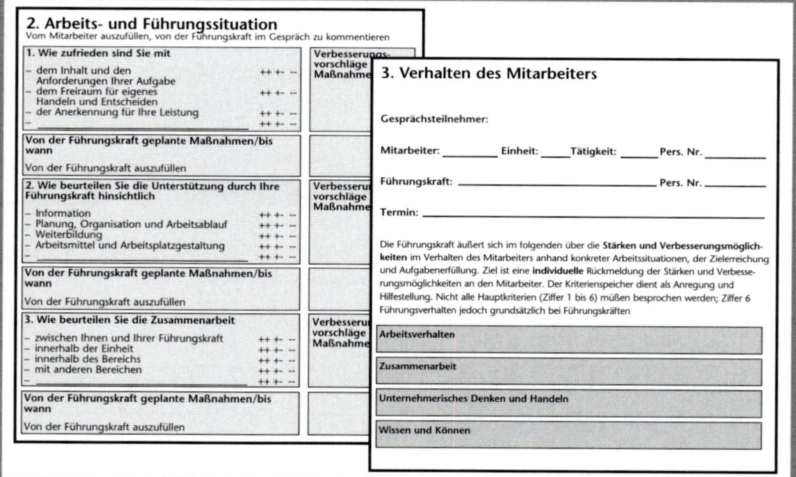

2. Arbeits- und Führungssituation
Vom Mitarbeiter auszufüllen, von der Führungskraft im Gespräch zu kommentieren

1. Wie zufrieden sind Sie mit
- dem Inhalt und den Anforderungen Ihrer Aufgabe ++ +- --
- dem Freiraum für eigenes Handeln und Entscheiden ++ +- --
- der Anerkennung für Ihre Leistung ++ +- --
- ______ ++ +- --

Verbesserungs-vorschläge Maßnahme

Von der Führungskraft geplante Maßnahmen/bis wann
Von der Führungskraft auszufüllen

2. Wie beurteilen Sie die Unterstützung durch Ihre Führungskraft hinsichtlich
- Information ++ +- --
- Planung, Organisation und Arbeitsablauf ++ +- --
- Weiterbildung ++ +- --
- Arbeitsmittel und Arbeitsplatzgestaltung ++ +- --
- ______ ++ +- --

Verbesserun vorschläge Maßnahme

Von der Führungskraft geplante Maßnahmen/bis wann
Von der Führungskraft auszufüllen

3. Wie beurteilen Sie die Zusammenarbeit
- zwischen Ihnen und Ihrer Führungskraft ++ +- --
- innerhalb der Einheit ++ +- --
- innerhalb des Bereichs ++ +- --
- mit anderen Bereichen ++ +- --
- ______ ++ +- --

Verbesserun vorschläge Maßnahme

Von der Führungskraft geplante Maßnahmen/bis wann
Von der Führungskraft auszufüllen

3. Verhalten des Mitarbeiters

Gesprächsteilnehmer:

Mitarbeiter: ______ **Einheit:** ______ **Tätigkeit:** ______ **Pers. Nr.** ______

Führungskraft: ______ **Pers. Nr.** ______

Termin: ______

Die Führungskraft äußert sich im folgenden über die **Stärken und Verbesserungsmöglichkeiten** im Verhalten des Mitarbeiters anhand konkreter Arbeitssituationen, der Zielerreichung und Aufgabenerfüllung. Ziel ist eine **individuelle** Rückmeldung der Stärken und Verbesserungsmöglichkeiten an den Mitarbeiter. Der Kriterienspeicher dient als Anregung und Hilfestellung. Nicht alle Hauptkriterien (Ziffer 1 bis 6) müßen besprochen werden; Ziffer 6 Führungsverhalten jedoch grundsätzlich bei Führungskräften

Arbeitsverhalten

Zusammenarbeit

Unternehmerisches Denken und Handeln

Wissen und Können

Abb. 7: Muster für einen Bogen zur Beurteilung der Arbeits- und Führungssituation und des Mitarbeiterverhaltens (Vereinsbank)

Bei der Beurteilung des Mitarbeiterverhaltens durch den nächsthöheren Vorgesetzten geht es um ein konstruktives Feedback für die Mitarbeiter. Dabei soll ihnen Gelegenheit gegeben werden, ihr Selbstbild mit dem Fremdbild des Vorgesetzten zu vergleichen sowie durch Kritik Hilfestellung zu erhalten.

15 Vgl. dazu Kapitel D III. Grundmuster und Erklärungsansätze lateraler Kooperation

6.3 Vereinbarung von Förder- und Weiterbildungsmaßnahmen

Eine zentrale Funktion des Mitarbeitergesprächs bildet die Vereinbarung und Planung der Förder- und Weiterbildungsmaßnahmen. Hierbei werden Vorstellungen und Ziele des Mitarbeiters sowie der Führungskraft bzw. des Unternehmens miteinander abgeglichen. Der Mitarbeiter ist im Sinne der Selbsteinschätzung seines eigenen »Human-Kapitals« und damit auch seines Beschäftigungspotentials dazu aufgefordert, sich selbst zu positionieren. Die Führungskraft schätzt das Potential ihrer Mitarbeiter ein und kommuniziert dies auch. Bei der Maßnahmenplanung sollte es nicht primär um eine Seminarplanung gehen, sondern um Förderungsmaßnahmen »on-the-job«. Dies kann über job enlargement, job enrichment, Sonderaufgaben, Stellvertretung, Projektmitarbeit oder job rotation geschehen. Die vereinbarten Weiterbildungs- und Förderziele werden schriftlich festgehalten, um auch die Selbstkontrolle des Mitarbeiters anzuregen (vgl. Abb. 8).

4. Förderung und Weiterbildung

Gesprächsteilnehmer:

Mitarbeiter: ________ Einheit: ____ Tätigkeit: _____ Pers. Nr. ________

Führungskraft: ______________________________ Pers. Nr. ________

Termin: ____

Von Mitarbeiter und Führungskraft im Gespräch auszufüllen.

Vorstellungen / Ziele zur beruflichen Entwicklung aus Sicht des Mitarbeiters
Vorstellungen / Ziele zur beruflichen Entwicklung aus Sicht der Führungskraft
Verbindliche Förderungsmaßnahmen im Rahmen der organisatorischen Einheit
Seminare / sonstige Maßnahmen (Vorschläge)
GFM-Meldung

Abb. 8: Musterbogen für die Mitarbeiterförderung und -weiterbildung (Vereinsbank)

Die Vorteile des Mitarbeitergeprächs für die Mitarbeiter und das Unternehmen werden erst über eine fristgemäße Planung, Verwirklichung und Evaluation der gemeinsam entwickelten Vereinbarungen wirksam.

6.4 Gestaltungsansätze und Problemfelder des Mitarbeitergesprächs

Führen über Mitarbeitergespräch – insbesondere durch Zielvereinbarung fördert eigenverantwortliches Handeln. Durch die Entwicklung und Einführung dieses anspruchsvollen Instruments ist die Anwendung noch nicht gesichert. Dies betrifft die Führungskultur und Führungsbeziehung, den Reifegrad des Planungs-

und Controllingsystems, die Fähigkeit und Motivation der Beteiligten, ziel- und ergebnisorientiert statt anweisungs- und handlungsbezogen zu handeln. Aber auch das (Vorbild-)Verhalten von höheren Vorgesetzten sowie die Beherrschung von Analyse-, Planungs-, Evaluations- und Kommunikationstechniken durch die Beteiligten sind wesentliche Voraussetzungen. Sie müssen durch gezielte Schulungsmaßnahmen vorbereitet und begleitet werden. Die folgenden Übersichten zeigen Überlegungen zur kooperativen Gesprächsführung sowie häufig auftretende Problemfelder (vgl. Abb. 9 und 10).

Kooperative Gesprächsführung im Mitarbeitergespräch: mündige Mitarbeiter und vertrauensvolle Beziehungen als Grundkonzept		
	Anzustreben:	zu vermeiden:
Prosoziale Komponente: (Beziehungsgestaltung) der kooperativen Führungsbeziehung	– Fragehaltung – Zuhören – Offenheit – Vertrauen wecken – Akzeptieren	– Sagehaltung – Starkes Überwiegen des Redeanteils – Vorurteile, versteckte Konfliktaustragung, Angst vor »authentischen« Beziehungen – Fehler in den Mittelpunkt rücken; nur die eigenen Maßstäbe zugrunde legen
Partizipative Komponente: (Beteiligung) der kooperativen Führungsbeziehung	– Eigene Vorschläge überzeugend begründen – An Vorschlägen beteiligen – Vorschläge zusammen erarbeiten – Hilfe zur Selbsthilfe geben	– Apodiktische Aussagen, Manipulation, ungenügende Begründungen – Zu fixierte Aussagen, Manipulation – Einseitige Forderungen – Anweisungen, Besserwisserei, patriarchalische Überbetreuung

Abb. 9: Kooperative Gesprächsführung im Mitarbeitergespräch

Problemfelder des Mitarbeitergesprächs:

1. Qualifikation von Vorgesetztem und Mitarbeiter für das Gespräch:
   – Analyse-, Beobachtungs- und Beurteilungsfähigkeit
   – Kommunikationsfähigkeit (Dialogfähigkeit)
   – Problem- und Konfliktlösungsfähigkeit
   – Lernfähigkeit
   – Fähigkeit zum Infrastrukturmanagement

2. Motivation von Vorgesetztem und Mitarbeiter zum Gespräch:
   – Analyse-, Beobachtungs- und Beurteilungsbereitschaft
   – Kommunikationsbereitschaft
   – Problem- und Konfliktlösungsbereitschaft
   – Lernbereitschaft
   – Bereitschaft zum Infrastrukturmanagement

402

3. Arbeits- und Gesprächssituation:
- nicht ausreichende Vorbereitung oder zu große Arbeitsbelastungen
- unbewältigte Führungs- und Kooperationskonflikte, mangelnde Bereitschaft, diese zu lösen (»Rabattmarken sammeln«)
- Terminplanung
- Gesprächsführung
- Gesprächsstörungen

Abb. 10: Problemfelder des Mitarbeitergesprächs

Zur erfolgreichen **Umsetzung** muss der Vorgesetzte folgendes beachten:[16]

- die vereinbarten Ziele der kommenden Periode sind in ihrer Umsetzung zu verfolgen
- sind Leistungs- oder Verhaltensmängel besprochen worden und ändert der Mitarbeiter sein Verhalten, dann muss die Führungskraft diesem eine positive Rückmeldung geben und ihn so in seinem Verhalten bestärken
- die vereinbarten Verhaltens- und Leistungsziele, die besprochenen Förder- und Entwicklungsmaßnahmen müssen eingeleitet sowie die Umsetzung hergeleitet werden
- die Führungskraft muss die für die Umsetzung erforderliche Unterstützung leisten
- der Mitarbeiter und die Führungskraft müssen Änderungen der Rahmenbedingungen wahrnehmen und Auswirkungen auf die Arbeit besprechen und
- gegebenenfalls muss aus aktuellem Anlass das nächste Mitarbeitergespräch vorgezogen geführt werden.

Fazit

Das Mitarbeitergespräch dient als wichtiges Instrument der Führung der Beurteilung Förderung und Entwicklung von Leistung und Verhalten des Mitarbeiters. Es ist systematisch und konsequent von Führungskräften und Mitarbeitern vorzubereiten, durchzuführen und umzusetzen. Der Reifegrad der Mitarbeiter bestimmt Gestaltung, Offenheit der Gesprächsstrukturierung sowie den Einsatz von Gesprächstechniken. Die vereinbarten Verhaltens- und Leistungsziele müssen konsequent umgesetzt werden.

7 Vorgesetzten- und Kollegenbeurteilung

7.1 Bedeutung und Vorteile der Kollegen- und Vorgesetztenbeurteilung

Die **Vorgesetztenbeurteilung** dient der Unterstützung einer partizipativen Führung und erfüllt die Forderung nach mehr Selbst- und Mitbestimmung der Mit-

II
Personal-
beur-
teilung –
koope-
ratives
Mit-
arbeiter-
gespräch

---

16 Vgl. Becker 1999, S. 381

arbeiter im Arbeitsleben.[17] Die Beurteilung des Vorgesetzten durch die Mitarbeiter dient dabei sowohl einer Verbesserung der Führungsqualität, einer Erhöhung der Leistung als auch der ⇒ *Arbeitszufriedenheit* von Vorgesetzten und Mitarbeitern. Ergebnisse der Vorgesetztenbeurteilung können zudem einer Entscheidungsgrundlage für die Auswahl und Förderung von Führungskräften darstellen. Umgekehrt bewirkt Vorgesetztenbeurteilung auch eine »Geführtenqualifikation« hinsichtlich der Zusammenarbeit in aktuellen oder später übertragbaren Führungsaufgaben. Der Mitarbeiter wird so für die Bedeutung spezifischer Führungsaspekte und -fehler sowie für ein konstruktives Führungsverhalten sensibilisiert.

Die **Kollegenbeurteilung** (oder auch »Gleichgestelltenbeurteilung«/»Peer Assessment«) ist eine Beurteilungsform, bei der von allen Mitgliedern einer Mitarbeitergruppe, die der gleichen betriebsorganisatorischen Hierarchiestufe angehören, in der gleichen Organisationseinheit arbeiten oder ähnliche Aufgaben erfüllen, gegenseitig Urteile abgegeben werden. Durch die zunehmende Teamarbeit und als Ergänzung zu der Beurteilung durch Vorgesetzte gewinnt diese Beurteilungsform zunehmend an Bedeutung.[18]

Eine Beurteilung von Kollegen untereinander kann zur Verbesserung von Informationsflüssen, Transparenz, Offenlegung von latenten Konflikten bzw. zu dessen Vermeidung und damit zur Verbesserung der lateralen Beziehung wie des Betriebsklimas beitragen. Sie dient damit dem lateralen Führungsziel einer Verbesserung der Kommunikationsbeziehungen, der Zusammenarbeit sowie der Steigerung sozialer Kompetenz.[19]

7.2 Formen, Durchführung und Probleme der Vorgesetzten- und Kollegenbeurteilung

Grundsätzlich können folgende Formen der Beurteilung von Kollegen und Vorgesetzten unterschieden werden:

● **Direkte oder implizite Beurteilung**

Sie ist die vorherrschende Form und geschieht im Arbeitsalltag laufend. Hierbei wird eine individuelle, offene Beurteilung des Vorgesetzten und der Kollegen durch die Mitarbeiter vorgenommen. Dabei werden die Feststellungen nicht anonym abgegeben, sondern mit dem Vorgesetzten bzw. den Kollegen diskutiert und eventuell Maßnahmen zur Veränderung vorgeschlagen oder gemeinsam bestimmt.

● **Befragung**

Hier erfolgt eine Kollegen- und Vorgesetztenbefragung analog der Mitarbei-

---

17 Vgl. Domsch 1992, S. 256
18 Vgl. Jochum 1987
19 Vgl. Kapitel D III. Grundmuster und Erklärungsansätze lateraler Kooperation

terbefragung [20] zur Beurteilung von Mitarbeiterrollen durch Vorgesetzte im eigenen Verantwortungsbereich. Diese kann Teil einer umfassenden Führungs- und Kooperationsanalyse sein, z. B. Teil einer breiteren Mitarbeiterumfrage.

● **Führungsgespräche/-seminare**

Führungsgespräche stellen einen unbürokratischen Ansatz zur wechselseitigen interaktiven, offenen und kooperativen Analyse von Führungsbeziehungen zwischen Vorgesetzten und einzelnen Mitarbeitern dar.

Bei der Durchführung von Vorgesetzten- und Kollegenbeurteilungen sind zunächst folgende Fragen zu klären:

– Soll die Vorgesetzten- und Kollegenbeurteilung freiwillig sein oder vorgeschrieben werden? Für die Einführungsphase ist eine freiwillige Teilnahme sowohl für Vorgesetzten als auch für die Mitarbeiter empfehlenswert. Dabei sollte die Arbeitsbeziehung mindestens ein Jahr bestanden haben. Sie kann dann nach einer Übergangsphase (ein bis zwei Jahre) als regelmäßige Beurteilungspraxis festgesetzt werden.

– Soll eine Vorgesetzten- und Kollegenbeurteilung anonym erfolgen? Es ist üblich, die Beurteilung anonym durchzuführen, insbesondere bei der Einführung des Instrumentes, um Hemmungen bei den Mitarbeitern und Vorgesetzten abzubauen. Bei der Vorgesetztenbeurteilung sollten pro beurteilter Führungskraft mindestens drei Mitarbeiter (und Kollegen sowie evtl. ein Vertreter der Personalabteilung) einbezogen werden.

II
Personal-
beur-
teilung –
koope-
ratives
Mit-
arbeiter-
gespräch

Grundsätzlich ist es empfehlenswert, die in den Führungs- und Kooperationsgrundsätzen fixierten Inhalte abzufragen und einen Fragebogen selbst zu entwickeln.

7.2.1 Durchführung der Vorgesetzten- und Kollegenbeurteilung

Eine Beurteilung von Vorgesetzen kann erfolgen über:

● **Fragebogen** (Vorteil: Anonymität, Nachteil: Konstruktionsaufwand)

● **Interview** (Vorteile: höherer Verbindlichkeitsgrad, Gewinnung von Zusatzinformationen durch professionelle Interviewtechnik; Nachteile: aufwendig in Vorbereitung, Durchführung und Nachbereitung; bei Durchführung durch externe Interviewer kostenintensiv) und

● **Gruppengespräch:** (Hier sollten die Führungskräfte die Leistungen auflisten, die sie für ihre Mitarbeiter erbringen. Die Mitarbeiter nehmen dazu in einem Gruppengespräch Stellung. Daran schließt sich eine Diskussion an. Dieses Vorgehen stellt hohe Anforderungen an die Dialog- und Konfliktfähigkeit der Beteiligten und ist auch nicht zentral auswertbar).

---

20 Vgl. Kapitel E V. Führungs- und Kooperations-Controlling im Kontext des Personal-Controllings

Schritte nach Durchführung der Vorgesetzten- und Kollegenbeurteilung

Nach der Durchführung einer Vorgesetztenbeurteilung sollten Folgemaßnahmen besprochen werden. Diese können nach den verschiedenen Ebenen differenziert werden:

- auf **individueller Ebene** (z. B. Veränderung des Kommunikations- und Konfliktverhaltens, Besuch verhaltensorientierter Weiterbildungsseminare, Änderungen in der Arbeitsgestaltung/im Arbeitsablauf)

- auf **Gruppen-/Teamebene** (z. B. Durchführung von Teamentwicklungsmaßnahmen, Einrichtung von informellen Treffen, Änderung der Konflikthandhabung in der Gruppe, Einführung neuer Informationsmedien, Überarbeitung von Kompetenzabgrenzungen und durch Mitarbeitergespräche)

- auf **Unternehmensebene** (z. B. Modifikation der Personalauswahlsysteme, Einführung von Mitarbeitergesprächen, Veränderung der Diagnose und Entwicklung von Führungspotential, Umstrukturierung des Bildungsprogramms).

7.2.2 Probleme und Risiken bei der Durchführung von Vorgesetzten- und Kollegenbeurteilungen

Probleme:

- Konzeption eines einheitlichen und gleichzeitig für alle Führungs- und Mitarbeiterebenen aussagekräftigen Beurteilungssystems ist nur eingeschränkt möglich
- Verwechslung von Beurteilung der Leistung mit Be- oder Verurteilung der Person
- mangelnde Kritikfähigkeit von Vorgesetzten und Mitarbeitern
- mangelnde Feedback-Kompetenz von Vorgesetzten und Mitarbeitern und
- sozial und symbolisch begründete Grenzen; insbesondere bei der Teambeurteilung und für formalisierte Konzepte.

Risiken:

- Vorenthaltung von Ergebnissen der Beurteilung
- Tendenz zur Konfliktvermeidung
- auf **Vorgesetztenebene:** Enttäuschung, Verunsicherung, Stress, Opportunismus vor der Beurteilung, unrealistische Erwartungen über die Veränderungsmöglichkeiten, Trotzreaktionen bei ungünstigen Ergebnissen
- auf **Kollegen-/Mitarbeiterebene:** Verunsicherung, opportunistisches Verhalten, absichtliche Schlechtbeurteilung aus Rache, Angst vor Sanktionen und deshalb Verweigerung der Teilnahme, Überschätzung der eigenen Einflussmöglichkeiten.

Fazit

Vorgesetzten- und Kollegenbeurteilungen stellen wichtige Instrumente für eine umfassende Personalbeurteilung dar. Bedeutsam dabei ist die strategische Verbindung dieser Beurteilungen mit Führungs- und Kooperationsanalysen sowie die Integration in das gesamte personal- und führungspolitische Beurteilungsinstrumentarium. Entscheidend für die Wirkung von Vorgesetzten- und Kollegenbeurteilungen sind die Konsequenzen in der Realisierung von erkannten Problemen. Das obere Management muss hier klare Grundsätze vertreten und durchsetzen, um das Erfolgskonzept »straff-lockere Führung«[21] zu sichern.

7.3 Erweiterung zu einer umfassenden Bezugsgruppenbeurteilung

Einen weiteren Schritt zu einer ganzheitlichen Leistungs-, Verhaltens- und Kooperationsbeurteilung geht das von Hilb[22] dargestellte 360°-Beurteilungskonzept, wo neben die Selbstbeurteilung des Mitarbeiters, die Fremdbeurteilung durch den direkten Vorgesetzten auch noch zur Qualifizierung herangezogen werden. Diese können je nach Aufgabenbereich und Arbeitssituation des Mitarbeiters die Arbeitskollegen, Projektmitglieder, interne oder externe Kunden oder die ihm unterstellten Personen sein (vgl. Abb. 11).

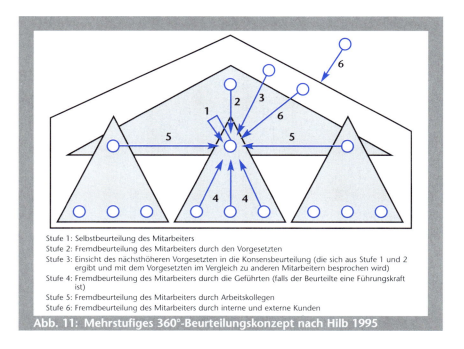

Stufe 1: Selbstbeurteilung des Mitarbeiters
Stufe 2: Fremdbeurteilung des Mitarbeiters durch den Vorgesetzten
Stufe 3: Einsicht des nächsthöheren Vorgesetzten in die Konsensbeurteilung (die sich aus Stufe 1 und 2 ergibt und mit dem Vorgesetzten im Vergleich zu anderen Mitarbeitern besprochen wird)
Stufe 4: Fremdbeurteilung des Mitarbeiters durch die Geführten (falls der Beurteilte eine Führungskraft ist)
Stufe 5: Fremdbeurteilung des Mitarbeiters durch Arbeitskollegen
Stufe 6: Fremdbeurteilung des Mitarbeiters durch interne und externe Kunden

Abb. 11: Mehrstufiges 360°-Beurteilungskonzept nach Hilb 1995

Diese erweiterte Form der Beurteilung ist in Abstimmung mit der Unternehmens- und Führungskultur zu treffen und fordert entsprechende Vorbereitungen aller Beteiligten.

---

21 Vgl. Peters/Waterman 1984
22 Vgl. Hilb 1995

II
Personal-
beur-
teilung –
koope-
ratives
Mit-
arbeiter-
gespräch

Im Rahmen von Ansätzen zu einem integrierten und umfassenden Qualitäts-management[23] (z. B . EFQM) sind schon lange vergleichbare Beurteilungen durch die wichtigsten Anspruchsgruppen (unter anderem Kunden, Mitarbeiter, gesell-schaftliche Institutionen, Anleger bzw. Kapitaleigner) vorgesehen.

8 Fragen zur Selbstüberprüfung

1. Wozu dient die Personalbeurteilung; wie kann sie differenziert werden?

2. Erläutern Sie Unterschiede zwischen Potential- und Leistungsbeurteilung.

3. Welche Beurteilungsfehler beeinträchtigen eine objektive Personalbeurteilung und wie können sie überwunden werden?

4. Worin liegt die Bedeutung des Mitarbeitergesprächs?

5. Welche besonderen Funktionen und Vorteile werden über eine »Führung durch Zielvereinbarungen« erreicht?

6. Diskutieren Sie Voraussetzungen und Problemfelder zur kooperativen Ge-staltung des Mitarbeitergesprächs und der Vorgesetzten- und Kollegenbeur-teilung.

E
Funktio-
nen und
Instru-
mente
für
Führung
und
Koope-
ration

---

23 Vgl. dazu auch die Ausführungen in Kapitel E V. Führungs- und Kooperations-Controlling im Kontext des Personal-Controllings

III. Personalentwicklung als Führungsinstrument

Inhalt

In Erweiterung der traditionellen Personalentwicklungsliteratur werden in diesem Kapitel v.a. Ansätze zur strukturellen Personalentwicklung über die Dimensionen »Kultur«, »Organisation«, »Strategie« sowie »Personalstruktur« aufgezeigt. Diese indirekte Form der Personalentwicklung ist insbesondere für qualifizierte, auf Selbstentwicklung ausgerichtete Mitarbeiter geeignet. Unterstützend dazu treten Instrumente der direkten, interaktiven Personalentwicklung, wie on-, parallel-, off-, near-the-job-Trainings sowie kooperativ-delegative Führung und ⇒ *Coaching*, die zur Förderung mitunternehmerischer Kompetenzen der Mitarbeiter eingesetzt werden (können).

Gliederung

1 Entwicklungstendenzen in der Personalentwicklung
2 Begriff, Ziele und Aufgaben der Personalentwicklung
3 Personalentwicklung und organisationales Lernen
4 Methoden der Personalentwicklung
5 Unternehmerische Personalentwicklung über strukturelle und interaktive Personalentwicklung
6 Management-Development als zielgruppenorientierte und übergreifende Personalentwicklung
7 Fragen zur Selbstüberprüfung

Verweise

1 Entwicklungstendenzen in der Personalentwicklung

Mit dem Übergang von der Industrie- zur Dienstleistungs- und Wissensgesellschaft, gewinnt die ständige Qualifizierung des Personals an Bedeutung. Veränderte Rahmenbedingungen, wie verkürzte Produktlebenszyklen, zunehmende Innovationsanforderungen und verstärkter Wettbewerbsdruck erfordern eine Anpassung von personalwirtschaftlichen Entwicklungsmaßnahmen. Auch der kulturelle Wertewandel[1] und die Ausrichtung auf stärkere Eigenständigkeit und Selbstorganisation der Mitarbeiter in ihrer Arbeit, führen zu neuen Anforderungen an die Personalentwicklung.

Als wichtige Entwicklungstendenzen und Gestaltungsprinzipien sind zu nennen:

- Förderung individueller, teamorientierter sowie unternehmensweiter Lernprozesse (selbstgesteuertes Lernen, organisationales Lernen)
- Verstärkung der »on- und near-the-job-Entwicklung« – auch über neue Technologien
- Ausrichtung der Personalentwicklungs-Programme auf kooperative oder delegative Führungskonzepte. Sie setzen einen entsprechenden Reifegrad des Unternehmens (Entwicklungskultur), der Personalarbeit, der Entwicklungskonzepte und -instrumente sowie der Vorgesetzten und Mitarbeiter voraus
- Abbau von Dequalifizierungs- und Demotivationsprozessen
- (mit-)unternehmerische Entwicklungskonzepte
- strategische und integrative Ausrichtung der Personalentwicklung und
- vermehrte – auch ökonomische Evaluation – über Personalentwicklungs-Controlling und Selbstbeurteilung.

2 Begriff, Ziele und Aufgaben der Personalentwicklung

> **Definition**
>
> **Personalentwicklung** umfasst Konzepte, Instrumente und Maßnahmen der Bildung, Steuerung und Förderung der personellen Ressourcen von Organisationen, die zielorientiert geplant, realisiert und evaluiert werden.[2]

Ziele

Die Personalentwicklung zielt auf die Erhaltung, Entfaltung, Anpassung und Verbesserung des Arbeitsvermögens der Human-Ressourcen.[3] Als Führungsinstrument trägt sie zur Integration der Mitarbeiter in das normative und organisatorische Gefüge des Unternehmens bei. Sie will somit unternehmerische Ziele

---

1 Vgl. dazu die Ausführungen in Kapitel C I. Wertewandel und Führung
2 Vgl. auch Neuberger 1994, S. 12; Münch 1995, S. 54; Becker 1999, S. 4
3 Vgl. Becker 1999, S. 1ff.

Abb. 1: Personalentwicklung als Vereinigungsmenge von Person-, Team- und Organisationsentwicklung[4]

(wirtschaftliche Effizienz) erreichen, wie auch individuelle Entwicklungsziele der Mitarbeiter (personale Qualifizierung bzw. Vermeidung von »Dequalifizierung« und soziale Effizienz) fördern.

Aufgaben

Grundaufgaben der Personalentwicklung betreffen die Qualifizierung und Verbesserung des vorhandenen Personals. Sie wird in enger Zusammenarbeit von (Linien-)Vorgesetzten und eigenverantwortlichen Mitarbeitern realisiert. Die erste Verantwortung liegt bei den erwachsenen Mitarbeitern selbst. Zentrale Aufgabe des oberen Managements ist die Förderung der Rahmenbedingungen (z. B. erforderliche Ressourcen, Personalentwicklungskultur, Information über unternehmenspolitische Planungen und Entscheidungen, Personalentwicklungspolitik). Das mittlere Management sorgt für die Umsetzung der Personalentwicklung (z. B. Bereitstellung von geeignetem Personal, Nachfolge- und Karrierepläne, Bereitstellung veränderter Qualifikationsmuster). Alle Führungskräfte leisten konkrete Personalentwicklungsarbeit für ihre Organisationseinheit entsprechend den Anforderungen der Arbeitsinhalte sowie der Berufs- und Qualifikationsbiographien.[5] Die Mitarbeiter sind in die Entwicklungsplanung und die Schulung ihrer Beschäftigungsfähigkeit aktiv integriert (insbesondere durch Zielvereinbarungsprozesse, Mitarbeitergespräche, ⇒ *Coaching*, eignungs- und neigungsgerechten Personaleinsatz, Führungsstil und Teambildung).

Die Personalabteilung unterstützt als interner Dienstleister die Führungskräfte und Mitarbeiter bei der Wahrnehmung ihrer Personalentwicklungsaufgaben. Dies geschieht in größeren Unternehmen und öffentlichen Verwaltungen zuneh-

---

4 Vgl. Neuberger 1994, S. 13
5 Vgl. Becker 1999, S. 522

mend über unternehmerisch geführte Personalentwicklungsabteilungen (z. B. über Wertschöpfungs-Center[6] oder Kompetenz-Center, z. T. in rechtlich selbstständiger Form).

Bezugsebenen der Personalentwicklung

Personalentwicklung bezieht sich auf materielle, personenbezogene, soziale und organisationale Bedingungen. Personale bzw. interpersonale (Team) und apersonale (Organisation) Dimensionen des Arbeitsvermögens wirken als verschiedene Systemelemente zusammen und müssen integriert transformiert werden (vgl. Abb. 1 auf Seite 411).

3 Personalentwicklung und organisationales Lernen

Unternehmen mit aktivem Gestaltungs- und Anpassungspotential verstehen sich als **lernende Organisationen**. Organisationales Lernen kann dabei nicht mit der Integration individuellen Lernens gleichgesetzt werden. Denn ersteres muss öffentlich kommunizierbar, transparent und konsensfähig sein.

Definition

Unter **organisationalem Lernen** ist der Prozess der Erhöhung und Veränderung der organisationalen Wert- und Wissensbasis, die Verbesserung der Problemlösungs- und Handlungskompetenz sowie die Veränderung des gemeinsamen Orientierungsmuster von und für Mitglieder innerhalb der Organisation zu verstehen.[7]

Das Lernen einer Organisation steht für den Wandel der organisationalen Wissens- und Wertebasis mit dem Ziel, das organisationale Problemlösungspotential zu erhöhen.[8]

Nach Duncan/Weiss[9] sollte sich **organisationales Lernen v. a. auf »performance gaps« konzentrieren**, also auf Lücken zwischen gewünschten Handlungsmustern und realem Handeln. Diese »Gaps« stimulieren die Suche nach neuem Wissen und erhalten damit die Lernfähigkeit der Organisationsmitglieder. Dieses Konzept institutionellen Lernens konzentriert sich auf die Formulierung organisatorischen Wissens in Handlungshypothesen, die in Handlungswissen umgesetzt werden.

Hedberg[10] hat sich der Frage problemadäquater Lernansätze gewidmet. **Organisationen bezeichnet er als »Produzenten von Theorien«.** Sie entwickeln Wis-

---

6 Vgl. Wunderer /v. Arx 1999
7 Vgl. Probst/Büchel 1994, S. 17; Klimecki/Probst/Eberl 1994
8 Vgl. Klimecki et al. 1994, S. 27
9 Vgl. Duncan/Weiss 1979, S. 75 ff; vgl. auch Nevis et al. 1995
10 Vgl. Hedberg 1981, S. 3 ff.

sen über die Auseinandersetzung mit Umweltinformationen. Zur langfristigen Lebenssicherung müssen sie ein Gleichgewicht zwischen Lern- und »Verlernfähigkeit« sichern. Zugleich sind sie gefordert, umwelt- und problemadäquate Lernformen zu differenzieren: »**Adjustment learning**« (überlebensnotwendige Anpassung) entspricht stabilen Umweltkonstellationen und erfordert v. a. Handlungsmodifikation. »**Turnover-learning**« erfordert das »Verlernen« alter Handlungsmuster und das Erarbeiten eines neuen kognitiven Interpretationssystems aufgrund wichtiger Umweltveränderungen. »**Turn-around-learning**«, das bei fundamentalen Umweltveränderungen erforderlich wird, benötigt neue Theorien und darauf ausgerichtete Strategien. Hedberg weist darauf hin, dass Unternehmen oft mehr Energien auf die Beeinflussung ihrer Umwelt als auf geschickte Anpassungsmaßnahmen an diese verwenden.

Brandt[11] richtet den Blick auf eine weitere einseitige Orientierung, die »**verlernt**«[12] werden sollte. Es ist die ausschließliche Ausrichtung des Unternehmens auf den Markt, der Manager verleitet, die »Innenseite« nur als »Schattenseite des Unternehmens« zu verstehen und die Umsetzung von Handlungswissen im Unternehmen zu vernachlässigen.

Argyris und Schön[13] haben Reaktionen auf solche Gaps in Verbindung von organisationalem Handeln und Lernen thematisiert und dabei zwei Lernkonzepte unterschieden: Beim »**single-loop-learning**« (Verbesserungslernen) lernen die Betroffenen, Zielabweichungen und Anpassungsfehler zu erkennen und zu korrigieren. Im Fall des »**double-loop-learning**« (Veränderungslernen) werden, über die Fehlerkorrektur hinaus, tiefere Ursachen für Fehler hinterfragt und ein weiterführender Lernprozess angeregt, der die Organisation zur Überprüfung und Neuentwicklung von Strukturen, Prozessen, Methoden und Produkten führt. Auf dem nächsthöheren Lernniveau, dem »**deutro-learning**« (»lernendes Lernen«) kommt noch eine Selbstreflexion der Lernprozesse hinzu.[14] So können Muster, die in ähnlichen Situationen Lernen ermöglichen, berücksichtigt werden.

III
Personalentwicklung als Führungsinstrument

Dieses »**lernende Lernen**« erhöht das Problemlösungspotential der Organisation, überwindet reines Anpassungslernen und führt über die Veränderung von Handlungs- und Kommunikationsmustern oder -regeln zu entwicklungsbezogenen Bildungsperspektiven und flexiblen Gestaltungsformen.[15] Erst reflexives Lernen ermöglicht es einer Organisation, sich nicht nur lernend zu »evolutionieren«, sondern sich auch selbst zielgerichtet zu entwickeln. Nicht nur auf einzelne Lernakte, sondern auf den Aufbau genereller organisationaler Lernfähigkeit kommt es an. Solche Bildungsprozesse sollten durch Kontextsteuerung, d. h. durch »infrastrukturelle Hilfen« unterstützt werden.[16]

---

11 Vgl. Brandt 1988
12 Vgl. auch McGill, M./Slocum 1993; McGill, M./Slocum 1996
13 Vgl. Agyris/Schön 1978, S. 18ff.
14 Argyris und Schön beziehen sich dabei auf Gregory Bateson; vgl. Bateson 1983, S. 378ff.
15 Vgl. Sonntag 1996, S. 69
16 Vgl. Klimecki 1995

Für Senge[17] wird die Lernfähigkeit einer Organisation von der Beherrschung folgender **fünf Fähigkeiten** (»Disziplinen«) bestimmt:[18]

- **Mentale Modelle**

  Die Fähigkeit, sich Annahmen, Generalisierungen oder Bilder, die Einfluss auf das Verständnis der Wirklichkeit nehmen, bewusst zu machen, zu prüfen und ständig zu verbessern.

- **Systemdenken**

  Die Fähigkeit, Abhängigkeiten und Interdependenzen zu erkennen, Strukturen statt Ereignisse und Veränderungsmuster statt Momentaufnahmen zu sehen.

- **Persönliche Meisterschaft**

  Die Fähigkeit, auf Ziele hinzuarbeiten, dabei Situationen realistisch einzuschätzen, sich jedoch nicht vorschnell mit Gegebenheiten abzufinden, sondern Gewohnheiten in Frage zu stellen und Grenzen als Herausforderung zu betrachten.

- **Entwicklung gemeinsamer Visionen**

  Die Fähigkeit, gemeinsam geteilte Leitbilder zu entwickeln, die ein Gefühl der Zusammengehörigkeit vermitteln.

- **Team Lernen**

  Die Fähigkeit, in Teams gemeinsam zu arbeiten, zu handeln und zu lernen und dadurch systematisch individuelle Lernbarrieren zu überwinden.

Senges Systemansatz setzt bei Visionen und mentalen Strukturen an und entwickelt ein Konzept »generativen Lernens«, das Spielräume zur kreativen und team-orientierten Gestaltung eröffnet.[19]

Organisationales Lernens sollte kollektives Wissen zur Leistungssteigerung auf- und ausbauen. Organisationen tendieren aber dazu, am status quo festzuhalten, was das Lernen einschränkt oder verhindert. Auch kann es aufgrund organisationaler Rahmenbedingungen zu suboptimalen Lernprozessen kommen. So schöpfen kontrollorientierte oder vom Zwang zum Konsens geprägte Lernformen die Lernpotentiale nur unvollkommen aus oder verschlechtern die Anpassung an ihre Umwelt.

Lernende Organisationen sind – in Ergänzung zur personalen Förderung – Medien für kollektive Personalentwicklung. Zugleich schaffen sie – insbesondere über Lernkulturen – günstige Lernsituationen für individuelle Personalentwicklung.[20] Sie stellen kollektive Lernforderungen, konzentrieren diese nicht nur auf

---

17 Vgl. Senge 1997; Roberts et al. 1998
18 Vgl. Senge 1997, S. 16
19 Vgl. zur praktischen Umsetzung Roberts et al. 1998
20 Vgl. Sattelberger 1991d, 1996

das Management und verstehen sich insgesamt als eine Art »Personalentwicklungsinstitution«. Sie fördern Lernvorbilder und bieten umfassende und institutionelle Anreize zur Selbstentwicklung ihrer Mitglieder.[21]

Selbstentwicklung als Folge des Subsidiaritätsprinzips

Das ⇒ *Subsidiaritätsprinzip* unterstellt, dass Mitarbeiter in erster Linie selbst als mündige Menschen mit eigenen Zielvorstellungen für ihre Entwicklung verantwortlich sind. Der Vorgesetzte leistet dabei »Hilfe zur Selbsthilfe«, während die Personalentwicklungsabteilung und andere professionelle Institutionen erst in dritter Instanz Entwicklungsprozesse unterstützen. Dieses Selbstentwicklungsprinzip ist in der Praxis noch keineswegs Allgemeingut. In einer traditionell patriarchalischen Führungs- und Entwicklungskultur liegt die Verantwortung für die Förderung der »Betriebsfamilie« nach wie vor an der Spitze. Was, wann, wie und womit entwickelt werden soll, entscheidet die Unternehmensleitung, allenfalls die zweite Managementebene. Ein erster Schritt in Richtung »**Delegation der Entwicklungsverantwortung**« kann durch Dezentralisation bzw. Delegation von Personalmanagementaufgaben an die Führungskräfte eingeleitet werden. Diese können dann ihre Mitarbeiter partizipativ an der Vereinbarung von Aus- und Weiterbildungszielen teilhaben lassen (z. B. im Rahmen des Mitarbeitergesprächs).

4 Methoden der Personalentwicklung

III
Personal-
entwick-
lung als
Führungs-
instru-
ment

Dass die Arbeit selbst der beste Lehrmeister sei, ist eine alte Weisheit, auch wenn sie im Zeitalter der Verschulung teilweise in Vergessenheit geraten ist. In den letzten Jahren wurde verstärkt das Verhältnis von »**off- und on-the-job-Training**« in systematischer Weise überdacht. Dabei haben Mischkonzepte an Bedeutung gewonnen, die einerseits unter dem Begriff »**Training-near-the-job**« andererseits unter »**kooperativer Selbstqualifikation**« (Qualifikation im Gruppenprozess) thematisiert werden.[22] Am meisten diskutiert wurden »**Qualitätszirkel**«, »**Lernstatt**« oder »**Werkstattzirkel**«,[23] in denen konkrete Probleme der eigenen Arbeit bzw. Arbeitswelt von den Betroffenen selbst bearbeitet und einer Lösung zugeführt werden.

Definition

Beim »**Training-on-the-job**« erfolgt die Qualifizierung bei der Erfüllung der Arbeitsaufgabe selbst (Lernen am Arbeitsplatz). Dies kann beispielsweise durch Arbeitserweiterung und Job-Rotation, Projektgruppeneinsatz oder durch Stellvertreteraufgaben gefördert werden.[24] Die Mitarbeiter werden direkt am Arbeitsplatz z. B. in neue Arbeitstechniken und -methoden oder neue Organisationsabläufe eingewiesen.

---

21 Vgl. Sattelberger 1991c
22 Vgl. Thom 1987; Wunderer 1988; Mentzel 1992; Neuberger 1994b
23 Vgl. Bross 1991
24 Becker 1994, S. 390

> **Definition**
>
> Beim »**Training-off-the-job**« handelt es sich um Bildungs- und Qualifizie-rungsmaßnahmen, die in räumlicher, zeitlicher und z. T. auch inhaltlicher Distanz zur Arbeit stattfinden. Die Vermittlung von theoretischem Wissen bzw. die Verhaltensschulung stehen dabei im Vordergrund. Dies erfolgt z. B. durch Vorträge, programmierte Lehrgänge, Konferenzmethoden, Fallstudien, Rollen-, Plan- und Simulationsspiele.

»Hausinterne« Trainingskonzepte on- oder near-the-job erfordern eine leistungs-fähige unternehmensinterne Trainingsabteilung (bei großen Unternehmen auch als »Akademien« oder »Corporate Universities«) oder ein eigenständiges Wert-schöpfungs-Center, welche kunden- bzw. mitarbeiterorientierte Personalentwick-lungsmaßnahmen sowie entsprechende Schulungsmittel konzipieren oder imp-lementieren. Da die Beitritts- und Leistungsmotivation gerade bei jüngeren Mitarbeitern besonders durch die Weiterbildungsmöglichkeiten beeinflusst ist, werden diese Aufgaben zunehmend auch als Personalgewinnungsmaßnahmen verstanden.

> **Definition**
>
> Beim »**Training-near-the-job**« finden Maßnahmen in enger räumlicher, zeit-licher und inhaltlicher Nähe zum Arbeitsplatz statt. Man geht davon aus, dass der Lerneffekt besonders groß ist, wenn er in örtlicher, wie zeitlicher Nähe des Arbeitsplatzes erfolgt.[25]

E
Funktio-
nen und
Instru-
mente
für
Führung
und
Koope-
ration

Zur Verstärkung des arbeitsbezogenen Lernens wird auch gefordert, **den Arbeits-platz als Lernort** zu interpretieren und entsprechend zu gestalten. Hierfür trägt der Vorgesetzte eine besondere Verantwortung, denn schon ein **konsultativer, mehr noch ein kooperativer oder delegativer Führungsstil** erweist sich als effi-ziente Maßnahme zur Personalentwicklung. Diese Sichtweise führt zu neuen Forderungen, nicht zuletzt an die Vorgesetzten. Wie eigene Mitarbeiterbefragun-gen ergaben, wünschen Mitarbeiter von ihren Vorgesetzten v. a. Informationen über den Arbeitsplatz hinaus, grundsätzliche Diskussionen über die Unterneh-mungs- und Abteilungsziele, die Begründung von und die Einbeziehung in wich-tige(n) Entscheidungen sowie eine aktive Funktion des Vorgesetzten beim Auf-zeigen neuer Denkansätze und Arbeitsweisen. Weiterhin soll der Vorgesetzte vermehrt Lernkomponenten der Arbeit beachten und zeigen. **Damit beinhaltet die Führungsaufgabe auch immer eine Personalentwicklungsfunktion.** Neben der erweiterten Interpretation der Führungsaufgabe sind konzeptionell folgende Entwicklungsmaßnahmen einbezogen: die Übertragung von Sonderaufgaben,

25 Vgl. Becker 1994, S. 390

Stellvertretung sowie ein auf Personalentwicklung ausgerichteter planmäßiger Aufgaben- oder Stellenwechsel.

Zielgruppendifferenzierung

Die Segmentierung nach Funktionen und Positionen von Personalentwicklungs-maßnahmen muss weiter entwickelt werden. Einen strategischen Ansatz zeigt das **Personalportfolio,**[26] bei dem die Mitarbeiter nach Leistungs- und Motivations-kriterien differenziert und über abgestimmte Personalentwicklungs-Maßnahmen außerhalb und innerhalb des Arbeitsplatzes gefördert werden. Dabei soll die **Arbeitsgruppe als Trainingseinheit** wesentlich stärker berücksichtigt werden. Das Argument der fehlenden Zeit oder der zu großen Teilnehmerzahl kann auf Dauer nicht überzeugen. Gerade eine Veränderung von Verhaltensmustern kann nur durch möglichst gleichzeitige Reflexion der Beteiligten sowie eine fördernde Gestaltung der Arbeitssituation gesichert werden. Weitere Zielgruppen können nach Alter oder Potentialüberlegungen gebildet werden.[27] Aber auch die Betriebszu-gehörigkeit, die Betroffenheit von Restrukturierungsmaßnahmen, die Übertra-gung von Teilfunktionen (Projekt- bzw. Sonderaufgaben) können als Grundlage zur Zielgruppendifferenzierung dienen. Wenn sich die Personalentwicklung auch als Abteilung zur Förderung unternehmerischer Denk- und Handlungsmuster versteht,[28] deren Aufwendungen überwiegend durch Aufträge und Anforderun-gen von interessierten Organisationseinheiten zu decken sind, werden Kreativität und Differenzierung des Angebotes steigen.

III
Personal-
entwick-
lung als
Führungs-
instru-
ment

5 Unternehmerische Personalentwicklung über strukturelle und interaktive Personalentwicklung

In den letzten zwanzig Jahren kann man in der Personalentwicklung zwei Ent-wicklungsschwerpunkte feststellen: Zunächst wurde das **Lernen on-the-job** bzw. **near-the-job** stärker betont. In den neunziger Jahren werden – im Zusammen-hang mit der **unternehmerischen Orientierung** des Personalwesens[29] – die Per-sonalentwicklungs-Konzepte und -programme vermehrt auf **strategische Unter-nehmensziele ausgerichtet.**

---

26 Vgl. dazu die Ausführungen in Abschnitt 2.1 zur Personalstruktur
27 »Early-eye-Konzepte« sollen zukünftige Leistungsträger frühzeitig erkennen; »Very-Experi-enced-Person-Programme« zielen auf eine Förderung älterer Leistungsträger ab – gerade im Dezenium der Frühpensionierung. Als Beispiel für eine spezifische Zielgruppenförderung sind frauenspezifische Weiterbildungskurse bei der Schweizerischen Bundesverwaltung (vgl. Preisig/Ulmi 1997), oder das »Added Experience Program« für ältere Mitarbeiter bei der Lufthansa zu nennen.
28 Vgl. Kapitel B I. Mitarbeiter als Mitunternehmer – ein Transformationskonzept
29 Vgl. Wunderer 1989c, 1992c, 1995n; Wunderer/Jaritz 1999

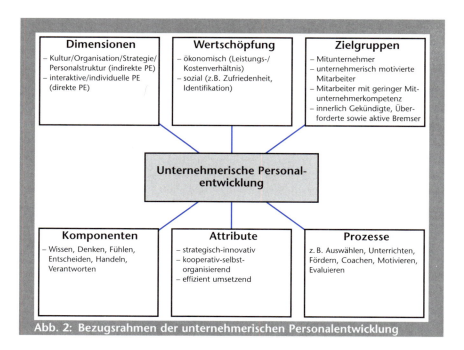

Abb. 2: Bezugsrahmen der unternehmerischen Personalentwicklung

Definition

Als unternehmerische Personalentwicklung wird eine auf Unternehmensstrategien sowie auf unternehmerische Schlüsselkompetenzen ausgerichtete Förderung möglichst **vieler Mitarbeiter zu Mitunternehmern** durch indirekte (strukturelle) sowie auch direkte (interaktive) Entwicklungskonzepte und -aktivitäten verstanden.

In eigenen Prognosestudien für die Schweiz[30] sowie für die Bundesrepublik Deutschland[31] räumten die befragten Experten der Personalentwicklung (unter 18 abgefragten Personalfunktionen) den ersten bzw. zweiten Rang für die Zukunft ein. Immer noch steht jedoch dabei eine **personalorientierte Entwicklungsphilosophie** im Vordergrund, die sich auf direkte und individuelle Förderungsmaßnahmen (und dann besonders auf Führungskräfte) konzentriert. Als notwendige Voraussetzungen für den Unternehmenserfolg sollten unternehmerische Schlüsselkompetenzen bei möglichst vielen Mitarbeitern auch über strukturelle Maßnahmen gefördert werden. Diese beiden Entwicklungsdimensionen werden nachfolgend besprochen.

---

30 Vgl. Wunderer/Kuhn 1992; Wunderer/Dick 2000
31 Vgl. Wunderer/Kuhn 1993

5.1 Indirekte (strukturelle) Personalentwicklung zur Förderung unternehmerischer Qualifikationen

> ### Definition
>
> **Strukturelle unternehmerische Personalentwicklung** wird als eine auf die Unternehmensstrategien sowie auf die unternehmerischen Schlüsselkompetenzen ausgerichtete Förderung möglichst vieler Mitarbeiter zu Mitunternehmern durch **vorwiegend indirekte (strukturelle) Maßnahmen** (entwicklungsfördernde Kultur, Strategie und Organisation und Personalstruktur) verstanden. Sie wird ergänzt durch direkte (interaktive) Entwicklungskonzepte und -aktivitäten.

Strukturelle Personalentwicklung konzentriert sich bewusst nicht auf das Management, sondern richtet sich an alle Mitarbeiter. Dies wird bei Konzepten des Total-Quality-Managements[32] sowie bei der Arbeitsgestaltung gerade im ausführenden Bereich der Industrie mit Erfolg praktiziert. Die Mitarbeiter werden zunächst mittels eines Portfolios eingeschätzt, inwieweit sie fähig und willens sind, unternehmerische Schlüsselkompetenzen zu entwickeln und zu verbessern. Damit wird auch nicht der übliche vertikale Karrierebegriff (Aufstieg, Laufbahn) zugrundegelegt, sondern diese Entwicklung soll v. a. über strukturfördernde Maßnahmen der Lernsituation (Kultur, Strategie, Organisation) erreicht werden.

Zur **strukturellen Personalentwicklung** zählen sämtliche Förderungsmaßnahmen, die über die Gestaltung der »**Arbeitssituation**« (Gestaltung und Ausprägung der Kultur, Strategie, Organisation, Personalstruktur) einen Einfluss auf die Entwicklung bzw. die Lernmotivation der Betroffenen nehmen. Spezielle Instrumente und Maßnahmen im klassischen Verständnis der Personalentwicklung sind dafür nicht erforderlich.

Die **indirekte (strukturelle) Personalentwicklung** betrifft sowohl Aspekte der Gesamtorganisation und Unternehmensführung als auch speziell auf Lernkultur, -strategie und -organisation ausgerichtete Maßnahmen. Nachfolgend werden Ansätze zu einer strukturellen Personalentwicklung aufgezeigt (vgl. Abb. 3).

5.1.1 Kultur

Unternehmenskultur kann als die Gesamtheit der in Unternehmen bewusst oder unbewusst anerkannten und gelebten Regeln, ⇒ *Normen* und Wertvorstellungen bestimmt werden. Sie prägt wesentlich das interne Miteinander, die Beziehungen nach außen sowie die Leistungen eines Unternehmens.[33] Unternehmenskultur ist

---

32 Vgl. Wunderer 1995o; Zink 1995a, Vgl. Kapitel E VI. Strategisches Führungs- und Kooperations-Controlling

33 Vgl. Kapitel C II. Unternehmens- Führungs- und Kooperationskultur als Gestaltungskomponente

Kultur	Strategie	Organisation	Personal-struktur
Werte zu	**Ziel-Mittel-Kombi-nationen**	**Dezentrale, flexible, dynamische Organisationsformen**	**Unternehmerische Qualifikation**
– Innovation – kooperativer Selbstorganisation – effizienter Ideenumsetzung – Leistungs-, Kunden-, Wettbewerbsorientierung – Subsidiarität	– Markt vs. Ressourcen – Wachstum vs. Abschöpfung – Differenzierung vs. Konzentration – Selektion vs. Entwicklung – Management vs. Mitarbeiter	– Sparten-/Profit-Center – Wertschöpfungs-Center **Arbeitsgestaltung** – Handlungsspielraum – Ganzheitlichkeit – Anforderungsvielfalt – soziale Interaktion	– Schlüsselkompetenzen – Altersstruktur – Erfahrungsstruktur – Entwicklungspotentiale **Unternehmerische Motivation und Identifikation** – Innovation – Ideenumsetzung – Kooperation – Identifikation mit Entwicklungsinhalten, -programmen und -prozessen
Rituale – öffentliche Feiern, Auszeichnungen **Vorbilder** – Führungskräfte als Lernmodelle			

Abb. 3: Dimensionen struktureller (indirekter) unternehmerischer Personalentwicklung

zu einer wichtigen Gestaltungsgrundlage der Personalentwicklung erfolgreicher Unternehmen geworden. Die Gestaltung der Unternehmenskultur versucht dabei eine Integration von Identität und Integrität der objektiven Kulturrealität des Systems und dem spezifischen, subjektiv wahrgenommenen, sozialen Kulturempfinden. »Nicht ›die Unternehmenskultur‹ kann durch Personalentwicklung verändert werden, sondern die individuelle Verhaltensbeeinflussung initiiert Lernprozesse, die dann auf kollektiver Ebene die Unternehmenskultur prägen.«[34]

Wie die Personalentwicklung dem ganzheitlichen Ziel einer Unternehmenskulturentwicklung dient, so muss auch die Forderung nach unternehmerischem Verhalten der Mitarbeiter mit der gelebten Unternehmenskultur in Einklang stehen. Hier sind besonders unternehmerische Werthaltungen zum Innovationsverhalten und zur kooperativen Selbstorganisation sowie die Umsetzungsorientierung angesprochen. In gleiche Richtung wirken Werte zu Wandel und Transformation, zu Lernen und Entwickeln, zur Leistungsorientierung, zur Wettbewerbs- und Kundenausrichtung sowie zu unbürokratischem Verhalten. Gleiches gilt für Grundhaltungen, die auf Selbstverantwortung im Entwicklungsprozess abzielen. Neben den Werthaltungen sind darauf ausgerichtete Rituale (z. B. öffentliche Feiern und Auszeichnungen mit Bezug auf unternehmerisches Verhalten) und Symbole (vom Logo bis zu Organisationsbezeichnungen) zu berücksichtigen. Die wohl bevorzugteste Legitimationsgrundlage sind Vorbilder, die Werte vorleben. Dass kulturelle Werte nur begrenzt und allenfalls mittelfristig verändert werden

---

34 Becker 1999, S. 60

420

können, sollte gerade bei dieser Dimension bewusst bleiben.[35] Die Abstimmung von Unternehmenskultur und Strategie ist von grundlegender Bedeutung.

5.1.2 Strategie

> ### Definition
>
> **Strategische Personalentwicklung** konzentriert sich auf die Definition und Auswahl von Entwicklungszielen und die dafür geeigneten Entwicklungsinstrumente. Sie ist konzeptionell in die Personal- und ⇒ *Unternehmensphilosophie* (Leitbilder) sowie in die ⇒ *Organisationsentwicklung* einzubinden.[36]

Neben allgemeinen Konzepten zur Strategie der Personalentwicklung[37] mit Bezug auf Marktausrichtung, Kundenorientierung, Service- und Produktqualität sollen hier Ansätze zur Gestaltung des Lernkontextes und Lernziele bzw. -inhalte und zur Förderung unternehmerischer Schlüsselkompetenzen im Zentrum stehen. Folgender Abstimmungs- bzw. Integrationsbedarf ergibt sich für eine unternehmerische Personalentwicklung:

Ziele und Instrumente müssen v. a. in zwei Richtungen abgestimmt werden:

– **Vertikale Abstimmung** und Ableitung der **Personalentwicklungspolitik** aus den meist unternehmensweit gültigen Leitsätzen, der Entwicklungsphilosophie, den Unternehmens- und Geschäftsbereichsstrategien und der Personalpolitik. Ebenso sollte unternehmerisches Verhalten der Mitarbeiter in sämtlichen personalentwicklungspolitischen Strategien konzeptionell eingebunden werden.

– **Horizontale Abstimmung der Personalentwicklungssysteme, -instrumente und -maßnahmen** mit den übrigen personalwirtschaftlichen Aktivitäten des Unternehmens. Hier geht es um die Förderung eines unternehmerischen Verhaltens der Mitarbeiter durch personalentwicklungspolitische Systeme und Instrumente.

Eine explizite Forderung nach **unternehmerischer Orientierung** der Mitarbeiter zeigen folgende Unternehmensleitbilder (vgl. Abb. 4).

Bei der Festlegung von Personalentwicklungsstrategien spielt die Besetzungsstrategie eine zentrale Rolle. Manche Unternehmen setzen dabei primär auf die Gewinnung und Selektion externer Mitarbeiter, die den strategischen Zielen bereits optimal entsprechen. Diese Unternehmen verfolgen eine **ressourcenorientierte Philosophie**. Sie nehmen dafür Einschränkungen in der Einheitlichkeit der Unternehmenskultur in Kauf. Andere bevorzugen dagegen eine eigenständige,

III
Personal-
entwick-
lung als
Führungs-
instru-
ment

---

35 Vgl. Sattelberger 1991a. Zu Risiken und Gefahren der Unternehmenskulturgestaltung; vgl. Becker 1999, S. 82ff.
36 Vgl. Wunderer 1985d; Riekhof 1992
37 Vgl. Papmehl/Walsh 1991; Sattelberger 1991c; Laske/Gorbach 1993

- Siemens-Unternehmensleitsätze 1990: »Wir wünschen uns unsere Mitarbeiter als »Unternehmer« in eigener Sache, die ihre Stärken und die Wettbewerbsvorteile ihrer Geschäfte genau kennen, sich etwas zutrauen und an den Erfolg glauben, sich dabei aber auch immer des unternehmerischen Risikos bewusst sind. Unsere Führungskräfte unterstützen die Mitarbeiter in ihrer Aufgabe. Sie fördern unternehmerische Talente«.
- Leitbild der Gruppe STG-Coopers & Lybrand 1992: »Wir wollen ... von unseren Partnern, Mitarbeiterinnen und Mitarbeitern unternehmerisches Denken und Handeln verlangen, die Fähigkeiten unserer Mitarbeiterinnen und Mitarbeiter gezielt fördern ...«.
- Leitbild der Helvetia/Patria 1995: »Wir fördern die Eigenverantwortung und Selbständigkeit aller Mitarbeitenden, indem wir Entscheidungs- und Handlungsfreiräume schaffen und unternehmerisches Denken und Handeln belohnen«.

Abb. 4: Explizite unternehmerische Orientierung in Unternehmensleitbildern

langfristig ausgerichtete und die Kultur stark betonende Entwicklung ihrer Mitarbeiter, sogar über Selbstentwicklungsstrategien. Dies entspricht einer **entwicklungsorientierten Philosophie**. Diese erfordert lange Realisationsphasen, ist also für Umbruchsituationen weniger geeignet. Je nach Wahl des strategischen Entwicklungskonzepts wird das Unternehmen vermehrt Schwerpunkte in der Personalselektion und -werbung oder aber in der internen Personalentwicklung setzen.

5.1.3 Organisation

Es ist inzwischen ein Gemeinplatz und in der Literatur zur »Lean-Organisation«[38] auch breit diskutiert, dass eine unternehmerische Ausrichtung ohne entsprechende Anpassung der Struktur- und Prozessorganisation nicht möglich ist. Im Mittelpunkt stehen Dezentralisierung und Entbürokratisierung sowie Flexibilisierung und Dynamisierung. Gerade die Sparten- sowie die Profit-Center- bzw. Wertschöpfungs-Center-Organisation[39] wollen zur Förderung von »Subunternehmern« beitragen.

Mit dem **Konzept des Wertschöpfungs-Centers** für das Personalwesen[40] wird versucht, einen unternehmerischen Ansatz für die Personalabteilung sowie einzelne Teilfunktionen (z. B. die Personalentwicklung) zu realisieren. Umfragen[41] belegen, dass die Personalpraktiker gerade in der Personalentwicklungsfunktion die größten Chancen sehen, diese in Form einer selbständigen und selbstverantwortlich geführten Einheit zu organisieren (vgl. Abb. 5).

38 Vgl. Stürzl 1993; Reiß 1993
39 Vgl. Wunderer 1989c, 1992c
40 Vgl. Wunderer 1989c, 1992c; Wunderer/v. Arx 1999
41 Vgl. Wunderer/Schlagenhaufer 1992

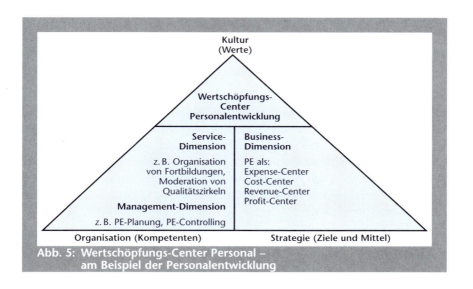

Abb. 5: Wertschöpfungs-Center Personal – am Beispiel der Personalentwicklung

Das Wertschöpfungs-Center-Konzept differenziert zwischen einer mehr qualitativen und einer quantitativen Dimension. In der **Management- und Service-Dimension** wird deutlich, dass gerade Personalentwicklungsaufgaben und -prozesse unternehmerisch geplant, organisiert und evaluiert[42] werden müssen – dies im Kontext der unternehmensstrategischen Zielsetzungen. Im Bereich der monetären Dimension (**Business-Dimension**) haben inzwischen verschiedene Unternehmen mit der Verselbstständigung eigener Gesellschaften zu »Bildungs-GmbHs«[43] gezeigt, dass diese Organisationsform oft ungeahnte Potentiale und Motivationen bei den Mitarbeitern freisetzt, da sie nicht mehr über Hierarchie, sondern über – meist ausgehandelte – Verträge und Leistungsvereinbarungen auf dem internen und externen Markt »gesteuert werden«. Zur entwicklungsfördernden und motivierenden Organisation gehört aber auch die nach psychologischen Gesichtspunkten gestaltete Arbeitsaufgabe. Zentrale Faktoren sind dabei **Handlungsspielraum**, **Ganzheitlichkeit**, **Anforderungsvielfalt**, neue bzw. sich verändernde **Aufgabeninhalte sowie Möglichkeiten zur sozialen Interaktion**, wobei nach unseren Prognosestudien Ganzheitlichkeit und Entwicklungsmöglichkeiten an erster Stelle rangiert werden.[44]

III
Personal-
entwick-
lung als
Führungs-
instru-
ment

5.1.4 Personalstruktur

Insbesondere bei einer auf die **Selektion der Mitarbeiter** ausgerichteten Politik (ressourcenorientierte Strategie) hat die Gestaltung der Personalstruktur zentrale Bedeutung. Aber auch bei wenig, schwer oder nur langfristig zu verändernden

---

42 Vgl. Wunderer/Schlagenhaufer 1992; Wunderer/Fröhlich 1994
43 Vgl. Bullwinkel 1991; Büschelberger 1991; Ischebeck/v. Arx 1995
44 Vgl. Ulich 1998; Wunderer/Kuhn 1993, S. 152 ff.; Wunderer/Dick 2000

Schlüsselkompetenzen – wie unter anderem der Sozialkompetenz – muß bei der Gewinnung und Auswahl besonders auf das bereits vorhandene Potential geachtet werden. Gleiches gilt für die Altersstruktur, die formale Ausbildung der Mitarbeiter sowie Erfahrungen in der Praktizierung von geforderten Schlüsselkompetenzen.

Wir vertreten die These, dass eine **strukturorientierte Personalentwicklung** – gerade für (**mit-**)**unternehmerische Schlüsselkompetenzen** – unbedingt auf einer bewussten Gestaltung der Personalstruktur begründet werden muss, weil unternehmerische Schlüsselkompetenzen nur begrenzt und mittelfristig veränderbar sind. Die **Gewinnung und Auswahl** (mit-)unternehmerischer Mitarbeiter bildet damit ein unverzichtbares Glied in der Wertschöpfungskette der Organisations- und Personalentwicklung.

Strategische Personalentwicklungsinstrumente:[45] Sie sind mit Anforderungen an unternehmerisches Verhalten, mit Maßnahmen der ⇒ *Organisationsentwicklung*[46] sowie der Besetzungsstrategie abzustimmen (vgl. Abb. 6). Dazu gehören insbesondere:

E
Funktio-
nen und
Instru-
mente
für
Führung
und
Koope-
ration

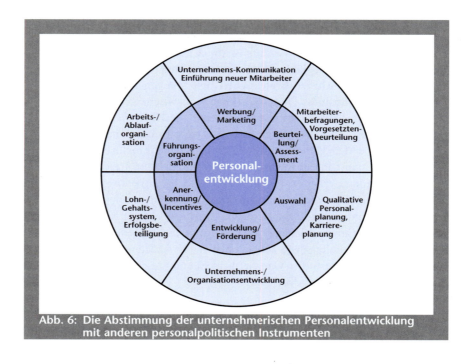

Abb. 6: Die Abstimmung der unternehmerischen Personalentwicklung mit anderen personalpolitischen Instrumenten

● **Personalmarketing:** Hierzu zählen insbesondere Werbung, Selektion und die Beurteilung potentieller Mitarbeiter und Führungskräfte – z.B. über Selek-

45 Vgl. Thom 1987; Wunderer 1988; Hilb 1995; Neuberger 1994b; Fröhlich 1995
46 Vgl. Wunderer 1979b; Sattelberger 1991c; Neuberger 1994b

424

tions- und Entwicklungsassements, Stelleninserate, Anforderungsprofile, Stellenbeschreibungen, Selektionsgespräche und -kriterien, Testverfahren und Selektionsassessments. Sie sollten das erwünschte unternehmerische Verhalten der Mitarbeiter als Gestaltungsgrundlage wählen, z. B. wird dann im Selektionsprozess besonderes Gewicht auf die Analyse unternehmerischer Kernkompetenzen gelegt.

- **P**ersonalbeurteilung bzw. **Mitarbeiter- und Vorgesetztenbeurteilung:**[47] Bei der individuellen Personalbeurteilung, bei Entwicklungsgesprächen, bei der Festlegung von Kriterien für eine Führungslaufbahn, bei (Be-)Förderungen, bei den Beurteilungskriterien in Entwicklungs-Assessments[48] sowie bei der Gestaltung von Beurteilungsbogen für Mitarbeiter und Führungskräfte sollten wiederum das unternehmerische Entwicklungspotential und die Entwicklungsmotivation konzeptionell die Grundlage bilden. Bei der Besetzung von Vorgesetztenpositionen ist nicht nur deren eigene unternehmerische Qualifikation und Motivation als explizites Beurteilungsmerkmal in das ⇒ *Assessment* aufzunehmen, sondern auch deren Bereitschaft, die entsprechenden Schlüsselkompetenzen bei ihren Mitarbeitern aktiv zu fördern.

- Wahl von **lernfördernden Führungskonzepten**, insbesondere **kooperativ-delegative Führungsstile**. Personalführung und Personalentwicklung sind untrennbar miteinander verbunden. So erfordert delegative ⇒ *Selbststeuerung* die Betonung von Selbstentwicklungsphilosophien, kooperative Führungsbeziehungen dagegen Denkmuster zu einer »partizipativen Personalentwicklung«. Deshalb muss die Personalentwicklungsabteilung auch schon bei der Aufstellung von Führungsleitbildern und -grundsätzen beteiligt werden und damit ihre traditionelle Rolle als reine Umsetzerin von definierten Entwicklungsaufträgen erweitern.

- Didaktische, methodische und inhaltliche Planung **spezifischer Förderprogramme, wie Job-Rotation, Stellvertretung oder Entsendung ins Ausland.** Ebenso geht es um die Wahl zwischen »**into-**«, »**near-**«, »**on-**« und »**off-the-job-Maßnahmen**«, die strategisch auf die Förderung unternehmerischer Qualitäten auszurichten sind. In gleicher Weise sind die didaktischen Konzepte und Trainingsmethoden – insbesondere bei Trainings off-the-job – auf diese neuen Anforderungen auszurichten. Dies beginnt bei der Bestimmung der Entwicklungsinhalte, der arbeitsgruppenbezogenen Zusammensetzung von off-the-job-Maßnahmen, der stärkeren Berücksichtigung von individuellen und gruppenspezifischen Entwicklungsphasen sowie des Reifegrades (unternehmerisches Potential und Motivation) der Betroffenen. Zudem erfordert die Definition neuer Trainingsinhalte eine aktive Unterstützung für den Lerntransfer ins Arbeitsfeld sowie die **Evaluation** der Maßnahmen über ein Entwicklungs-Controlling.

III
Personal-
entwick-
lung als
Führungs-
instru-
ment

---

47 Vgl. Kapitel E II. Personalbeurteilung – kooperatives Mitarbeitergespräch
48 Vgl. Schuler/Stehle 1987

- **Gestaltung von Anreiz-, Lohn-, Gehalts- und Erfolgsbeteiligungssystemen**, wie die Übernahme bestimmter Kurskosten für die Aneignung unternehmerischer Schlüsselkompetenzen, spezielle Honorierung unternehmerischer Verhaltensweisen, Leistungsergebnisse und Förderungsaktivitäten. Es kann auch diskutiert werden, inwieweit Führungskräfte, die sich überdurchschnittlich bei der Entwicklung einer unternehmerischen Orientierung der Mitarbeiter engagieren, gesonderte Prämien erhalten sollen,[49] wie sie für die Ausschöpfung von Marktressourcen schon lange vergütet werden. Dabei muss die Praxis erst lernen, dass solche Prämien nicht so leicht wie etwa umsatzgesteuerte Tantiemen zu berechnen sind.

- **Spezifische Konzepte** (z.B. Intrapreneuring, ⇒ *Coaching-* und ⇒ *Mentoring-*Programme) zur Sicherung der strategischen Unterstützung unternehmerischer Personalentwicklung. Dies wird nun eingehender diskutiert.

5.2 Direkte (interaktive) Personalentwicklung zur Förderung unternehmerischer Qualifikationen

Die direkte Personalentwicklung berücksichtigt besonders die individuellen und zielgruppenspezifischen Aspekte der Mitarbeiter und ermöglicht eine situationsgerechte Umsetzung der strukturellen Ansätze. Das persönliche Verhalten der Führungskräfte erfüllt dabei eine Vorbild- und Unterstützungsfunktion und beeinflusst sowohl die Entwicklungsmotivation als auch die (Selbst-)Entwicklung der Mitarbeiter.

> ### Definition
> Maßnahmen **zur direkten (interaktiven) Förderung** unternehmerischer Qualifikation und Motivation betreffen insbesondere die **traditionell und klassisch diskutierten Konzepte bzw. Instrumente der Personalentwicklung.**[50] Sie sind – unter anderem für die Umsetzung der Entwicklungsstrategien – von hoher Bedeutung.

Bei der direkten bzw. interaktiven Personalentwicklung stehen auf unternehmerische Qualifikationen sowie auf bestimmte Zielgruppen oder einzelne Mitarbeiter ausgerichtete Maßnahmen im Mittelpunkt.

- Im **off-the-job-Bereich** ist die individuelle Förderung von Mitarbeitern über Selbststudium, Seminare, Workshops zu nennen, die auf strategisch ausgerichtete ⇒ *Innovation,* marktorientierte Umsetzung sowie kooperative Selbstorganisation zugeschnitten wird.[51] Verschiedene Firmen – insbesondere in High-Tech-Branchen – haben dazu z.B. Intrapreneuring-Programme[52] entwickelt, um die Vorgesetzten in dieser Führungsaufgabe zu unterstützen.

---

49 Vgl. Bleicher 1992c
50 Vgl. Mentzel 1992; Neuberger 1994b; Dubs 1995
51 Vgl. Knoblauch 1999, S. 259ff.
52 Vgl. Pinchot 1988; Pinchot/Pinchot 1994; Pinchot/Pellmann 1999

– Im Zentrum der direkten Personalentwicklung stehen **Maßnahmen am Arbeitsplatz (training- on-the-job)**, die z. B. mit der **individuell abgestimmten Übertragung von Aufgaben und Kompetenzen** verbunden sind. V. a. aber sollte der Arbeitsplatz als Lernort für unternehmerisches Verhalten gesehen und gestaltet werden.

Hinzu kommen Betreuungen »parallel-to-the-job« bei denen **Führungskräfte von großer Bedeutung sind**.[53] Sie können als Lernmodelle (Vorbilder) Zeichen setzen sowie konkrete Beispiele bringen oder hilfreiche Hinweise geben, an denen sich die Mitarbeiter orientieren können.

Immer mehr wird daher in das Anforderungsprofil der Vorgesetztenrolle die Funktion des ⇒ *Mentoring*[54] einbezogen. Aufgrund des ⇒ *Subsidiaritätsprinzips* übernehmen die Mitarbeiter heute wesentlich mehr Initiative und Verantwortung für die persönliche Entwicklung, während Vorgesetzte diese Entwicklungsentscheidungen gezielt unterstützen und den Mitarbeiter in Fragen des persönlichen Weiterkommens und der Persönlichkeitsentwicklung beraten. Diese **Mentorrolle** kann man nicht in Stellenbeschreibungen fixieren, obgleich sie eine **wichtige Sozialisations- und Förderungsfunktion** darstellt.[55] Das personenbezogene ⇒ *Mentoring* hat sich sowohl für die Einführung von neuen Mitarbeitern als auch zur systematischen Karriere-Entwicklung von Führungsnachwuchskräften bewährt.[56] Es trägt zur Verbesserung der Kommunikation und zur Senkung der Fluktuationsrate sowie langfristigen Förderung von »high-potentials« bei.

Umstritten bleiben Ansichten zum formalen Mentoring-Programm. So sind die persönlichen Mentorenbeziehungen nur schwer institutionalisierbar. Um der Gefahr zu begegnen, dass mit Mentorensystemen Neid, Demotivation und eine ⇒ *Mikropolitik* der Nichtbegünstigten einhergeht, ist die Integration in den organisatorischen Kontext notwendig.

Ein weitergehendes Konzept ist das ⇒ *Counselling* von Vorgesetzten durch Mitarbeiter. Danach sollte der Mitarbeiter in der täglichen Arbeit wie auch im Beratungs- und Förderungsgespräch seinem Vorgesetzten besonders zu den Führungsbeziehungen wichtige Rückkoppelungen geben. Dies kann in der Vorgesetztenbeurteilung institutionalisiert werden.[57] ⇒ *Counselling* will die Aufmerksamkeit auf die Stärken lenken, um so das positive Klima und auch das Selbstwertgefühl zu steigern.[58]

III
Personal-
entwick-
lung als
Führungs-
instru-
ment

---

53 Vgl. Brüggmann 1991
54 Vgl. Kram 1988
55 Bei einer Befragung von 1250 US-amerikanischen Topmanagern ergab sich u. a., dass 64 % von Mentoren gefördert wurden. Davon gaben 48 % ihren direkten Vorgesetzten an, 54 % z. T. auch höhere Vorgesetzte. Für 68 % begann die Mentorbeziehung innerhalb der ersten fünf Berufsjahre; vgl. dazu Roche 1979; zu den Rollen eines Mentors vgl. Sattelberger 1991b; vgl. Wunderer/Dick 1997, S. 159
56 Vgl. Arhèn, 1985, Kram 1988; Zey 1990; Hilb 1997
57 Vgl. Kapitel E II. Personalbeurteilung – kooperatives Mitarbeitergespräch
58 Dazu in einem speziellen Ansatz vgl. Berger 1990

Als weiterer Ansatz »**parallel-to-the-job**« gewinnt die ⇒ *Coaching*-Rolle[59] als Konzept zur bewussten, gezielten und systematischen Förderung von Mitarbeitern an Bedeutung. Der Vorgesetzte hat in der Personalentwicklung mit dem Mitarbeiter Entwicklungsziele zu vereinbaren und ihn bei der Durchführung zu beraten sowie dessen Selbstverantwortung zu stärken. Statt einsamer Vorgesetztenbeschlüsse wird nun in einem Beratungs- und Förderungsgespräch gemeinsam ein Entwicklungsprogramm besprochen und festgelegt. Der Vorgesetzte muss dabei von der »Sage-« in die »Fragehaltung« wechseln, den Mitarbeiter damit motivieren und ihn befähigen, zuerst selbst Vorschläge zu formulieren. Während im klassischen Entsendungskonzept der Mitarbeiter auch gegen seinen Willen an einem Personalentwicklungsprogramm teilnehmen musste, rückt beim Selbstverantwortungsprinzip ein freiwilliger Verhaltenskontrakt[60] mit wechselseitigem ⇒ *Commitment* der Beteiligten in den Vordergrund. Dieses »**Behaviour Contracting**« soll die Entwicklungsverpflichtung begründen und festschreiben.

Durch ihren **Führungsstil** können Führungskräfte Grundlagen für selbständiges oder kooperatives Entscheiden und Verantworten ihrer Mitarbeiter, für frühzeitiges und umfassendes Mitwissen, Mitdenken, Mitentscheiden und Mithandeln sowie für eine auch emotionale Identifikation mit den Aufgaben, Produkten und Mitgliedern der Arbeitsgruppe schaffen.[61] Damit werden selbstorganisierende und über die eigene Einheit hinausgehende kooperative Verhaltensweisen gefördert.

Im Rahmen eines **dezentralen Personalmanagements** richten die Vorgesetzten zentrale Personalmanagementinstrumente und -programme individuell auf ihre Mitarbeiter aus. Dazu gehören Gewinnung und Auswahl der Mitarbeiter nach relevanten mitunternehmerischen Schlüsselkompetenzen, Regelungen zur Aufgabenverteilung, Versetzung, Stellvertretung und Übertragung von Sonderaufgaben sowie die individuelle und ergebnisorientierte Honorierung.

Abschließend werden die verschiedenen Förderungsmöglichkeiten der Personalentwicklung noch einmal zusammengefasst (vgl. Abb. 7).

Entscheidend für den Erfolg der Personalentwicklung ist die **Umsetzung** und Generalisierung erworbener Kompetenzen in den Arbeitsalltag und eine Evaluation des Entwicklungserfolgs[62] über ein Personalentwicklungs-Controlling.[63] Die **Evaluation der Personalentwicklung** erfüllt dabei folgende Funktionen:[64]

● **Legitimationsfunktion** (Nachweis, dass propagierte Ziele tatsächlich erreicht wurden und Begründung für Budgets und Aktivitäten)

---

59 Vgl. Gester 1991; Whitmore 1996; Thomas 1998; Hamann/Huber 1997; Donnert 1998; Brinkmann 1997
60 Vgl. O'Banian/Whalay 1981
61 Vgl. Wunderer/Mittmann 1995b
62 Vgl. Sonntag 1999
63 Vgl. Wunderer/Schlagenhaufer 1994; Wunderer/Fröhlich 1994; vgl. Kapitel E V. Führungs- und Kooperations-Controlling
64 Vgl. Neuberger 1994, S. 271. Zur Methodik, Arten der Evaluation und unerwünschten Nebenwirkungen vgl. ebenda 276ff.

E
Funktio-
nen und
Instru-
mente
für
Führung
und
Koope-
ration

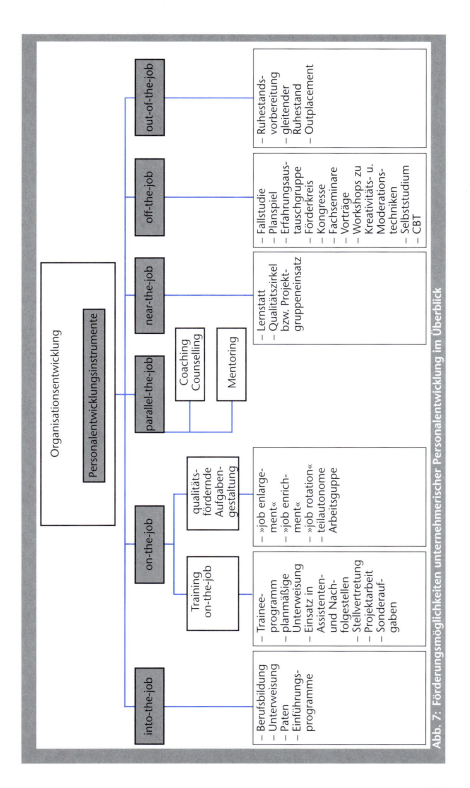

Organisationsentwicklung

Personalentwicklungsinstrumente

into-the-job
- Berufsbildung
- Unterweisung
- Paten
- Einführungs-programme

on-the-job

Training on-the-job
- Trainee-programm
- planmäßige Unterweisung
- Einsatz in Assistenten- und Nach-folgestellen
- Stellvertretung
- Projektarbeit
- Sonderauf-gaben

qualitäts-fördernde Aufgaben-gestaltung
- »job enlarge-ment«
- »job enrich-ment«
- »job rotation«
- teilautonome Arbeitsguppe

parallel-the-job

Coaching Counselling

Mentoring

near-the-job
- Lernstatt
- Qualitätszirkel bzw. Projekt-gruppeneinsatz

off-the-job
- Fallstudie
- Planspiel
- Erfahrungsaus-tauschgruppe
- Förderkreis
- Kongresse
- Fachseminare
- Vorträge
- Workshops zu Kreativitäts- u. Moderations-techniken
- Selbststudium
- CBT

out-of-the-job
- Ruhestands-vorbereitung
- gleitender Ruhestand
- Outplacement

Abb. 7: Förderungsmöglichkeiten unternehmerischer Personalentwicklung im Überblick

III
Personal-entwick-lung als Führungs-instru-ment

- **Verbesserungsfunktion** (durch Überprüfung von Methoden, Entscheidungen und Alternativorschlägen)
- **Integrationsfunktion** (Evaluation als permanenter Lernprozess in allen Einzelmaßnahmen)
- **Entscheidungsfunktion** (Grundlage für v. a. personalpolitische Entscheidungsprozesse)
- **Prognosefunktion** (Bereitstellung von Erfahrungswerten für künftige Projekte) und
- **Ausschöpfung von Rationalisierungsmöglichkeiten** (auch ökonomische Gründe für Erfolgsermittlung: Ressourcenbemessung und -gewinnung, Rechenschaftslegung, Effizienznachweis).

6 Management Development als zielgruppenorientierte und übergreifende Personalentwicklung

Mitarbeiter und Führungskräfte aller Ebenen sind das Erfolgspotential des Unternehmens. Sie sollten als Unternehmer in ihrem Verantwortungsbereich mit einem Entwicklungspotential für »höhere Verwendung« wirken. Herkömmliches Management Development als strategische Führungsbildung und -entwicklung konzentriert sich auf die Gruppe der Führungs- und Nachwuchskräfte und weniger auf das Führungspotential der Mitarbeiter.

> ### Definition
>
> Management Development betrifft alle Aktivitäten, die darauf ausgerichtet sind, das Führungspotential des Unternehmens kontinuierlich den aktuellen Veränderungen und Anforderungen anzupassen, zu verbessern und vorausschauend strategisch zu entwickeln und zu evaluieren.

Management Development stellt damit eine langfristige Investition und ein zentrales Mittel zur strategischen Führung des Unternehmens dar.[65] Integriertes Management Development zielt nicht nur auf die Entwicklung von Führungskräften, sondern bezieht interpersonale Führungs- und Organisationsprozesse ein, um fördernde Strukturen und Abläufe der Unternehmensaktivitäten zu sichern.

Ziele und Aufgaben eines Management Developments sind:

- Pflege, Erhaltung und Verbesserung bestehender Managementpotentiale (z. B. durch aufgabenorientierte Entwicklungsmaßnahmen)
- Planung, Vorbereitung und Durchführung der Entwicklung, Schulung und Besetzung von strategisch wichtigen Führungspositionen
- Bestimmung neuer Management- und Führungsaufgaben und

---

65 Vgl. Heinzel 1996, S. 102; Margerison 1991; Leupold 1987; S. 16; Schircks 1994, S. 12

- zielgerichtete Suche von »High-Potentials« (z. B. bei Auszubildenden, Prakti-
kanten, Förderungsassessment-Seminaren, Veranstaltungen von Studenten-
vereinigungen (AIESEC), Vorträge an Hochschulen oder gemeinsame Projekte
mit akademischem Nachwuchs).

Leitfragen zur Umsetzung des Management Developments lauten:

- Welche Führungspotentiale werden in den kommenden Jahren gebraucht, um
ständige Verbesserungen und eine neue Organisation zu entwickeln?
- Welches Persönlichkeits-, Qualifikations- und Motivationsprofil suchen wir?
- Wie können Mitarbeiter mit vorhandenen Führungspotentialen für neue Ziele
begeistert werden?
- Welche neuen Kompetenzen braucht die Organisation und wie integriert sie
diese?

Aus der Differenzierung in eine personen-/beziehungsorientierte und sach- oder
-stellenorientierte Dimension können Kriterienprofile für Anforderungen und
Qualifikationen der Führungsnachwuchskräfte abgeleitet werden.[66] Zu der Perso-
nenorientierung und Aufgaben- und Leistungsdimension tritt noch eine Situa-
tions- und Zukunftsorientierung hinzu.

Im Rahmen einer Management Development-Strategie erfolgt eine laufende Evaluation des Entwicklungs- und Führungskräftebedarfs und möglicher Engpässe
(z. B. interner Nachfolgeprozess für Schlüsselstellen). Voraussetzung ist eine Beurteilung der Leistungen sowie der Wünsche potentieller Führungskräfte. Zudem
baut strategisches Management Development Entwicklungshemmnisse ab (z. B.
zu hohe Orientierung an Fachwissen, Dienstalter/Überalterung, mangelnder delegativer Führungsstil, demotivierende Führungsinstrumente bzw. unzureichende Förderungs- und Lernkultur). Individuelle Entwicklungsprogramme fördern
die Eigenverantwortlichkeit der Führungskräfte und Mitarbeiter und eine unternehmerische Organisations- und Führungskultur.[67]

III
Personal-
entwick-
lung als
Führungs-
instru-
ment

Die **Instrumente** des Management Development können nach zentralen Entwicklungsbereichen differenziert werden (vgl. Abb. 8).

Zur **Integration** des Management Developments mit der Personal- und ⇒ *Organisationsentwicklung* sind folgende Aspekte zu beachten:

- Managementprozesse systematisch, zielgruppenspezifisch und individualisiert
analysieren, transparent machen, beurteilen und weiterentwickeln
- diagnostische Bedarfs- und Entwicklungsplanung (Ist-Soll-Profile) mit strategischer Organisationsentwicklung koordinieren
- Anforderungsprofil über Profilvergleichsanalyse definieren
- Qualifikationsprofile über Profilvergleichsanalyse bestimmen (Identifizierung
von Qualifikationsdefiziten bzw. Schwachstellen)

---

66 Schircks 1994, S. 76
67 Vgl. Kapitel B I. Mitarbeiter als Mitunternehmer – ein Transformationskonzept

E
**Funktio-
nen und
Instru-
mente
für
Führung
und
Koope-
ration**

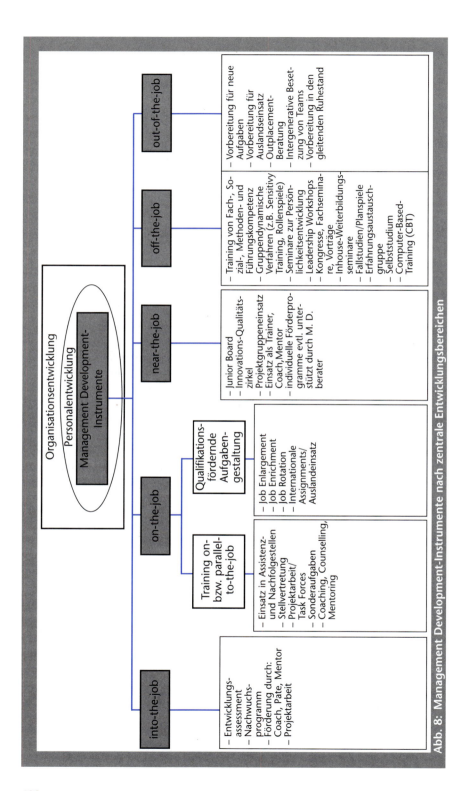

Abb. 8: Management Development-Instrumente nach zentrale Entwicklungsbereichen

- Entwicklung von Zielvereinbarungen, individuellen Förderprogrammen und Trainingsprojekten (Karrieremuster, Entwicklungspläne unter Berücksichtigung von Stärken/Schwächen, Entwicklungsmaßnahmen je nach Persönlichkeits-, Erfahrungs- und Leadership-Profilen)
- Abstimmung von Lernbedürfnissen, -inhalten und -methoden
- Abstimmung der Entwicklung zwischen Abteilungen und einzelnen Potentialträgern
- Realisation und Anpassung der Maßnahmen zur Führungskräfteentwicklung (z. B. über begleitendes ⇒ Coaching und ⇒ Mentoring)
- dezentrale Förderung und Entwicklung der Führungskräfte in ihren »Organisationsfamilien« und individuelles Spezialtraining zur anforderungsgerechten Qualifizierung und Motivierung
- unternehmensweite Gültigkeit der »Management Development-Policy« und zugleich Freiräume für dezentrale Organisationseinheiten für zusätzliche Aktivitäten, die lokalen Bedürfnissen entsprechen[68] und
- Evaluation als bewertende Bestandsaufnahme und Erfolgskontrolle einzelner Maßnahmen (Lerntransfer) und der Gesamtprozesse (evtl. ergänzt durch eigenes Management-Development-Controlling im Rahmen des Personal-Controllings).[69]

Als Entwicklungsstrategie baut das Management Development Mitarbeiterpotentiale und mitunternehmerische Schlüsselkompetenzen auf sowie Barrieren ab. Sie schafft so die Voraussetzungen für kooperationsorientierte Netzwerkbildung und effizientes Selbstmanagement.

Folgerungen für das Mitunternehmertum

Viele der Grundanforderungen des Management Developments entsprechen denen der Entwicklung des Mitunternehmertums. Das Management Development kann aber spezifisch unter mitunternehmerischer Perspektive gezielt oder erweitert gestaltet werden.[70]

- Die Entwicklung strategischer Kompetenzen, wie Umgehen mit Chancen und Risiken, ganzheitliches Denken und Handeln, Kommunikations-, Kooperations- und Entscheidungsfähigkeiten
- Es geht um: Das Erlernen von führungsrelevanten Fähigkeiten (z. B. Delegationsfähigkeit, Bereitschaft, Verantwortung zu übernehmen, Konfliktfähigkeit, Ambiguitätstoleranz) dient auch einer Qualifizierung unternehmerisch orientierter Mitarbeiter für spätere, offizielle Führungsaufgaben.
- Führungskräfte sollten wegweisende Lernvorbilder für mitunternehmerisches Verhalten sein, über entsprechende Qualifikation und Motivation verfügen, um sie sichtbar vorleben zu können.

---

68 Vgl. Schircks 1994, S. 169; vgl. Margerison 1991, S. 126
69 Vgl. Kapitel E V. Führungs- und Kooperations-Controlling im Kontext des Personal-Controllings
70 Vgl. Kapitel B I. Mitarbeiter als Mitunternehmer – ein Transformationskonzept

- Führungskräfte müssen über fördernde Rahmenbedingungen und strukturelle Führung für eine Lernkultur sorgen und ihre Mitarbeiter zur Personalentwicklung anregen, sie unterstützen und coachen.
- Aus Sicht des Mitunternehmertums geht es nicht primär um eine positionsbezogene, sondern um eine auf Schlüsselkompetenzen ausgerichtete sowie team- und organisationsorientierte Entwicklung. »Train-the-Trainer«-Konzepte und Lernprozesse in Teams sind hier angebracht, weil Manager und Mitarbeiter so gemeinsam lernen können.
- Die Förderungsmöglichkeiten des Management Developments, wie »into-the-job« (z. B. Nachwuchsprogrammen), »on- oder near-the-job« (z. B. Projektarbeit, Qualitätszirkel, Einsatz als Trainer/Coach) sowie »off-the-job« (z. B. Teamtrainings und Intergruppenentwicklung) sind in mitunternehmerische Entwicklungsstrategien zu integrieren.
- Die Managemententwicklung sollte in übergreifende strategische Unternehmensführungs- und Evaluationskonzepte integriert werden. Ein Beispiel ist die Dimension der Lern- und Entwicklungsperspektive im Balanced-Score-Card-Ansatz.[71]

7 Fragen zur Selbstüberprüfung

1. Worin liegt die aktuelle Bedeutung der Personalentwicklung?

2. Was sind die wesentlichen Ziele und Aufgaben der Personalentwicklung?

3. Beschreiben Sie Beziehungen zwischen indirekter- struktureller und direkter–interaktiver Personalentwicklung.

4. Inwieweit lässt sich der Wertschöpfungs-Center-Gedanke auf die Personalentwicklung übertragen?

5. Worin liegt die besondere Bedeutung des Management Developments als zielgruppenorientierte Personalentwicklung?

6. Worin liegen die Besonderheiten einer mitunternehmerischen Personalentwicklung?

7. Diskutieren Sie Folgerungen eines integrierten Management Developments für das Mitunternehmertum.

71 Vgl. Kapitel E VI. Strategisches Führungs- und Kooperations-Controlling

IV. Honorierungskonzepte als Führungs- und Kooperationsinstrumente

Inhalt

Zunächst werden Begriff und Bedeutung sowie verschiedene Funktionsweisen von Honorierungskonzepten und Anreizsystemen diskutiert. Anschließend werden materielle und immaterielle Honorierungssysteme vorgestellt. Abschließend wird auf die Gestaltung von Honorierungssystemen im Mitunternehmertum eingegangen. Dazu werden Voraussetzungen für die positive Wirkung, das Gerechtigkeitsproblem und portfoliogerechte Honorierungssysteme erörtert.

Gliederung

1 Begriff und Funktionen von Honorierungs- und Anreizsystemen
2 Materielle und immaterielle Honorierungssysteme
3 Gestaltung von Honorierungskonzepten im Mitunternehmertum
4 Fragen zur Selbstüberprüfung

Verweise

Kapitel C III.   Identifikation, Motivierung und Remotivierung im Rahmen werteorientierter Führung
Kapitel E III.   Personalentwicklung als Führungsinstrument

1 Begriff und Funktionen von Honorierungs- und Anreizsystemen

Nach ökonomischen und auch modernen psychologischen Theorien neigen Menschen in ihrem Arbeits- und Leistungsverhalten dazu, sich so zu verhalten, wie sie ihre Tätigkeit als motivierend empfinden bzw. wie sie von Organisationen belohnt werden. Honorierungen können dazu beitragen, dass sich besonders die auf die Arbeit bezogenen Bedürfnisse erfüllen. Sie beeinflussen so die ⇒ *Arbeitszufriedenheit*. Deshalb sollte sich die Mehrzahl der Mitarbeiter intern (d. h. anforderungs-, leistungs- und sozialgerecht) sowie extern unternehmenserfolgsgerecht honoriert empfinden. Honorierungen und Anreize verstärken also gezielt Verhalten, führen zum Erlernen neuer Verhaltensweisen bzw. beeinflussen die Wahl von gewünschten Verhaltensalternativen.[1]

Anreize werden als ein wesentlicher Einfluss- und Kontrollmechanismus der Führung verwendet, um qualifizierte Mitarbeiter zu gewinnen, sie zu binden sowie die Arbeitsleistung zu erhöhen bzw. Absentismus zu vermindern. Wie Motivationstheorien belegen, bestimmt auch ein passendes Verhältnis von Motiven und Anreizoptionen die Richtung, Stärke und Dauer der Motivation und damit die Effizienz des Leistungsergebnisses.[2]

Anstelle von expliziten und einzelnen Verhaltensregulierungen koordinieren Honorierungssysteme mehrere Anreize so, dass sie im Wirkungszusammenhang gemäß den Zielen der Unternehmung erwünschte Verhaltensweisen auslösen bzw. unerwünschte Verhaltensweisen zurückdrängen.

> ## Definition
>
> Honorierungssysteme können definiert werden, als eine Koordination von gezielt ausgewählten Anreizen, die über spezifische Kriterien in einem administrativen Rahmen organisiert und für bestimmte Zielgruppen spezifiziert werden.

Honorierungssysteme erfüllen mehrere **Funktionen**:[3]

- **Informationsfunktion**
  Sie informieren über Verhaltenswirkungen und Leistungsfolgen.

- **Aktivierungs-/Motivationsfunktion**[4]
  Gute Leistungen können bei entsprechender Ausrichtung belohnt werden. Aufgrund der verschiedenartigen, menschlichen Bedürfnisse und Motivationen ist ein Ansprechen unterschiedlicher Anreize, in möglichst auch individueller Weise, sinnvoll.

---

1 Vgl. Weinert 1992
2 Vgl. Schanz 1991; Weiner 1992; Schettgen 1996; Campbell et al. 1998
3 Vgl. auch Becker 1995, Sp. 39
4 Vgl. Kapitel C III. Identifikation, Motivierung und Remotivierung im Rahmen werteorientierter Führung

- **Richtungsfunktion**
  Auf welche Objekte, Ziele und Verhaltensweisen beziehen sich die Ergebnisse?

- **Selektionsfunktion**
  Bei Selektion sorgen Anreizmechanismen dafür, dass sich bestimmte Bewerber nur für bestimmte Stellen interessieren. Selbstselektion von Mitarbeitern kann über Leistungsdifferenzierung der Vergütung gefördert werden. Bei guter Leistung sollte eine höhere Vergütung als bei Beschäftigung in anderen Unternehmen zu erwarten sein, bei schlechter Leistung eine geringere. Eine Risikoaversion der Mitarbeiter sowie kollektive Regelungen setzen der Differenzierung von Vergütungssystemen jedoch Grenzen.

- **Integrations-/Koordinationsfunktion**
  Honorierungssysteme helfen, die Koordination zwischen einzelnen Geschäftsbereichen und die Abstimmung zwischen diesen und der Unternehmensleitung zu verbessern. Sie können zwischen den unternehmensinternen Zielsystemen und unterschiedlichen, kollektiven Gesamtinteressen vermitteln. So sollen auf den Unternehmenserfolg bezogene Beteiligungen die einseitige Orientierung auf die eigene Organisationseinheit reduzieren.

2 Materielle und immaterielle Honorierungssysteme

IV
Hono-
rierungs-
konzepte
als
Führungs-
und
Koope-
rations-
instru-
mente

Honorierungssysteme lassen sich in verschiedener Hinsicht differenzieren.

2.1 Materielle Honorierungssysteme

Materielle Anreize werden dann besonders wahrgenommen, wenn sie verursachergerecht, individuell oder teambezogen zurechenbar sind; wenn sie relativ unmittelbar auf die erbrachte Leistung folgen und wenn sie mit persönlicher Anerkennung verbunden werden. Abb. 1 gibt einen Überblick über die unterschiedlichen Möglichkeiten materieller Honorierung.

Unternehmen können ihre Mitarbeiter auch am Erfolg, Vermögen und Kapital beteiligen. Folgende Abb. 2 zeigt verschiedene **materielle Beteiligungssysteme** für Mitarbeiter.

2.2 Immaterielle Honorierungssysteme

Umfragen[5] und die Führungspraxis zeigen immer wieder, dass **immaterielle Anreize**, insbesondere persönlich kommunizierte Anerkennung, am stärksten gewünscht und am meisten vermisst werden.

---

5 Vgl. dazu auch Kapitel C I. Wertewandel und Führung; C III. Identifikation, Motivierung und Remotivierung im Rahmen werteorientierter Führung

Materielle Honorierungssysteme (Vergütung)			
Grundgehalt	Variable Vergütung		Zusatzleistungen
● Festgehalt ● Festgratifikationen (z.B. Urlaubs- oder Festtagsgratifikationen)	● Leistungsorientierte Vergütung ● Kapital- und Erfolgsbeteiligungen ausdifferenziert nach:		● Versorgungsleistungen (z.B. Versicherungen) ● Nutzungsleistungen (z.B. Firmenwagen)
	Zeitlicher Bezug	Bezugsebene	
	● Spontan: z.B. Anerkennungsprämie ● Kurzfristig operativ: z.B. Bonus, Erfolgsanteil ● Langfristig strategisch: z.B. Incentives	● Individuelle Leistung ● Teamorientiert ● Abteilungsbezogen ● Unternehmensebene	
Direkter Anteil			Indirekter Anteil

Abb. 1: Materielle Honorierungssysteme[6]

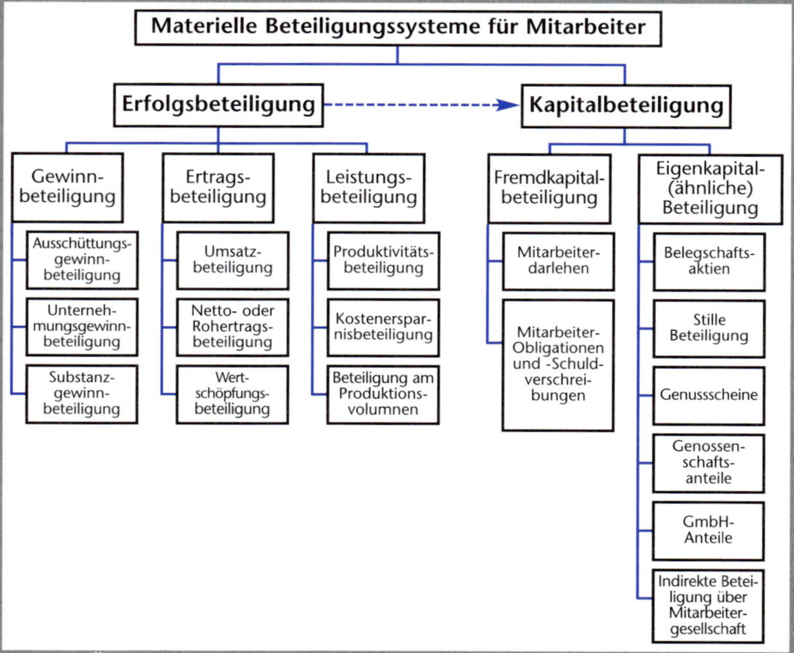

Abb. 2: Überblick über Formen materieller Beteiligungssysteme für Mitarbeiter[7]

6 In Anlehnung an Hilb 1999, S. 99
7 Vgl. Becker 1993, S. 329

Immaterielle Honorierungssysteme		
Kultur	**Strategie**	**Organisation**
● Positives Image des Unternehmens ● Partizipation auf individueller und unternehmerischer Ebene (z. B. über Mitbestimmung) ● Identitäts- und Motivationspotential des Unternehmens ● Vertrauens- und Anerkennungskultur ● Motivierende Führungs- und Kooperationskultur	● Partizipation an der Strategie- und Zielbildung (MbO) ● Empowerment (z. B. durch Delegation von Kompetenzen) ● Partizipative Karriereplanung ● Personalentwicklung (z. B. Fortbildung) ● Aufstieg aus den eigenen Reihen ● Mehr Einsatz von Frauen oder jüngeren Führungskräften	● Arbeitsstrukturierung ● Arbeitsinhalte ● Gestaltung der Arbeitsbedingungen (job enrichment, job enlargement, Projektaufgaben, Delegation von Verantwortung) ● Autonome Arbeitsgruppen (z. B. Qualitätszirkel) ● Informations- und Kommunikationsstrukturen (regelmäßige, rechtzeitige und umfassende Informationen)

Abb. 3: Strukturelle Dimensionen immaterieller Honorierungssysteme[8]

Diese werden im Folgenden hier nicht weiter diskutiert. Denn sie sind – in teilweiser anderer Systematik – bereits behandelt worden (vgl. Abb. 3).[9]

3 Gestaltung von Honorierungssystemen im Mitunternehmertum

»Mitbeteiligen« und »Mitbesitzen« sind notwendige Komponenten eines umfassenden Konzepts internen Unternehmertums.[10] Wirksame Honorierungssysteme helfen dem Unternehmen, mitunternehmerische Mitarbeiter zu gewinnen, sie zu halten und ihre Leistungsbereitschaft und -potentiale zu unterstützen.

In der wissenschaftlichen Diskussion finden sich viele Argumente zu Voraussetzungen für die motivationsfördernde Wirksamkeit von Leistungsentlohnung und finanziellen Anreizen oder Beteiligungen.[11] Neben dem Interesse der Mitarbeiter, sich auf komplexe und erfolgsabhängige Honorierungssysteme einzulassen, sind instrumentelle Voraussetzungen zu schaffen, um eine Wirksamkeit auch nach-

---

8 Vgl. auch Becker 1993, S. 329

9 Vgl. Kapitel C III. Identifikation, Motivierung und Remotivierung im Rahmen werteorientierter Führung

10 Vgl. Kapitel B I. Mitarbeiter als Mitunternehmer – ein Transformationskonzept. Im letzten Jahrzehnt hat die Erfolgs- und Kapitalbeteiligung stark zugenommen – insbesondere für Führungskräfte. Dies besonders unter Shareholder-Value-Ansatz. Aus anderer Sicht berichtet der Geschäftsführer der Arbeitsgemeinschaft zur Förderung der Partnerschaft in der Wirtschaft allein von über 2500 Unternehmen mit Kapitalbeteiligung. Er listet dafür 17 Argumente auf, um dieses Konzept als zentralen Förderansatz für Mitunternehmertum zu begründen, vgl. Lezius 1999, S. 34f. sowie ders. 1984

11 Vergleiche für die folgenden Argumente Laux 1992, Sp. 112ff.; Weinert 1992 Sp. 12ff.

haltig zu sichern. Je höher die Möglichkeit zur Mitbeteiligung auch in Relation zum eigenen Vermögen ist, desto mehr dürften Mitarbeiter gemeinsam entwickelte Ziele zu ihren eigenen machen und sich für sie engagieren.

3.1 Voraussetzungen für die positive Wirkung von Honorierungssystemen

»Mitwirkung« und mitunternehmerische Leistungen bezeichnen ein **Zusammenwirken** $\Rightarrow$ *extrinsischer* **und** $\Rightarrow$ *intrinsischer* **Anreize**.[12] Finanzielle Belohnungen, Gewinnbeteiligung, Anreizpläne und sogar Anerkennung können als $\Rightarrow$ *extrinsische* Honorierungssysteme definiert werden.[13] Um eine positive Wirkung von Honorierungssystemen zu erzielen, sind folgende **Voraussetzungen** zu beachten:

- $\Rightarrow$ *Intrinsisch* motivierte Leistungen dürfen nicht durch $\Rightarrow$ *extrinsische* Anreize gestört oder verdrängt werden.[14] Da mitunternehmerische Mitarbeiter schon $\Rightarrow$ *intrinsisch* motiviert sind, können sie insbesondere durch eine als unfair oder ungerecht empfundene Vergütung oder Belohnung demotiviert werden.[15]

- Die $\Rightarrow$ *intrinsische* Motivation von Mitunternehmern wird durch externe Interventionen und Honorierungssysteme unterhöhlt, wenn diese (in der eigenen, subjektiven Wahrnehmung) die Selbstachtung und -kontrolle einschränken. Wird eine aus $\Rightarrow$ *intrinsischer* Motivation gespeiste Führungs- oder Kooperationsbeziehung $\Rightarrow$ *extrinsisch* durch Honorierungssysteme beeinflusst, dann wird ein impliziter Vertrag verletzt, der auf gegenseitiger Wertschätzung des Engagements und der Achtung der personalen Beweggründe beruht.[16]

- Persönliche Kontrolle über den Ablauf der Arbeit und (fachliche) Kompetenz für eine als interessant und sinnvoll eingeschätzte Arbeitstätigkeit haben einen deutlich höheren Effekt auf die $\Rightarrow$ *intrinsische* Motivation als $\Rightarrow$ *extrinsische* Belohnungen.[17] Daher müssen Arbeitsaufgabe und -inhalt genügend Gestaltungsspielräume umfassen, damit zusätzliche Anstrengungen zu höheren Outputs oder produktiveren (Leistungs-)Ergebnissen führen können. Auch muss die gegebene Arbeitsorganisation und Technologie genügend Varianz in Bezug auf Ablauf, Volumen oder Qualität der Arbeit zulassen. Die Mitarbeiter

12 Vgl. Kapitel C III. Identifikation, Motivierung und Remotivierung im Rahmen werteorientierter Führung

13 Vgl. Weinert 1992

14 Vgl. Frey 1997; Deci 1975; Deci/Ryan 1985

15 Nach der Austauschtheorie sowie der Weg-Ziel-Theorie der Motivation muss ein direkter Zusammenhang zwischen Leistung und Entlohnung wahrgenommen werden können. Für den Mitarbeiter muss deutlich sein, dass ein Gleichgewicht zwischen seinen höheren Anstrengungen und den zusätzlichen Belohnungen besteht. Auch ist eine eindeutige Ursachenzuschreibung bzw. Verantwortungszuweisung erforderlich.

16 Vgl. Frey/Osterloh 1997

17 Vgl. Ondrack 1995, Sp. 307ff., insb. 326

müssen diese Varianzen selbst beeinflussen und nach eigenen Vorstellungen auch eingeständig gestalten können.

- Der Wert der zusätzlichen Leistung muss dazu sowohl mess- und zurechenbar sowie für die Organisation größer sein, als die Kosten der Bonuszahlung und damit verbundenen Ausgaben. Bezüglich der Beurteilung ist die Wertschöpfung und ihre Evaluation[18] von grundlegender Bedeutung. Dabei ist die Beurteilung nicht nur durch Vorgesetzte, sondern zusätzlich über zentrale ⇒ *Stakeholder* – insbesondere (interne) Kunden – durchzuführen.

- Auch sind die relativ hohen Transaktionskosten der ⇒ *extrinsischen* Motivation (z. B. durch Entwicklungs-, Vereinbarungs- und Überwachungskosten) zu berücksichtigen.

- Für Honorierungssysteme müssen entsprechende Führungsinstrumente entwickelt und implementiert sein: MbO, Information über Abteilungs- und Unternehmenserfolg, Kosten- und Leistungsrechnungen, Personalbeurteilung, aber auch Profitcenter- bzw. Wertschöpfungs-Center-Organisation, Definition kritischer Ereignisse im Sinne von Erfolgs- und Misserfolgsfaktoren, Ermittlung der Team- und Individualleistung.

- Bei Kapitalbeteiligungen müssen die Anteile als wesentlich empfunden werden, sei es am Unternehmen oder am gesamten Kapitalbesitz des Mitarbeiters. Sonst besteht die Gefahr, dass solche Anreize nur zu einem Mitnahmeeffekt bei günstigen Ausgabebedingungen führen.

3.2 Gerechtigkeitsprobleme bei Honorierungssystemen

Honorierungssysteme müssen das Problem der Gerechtigkeit einbeziehen. Dazu sollte auch der Umgang mit Paradoxien vorbereitet und gelernt werden. Diese betreffen zuteilende (»Jedem das Seine«) und ausgleichende Gerechtigkeit (»Jedem das Gleiche«), kurz- und langfristige, persönliche und kollektive Zurechnung, monetäre versus immaterielle Anreize, Status-, Positions-, Hierarchie- und Ergebnisorientierung der Anreize und Belohnungen (vgl. Abb. 4). Das zentrale Gerechtigkeitsproblem differenzieren wir, neben den demographisch/kulturellen Gerechtigkeitsdimensionen (z. B. Geschlecht, Alter, Ethnie, Nationalität, Gruppen- bzw. Betriebszugehörigkeit, Religion/Weltanschauung, Bildungsniveau) unter weiteren Aspekten bzw. Zielen. Es ist offensichtlich, dass leicht Zielkonflikte zwischen den einzelnen Aspekten entstehen können. Die Unternehmenskultur wird durch die Wahl der dominanten Gerechtigkeitskriterien charakterisiert (z. B. Anforderungs-/Leistungs-/Ergebnisgerechtigkeit).

Honorierungskonzepte sind zumindest in Mittel- und Großorganisationen überwiegend kollektiv oder organisationsspezifisch geregelt. Der Spielraum für die Führungskraft steigt mit höherer Führungsebene oder in Organisationseinheiten mit Profitverantwortung (z. B. Profit-/Werschöpfungs-Center). Der Vorgesetzte

---

18 Vgl. Wunderer/Jaritz 1999

441

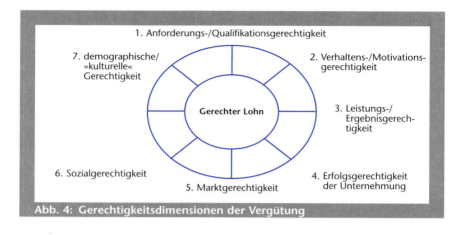

Abb. 4: Gerechtigkeitsdimensionen der Vergütung

kann aber über Anträge für Höherstufung oder Beförderung strukturell Einfluss nehmen. Auch im Bereich der ergebnisorientierten Honorierung muss er, insbesondere bei Qualitäts- oder Verhaltensbeurteilung, eigenverantwortlich einschätzen sowie Beurteilungsstandards definieren und vereinbaren. Im Bereich von teambezogenen oder individuellen Systemen und Zulagen (z. B. Sonderprämien, »Dinner for two«) verfügen Führungskräfte über ein Budget, über das sie verfügen können. Die Tendenz geht aber mehr zur austeilenden Gerechtigkeit, i. S. des Gleichbehandlungsgrundsatzes »Jedem das Gleiche«. Denn die zuteilende Gerechtigkeit (»Jedem das Seine«), bringt leicht Unruhe in das Team und erzeugt Motivationsbarrieren. Dies gilt besonders dann, wenn Ergebnisse oder Verhalten nicht objektiv evaluierbar sind. Dies beeinflusst auch die Ergebnisse von Leistungsbeurteilungen. Sie werden deshalb nicht selten »final« entwickelt. Die beabsichtigte Leistungszulage oder Beförderungsentscheidung oder die angestrebte Motivationswirkung beeinflusst die Leistungsbeurteilung.

3.3 Portfoliogerechte mitunternehmerische Honorierungssysteme

Ein Honorierungssystem nach einem Portfolio-Ansatz differenziert die Mitarbeiter nach ihrer unternehmerischen Einstellung und Qualifikation. Je nach Reifegrad der Mitarbeiter können so verschiedene Honorierungssysteme zur Anwendung kommen. Bei der Ermittlung von Boni und Gratifikationen sollten die wichtigsten Zielgrößen, Erfolgsfaktoren und Aufgaben über die strategischen Schwerpunkte und Schlüsselqualifikationen gewichtet werden (können). Im Rahmen von zielgruppenorientierten Motivierungskonzepten bzw. Remotivierungsansätzen sind insbesondere für demotivierte Mitarbeiter spezifische und zurechenbare Anreize und Vergütungen zu entwickeln.

»Mitunternehmer«

»Mitunternehmer« und »unternehmerisch motivierte Mitarbeiter« sind schon (⇒ *intrinsisch*) motiviert. Daher ist bei ihnen der Aspekt der emotionalen und

E
Funktio-
nen und
Instru-
mente
für
Führung
und
Koope-
ration

442

immateriellen Anerkennung der besonderen Leistung von grundlegender Bedeutung. Eine entsprechende faire Erfolgs- und Kapitalbeteiligung (z. B. als Anteilseigner) ist dabei nicht nur ⇒ *extrinsisch* zu interpretieren.[19]

Auch sind nicht nur kurzfristige und operative, sondern ebenso strategische und langfristige Beteiligungsaspekte von besonderer Bedeutung. Gleiches gilt für kulturprägende, unkonventionelle, wertorientierte Anreizkomponenten (wie z. B. Sinn, Kreativität, Lebensqualität), denn Mitunternehmer unternehmen gerne etwas, sind für Neues und für Kooperation offen. So gilt es, ihnen Möglichkeiten zu einer erhöhten Selbständigkeit, Autonomie und herausfordernden Arbeitsausführung zu vermitteln (z. B. durch Job-Sharing, Patch-Working, Profit- und Wertschöpfungs-Center-Organisation).

»unternehmerisch motivierte Mitarbeiter«

Bei unternehmerisch motivierten, aber weniger qualifizierten Mitarbeitern kann sich die qualifikations- und verhaltensorientierte Vergütung zunächst auf Schlüsselkompetenzen ausrichten.[20] Dabei ist insbesondere die Handlungskompetenz mit Bezug auf Leistungsentlohnung von grundlegender Bedeutung, insbesondere im Rahmen von Selbst- und Teamentwicklung. Die Anreize sollten sich deshalb nicht nur auf direkte Leistung, sondern auf die Verbesserung der Qualifikation (Weiterbildungs- und Beschäftigungssicherung) beziehen. Die materiellen Anreize sollten sich auch auf die vereinbarten Leistungen bzw. Leistungsergebnisse ausrichten. Und es ist auch darauf zu achten, dass die vorhandene unternehmerische Grundmotivation nicht durch Barrieren gestört wird.

»Mitarbeiter mit geringer Mitunternehmerkompetenz«

Mitarbeiter mit geringer Mitunternehmerkompetenz, sollten selektiv und u. U. stärker ⇒ *extrinsisch* motiviert werden. So können Belohnungen anregen, zunächst unvertraute oder als Überforderung empfundene Aufgaben in Angriff zu nehmen, was zu einem Kompetenzerleben führen kann. Dabei sollten neben einer informierenden Wissensvermittlung auch Lern- und Weiterbildungsmöglichkeiten und ihre finanzielle Förderung sowie dafür gegebene Anreize zu den Schlüsselqualifikationen stehen. Schließlich sollte neben der individuellen die teambezogene Leistung (Gruppenarbeit) besonders gewichtet werden.

»Überforderte«, »aktive Bremser« und »innerlich Gekündigte«

»Überforderte« und »Bremser« sind überhaupt erst für Personalentwicklung zu gewinnen. Zudem sind gerade hier, neben einer stärkeren Ausrichtung auf individuelle, team- und unternehmensbezogene Ergebnisse, auch Sanktionen relevant, wie Einfrieren der Gehaltshöhe, Umsetzungen und schließlich auch Freisetzungen, insbesondere die Normalleistung, wenn längere Zeit nicht oder nicht

---

19 Vgl. Becker 1990
20 Für die Förderung von Innovationsverhalten gibt es zahlreiche Studien und Publikationen (z. B. Becker 1990; Schanz 1991). Ähnliches gilt für die Förderung der Teamentlohnung. Vgl. Bussmann/Tutschke 1996, S. 50

Komponente	Mögliche Instrumente und Maßnahmen	Beispiele aus der Praxis
Wissen	Informationsmedien im Unternehmen Kommunikationsprozesse zwischen Vorgesetzten und Mitarbeitern	• IBM: Kummerkasten des Betriebsrats • HP: Management by wandering around/ Informeller Umgang und offene Kommunikation/open door policy • Daimler/Chrysler: »Daimer/Chrysler-Time-Business TV/ Infoletter« • Knoblauch-Gruppe: Integration neuer Mitarbeiter
Denken	Mitarbeiterpotentiale wecken, entwickeln und nutzen.	• HP: Keine Stechuhren/Flexible Arbeits-zeitmodelle/Weiterbildungs- möglichkeiten nach dem Subsidiari- tätsprinzip • Knoblauch-Gruppe: Förderung des in- ternen Verbesserungs- und Vorschlags- wesen
Fühlen	Identifikation schaffen und fördern.	• HP: Anrede mit Vornamen/Verzicht auf Statussymbole/Management by wandering around • Allgemein: Anerkennung mit direktem kausalen Zusammenhang zur erbrach- ten Leistung
Entscheiden	Führen durch Zielverein- barung (MbO)/ Erweite- rung dergesetzlichen Mit- bestimmung	• Allgemein: Führen durch Zielverein- barungen
Verantworten	Möglichkeiten zur Selbst- ververwirklichung und Verantwortungsdelegation	• IBM: Extra-Prämie für erfolgreiche Vermittlung eines qualifizierten neuen Mitarbeiters • Gore-Unternehmen: Selbstbestim- mung am Arbeitsplatz: 20 % der Ar- beitszeit kann für selbstbestimmte Projekte verwendet werden • Allgemein: Beteiligung am Unterneh- menserfolg/Flexible Arbeitszeitmodelle

Abb. 5: Mögliche Instrumente und Praxisbeispiele

E
Funktio-
nen und
Instru-
mente
für
Führung
und
Koope-
ration

mehr erbracht wird. »Innerlich Gekündigte« müssen zunächst remotiviert werden. Denn diese Mitarbeiter waren ja motiviert, aber ihr Identifikations- und
Motivationspotential wurde zerstört.

Für alle Typen des Portfolios bietet sich auch das sog. »**Cafeteriasystem**« an, welches den Mitarbeitern freistellt, entsprechend den persönlichen Bedürfnissen und
Präferenzen, im Rahmen festgelegter Beträge und Wahlmöglichkeiten, die Form
und Ausgestaltung von Sozialleistungen zu bestimmen.[21] Die Arbeitnehmer ver-

---

21 Vgl. Dycke/Schulte 1986

walten ihr eigenes Budget (Kosten-Nutzen-Bewusstsein) mit periodisch wieder-kehrenden Wahlmöglichkeiten, die somit Änderungen in der Präferenzstruktur der Arbeitnehmer im Zeitablauf berücksichtigen. Das Cafeteria-System bietet mit der Konzeption alternativer Menüpläne ein flexibles Instrumentarium, um auf die spezifischen Bedürfnisse der Mitarbeiter einzugehen. Es ist darüber hinaus auch denkbar, den Mitarbeiter in den Genuss von Stufenplänen kommen zu lassen, d. h. bei ausgezeichneter Aufgabenerfüllung neue Menüoptionen zu eröffnen.[22] Das Cafeteria-System fördert so auch die Selbstorganisation der Mitarbeiter.

Abschließend werden für mitunternehmerische Gestaltungs- und Verhaltensziele mögliche Instrumente und Maßnahmen sowie Praxisbeispiele dargestellt (vgl. Abb. 5).

4 Fragen zur Selbstüberprüfung

1. Nennen Sie drei Beispiele für Zielkonflikte bei der materiellen Honorierung.

2. Zeigen Sie Beispiele für Honorierungsgerechtigkeit.

3. Wie würden Sie mitunternehmerisch motivierte Mitarbeiter honorieren?

4. Welche Grenzen einer Honorierung als Anreizsystem finden Sie besonders wichtig?

---

22 Zur variablen Vergütung in Form eines »Cafeteria-Plans« vgl. Wolff 1999

V. Führungs- und Kooperations-Controlling im Kontext des Personal-Controllings

Inhalt

Im Rahmen einer unternehmensweiten Controlling-Konzeption kommt dem Personal-Controlling die Rolle eines Funktions-Controllings zu. Es handelt sich insofern um ein **Evaluationsinstrument zur Optimierung des Nutzens der Personalarbeit**. Das Kapitel zeigt Dimensionen, Funktionen, Instrumente und führungsorganisatorische Aspekte des Personal-Controllings auf der Basis einer betrieblichen Personal-Controlling-Philosophie. Im weiteren konzentriert sich das Kapitel auf einen Teilbereich des Personal-Controllings, das Führungs- und Kooperations-Controlling.

Gliederung

1 Entwicklungstendenzen im Personal-Controlling
2 Personal-Controlling-Funktionen
3 Definition, Ebenen und Funktionen des Personal-Controllings
4 Teilbereich Führungs- und Kooperations-Controlling
5 Fragen zur Selbstüberprüfung

Verweise

Kapitel E II. Personalbeurteilung – kooperatives Mitarbeitergespräch
Kapitel E VI. Strategisches Führungs- und Kooperations-Controlling

1 Entwicklungstendenzen im Personal-Controlling

Seit den achtziger Jahren verstärkte sich im Bereich des Personalmanagements die Erkenntnis, dass menschliche Arbeit zwar einen der wertvollsten Produktionsfaktoren darstellt, der jedoch nur in begrenztem Umfang einer ökonomischen Steuerung und Evaluation unterzogen wurde. Die Personalverantwortlichen sehen sich zunehmenden Kostensenkungserfordernissen gegenüber und sind mit einem starken Rechtfertigungsdruck bei den hohen Ausgaben für Personal und Personalprogramme konfrontiert. Dies erfordert ein **wirksames Instrumentarium** zur aussagekräftigen **Messung** von Kosten und Output im Personalbereich sowie ein **proaktives Steuerungskonzept** zur Informationsversorgung, Kontrolle und Koordination von Personalmanagementaktivitäten.

Weitere Einflussfaktoren für die Herausbildung eines eigenständigen Personal-Controllings waren die Weiterentwicklung des Unternehmens-Controllings, die Spezialisierung in Controlling-Konzepte für verschiedene Funktionsbereiche, Verstärkung strategischen Denkens im Personalbereich sowie die Institutionalisierung des Personalwesens als unternehmerische Funktion.

Dabei sind folgende **Entwicklungstendenzen** für das Personal-Controlling zu beobachten. Das Personal-Controlling steht zunächst in Verbindung mit der Entwicklung des Personalwesens. Hier zeigt sich ein Übergang von eher administrativer zu einer zunehmend unternehmerischen Orientierung. Dies bedeutet eine Schwerpunktverlagerung vom vergangenheitsbezogenen **Berichtswesen** (quantitative, demographische ⇒ *Indikatoren* und Kostenstellenrechnung) zu einer antizipativen und qualitativen **Steuerungsfunktion** (z. B. von der Messung statistischer zu unternehmensrelevanten, monetären und dynamischen Größen). Damit geht die Ausweitung von einer bloßen Kontrollfunktion zu Lotsen-, Frühwarn-, Evaluations-, und Integrationsfunktionen einher.

Die Erweiterung vom operativen zum strategischen Controlling ist von grundlegender Bedeutung. **Strategisches Personal-Controlling** bezieht sich auch auf unternehmensrelevante Aspekte und personalwirtschaftliche Steuerungsgrössen. Es zeichnet sich durch langfristige, zukunftsausgerichtete Orientierung aus. Es werden nicht nur laufende Prozesse betrachtet, sondern auch spezielle Ereignisse analysiert (z. B. große Investitionsvorhaben, strategische Allianzen, Fusionen, Merger-&-Aquisition-Projekte).

Die Bewertung und Messung verbindet eine quantitative und qualitative Ausrichtung. Händische Statistik wird von differenzierten, teilweise selbstentwickelten Softwarelösungen abgelöst werden.

Weitere Schwerpunkte sind: das Controlling des unternehmerischen Potentials, der Arbeits- und Einflussbeziehungen sowie der Zufriedenheit der Belegschaft und seiner Bezugsgruppen.

Immer mehr dominiert das Controlling des Personalmanagements sowie die Erweiterung des zentralisierten Controllings zu **dezentralisierten Formen** bis hin

V
Führungs-
und
Koope-
rations-
Control-
ling im
Kontext
des
Personal-
Control-
lings

zum Selbst-Controlling. Das Controlling der interaktiven Führung (Führungs- und Kooperationsbeziehungen) erweitert sich um strukturelles Führungs-Controlling in den Bereichen: Kultur – Strategie – Organisation – Personalstruktur.

Aufbauend auf dem Kosten- und Erfolgs-Controlling, geht die Entwicklung zu umfassendem Wertschöpfungs-Controlling, welches neben den Kosten, externe Einflussgrößen (z. B. Kultur-Controlling, Steuern, Sozialleistungen, Zutritts-/ Austrittsbarrieren, internationaler Kontext) berücksichtigt. Der Übergang von einem isolierten Ansatz zu einem **integrierten Personal-Controlling** betrifft v. a. die Integration des Funktions-Controllings, der Instrumente, sowie die Abstimmung mit anderen ⇒ *Assessments,* TQM, Balanced-Score-Card sowie dem übergreifenden Unternehmens-Controlling (vgl. Abb. 1).

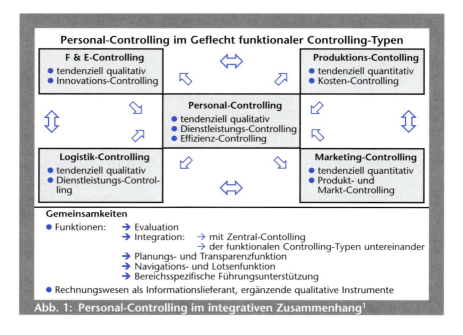

Abb. 1: Personal-Controlling im integrativen Zusammenhang[1]

2 Personal-Controlling-Funktionen

Als **generelle Controlling-Funktionen**[2] lassen sich stichwortartig nennen und in einem Regelkreis[3] darstellen:

- Steuerungsorientierte Information (»**Informations- und Servicefunktion**«)
- Zielorientierte Unterstützung der Leitungsinstanzen (»**Lotsenfunktion**«)

---

1 Wunderer/Schlagenhaufer 1994, S. 30
2 Vgl. Küpper 1991
3 Vgl. Wunderer/Jaritz 1999; Büchler/Hangartner, 1992, S. 35ff.

- Sicherung rationaler Entscheidungen durch Planung und Evaluation (»**Evaluationsfunktion**«) und
- Sicherung der Integration bzw. Koordination von z. B. ökonomischen und sozialen Wirkungen oder Funktions- und Servicebereichen (»**Integrationsfunktion**«).

3 Definition, Ebenen und Funktionen des Personal-Controllings

3.1 Definition des Personal-Controllings

Im Rahmen von Personal-Controlling-Konzepten können kostenorientierte und qualitative Analysen, strategische und operative Zielsetzungen sowie deren Abweichungen in einem Regelkreisansatz berücksichtigt werden (vgl. Abb. 2).[4]

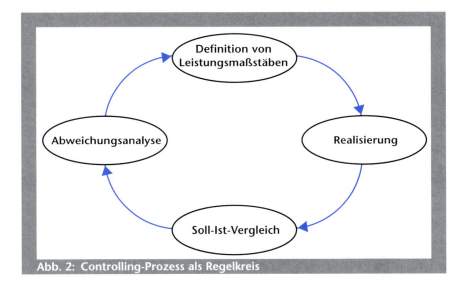

Abb. 2: Controlling-Prozess als Regelkreis

Definition

Personal-Controlling wird als ein planungsorientiertes, integriertes **Informations- und Evaluationsinstrument** zur Optimierung des Nutzens der Personalarbeit verstanden.

Personal-Controlling ist zunächst Aufgabe eines strategischen Personalmanagements und stellt den integrierten und koordinierten Einsatz von Planungs-, Bewertungs-, Steuerungs- und Kontrollinstrumenten auf der Grundlage einer ar-

---

4 Vgl. Wunderer/Jaritz 1999; Wunderer 1991d; Scherm 1991; Grünefeld/Langemeyer 1991; Prasch 1990; Küpper 1997

Qualitative Dimension	Quantitative Dimension
Evaluation der/des: ● Motivation ● Identifikation ● Betriebsklima ● Unternehmens- /Führungs- und Kooperationskultur ● Personalimage ● Arbeitszufriedenheit und -loyalität ● Qualifikation	Erfassung und Steuerung des ökonomischen Nutzens von: personalwirtschaftliche Aktivitäten über: ● Personalkosten, -aufwendungen ● Leistungsgrößen (z. B. Output) über: z. B. Altersstruktur, Bildungsstruktur, Produktivität, Wertschöpfung, Fluktuationsrate, Krankheitstage

Abb. 3: Qualitative und quantitative Dimension des Personal-Controllings

beits- und personalorientierten Evaluationsphilosophie in den Mittelpunkt. **Ziel ist die ökonomische und soziale Wirkungsanalyse** von instrumentellen und funktionalen Entscheidungen sowie von Maßnahmen des Personalmanagements.[5]

> **Definition**
>
> **Strategisches Personal-Controlling** konzentriert sich auf die Evaluation von Zielen, Konzepten, Programmen, Ressourcen und Erfolgspotentialen. Die zentralen personalwirtschaftlichen Maßnahmen sind dabei mit der Unternehmensstrategie und den darin formulierten Zielen abzustimmen.

Während sich strategisches Personal-Controlling durch eine Zukunfts- und Langfristorientierung auszeichnet, wird **operatives Controlling** durch Gegenwartsbezug und unmittelbare **Orientierung am Tagesgeschäft** charakterisiert:[6]

> **Definition**
>
> **Operatives Personal-Controlling** ist vorwiegend auf die Innenwelt des Unternehmens ausgerichtet: im quantitativen Bereich besonders mit Kosten- und Wirtschaftlichkeitsgrößen (Aufwand, Ertrag, Kosten, Leistung), im qualitativen mit Potentialen und Wirksamkeit von Strukturen, Funktionen, Prozessen von Führung und des Personalmanagements.

Personal-Controlling kann auf **alle personalen Aufgabenfelder** angewendet werden. Sein Einsatz ist besonders für Auswahl und Ausbildung bzw. Förderung von Mitarbeitern sowie für die Funktionen »Führung«, »Kooperation« und »Personalentwicklung« geeignet. Zahlreiche Phänomene (⇒ *Arbeitszufriedenheit*, Motivation und Identifikation) sind nur indirekt als sog. ⇒ Moderatorvariablen erfassbar.[7]

---

5 Vgl. Wunderer/Schlagenhaufer 1994
6 Vgl. Potthoff/Trescher 1986
7 Vgl. Wunderer/Schlagenhaufer 1994

450

Im quantitativen Bereich des operativen Controllings im Personalbereich werden über strukturierte Kostenerfassung Soll/Ist-Vergleiche (bzw. Ist-Ist-Vergleiche z.B. über Benchmarking) durchgeführt, während im Rahmen von qualitativen Untersuchungen mehrheitlich direkte Befragungen sowie Beurteilungen eingesetzt werden.[8] Abbildung 3 vergleicht qualitative und quantitative Dimensionen.

3.2 Personal-Controlling Philosophie: Besonderheiten und Ebenen

Definition

Unter der **Personal-Controlling-Philosophie** wird die Werthaltung verstanden, mit der Unternehmen Personal-Controlling entwerfen, gestalten und einsetzen, welche Grundhaltungen und Ziele sie damit verfolgen und wie die Besonderheiten der »Faktoren« Mensch und Arbeit dabei berücksichtigt und gewichtet werden.

Sie unterscheidet sich vom zahlenorientierten Erfolgs- oder Finanz-Controlling durch folgende **Besonderheiten**:

- Personal-Controlling fokussiert sich auf die **Personalarbeit**, das **menschliche Potential** (Human Ressourcen), dessen Leistungsvermögen und Arbeitsverhalten sowie auf die Arbeitsergebnisse.

- Personal-Controlling konzentriert sich auf **arbeitsrelevante Aspekte** und auf **Arbeitsrollen der Mitarbeiter**. Deshalb kann und soll die personale Einheit der Organisationsmitglieder nur ausschnittsweise erfasst werden.

- Je mehr menschliche Arbeit als Teil einer ganzheitlichen Lebensgestaltung verstanden wird, je kürzer sich die betriebliche Arbeitszeit und je geringer sich die berufliche Orientierung und Einbindung der Mitarbeiter gestalten, desto mehr gewinnen **Einflussfaktoren der Umwelt** an Bedeutung. Dies betrifft Fragen der gesellschaftlichen ⇒ *Wertschöpfung*, des Persönlichkeitsschutzes, der **Mitarbeiterentwicklung und der Beschäftigung**.[9]

- Komplexere Aufgaben, turbulentere Umwelten und neue Technologien erfordern besser ausgebildete, sich selbst organisierende Mitarbeiter. Damit sind auch Ansätze und Instrumente zu einem **Selbst-Controlling** einzubeziehen. Dieses entspricht dem Prinzip der Selbst- und Mitverantwortlichkeit.

- Personal-Controlling beschäftigt sich mit einer typischen »**Querschnittsfunktion**«, die alle Mitarbeiter betrifft. Dabei wollen diese zwar beraten und unterstützt, aber möglichst nicht fremdgesteuert oder persönlich kontrolliert werden.

V

Führungs-
und
Koope-
rations-
Control-
ling im
Kontext
des
Personal-
Control-
lings

---

8 Vgl. Kapitel E II. Personalbeurteilung – kooperatives Mitarbeitergespräch
9 Vgl. Wunderer/Jaritz 1999

- Als prognostische, antizipative und steuerungsorientierte Funktion muss das Personal-Controlling **Unsicherheiten und Risiken** berücksichtigen. Statistiken und Personalinformationssysteme mit Vergangenheitsorientierung reichen dazu nicht aus.

- Personal-Controlling sollte **nicht als reine Kontrolle** – z. T. sogar als Gegensatz zu vertrauensvoller Zusammenarbeit – verstanden werden, etwa nach der Maxime Lenins: »Vertrauen ist gut, Kontrolle ist besser«. Dieses würde die Akzeptanz des Personal-Controllings, ja die gesamte Arbeit der Personalabteilung beeinträchtigen.

Eine Systematisierung verschiedener Teilzielsetzungen des Personal-Controllings lässt sich in drei Ebenen vornehmen (vgl. Abb. 4).

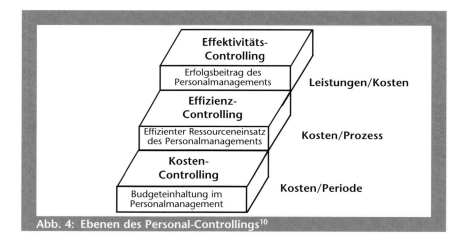

Abb. 4: Ebenen des Personal-Controllings[10]

- **Kosten-Controlling** plant periodisch die Personalkosten, ebenso die Kosten der Personalabteilung. Die Wertsicherung liegt in der Einhaltung von Budgetvorgaben.

- **Effizienz-Controlling** betrachtet die Produktivität der Personalarbeit durch einen Vergleich von tatsächlichem und geplantem Ressourceneinsatz. Wertschöpfung heißt hier: effizienter Umgang mit Ressourcen.

- **Effektivitäts-Controlling** zielt schließlich auf den Erfolgsbeitrag der Personalarbeit zum Unternehmenserfolg ab. Die ⇒ *Wertschöpfung* erfolgt über bedarfsgerechte Gestaltung der Personalfunktionen zur langfristigen Sicherung des Humanpotentials. Die Messung der ⇒ *Wertschöpfung* im Rahmen des Effektivitäts-Controllings gestaltet sich am schwierigsten, da der Gesamterfolg des Personalmanagements weder direkt gemessen noch eindeutig zugerechnet werden kann. Eine Erfassung über ein differenziertes Indikatorensystem ist daher zwingend erforderlich.

10 Vgl. Wunderer/Sailer 1988

452

3.3 Funktionen und Instrumente des Personal-Controllings

Analog zu Controlling-Konzepten des finanzwirtschaftlichen Bereichs soll das Personal-Controlling **Analyse-, Evaluations- und Steuerungsinstrumente** für personalwirtschaftliche Entscheidungen zur Verfügung stellen. Ausgangspunkt ist die Entwicklung eines integrierten Systems qualitativer und quantitativer personalwirtschaftlicher **Kennziffern** und **Erfolgsindikatoren**. Bei Betrieben mit fortschrittlicher Personalarbeit sind viele Funktionen und Instrumente (z. B. Personalstatistik, Personalbudget und Personalkostenrechnung, Personalinformationssystem, Personalbeurteilung, Umfragen) bereits vorhanden. Sie müssen jedoch vermehrt auf die Unternehmensziele und auf die Evaluation (Messkriterien, ⇒ *Indikatoren*) ausgerichtet werden. Im Mittelpunkt hat dabei die **Steuerungsfunktion** und nicht die statistische Berichtsfunktion zu stehen.

Eine 1991 durchgeführte Prognosestudie von Wunderer/Kuhn mit 16 Großunternehmen der Bundesrepublik beurteilte das Personal-Controlling als die Personalfunktion mit dem höchsten Bedeutungszuwachs von insgesamt 18 abgefragten Funktionen.[11]

Im Rahmen eines Führungs-Controllings wurden in einer aktuellen Befragung[12] folgende Aspekte hinsichtlich ihrer gegenwärtigen und zukünftigen Bedeutung so eingeschätzt (vgl. Abb. 5).

	Mittelwerte Heute	Mittelwerte 2010
(1) Beitrag der Führungskräfte zur Erreichung strategischer Ziele	2.8	3.9
(2) Führungsbeziehungen (Führungsverhalten, Mitarbeiterzufriedenheit, Leistungsdaten)	3.0	3.8
(3) Führungsfunktionen/-instrumente u. -strukturen (z. B. Führungskommunikation, Führungsgrundsätze, Führungsschulung, Mitarbeitergespräche)	3.3	3.7
(4) Führungsmotivation (Bereitschaft zur MA-Führung)	2.7	3.7
(5) Führungssituation (v. a. Umwelt, Führungsorganisation, -kultur, -strategie, Aufgaben, Anforderungen, Rollen)	2.7	3.6
(6) Human Capital (Strukturmerkmale wie z. B. (Führungs-)Qualifikation aber auch Alter, Geschlecht, Nationalität)	2.8	3.4
(7) Demotivation von Führungskräften und Mitarbeitern	2.3	3.0
(8) Kosten der Führung	2.4	3.0
(1 = sehr gering, 2 = gering, 3 = mittel, 4 = groß, 5 = sehr groß)		

Abb. 5: Gegenwärtige und zukünftige Bedeutung des Führungs-Controllings

---

11 Vgl. Wunderer/Kuhn 1993
12 Vgl. Wunderer/Dick 2000

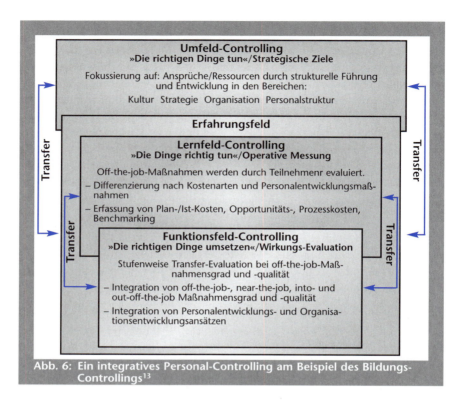

Abb. 6: Ein integratives Personal-Controlling am Beispiel des Bildungs-Controllings[13]

Im Mittelpunkt steht neben dem klassischen operativen Kosten-Controlling das strategische Umfeld-Controlling. Die Integration über Controlling zeigt Abb. 6.

Welche generellen Funktionen und Instrumente innerhalb eines Personal-Controllings unterschieden werden können, fasst die nachfolgende Abb. 7 zusammen.[14]

3.4 Problemfelder bei der Einführung eines Personal-Controllings

Theoretisch orientierte Konzepte wurden bisher in der Praxis nur eingeschränkt aufgenommen. Neben der Überwindung nachhaltiger **Akzeptanz- und Umsetzungsprobleme** fehlt es auch an einer Verstärkung des **ökonomischen Bewusstseins,** um das Personal-Controlling zu einem umfassenden Steuerungsinstrument für die Personalarbeit zu entwickeln. Bei der Implementierung und institutionellen Verankerung eines Personal-Controllings sind folgende **Probleme und Widerstände** zu beachten (vgl. Abb. 8).

---

13 Vgl. Wunderer/Schlagenhaufer 1994, S. 54
14 Vgl. Wunderer/Sailer 1988; Wunderer 1991d; Küpper 1991; Wunderer/Schlagenhaufer 1994, Wunderer/Jaritz 1999

Personal-Controlling-Funktion	Instrumente/Tätigkeiten
Vergleichs- und Legitimations-funktion	● Kosten- und Wirtschaftlichkeitsvergleiche (Beschaffung von Mitarbeitern mit/ohne externe Hilfe; make-or-buy-Entscheidungen im Bereich der Personalentwicklung), Benchmarking
Transparenz- und Frühwarn-funktion	● Bereitstellung eines Kontroll-, Analyse- und Steuerungsinstrumentes für personalwirtschaftliche Entscheidungen über Kennziffern und Erfolgsindikatoren – auch zur verbesserten Argumentationsfähigkeit von Personalverantwortlichen ● Abschätzung wichtiger Einflussfaktoren auf die zukünftige Personalstruktur (qualitative und quantitative Frühwarnfunktion) sowie strategisch wichtige Erfolgsgrößen
Evaluations-funktion	● Ermittlung und Auswertung personalwirtschaftlicher Kenngrößen ● (Arbeitsproduktivität, Wertschöpfung, Personalstruktur, Absenz- und Fluktuationsraten), möglichst integriert in ein Personalinformationssystem ● Wirkungsanalysen von Anreiz- und Personalentwicklungssystemen (z. B. Trainee-Ausbildung und Lerntransferanalysen) ● Motivations- und Identifikationsanalysen durch Mitarbeiterbefragungen ● Führungs- und Kooperationsanalysen durch Umfragen/Personalbeurteilungen ● Struktur und Entwicklung von Personalkosten ● Bewertung von Leistungspotential und -motivation sowie der Leistungsergebnisse und -kosten der Mitarbeiter
Strategische Funktion	● Analyserahmen für strategische Entscheidungen des Personalmangements für Konsequenzen von Entscheidungen in anderen Funktionsbereichen (z. B. Marketing, Produktion) ● Bereitstellung der Analysen zur Umsetzung der Personalfunktion (v. a. in der Linie und der zentralen Personalabteilung)
Koordinations- und Integra-tionsfunktion	● Verknüpfung von Erfolgs- und Sozialzielausrichtung, Rechnungs- und Verhaltensorientierung, strategischen mit operative Betrachtungsweisen, Verankerung des Personalbereichs in der Gesamtunternehmung ● Kooperation und Integration mit dem Unternehmens-Controlling und anderen Funktionsbereichs-Controlling-Varianten ● Abstimmung der Personalstrategie mit Unternehmens- und Geschäftsfeldstrategien ● Integrierte Beurteilung von ökonomischen und sozialen Wirkungen unternehmungspolitischer Entscheidungen ● Abstimmung mit betrieblichen Servicebereichen, wie z. B. Rechnungswesen und EDV (besonders bei der Erarbeitung eines EDV-gestützten Personal-Controllings) ● Abstimmung personalwirtschaftlicher Funktionsbereiche mit Maßnahmen ● Koordination der qualitativen und quantitativen Personalplanung mit der Unternehmensplanung sowie mit anderen Bereichsplänen
Beratungs- und Lotsenfunktion	● Bereitstellung aufgearbeitete und aggregierter Informationen für führungs- und personalpolitische Entscheide der Linie – auch auf spezielle Anforderungen

Abb. 7: Funktionen und Instrumente des Personal-Controllings

V
Führungs- und Koope-rations-Control-ling im Kontext des Personal-Control-lings

- Personalarbeit ist mit widersprüchlichen, aber schwer quantifizierbaren Zielsetzungen konfrontiert
- Mitarbeiter sind keine passiven Gestaltungsobjekte, sondern selbst aktiv handelnde Subjekte
- Personal-Controlling wird nur als Bezeichnung (»Label«) gewählt, ohne die Anforderungen der Personal-Controlling-Philosophie und -strategie zu berücksichtigen
- Kompetenzkonflikte zwischen einzelnen Abteilungen und dem Controlling
- Widerstände von Unternehmensführung, Linien und Personalverantwortlichen und Mitarbeitervertretungen
- Widerstände von Seiten des Unternehmens-Controllings
- Fehlende Instrumente und Daten bzw. Ressourcen (z. B. Technologien, Information)
- Bürokratisierung und übermäßige Instrumentalisierung (»hartes Controlling«) ohne Förderung des ökonomischen und sozialen Gewissens (»weiches Controlling«) der Personalarbeit
- Gefahr einer einseitigen, ökonomischen und kurzfristigen Erfolgsorientierung
- Fehlinterpretation des institutionalisierten Personal-Controllings als »Entlastungsfunktion« für Führungskräfte

Abb. 8: Probleme bei und Widerstände gegen eine institutionelle Verankerung von Personal-Controlling

Wirksames Personal-Controlling muss die Besonderheiten des »Faktors« Personal und dessen Restriktionen sowie die genannten qualitativen Dimensionen umfassend berücksichtigen. Die Einführung eines Personal-Controllings erfordert ca. 4–8 Jahre; seine Effizienz hängt wesentlich von dessen Verankerung in der Unternehmenskultur ab.

Führungsorganisatorische Aspekte des Personal-Controllings

Personal-Controlling muss als Teilstrategie **konzeptionell in das Unternehmens-Controlling integriert** werden. Deshalb kommen Fragen der Leitungs- und Führungsorganisation für den Einsatz und die Wirksamkeit dieser Funktion besondere Bedeutung zu. Die institutionelle Verankerung des Personal-Controllings, die Art der Zusammenarbeit mit dem Unternehmens- und Erfolgs-Controlling sowie mit der Linie sind deshalb zu klären. Werden »Profit-Center« eingerichtet, so ist zu beachten, dass die organisatorische Gestaltung der Personalarbeit eine adäquate Strukturphilosophie benötigt, z. B. im ⇒ *Wertschöpfungskonzept.* So kann man das Personalwesen auch als »**Wertschöpfungs-Center**« organisieren.[15]

15 Vgl. Kapitel A II. Führung und Zusammenarbeit – Grundlagen innerorganisatorischer Beziehungsgestaltung vgl. Wunderer 1992d, Wunderer/v. Arx 1999, Wunderer/Jaritz 1999

4 Teilbereich Führungs- und Kooperations-Controlling

4.1 Definition, Ziele und Funktionen des Führungs- und Kooperations-Controllings

---

Definition

Führungs- und Kooperations-Controlling wird als integratives Evaluieren ökonomischer und sozialer Folgen von Führungs- und Kooperationspotentialen, -strukturen und -prozessen und -ergebnissen verstanden.

Ziele

Führungs- und Kooperationscontrolling strebt die systematische, integrierte und kontextbezogene Sammlung, Aufbereitung und Interpretation von Informationen zur Überprüfung der Wirksamkeit der Führungs- und Kooperationsstrategien und -politik an.

Das Controlling-Konzept konzentriert sich auf die Einschätzung des Führungs- und Kooperationsnutzens aus der Sicht zentraler Bezugsgruppen (v. a. Geschäftsleitung, Mitarbeiter, Kollegen). Sie soll Informationen zur Wirksamkeit der Führungs- und Kooperationsphilosophie zur Überprüfung von deren Umsetzung und Vorschläge zur Optimierung für konkretes Führungshandeln bereitstellen.

Wo formulierte »**Grundsätze zur Führung und Zusammenarbeit**« vorliegen,[16] sollte das Führungs-Controlling die hier definierten Ziele oder Sollwerte auf ihre Wirksamkeit überprüfen. Im Zusammenhang mit anderen Bereichen des Personal-Controllings können Beziehungen zwischen den dabei ermittelten Daten (z. B. Personalstrukturdaten oder klassische Kennzahlen, wie Fluktuation oder Absentismus) ermittelt werden.

Wie das Personal-Controlling erfüllt auch das Führungs- und Kooperations-Controlling spezifische Funktionen. In der **Planungsfunktion** können Führungsleitbilder, spezifische Unternehmensgrundsätze, Ziele, Strategien wie auch der quantitative und qualitative Personaleinsatz und eine Entwicklungsplanung mitgestalten und als Grundlage für die Evaluation abgeleitet werden. Die **Integrationsfunktion** dient der Abstimmung von Unternehmens- und Personal-Controlling mit anderen Funktions-Controllings sowie der konzeptionellen und operativen Koordination mit anderen Führungsinstrumenten (z. B. Führungsgrundsätze, -beurteilung, -selektion, -entwicklung und -entlohnung). Mit der **Informations- und Evaluationsfunktion** ist die Sammlung, Aufbereitung, Analyse sowie Interpretation und Nutzenbewertung von Daten über Führungs- und Kooperationszusammenhänge verbunden. Die **Optimierungsfunktion** dient

---

16 Vgl. dazu Kapitel E I. Führungs- und Kooperationsgrundsätze

konzeptionellen Programmen zur Verbesserung der bestehenden Führungs- und Kooperationspraxis wie auch zur Gewinnung von operativen Vorschlägen zur optimalen Realisierung der Planungswerte.

4.2 Evaluationsbereiche und -instrumente des Führungs- und Kooperations-Controlling

Beim Führungs- und Kooperations-Controlling werden vertikale Führung[17] und horizontale Kooperation[18] als die zentralen Dimensionen von Einfluß- und Arbeitsbeziehungen analysiert, und zwar in vier Hauptbereichen (vgl. Abb. 9).

Evaluationsbereiche des Führungs- und Kooperations-Controllings:

- Führungs- und Kooperations**situation** (v. a. Umwelt, Führungs- und Kooperationsstruktur, -kultur, -strategie sowie Aufgaben, Anforderungen, Ansprüche, Ressourcen und Rollen)

- Führungs- und Kooperations**potentiale und Personen** (Strukturmerkmale wie Alter, Geschlecht, Karrieremuster, Qualifikation und Motivation, Entwicklungschancen)

- Führungs- und Kooperations**funktionen und -prozesse sowie /-instrumente und -strukturen** (etwa Auswahl- und Beurteilungssysteme, Führungsgrundsätze, -organisation, -kommunikation, Anreiz- und Karrieresysteme, Weiterbildungsmaßnahmen)

- Führungs- und Kooperations**ergebnisse**, (z. B. Leistungsdaten) sowie Führungs- und Kooperations**verhalten** (z. B. **Zufriedenheiten**)

Abb. 9: Evaluationsbereiche des Führungs- und Kooperations-Controllings

---

E
Funktionen und Instrumente für Führung und Kooperation

Da sich Führung und Kooperation in erster Linie in der Arbeitsgruppe oder im Team vollzieht, ist die beobachtende Evaluation durch Vorgesetzte oder Kollegen bedeutsam. Im sozialen Bereich (qualitative Dimension) ist dem persönlichen »Controlling im Vorübergehen« die erste Priorität einzuräumen. Zu nennen wären hier: Beobachtung, Kommunikation, z. B. Mitarbeitergespräch und Ergebnisinterpretation (v. a. Leistungsdaten), über laufende Besprechungen oder über ein »wandering around«.[19] Neben dieser auf direkter Kommunikation und Beobachtung beruhenden informellen Methode, stehen bei ausgebautem Führungsinstrumentarium verschiedene Instrumente bereit (vgl. Abb. 10).

Die Nutzenevaluation im Führungs- und Kooperations-Controlling kann durch die Betroffenen (Vorgesetzte, Stelleninhaber, Mitarbeiter, Kollegen) oder durch interne sowie externe Kunden bzw. andere Bezugsgruppen (z. B. Lieferanten oder Öffentlichkeit) erfolgen.

---

17 Vgl. Kapitel D I. Mitarbeiterführung – Führungsstile
18 Vgl. dazu Kapitel D III. Grundmuster und Erklärungsansätze lateraler Kooperation
19 Peters/Waterman 1984

Instrumente für ein Führungs- und Kooperations-Controlling:

- **Umwelt- und Organisationsanalysen** (mit Bezug auf die Führungssituation, insbesondere zu Ansprüchen und Werthaltungen)
- **Potential- und Entwicklungs-Assessments** (interne und externen Bewerber)
- Evaluation der Führungsleistung durch die **Beurteilung von Führungskräften** (Beurteilung durch den nächsthöheren Vorgesetzten)
- **Vorgesetztenbeurteilung** durch Mitarbeiter oder die »Linie«
- **Kollegen- und Kundenbeurteilung** (interne und externe Kunden zur Management- und Dienstleistungsqualität)
- **Mitarbeiterberatungs- und Fördergespräche**
- **Maßnahmen der Organisationsentwicklung** mit integrierten Analyse- und Gestaltungsmaßnahmen
- Ergänzende **personalwirtschaftliche Instrumente** (wie Stellvertretung, Übertragung von Sonderaufgaben und Job-Rotation, Kooperationstrainings), die zur Beurteilung der Führungs- und Kooperationseignung eingesetzt und auf ihre Wirkung evaluiert werden.

Abb. 10: Instrumente des Führungs- und Kooperations-Controllings

4.3 Dimensionen und Funktionen von Führungs- und Kooperationsanalysen

Während in der technischen und ökonomischen Dimension der Unternehmensführung schon lange gründliche Analysen zur Vorbereitung wichtiger Entscheidungen eingesetzt werden, blieb der Bereich der personalen bzw. sozialen Dimension lange davon ausgeklammert. Zwischen der technisch orientierten »wissenschaftlichen Betriebsführung« eines F. W. Taylor und einer sozialwissenschaftlich fundierten Unternehmensführung liegt im deutschsprachigen Bereich fast ein halbes Jahrhundert. Erst ab den sechziger Jahren erschienen zu sozialwissenschaftlichen Aspekten der Unternehmensführung zahlreiche Beiträge. Empirische Erhebungen zeigen auch eine steigende Verbreitung von Führungsanalysen in der Praxis.[20] Dabei werden v. a. ⇒ *Assessments*, **Personalbeurteilungen, betriebliche Umfragen zur Führungssituation** sowie Ziel- und Ergebnisevaluation im Rahmen von MbO und Mitarbeitergesprächen regelmäßig eingesetzt.[21]

Personalbeurteilungen konzentrieren sich üblicherweise auf die Einschätzung führungsrelevanter Einstellungen, Fähigkeiten und Verhaltensweisen der direkten Mitarbeiter aus Sicht des/der Vorgesetzten. Während Personalbeurteilungen[22] v. a. die Mitarbeiterrolle aus der Sicht des direkten Vorgesetzten ansprechen, erfassen **Vorgesetztenbeurteilungen** sowie **Meinungsbefragungen**[23] zur Führungs-

V
Führungs-
und
Koope-
rations-
Control-
ling im
Kontext
des
Personal-
Control-
lings

---

20 Vgl. Schuler/Stehle 1982; Töpfer/Zander 1985; Wunderer/Jaritz 1999
21 Vgl. Kapitel E II. Personalbeurteilung – kooperatives Mitarbeitergespräch
22 Vgl. Lattmann 1975; Wunderer 1975c, 1977, 1978b
23 Vgl. Jeserich/Opgenoorth 1977; Neuberger/Allerbeck 1978; Domsch/Reinecke 1982; Schneevoigt 1982; Schuler/Stehle 1982; Claassen 1985; Förderreuther 1985; Opgenoorth 1985; Töpfer/Funke 1985; Zander 1985

situation insbesondere das Vorgesetztenverhalten aus Sicht der Mitarbeiterrolle. Weiße Flecke in der Analyselandkarte der Praxis sind nach wie vor individualisierte Beurteilungen des Vorgesetztenverhaltens durch die direkten Mitarbeiter,[24] unternehmensweite Befragungen von Vorgesetzten zur Einschätzung ihrer Mitarbeiter bzw. zum Verhalten ihrer Kollegen oder internen Kunden.

In Abb. 11 werden typische Dimensionen und Erhebungsaspekte einer Analyse von Führungs- und Kooperationsbeziehungen aufgezeigt.[25]

Dimensionen	Erhebungsaspekte und -merkmale		
1. Inhalte	Fähigkeiten Erfahrungen	Verhaltensweisen Beziehungsmuster	Verhaltenswirkungen Ergebnisse
2. Beteiligte	Mitarbeiter	Führungskräfte	Mitarbeiter und Führungskräfte
3. Analyseaspekte	Ist-Zustand	Soll-Zustand	Soll-Ist-Abweichung
4. Analysebereiche	Einzelpersonen	Organisationseinheit	Organisation
5. Methode	Beobachtung (laufend, breit, flach)	Befragung (breit mit standardisiertem Fragebogen, tief mit vereinzelten Interviews)	Mischformen
6. Regelmäßigkeit	laufend	unregelmäßig	einmalig
7. Strukturierung	strukturiert/ standardisiert	halbstrukturiert	unstrukturiert
8. Spezifizierung	Nur Führungs- beziehungen/ -verhalten	Zusätzliche Aspekte, z. B. Führungs- situation, -kultur	Teil einer Mehrthemen- befragung

Abb. 11: Dimensionen und Erhebungsaspekte von Führungs- und Kooperationsanalysen

E
Funktio-
nen und
Instru-
mente
für
Führung
und
Koope-
ration

Führungsanalysen werden meist nur in ihrer institutionellen Form, insbesondere der Befragung, diskutiert. Im Führungsalltag liegt der Schwerpunkt aber im Bereich impliziter, laufender und z. T. unmerklicher Beobachtungen. Deshalb sollte zwischen Beobachtung und methodisch fundierten Analysen i. S. von Personalforschung[26] differenziert werden. Aus der Typologie zentraler Dimensionen zur Führungsanalyse lassen sich wesentliche Merkmale von häufig eingesetzten Instrumenten der Beobachtung, der Befragung sowie des Interviews wie folgt ableiten (vgl. Abb. 12).

---

24 Vgl. Hölterhoff 1978; Lange 1980; Daniel 1981; Reinecke 1983
25 Vgl. Töpfer/Zander 1985
26 Vgl. v. Eckardstein/Schnellinger 1978

Aspekte	Beobachtung	Befragung	Interview
Inhalte	auf Auffälligkeiten im Verhalten und in Verhaltenswirkungen konzentriert	methodisch fundierte, differenzierte und relativ umfassende Analyse inklusive der Führungssituation	teil- oder nichtstandardisierte Befragung einzelner Personen zu spezifischen Führungsthemen
Beteiligung der Betroffenen	wechselseitige Wahrnehmung und Beobachtung	meist einseitig	wechselseitige Gesprächsführung, wobei dem Befragten große Freiräume für individuelle Antworten und Ansichten eingeräumt werden
Regelmäßigkeit	laufend	unregelmäßig, periodisch	unregelmäßig, periodisch
Analysemethoden	unmerkliche, implizite, unsystematische Beobachtung	offizielle, institutionelle, systematische, schriftliche oder mündliche Befragung und Beurteilung	offizielle, institutionelle, relativ offene, mündliche, intensive und in die Tiefe gehende Befragung
Übermittlung der Beurteilung	implizit, z.B. über non-verbale Signale, selten explizit	explizit, z.T. durch standardisierte und formalisierte Statements	explizit, jedoch geringe Standardisierung und Formalisierung der Statements
Wirkungen	relativ direkt, kurzfristig individuell und punktuell	relativ indirekt, mittelfristig, auf Mitarbeitergruppen bezogen	relativ indirekt, auf spezifische Problembereiche bezogen

Abb. 12: Charakteristika von Analysemethoden der Führung und Kooperation

Führungs- und Kooperationsanalysen (vgl. Abb. 13) erfüllen in der Praxis folgende **Funktionen:**[27]

- Sie ergänzen die Informationen über Märkte, Produkte und Finanzen und bringen neben der ökonomischen auch die soziale Dimension in das Analysekonzept der Unternehmensführung (Unternehmensanalyse) ein.
- Sie verschaffen Unternehmensführung und Personalabteilung Informationen über personale und soziale Erfolgs- und Misserfolgspositionen.
- Sie ergänzen, stützen, vertiefen, interpretieren und korrigieren Informationen aus laufenden Beobachtungen zur Führungssituation.
- Sie liefern neben individuellen Erkenntnissen auch systematische Übersichten. Subjektive Interpretationen, Selbstbilder, Prioritäten der Beurteiler werden so durch Fremdbilder und Interpretationen anderer ergänzt (nicht ersetzt).

---

27 Vgl. Töpfer/Zander 1985

Direkte /interaktive Führung	Indirekte, strukturelle Führung

a) Partizipative Dimension:
● Kommunikationsbeziehungen
● Partizipationsgrad
● Konsultationsbeziehungen
● Entscheidungsbeziehungen
● Kontrollbeziehungen
● Kooperationsbeziehungen
 	
b) Prosoziale Dimension:
● Vertrauensbeziehung
● Unterstützungsbeziehung
● Konsensbeziehung
● Führungs- und Kooperations-
  beziehungen
	● Führungs- und Kooperationskultur
	  (Werthaltungen, Bräuche, Symbole, Rituale)
	● Personalstrategische Grundsätze zu
	  Personalauswahl, -einsatz, -freisetzung,
	  -entlohnung, Leistungsbeurteilung
	● Ausgestaltung der Arbeitsinhalte,
	  -umgebung
	● Regeln, Grundsätze zur Führung
	  und Kooperation
	● Aufbauorganisation (Verantwortlich-
	  keiten, Kompetenzen)
	● Ablauforganisation (Arbeits- und
	  Kommunikationsbeziehungen, Prozess-
	  koordination, Schnittstellenmanagement)
	● Institutionalisierte Förderprogramme
	  (organisationsinterne Mitarbeiter- und
	  Laufbahngespräche, Personalentwicklungs-
	  programme)

Abb. 13: Zentrale Inhalte zur Analyse von Führungsbeziehungen und -strukturen

E
Funktio-
nen und
Instru-
mente
für
Führung
und
Koope-
ration

● Sie bieten statistisch verlässliche Informationen über das Potential an Unzu-friedenen (z. B. Demotivierten) wie Zufriedenen. Sie relativieren Aussagen lautstarker Einzelner oder spezieller Interessenvertreter. Sie bringen latente Konflikte und Konfliktursachen ans Licht.
● Sie sensibilisieren Führungskräfte und Mitarbeiter für komplexe Ursachen und Wirkungen von Führungs- und Kooperationsbeziehungen.
● Sie beziehen die Befragten in die Analyse ein und aktivieren so Organisa-tionsentwicklungsprozesse.
● Sie liefern konkrete Hinweise auf kollektive bzw. individuelle Maßnahmen. Das Führungs- und Kooperationsinstrumentarium kann so gezielt defizitori-entiert eingesetzt werden (z. B. bei Personalentwicklungsmaßnahmen).
● Sie ermöglichen die Messung zur Veränderungswirkung von Maßnahmen – insbesondere bei Langzeitanalysen. Damit kann man den Erfolg von Führungs-instrumenten (z. B. Führungs- und Kooperationsgrundsätzen) evaluieren.

4.3.1 Kritische Beurteilung der Führungs- und Kooperationsanalysen

Bei den im Führungs- und Kooperations-Controlling verwendeten Informatio-nen handelt es sich um komplexe, dynamische und vernetzte sowie qualitative und sensible Daten. Ihre Sammlung erfolgt in der Praxis meist wenig integriert und kaum strategisch abgestimmt. Auch variiert die Bewertung von Führungs- und Kooperationsinformationen nach befragten Bezugsgruppen. Die Sollwerte sind häufig generell, unspezifisch, zuweilen auch bloß deklaratorisch definiert. Führungsanalysen sind zudem durch den unvermeidbaren subjektiven Einfluss auf die Bewertung und durch systematische Probleme der Wirkungszurechnung begrenzt.

Der zentrale Schwachpunkt des Führungs- und Kooperations-Controllings ist die Umsetzung von Schlussfolgerungen in konkrete Maßnahmen. Änderungen in den Beziehungsstrukturen und Verhaltensmustern sind nur begrenzt bestimmten Maßnahmen zuzurechnen und noch schwerer zu realisieren. Dazu fehlt meist ein dezentrales Controlling sowie »Self-Controlling«. Entscheidend aber für Folgerungen und Veränderungen sind die in der Führungs- und Kooperationsbeziehung direkt Betroffenen.

Bei der Entwicklung und Durchführung von Führungs- und Kooperationsanalysen sieht sich die empirische Sozialforschung vor **Messprobleme** gestellt, insbesondere zur Gültigkeit (⇒ *Validität*) und Zuverlässigkeit (Reabilität):

- Führungs- und Kooperationsanalysen können nur bedingt mit naturwissenschaftlichen Gütekriterien beurteilt werden, da häufig eindeutige Ursache-Wirkungszusammenhänge im Führungs-und Kooperationsprozess fehlen oder nicht eindeutig ermittelt werden können.
- Der Einfluss einzelner Faktoren (Variablen) auf Führungs- und Kooperationsbeziehungen ist nicht isoliert und unabhängig von der Führungs- und Kooperationssituation zu messen; ihre Differenzierung in unabhängige und abhängige Variablen ist erschwert.
- Das komplexe Konstrukt »Führungs- und Kooperationsbeziehungen« kann nicht mittels weniger ⇒ *Indikatoren* ausreichend erfasst werden.
- Mit analytisch-quantifizierten Konzepten kann zudem die meist ganzheitliche und individuell interpretierte Vorstellungswelt der Befragten nur fragmentarisch ermittelt werden.
- Meinungsumfragen und anschließende Änderungsmaßnahmen sollten nicht als »Full-Service-Konzept« durch Externe durchgeführt werden, da Veränderungsprozesse nur durch die Partizipation und Identifikation der Betroffenen getragen werden können.

4.4 Mitarbeiterbefragung

Grundsätzlich sind Mitarbeiterbefragungen ein **Diagnoseinstrument und zugleich Grundlage für gestalterische Maßnahmen.** Sie zeigen den Grad der allgemeinen ⇒ *Arbeitszufriedenheit* der Mitarbeiter bzw. die Unzufriedenheit mit bestimmten Teilaspekten der Arbeit auf (Schwachstellenanalyse).[28] Durch die Beteiligung der Mitarbeiter und der Evaluation der Führung kann sich die soziale Distanz zwischen Unternehmensleitung und Mitarbeitern verringern. Auch können Mitarbeiterbefragungen für eine mitarbeiterorientierter Unternehmensplanung und ein anschließendes Controlling dienen.[29]

---

28 Vgl. Domsch/Schnebele 1991, S. 2
29 Vgl. Töpfer/Zander 1985, S. 37

E
Funktio-
nen und
Instru-
mente
für
Führung
und
Koope-
ration

lfd. Nr.	Kernbereiche	Fragen zum jeweiligen Kernbereich über (Beispiel)
1	Tätigkeit/ Arbeitsorganisation	Art der Tätigkeit Art der Arbeitsorganisation Arbeitsbelastung
2	Arbeitsbedingungen	Umweltbedingungen (Klima, Beleuchtung, Lärm) Arbeitsplatzgestaltung Arbeitszeitgestaltung eigene Verbesserungsvorschläge
3	Entgelt und Sozialleistungen	Höhe des Entgelts im Vergleich zur Leistung, zu Kollegen, zu anderen Unternehmen; Bedeutung der einzelnen Sozialleistungen
4	Kommunikation/ Information	Information über das Gesamtunternehmen Informationen über die Arbeit i.e.S. Gewünschte Zusatzinformationen Informationsquelle, -medien Betriebliches Vorschlags- und Beschwerdewesen
5	Zusammenarbeit	– mit unmittelbaren Kollegen – mit anderen Abteilungen – im Gesamtunternehmen
6	Möglichkeit zur Umsetzung eigener Leistungsfähigkeit und Leistungsbereitschaft	Eignungs- und neigungsadäquater Arbeits- einsatz Einsatz- und Entfaltungsmöglichkeiten Wichtigkeit der Arbeit Arbeit als Motivator
7	Entwicklungsmöglichkeit (Weiterbildung, Aufstieg)	Weiterbildungsangebot, gewünschte Erweite- rung Möglichkeiten zur Nutzung Schwierigkeiten bei Nutzung Möglichkeiten und Hindernisse des Aufstiegs
8	Vorgesetztenverhalten/ Beziehung zum Vorgesetzten	fachliche Fähigkeiten des Vorgesetzten, Infor- tionsverhalten, Motivation, Berücksichtigung der eigenen Meinung, Gerechtigkeit, Hilfe bei beruflichen und privaten Schwierigkeiten, per- sönliche Beziehung zum Vorgesetzten
9	Unternehmensimage/ Arbeitsplatzsicherheit	Einschätzung der Sicherheit des eigenen Arbeitsplatzes, der Beschäftigung im Unter- nehmen; Gesamtzufriedenheit mit der Arbeit beim Unternehmen, allgemeines Ansehen des Unternehmens beim Befragten, beim Kunden, in der Gesellschaft
10	Statistik	Alter, Geschlecht, Betriebszugehörigkeit, Be- triebsteil/Abteilung, Hierarchierang, Einkom- mensform, Einkommenshöhe, Arbeitszeitform

Abb. 14: Beispiele von Inhalten einer umfassenden Mitarbeiterbefragung[30]

---

30 Domsch/Schnebele 1991, S. 6

Form und Inhalt von Mitarbeiterbefragungen[31]

Bezüglich der Form wird zwischen schriftlichem oder mündlichem bzw. anonymem oder offenem Vorgehen unterschieden. Bei der Gestaltung von Fragebögen kann zwischen direkten oder indirekten Fragestellungen, offenen oder geschlossenen Fragen sowie dem Standardisierungsgrad des Fragekatalogs differenziert werden.

Mitarbeiterbefragungen können umfassend oder speziell ausgerichtet werden. Eine spezielle Befragung zu ausgewählten Themen schließt sich oft an umfassendere Befragungen an. Zur Aufstellung von Fragebögen empfiehlt es sich auf etwa 50 bis 100 Fragen zu beschränken, die sich in 30 bis 45 Minuten beantworten lassen.

Abb. 14 zeigt Beispiele von Inhalten einer umfassenden Befragung.

Wie die Vorgesetztenbefragung, setzt auch die Mitarbeiterbefragung eine detaillierte Vorausplanung voraus. Dennoch können **Widerstände** gegen eine Befragung aus folgenden Gründen auftreten:

Die **Unternehmensleitung:**

- bezweifelt Nutzen
- scheut sich vor den mit der Befragung einhergehenden Aktivitäten und Kosten und/oder
- fürchtet eine Verursachung oder Verstärkung von Problemen.

Die befragten **Arbeitnehmer/innen:**

- fürchten, dass durch eine Nichtgewährleistung der Anonymität möglicherweise Sanktionen erfolgen und/oder
- bezweifeln, dass für sie positive Auswirkungen von einer Befragung ausgehen.

Zur Überwindung dieser Widerstände ist Anonymität, freiwillige Teilnahme, innerbetriebliche Aufklärungsarbeit und eine konstruktive und transparente Informationspolitik von hoher Bedeutung.

5 Fragen zur Selbstüberprüfung

1. Welche Ziele werden mit der Implementierung einer Personal-Controlling-Konzeption verfolgt?

2. Warum sollten Vorgesetztenbeurteilungen in das Personal-Controlling integriert werden?

3. Was sollen Mitarbeiterbefragungen im Führungs- und Kooperations-Controlling erreichen?

4. Zeigen Sie an einem Beispiel, wie und wodurch eine Integration von Auswahlassessment, Leistungsbeurteilungen und Mitarbeiterbefragungen erreicht werden kann.

---

31 Vgl. Abschnitt 4.3 Dimensionen und Funktionen von Führungs- und Kooperationsanalysen

VI. Strategisches Führungs- und Kooperations-Controlling

Inhalt

Strategische Analysekonzepte sind auch für das Personalwesen wirkungsvolle Untersuchungs- und Vergleichsinstrumente zur Steigerung der eigenen Leistungsfähigkeit und zur Erhöhung der Wettbewerbsfähigkeit. Total Quality Management (TQM) sowie das Qualitätsmodell der European Foundation for Quality Management (EFQM) streben die Förderung der »Business Excellence« im Unternehmen an. Sie gewichten Führung und Kooperation sowie das Personalmanagement hoch. Auch Balanced Score-Cards (BSC) berücksichtigen neben finanzwirtschaftlichen Aspekten die Kunden-, Lern- und Entwicklungsperspektive sowie interne Prozesse. Sie erlauben systematisches Benchmarking. Nach der Darstellung der Grundzüge von Benchmarking, der BSC sowie von TQM und EFQM werden diese Modelle im Zusammenhang mit Führungs- und Kooperations-Controlling behandelt. Schließlich wird die Weiterentwicklung des EFQM zu einem umfassenden Excellence-Modell diskutiert.

Gliederung

1 Benchmarking
2 Balanced Score-Card (BSC)
3 Total Quality Management (TQM)
4 Europäisches Modell für Umfassendes Qualitätsmanagement (EFQM-Modell)
5 Das Assessment nach EFQM im Kontext der Personal-Controllingphilosophie
6 Unser Vorschlag für ein erweitertes Business Excellence-Modell
7 Fragen zur Selbstüberprüfung

Verweise

Kapitel E II.   Personalbeurteilung – kooperatives Mitarbeitergespräch
Kapitel E V.   Führungs- und Kooperations-Controlling im Kontext des Personal-Controllings

466

1 Benchmarking

Beim (externen) Benchmarking werden Produkte, Dienstleistungen oder betriebliche Prozessstrukturen über mehrere Unternehmen hinweg kontinuierlich verglichen, vorzugsweise mit den besten Unternehmen einer Klasse.[1] Damit können Leistungslücken zum sog. »Klassenbesten« systematisch erschlossen und Verbesserungsmöglichkeiten ermittelt werden. Die »**best practice**« dient sowohl im quantitativen Vergleich als auch bei qualitativer Bewertung als eine **Ziel- und Orientierungshilfe**, um zu eigenen unternehmensspezifischen Lösungen zu kommen. Sie zeigt den Personalverantwortlichen, wo das eigene Personalwesen im Wettbewerb steht, was es kostet und wie Abweichungen überwunden oder gar ein eigenes »bench« gesetzt werden kann.

Durch den Best-Practice-Vergleich soll die Wettbewerbsorientierung in allen Bereichen des Unternehmens verankert werden. Deshalb bietet es sich gerade für das Personalmanagement an, da es meist in keinem direkten Wettbewerb steht.[2] Dabei sollen Unterschiede zu anderen Unternehmen, Ursachen für diese Unterschiede und Möglichkeiten zur Optimierung aufgezeigt werden.[3] Für das Personalmanagement sind auch Vergleiche mit Nicht-Konkurrenzunternehmen vorteilhaft, da einerseits ein offener Erfahrungs- und Informationsaustausch nicht durch eine Konkurrenzsituation behindert wird, andererseits das Personalmanagement als indirekter Leistungsbereich nicht nur auf branchenspezifische Informationen angewiesen ist.[4] In Ergänzung zum externen bietet sich auch **internes Benchmarking** an, bei dem Abteilungen bzw. Organisationseinheiten verglichen werden.

Das Benchmarking leistet nicht nur (Soll- oder Ist-)Kosten und Kennzahlenvergleiche, sondern vergleicht auch praktizierte Methoden und Prozesse miteinander. Deshalb kann es für quantitativ wie auch für **qualitativ** beschreibbare Phänomene verwendet werden. Für ein strategisches Führungs- und Kooperations-Controlling leistet es:

- Einen Vergleich der Führungs- und Kooperations-Controlling-**Instrumente** und -methoden. Hier erhalten die sich vergleichenden Unternehmen Hinweise zur Optimierung ihres Personal-Controllingsystems (z. B. Kennzahlensysteme, Führungs- und Kooperationsanalysen, Vorgehensweisen zur Evaluation oder Inhalte bei Mitarbeiterbefragungen).

- Einen Vergleich der personalwirtschaftlichen **Funktionen** selbst. Hier wird z. B. deren Wertschöpfungsbeitrag und Produktivität oder die Zufriedenheit wichtiger Bezugsgruppen bei ihrer Erfüllung ermittelt.

---

1 Vgl. Fitz-enz 1993; Lingscheid 1993, S. 166; Zairi 1996, S. 73 ff.
2 Vgl. Horváth/Herter 1992
3 Vgl. Camp 1994, S. 253 f.
4 Vgl. Hiltrop/Despres 1995, S. 204

- **Unternehmensinternes Benchmarking** kann Vergleiche der Führung- und Kooperationspraktiken zwischen Abteilungen vornehmen).

- Für das Führungs- und Kooperations-Controlling ist insbesondere auch ein **Benchmarking von Managementqualitäten** interessant. Der Abgleich des eigenen Führungsverhaltens mit dem »Best Management« anderer kann eigenes Führungsverhalten verbessern.[5]

Abb. 1 zeigt den Benchmarkingprozess im Regelkreis:

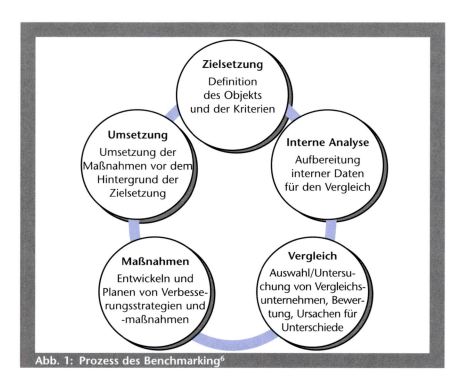

Abb. 1: Prozess des Benchmarking[6]

Besonderheiten und Gefahren des Benchmarking

Die Probleme des Benchmarkings für das Führungs- und Kooperations-Controlling liegen in der **Quantifizierbarkeit und Vergleichbarkeit qualitativer Leistungen**. Der Bestimmung des Verbindlichkeitsgrads von best practice steht die Berücksichtigung von Einzelinteressen der Betroffenen gegenüber. Denn eine Gefahr des Benchmarkings liegt darin, dass man Handeln nur soweit verändert, um die Kennzahlen im Branchenwert bzw. dem Best-Practice-Unternehmen zu erreichen.[7]

---

5 Vgl. Kienbaum 1997, S. 183
6 Wunderer et al. 1997, S. 23
7 Vgl. Weber 1995, S. 213

468

Daher ist **bewusstes und flexibles Abweichen** von »Best Practice«-Vorgaben zu überdenken. Ein nur »mechanisches« Benchmarking sowie die Übernahme anderer Praktiken gefährdet gewachsene oder gewollte Strukturen oder Prozesse und kann die eigene Kreativität beeinträchtigen.

Vorgehensweise beim Benchmarking

Zu den **Voraussetzungen** des Benchmarking gehören neben dem Gestaltungswillen des Personalmanagements eine intensive Projektvorbereitung zur Entwicklung eines Zielsystems, die bewusste Partnerauswahl und sorgfältige Datenerhebung und Auswertung interner wie externer Information sowie eine konsequente, aber flexible Umsetzung. Phillips[8] schlägt folgende Vorgehensweise vor:[9]

- Bestimmung der Benchmarkinggrößen
- Einsetzen eines Benchmarking-Teams
- Identifikation der Benchmarking-Partner
- Datenerfassung
- Auswertung der Daten
- Bereitstellen des Ergebnisses für die Benchmarking-Partner
- Implementation der aus dem Benchmarkingprozess abgeleiteten Verbesserungen

Verbreitung in der Praxis

Eigene Untersuchungen zeigten, dass externes Benchmarking etwas häufiger als internes Benchmarking durchgeführt wird. 30 % der über 100 befragten Groß- und Mittelunternehmen haben noch nie ein Benchmarking im Personalmanagement durchgeführt.[10]

VI
Strate-
gisches
Führungs-
und
Koope-
rations-
Control-
ling

2 Balanced Score-Card (BSC)

Personal-Controlling will mit wenigen aussagekräftigen und verständlichen Größen eine Überprüfung der Leistungsniveaus ermöglichen.[11] Operative Einheiten sollen eine dezentrale Leistungsmessung selbst durchführen können. Die Messgrößen sind aus den Unternehmenszielen abzuleiten und sollen die Strategieerreichung über Verhaltensbeeinflussung unterstützen.[12] Auch geht es um die Abschätzung von strategischen Veränderungen und Trends. Dazu sind neben vergangenheitsorientierten finanziellen Kennzahlen **auch nicht-finanzielle Messgrößen und qualitative Daten** zu verwenden,[13] um Maßnahmen einzuleiten.[14]

---

8 Vgl. Phillips 1996, S. 230
9 Vgl. auch Camp 1994
10 Vgl. Wunderer/Jaritz 1999
11 Vgl. auch Black/Wright/Bachman 1998
12 Vgl. Lochany/Cox 1994
13 Vgl. Roos/Roos/Dragonetti/Edvinsson 1997
14 Vgl. auch Fitzgerald/Johnston/Brignall/Silvestro/Voss 1991; Hronec 1993; Rummler/Brache 1995.

469

Kaplan/Norton[15] haben diese Idee systematisch weiterentwickelt und eine inzwischen weit verbreitete, strategiegeleitete »Balanced Score-Card« (BSC) mit Leistungsmessungen aus **vier verschiedenen Perspektiven** vorgeschlagen (vgl. Abb. 2).

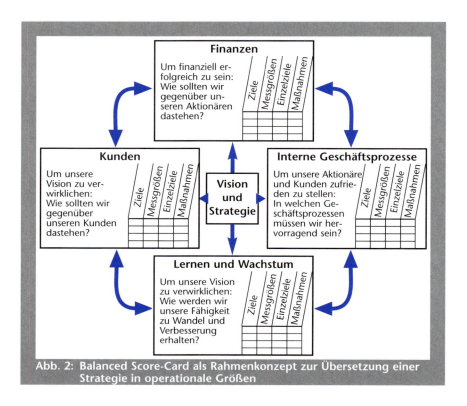

Abb. 2: Balanced Score-Card als Rahmenkonzept zur Übersetzung einer Strategie in operationale Größen

Perspektiven der Balanced Score-Card von Kaplan/Norton

Die von Kaplan und Norton vorgestellte Balanced Score-Card (BSC) misst die Leistung mit wenigen Kenngrößen über ein **selektives Kennzahlensystem**[16] zur Sicherung der Strategieerreichung.

1. Die **finanzwirtschaftliche Perspektive** beinhaltet die Messung der Profitabilität des Ressourceneinsatzes sowie der Unternehmenswertsteigerung. Dabei können auf der Unternehmensebene z.B. folgende Messgrößen Verwendung finden:

   ● Produkt- und Produktlinienprofitabilität
   ● Kunden- und Kundengruppenprofitabilität
   ● Entwicklung des Umsatzes und des Marktanteils
   ● Entwicklung des Unternehmenswerts.

15 Vgl. Kaplan/Norton 1997, S. 134
16 Vgl. Weber 1995, S. 207 ff.

Hier gilt es, mit finanziell ausgerichteten Kennzahlen, die Ressourcenverteilung zu steuern und die Profitabilität, die Liquidität und die Finanzierungsstruktur der Investitionen zu überprüfen.

2. Die **Kundenperspektive** betrifft die Wahrnehmung und Beurteilung der eigenen Produkte und Dienstleistungen beim Kunden. Kundenzufriedenheit ist hier ein wichtiges Indiz für die Abdeckung der Marktbedürfnisse durch die Unternehmung. Folgende Messgrößen können z. B. verwendet werden:

- Kundenzufriedenheit
- Time-to-Market
- Umsatzanteil neu entwickelter Produkte.

In einer erweiterten Sichtweise können unter der Kundenperspektive auch andere Bezugsgruppen des Unternehmens verstanden werden, so dass dann auch die Mitarbeiterzufriedenheit (als interne Kundenzufriedenheit) oder das Image des Unternehmens in der Gesellschaft erfasst werden können.

3. Die **interne Prozessperspektive** evaluiert die effiziente und effektive Ausübung der Unternehmenstätigkeiten. Durch die Analyse und Überwachung der Geschäftsprozesse – es werden Innovationsprozesse, betriebliche Prozesse und Kundendienstprozesse unterschieden –, kann die Leistungserstellung optimiert werden. Dabei beschränkt sich die Betrachtung nicht nur auf interne Prozesse, sondern bezieht auch Schnittstellen zu Kunden und Zulieferern ein. Folgende Messgrößen können z. B. Verwendung finden:

- Durchlaufzeiten
- Kapazitätsauslastung
- Qualitätskennziffern
- Beurteilung der Zulieferer (Pünktlichkeit, Qualität).

4. Die **Lern- und Entwicklungsperspektive** betrifft die Fähigkeit der Unternehmung, wettbewerbsrelevantes Wissen aufzubauen und sich so zu verändern, dass die Anforderungen des Marktes erfüllt werden. Hierzu zählt die Sicherung und Entwicklung der Mitarbeiterqualifikation und -motivation, z. B. über leistungsgerechte Entlohnung, aber auch die Unterstützung durch Informationssysteme. Messgrößen für die Lern- und Entwicklungsperspektive sind z. B.:

- Anzahl der Schulungs- und Weiterbildungsaktivitäten
- Anzahl der Verbesserungsvorschläge
- Mitarbeiterzufriedenheit und Mitarbeiterloyalität
- Teamleistung
- Fluktuationsrate und Krankheitsquote
- Mitarbeiterproduktivität.

Die Lern- und Entwicklungsperspektive als zentrale Dimension für das Personalmanagement

Für das Personal-Controlling ist insbesondere die Lern- und Entwicklungsperspektive relevant. Im Vergleich zu den übrigen drei Perspektiven stehen in der Praxis jedoch weit weniger Kennzahlen bereit. Viele Unternehmen haben trotz hohen Entwicklungsstandes in den anderen Funktionen noch nicht einmal versucht, diese Potentiale und ihre Ergebnisse zu messen.[17]

Für personalbezogene Kennzahlen sind in der BSC v. a. **drei Messgrößen** wichtig:

- Mitarbeiterzufriedenheit
- Mitarbeiterloyalität und
- Mitarbeiterproduktivität.

Dabei wird die Mitarbeiterzufriedenheit als »Treiber« für die beiden anderen Faktoren verstanden, die über eine Mitarbeiterumfrage gemessen werden kann. Für Mitarbeiterloyalität wird als Messgröße die Fluktuationsrate vorgeschlagen, für Mitarbeiterproduktivität die beiden Kenngrößen »Umsatz« und (betriebswirtschaftliche) $\Rightarrow$ *»Wertschöpfung* pro Mitarbeiter«.[18]

Als treibende Potentiale für die Lern- und Entwicklungsperspektive werden drei Bereiche ausgemacht, die auch Führungsaspekte ansprechen:

- die Weiterbildung der Mitarbeiter
- die Potentiale der Informationssysteme und
- Motivation, Empowerment und Zielausrichtung der Mitarbeiter.

Für die Weiterbildung wird v. a. eine strategische **Aufgabendeckungsziffer** (»strategic job coverage ratio«) vorgeschlagen. Sie soll das Verhältnis der strategisch qualifizierten Mitarbeiter zum angenommenen Bedarf an qualifizierten Mitarbeiter beinhalteten und den Bedarf für strategische Weiterbildung ermitteln.

Für die Potentiale der Informationssysteme wird eine **Informationsdeckungsziffer** (»information coverage ratio«) vorgestellt, die analog zur Aufgabendeckungsziffer das Verhältnis der erhältlichen Information zu dem angenommen Informationsbedarf angibt. So kann z. B. der Anteil an Prozessen mit Echtzeitinformationen über die Qualität, die Zykluszeit und die Kosten oder der Anteil der Mitarbeiter, die in direktem Kontakt mit dem Kunden stehen und Online-Zugriff zu kundenbezogenen Daten haben, verwendet werden. Die beiden Deckungsziffern entsprechen damit einem klassischen Soll-Ist-Vergleich.

Für die Erfassung der Motivation, des Empowerments und der Zielausrichtung der Mitarbeiter werden Kennzahlen für vorgeschlagene und umgesetzte Verbes-

E
Funktio-
nen und
Instru-
mente
für
Führung
und
Koope-
ration

---

17 Vgl. Kaplan/Norton 1997, S. 138 f.

18 Dies ist natürlich eine sehr enge Sichtweise, da gerade die Fluktuation ebenso wie der Umsatz auch stark von anderen Einflüssen abhängen. So hängt z.B. die Fluktuation auch vom Arbeitsmarkt, den »goldenen Fesseln« der Unternehmung sowie von familiären und altersbedingten Restriktionen ab. Auch die innere Kündigung ist nicht berücksichtigt.

serungsvorschläge und Verbesserungskennzahlen sowie Kennzahlen zur Messung der Teamleistung genannt.

Weitere Ansätze der Balanced-Score-Card

Dave Ulrich schlägt eine andere Variante einer Balanced Score-Card vor, die drei zentrale ⇒ *Stakeholder* (Investoren, Kunden und Mitarbeiter) unterscheidet:[19]

- Economic Value-Added (EVA): die finanzwirtschaftlichen Ziele.
- Customer Value-Added (CVA): die Erwartungen der Kunden.
- People Value-Added (PVA): die Erwartungen der Mitarbeiter.

Diese Aufteilung scheint für das Personalmanagement besonders interessant, da sie dem **Stakeholderansatz**[20] folgt und mit den Erwartungen der Mitarbeiter einen anderen Ansatz als Kaplan/Norton vertritt. Allerdings gibt Ulrich noch keine konkreten Hinweise für den Aufbau seiner Balanced Score-Card.

Der neueste Ansatz von **Ulrich/Zenger/Smallwood**[21] unterscheidet, ähnlich wie der von Kaplan/Norton, zwischen vier Perspektiven, wobei der Stakeholderansatz von Ulrich durch die Dimension der Organisation ergänzt wird:

- Employee Results
- Organization Results
- Customer Results
- Investor Results

VI
Strate-
gisches
Führungs-
und
Koope-
rations-
Control-
ling

Der systematische Aufbau ähnelt dem von Kaplan/Norton, allerdings unterscheiden sich beide Ansätze besonders in der Mitarbeiterperspektive als »Lernen und Wachstum« bzw. »Employee Results«, worauf im Folgenden eingegangen wird.

Die Mitarbeiterperspektive bei der Score-Card von Ulrich et al.

Für das Personalmanagement ist besonders die Mitarbeiterperspektive relevant. Dazu werden die Überlegungen von Ulrich/Zenger/Smallwood vorgestellt. Ausgangspunkt sind Konzepte wie »Intellectual Capital«, »Human Capital«, »Knowledge Management« und »Learning Organization«, die trotz ihrer Unterschiede alle die **Mitarbeiter als Erzeuger und Nutzer von wettbewerbsrelevanten Informationen und Wissen** verstehen. Dazu wird eine einfache und relativ gut messbare Definition vorgeschlagen:[22]

> Human Capital = Employee Capability × Employee ⇒ *Commitment*

19 Vgl. Ulrich 1996, S. 58; vgl. auch Fitz-enz 1994, S. 84 ff.
20 Vgl. Freeman 1984
21 Vgl. Ulrich/Zenger/Smallwood 1999
22 Vgl. Ulrich/Zenger/Smallwood 1999

Der sich ergebende **Human Capital Index** wird dabei als Schlüsselgröße für nachfolgende Größen, wie Mitarbeiterproduktivität, Kundenloyalität und Profitabilität, aufgefasst.

Unter **Employee Capability** wird das Wissen, die Fähigkeiten, Qualifikationen und Motive der einzelnen Mitarbeiter bzgl. ihrer Position verstanden. Dabei kann zwischen **technischem** und **sozialem Know-how** unterschieden werden. Für die Messung der Employee Capability ist ein detaillierter, aber nicht zu komplexer Ansatz entscheidend. Ulrich/Zenger/Smallwood schlagen dazu die Unterscheidung zwischen Individuen und Gruppen und zwischen quantitativen und qualitativen Beschreibungen vor.[23] **Employee ⇒ *Commitment*** beschreibt das **zukünftige** Verhalten der Mitarbeiter im Gegensatz zum möglichen Verhalten, welches unter die Employee Capability fällt.

Zur Messung des Employee ⇒ *Commitment* empfehlen Ulrich/Zenger/Smallwood drei Messgrößen:[24]

- Mitarbeiterproduktivität
- Organisationsklima bzw. -kultur und
- Mitarbeiterloyalität.

Fazit

Die BSC stellt nicht einfach ein neues Kennzahlensystem, sondern ein **strategisches Steuerungsinstrument** dar.[25] Für das Personal-Controlling ist das Konzept geeignet, weil es mit seinen vier Perspektiven eine relativ umfassende Bewertung ermöglicht. Für geeignete Messgrößen des Personal-Controllings trifft die BSC von Kaplan/Norton nur wenige Aussagen, besonders **Mitarbeiterführung** wird nur ansatzweise diskutiert. So werden z. B. Mitarbeiterqualifikationen nur über die strategische Aufgabendeckungsziffer erfasst. Das Qualifikationsniveau, aber auch Schlüsselkompetenzen werden damit nicht berücksichtigt.

Das strategieorientierte BSC-Modell eignet sich besonders für die Evaluation der ergebnisbezogenen ⇒ *Wertschöpfung* des Personalmanagements. Allerdings verkürzt es das Personalmanagement auf die Innovations- und Lernperspektive und blendet die Umfeld- und Potentialfunktion des Personalmanagements aus. Die Balanced Score-Card eignet sich v. a. als Instrument des Top-Managements zur Beurteilung des Gesamtunternehmens.

Bei Ulrich/Zenger/Smallwood erfolgt eine stärkere Betonung der Mitarbeiterperspektive. Sie stellen jedoch nicht die Zufriedenheit der Mitarbeiter in Vordergrund, sondern ihre Qualifikationen und Motivationen.

---

23 Vgl. Ulrich/Zenger/Smallwood 1999
24 Vgl. Ulrich/Zenger/Smallwood 1999
25 BSC ist »Management« nicht »Measurement«

3 Total Quality Management (TQM)

> **Definition**
>
> TQM ist zunächst eine ⇒ *Führungsphilosophie*, die eine Neuorientierung des Managements auf dem Weg zu einer umfassenden Unternehmensqualität normativ gestaltet.[26]

Das Gesamtkonzept TQM beschränkt sich aber nicht nur auf die Unternehmung. Es bezieht ebenso die **Bedürfnisse des Marktes** sowie die **Wirkungen** unternehmerischen Handelns auf Gesellschaft und Umwelt mit ein.[27]

Der Begriff »Total« steht auch für die **Einbeziehung aller Mitarbeiter** auf allen Führungsebenen und in allen Abteilungen. Jedem Mitarbeiter wird damit unmittelbare Qualitätsverantwortung übertragen. Er soll sich mitverantwortlich fühlen, Wünsche der Kunden und anderer Bezugsgruppen zu erfüllen. Und damit hat jeder Unternehmensbereich einen selbstverantworteten Beitrag zur Unternehmensqualität zu leisten.[28]

Auf individueller Ebene stellt die persönliche Qualität des Mitarbeiters den Ausgangspunkt der Unternehmensqualität dar. Persönliche Qualität umfasst die Erfüllung von konkreten Erwartungen, wie z. B. Zeit, Menge, Wirtschaftlichkeit, Sicherheit sowie mentale Aspekte, also Einstellungen zur Qualität, Engagement, Verhalten, Kreativität und Loyalität.

Mit dem Begriff »Management« wird der **Top-Down-Ansatz** des TQM angesprochen, in dem das Management eine Leit- und Vorbildfunktion hat. Diese betrifft die Initiierung des Konzeptes sowie das persönliche Vorbild bei der Umsetzung und beim Vorleben von Qualitätszielen. Witte leitet daraus **drei Qualitätsgrundprinzipien als Grundsäulen des TQM** ab: **Prozessorientierung, Kundenorientierung** und **Führungsverhalten**.[29] Diese stellen die Grundsäulen des TQM dar (vgl. Abb. 3).

Das TQM wirkt dabei mehrdimensional:

- **integrierte** Qualitätsplanung, -prüfung, -sicherung, -förderung und -verantwortung
- **größerer Kundennutzen** durch bessere Befriedigung der Bedürfnisse, dadurch Stärkung der Wettbewerbssituation, Marktanteilsgewinne und bessere Wirtschaftlichkeit und
- **verbesserte Prozessqualität** führt zu Fehlervermeidung, Kostenreduktion, Reduktion der Durchlaufzeiten und des gebundenen Kapitals sowie erhöhten Flexibilität.

---

26 Vgl. Wunderer/Gerig/Hauser 1997
27 Vgl. Linnert 1992; Seiling 1994; Zink 1995b
28 Vgl. Linnert 1992; Zink 1992; Seiling 1994; Klinkenberg 1995; Zink 1995a; Seghezzi 1996
29 Vgl. Witte 1993

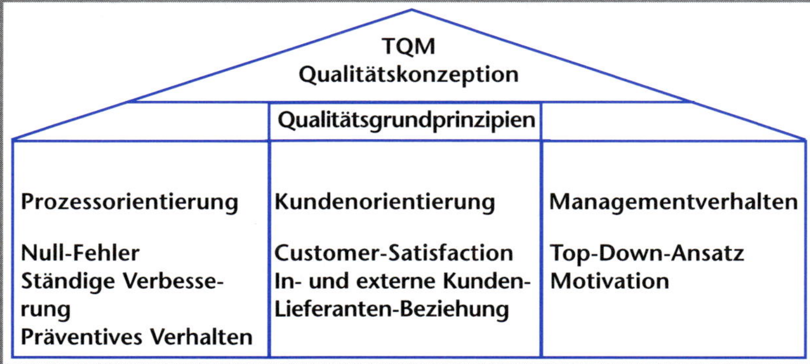

Abb. 3: Qualitätsgrundprinzipien

Within the figure:
TQM
Qualitätskonzeption

Qualitätsgrundprinzipien

Prozessorientierung

Null-Fehler
Ständige Verbesserung
Präventives Verhalten

Kundenorientierung

Customer-Satisfaction
In- und externe Kunden-Lieferanten-Beziehung

Managementverhalten

Top-Down-Ansatz
Motivation

Qualitätskonzepte, -systeme und -modelle

Wichtig für das Verständnis von Total Quality Management und des nachfolgend erläuterten Europäischen Modells für Umfassendes Qualitätsmanagement (EFQM-Modell) ist die Unterscheidung in Qualitätskonzepte, Qualitätsmodelle und Qualitätssysteme.

Qualitätskonzepte sind grundlegende Vorstellungen oder Ansätze, wie Qualität in Unternehmen zu fördern bzw. zu bewirtschaften ist. In diesem Sinne sind das Total Quality Management, die ISO 9004, Entwürfe zur Qualitätslenkung, -prüfung und -verbesserung, wie auch das CWQC (»Company-Wide-Quality-Control«) Qualitätskonzepte. Ihre konkrete Umsetzung erfolgt in **Qualitätssystemen**, die »alle Elemente, d. h. alle Aufgaben, Funktionen, Abläufe, Strukturen, Organisationselemente, Methoden, Maßnahmen usw., die zur Bewirtschaftung der Qualität eingesetzt werden«,[30] beinhalten. Zur Entwicklung, Implementierung, Überprüfung und Verbesserung von Qualitätssystemen auf Basis bestimmter Qualitätskonzepte werden häufig **Qualitätsmodelle** verwendet (vgl. Abb. 4).

Bekannte Modelle sind beispielsweise das Kaizen, der Deming-Prize, der Malcolm-Baldrige-National-Quality-Award oder der European-Quality-Award, dem auch das EFQM-Modell zugrunde liegt.[31]

Das **Europäische Qualitätsmodell** wird hier deshalb näher diskutiert, weil es die Mitarbeiterführung mit den anderen wichtigen Qualitätspotentialen und -ergebnissen in einen systematischen und operational bereits gut erfassbaren Zusammenhang stellt und dabei Führung und Personalmanagement besonders berücksichtigt und dazu hoch gewichtet. In diesem Modell wird **Mitarbeiterführung selbst als Qualitätsziel** definiert, das ein effizientes Dienstleistungsmanagement im Rahmen einer markt- und ressourcenorientierten Unternehmensstrategie rea-

---

30 Vgl. Seghezzi 1994
31 In Anlehnung an Seghezzi 1996, S. 198

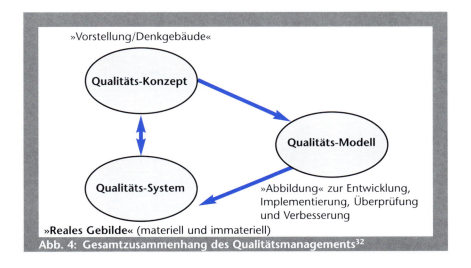

»Vorstellung/Denkgebäude«

Qualitäts-Konzept

Qualitäts-Modell

Qualitäts-System

»Abbildung« zur Entwicklung, Implementierung, Überprüfung und Verbesserung

»Reales Gebilde« (materiell und immateriell)

Abb. 4: Gesamtzusammenhang des Qualitätsmanagements[32]

lisieren soll. Auch kann es als Grundlage für ein weiterentwickeltes Business-Excellence-Modell dienen.

4 Europäisches Modell für Umfassendes Qualitätsmanagement (EFQM-Modell)

4.1 Grundstruktur des Europäischen Qualitätsmodells

1989 fanden sich 14 europäische Großunternehmen zur Gründung der European Foundation for Quality Management (EFQM) zusammen, die in Zusammenarbeit mit der Europäischen Kommission und der European Organization for Quality das Europäische Qualitätsmodell erarbeiteten. Die EFQM will einen Beitrag zur Verbesserung der Weltmarktposition europäischer Unternehmen leisten und betrachtet ihren Auftrag als erfüllt, wenn Qualität zum integralen Wert Europas geworden ist und das europäische Management einen weltweiten Wettbewerbsvorteil gewonnen hat.[33] Trotz seiner noch jungen Entwicklungsgeschichte wird das Europäische Qualitätsmodell als eines der besten »Werkzeuge« zur Standortbestimmung für Total Quality Management bezeichnet (vgl. Abb. 5).[34]

Das Modell der EFQM beschreibt übersichtlich, welche **Inhalte** unter »**Business Excellence**« zu verstehen sind. Das Qualitätsmodell besteht aus neun Komponenten, wobei jede als Kriterium zur Beurteilung des Fortschritts eines Unternehmens auf dem Weg zu Spitzenleistungen dienen kann. Die Komponenten werden in fünf Potentialfaktoren (Befähiger) für »Business Excellence« und vier

---

32 In Anlehnung an Seghezzi 1994
33 Vgl. EFQM 1995; Zink 1995b
34 Vgl. Runge 1994; Hummeltenberg 1995

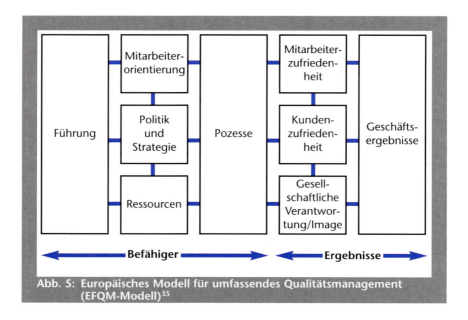

Führung	Mitarbeiter-orientierung	Pozesse	Mitarbeiter-zufrieden-heit	Geschäfts-ergebnisse
	Politik und Strategie		Kunden-zufrieden-heit	
	Ressourcen		Gesell-schaftliche Verantwor-tung/Image	

◄───── **Befähiger** ─────► ◄──── **Ergebnisse** ───►

Abb. 5: Europäisches Modell für umfassendes Qualitätsmanagement (EFQM-Modell)[35]

E
Funktio-
nen und
Instru-
mente
für
Führung
und
Koope-
ration

Ergebniskriterien gegliedert. Während die **Befähiger** das **Wie**, also das Potential im Sinne von Leistungsvoraussetzungen und Leistungsfähigkeiten bezüglich umfassender Qualität thematisieren, wird durch die **Ergebnisse** das evaluiert, **was** das Unternehmen bezüglich umfassender Qualität für die Bezugsgruppen und mit welchem Erfolg leisten. Bei den Ergebnissen sind neben den Geschäftsergebnissen (Shareholder) somit auch andere ⇒ *Stakeholder* (Mitarbeiter, Kunden und Gesellschaft) beteiligt.[36]

1999 wurde eine leicht modifizierte Version entwickelt (vgl. Abb. 6). Es werden jedoch die bisherigen Komponenten beurteilt.

EFQM als Führungskonzept

Kundenzufriedenheit, Mitarbeiterzufriedenheit und positive gesellschaftliche Verantwortung/Image werden durch ein Führungskonzept[37] erzielt, das durch eine spezifische Politik und Strategie, eine geeignete Mitarbeiterorientierung sowie das Management der Ressourcen und Prozesse zu herausragenden Geschäftsergebnissen führt.

Die Befähiger und die Ergebnisse werden mit einer Gesamtgewichtung von jeweils 50 % als gleichbedeutend angesehen. Diese Gewichtung sowie die Einzel-

---

35 Vgl. EFQM 1997, S. 7, Wunderer 1995c; Wunderer 1995d; Wunderer/Gerig/Hauser 1997; Wunderer/Jaritz 1999
36 Vgl. Conti 1993; EFQM 1997; Wunderer/Gerig/Hauser 1997
37 EFQM 1995; in der dt. Übersetzung heißt es hier Managementkonzept, wobei sich aber auf das Kriterium 1 »Führung« (= »Leaderhip«) bezogen wird

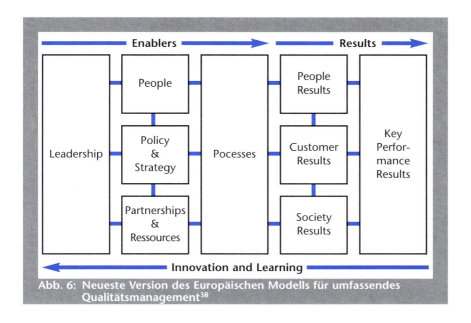

		Enablers				Results	

Abb. 6: Neueste Version des Europäischen Modells für umfassendes Qualitätsmanagement[38]

gewichtung der jeweiligen Komponenten sind hier maßgeblich für die Vergabe des European-Quality-Award (EQA) und der Europäischen Qualitätspreise. Sie stellen das Ergebnis von Beratungen dar und werden jährlich überprüft.[39] Sie sind für die nachfolgend besprochene Selbstbewertung nicht bindend und können deshalb vielmehr den unternehmens- oder organisationsspezifischen Anforderungen und Rahmenbedingungen angepasst werden.

4.2 Die Rolle der Führungskraft im Europäischen Qualitätsmodell – ein Ansatz zu einem integrierten Führungs- und Kooperations- Controlling

Die erste Komponente des EFQM-Modells ist mit »Führung« überschrieben. Sie konzentriert sich auf Vorbild, Kulturprägung, Anerkennung, Bereitstellen von Ressourcen und Vertretung nach außen.

Dabei wird nicht nur das obere Management angesprochen und für die strukturelle Führung verantwortlich gemacht. Denn wenn diesem obersten Management eine wesentliche Promotorenrolle zufällt, so wäre es gerade in Großunternehmen absurd, davon auszugehen, dass über mehrere Führungsstufen hinweg lediglich das Engagement des Topmanagements ausreicht, um ein umfassendes Qualitätsmanagement erfolgreich zu implementieren. Die Komponente »Führung« will also alle Führungskräfte dafür verantwortlich machen, strukturell in den Berei-

---

38 Vgl. EFQM 1999
39 Vgl. hierzu auch die Vorschläge in Wunderer 1996

479

chen »Kultur«, »Strategie« und »Organisation« für entsprechende Qualitätswerte sowie Ziel- und Mitteleinsätze sowie Verantwortlichkeiten zu sorgen.[40] Dies bedeutet zum Beispiel:

- **Verbesserungsvorschläge** anzuregen und besonders anzuerkennen und so eine positive Gruppenatmosphäre zu schaffen – nach empirischen Analysen[41] eine zentrale Voraussetzung für eine gruppenbezogene Innovationskultur
- **Förderung von formeller wie informeller Kommunikation** mit den internen und externen Kunden
- **Übernahme von Patenschaften** für Qualitätsaktivitäten oder -programme
- **Förderung externer Kontakte** mit Verbänden, der Öffentlichkeit sowie einem darauf ausgerichteten »symbolischen Management«[42]
- **Entwicklung einer qualitätsorientierten Führungsstrategie** mit möglichst auch für die einzelne Organisationseinheit entwickelten oder abgeleiteten Qualitätsprogrammen konkreter Ausrichtung – in erster Linie auf den einzelnen Arbeitsplatz oder Mitarbeiter bezogen. Dies sollte in der Personalbeurteilung den Zielvereinbarungen und damit verbundenen Mitarbeitergesprächen berücksichtigt werden.

Unterstützt werden diese Maßnahmen durch **Umfragen bei Kunden** bzw. über firmeninternes Benchmarking, über **Schulung** und ⇒ *Coaching* am Arbeitsplatz sowie entsprechende **Berücksichtigung von Ressourcen** bei der Budgetdefinition. Auch sollten typische **Qualitätsindikatoren** und -**standards** entwickelt und vereinbart sowie deren Einhaltung periodisch überprüft werden. Schließlich geht es um eine qualitätsorientierte Organisation entlang der Wertschöpfungskette. Hier sind beispielsweise übergreifende Qualitätsgruppen, aber auch **teambezogene Qualitätszirkel** zu nennen; das traditionelle Vorschlagswesen muss damit entsprechend angepasst werden. Neben **Koordinationsgremien und Steuerkreisen** für die Qualitätsarbeit sollte die »**cross-funktionale« Prozessorganisation** bevorzugt werden. Denn eines der größten Hindernisse für Qualitätsoptimierung liegt in der Abschottung der einzelnen Funktionseinheiten, besonders wenn sie nach ihrem Einzelerfolg abgerechnet und belohnt werden.

Die **Definition von Qualitätsstandards**, die **Festlegung von Qualitätsverantwortlichen** sowie die generelle **Dezentralisierung der Qualitätsverantwortung** bis in die operativen Bereiche sind weitere Ansätze zur Optimierung einer Qualitätsorganisation. Diese Aspekte sind im EFQM-Modell in der Komponente »Politik und Strategie« thematisiert, sollten jedoch als Aufgabe der strukturellen Mitarbeiterführung aufgefasst werden.

Die Evaluation wird in konkreten **Prüffragen** operationalisiert. Diese können auch für das Führungs- und Kooperations-Controlling als Evaluationskriterien dienen (vgl. Abb. 7).

E
Funktionen und Instrumente für Führung und Kooperation

---

40 Wunderer 1996
41 Müller/Bierhoff 1994, S. 376
42 Vgl. Weibler 1995

Unterpunkte des Kriteriums	Prüffragen
1a. Engagement und Vorbild-funktion in Bezug auf umfassende Qualität	Wie wird die Führungskraft aktiv, um ● mit der Belegschaft zu kommunizieren? ● sich als Vorbild zu verhalten? ● für Mitarbeiter ansprechbar zu sein und sich schulen zu lassen? ● ihr Engagement für umfassende Qualität zu demonstrieren?
1b. Beständige TQM-Kultur	Wie unternimmt die Führungskraft Schritte, um ● bei der Beurteilung und Förderung des TQM-Bewusstseins mitzuwirken? ● bei der Kontrolle des Fortschritts bezüglich umfassender Qualität mitzuwirken? ● das Engagement und die Leistung auf dem Gebiet der Umfassenden Qualität bei der Beurteilung und Beförderung von Mitarbeitern auf allen Ebenen zu berücksichtigen?
1c. Anerkennung und Würdigung von Anstrengungen und Erfolgen von Einzelpersonen und Teams	…

Abb. 7: Auswahl von Prüffragen zum Kriterium »Führung«

VI
Strate-
gisches
Führungs-
und
Koope-
rations-
Control-
ling

Weitere Ansätze zur Operationalisierung der Evaluation des Führungsverhaltens sind auch dem Kriterium 3 »**Mitarbeiterorientierung**« zu entnehmen.

3a.　Wie Mitarbeiterressourcen geplant und verbessert werden

3b.　Wie Fähigkeiten der Mitarbeiter aufrechterhalten und weiterentwickelt werden

3c.　Wie mit den Mitarbeitern Ziele vereinbart werden und die Leistungen kontinuierlich überprüft werden

3d.　Wie die Mitarbeiter beteiligt, zum selbständigen Handeln autorisiert und ihre Leistungen anerkannt werden

3e.　Wie ein effektiver Dialog zwischen den Mitarbeitern und der Organisation erreicht wird

3f.　Wie für die Mitarbeiter gesorgt wird

Hier steht das **Personalmanagement** mit den Funktionen »Personalplanung«, »-entwicklung«, »Zielvereinbarung«, »Mitarbeiterbeteiligung« und »Kommunikation« im Vordergrund.

Auch in der aktuellen Version von 1999 kehren diese Aspekte in gleicher Weise wieder (vgl. Abb. 8).

Bei der Evaluation wird neben den konzeptionellen Grundlagen auch der Umsetzungsstand ermittelt. Da dieser von der Führungskraft beeinflusst wird, erlaubt das Führungs-Controlling Rückschlüsse auf die Führungsaktivitäten. Durch Prüffragen zur Förderung der Teamarbeit wird in Kriterium 3 die abteilungsinterne laterale Kooperation aufgegriffen. Die Frage der **lateralen Kooperation** wird

- People resources are planned, managed and improved
- People`s knowledge and competencies are identified, developed and sustained
- People are involved and empowered
- People and the organisation have a dialogue
- People are rewarded, recognised and cared for

Abb. 8: Business-Excellence Modell[43]

im Kriterium 5 »**Prozesse**« konkretisiert, insbesondere Kreativitätsförderung und die Steuerung des Transformationsprozesses. Das Beziehungsmanagement zwischen Kollegen und die abteilungsübergreifende Zusammenarbeit haben hier besondere Bedeutung. Die abteilungsübergreifende laterale Kooperation wird mit wesentlichen Prozessen im Unternehmen oder über die Lösung von Schnittstellenproblemen zwischen den Abteilungen thematisiert.

Als fünftes der neun Modellkriterien ist beim Führungs- und Kooperations-Controlling die »**Mitarbeiterzufriedenheit**« von Interesse. Ihre Qualität sollte in möglichst repräsentativer Weise evaluiert werden. Dies betrifft die Arbeitsbedingungen, die Kommunikation und Information, die Partizipation im Entscheidungs- und Umsetzungsprozess, die Identifikation und Motivation für umfassendes Qualitätsmanagement sowie die Führungsbeziehungen. Konkret unterscheidet das Modell **Motivations-** und **Zufriedenheitsfaktoren** und veranlasst damit mögliche Fragen in Mitarbeiterbefragungen oder -gesprächen. Als ⇒ *Indikatoren* wie die Mitarbeiter das Unternehmen beurteilen, werden genannt (vgl. Abb. 9).

4.3 Vorteile und Grenzen des EFQM-Modells[44]

Vorteile des Modells

- Das Modell basiert auf dem Konzept der ⇒ *Wertschöpfung* und der Wertschöpfungskette. Dabei konzentriert es sich auf die Dimensionen, die direkt von der Organisation beeinflusst werden können.
- Innerhalb der Befähiger haben **strukturelle und interaktive Komponenten** des Managements einen bevorzugten Anteil.
- Der ⇒ *Stakeholder*-**Ansatz** gliedert die Strukturierung der Ergebnisse
- Das Modell repräsentiert ein relativ geschlossenes System, das nicht nur für den EQA Verwendung finden sollte. Es ist vielmehr als ein **integriertes Management- und Controllinginstrument** zu verstehen, das planungsbasiert eine integrierte Bewertung der Managemententscheidungen in ihren ökonomischen und sozialen Konsequenzen ermöglicht.

---

43 EFQM 1999
44 Vgl. Wunderer 1995a, S. 17 ff.

E
Funktio-
nen und
Instru-
mente
für
Führung
und
Koope-
ration

a) Kriterien zur Beurteilung des Unternehmens durch die Mitarbeiter

Motivationsfaktoren
- Autorisierung der Mitarbeiter
- Mitarbeiterbeteiligung
- Aus- und Weiterbildung
- Leistungsanerkennung
- Mitarbeiterbewertung und Zielvereinbarung
- usw.

Zufriedenheitsfaktoren
- Wertesystem, Leitbild und Strategie des Unternehmens
- Arbeitsumfeld
- Entlohnungssysteme
- Beziehungen zwischen Vorgesetzten, Kollegen und Untergebenen
- Kommunikation
- Unternehmensführung
- usw.

b) Zusätzliche Messgrößen, welche die Zufriedenheit des Mitarbeiters beschreiben

Zufriedenheitsfaktoren
- Schulungs- und Weiterbildungsniveau
- Mitarbeiterbeschwerden
- Einstellungstrends
- Personalfluktuation
- Abwesenheits- und Krankheitsquoten
- Arbeitsunfallhäufigkeit
- usw.

Faktoren in Bezug auf Mitarbeiterbeteiligung
- Teilnahme an Verbesserungs-Teams
- Teilnahme an Vorschlagsprogrammen
- Messbare Leistungen von Teamarbeit

Abb. 9: Indikatoren bzw. Prüfpunkte zur Mitarbeiterzufriedenheit im EFQM-Modell

VI
Strate-
gisches
Führungs-
und
Koope-
rations-
Control-
ling

- Das Modell schließt auch eine **qualitative Sichtweise** mit ein, die über eine technische oder kostenorientierte Perspektive deutlich hinausgeht. Es schließt explizit auch interne Kunden wie die Beteiligung aller Führungskräfte und aller Mitarbeiter mit ein.
- Das Modell beschränkt sich nicht auf die Verbesserung und die Dokumentation der Prozessqualität (wie z. B. ISO-9000).

Grenzen des Modells

- Weil das Modell ein **geschlossenes System** darstellt, verleitet es den Benutzer zu einer unreflektierten Anwendung. Der Benutzer beschränkt daher möglicherweise seine Analyse auf die neun Komponenten und die 33 Subkriterien, die jeweils durch drei bis sieben ⇒ *Indikatoren* gemessen werden.
- Die **Unternehmenskultur** wird nur in den Unterkriterien der »Führung« und der »Politik & Strategie« erwähnt.

483

- Der Faktor »**Organisation**« ist nur indirekt über die Prozesse eingeschlossen (Prozessorganisation).
- Die **Prozessdimension** sollte mehr systematisch ausgearbeitet werden, wenn man das zugrundeliegende Input-Throughput-Output Konzept berücksichtigt. Daher sollte es von dem Befähigerteil klar getrennt werden.
- Das Konzept vernachlässigt die **langfristige Beurteilung der Ergebnisse**, was besonders für qualitative Veränderungen wichtig ist. Ihre Einschätzung könnte in einzelnen Komponenten ergänzt werden. Das gilt auch für die Beurteilung der Produkte/Dienstleistungen des Unternehmens, auch wenn diese indirekt über Kundenzufriedenheit und Prozesse bewertet werden.
- Das **Punkteverteilungsmodell** ist willkürlich und betont mit 50 % zu stark die Ergebnisseite. Für die Verwendung innerhalb des EQA ist dies akzeptabel, allerdings nicht für ein allgemeines Managementmodell.
- Der Umfang der Einschätzung kann für kleine Geschäftseinheiten oder kleine und mittlere Unternehmen (KMU) zu komplex werden. Dies gilt auch für die neue Version des Europäischen Modells für KMU.
- Während die Empfehlungen für die Bewertung differenziert und detailliert sind, fehlen Vorschläge für die **Implementation.** Wegen ihrer Bedeutung sollte jedoch ein umfassendes Konzept ausgearbeitet werden, um organisationales Lernen und den Entwicklungsprozess zu unterstützen.

5 Das Assessment nach EFQM im Kontext der Personal-Controllingphilosophie

5.1 Funktionen, Verfahren und Instrumente von Personal-Controlling und Assessment nach dem Qualitätsmodell der EFQM im Vergleich

Ein Assessment nach dem Modell der EFQM erfüllt prinzipiell alle Funktionen des Personal-Controllings: Mit der unternehmensweiten Evaluation werden die **Potentiale** und **Ergebnisse** der verschiedenen Funktionsbereiche erfasst und **Schnittstellen** definiert. Werden ⇒ *Assessments* mit einer gewissen Regelmäßigkeit durchgeführt – z.B. alle zwei oder drei Jahre – kommt ihm eine **Frühwarn-** und ausgeprägte **Steuerungsfunktion** zu, solange im Anschluss an das Assessment (Unternehmensdiagnose) korrigierende Maßnahmen in der Personalpolitik initiiert werden. Die Gegenüberstellung des von der EFQM aufgezeigten Nutzens der Selbstbewertung nach dem Europäischen Qualitätsmodell mit den Funktionen einer Personal-Controlling-Konzeption zeigt die hohe Übereinstimmung (vgl. Abb 10).

Schließlich lässt sich auch in Bezug auf die Verfahren und Instrumente eine weitgehende Übereinstimmung zwischen Personal-Controlling und einem ⇒ *Assessment* feststellen. Beim EFQM-Modell werden prinzipiell dieselben Forderungen nach quantitativer und qualitativer, monetärer und nicht-monetärer Beurteilung der Personalarbeit erhoben, wie dies bereits bei weitentwickelten Personal-Controlling-Konzeptionen der Fall ist.

Funktionen des Personal-Controllings	Von der EFQM genannter Nutzen der Selbstbewertung[45]
● Sicherung rationaler Entscheidungen ● Kontrolle, Analyse und Steuerung personalwirtschaftlicher Entscheidungen ● Integration verschiedener Funktionen der Personalarbeit in verschiedenen Unternehmens-ebenen ● Erweiterung des Analyserahmens auf Konsequenzen strategischer Entscheidungen im Personalbereich	● Bewertung auf der Grundlage von Fakten ● gründlicher und strukturierter Ansatz für Verbesserungsaktivitäten ● leistungsfähiges Diagnoseinstrument ● Mittel zur Messung und zur Anerkennung der im Verlauf erzielten Fortschritte ● Methode, die sich auf allen Unter-nehmensebenen (einzelne Abteilungen bis Gesamtunternehmung) anwenden lässt

Abb. 10: Vergleich der Funktionen von Personal-Controlling und Evaluation nach dem Europäischen Qualitätsmodell

Für die betriebliche Anwendung des EFQM-Modells ist entscheidend, dass die in der Vergangenheit verwendeten betriebsspezifischen Controlling-Instrumente und -verfahren, wie Mitarbeiterbefragungen, Personalbeurteilungen usw., ver-wendet werden können. In den Richtlinien des EFQM-Modells wird bei der Eva-luation der Potentialfaktoren danach gefragt, wie ein Unternehmen bezüglich der Kriterien vorgeht, z. B. wie die Mitarbeiterressourcen geplant und verbessert wer-den oder wie eine wirksame Kommunikation über die Hierarchieebenen hinweg erzielt wird. Bei der Bewertung der Ergebniskriterien wird nach dem Erfolg des Unternehmens bezüglich der jeweiligen Kriterien gefragt. Das Modell stellt keine Anforderungen an Vorgehensweise oder anzuwendende Analyseinstrumente, z. B. zur Erfassung der Mitarbeiterorientierung. Es stellt nur die Frage, ob das Unter-nehmen bezüglich der Kriterien überhaupt etwas unternimmt, allenfalls wie es dies tut und mit welchem Erfolg. Eine Bewertung der Vorgehensweisen und der gewählten Instrumente wird nicht vorgenommen. Diese Frageweise hat den Vor-teil, dass alle bislang in der Unternehmung vorgenommenen Anstrengungen im Bereich Führung und Personalmanagement ihre Gültigkeit behalten und die zu-meist betriebsspezifisch entwickelten Führungs- und Personalmanagement-In-strumente weiterhin angewendet werden können. Mit den Fragen nach den Prüf-kriterien werden aber Lücken in der bisherigen Personalmanagement-Tätigkeit aufgedeckt, die es durch Korrekturmaßnahmen zu schließen gilt.

Wird also Personal-Controlling als Steuerung der Personalarbeit verstanden, so kann ein ⇒ Assessment (Self- oder Fremdassessment) nach dem Europäischen Mo-dell für umfassendes Qualitätsmanagement als ein umfassendes, strukturorien-tiertes Verfahren im Controlling-Prozess bezeichnet werden. Das EFQM-Modell strebt nicht nach einer bestimmten Art der Ausgestaltung der Personalpolitik, sondern nach Ausschöpfung möglichst vieler führungs- und personalpolitischer

VI
Strate-
gisches
Führungs-
und
Koope-
rations-
Control-
ling

45 Vgl. EFQM 1995, 1998

Verfahren und Instrumente. Deshalb sollte die Überprüfung anhand des Diagnoseinstruments der EFQM weder Unternehmen und noch Personalmanagement »auf den Kopf stellen«.

5.2 Selbstbewertung als zentraler Controlling Ansatz im EFQM-Modell

Neben der Verwendung als Bewertungsgrundlage für die Vergabe des EQA und der Europäischen Qualitätspreise dient das EFQM-Modell v. a. auch als Kriterienmodell für die Durchführung einer Selbstbewertung des Unternehmens. Dabei erfüllt das Modell neben seiner allgemeinen Funktion als integrativer ⇒ *Bezugsrahmen* auch weitere Funktionen als Instrument der Evaluation, Maßnahmengenerierung und ⇒ *Organisationsentwicklung* wie auch als Marketing-Instrument. Das Modell dient unter anderem folgenden Zwecken (siehe Abb. 11).[46]

- Grundlage für eine strukturierte und umfassende Diagnose oder Bewertung
- Ableitung von Verbesserungsmaßnahmen
- Ermittlung der erzielten Fortschritte und Beurteilung von Effektivität und Effizienz der Maßnahmen
- Bestimmung der zentralen Verbesserungsbereiche
- Orientierungsrahmen und Instrument der Konsensfindung bei der konzeptionellen Ausrichtung
- Mittel zur Kommunikation und Schulung von TQM-Grundsätzen
- Integration der Qualitätsaktivitäten in die normalen und operativen Tätigkeiten
- Grundlage einer umfassenden Qualitätsförderung
- Instrument für internes und externes Benchmarking.

Abb. 11 Zweck der Selbstbewertung

6 Unser Vorschlag für ein erweitertes Business-Excellence Modell[47]

Durch die zuvor dargestellte Bewertung wurde deutlich, dass das bisherige EFQM-Modell in ein allgemeines **Modell für Business Excellence** erweitert werden sollte. 1999 wurde die diskutierte modifizierte Fassung entwickelt, die auch als Excellence-Modell und als Unternehmensführungskonzeption verstanden wird.

Wir haben schon 1995 folgenden Vorschlag gemacht.[48] Unser Konzept geht von den drei Hauptbereichen »Ressourcen und Ansprüche«, »Business-Excellence-Management« und »Ergebnisse« aus, die systemisch interagierend und damit rekursiv im Gegensatz zum bisherigen linearen Input-Throughput-Output Konzept gestaltet sind (vgl. Abb. 12).[49]

---

46 Vgl. EFQM 1995
47 Wunderer/Gerig/Hauser 1997, S. 14 ff.
48 Vgl. Wunderer 1995o, 1995r, 1996a
49 Vgl. Wunderer 1997d; Wunderer 1998, S. 63 ff.; Wunderer/Gerig/Hauser 1997, S. 14 ff.

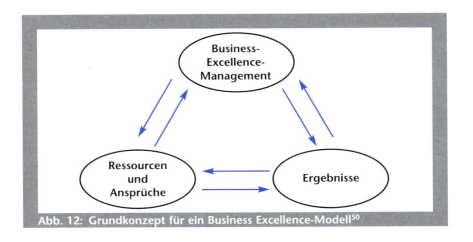

Abb. 12: Grundkonzept für ein Business Excellence-Modell[50]

Wesentlich ist dabei die Trennung des Management-Modells vom Unternehmensmodell, einschließlich der Umwelt. Kern dieses Business Excellence-Modells ist das als Business-Excellence-Management bezeichnete Managementmodell, welches in die drei Unterbereiche »Business Management«, »Ressourcen Management« und »Prozess Management« unterteilt ist:

Nach unserem modifizierten Modell wird auch der **Umfeldbereich** (Ressourcen/Ansprüche) integriert, da dieser gerade für interne Dienstleister von großer Bedeutung ist. Business-Excellence wird dabei über drei Komponenten realisiert, wobei nun neben der Kulturgestaltung auch das Selbstmanagement interpretiert ist. Zusätzlich wurde auch zwischen Zufriedenheit und Bindung (Loyalität) der ⇒ *Stakeholder* unterschieden. Dabei sind die Kapitaleigner ausdrücklich mit einbezogen. Und schließlich wird bei der Komponente »Geschäftsergebnisse« auch der Verteilungsaspekt für sämtliche ⇒ *Stakeholder* einbezogen.

Unser Excellence-Modell kann zu einem prozessorientierten und integrierten Führungsmodell entwickelt werden, welches sowohl Struktur- und Mitarbeiterpotentiale sowie Leistungsprozesse und -objekte als auch Ergebnisse und deren Verteilung integriert. Im EFQM-Modell werden bisher insbesondere die Prinzipien »Haben«, »Dürfen« und »Beteiligen« vernachlässigt. D. h., dass das Strukturpotential der Führung wie auch die Ergebnisverteilung unzureichend repräsentiert sind.[51] Weitere Besonderheiten werden an anderer Stelle ausführlich erörtert (vgl. Abb. 13).[52]

Fazit

Unser Business-Excellence-Modell bietet im Vergleich zur Balanced Score-Card, zum herkömmlichen und auch neuem EFQM-Modell einen erweiterten ⇒ *Be-*

50 Vgl. Wunderer 1997d; Wunderer 1998, S. 63 ff.
51 Vgl. Wunderer 1998, S. 55 ff.; vgl. Zur Erweiterung Wunderer et al. 1997
52 Vgl. Wunderer et al. 1997; Wunderer/Gerig/Hauser 1997

VI
Strategisches
Führungs-
und
Koope-
rations-
Control-
ling

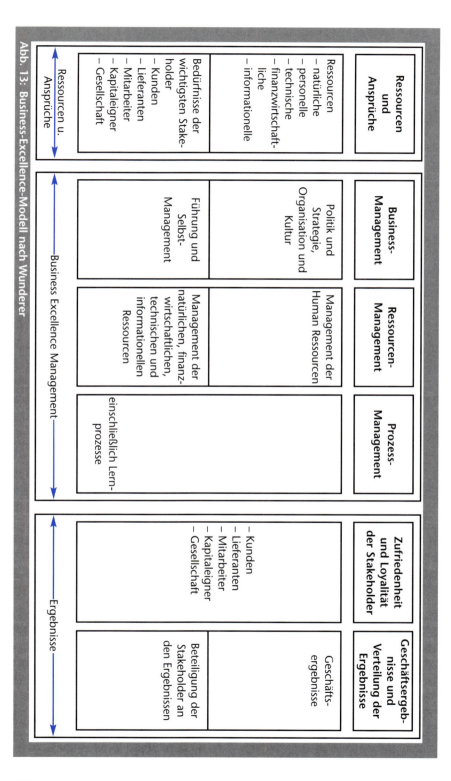

Abb. 13: Business-Excellence-Modell nach Wunderer

zugsrahmen an, insbesondere weil es die Ressourcen und Ansprüche sowie die Verteilung der Ergebnisse explizit mit einbezieht. Das Business-Excellence-Modell bietet damit ein umfassenderes Rahmenkonzept für das Führungs- und Kooperations-Controlling, indem die bedeutsamen kontext- und potentialbezogenen ⇒ *Moderatorvariablen* einbezogen werden. Die grundsätzliche Messproblematik bleibt weiterhin bestehen. Die Methode des ⇒ *Assessments* könnte aber ähnlich dem EFQM-Konzept integriert werden. Sie wird im Folgenden diskutiert.

7 Fragen zur Selbstüberprüfung

1. Welche Bedeutung haben die Business-Excellence-Modelle für ein Führungs- und Kooperations-Controlling?

2. Inwieweit wird der Integrationsgedanke des Personal-Controllings über das Qualitätsmodell der EFQM verwirklicht?

3. Wie kann die Führungskraft das Konzept der EFQM anwenden und einsetzen?

4. Welche Aspekte sind bei der Evaluation der Mitarbeiterzufriedenheit zu wenig berücksichtigt?

Literaturverzeichnis

Agyris, C./Schön, D. (1978): Organizational learning. Reading, Mass.

Albach, H. (1983): Zum Einfluss von Führungsgrundsätzen auf die Personalführung. In: *Wunderer, R.* (Hrsg.): Führungsgrundsätze in Wirtschaft und öffentlicher Verwaltung. Stuttgart, S. 2–16.

Albach, H. (1984): Die Rolle des Schumpeter-Unternehmers heute. In: *Bös, D./Stolper, H.D.* (Hrsg.): Schumpeter oder Keynes? Berlin et al., S. 123–128.

Albach, H./Held, T. (Hrsg.) (1984): Betriebswirtschaftslehre mittelständischer Unternehmen. Stuttgart.

Albers, S. (1996): Dezentrale Führung von Unternehmen mit Hilfe eines internen Beteiligungsmarktes. In: Die Betriebswirtschaft, 56, (3), S. 305–317.

Albert, H. (1968): Traktat über kritische Vernunft. Tübingen.

Albert, H. (1972): Theorien in den Sozialwissenschaften. In: *Albert, H.* (Hrsg.): Theorie und Realität. 2. Aufl., Tübingen, S. 3–25.

Aldag, R.J./Brief, A.P. (1981): Managing Organizational Behavior. St. Paul.

Alioth, A. (1995): Selbststeuerungskonzepte. In: *Kieser, A./Reber, G./Wunderer, R.* (Hrsg.): Handwörterbuch der Führung. 2. Aufl., Stuttgart, Sp. 1894–1902.

Allerbeck, M. (1977): Ausgewählte Probleme der Führungsforschung. Diss. Universität München.

Anzenberger, G. (1991): Kooperation und Altruismus: ihre stammesgeschichtlichen Wurzeln. In: *Wunderer, R.* (Hrsg.): Kooperation. Gestaltungsprinzipien und Steuerung der Zusammenarbeit zwischen Organisationseinheiten. Stuttgart, S. 3–20.

Arhen, G. (1985): Mentoring im Unternehmen. Landsberg a. Lech.

Arnhold, K. (1939): Der deutsche Betrieb. Aufgaben und Ziele nationalsozialistischer Betriebsführung. Leipzig.

Atkinson, J. (1975): Einführung in die Motivationsforschung. Stuttgart.

Avolio, B.J./Bass, B.M. (1988): Transformational Leadership, Charisma and Beyond. In: *Hunt, J. G. et al.* (Hrsg.): Emerging Leadership Vistas. Lexington, S. 29–49.

Axelrod, R. (1984): The Evolution of Cooperation. New York (deutsch: Die Evolution der Kooperation. 3. Aufl., München et al. 1985).

Bales, R.F./Slater, P.E. (1955): Role Differentiation in Small Decision Making Groups. In: *Parsons, T./Bales, R.F.* (Hrsg.): Family, Socialisation and Interaction Process. Chicago, S. 259–306.

Baliga, B.R./Hunt, J.G. (1988): An Organizational Life Cycle Approach to Leadership. In: *Hunt, J.G.* et al. (Hrsg.): Emerging Leadership Vistas. Lexington, S. 129–149.

Bambeck, J.J. (1989): Softpower. Gewinnen statt siegen. München.

Barnard, C.I. (1938): The Functions of the Executive. Cambridge.

Bass, B.M. (1985): Leadership and Performance beyond Expectations. New York et al. (deutsch: Charisma entwickeln und zielführend einsetzen. Landsberg a. Lech 1986).

Bass, B.M. (1990a): Bass and Stogdill's Handbook of Leadership. Theory, Research and Managerial Applications. 3. Aufl., New York et al.

Bass, B.M. (1990b): From Transactional to Transformational Leadership. Learning to Share the Vision. In: Organizational Dynamics, Winter, S. 19–31.

Bass, B.M./Avolio, B.J. (1990): Transformational Leadership Development. Manual for the Multifactor Leadership Questionnaire. Palo Alto.

Bass, B.M./Steyrer, J. (1995): Transaktionale und transformationale Führung. In: *Kieser, A./Reber, G./Wunderer, R.* (Hrsg.): Handwörterbuch der Führung. 2. Aufl., Stuttgart, Sp. 2053–2062.

BAT (1992): Arbeitnehmer suchen Sinn und Freude im Beruf. Der Ruf nach mehr Freizeit wird leiser. In: Freizeit aktuell, (106), o. S., Hamburg.

Bateson, G. (1983): Ökologie des Geistes. Anthropologische, psychologische, biologische und epistemologische Perspektiven. 2. Aufl., Frankfurt a. M.

Baugut, G./Krüger, S. (1976): Unternehmensführung. Opladen.

Bechtler, T. (Hrsg.) (1986): Management und Intuition. Zürich.

Becker, F. G. (1995): Areizsysteme als Führungsinstrumente. In: *Kieser, A./Reber, G./Wunderer, R.* (Hrsg.): Handwörterbuch der Führung. 2. Aufl., Stuttgart, Sp. 34–45.

Becker, F.G. (1990): Anreizsysteme für Führungskräfte. Möglichkeiten zur strategisch-orientierten Steuerung des Managements. Stuttgart.

Becker, F. G. (1994): Lexikon des Personalmanagements. München.

Becker, M. (1999): Personalentwicklung. Bildung, Förderung und Organisationsentwicklung. 2. Aufl., Stuttgart.

Bennis, W. (1974): Organisationsentwicklung. Hamburg.

Bennis, W./Nanus, B. (1985): Leaders. New York.

Berger, K. (1990): Co-Counseln. Die Therapie ohne Therapeut. Hamburg.

Bergmann, A. (1986): Management Schweizer Art. In: Die Unternehmung, (4), S. 189–294.

Berne, E. (1975): Psychologie menschlichen Verhaltens. München.

Bertelsmann-Stiftung (Hrsg.) (1987): Die Arbeitsmotivation von Arbeitern und Angestellten der deutschen Wirtschaft. Gütersloh.

Bertelsmann-Stiftung (Hrsg.) (1997): Mitarbeiter am Kapital beteiligen. Gütersloh.

Berthel, J. (1989): Personalmanagement. 2. Aufl., Stuttgart.

Beyer, H.-T. (1990): Personallexikon. München et al.

Bierhoff, H.U. (1980): Hilfreiches Verhalten. Darmstadt.

Bihl, G. (1995): Werteorientierte Personalarbeit. Strategie und Umsetzung in einem neuen Automobilwerk. München.

Bitzer, M. (1991): Intrapreneurship. Unternehmertum in der Unternehmung. Stuttgart et al.

Black, A./Wright, P./Bachman, J.E. (1998): In Search of Shareholder Value. Managing the Drivers of Performance. London.

Blackburn, R./Rosen, B. (1995): Does HRM Walk the TQM Talk? In: HRM-Magazine, (Juni), S. 69–72.

Blake, R./Mouton, J.S. (1968): Verhaltenspsychologie im Betrieb. Düsseldorf/Wien.

Blake, R./Shepard, H./Mouton, J. (1964): Managing Intergroup Conflict in Industry. Houston.

Blank, W./Weitzel, J.H./Green, S.G. (1990): A Test of the Situational Leadership Theory. In: Personnel Psychology, S. 578–597.

Blau, P. (1954): Exchange and Power in Social Life. New York.

Bleicher, K. (1974): Führungsstile, Führungsformen und Organisationsformen. In: *Grochla, E.* (Hrsg.): Management. Düsseldorf/Wien, S. 187–204.

Bleicher, K. (1984): Unternehmungspolitik und Unternehmungskultur: Auf dem Weg zu einer Kulturpolitik der Unternehmung. In: Zeitschrift Führung + Organisation, 53, S. 494–500.

Bleicher, K. (1986a): Die Rolle von Unternehmern und Managern bei der Entwicklung von Unternehmenskulturen. In: Bertelsmann Stiftung (Hrsg.): Unternehmenskultur in Deutschland. Gütersloh, S. 38–47.

Bleicher, K. (1986b): Kulturen: Strukturen und Kulturen der Organisation im Umbruch. Herausforderung für den Organisator. In: Zeitschrift Führung + Organisation, (2), S. 97–108.

Bleicher, K. (1991a): Organsation. Strategien – Strukturen – Kulturen. 2. Aufl., Wiesbaden.

Bleicher, K. (1991b): Organisationslehre. Wiesbaden.

Bleicher, K. (1992a): Das Konzept integriertes Management. 2. Aufl., Frankfurt a. M./New York (5. Aufl., 1999).

Bleicher, K. (1992b): Unternehmungskultur. In: *Gaugler, E.* (Hrsg.): Handwörterbuch des Personalwesens. 2. Aufl., Stuttgart, Sp. 2241–2252.

Bleicher, K. (1992c): Strategische Anreizsysteme. Flexible Vergütungssysteme für Führungskräfte. Stuttgart/Zürich.

Bleicher, K. (1994): Leitbilder. Orientierungsrahmen für eine integrative Managementphilosophie. 2. Aufl., Stuttgart.

Bleicher, K. (1995a): BWL – Disziplinäre Lehre vom Wirtschaften in und zwischen Betrieben oder interdisziplinäre Wissenschaft vom Management? In: *Wunderer, R.* (Hrsg.): Betriebswirtschaftslehre als Management- und Führungslehre. 3. Aufl., Stuttgart, S. 91–119.

Bleicher, K. (1995b): Normatives Management. Politik, Verfassung und Philosophie des Unternehmens. Frankfurt a. M.

Bleicher, K./Meyer, E. (1976): Führung in der Unternehmung. Reinbek b. Hamburg.

Blome-Drees, F. (1993): Unternehmer. In: *Enderle, G. et al.*: Lexikon der Wirtschaftsethik. Freiburg i. Breisgau, S. 1160–1165.

Blum R. (1988): Wirtschaftsordung. II. Wirtschaftsordnungspolitik. In: *Albers, W. et al.* (Hrsg): Handwörterbuch der Wirtschaftswissenschaft, Bd. 9, Göttingen et al., S. 149–155.

Böhnisch, W./Jago, A.G./Reber, G. (1987): Zur interkulturellen Validität des Vroom/Yetton-Modells. In: Die Betriebswirtschaft, 47, S. 85–93.

Bono, E. de (1976): Laterales Denken für Führungskräfte. Hamburg.

Bono, E. de (1996): Serious Creativity. Die Entwicklung neuer Ideen durch die Kraft lateralen Denkens. Stuttgart.

Bortz, J. (1993): Statistik für Sozialwissenschafter. Berlin.

Bosetzky, H. (1977): Machiavellismus, Machtkumulation und Mikropolitik. In: Zeitschrift für Führung + Organisation, 46, S. 121–125.

Bosetzky, H. (1991): Managementrolle: Mikropolitiker. In: Staehle, W.H. (Hrsg.): Handbuch Management. Wiesbaden, S. 285–300.

Bosetzky, H. (1995): Mikropolitik und Führung. In: *Kieser, A./Reber, G./Wunderer, R.* (Hrsg.): Handwörterbuch der Führung. 2. Aufl., Stuttgart, Sp. 1517–1526.

Brandt, S (1988): The Blindside of Market-Orientation. Reading, Mass.

Braun, W. (1985): Unternehmensökonomie. Wiesbaden.

Brecht, B. (1967): Fragen eines lesenden Arbeiters. In: *Brecht, B.*: Gesammelte Werke. Bd. 9., Frankfurt a. M.

Breisig, T. (1987): Führungsmodelle und Führungsgrundsätze – verändertes unternehmerisches Selbstverständnis oder Instrument der Rationalisierung? Spardorf.

Bretz, E./Hertel, G./Moser, K. (1998): Kooperation und Organizational Citizenship Behavior. In: *Spieß, E./Nerdinger, F.W.* (Hrsg.): Kooperation in Unternehmen. München/Mering, S. 79–97.

Brief, A.P./Motowidlo, S.J. (1986): Prosocial Organizational Behavior. In: Academy of Management Review, 11, S. 710–725.

Brinkmann, R. D. (1997): Mitarbeiter-Coaching. Der Vorgesetzte als Coach seiner Mitarbeiter. Heidelberg.

Brockhoff, K. (1989): Schnittstellenmanagement. Abstimmungsprobleme zwischen Marketing und Forschung und Innovation. Stuttgart.

Brockhoff, K./Hauschildt, J. (1993): Schnittstellen-Management. Koordination ohne Hierarchie. In: Zeitschrift Führung + Organisation, 63, S. 396–403.

Bross, K. (1991): Lernen an Projekten in Förderkreisen für Gruppenmeister. In: *Sattelberger, T.* (Hrsg.): Innovative Personalentwicklung. Grundlagen, Konzepte, Erfahrungen. 2. Auflage, Wiesbaden, S. 150–154.

Brown, J.S./Duguid, P. (1991): Organizational Learning and Communities-of-Practice – Toward a Unified View of Working, Learning, and Innovation. In: Organization Science, 2, S. 40–57.

Brown, K.A./Mitchell, T.R. (1986): Influence of Task Interdependence and Number of Poor Performers on Diagnoses of Causes of Poor Performance. In: Academy of Management Journal, S. 412-424.

Bruch, H. (1996): Intra- und interorganisationale Delegation. Management, Handlungsspielräume, Outsourcingpraxis. Wiesbaden.

Bruch, H. (1999): Umsetzungskompetenz – eine (mit)unternehmerische Schlüsselqualifikation und Ansätze zu ihrer Förderung. In: *Wunderer, R.* (Hrsg.): Mitarbeiter als Mitunternehmer. Grundlagen, Förderinstrumente, Praxisbeispiele. Neuwied/Kriftel, S. 196–218.

Brüggmann, H. (1991): Persönlichkeitsentwicklung als Aufgabe der Personalführung. München/Mering.

Brummund, W. (1983): Zur Zusammenarbeit zwischen Organisationseinheiten. Diss. Essen.

Bryman, A. (1992): Charisma and Leadership. London

Bullwinkel, H. (1991): Bildungsarbeit als Profitcenter. Betriebsergebnis schon im zweiten Jahr positiv. In: Personalführung, 24, S. 326–332.

Bundesvereinigung der deutschen Arbeitgeberverbände (1983): Führungsgrundsätze – Hilfen für ihre Einführung. In: *Wunderer, R.* (Hrsg.): Führungsgrundsätze in Wirtschaft und öffentlicher Verwaltung. Stuttgart, S. 154–170.

Burke, M.J./Day, R.R. (1986): A Cumulative Study of the Effectiveness of Managerial Training. In: Journal of Applied Psychology, S. 242–245.

Burla, S./Alioth, A./Frei, F./Müller, R.W. (1994): Die Erfindung von Führung. Zürich.

Burns, J.M. (1978): Leadership. New York.

Burns, T. (1962): Micropolitics. Mechanisms of Institutional Change. In: Administrative Science Quarterly, S. 257–281.

Büschelberger, D. (1991): Das Konzept von Bosch – »Bildung in Bosch-Qualität«. In: Personalführung, 24, S. 304–312.

Büscher, M. (1990): Ordnungspolitik vor neuen Aufgaben. In: Wirtschaftsdienst, 70 VIII, S. 423–426.

Buskirk, B. (1995): Strategy Formulation. In: *Maurer, J./Shulman, J./Ruwe, M./Becherer, R.* (Hrsg.): Encyclopedia of Business. Detroit et al., S. 1381–1384.

Bussmann, W./Rutschke (1996): Sind Teams die besseren Verkäufer. In: Absatzwirtschaft (6).

Calder, B.J. (1977): An Attribution Theory of Leadership. In: *Staw, B.M./Salancik, G.R.* (Hrsg.): New Directions in Organizational Behavior. Chicago, S. 179–204.

Camp, R.C. (1994): Benchmarking. München.

Campell, D. (1972): In the Genetics of Altruism and the Counter-Hedonic Components in Human Culture. In: Journal of Social Issues, 28, S. 21–28.

Campbell, D./Campbell, K.M./Chia, H. (1998): Merit Pay, Performance Appraisal and Individual Motivation. An Analysis and Alternative. In: Human Resource Management, 37, (2), S. 131–146.

Cartwright, D./Zander, A. (Hrsg.) (1968): Group Dynamics. Research and Theory. 2. Aufl., New York.

Cascio, W. (1997): Managing Human Resources, Productivity, Quality of Work – Life, Profits. New York.

Case, T./Dosier, L./Murkison, G./Keys, B. (1988): How Managers Influence Superiors: A Study of Upward Influence Tactics. In: Leadership and Organization Studies Development Journal, 9, (4), S. 25–31.

Cashman, J.F. et al. (1976): Organizational Understructure and Leadership. A Longitudinal Investigation of the Managerial Role-Making Process. In: Organizational Behavior and Human Performance, S. 278-296.

Cassel, D. (1988): Wirtschaftspolitik als Ordnungspolitik. In: *Cassel, D./Ramb, B.T./Thieme, H. J.* (Hrsg.): Ordnungspolitik. München, S. 313–333.

Childers, T.L./Dubinsky, A.J./Skinner, S.J. (1990): Leadership Substitutes as Moderators of Sales Supervisory Behavior. In: Journal of Business Research, S. 363–382.

Chingos, P. (1997): Paying for Performance. Compensation Models that Work. New York.

Claassen, J.J. (1985): Mitarbeiterbefragungen zur Analyse der Führungs- und Arbeitssituation bei den Hamburg-Mannheimer Versicherungsgesellschaften. In: *Töpfer, A./Zander, E.* (Hrsg.): Mitarbeiter-Befragungen. Frankfurt a. M./New York, S. 317–343.

Clark, K./Clark, M. (Hrsg.) (1990): Measures of Leadership. West Orange, N. J.

Coase, R.H. (1984): The New Institutional Economics. In: Zeitschrift für die gesamte Staatswissenschaft, S. 229–231.

Cohen, M.D./March, J.G./Olsen, J.P. (1972): A Garbage Can Model of Organizational Choice. In: Administrative Science Quarterly, S. 1–25.

Comelli, G. (1995): Organisationsentwicklung. In: Rosenstiel, *v.L./Regnet, E./Domsch, M.* (Hrsg.): Führung von Mitarbeitern. 3. Aufl., Stuttgart, S. 587–607.

Conger, J.A. (1989): The Charismatic Leader. San Francisco et al.

Conger, J.A./Kanungo, R.N. (Hrsg.) (1988): Charismatic Leadership. San Francisco et al.

Conti, T. (1993): Building Total Quality. A Guide for Management. London.

Corsten, H. (1992) (Hrsg.): Lexikon der Betriebswirtschaftslehre. München et al.

Crandall, N.F./Wallace Jr. M. J. (1998): Work and Reward in the Virtual Workplace. A New Deal for Organizations and Employees. Amacon.

Cyert, R./March, J. (1963): A Behavioral Theory of the Firm. Englewood Cliffs.

Dachler, H.P. (1988): Führungslandschaft Schweiz. Erfahrungen und Konsequenzen für die Praxis. In: Die Unternehmung, 42, (4), S. 297–307.

Dachler, P./Dyllik, Th. (1988): »Machen« und »Kultivieren«. In: Die Unternehmung, 42, (4), S. 283–295.

Dachrodt, H.-G. (1976): Management und Menschenführung. Köln.

Daft, R./Steers, R. (1986): Organizations. Glenview.

Danert, G./Drumm, H.J./Hax, K. (Hrsg.) (1973): Verrechnungspreise. 2. Sonderheft der Zeitschrift für betriebswirtschaftliche Forschung.

Daniel, O. (1981): Mitarbeiter beurteilen das Führungsverhalten ihrer Vorgesetzten bei der ESSO AG. In: *Knebel, H.* (Hrsg.): Stand der Leistungsbeurteilung und Leistungszulagen in der Bundesrepublik Deutschland. Frankfurt a. M., S. 152–159.

Davidow, W./Malone, M.S. (1993): Das virtuelle Unternehmen. Der Kunde als Co-Produzent. Frankfurt a. M.

Deal, T./Kennedy, A. (1987): Unternehmenserfolg durch Unternehmerkultur. Bonn.

Deci, E.L. (1975): Intrinsic Motivation. New York.

Deci, E.L./Ryan, R.M. (1985): Intrinsic Motivation and Self Determination in Human Behavior. New York.

Defoe, D. (1719/1970): The Life and Adventures of Robinson Crusoe. Hammondsworth.

Delhees, K.H. (1979): Interpersonelle Konflikte und Konflikthandhabung in Organisationen. Bern.

Delhees, K.H. (1995): Führungstheorien – Eigenschaftstheorie. In: *Kieser, A./Reber, G./Wunderer, R.* (Hrsg.): Handwörterbuch der Führung. 2. Aufl., Stuttgart, Sp. 897–906.

Literatur-verzeich-nis

DemoSCOPE (1999): Die Geschichte der PKS. In: DemoSCOPE. Research and Marketing. Spezial-Bulletin, (April), S. 3–5.

Derlega, V./Grzelak J. (Hrsg.) (1982): Cooperation and Helping Behavior. New York.

Deutsch, M. (1976): Konfliktregelung. München et al.

Deutschmann, C./Weber, L. (1987): Arbeitszeit in Japan. Organisatorische und organisationskulturelle Aspekte der »Rundumnutzung« der Arbeitskraft. Frankfurt a. M./New York.

Dichtl, E./Issing, O. (Hrsg.) (1993): Vahlens großes Wirtschaftslexikon. 2. Aufl., München.

Dick, P. (1992): Personalentwicklung aus mikropolitischer Perspektive. Mikropolitik und Sozialisation. Diss. Universität Augsburg.

Dick, P. (1993): Mikropolitik in Organisationen. In: Zeitschrift für Personalforschung, 7, (4), S. 440–467.

Dienesch, R.M./Liden, R.C. (1986): Leader-Member Exchange Model of Leadership: A Critique and Further Development. In: Academy of Management Review, S. 618–634.

Dobner, E. (1997): Wie Frauen führen. Innovation durch weibliche Führung. Heidelberg.

Dörig, R. (1994): Das Konzept der Schlüsselqualifikationen. Diss. Universität St. Gallen.

Domsch, M. (1992) Vorgesetztenbeurteilung. In: *Selbach, R./Pullig, K.* (Hrsg.) (1992): Handbuch Mitarbeiterbeurteilung. Wiesbaden, S. 255–299.

Domsch, M./Gerpott, T. J. (1992): Personalbeurteilung. In: *Gaugler, E./Weber, W.* (Hrsg.): Handwörterbuch des Personalwesens. 2. Aufl., Stuttgart, Sp. 1631–1641.

Domsch, M./Schnebele, A. (Hrsg) (1991): Mitarbeiterbefragungen. Heidelberg.

Domsch, M./Reinecke, P. (1982): Mitarbeiterbefragung als Führungsinstrument. In: *Schuler, H./Stehle, W.* (Hrsg.): Psychologie in Wirtschaft und Verwaltung. Stuttgart, S. 127–147.

Donnert, R. (1998): Coaching, die neue Form der Mitarbeiterführung. Würzburg.

Dorsch, F. (1994): Psychologisches Wörterbuch. 12. Aufl., Bern et al.

Drucker, P. (1954): The Practice of Management. New York.

Drucker, P. (1971): Die »ideale« Führungskraft. Düsseldorf.

Drumm, H.J. (1972): Theorie und Praxis der Lenkung durch Preise. In: Zeitschrift für betriebswirtschaftliche Forschung, 24, S. 253–267.

Drumm, H.J. (1989a): Transferpreise. In: *Macharzina, K./Welge, M.K.* (Hrsg.): Handwörterbuch Export und Internationale Unternehmung. Stuttgart, Sp. 2077–2087.

Drumm, H.J. (1989b): Verrechnungspreise. In: *Szyperski, N.* (Hrsg.): Handwörterbuch der Planung. Stuttgart, Sp. 2168–2177.

Drumm, H.J. (1992): Personalwirtschaftslehre. 2. Aufl., Berlin (3. Aufl. 1995).

Dubs, R. (1995): Pädagogik und Führung. In: *Kieser, A./Reber, G./Wunderer, R.* (Hrsg.): Handwörterbuch der Führung. 2. Aufl., Stuttgart, Sp. 1689–1694.

Duden (1990): Bd. 5. Fremdwörterbuch. 5. Aufl., Mannheim et al.

Duden (1996): Rechtschreibung der deutschen Sprache. 21. Aufl., Mannheim et al.

Duncan, R./Weiss, A. (1979): Organizational Learning. In: *Staw, B.* (Hrsg.): Research in Organizational Behavior. Bd. 1, Greenwich, S. 75–123.

Durkheim, E. (1965): Die Regeln der soziologischen Methode. 2. Aufl., Neuwied.

Dürr, E. (1993): Der Schumpetersche Unternehmer in der Theorie der wirtschaftlichen Entwicklung. In: *Erdmann, G.* (Hrsg.): Elemente einer evolutorischen Innovationstheorie. Tübingen.

Dutton, J.M./Walton, R.E. (1972): Interdepartment Conflict and Cooperation: Two Contrasting Studies. In: *Lorsch, J.W./Lawrence, P.R.* (Hrsg.): Managing Group and Intergroup Relations. Homewood, Ill., S. 207–222.

Dycke, A./Schulte, Ch. (1986): Cafeteria-System. Ziele, Gestaltungsformen, Beispiele und Aspekte der Implementierung. In: Die Betriebswirtschaft, 46, (5), S. 577–589.

Dyer, L. (1987): Team Building. Reading, Mass.

Eckardstein, D. v. (1997): Entwickelt sich das Co-Management zu einem tragfähigen Kooperationsmuster in den betrieblichen Arbeitsbeziehungen? In: *Klimecki, R./Remer, A.* (Hrsg.): Personal als Strategie. Mit flexiblen und lernbereiten Human-Ressourcen Kernkompetenzen aufbauen. Neuwied et al., S. 244–256.

Eckardstein, D. v./Schnellinger, F. (1975): Personalmarketing. In: *Gaugler, E.* (Hrsg.): Handwörterbuch des Personalwesens. Stuttgart, Sp. 1592–1599.

Eckardstein, D. v./Schnellinger, F. (1978): Betriebliche Personalpolitik. München.

Elschen, R. (1983): Führungslehre als betriebswirtschaftliche Forschungskonzeption. In: *Fischer-Winkelmann, W.F.* (Hrsg.): Paradigmawechsel in der Betriebswirtschaftslehre? Spardorf, S. 283–263.

Erzabtei Beuron (o.J.): Die Regel des hl. Benedikt. Beuron.

Esser, M./Kobayashi, K. (Hrsg.) (1994): Kaishain. Personalmanagement in Japan. Goldingen/Stuttgart.

Etzioni, A. (1964): Modern Organization. Englewood Cliffs.

Etzioni, A. (1965): Organizational Control Structure. In: *March, J.G.* (Hrsg.): Handbook of Organizations. Chicago, S. 650–678.

Etzioni, A. (1994): Jenseits des Egoismus-Prinzips. Stuttgart.

Eucken, W. (1952): Grundsätze der Wirtschaftspolitik. Tübingen et al.

European Foundation for Quality Management (1995): Selbstbewertung 1996. Richtlinien für Unternehmen. Brüssel.

European Foundation for Quality Management (1996): The European Quality Award. Brüssel.

European Foundation for Quality Management (1999): The EFQM Excellence Model. Brüssel.

Evans, M.G. (1970): The Effects of Supervisory Behavior on the Path-Goal Relationship. In: Organizational Behavior and Human Performance, S. 277–298.

Evans, M.G. (1995): Führungstheorien – Weg-Ziel-Theorie. In: *Kieser, A./Reber, G./Wunderer, R.* (Hrsg.): Handwörterbuch der Führung. 2. Aufl., Stuttgart, Sp. 1075–1092.

Faller, M. (1991): Innere Kündigung. Ursachen und Folgen. München/Mering.

Farh, J./Podsakoff, P.M./Organ, D.W. (1990): Accouting for Organizational Citizenship Behavior. Leader Fairness and Task Scope versus Satisfaction. In: Journal of Management, 14, S. 705–721.

Fatzer, G. (1993): Ganzheitliches Lernen. Humanistische Pädagogik und Organisationsentwicklung. Ein Handbuch für Lehrer, Pädagogen, Erwachsenenbildner und Organisationsberater. 4. Aufl., Paderborn.

Fayol, H. (1916): Administration Industrielle et Générale. Paris.

Feyerabend, F. (1976): Wider dem Methodenzwang. Frankfurt a. M.

Fiedler, F.E. (1967): A Theory of Leadership Effectiveness. New York et al.

Fiedler, F.E./Bell, C.H. Jr./Chemers, M.M./Patrick, D. (1984): Increasing Mine Productivity and Safety through Management Training and Organization Development. A Comparative Study. In: Basic and Applied Psychology, S. 1–18.

Fiedler, F.E./Chemers, M./Mahar, M. (1976): Improving Leadership Effectiveness. New York.

Fiedler, F.E./Mahar, M. (1979): The Effectiveness of Contingency Model Training: Validation of LEADER MATCH. In: Personnel Psychology, S. 45–62.

Fiedler, H. (1980): Unternehmensgrundsätze und Führungsleitlinien. In: Fortschrittliche Betriebsführung, 29, S. 122–129.

Field, R.H.G. (1979): A Critique of the Vroom-Yetton Contingency Model of Leadership Behavior. In: Academy of Management Review, S. 249–257.

Field, R.H.G. (1982): A Test of the Vrom-Yetton Normative Model of Leadership. In: Journal of Applied Psychology, S. 523–532.

Field, R.H.G./House, R.J. (1990): A Test of the Vroom-Yetton Model Using Manager and Subordinate Reports. In: Journal of Applied Psychology, S. 362–366.

Fischer, G. (1935): Betriebswirtschaftslehre. Leipzig.

Fischer, G. (1955): Partnerschaft im Betrieb. Heidelberg

Fischer, G. (1967): Grundlage und Gestaltung der betrieblichen Partnerschaft. Hilden.

Fischer, G. (1975): Der Betrieb. Institution menschlicher Ordnung. Zürich.

Fischer, H. (1999): Förderung internen Unternehmertums im Großunternehmen – Beispiel Deutsche Bank AG. In: *Wunderer, R.* (Hrsg.): Mitarbeiter als Mitunternehmer. Grundlagen, Förderinstrumente, Praxisbeispiele. Neuwied/Kriftel, S. 274-287.

Fischer, H.P. (1995): Netzwerke knüpfen. In *Sattelberger, T.* (Hrsg): Innovative Personalentwicklung. Wiesbaden, 3. Aufl., S. 281–286.

Fisher, R./Ury, W. (1984): Das Harvard-Konzept. Frankfurt a. M.

Fitz-enz, J. (1984): How to Measure Human Resource Management. New York.

Fitz-enz, J. (1990): The Value-Adding Human Resource Management Strategy for the 1990s. San Francisco.

Fitzgerald, L./Johnston, R./Brignall, S./Silvestro, R./Voss, C. (1991): Performance Measurement in Service Businesses. London

Fleishman, E.A. (1962): Leadership Opinion Questionaire (Manual). Chicago.

Fleishman, E.A. (1973): Twenty Years of Consideration and Structure. In: *Fleish-*

man, E.A./Hunt, J.G. (Hrsg.): Current Developments in the Study of Leadership. Carbondale/Edwardsville, S. 1–37.

Fleishman, E.A./Mumford, M.D./Zaccaro, S.J./Levin, K.Y./Korotkin, A.L./Hein, M.B. (1991): Taxonomic Efforts in the Description of Leadership Behavior: A Synthesis and Functional Interpretation. In: Leadership Quarterly, S. 245–288.

Förderreuther, R. (1985): Erfahrungsbericht, Führungsstilanalyse. In: *Schuler, H./Stehle, W.* (Hrsg.): Organisationspsychologie und Unternehmungspraxis. Stuttgart, S. 62–66.

Franke, J./Kühlmann, T. (1986): Führungsgrundsätze. In: io-Management-Zeitschrift, (2), S. 80–81.

Freeman, R. (1984): Strategic Management. A Stakehoder Approach. London.

French, J.R.P./Raven, B. (1959): The Basis of Social Power. In: *Cartwright, D.* (Hrsg.): Studies in Social Power. Ann Arbor, S. 150–167.

French, J.R.P./Raven, B. (1968): The Basis of Social Power. In: *Cartwright, D./Zander, A.* (Hrsg.): Group Dynamics. 3. Aufl., New York.

Frese, E. (Hrsg.) (1992): Handwörterbuch der Organisation. 3. Aufl., Stuttgart.

Frese, M. et al. (1994): Mir ist es lieber, wenn ich genau gesagt bekomme, was ich tun muss: Probleme der Akzeptanz von Verantwortung und Handlungsspielraum in Ost und West. In: Zeitschrift für Arbeits- und Organisationspsychologie, 38, S. 22–38.

Frese, M. et al. (1996): Personal Initiative at Work. Differences between East and West Germany. In: Academy of Management Journal, 39, S. 37–63.

Frey, B.S. (1997): Markt und Motivation. Wie ökonomische Anreize die (Arbeits-) Moral verdrängen. München.

Frey, B.S./Osterloh, M. (1997): Sanktionen oder Seelenmassage? Motivationale Grundlagen der Unternehmensführung. In: Die Betriebswirtschaft, 57, (3), S. 307–321.

Frey, D. (1995): Die Theorie der kognitiven Dissonanz. In: Theorien der Sozialpsychologie. Bd. I. Kognitive Theorien. 2. Aufl., Bern, S. 243–292.

Frey, D./Kleinmann, M./Barth, S. (1995): Intrapreneuring und Führung. In: *Kieser, A./Reber, G./Wunderer, R.* (Hrsg.): Handwörterbuch der Führung. 2. Aufl., Stuttgart, Sp. 1272–1284.

Friedrichs, J. (1980): Methoden empirischer Sozialforschung. 13. Aufl., Opladen.

Fröhlich, W. (1987): Strategisches Personalmarketing. Düsseldorf.

Fröhlich, W. (1995): Personalentwicklung als Ansatzpunkt unternehmerischer Gestaltung der Personalarbeit. Darstellung aus Sicht der Wissenschaft. In: *Wunderer, R./Kuhn, T.* (Hrsg.): Innovatives Personalmanagement. Theorie und Praxis unternehmerischer Personalarbeit. Neuwied et al., S. 117–131.

Frost, D.E. (1986): A Test of Situational Engineering for Training Leaders. In: Psychological Reports, S. 771–782.

Fuchs-Wegener, G. (1973): Management by... Eine kritische Betrachtung moderner Managementprinzipien und -konzeptionen. In: Betriebswirtschaftliche Forschung und Praxis, (12), S. 678–692.

Fukuyama, F. (1992): Das Ende der Geschichte. Wo stehen wir? München.

Fürstenberg, F. (1993): Wandel in der Einstellung zur Arbeit – Haben sich die Menschen oder hat sich die Arbeit verändert? In: *Rosenstiel, v. L. et al.* (Hrsg.): Wertewandel. Herausforderung für die Unternehmenspolitik in den 90er Jahren. 2. Aufl., Stuttgart, S. 17–29.

Gabele, E./Oechsler, W./Liebel, H. (1982): Führungsgrundsätze und Führungsmodelle. Bamberg.

Gabele, E./Liebl, H./ Oechsler, W. A: (1992): Führungsgrundsätze und Mitarbeiterführung Führungsprobleme erkennen und lösen. Wiesbaden.

Gabler Wirtschaftslexikon (1992). 13. Aufl., Wiesbaden.

Galbraith, J.R. (1994): Competing with Flexible Lateral Organizations. Reading, Mass.

Gaugler, E. (1969): Elemente des kooperativen Führungsstils. In: Gaugler, E. (Hrsg.): Verantwortliche Betriebsführung. Stuttgart, S. 114–128.

Gaugler, E. (1982): Zieldynamik erfolgsorientierter Mitarbeitervergütungen. In: *Gaugler, E.* (Hrsg.): Verantwortliche Personalführung. Mannheim et al., S. 107–128.

Gaugler, E. (1995): Zur Weiterentwicklung der Betriebswirtschaftslehre als Management- und Führungslehre. In: *R. Wunderer* (Hrsg.): Betriebswirtschaftslehre als Management- und Führungslehre. 3. Aufl., Stuttgart, S. 251–263.

Gaugler, E. (1997): Shareholder Value und Personalmanagement. In: Personal, 49, (4), S. 168–175.

Gaugler, E. (1999): Mitarbeiter als Mitunternehmer – Die historischen Wurzeln eines Führungskonzepts und seine Gestaltungsperspektiven in der Gegenwart. In: *Wunderer, R.* (Hrsg.): Mitarbeiter als Mitunternehmer. Grundlagen, Förderinstrumente, Praxisbeispiele. Neuwied/Kriftel, S. 3–21.

Gebert, D. (1976): Zur Erarbeitung und Einführung einer neuen Führungskonzeption. Berlin.

Gebert, D. (1995): Führung im MbO-Prozess. In: *Kieser, A./Reber, G./Wunderer, R.* (Hrsg.): Handwörterbuch der Führung. 2. Aufl., Stuttgart, Sp. 426–436.

Geißler, K. A./Wittwer, W. (1992): Betriebspädagogik. In: *Gaugler, E./Weber, W.* (Hrsg.): Handwörterbuch des Personalwesens. 2. Aufl., Stuttgart, Sp. 599–611.

Gensicke, T. (1999): Deutschland am Ausgang der neunziger Jahre. In: *Klages, H./ Gensicke, T.:* Wertewandel und Bürgerschaftliches Engagement an der Schwelle zum 21. Jahrhundert. Speyrer Forschungsberichte 193. Speyer, S. 21–51.

George, J.M. (1991): State or Trait. Effects of Positive Mood on Prosocial Behaviors at Work. In: Journal of Applied Psychology, 76, S. 299–307.

George, J.M./Brief, A.P. (1992): Feeling Good – Doing Good. A Conceptual Analysis of the Mood at Work-Organizational Spontaneity Relationship. In: Psychological Bulletin, 112, S. 310–329.

Georgopoulos, B.S./Mahoney, C.M./Jones, N.W. (1957): A Path Goal Approach to Productivity. In: Journal of Applied Psychology, S. 345–533.

Gerig, V. (1998): Kriterien zur Beurteilung unternehmerischen Handelns von Mitarbeitern und Führungskräften. Mering.

Gester, P.-W. (1991): Systematisches Coaching. In: *Papmehl, A./Walsh, I.* (Hrsg.): Personalentwicklung im Wandel. Wiesbaden, S. 103–117.

Giddens, A. (1988): Die Konstitution der Gesellschaft. Grundzüge einer Theorie der Strukturbildung. Frankfurt a. M./New York.

Giesen, B. (1987): Führungstheorien – Evolutionstheorie der Führung. In: *Kieser, A./Reber, G./Wunderer, R.* (Hrsg.): Handwörterbuch der Führung. Stuttgart, Sp. 766–773.

Gioia, D.A./Sims, H.P. (1986): Cognition-Behavior Connections. Attribution and Verbal Behavior in Leader-Subordinate Interactions. In: Organizational Behavior and Human Performance, S. 197–229.

Goleman, D./Griese, F. (1996): Emotionale Intelligenz. München et al.

Gomez, P. (1990): Autonomie durch Organisation. Die Gestaltung unternehmerischer Freiräume. In: *Bleicher, K./Gomez, P.* (Hrsg.): Zukunftsperspektiven der Organisation, Bern, S. 99–113.

Gomez, P./Hahn, D./Müller-Stewens, G./Wunderer, R. (Hrsg.) (1994): Unternehmerischer Wandel. Wiesbaden.

Gomez, P./Probst, G.J.B. (1995): Die Praxis ganzheitlichen Problemlösens. Vernetzt denken, unternehmerisch handeln, persönlich überzeugen. Bern et al.

Gomez, P./Rüegg-Stürm, J. (1997): Teamfähigkeit aus systemischer Sicht – zur Bedeutung und den organisatorischen Herausforderungen von Teamarbeit. In: *Klimecki, R./Remer, A.* (Hrsg.) (1997): Personal als Strategie. Mit flexiblen und lernbereiten Human-Ressourcen Kernkompetenzen aufbauen. Neuwied et al., S. 136–157.

Gomez, P./Zimmermann (1993): Unternehmensorganisation. Profile, Dynamik, Methodik. 2. Aufl., Frankfurt a. M./New York.

Goodson, J.R./McGee, G.W./Cashman, J.F. (1988): Situational Leadership Theory. In: Group & Organization Studies, S. 446–461.

Gordon, T. (1991): Managerkonferenz. 5. Aufl., München.

Gouldner, A. (1957/1958): Cosmopolitans and Locals. In: Administrative Science Quarterly, S. 281–306, 444–480.

Graeff, C.L. (1983): The Situational Leadership Theory. A Critical View. In: Academy of Management Review, 8, S. 285–291.

Graen, G.B. et al. (1977): Effects of Linking-Pin Quality of Working Life of Lower Participants. In: Administrative Science Quarterly, S. 491–504.

Graen, G.B./Scandura, T.A. (1987a): Theorie der Führungsdyaden. In: *Kieser, A./Reber, G./Wunderer, R.* (Hrsg.): Handwörterbuch der Führung. Stuttgart, Sp. 377–388.

Graen, G.B./Scandura, T.A. (1987b): Toward a Psychology of Dyadic Organizing. In: *Cummings, L.L./Staw, B.M.* (Hrsg.): Research in Organizational Behavior. Bd. 9. Greenwich, CT, S. 175–298.

Grochla, E. (1972): Unternehmensorganisation. Reinbek b. Hamburg.

Grochla, E. (Hrsg.) (1974): Management. Düsseldorf et al.

Groning, R./Schweihofer, T. (1990): Personalmarketing als mitarbeiterorientierte Personalpolitik. In: Personalführung, (2), S. 86–95.

Grünefeld, H.-G./Langemeyer, W. (1991): Von der Personalakte zur Datenbank. In: Personalwirtschaft, (3), S. 34–38.

Grünenberg, N./Bierich, M. (1989): Bosch: Sorgfältige Untertreibung gehört zum Stil des Hauses. In: Die Zeit, Ausgabe Nr. 49, S. 14.

Guserl, R. (1973): Das Harzburger Modell. Idee und Wirklichkeit. Wiesbaden.

Gutenberg, E. (1951): Grundlagen der Betriebswirtschaftslehre. Bd. 1. Die Produktion. Berlin et al.

Haley, M.J. (1983): Relationship between Internal and External Locus of Control Beliefs, Self-Monitoring and Leadership Style Adaptability. Dissertation Abstracts International, 44 (11. B), 3563.

Haller, M./Maas P. (1997): Identität und Identifikation im Netzwerk der Finanzdienstleistungen – am Beispiel der Versicherungen. In: *Klimecki, R./Remer, A.* (Hrsg.): Personal als Strategie. Mit flexiblen und lernbereiten Human-Ressourcen Kernkompetenzen aufbauen. Neuwied et al., S. 276–298.

Hamann, A./Huber, J.J. (1997): Der Vorgesetzte als Trainer. 2. Aufl., Leonberg.

Hanft, A. (1991): Identifikation als Einstellung zur Organisaiton. München/Mering.

Hartfelder, D. (1984): Management als Sinnvermittlung. In: Die Unternehmung, 38, (4), S. 373–395.

Hartwig, K.H. (1988): Ordnungstheorie und die Tradition des ökonomischen Denkens. In: *Cassel, D./Ramb, B.T./Thieme, H.J.* (Hrsg.): Ordnungspolitik. München, S. 31–51.

Hater, J.J./Bass, B.M. (1988): Superiors' Evaluations and Subordinates' Perceptions of Transformational and Transactional Leadership. In: Journal of Applied Psychology, S. 795–702.

Hax, K. (1969): Personalpolitik und Mitbestimmung. Köln.

Heckhausen, H. (1989): Motivation und Handeln. Berlin et al.

Hedberg, B. (1981): How Organizations Learn and Unlearn. In: *Nystrom, P./Starbuck, W.* (Hrsg.): Handbook of Organizational Design. New York, S. 3–26.

Heinen, E. (1964): Grundfragen der entscheidungsorientierten BWL. München.

Heinen, E. (1966): Das Zielsystem der Unternehmung. Grundlagen betriebswirtschaftlicher Entscheidungen. Wiesbaden.

Heinen, E. (Hrsg.) (1984): Betriebswirtschaftliche Führungslehre. Grundlagen – Strategien – Modelle. 2. Aufl., Wiesbaden.

Heinen, E./Dill, P. (1990): Unternehmenskultur aus betriebswirtschaftlicher Sicht. In: Simon, H. (Hrsg.): Herausforderung Unternehmenskultur. Stuttgart, S. 12–24.

Heinrich, P./Schulz zur Wiesch, J. (Hrsg.) (1998): Wörterbuch zur Mikropolitik. Opladen.

Heinzel, F. (1996): Management ist nicht nur Menschenführung. Theorie und Praxis der Management- und Führungskräfteentwicklung. Wien.

Helgesen, S. (1991): Frauen führen anders. Vorteile eines neuen Führungsstils. Frankfurt a. M./New York.

Hempel, C.G. (1952): Fundamentals in Concept Formation in Empirical Science. Chicago/London.

Literatur-verzeich-nis

Hemphill, J.K./Coons, A.E. (1957): Development of the Leader Behavior Description Questionnaire. In: *Stogdill, R.M./Coons, A.E.* (Hrsg.): Leader Behavior. Its Description and Measurement. Columbus.

Heneman, R.L./Greenberger, D.B./Anonyuo, C. (1989): Attributions and Exchanges: The Effects of Interpersonal Factors on the Diagnosis of Employee Performance. In: Academy of Management Journal, S. 466–476.

Hensel, K.P. (1992): Grundformen der Wirtschaftsordnung. 4. Aufl., Münster.

Hentze, J./Kammel, A. (1994): Personalcontrolling. Eine Einführung in Grundlagen, Aufgabenstellungen, Instrumente und Organisation des Controlling in der Personalwirtschaft. Bern et al.

Herbert, W. (1991): Wandel und Konstanz von Wertstrukturen. Speyer Forschungsberichte 101. Speyer.

Hersey, P./Angelini, A.L./Carakushansky, S. (1982): The Impact of Situational Leadership and Classroom Structure on Learning Effectiveness. In: Group & Organization Studies, S. 216–224.

Hersey, P./Blanchard, K.H. (1987): Management of Organizational Behavior. Utilizing Human Resources. Englewood Cliffs (5. Aufl. 1988).

Herzberg, F. (1973): The Motivation to Work. New York.

Hickmann, C.R./Silvia, M. (1984): Creating Excellence. London.

Hilb, M. (1984): Diagnoseinstrumente zur Personal- und Organisationsentwicklung. Bern/Stuttgart.

Hilb, M. (1985): Personalpolitik für multinationale Unternehmen. Zürich.

Hilb, M. (1990a): »Persönlichkeit« Unternehmung. In: Personalwirtschaft, (4), S. 26–31.

Hilb, M. (1990b): Förderung der Selbstentwicklung durch unternehmungsspezifische Personalentwicklung. In: *Haller, M./Hauser, H./Zäch, R.* (Hrsg.): Ergänzungen. Ergebnisse der wissenschaftlichen Tagung anlässlich der Einweihung des Ergänzungsbaus der Hochschule St. Gallen. Bern/Stuttgart, S. 233–234.

Hilb, M. (Hrsg.) (1992): Innere Kündigung. Zürich.

Hilb, M. (1995): Innere Kündigung und Führung. In: *Kieser, A./Reber, G./Wunderer, R.* (Hrsg.): Handwörterbuch der Führung. 2. Aufl., Stuttgart, Sp. 1186–1200.

Hilb, M. (1997a): Management by Mentoring. Ein wiederentdecktes Konzept zur Personalentwicklung. Neuwied et al.

Hilb, M. (1997b): Management der Human-Ressourcen in virtuellen Organisationen. In: *Müller-Stewens, G.* (Hrsg.): Virtualisierung von Organisationen. Zürich/Stuttgart, S. 83–95.

Hilb, M. (1999): Integriertes Personalmanagement. 6. Aufl., Neuwied/Kriftel.

Hilb, M. (1999): »Multipreneuring« and »Europreneuring« als neue Konzepte für unternehmerisches Verhalten. In: *Wunderer, R.* (Hrsg.): Mitarbeiter als Mitunternehmer. Grundlagen, Förderinstrumente, Praxisbeispiele. Neuwied/Kriftel, S. 59–66.

Hill, W. (1984): Auf der Suche nach einem Rationalitätsverständnis der Führung. Basel.

Hill, W. (1989): Die Betriebswirtschaftslehre der neunziger Jahre vor neuen Aufgaben. In: Die Unternehmung, (4), S. 267–278.

Hill, W. (1995): Betriebswirtschaftslehre als Managementlehre. In: *R. Wunderer* (Hrsg.): Betriebswirtschaftslehre als Management- und Führungslehre. 3. Aufl., Stuttgart, S. 121–140.

Hill, W./Fehlbaum, R./Ulrich, P. (1992): Organisationslehre. 4. Aufl., Stuttgart.

Hilti, M. (1999): Unternehmer im Unternehmen – Beispiel Hilti AG. In: *Wunderer, R.* (Hrsg.): Mitarbeiter als Mitunternehmer. Grundlagen, Förderinstrumente, Praxisbeispiele. Neuwied/Kriftel, S. 251-258.

Hiltrop, J.M./Despres, C. (1995): Benchmarking HR Practices. Approaches, Rationales, and Prescriptions for Action. In: *Hussey, D.E.* (Hrsg.): Strategic Management. Theory & Practice. New York.

Hinde, R.A./Groebel, J. (Hrsg.) (1991): Cooperation and Prosocial Behaviour. Cambridge et al.

Hochschild, A.R. (1990): Das gekaufte Herz. Zur Kommerzialisierung der Gefühle. Frankfurt a. M.

Höhn, R. (1966): Stellenbeschreibung und Führungsanweisung. Bad Harzburg.

Höhn, R. (1983): Die innere Kündigung im Unternehmen. Bad Harzburg.

Höhn, R./Böhme, G. (1979): Der Weg zur Delegation von Verantwortung – Ein Stufenplan, 5. Aufl. Stuttgart.

Hörner, M. (1991): Entgeltsysteme. Neue Ideen und Wege. Wiesbaden.

Hörschgen, H. (1992): Grundbegriffe der Betriebswirtschaftslehre. 3. Aufl., Stuttgart.

Hoff, E. (1986): Arbeit, Freizeit und Persönlichkeit. Bern.

Hoffmann, A. (1932): Wirtschaftslehre der Kaufmännischen Unternehmung (Betriebswirtschaftslehre). Leipzig.

Hoffmann, F. (1980): Führungsorganisation. Bd. 1. Tübingen.

Hofmann, W. (1974): Führungsmodelle – Gedanken zu einem Antimodell. In: Personal, S. 162ff.

Hofstätter, P.R. (1995): Tiefenpsychologische Führungstheorien. In: *Kieser, A./Reber, G./Wunderer, R.* (Hrsg.): Handwörterbuch der Führung. 2. Aufl., Stuttgart, Sp. 1035–1044.

Hofstede, G. (1980): Culture's Consequences. International Differences in Work-related Values. Beverly Hills et al.

Hofstede, G./Neuijen, B./Ohayv, D./Sanders, G. (1990): Measuring Organizational Cultures. In: Administrative Science Quarterly, 35, (June), S. 286–316.

Hollander, E.P. (1995): Führungstheorien – Idiosynkrasiekreditmodell. In: *Kieser, A./Reber, G./Wunderer, R.* (Hrsg): Handwörterbuch der Führung. 2. Aufl., Stuttgart 1995, Sp. 926–940.

Hollstein, W. (1989): Der Schweizer Mann. Zürich.

Hölterhoff, H. (1978): Vorgesetztenbeurteilung. In: Personalenzyklopädie. Bd. 3. München, S. 612–615.

Homans, G. (1958): Social Behavior as Exchange. In: American Journal of Sociology, 63, S. 597–606.

Horvàth (1996): Controlling. 6. Aufl., München.

Horváth, P./Herter, R.N. (1992): Benchmarking. Vergleich mit den Besten der Besten. In: Controlling, (1), S. 4–11.

House, R.J. (1971): A Path-Goal Theory of Leader Effectiveness. In: Administrative Science Quarterly, S. 321–338.

House, R.J. (1977): A 1976 Theory of Charismatic Leadership. In: *Hunt, J.G./Larson, L.L.* (Hrsg.): Leadership: The Cutting Edge. Carbondale, S. 189–207.

House, R.J. (1987): Führungstheorien – Charismatische Führung. In: *Kieser, A./Reber, G./Wunderer, R.* (Hrsg.): Handwörterbuch der Führung. Stuttgart, Sp. 735–747.

House, R.J./Dessler, G. (1974): The Path-Goal Theory of Leadership. Some post hoc and a priori Tests. In: *Hunt, J.G. et al.* (Hrsg.): Contingency Approaches to Leadership. Carbondale et al., S. 29–62.

House, R.J./Howard, A./Walker, G. (1991): The Prediction of Managerial Success. A Competitive Test of the Person-Situation Debate. In: Best Papers Proceedings. Annual Meeting of the Academy of Management. Miami, S. 215–219.

House, R.J./Mitchell, T.R. (1974): Path-Goal Theory of Leadership. In: Journal of Contemporary Business, S. 81–97.

House, R.J/Shamir, B. (1995): Führungstheorien – Charismatische Führung. In: *Kieser, A./Reber, G./Wunderer, R.* (Hrsg.): Handwörterbuch der Führung. 2. Aufl., Stuttgart, Sp. 878–897.

Howell, J.M./Frost, P. (1989): A Laboratory Study of Charismatic Leadership. In: Organizational Behavior and Human Decision Processes, S. 243–269.

Howell, J.M./Higgins, C.A. (1990): Leadership Behaviors, Influence Tactics, and Career Experience of Champions of Technological Innovation. In: Leadership Quarterly, S. 249–264.

Howell, J.P./Dorfman, P.W. (1981): Substitutes for Leadership. Test of a Construct. In: Academy of Management Journal, S. 714–728.

Howell, J.P./Dorfman, P.W./Kerr, S. (1986): Moderator Variables in Leadership Research. In: Academy of Management Review, S. 88–102.

Hronec, S.M. (1993): Vital Signs. Using Quality, Time, and Cost Performance Measurement to Chart your Company's Future. New York.

Humble, J. (1972): Praxis des Management by Objectives. München.

Hummeltenberg, E. (1995): Bewertungsmodelle für TQM. In: *Pressmann, D.* (Hrsg.): Schriften zur Unternehmensführung. Wiesbaden, S. 137–184.

Hunt, J.G./Baliga, B.R./Peterson, M.F. (1988): Strategic Apex Leader Scripts and an Organizational Life Cycle Approach to Leadership and Excellence. In: Journal of Management Development, (5), S. 61–83.

Inglehart, R. (1977): The Silent Revolution. Changing Values and Political Styles among Western Politics. Princeton, N.J.

Inglehart, R. (1989): Kultureller Umbruch. Frankfurt a. M.

Inglehart, R. (1998): Modernisierung und Postmodernisierung. Frankfurt a. M./New York.

Ischebeck, W./Arx, v. S. (1995): Aus- und Weiterbildung als eigenständige Bildungsgesellschaft bei IBM Deutschland. In: *Wunderer, R./Kuhn, T.* (Hrsg.): Innovatives Personalmanagement. Neuwied et al., S. 498–524.

Jacobsen, E.N. (1984): The Subordinate: A Moderating Variable between Leader and Effectiveness. Dissertation Abstracts International, 45 (7B), 2296.

Jago, A.G./Ragan, J.W. (1986): Some Assumptions are more Troubling than Others. Rejoinder to Chemers and Fiedler. In: Journal of Applied Psychology, S. 555–559.

Janis, L.L. (1972): Victims of Groupthink. Boston.

Jehle, F. (1977): Die Ordonnances Ecclèsiastiques de L'Eglise de Genève von 1561 – als Führungskonzept in den Kirchen. In: *Klimecki, R./Remer, A.* (Hrsg.): Personal als Strategie. Mit flexiblen und lernbereiten Human-Ressourcen Kernkompetenzen aufbauen. Neuwied/Kriftel et al., S 521–538.

Jeserich, W./Opgenoorth, W. P. (1977): Führungsstilanalyse. Köln.

Jochum, E. (1987): Gleichgestelltenbeurteilung. Stuttgart.

Kälin, K. (1995): Transaktionsanalyse und Führung. In: *Kieser, A./Reber, G./Wunderer, R.* (Hrsg.): Handwörterbuch der Führung. 2. Aufl., Stuttgart, Sp. 2039–2053.

Kälin, K./Müri, P. (1985): Sich und andere führen. Thun.

Kant, I. (1989): Kritik der praktischen Vernunft. Frankfurt a. M.

Kanungo, R.N. (1982): Work Alientation. New York.

Kaplan, R.S./Norton, D.P. (1996): The Balanced Scorecard. Translating Strategy into Action. Boston. (deutsch: Balanced Scorecard. Strategien erfolgreich umsetzen. Stuttgart 1997).

Kappler, E. (1992): Menschenbilder. In *Gaugler, E./Weber, W.* (Hrsg.): Handwörterbuch des Personalwesens. 2. Aufl., Stuttgart, Sp. 1324-1342.

Karmel, B. (1978): Leadership. A Challenge to Traditional Research Methods and Assumptions. In: Academy of Management Review, (July), S. 475–482.

Kaufmann, F. (1985): Der gestiefelte Kater. Was einer aus sich machen kann. Zürich.

Kaufmann, F./Kerber, W./Zulehner, P. (1986): Ethos und Religion bei Führungskräften. München.

Keller, F./Ribes-Inesta, E. (Hrsg.) (1974): Behavior Modifikation. New York.

Keller, v. E. (1995): Kulturabhängigkeit der Führung. In: *Kieser, A./Reber, G./Wunderer, R.* (Hrsg.): Handwörterbuch der Führung. 2. Aufl., Stuttgart, Sp. 1397–1406.

Kemery, E.R./Bedeian, A.G./Zacur, S.R. (1996): Expectancy-based Job Cognitions and Job Affect as Predictors of Organizational Citizenship Behavior. In: Journal of Applied Social Psychology, 26, S. 635–651.

Kennedy, J.K. et al. (1987): Construct Space of the Least Preferred Co-Worker (LPC) Scale. In: Educational and Psychological Measurement, S. 807–814.

Kerr, S. (1977): Substitutes for Leadership. Some Implications for Organizational Design. In: Organization and Administratives Sciences, 8, S. 135–146.

Kerr, S./Jermier, J.M. (1978): Substitutes for Leadership: Their Meaning and Measurement. In: Organizational Behavior and Human Performance, S. 375–403.

Kerr, S./Mathews, C.S. (1995): Führungstheorien – Theorie der Führungssubstitution. In: *Kieser, A./Reber, G./Wunderer, R.* (Hrsg.) (1995): Handwörterbuch der Führung, 2. Aufl., Stuttgart, Sp. 1021–1034.

Literatur-verzeich-nis

Kets de Vries, M. (1989): Chef-Typen. Wiesbaden.

Kets de Vries, M./Miller, D. (1985): The Neurotic Organization. San Francisco et al.

Kienbaum, J. (1997): Benchmarking Personal. Von den Besten lernen. Stuttgart.

Kieser, A. (1983): Konflikte zwischen organisatorischen Einheiten. In: Wirtschaftstudium, 12, (9), S. 443–448.

Kieser, A. (1994): Fremdorganisation, Selbstorganisation und evolutionäres Management. In: Zeitschrift für betriebswirtschaftliche Forschung, S. 199–244.

Kieser, A. (1995): Loyalität und Commitment. In: *Kieser, A./Reber, G./Wunderer, R.* (Hrsg.): Handwörterbuch der Führung. 2. Aufl., Stuttgart, Sp. 1442–1456.

Kieser, A. (1997): Disziplinierung durch Selektion. Ein kurzer Abriss der langen Geschichte der Personalauswahl. In: *Klimecki, R./Remer, A.* (Hrsg.): Personal als Strategie. Mit flexiblen und lernbereiten Human-Ressourcen Kernkompetenzen aufbauen. Neuwied et al., S. 85–118.

Kieser, A. (Hrsg.) (1993): Organisationstheorien. Stuttgart.

Kieser, A./Kubicek, H. (1978): Organisationtheorien I. Stuttgart.

Kieser, A./Kubicek, H. (1992): Organisation. 3. Aufl., Berlin/New York.

Kieser, A./Reber, G./Wunderer, R. (Hrsg.) (1995): Handwörterbuch der Führung. 2. Aufl., Stuttgart.

Kimberly, J.R./Quinn, R.E. (Hrsg.): New Futures. The Challenge of Managing Corporate Transition. Homewood, S. 240–264.

Kipnis, D./Schmidt, S.M. (1988): Upward-Influence Styles: Relationship with Performance Evaluations, Salary, and Stress. In: Administrative Science Quarterly, S. 528–542.

Kipnis, D./Schmidt, S.M./Swaffin-Smith, C./Wilkinson, I. (1984): Patterns of Managerial Influence. Shotgun Managers, Tacticians, and Bystanders. In: Organizational Dynamcis, (Winter), S. 58–67.

Kipnis, D./Schmidt, S.M./Wilkinson, I. (1980): Intraorganizational Influence Tactis. Explorations in Getting one's Way. In: Journal of Applied Psychology, 65, S. 440–452.

Kirchgässner, G. (1988): Wirtschaftspolitik und Politiksystem. Zur Kritik der traditionellen Ordnungstheorie aus der Sicht der Neuen Politischen Ökonomie. In: *Cassel, D./Ramb, B.T./Thieme, H.J.* (Hrsg.): Ordnungspolitik. München, S. 53–75.

Kirchgässner, G. (1991): Homo oeconomicus. Das ökonomische Modell individuellen Verhaltens und seine Anwendung in den Wirtschafts- und Sozialwissenschaften. Tübingen.

Kirsch, W. (1977a): Die Betriebswirtschaftslehre als Führungslehre. München.

Kirsch, W. (1977b): Einführung in die Theorie der Entscheidungsprozesse. 2. Aufl., Wiesbaden.

Kirsch, W. (1995): Zur Konzeption der Betriebswirtschaftslehre als Management- und Führungslehre. In: *Wunderer, R.* (Hrsg.): Betriebswirtschaftslehre als Management- und Führungslehre. 3. Aufl., Stuttgart , S. 141–160.

Kirsch, W. et al. (1975): Die Wirtschaft. Wiesbaden.

Klages, H. (1985): Wertorientierungen im Wandel. 2. Aufl., Frankfurt a. M. et al.

Klages, H. (1991): Wertewandel. Rückblick, Gegenwartsanalyse, Ausblick. In: *Feix, W.E.*: Personal 2000. Wiesbaden, S. 51–77.

Klages, H. (1993): Wertewandel in Deutschland in den 90er Jahren. In: *Rosenstiel, v.L. et al.* (Hrsg.): Wertewandel – Herausforderung für die Unternehmenspolitik in den 90er Jahren, 2. Aufl., Stuttgart. S. 1–17.

Klages, H. (1999): Zerfällt das Volk? – Von den Schwierigkeiten der modernen Gesellschaft mit Gemeinschaft und Demokratie. In: *Klages, H./Gensicke, T.*: Wertewandel und bürgerliches Engagement an der Schwelle zum 21. Jahrhundert. Speyrer Forschungsberichte 193. Speyer, S. 1–20.

Kleinewefers, H. (1988): Grundzüge einer verallgemeinerten Wirtschaftstheorie. Tübingen.

Kliemt, H./Schauenberg, B. (1984): Coalitions and Hierarchies. In: *Holler, M.J.* (Hrsg.): Coalitions and Collective Action. Würzburg.

Klimecki, R.G. (1985): Laterale Kooperation. Ansätze zu einem Analysemodell horizontaler Arbeitsbeziehungen in funktionalen Systemen. Bern.

Klimecki, R. (1990): Keine Zukunft für das Fließband. In: NOK (Hrsg.): Kreativität. Ohne Ortsangabe.

Klimecki, R. (1995): Organisationsentwicklung und Führung. In: *Kieser, A./Reber, G./Wunderer, R.* (Hrsg.): Handwörterbuch der Führung. 2. Aufl., Stuttgart, Sp. 1652–1664.

Klimecki, R. (1999): Unternehmerische Organisationsentwicklung – Möglichkeiten und Grenzen der Förderung internen Unternehmertums durch Organisationsentwicklung. In: *Wunderer, R.* (Hrsg.): Mitarbeiter als Mitunternehmer. Grundlagen, Förderinstrumente, Praxisbeispiele. Neuwied/Kriftel, S. 177–195.

Klimecki, R./Gmür, M. (1998): Personalmanagement. Funktionen, Strategien, Entwicklungsperspektiven. Stuttgart.

Klimecki, R./Laßleben, H./Riexinger-Li. B. (1994): Zur empirischen Analyse organisationaler Lernprozesse im öffentlichen Sektor. Modellbildung und Methodik. In: *Bussmann, W.* (Hrsg.): Lernen in Verwaltungen und Policy-Netzwerken. Chur/Zürich, S. 9–37.

Klimecki, R.G./Probst, G.J.B./Eberl, P. (1994): Entwicklungsorientiertes Management. Stuttgart.

Klinkenberg, U. (1995): Organisatorische Implikationen des Total Quality Management. In: Die Betriebswirtschaft, (5), S. 599–614.

Klippstein, M./Strümpel, B. (Hrsg.) (1985): Gewandelte Werte – erstarrte Strukturen. Bonn.

Klis, M. (1970): Überzeugung und Manipulation. Wiesbaden.

Kluckhohn, C. (1951): Values and Value-Orientation in the Theory of Action. In: *Parson, T. et al.* (Hrsg.): Toward a General Theory of Action. Cambridge, S. 388–433.

Knebel, H./Schneider, H. (1983): Taschenbuch für Führungsgrundsätze. Heidelberg.

Knepel, H. (1995): Datenorientierte Analyse ökonomischer Systeme. In: *Roth, E.* (Hrsg.): Sozialwissenschaftliche Methoden. Lehr- und Handbuch für Forschung und Praxis. 4. Aufl., München et al.

Kneschaurek, F. (1994): Unternehmung und Volkswirtschaft. 3. Aufl., Zürich.

Kniehl. A.T. (1998): Motivation und Volition in Organisationen. Wiesbaden.

Knoblauch, J. (1999): Ein 33-Punkte-Programm zur Förderung des Mitunternehmertums – Beispiel Knoblauch-Unternehmensgruppe. In: *Wunderer, R.* (Hrsg): Mitarbeiter als Mitunternehmer. Grundlagen, Förderinstrumente, Praxisbeispiele. Neuwied/Kriftel, S. 259–273.

Kochan, T./Schmidt, S. (1972): Conflict. Toward Conceptual Clarity. In: Administrative Science Quarterly, S. 359–370.

Kohn, A. (1994): Warum Incentive Systeme oft versagen. In: Harvard Business Manager, (2), S. 15–23.

König, H. (1982): Führungsgrundsätze für die öffentliche Verwaltung? In: Zeitschrift für Beamtenrecht, 10, S. 189–296.

Koontz, H./O'Donnell, C. (1972): Principles of Management. 5. Aufl., New York et al.

Kortzfleisch, v. G. (1971): Wissenschaftsprogramm und Ausbildungsziele der Betriebswirtschaftslehre. Berlin.

Korunka, C./Frank, H./Becker, P. (1993): Persönlichkeitseigenschaften von Unternehmensgründern. In: Internationales Gewerbearchiv, 41, S. 169–188.

Kosiol, E. (1962): Organisation der Unternehmung. Wiesbaden.

Kossbiel, H. (1976): Personalbereitstellung und Personalführung. In: *Jacob, H.* (Hrsg.): Betriebswirtschaftslehre. 3. Aufl., Wiesbaden.

Kossbiel, H. (1983a): Personalwirtschaft. In: *Bea, F.X./Dichtl, E./Schweitzer, M.* (Hrsg.): Allgemeine Betriebswirtschaftslehre. Bd. III. Stuttgart, S. 243–284. (7. Aufl., Stuttgart, 1997).

Kossbiel, H. (1983b): Die Bedeutung formalisierter Führungsgrundsätze für die Verhaltenssteuerung in Organisationen. In: *Wunderer, R.* (Hrsg.): Führungsgrundsätze in Wirtschaft und öffentlicher Verwaltung. Stuttgart, S. 17–27.

Kottmann, K. (Hrsg.) (1993): Unternehmensqualität. Stuttgart.

Kouzes, J.M./Posner, B.Z. (1987): The Leadership Challenge. How to Get Extraordinary Things Done in Organizations. San Francisco.

Kram, K. (1988): Mentoring at Work. London.

Krell, G. (1994): Vergemeinschaftende Personalpolitik. München/Mering.

Kreuter, A. (1997): Verrechnungspreise in Profit-Center-Organisationen. München/Mering.

Krüger, W. (1973): Konfliktsteuerung als Führungsaufgabe. München.

Krulis-Randa, J. (1984a): Reflexionen über die Unternehmenskultur. In: Die Unternehmung, (4), S. 358–372.

Krulis-Randa, J. (1984b): Marktsegmentierung. In: Management-Enzyklopädie. Bd. 6. 2. Aufl., Landsberg a. Lech, S. 672–681.

Krulis-Randa, J. (1989): Strategisches Personalmanagement. In: *Lattmann, C./Krulis-Randa, J.* (Hrsg.): Die Aufgaben der Personalabteilung in einer sich wandelnden Umwelt. Heidelberg, S. 209–225.

Krystek, U./Becherer, D./Deichelmann, K.-H. (1995): Innere Kündigung. Ursachen, Wirkungen und Lösungsansätze auf der Basis einer empirischen Untersuchung. München/Mering.

Kubicek, H. (1984a): Führungsgrundsätze. Lösungen von gestern für die Probleme von morgen? In: Zeitschrift Führung und Organisation, 53, S. 81–88 und S. 182–188.

Kubicek, H. (1984b): Führungsgrundsätze als Organisationsmythen und die Notwendigkeit von Entmythologisierungsversuchen. In: Zeitschrift für Betriebswirtschaft, S. 4–29.

Küller, H.D. (1983): Gewerkschaftliche Anforderungen an unternehmerische Führungsgrundsätze. In: *Wunderer, R.* (Hrsg.): Führungsgrundsätze in Wirtschaft und öffentlicher Verwaltung. Stuttgart, S. 248–263.

Kuhn, T. (1973): Die Struktur wissenschaftlicher Revolutionen. Frankfurt a. M.

Kuhn, T. (1997): Vom Arbeitnehmer zum Mitunternehmer. Anmerkungen zur Intention, Begründung und Umsetzung eines Transformationsvorhabens. In: Zeitschrift für Personalforschung, 11, (2), S. 195–220.

Kuhn, T. (1999): Unternehmerische Re-Organisation – Ziel, Ansätze und grundlegende Problematik. In: *Wunderer, R.* (Hrsg.): Mitarbeiter als Mitunternehmer. Grundlagen, Förderinstrumente, Praxisbeispiele. Neuwied/Kriftel, S. 163–176.

Kuncik, M. (1972): Führung. Düsseldorf.

Kuncik, M. (1974): Der ASO (LPC-)Wert im Kontingenzmodell effektiver Führung. In: Kölner Zeitschrift für Soziologie und Sozialpsychologie, S. 115–137.

Küpper, H.-U. (1991): Personalentwicklung aus der Sicht des Controllers – Entwicklungschancen? In: *Ackermann, K.F./Scholz, H.* (Hrsg.): Personalmanagement für die 90er Jahre. Stuttgart, S. 233–247.

Küpper, H.-U. (1997): Controlling: Konzeption, Aufgaben und Instrumente. 2. Aufl., Stuttgart.

Küpper, H.-U./Harmann, Y.E. (1997): Bedeutung verhaltenswissenschaftlicher Erkenntnisse für das Personal-Controlling von Forschungsprojekten. In: *Klimecki, R./Remer, A.* (Hrsg.): Personal als Strategie. Mit flexiblen und lernbereiten Human-Ressourcen Kernkompetenzen aufbauen. Neuwied et al., S. 338–366.

Küpper, W./Ortmann, G. (1986): Mikropolitik in Organisationen. In: Die Betriebswirtschaft, S. 590–602.

Küpper, W./Ortmann, G. (Hrsg.) (1988): Mikropolitik. Rationalität, Macht und Spiele in Organisationen. Opladen.

Lamnek, S. (1993): Qualitative Sozialforschung, Bd. 2 Methoden und Techniken. Weinheim.

Lange, D. (1980): 5 Jahre Vorgesetztenbeurteilung. In: Personalführung, (1), S. 18.

Laske, St./Gorbach, S. (Hrsg.) (1993): Spannungsfeld Personalentwicklung. Wien.

Lattmann, C. (1975): Führungsstil und Führungsrichtlinien. Bern/Stuttgart.

Lattmann, C. (1982): Die verhaltenswissenschaftlichen Grundlagen der Führung des Mitarbeiters. Bern.

Lattmann, C. (1985): Die Leistungsbeurteilung als Führungsmittel. Bern/Stuttgart.

Laux, H. (1990): Risiko, Anreiz und Kontrolle. Principal-Agent-Theorie. Heidelberg.

Laux, H. (1992): Anreizsysteme, ökonomische Dimensionen. In: *Frese, E.* (Hrsg.): Handwörterbuch der Organisation. 3. Aufl., Stuttgart, Sp. 112–122.

Lave, J./Wenger, E. (1993): Situated Learning. Legitimate Peripheral Participation. Cambridge.

Lawler III, E. (1977): Motivierung in Organisationen. Bern et al.

Literatur-verzeich-nis

Legat, D. (1994): Hewlett Packard S.A. Genf. Total Quality im Managementprozess. In: *Zink, J.K.:* (Hrsg.): Business Excellence durch TQM. Erfahrungen europäischer Unternehmen. München.

Leipold, H. (1988): Ordnungspolitische Konsequenzen der ökonomischen Theorie der Verfassung. In: *Cassel, D./Ramb, B.T./Thieme, H.J.* (Hrsg.): Ordnungspolitik. München, S. 257–283.

Letsch, B. (1976): Motivationsrelevanz von Führungsmodellen. Eine Analyse am Beispiel des Harzburger Modells. Bern.

Leupold, J. (1987) Management-Development. Wirksame Maßnahmen zur systematischen Entwicklung und Förderung von Führungs- und Nachwuchsführungskräften im Sinn der Unternehmensstrategien. Landsberg a. Lech.

Lewin, K./Lippitt,R./White, R.K. (1939): Patterns of Aggressive Behavior in Experimentally Created »Social Climates«. In: Journal of Social Psychology, S. 271–299.

Lezius, M. (1984): Menschen machen Wirtschaft. Materielle und immaterielle Elemente betrieblicher Partnerschaft. Spardorf.

Lezius, M. (1999): Kapitalbeteiligung als Zukunftsmodell. In: Personalwirtschaft, (1), S. 34–35.

Lichtsteiner, R. (1999): Förderung unternehmerischen Verhaltens durch das Personalmanagement – Beispiel ABB Schweiz. In: *Wunderer, R.* (Hrsg.): Mitarbeiter als Mitunternehmer. Grundlagen, Förderinstrumente, Praxisbeispiele. Neuwied/Kriftel, S. 288–296.

Liebel, H./Oechsler, W. (1992): Personalbeurteilung. Neue Wege zur Bewertung von Leistung, Verhalten und Potential. Wiesbaden.

Likert, R. (1961): New Patterns of Management. New York et al. (deutsch: Neue Formen der Unternehmensführung. Bern 1972).

Likert, R. (1967): The Human Organization. Its Management and Values. New York et al. (deutsch: Die integrierte Führungs- und Organisationsstruktur. Frankfurt a. M. 1975).

Likert, R. (1975): Die integrierte Führungs- und Organisationsstruktur. Frankfurt a. M.

Lindbloom, C. (1983): Jenseits von Markt und Staat. Frankfurt a. M. et al.

Lindena, B. (1997): Leistungsanreize durch variables Vergütungssystem. In: Die Bank, (12), S. 713–716.

Linnert, P. (1992): Größere Markterfolge durch Total Quality Management (TQM). Wien.

Lochamy, A./Cox, J.F. (1994): Reengineering Performance Measurement. How to align System to improve Processes, Products and Profits. Chicago.

Lodahl, T.M./Kejner, M. (1965): The Definition and Measurement of Job Involvement. In: Journal of Applied Psychology, S. 24–33.

Loden, M. (1988): Als Frau im Unternehmen führen. Feminine Leadership. Freiburg.

Lombriser, R. (1999): Auswirkungen des strategischen Verhaltens der Unternehmensleiter auf das (Mit-)Unternehmertum – Theoretische und empirische Befunde. In: *Wunderer, R.* (Hrsg.): Mitarbeiter als Mitunternehmer. Grundlagen, Förderinstrumente, Praxisbeispiele. Neuwied/Kriftel, S. 135–147.

Loose, A./Sydow, J. (1997): Vertrauen und Ökonomie in Netzwerkbeziehungen. Strukturationstheoretische Betrachtungen. In: *Sydow, J. et al.* (1997): Management interorganisationaler Beziehungen. Vertrauen, Kontrolle und Informationstechnik. Wiesbaden, S. 160–194.

Lüchinger, R. (1994): Mc Kinsey. Berater der Welt. In: Bilanz, (5), S. 118–126.

Luthans, F./Rosenkrantz, S.A. (1995): Führungstheorien – Soziale Lerntheorie. In: *Kieser, A./Reber, G./Wunderer, R. (*Hrsg.): Handwörterbuch der Führung. 2. Aufl., Stuttgart, Sp. 1005–1021.

Maccoby, M. (1977): Gewinner um jeden Preis. Der Neue Führungstyp in den Großunternehmen der Zukunftstechnologie. Reinbek/Hamburg.

Maccoby, M. (1989): Warum wir arbeiten. Motivation als Führungsaufgabe. Frankfurt a. M./New York.

Macharzina, K. (1977): Neuere Entwicklungen in der Führungsforschung. In: Zeitschrift für Organisation, (1), S. 7–16, (2), S. 101–108.

Macharzina, K. (1993): Unternehmensführung. Wiesbaden.

Mahoney, M.J. (1977): Kognitive Verhaltensmodifikation. München.

Maier, G.W./Rappensperger, G./Rosenstiel, v.L./Zwarg, I. (1994): Berufliche Ziele und Werthaltungen des Führungsnachwuchses in den alten und den neuen Bundesländern. In: Zeitschrift für Arbeits- und Organisationspsychologie, 38, (1), S. 4–12.

Maier-Mannhart, H. (Hrsg.) (1996): Mitarbeiterbeteiligung. Vom Mitarbeiter zum Mitunternehmer. Beispiele aus der betrieblichen Praxis. München/Landsberg a. Lech.

Manz, C.C. (1986): Self-Leadership: Toward an Expended Theory of Self-Influence Processes in Organizations. In: Academy of Management Review, S. 585–600.

Manz, C.C./Sims, H.P. (1987): Leading Workers to Lead themselves. The External Leadership of Self-Managing Workteams. In: Administrative Science Quarterly, S. 106–128.

Manz, C.C./Sims, H. P. Jr. (1993): Business without Bosses. New York.

March, J. (1991): Exploration and Exploitation in Organizational Learning. In: Organization Science, (2), S. 71–87.

March, J./Olsen, J. (1976): Organizational Learning and the Ambiguity of the Past. In: *J. March, J./Olsen, J.* (Hrsg.): Ambiguity and Choice in Organizations. Bergen, S. 54–67.

March, J./Simon, H. (1958): Organizations. New York/London.

Margerison, C. (1991): Making Management Development Work. London. (deutsch: Management Development. Führungskräfte fördern und entwickeln. Frankfurt a. M. 1992).

Margerison, C./Glube, R. (1979): Leadership Decision Making. An Empirical Test of the Vroom and Yetton Model. In: Journal of Management Studies, S. 45–55.

Margerison, C./McCann, D. (1985): How to Lead a Winning Team. Bradford.

Marr, R./Göhre, O. (1997): Die Entwicklung eines Qualitätskonzeptes für das Personalmanagement. Ein erster empirischer Ansatz. In: *Klimecki, R./Remer, A.*

(Hrsg.): Personal als Strategie. Mit flexiblen und lernbereiten Human-Ressourcen Kernkompetenzen aufbauen. Neuwied et al., S. 367–395.

Marr, R./Stitzel, M. (1979): Personalwirtschaft: Ein konfliktorientierter Ansatz, München.

Martin, A./Bartscher, S. (1995): Ergebnisse der deskriptiven Entscheidungsforschung. In: *Bartscher, S./Bomke, P.* (Hrsg.): Unternehmungspolitik. 2. Aufl., Stuttgart, S. 95–143.

Maslow, A. (1970): Motivation and Personality. Princeton, New Jersey (deutsch: Motivation und Persönlichkeit, Freiburg, 1977).

Maslow, A. (1973): Psychologie des Seins. München.

Matiaske, W. (1992): Wertorientierungen und Führungsstil. Ergebnisse einer Felduntersuchung zum Führungsstil leitender Angestellter. Frankfurt a. M. et al.

Matje, A. (1996): Unternehmensleitbilder als Führungsinstrument. Komponenten einer erfolgreichen Unternehmensidentität. Wiesbaden.

Matussek, P. (1974): Kreativität als Chance. München et al.

Mayer, B. (1998): Innovation und Unternehmenskultur. In: Personalwirtschaft, (2), S. 15–17.

Mayring, P. (1988): Qualitative Inhaltsanalyse. Grundlagen und Techniken. Weinheim.

McCann, J./Galbraith, J.R. (1981): Interdepartmental Relations. In: *Nystrom, P./Starbuck, W.* (Hrsg): *Handbook of Organizational Design, 2,* New York, S. 60–84.

McClelland, D.C. (1961): The Achieving Society. Toronto et al. (deutsch: Die Leistungsgesellschaft. Stuttgart, 1961).

McGill, M./Slocum, J. (1993): Unlearning the Organization. In: Organizational Dynamics, (Autumn), S. 67–79.

McGill, M./Slocum, J. (1996): Das intelligente Unternehmen. Stuttgart.

Mead, G. H. (1969): Sozialpsychologie. Neuwied.

Meffert, H. (1998): Marketing. Grundlagen marktorientierter Unternehmensführung. Konzepte, Instrumente, Praxisbeispiele. 8. Aufl., Darmstadt.

Meier, R. (1972): Führungsrichtlinien. Bern et al.

Melich, A. (Hrsg.) (1991): Die Werte der Schweizer. Bern.

Mentzel, W. (1992): Unternehmenssicherung durch Personalentwicklung. Mitarbeiter motivieren, fördern und weiterbilden. Freiburg im Breisgau.

Mercer, M.W. (1989): Turning your Human Resources Department into a Profit Center. New York.

Mertens, W./Lang, H.-J./Lenz, G. (Hrsg.) (1991): Die Seele im Unternehmen. Psychoanalytische Aspekte von Führung und Organisation im Unternehmen. Berlin et al.

Meyer, H. (1982): Noch einmal und zum letzten Mal: Was misst der LPC Fiedlers? In: Die Betriebswirtschaft, 42, (3) S. 427–439.

Meyer, H. et al. (1987): Motivationale Eigenschaften der Geführten. In: *Kieser, A./Reber, G./Wunderer, R.* (Hrsg.): Handwörterbuch der Führung. Stuttgart, Sp. 1520–1532.

Meyer-Merz, A. (1979): Die Wertschöpfungsrechnung der Unternehmung. In: Der Schweizer Treuhänder, 53, (10), S. 2–8.

Milgrom, P.R./Roberts, J. (1992): Economics, Organizations and Management. Englewood Cliffs.

Miner, J.B. (1984): The Validity and Usefulness of Theories in an Emerging Social Science. In: Academy of Management Review, S. 296–306.

Mintzberg, H. (1979): The Structuring of Organizations. Englewood Cliffs.

Mintzberg, H. (1992): Die Mintzberg-Struktur. Organisation effektiver gestalten. Landsberg a. Lech.

Mitchell, T.R. (1981): Leader Attributions and Leader Behavior. First Stage Testing of Theoretical Model (Tech. Rep. No. 552). Seattle.

Mitchell, T.R. (1995): Führungstheorien – Attributionstheorie. In: *Kieser, A./Reber, G./Wunderer, R.* (Hrsg.): Handwörterbuch der Führung. 2. Aufl., Stuttgart, Sp. 847–861.

Mitchell, T.R./Kalb, L.S. (1982): Effects of Job Experience on Supervisor Attributions for a Subordinate's Poor Performance. In: Journal of Applied Psychology, S. 181–188.

Mitchell, T.R./Liden, R.C. (1982): The Effects of the Social Context on Performance Evaluation. In: Organizational Behavior and Human Performance, S. 241–256.

Mittmann, J. (1991): Identitätsorientierte Unternehmensführung. Bern et al.

Molitor, B. (1990): Wirtschaftspolitik. 2. Aufl., München et al.

Moorman, R.H. (1991): Relationship between Organizational Justice and Organizational Citizenship Behaviors. Do Fairness Perceptions Influence Employee Citizenship? In: Journal of Applied Psychology, 76, S. 845–855.

Morel, J./Meleghy, T./Preglau, M. (Hrsg.) (1980): Führungsforschung. Kritische Beiträge. Göttingen.

Morgan, G. (1986): Images of Organization. Beverly Hills/London.

Morris, T./Lydka, H./O'Creevy, M.F. (1993): Can Commitment be managed? In: Human Resource Management Journal, S. 21–42.

Moser, K. (1996): Commitment in Organisationen. Bern

Mowday, R.T./Porter, L.W./Steers, R.M. (1982): Employee-Organization Linkages. New York.

Müller, G.F./Bierhoff, H.W. (1994): Arbeitsengagement aus freien Stücken – psychologische Aspekte eines sensiblen Phänomens. In: Zeitschrift für Personalforschung, 8, (4), S. 367–379.

Müller, H. J. (1962): Unternehmer. In: Görres-Gesellschaft (Hrsg.): Staatslexikon. Recht, Wirtschaft, Gesellschaft. Bd. 7, Freiburg, Sp. 1148–1157.

Müller, W. (1988): Führungslandschaft Schweiz. In: Die Unternehmung, S. 246–262.

Müller-Armack, A. (1947): Die Wirtschaftsordnung, sozial gesehen. In: *Stützel, W. et al.* (Hrsg.): Grundtexte zur Sozialen Marktwirtschaft. Stuttgart et al., S. 19–34.

Müller-Stewens, G. (1997): Virtualisierung von Organisationen. Stuttgart.

Müller-Stewens, G. (1999): Strategische Förderung internen Unternehmertums. In: *Wunderer, R.* (Hrsg.): Mitarbeiter als Mitunternehmer. Grundlagen, Förderinstrumente, Praxisbeispiele. Neuwied/Kriftel, S. 122–134.

Müller-Stewens, G./Bretz, H. (1991): Stimulierung unternehmerischer Tugenden durch New Venture Management. In: *Schanz, G.* (Hrsg.): Handbuch Anreizsysteme. Stuttgart, S. 547–566.

Müller-Stewens, G./Scholl, H. (1997): Dezentalität und Wandel: Skizzen zu einem veränderten Führungsverständnis. In: *Klimecki, R./Remer, A.* (Hrsg.): Personal als Strategie. Mit flexiblen und lernbereiten Human-Ressourcen Kernkompetenzen aufbauen. Neuwied et al., S. 121–135.

Münch, J. (1995): Personalentwicklung als Mittel und Aufgabe moderner Unternehmensführung. Bielefeld.

Nachreiner, F. (1978): Die Messung des Führungsverhaltens. Zur Validität von Fragebogen zur Beschreibung des Vorgesetztenverhaltens. Bern et al.

Nakhai, B./Neves, J.S. (1994): The Deming, Baldrige and European Quality Awards. In: Quality Progress, 27, (4), S. 33–37.

Neilsen, E.H. (1972): Understanding and Managing Intergroup Conflict. In: *Lorsch, J.W./Lawrence, P.R* (Hrsg.): Managing Group and Intergroup Relations, Homewood, Ill.

Nerdinger, F.W. (1998): Extra-Rollenverhalten in Organisationen. In: Arbeit, 7, (1), S. 21–38.

Neuberger, O. (1974): Messung der Arbeitszufriedenheit. Stuttgart.

Neuberger, O. (1976): Führungsverhalten und Führungserfolg. Berlin.

Neuberger, O. (1980): Führungsforschung: Haben wir das Jäger- und Sammlerdasein schon hinter uns? In: Die Betriebswirtschaft, S. 607–630.

Neuberger, O. (1985a): Die Grundsätze der Theoriekonstruktion – Wie sich Führungsmodelle erfolgreich vermarkten lassen. In: Management Wissen, (10), S. 22–31.

Neuberger, O. (1985b): Arbeit. Stuttgart.

Neuberger, O. (1985c): Unternehmenskultur und Führung. Skript, Universität Augsburg.

Neuberger, O. (1987): Psychodynamische Aspekte der Personalentwicklung. Universität Augsburg.

Neuberger, O. (1988): Führung (ist) symbolisiert. Plädoyer für eine sinnvolle Führungsforschung. Düsseldorf.

Neuberger, O. (1989): Mikropolitik und Führungsethik. In: Augsburger Beiträge zu Organisationspsychologie und Personalwesen, (6), Augsburg.

Neuberger, O. (1990): Was ist denn da so komisch? Thema: Der Witz in der Firma. 2. Aufl., Weinheim.

Neuberger, O. (1994a): Führen und geführt werden. 4. Aufl., Stuttgart.

Neuberger, O. (1994b): Personalentwicklung. 2. Aufl., Stuttgart.

Neuberger, O. (1995a): Führungstheorien – Machttheorie. In: *Kieser, A./Reber, G./Wunderer, R.* (Hrsg.): Handwörterbuch der Führung. 2. Aufl., Stuttgart, Sp. 953–968.

Neuberger, O. (1995b): Führungstheorien – Rollentheorie. In: *Kieser, A./Reber, G./Wunderer, R.* (Hrsg.): Handwörterbuch der Führung. 2. Aufl., Stuttgart, Sp. 979–993.

Neuberger, O. (1995c): Mikropolitik. Der alltägliche Aufbau und Einsatz von Macht in Organisationen. Stuttgart.

Neuberger, O. (1995d): Mobbing. Übel mitspielen in Organisationen. München et al.

Neuberger, O. (1995e): Betriebswirtschaftslehre: Management-Wissenschaft? Management der Wissenschaften vom Management? (Wirtschafts-)Wissenschaft fürs Management! In: *Wunderer, R.* (Hrsg.): Betriebswirtschaftslehre als Management- und Führungslehre, 3. Aufl., Stuttgart, S. 53–66.

Neuberger, O. (1995f): Moden und Mythen der Führung. In: *Kieser, A./Reber, G./ Wunderer, R.* (Hrsg.): Handwörterbuch der Führung. 2. Aufl., Stuttgart, Sp. 1578–1590.

Neuberger, O. (1997): Vertrauen in Missbrauch! Ein Plädoyer für Mikropolitik. In: *Klimecki, R./Remer, A.* (Hrsg.): Personal als Strategie. Mit flexiblen und lernbereiten Human-Ressourcen Kernkompetenzen aufbauen. Neuwied et al., S. 215–243.

Neuberger, O. (1997f): Moden und Mythen der Führung. In: *Kieser, A./Reber, G./ Wunderer, R.* (Hrsg.): Handwörterbuch der Führung. 2. Aufl., Stuttgart, Sp. 1578–1590.

Neuberger, O. (1998): Das Mitarbeitergespräch. Praktische Grundlagen für erfolgreiche Führungsarbeit. Leonberg.

Neuberger, O./Allerbeck, M. (1978): Messung und Analyse von Arbeitszufriedenheit. Bern et al.

Neuberger, O./Kompa, A. (1994): Wir, die Firma. Der Kult um die Unternehmenskultur. 2. Aufl., Weinheim (1. Aufl. 1987).

Neuberger, O./Roth, B. (1974): Führungsstil und Gruppenleistung – eine Überprüfung von Kontingenzmodell und LPC-Konzept. In: Zeitschrift für Sozialpsychologie, S. 133–144.

Neuberger, O./Wimmer, P. (1998): Personalwesen 2. Stuttgart.

Nevis, E./DiBella, A./Gould, J. (1995): Understanding Organizations as Learning Systems. In: Sloan Management Review, (Winter).

Nick, F. (1974): Management durch Motivation. Stuttgart.

Nicklisch, H. (1912): Allgemeine kaufmännische Betriebslehre als Privatwirtschaftslehre des Handels. Leipzig.

Nicklisch, H. (1922): Wirtschaftliche Betriebslehre. 6. Aufl., Stuttgart.

Nicklisch, H. (1932): Die Betriebswirtschaft. 7. Aufl., Stuttgart.

Nieder, P. (1974): Führungsverhalten und Leistung. Ein Beitrag zur verhaltenstheoretischen Soziologie. Diss. Universität Nürnberg-Erlangen.

Nieder, P. (Hrsg.) (1977): Führungsverhalten im Unternehmen. München.

Nieder, P./Naase, C. (1972): Führungsverhalten und Leistung. Bern et al.

Niederfeichter, F. (1983): Führungsforschung und ihre betriebswirtschaftliche Rezeption. In: Die Betriebswirtschaft, S. 605–622.

Niehoff, B.P./Moorman, R.H. (1993): Justice as a Mediator of the Relationship between Methods of Monitoring and Organizational Citizenship Behavior. In: Academy of Management Journal, 36, S. 527–556.

Literatur-verzeichnis

Noelle-Neumann, E./Köcher, R. (1997): Allensbacher Jahrbuch der Demoskopie 1993-1997. Bd. 10, München.

Noelle-Neumann, E./Strümpel, B. (1984): Macht Arbeit krank? Macht Arbeit glücklich? München.

Noll, H.-H./Weick, S. (1997): Starke Beeinträchtigung der Arbeitszufriedenheit durch Konflikte mit Vorgesetzten. In: ISI. Informationsdiest Soziale Indikatioren, (17), S. 10–14.

Nonaka, I. (1997): Die Organisation des Wissens. Frankfurt a. M.

Nonaka, I./Takeuchi, H. (1995): The Knowledge-Creating Company. New York/ Oxford.

Nordsieck, F. (1955): Rationalisierung der Betriebsorganisation. 2. Aufl., Stuttgart (1. Aufl., 1931).

O'Banian, D./Whalay, D. (1981): Behavior Contracting. New York.

Odiorne, G. (1965): Management by Objectives. New York.

Oechsler, W.A. (1992): Personal und Arbeit. 4. Aufl., München et al.

Ogger, G. (1992): Nieten in Nadelstreifen. Deutschlands Manager im Zwielicht. München.

Ogilvie, J.R. (1986): The Role of Human Resource Management Practices in Predicting Organizational Commitment. In: Group and Organization Studies, S. 335–359.

Ondrack, D. (1995) Entgeltsysteme als Motivationsinstrument. In: *Kieser, A./Reber, G./Wunderer, R.* (Hrsg.): Handwörterbuch der Führung. 2. Aufl., Stuttgart, Sp. 307-328.

Opaschowski, H. (1997): Deutschland 2010. Wie wir morgen leben. Voraussagen der Wissenschaft zur Zukunft unserer Gesellschaft. Hamburg.

Opgenoorth, W.P. (1985): Informationsbedarf in der Personalführung – Die Mitarbeiterbefragung als Instrument in unterschiedlichen Problemfeldern. In: *Töpfer, A./Zander, E.* (Hrsg): Mitarbeiter-Befragungen. Frankfurt a. M. et al., S. 169–231.

Organ, D.W. (1988): Organizational Citizenship Behavior. The Good Soldier Syndrome. Lexington.

Organ, D.W./Konovsky, M. (1989): Cognitive versus Affective Determinants of Organizational Citizenship Behavior. In: Journal of Applied Psychology, 74, S. 157–164.

Organ, D.W./Ryan, K. (1995): A Meta-Analytic Review of Attitudinal and Dispositional Predictors of Organizational Citizenship Behavior. In: Personnel Psychology, 48, S. 775–802.

Ortmann, G. (1976): Unternehmensziele als Ideologie. Köln.

Ortmann, G./Sydow, J./Türk, K. (Hrsg.) (1997): Theorien der Organisation. Opladen

Ouchi, W. G. (1981): Theorie Z. How American Business can Meet the Japanese Challenge. Reading, Mass.

Papmehl, A. (1990): Personal-Controlling. Heidelberg.

Papmehl, A./Walsh, I. (Hrsg.) (1991): Personalentwicklung im Wandel. Wiesbaden.

Literatur-verzeich-nis

Parsons, T. (1951): The Social System. New York.

Pascale, R.T./Athos, A.G. (1981): The Art of Japanese Management. Harmondsworth.

Paschen, K. (1978): Führerspezialisierung und Führungsorganisation. Köln.

Paschen, K. (1983): Führungsleitsätze. In: *Wunderer, R.* (Hrsg.): Führungsgrundsätze in Wirtschaft und öffentlicher Verwaltung. Stuttgart, S. 28–34.

Paschen, K. (1995): Duale Führung. In: *Kieser, A./Reber, G./Wunderer, R.* (Hrsg.): Handwörterbuch der Führung. 2. Aufl., Stuttgart, Sp. 250–256.

Paul, R.J./Ebadi, Y.M. (1989): Leadership Decision Making in a Service Organization. A Field Test of the Vroom Yetton Model. In: Journal of Occupational Psychology, S. 201–211.

Pestalozzi, H. (1944): Geist und Herz in der Methode. In: *Bosshart, E./Dejung, E./Kempter, E./Stettbacher, H.* (Hrsg.): Heinrich Pestalozzi. Gesammelte Werke in zehn Bänden. Bd. 9. Zürich, S. 323–362.

Petermann, F./Noack, H. (1995): Nicht-reaktive Messverfahren. In: *Roth, E.* (Hrsg.): Sozialwissenschaftliche Methoden. Lehr- und Handbuch für Forschung und Praxis. 4. Aufl., München et al., S. 407–459.

Peters, T./Waterman, R. (1984): Auf der Suche nach Spitzenleistungen. 10. Aufl., Landsberg a. Lech.

Pfeffer, J. (1977): The Ambiguity of Leadership. In: Academy of Management Review, S. 104–112.

Pfeffer, J. (1981): Management as Symbolic Action; the Creation and Maintenance of Organzational Paradigms. In: *Cummings, L./Staw, B.* (Hrsg.): Research in Organizational Behavior. Greenwich, S. 1-52.

Pfohl, H.-C. (1982): Betriebswirtschaftslehre der Klein- und Mittelbetriebe. Wiesbaden.

Phillips, J.J. (1996): Accountability in Human Resource Management. Houston.

Picot, A. (1987): Ökonomische Theorien und Führung. In: *Kieser, A./Reber, G./Wunderer, R.* (Hrsg.): Handwörterbuch der Führung. Stuttgart, Sp. 1583–1595.

Picot, A. (1991): Ökonomische Theorien der Organisation – Ein Überblick über neuere Ansätze und deren betriebswirtschaftliches Anwendungspotential. In: *Ordelheide, D./Rudolph, B./Büsselmann, E.* (Hrsg.): Betriebswirtschaftslehre und ökonomische Theorie. Stuttgart, S. 143–170.

Picot, A. (1993): Organisation. In: *Bitz, K. et al.* (Hrsg.): Vahlens Kompendium der Betriebswirtschaftslehre. Bd 2. 3. Aufl., München, S. 101–174.

Picot, A. (1995): Verfügungsrechtstheorie, Transaktionskosten und Führung. In: *Kieser, A./Reber, G./Wunderer, R.* (Hrsg.): Handwörterbuch der Führung. 2. Aufl., Stuttgart, Sp. 2106–2113.

Picot, A./Reichwald, R./Wigand, R. T. (1996): Die grenzenlose Unternehmung. Information, Organization und Management. Wiesbaden.

Picot, A./Neuburger, R. (1995): Agency Theorie und Führung. In: *Kieser, A./Reber, G./Wunderer, R.* (Hrsg.): Handwörterbuch der Führung. 2. Aufl., Stuttgart, Sp. 14–21.

Pillai, R./Meindl, J.R. (1991): The Effect of a Crisis on the Emergence of Charismatic Leadership. A Laboratory Study. In: Best Papers Proceedings. Annual Meeting of the Academy of Management. Miami, S. 235–239.

Pinchot, G. (1985): Intrapreneuring. Why you Don't Have to Leave the Corporation to Become an Entrepreneur. New York.

Pinchot, G. (1988): Intrapreneuring. Mitarbeiter als Unternehmer. Wiesbaden.

Pinchot, G./Pinchot, E. (1994): The Intelligent Organization. Engaging the Talent and Initiative of Everyone in the Workplace. San Francisco.

Pinchot, G./Pellmann, R. (1999): Intrapreneuring in Action. San Francisco.

Pleitner, H.J. (1981): Die Arbeitszufriedenheit von Unternehmen und Mitarbeitern in gewerblichen Betrieben. Berlin.

Pleitner, H. J./Mugler, J./Schmidt, K.-H. (1995): Klein- und Mittelunternehmen in einer dynamischen Wirtschaft. Ausgewählte Schriften von *Hans Jobst Pleitner*. Berlin.

Podsakoff, P.M. et al. (1984): Situational Moderators of Leader Reward and Punishment Behaviors: Fact or Fiction? In: Organizational Behavior and Human Performance, S. 21–63.

Podsakoff, P.M./Schriesheim, C.A. (1985): Field Studies of French and Raven's Bases of Power. Critique, Reanalysis, and Suggestions for Future Research. In: Psychological Bulletin, S. 387–411.

Podsakoff, P.M./Todor, W.D./Skov, R. (1982): Effects of Leader Contingent and Noncontingent Reward and Punishment Behaviors on Subordinate Performance and Satisfaction. In: Academy of Management Journal, S. 810–821.

Popper, K. (1957/58): Die offene Gesellschaft und ihre Feinde. Bd. 2. Bern.

Popper, K. (1972): Die Zielsetzung der Erfahrungswissenschaft. In: *Albert, H.* (Hrsg.): Theorien in den Sozialwissenschaften. Tübingen.

Popper, K.R. (1989): Logik der Forschung. 9. Aufl., Tübingen.

Porter, M. (1986): Wettbewerbsvorteile, Spitzenleistungen erreichen und behaupten. Frankfurt a. M.

Porter, M. (1991): Towards a Dynamic Theory of Strategy. In: Strategic Management Journal, 12, Special Issue.

Potthoff, E./Trescher, K. (1986): Controlling in der Personalwirtschaft. Berlin/New York.

Prasch, E. (1990): Personal-Controlling. In: Personalführung, (8), S. 505.

Prasch, E./Rebele, D. (1995): Aktive Personalführung in der Vereinsbank – die Umsetzung unternehmerischer Personalkonzepte. In: *Wunderer, R./Kuhn, T.* (Hrsg.): Innovatives Personalmanagement. Neuwied et al., S. 75–113.

Preiser, S. (1978): Sozialisationsbedingungen sozialen und politischen Handelns. In: Landeszentrale für politische Bildung (Hrsg.): Selbstverwirklichung und Verantwortung in einer demokratischen Gesellschaft. 2. Aufl., Mainz, S. 126–135.

Preisig, U./Ulmi, M. (1997): Frauenförderung im Spannungsfeld von zentraler Vorgabe und dezentraler Umsetzung in der Schweizerischen Bundesverwaltung. In: *Wunderer, R./ Dick, P.* (Hrsg.): Frauen im Management. Kompetenzen, Führungsstile, Fördermodelle. Neuwied et al., S. 370–386.

Prion, W. (1936): Die Lehre vom Wirtschaftsbetrieb. 3. Buch: Der Wirtschaftsbetrieb als Betrieb (Arbeit). Berlin.

Probst, G.J.B. (1987): Selbst-Organisation. Ordnungsprozesse in sozialen Systemen aus ganzheitlicher Sicht. Berlin et al.

Probst, G.J.B. (1992): Selbstorganisation. In: *Frese, E.* (Hrsg.): Handwörterbuch der Organisation. 3.Aufl., Stuttgart, S. 2255–2269.

Probst, G.J.B./Büchel, B.S.T. (1994): Organisationales Lernen. Wettbewerbsvorteil der Zukunft. Wiesbaden.

Probst, G.J.B./Naujoks, H. (1995): Führungstheorien – Evolutionstheorien der Führung. In: *Kieser, A./Reber, G./Wunderer, R.* (Hrsg.): Handwörterbuch der Führung. 2. Aufl., Stuttgart, Sp. 915–926.

Pullig, K. (1992): Selbstbeurteilung im Rahmen der Personalentwicklung. In: *Selbach, R./Pullig, K.* (Hrsg.): Handbuch Mitarbeiterbeurteilung. Wiesbaden.

Pümpin, C./Kobi, H./Wüthrich, H. (1985): Unternehmenskultur. In: Schriftenreihe »Die Orientierung«, (85), Bern.

Quinn, J. B. (1992): Intelligent Enterprise. New York.

Quinn, J. B./Mills, D. (1991): The Rebirth of the Corporation. New York.

Quinn, R.E./Faerman, S.R./Thompson, M.P. et al. (1990): Becoming a Master Manager. New York et al.

Raidt, F. (1987): Die »innere Kündigung« am Arbeitsplatz. In: Der Betriebswirt, (1), S. 19–24.

Reber, G. (1973): Personales Verhalten im Betrieb. Stuttgart.

Reber, G. (1995): Bewegt sie sich oder wird sie bewegt? Antworten auf diese Frage auf der Grundlage der Evaluierung von Wirkungen von Führungstrainings. In: *Wunderer, R.* (Hrsg.): Betriebswirtschaftslehre als Management- und Führungslehre, 3. Aufl., Stuttgart, S. 395–415.

Reber, G. (1995): Motivation als Führungsaufgabe. In: *Kieser, A./Reber, G./Wunderer, R.* (Hrsg.): Handwörterbuch der Führung. 2. Aufl., Stuttgart, Sp. 1590–1608.

Reber, G./Jago, A. (1997): Festgemauert in der Erde… Eine Studie zur Veränderung oder Stabilität des Führungsverhaltens von Managern in Deutschland, Frankreich, Österreich, Polen, Tschechien und der Schweiz. In: *Klimecki, R./Remer, A.* (Hrsg.): Personal als Strategie. Mit flexiblen und lernbereiten Human-Ressourcen Kernkompetenzen aufbauen. Neuwied et al., S. 158-184.

Reber, G./Jago, A./Böhnisch, W. (1993): Interkulturelle Unterschiede im Führungsverhalten. In: *Haller, M. et al.* (Hrsg.): Globalisierung der Wirtschaft. Einwirkungen auf die Betriebswirtschaftslehre. Bern et al., S. 217–241.

Reddin, W.J. (1970): Managerial Effectiveness. New York.

Reichers, A. (1985): A Review and Reconceptualization of Organizational Commitment. In: Academy of Management Review, S. 465–475.

Reinecke, P. (1983): Vorgesetztenbeurteilung als Instrument partizipativer Führung und Organisationsentwicklung. Köln.

Reiß, M. (1993): Die Rolle der Personalführung im Lean Management. In: Zeitschrift für Personalforschung, (7), S. 171–194.

Reiß, M. (1996): Grenzen der grenzenlosen Unternehmung. In: Die Unternehmung, 50, (3), S. 195–206.

Remer, A. (1978): Personalmanagement. Mitarbeiterorientierte Organisation und Führung von Unternehmen. Berlin/New York.

Literatur-
verzeich-
nis

Remer, A. (1989): Organisationslehre. Berlin et al. (4. Aufl., Bayreuth, 1997).

Remer, R. (1999): Mitunternehmertum durch Organisation – Probleme und Perspektiven unternehmerischer Organisationsstrukturen. In: *Wunderer, R.* (Hrsg.): Mitarbeiter als Mitunternehmer. Grundlagen, Förderinstrumente, Praxisbeispiele. Neuwied/Kriftel, S. 148–162.

Rhenman, E./Strömberg, L./Westerlund, G. (1970): Conflict and Co-Operation in Business Organizations. London.

Richter, M. (1994): Organisationsentwicklung. Entwicklungsgeschichtliche Rekonstruktion und Zukunftsperspektiven eines normativen Ansatzes. Bern.

Rieger, W. (1928): Einführung in die Privatwirtschaftslehre. Nürnberg.

Riekhof, H.-C. (1992): Strategieorientierte Personalentwicklung. In: *Riekhof, H.-C.* (Hrsg.): Strategien der Personalentwicklung, 3. Aufl., Wiesbaden, S. 47–75.

Riklin, A. (1987): Machiavelli für Manager? In: *Riklin, A.*: Verantwortung des Akademikers. St. Gallen, S. 155–172.

Riklin, A. (1996): Die Führungslehre von Niccolò Machiavelli. Bern.

Roberts, C./Ross, R./Senge, P.M./Smith, B./v. Klostermann, M./Kleiner, A. (1998): Das Fieldbook zur »Fünften Disziplin«. Stuttgart.

Roberts, N.C./Bradley, R.T. (1988): Limits of Charisma. In: *Conger, J.A./Kanungo, R.N.* (Hrsg.): Charismatic Leadership. The Elusive Factor in Organizational Effectiveness. San Francisco et al., S. 253–275.

Robinson, S.L./Morrison, E.W. (1995): Psychological Contracts and OCB. The Effect of Unfulfilled Obligations and Civic Virtue Behavior. Journal of Organization Behavior, 16, S. 289–298.

Roche, G. (1979): Much Ado about Mentors. In: Harvard Business Review, (Jan./Febr.), S. 14–28.

Röpke, J. (1987): Möglichkeiten und Grenzen der Steuerung wirtschaftlicher Entwicklung in komplexen Systemen. In: *Borchert, M./Fehl, U./Oberender, P.* (Hrsg.): Markt und Wettbewerb. Bern et al., S. 227–243.

Roethlisberger, F./Dickson, W. (1939): Management and the Worker. Cambridge, Mass.

Roos, J./Roos, G./Dragonetti, N. C./Edvnisson, L. (1997): Intellectual Capital. Navigating the New Business Leadership Landscape. Hampshire.

Rosenstiel, v. L. (1972): Motivation im Betrieb. München.

Rosenstiel, v. L. (1991): Personalentwicklung und Wertewandel. In: *Kastner, M./Gerstenberg, B.* (Hrsg.): Personal-Management. München, S. 103–120.

Rosenstiel, v. L. (1992a): Symbolische Führung. In: io management, (3), S. 55–58.

Rosenstiel, v. L. (1992b): Grundlagen der Organisationspsychologie. 3. Aufl., Stuttgart.

Rosenstiel, v. L. (1993): Wandel in der Karrieremotivation – Neuorientierung in den 90er Jahren. In: *Rosenstiel, v. L. et al.* (Hrsg.): Wertewandel. Herausforderung für die Unternehmenspolitik in den 90er Jahren. 2. Aufl., Stuttgart, S. 47–83.

Rosenstiel, v. L. (1995): Wertewandel. In: *Kieser, A./Reber, G./Wunderer, R.* (Hrsg.): Handwörterbuch der Führung. 2. Aufl., Stuttgart, Sp. 2175–2189.

Rosenstiel, v. L. (1998): Wertewandel und Kooperation. In: *Spieß, E.* (Hrsg.): Formen der Kooperation. Göttingen, S. 279–294.

Rosenstiel, v. L. (1999): Mitunternehmertum – Unterstützung durch unternehmerische Kulturgestaltung. In: *Wunderer, R.* (Hrsg.): Mitarbeiter als Mitunternehmer. Grundlagen, Förderinstrumente, Praxisbeispiele. Neuwied/Kriftel, S. 81–106.

Rosenstiel, v. L./Djarrahzadeh, M./Einsiedler, H.G./Streich, R.K. (Hrsg.) (1993): Wertewandel. Herausforderung für die Unternehmenspolitik in den 90er Jahren. 2. Aufl., Stuttgart.

Rosenstiel, v. L./Regnet, E./Domsch, M. (1995): Führung von Mitarbeitern. 3. Aufl., Stuttgart 1995.

Rosenstiel, v. L./Stengel, M. (1987): Identifikationskrise? Bern et al.

Rosse, J.G./Kraut, A.L. (1983): Reconsidering the Vertical Dyad Linkage Model of Leadership. In: Journal of Occupational Psychology, S. 63–71.

Rousseau, D.M. (1989): Psychological and Implied Contracts in Organization. In: Employee Rights and Responsibilities Journal, 2, (2), S. 121–139.

Rousseau, L.L./Staw B.M. (Hrsg.): Research in Organizational Behavior. Greenwich/London, S. 1–43.

Rühli, E. (1977): Grundsätzliche Betrachtungen zu einem integrierten Führungsmodell. In: Zeitschrift für betriebswirtschaftliche Forschung, S. 729–741.

Rühli, E. (1992): Führungsmodelle. Bern

Rühli, E. (1995): Das Corporate-Culture-Konzept als Herausforderung für die Führungslehre. In: *Wunderer, R.* (Hrsg.): Betriebswirtschaftslehre als Management- und Führungslehre. 3. Aufl., Stuttgart, S. 337–352.

Rummler, G.A./Brache, A.P. (1995): Improving Performance. How to Manage the White Space on the Organizational Chart. San Francisco.

Runge, J. (1994): TQM – Auf den Start kommt es an. In: QZ Qualität und Zuverlässigkeit, (11), S. 1226–1230.

Rupp, H. H. (1982): Wirtschaftsordung. II: Wirtschaftsverfassung. In: *Albers, W. et al.* (Hrsg.): Handwörterbuch der Wirtschaftswissenschaft. Bd. 9. Stuttgart, S. 141–149.

Sackmann, S. (1983): Organisationskultur. In: Gruppendynamik, (14), S. 393–406.

Sadowski, D. (1991): Humankapital und Organisationskapital – Zwei Grundkategorien einer ökonomischen Theorie der Personalpolitik in Unternehmen. In: *Ordelheide, D./Rudolph, B./Büsselmann, E.* (Hrsg.): Betriebswirtschaftslehre und ökonomische Theorie. Stuttgart, S. 127–141.

Sadowski, D./Backes-Gellner, U./Frick, B. et al. (1994): Weitere 10 Jahre Personalwirtschaftslehren – ökonomischer Silberstreif am Horizont. In: Die Betriebswirtschaft, 54, (3), S. 397–410.

Sager, A./Ramseier, R. (1999): Zielmanagement. St. Gallen/Bern.

Salancik, G.R./Meindl, J.R. (1984): Corporate Attributions as Strategic Illusions of Management Control. In: Administrative Science Quarterly, S. 238–254.

Sashkin, M. (1988): The Visonary Leader. In: *Conger, J.A./Kanungo, R.N.* (Hrsg.): Charismatic Leadership. The Elusive Factor in Organizational Effectiveness. San Francisco/London, S. 122–160.

Literatur-verzeich-nis

Sathe, V. (1985): How to Decipher and Change Corporate Culture. In: *Kilman, R. et al.* (Hrsg.): Gaining Control of Corporate Culture. San Francisco, S. 230–261.

Sattelberger, T. (1991a): Kulturarbeit und Personalentwicklung. Ansätze zu einer integrativen Verknüpfung. In: *Sattelberger, T.* (Hrsg.): Innovative Personalentwicklung. 2. Aufl., Wiesbaden, S. 239–258.

Sattelberger, T. (1991b): Innovative Förderprogramme benötigen innovative Arbeitsstrukturen. In: *Sattelberger, T.* (Hrsg.): Innovative Personalentwicklung. 2. Aufl., Wiesbaden, S. 90–114.

Sattelberger, T. (1991c): Innovative Personalentwicklung. 2. Aufl., Wiesbaden.

Sattelberger, T. (Hrsg.) (1991d): Lernen in der Organisationsfamilie. In: *Sattelberger, T.* (Hrsg.): Innovative Personalentwicklung. 2. Aufl., Wiesbaden.

Sattelberger, T. (1991e): Personalentwicklung neuer Qualität durch Renaissance helfender Beziehungen. In: *Sattelberger, T.* (Hrsg.): Die lernende Organisation. Wiesbaden, S. 207–227.

Sattelberger, T. (1995): Personalentwicklung als strategischer Erfolgsfaktor. In: *Sattelberger, T.* (Hrsg): Innovative Personalentwicklung. 3. Aufl., Wiesbaden, S. 15–37.

Sattelberger, T. (Hrsg.) (1996): Die lernende Organisation. Konzepte für eine neue Qualität der Unternehmensentwicklung. 3. Aufl., Wiesbaden.

Schanz, G. (1978): Verhalten in Wirtschaftsorganisationen. München.

Schanz, G. (1990): Der verhaltenstheoretische Ansatz in der Betriebswirtschaftslehre. In: Wirtschaftswissenschaftliches Studium, (5), S. 229–234.

Schanz, G. (Hrsg.) (1991): Handbuch Anreizsysteme. Stuttgart.

Schanz, G. (1995): Wissenschaftstheoretische Grundfragen der Führungsforschung. In: *Kieser, A./Reber, G./Wunderer, R.* (Hrsg.): Handwörterbuch der Führung. 2. Aufl., Stuttgart, Sp. 2189–2197.

Schär, J.-F. (1911): Allgemeine Handelsbetriebslehre. 1. Teil. Leipzig.

Schein, E. (1985): Organizational Culture and Leadership. San Francisco (deutsch: *Schein E.*: Unternehmenskultur: ein Handbuch für Führungskräfte. Frankfurt a. M. 1995).

Schenk, M. (1984): Soziale Netzwerke und Kommunikation. Tübingen.

Scherm, E. (1991): Der schwierige Umgang mit dem Personal-Controlling. In: Personalwirtschaft, (12), S. 16–19.

Schettgen, P. (1991): Führungspsychologie im Wandel. Neue Ansätze in der Organisations-, Interaktions- und Attributionsforschung. Wiesbaden.

Schettgen, P. (1996): Arbeit, Leistung, Lohn. Analyse- und Bewertungsmethoden aus sozioökonomischer Perspektive. Stuttgart.

Schilit, W.K./Locke, E.A. (1982): A Study of Upward Influence in Organizations. In: Administrative Science Quarterly, 27, S. 304–316.

Schircks, A. D. (1994): Management Development und Führung. Göttingen.

Schmalenbach, E. (1947/48): Pretiale Wirtschaftslenkung. Bd. 1: Die optimale Geltungszahl. Bd. 2: Pretiale Lenkung des Beriebes. Bremen-Horn.

Schmid, H. (1986): Die Unternehmung im Spannungsfeld von Wirtschaft und Politik. In: Diskussionspapiere der Forschungsstelle für Arbeit und Arbeitsrecht an der Hochschule St. Gallen, Nr. 5, St. Gallen.

Schmidbauer, H. (1975): Personalmarketing. Essen.

Schmidt, J. (1993): Die sanfte Organisations-Revolution. Von der Hierarchie zu selbststeuernden Systemen. Frankfurt a. M./New York.

Schneevoigt, J. (1982): Die betriebliche Meinungsumfrage als Führungsinstrument. In: *Schuler, H./Stehle, W.* (Hrsg.): Psychologie in Wirtschaft und Verwaltung. Stuttgart, S. 171–180.

Schneider, D. (1985): Allgemeine Betriebswirtschaftslehre. 2. Aufl. der »Geschichte betriebswirtschaftlicher Theorie«. München/Wien (1. Aufl. 1981).

Schneider, H.J. (1996): Mitarbeiter als Mitgesellschafter. In: Personal, 48, (3), S. 112–116.

Schneider, H.J. (1999): Betriebliche Partnerschaft und Mitarbeiterbeteiligung. In: *Wunderer, R.* (Hrsg.): Mitarbeiter als Mitunternehmer. Grundlagen, Förderinstrumente, Praxisbeispiele. Neuwied/Kriftel, S. 67–77.

Scholz, C. (1993): Personalmanagement. Informationsorientierte und verhaltenstheoretische Grundlagen. 3 Aufl., München (4. Aufl. 1994).

Scholz, C. (1999): Neue Organisationsformen im Personalmanagement. Neuwied et al.

Scholz, C./Djarrahzadeh, M. (Hrsg.) (1994): Strategisches Personalmanagement. Konzepte und Realisationen. Stuttgart.

Schreyögg, G. (1977a): Führung, Führungsverhalten, Führungsstil – Versuch einer Begriffsklärung. In: *Nieder, P.* (Hrsg.): Führungsverhalten im Unternehmen. München.

Schreyögg, G. (1977b): Kritik situativer Führungstheorien am Beispiel des Fiedlerschen Kontingenzansatzes. In: *Macharzina, K./Oechsler, V.A.* (Hrsg.): Personalmanagement I. Wiesbaden, S. 109–144.

Schreyögg, G./Noss, C. (1995): Organisatorischer Wandel. Von der Organisationsentwicklung zur lernenden Organisation. In: Die Betriebswirtschaft, 55, S. 169–185.

Schriesheim, C.A./Hosking, D. (1978): Review Essay of *Fiedler, F.E., Chemers, M.M./Mahar, L.*: Improving Leadership Effectiveness: The Leader Match Concept. In: Administrative Science Quarterly, S. 496–505.

Schriesheim, C.A./Kerr, S. (1977): Theories and Measures of Leadership. A Critical Appraisal of Present and Future Directions. In: *Hunt, J.G. et al.* (Hrsg.): Leadership: The Cutting Edge. Carbondale, S. 9–57.

Schürer, W./Brockhaus, M. (1999): Unternehmerische Mitarbeiterförderung durch externe Beratung. In: *Wunderer, R.* (Hrsg.): Mitarbeiter als Mitunternehmer. Grundlagen, Förderinstrumente, Praxisbeispiele. Neuwied/Kriftel, S. 234–250.

Schuler, H. (1996): Psychologische Personalauswahl. Göttingen.

Schuler, H./Stehle, W. (Hrsg.) (1982): Psychologie in Wirtschaft und Verwaltung. Stuttgart.

Schuler, H./Stehle, W. (1987): Assessment Center als Methode der Personalentwicklung. Stuttgart.

Schumpeter, J.A. (1912): Theorie der wirtschaftlichen Entwicklung. Leipzig.

Schumpeter, J.A. (1959): Kapitalismus, Sozialismus und Demokratie. 2. Aufl., München.

Literatur-verzeich-nis

Schumpeter, J.A. (1987): Beiträge zur Sozialökonomie. Wien.

Schwarz, G. (1997): Konfliktmanagement. Wiesbaden.

Seghezzi, H.D. (1994): Qualitätsmanagement. Ansatz eines St.Galler Konzepts integriertes Qualitätsmanagement. Stuttgart.

Seghezzi, H.D. (1996): Integriertes Qualitätsmanagement. München/Wien.

Seidel, E. (1978): Betriebliche Führungsformen. Stuttgart.

Seidel, E. (1992): Führungsmodelle. In: *Wittmann, W. et al.* (Hrsg.): Handwörterbuch der Betriebswirtschaft. Teilband I. 5. Aufl., Stuttgart, Sp. 1299–1311.

Seiling, H. (1994): Der neue Führungsstil. Müchen/Wien.

Seltzer, J./Bass, B.M. (1990): Transformational Leadership: Beyond Initiation and Consideration. In: Journal of Management, S. 693–703.

Senge, P. M. (1997): Die fünfte Disziplin. Kunst und Praxis der lernenden Organisation. Stuttgart.

Sennett, R. (1998): Der flexible Mensch. Die Kultur des neuen Kapitalismus. Berlin.

Shamir, B. (1991): Meaning, Self and Motivation in Organizations. In: Organizational Studies, 12, (3), S. 405–424.

Sharp, A. (1995): Organizational Behaviour. In: *Maurer, J./Shulman, J./Ruwe, M./Becherer, R.* (Hrsg.): Encyclopedia of Business. Detroit et al., S. 1117–1120.

Sheridan, J.E./Vredenburgh, D.J./Abelson, M.A. (1984): Contextual Model of Leadership Influence in Hospital Units. In: Academy of Management Journal, S. 57–78.

Sherif, M. et al. (1961): Intergroup Conflict and Cooperation. Norman, Oklahoma.

Shrivastava, P. (1983): A Typology of Organizational Learning Systems. In: Journal of Management Studies, (20), S. 7–20.

Siegel, J.P. (1987): Machiavellismus und Führung. In: *Kieser, A./Reber, G./Wunderer, R.* (Hrsg.): Handwörterbuch der Führung. Stuttgart, Sp. 1357–1366.

Siegel, M.R. (1991): Frauen und Männer im Unternehmen- Zusammen oder miteinander? In: *Scholz, C.* (Hrsg.): Personalmanagement für die 90er Jahre. Stuttgart, S. 137–144.

Sievers, B. (1989): Führung als Perpetierung von Unreife. In: Gruppendynamik, 20, (1), S. 43–50.

Sievers, B. (1994): Work, Death und Life Itself. Essays on Management and Organization. Berlin/New York.

Simon, H.A. (1957): Administrative Behavior. 2. Aufl., New York.

Sims, H.-P./Lorenzi, P. (1992): The New Leadership Paradigm. Social Learning in Cognition in Organizations. Newbury Park, C.A. et al.

Singer, M.S. (1985): Transformational vs. Transactional Leadership: A Study of New Zealand Company Managers. In: Psychological Reports, S. 143–146.

Sistenich, F. (1993): Charisma in Organisationen oder vom Regen in die Traufe. Darstellung, Analyse und Kritik eines Führungskonzepts. München/Mering.

Six, B. (1987): Attribution. In: *Frey, D./Greif, S.* (Hrsg.): Handbuch der Sozialpsychologie. 2. Aufl., Weinheim, S. 122–146.

Skrowronek, H. (1991): Lernen und Lerntheorien. In: *Roth, L.* (Hrsg.): Pädagogik. Handbuch für Studium und Praxis. München, S. 183–193.

Slocum, J.W. (1984): Commentary. Problems with Contingency Models of Leader Participation. In: *Hunt, J.G. et al.* (Hrsg.): Leaders and Managers. New York, S. 333–340.

Smith, A. (1759): The Theory of Moral Sentiments, editiert von *Raphael, D.D./Macfie, A.C,* Oxford 1976. (deutsch: Theorie der ethischen Gefühle. Hamburg, 1977).

Smith, A. (1776): An Inquiry into the Nature and Causes of the Wealth of Nations, editiert von *Campbell, R.H./Skinner, A.S.,* Oxford 1976.

Smith, C.A./Organ, D.W./Near, J.P. (1983): Organizational Citizenship Behaviour. In: Journal of Applied Psychology, S. 653–663.

Sonntag, K. (1996): Lernen im Unternehmen. Effiziente Organisation durch Lernkultur. München.

Sonntag, K. (Hrsg.) (1999): Personalentwicklung in Organisationen. Psychologische Grundlagen, Methoden und Strategien. Göttingen.

Spinner, H. (1974): Pluralismus als Erkenntnismodell. Frankfurt a. M.

Sprenger, R. (1995): Mythos Motivation. Wege aus einer Sackgasse. 9. Aufl., Frankfurt a. M./New York.

Staehle, W.H. (1973): Organisation und Führung soziotechnischer Systeme. Grundlagen einer Situationstheorie. Stuttgart.

Staehle, W.H. (Hrsg.) (1991): Handbuch Management. Die 24 Rollen der exzellenten Führungskraft. Wiesbaden.

Staehle, W.H. (1992): Organisationsentwicklung. In: *Gaugler, E./Weber, W.* (Hrsg.): Handwörterbuch des Personalwesens. 2. Aufl., Stuttgart, Sp. 1476–1488.

Staehle, W.H. (1994): Management. 7. Aufl., München.

Staehle, W.H. (1995): Managementwissen in der Betriebswirtschaftslehre – Geschichte eines Diffusionsprozesses. In: *Wunderer, R.* (Hrsg.): Betriebswirtschaftslehre als Management- und Führungslehre. 3. Aufl., Stuttgart, S. 3–21.

Staehle, W.H./Sydow, J. (1987): Führungsstiltheorien. In: *Kieser, A./Reber, G./Wunderer, R.* (Hrsg.): Handwörterbuch der Führung. Stuttgart, Sp. 661–671.

Staerkle, R. (1978): Konflikthandhabung in Profit-Center- und Matrix-Organisation. In: Die Unternehmung, (4), S. 393–410.

Staerkle, R./Perich, R. (1987): Exzellenzfaktoren schweizerischer mittelgroßer Industrieunternehmen. In: Die Unternehmung, (5), S. 315–326.

Staffelbach, B. (1986): Personalmarketing. In: *Rühli, E./Wehrli, H.* (Hrsg.): Strategisches Marketing und Management. Bern, S. 124–143.

Starbuck, W.H./Nystrom, P.C. (1995): Führung in Krisensituationen. In: *Kieser, A./Reber, G./Wunderer, R.* (Hrsg.): Handwörterbuch der Führung. 2. Aufl., Stuttgart, Sp. 1386–1397.

Stark, S. (1983): Verfassungsorientierte Analyse formalisierter Führungsgrundsätze. Inhaltsanalysen. Dipl. Arbeit, Universität Essen.

Staub, E. (1982): Entwicklung prosozialen Verhaltens. München et al.

Steers, R./Porter, L. (1987): Motivation and Behavior. New York et al.

Steiner, J. (1980): Die personelle Führungsstruktur in mittelständischen Betrieben. Göttingen.

Literatur-verzeichnis

529

Steinle, C. (1975): Leistungsverhalten und Führung in der Unternehmung. Berlin.

Steinle, C. (1978): Führung. Stuttgart.

Steinmann, H. (1977): Zur Theorie der Führungsstile – Probleme eines Forschungsansatzes. In: *Nieder, P.* (Hrsg.): Führungsverhalten im Unternehmen. München, S. 34–52.

Steinmann, H./Hennemann, C. (1993): Personalmanagementlehre zwischen Managementpraxis und mikro-ökonomischer Theorie – Versuch einer wissenschaftstheoretischen Standortbestimmung. In: *Weber, W.* (Hrsg.): Entgeltsysteme. Stuttgart, S. 41–78.

Steyrer, J. (1991): Transformationale Führung. In: Die Unternehmung, (5), S. 334–348.

Steyrer, J. (1995): Charisma in Organisationen. Sozial-kognitive und psychodynamisch-interaktive Aspekte von Führung. Frankfurt a. M./New York.

Stier, W. (1996): Empirische Sozialforschungsmethoden. Berlin.

Stöber, A.M./Binding, R./Derschka, P. (1974): Kritisches Führungswissen. Emanzipation und Technologie in wissenssoziologischer Sicht. Stuttgart.

Stogdill, R.M. (1974): Handbook of Leadership. New York.

Stolper, W. F. (1984): Schumpeter. Der politische Ökonom für die neunziger Jahre? In: *Bös, D./Stolper, H.D.* (Hrsg.): Schumpeter oder Keynes? Berlin et al., S. 1–40.

Stolper, W. F. (1994): Geschichte und Theorie in der Analyse des kapitalistischen Prozesses. Ein Schumpeterscher Ansatz. In: Forschungsgemeinschaft für Nationalökonomie (Hrsg.): Walter Adolf Jöhr-Vorlesung 1994. St. Gallen.

Storey, J. (Hrsg.) (1989): New Perspectives on Human Resource Management. London/Routledge.

Straus, S. G./Weisband, S. P./Wilson, J. M. (1998): Human Resource Management Practices in the Networked Organization. Impacts of Electronic Communication Systems. In: Journal of Organizational Behavior, 5, S. 127–154.

Streit, E. (1991): Theorie der Wirtschaftspolitik. 4. Aufl., Düsseldorf.

Strube, M.J. (Hrsg.) (1991): Type a Behavior. Beverly Hills.

Strümpel, B./Pawlowsky, P. (1993): Wandel in der Einstellung zur Arbeit – Haben sich die Menschen oder hat sich die Arbeit verändert? Teil 2. In: *v. Rosenstiel, L. et al.* (Hrsg.): Wertewandel – Herausforderung für die Unternehmenspolitik in den 90er Jahren, 2. Aufl., Stuttgart, S. 29–47.

Strutz, H. (Hrsg.) (1993): Handbuch des Personalmarketing. 2. Aufl., Wiesbaden.

Stürzl, W. (1993): Lean Production in der Praxis. 2. Aufl., Paderborn.

Stützel, W. et al. (Hrsg.) (1981): Grundtexte zur Sozialen Marktwirtschaft. Stuttgart.

Sydow, J. (1992): Strategische Netzwerke. Evolution und Organisation. Wiesbaden.

Sydow, J./Windeler, A./Krebs, M./Loose, A./van Well, B. (1995): Organisation von Netzwerken. Strukturationstheoretische Analysen der Vermittlungspraxis in Versicherungsnetzwerken. Wiesbaden.

Tannenbaum, R./Schmidt, W.H. (1958): How to Choose a Leadership Pattern. In: Harvard Business Review, (2), S. 95–101.

Taylor, F.W. (1913): Die Grundsätze wissenschaftlicher Betriebsführung. München. Theorie und Realität. 2. Aufl., Tübingen, S. 29–41.

Thom, N. (1987): Personalentwicklung als Instrument der Unternehmensführung. Stuttgart.

Thom, N. (1992): Innovationsmanagement. In: Schriftenreihe »Die Orientierung«, (100), Bern.

Thom, N. (1998): Ausgewählte Trends des Personalmanagements in der Schweiz. In: *Kumar, B. N./Wagner, D.* (Hrsg.): Handbuch des Internationalen Personalmanagements. München.

Thomas, A. M (1998): Coaching in der Personalentwicklung. Göttingen.

Thomas, K./Walter, G. (1993): Testing and Redefining an Interpretative Model of Empowerment. Unpublished Paper. National Meeting of the Academy of Management.

Thoms, W. (1944): Allgemeine Betriebswirtschaftslehre. Berlin et al.

Tichy, N. M./Devanna, M.A. (1986): The Transformational Leader. New York et al.

Tlach, P. (1975): Führungsstile. In: *Gaugler, E.* (Hrsg.): Handwörterbuch des Personalwesens. Stuttgart, Sp. 905–917.

Toman, W. (1996): Familienkonstellationen. 6. Aufl., München. (1. Aufl. 1974).

Töpfer, A. (1982): Organisationsprinzipien und Führungsgrundsätze in der öffentlichen Verwaltung. In: *Remer, A.* (Hrsg.): Verwaltungsführung. Berlin et al., S. 109–139.

Töpfer, A. (1990): Von der Personalbeschaffung zum Personalmarketing. In: Personalwirtschaft, (12), S. 66.

Töpfer, A./Funke, U. (1985): Mitarbeiterbefragung als Analyseinstrument und Grundlage der Organisationsentwicklung. In: *Töpfer, A./Zander, E.* (Hrsg.): Mitarbeiter-Befragungen, Frankfurt a. M./New York, S. 9–44.

Töpfer, A./Zander, E. (Hrsg.) (1982): Führungsgrundsätze und Führungsinstrumente. Frankfurt a. M.

Töpfer, A./Zander, E. (Hrsg) (1985): Mitarbeiter-Befragungen. Ein Handbuch. Frankfurt a. M./New York.

Tschirky, H. (1980): Führungsrichtlinien. Zürich.

Türk, K. (1976): Grundlagen einer Pathologie der Organisation. Stuttgart.

Türk, K. (1981): Personalführung und soziale Kontrolle. Stuttgart.

Türk, K. (1988): »Personalführung« oder »Politische Arena«? Zur Antiquiertheit von Theorien der »Führung«. Arbeitspapier der Universität Trier Nr. 6. Trier.

Türk, K. (1995): Herstellung von Konsens durch Führung? In: *Wunderer, R.* (Hrsg.): Betriebswirtschaftslehre als Management- und Führungslehre. 3. Aufl., Stuttgart, S. 67–78.

Udris, I. (1998): Kooperationstraining in Arbeitsgruppen zur Förderung sozialer Handlungskompetenz. In: *Spieß, E./Nerdinger, W.* (Hrsg): Kooperation in Unternehmen. München/Mering, S. 185–207.

Ulich, E. (1992) Arbeitsstrukturierungsmodelle. In: *Gaugler, E./Weber, W.* (Hrsg.): Handwörterbuch des Personalwesens. 2. Aufl., Stuttgart, Sp. 374–387.

Ulich, E. (1994): Arbeitspsychologie. 3. Aufl., Zürich/Stuttgart (4. Aufl., Zürich, 1998).

Literatur-verzeich-nis

Ulrich, D. (1996): Human Resource Champions. The Next Agenda for Adding Value and Delivering Results. Boston.

Ulrich, D. (1998): Das neue Personalwesen: Mitgestalter der Unternehmenszukunft. In: Harvard Business Manager, (4), S. 59–69.

Ulrich, D./Zenger, J./Smallwood, N. (1999): Results Based Leadership. How Leaders Build the Business and Improve the Bottom Line. Boston.

Ulrich, H. (1968): Die Unternehmung als produktives soziales System. Bern/Stuttgart.

Ulrich, H. (1971): Der systemorientierte Ansatz in der Betriebswirtschaftslehre. In: *Kortzfleisch* (Hrsg.): Wissenschaftsprogramm und Ausbildungsziele der Betriebswirtschaftslehre. Berlin.

Ulrich, H. (1981): Die Betriebswirtschaftslehre als anwendungsorientierte Sozialwissenschaft. In: *M. Geist, M./R. Köhler* (Hrsg.): Die Führung des Betriebes. Stuttgart, S. 1–25.

Ulrich, H. (1984): Management – Eine unverstandene gesellschaftliche Funktion: In: *Siegwart, H./Probst, G.J.B.* (Hrsg.): Mitarbeiterführung und gesellschaftlicher Wandel. Bern, S. 133–152.

Ulrich, H. (1995): Von der Betriebswirtschaftslehre zur systemorientierten Führungslehre. In: *Wunderer R.* (Hrsg.): Betriebswirtschaftslehre als Management- und Führungslehre. 3. Aufl., Stuttgart, S. 161–178.

Ulrich, H./Malik, F./Probst, G.J.B./Semmel, M./Dyllick, T./Dachler, P./Walter-Busch, E. (1984): Grundlegung einer allgemeinen Theorie der Gestaltung, Lenkung und Entwicklung zweckorientierter sozialer Systeme. Diskussionsbeiträge des Instituts für Betriebswirtschaft an der Universität St.Gallen, Nr. 4, St. Gallen.

Ulrich, H./Probst, G.J.B./Studer, H.P. (1985a): Konstanz und Wandel in den Werthaltungen Schweizerischer Führungskräfte. Bern.

Ulrich, H./Probst, G.J.B./Studer, H.P. (1985b): Werthaltungen von Studenten in der Schweiz. Bern.

Ulrich, P. (1977): Die Großunternehmung als quasi-öffentliche Institution. Stuttgart.

Ulrich, P. (1997): Integrative Wirtschaftsethik. Grundlagen einer lebensdienlichen Ökonomie. Bern. (2. Aufl., Bern 1998).

Ulrich, P./Fluri, E. (1997): Management. 7. Aufl., Bern/Stuttgart.

Urwick, L.F. (1938): Scientific Principles and Organization. New York.

Ury, W. (1992): Schwierige Verhandlungen. Wie Sie sich mit unangenehmen Kontrahenten vorteilhaft einigen. Frankfurt a. M.

Ury, W./Brett, J.M./Goldberg, S.B. (1991): Konfliktmanagement. New York.

Vecchio, R.P. (1983): Assessing the Validity of Fiedler's Contingency Model of Leadership Effectiveness. A Closer Look at Strube and Garcia. In: Psychological Bullentin, S. 404–408.

Vecchio, R.P. (1987): Situational Leadership Theory. An Examination of a Prescriptive Theory. In: Journal of Applied Psychology, S. 444–451.

Volk, H. (1989): Der lautlose Abschied von der Leistung. Was Führungsfehler bewirken können! In: Fortschrittliche Betriebsführung und Industrial Engineering, (2), S. 82–86.

Vroom, V. (1964): Work and Motivation. New York.

Vroom, V.H./Jago, A.G. (1978): On the Validity of the Vroom-Yetton Model. In: Journal of Applied Psychology, S. 151–162.

Vroom, V.H./Jago, A.G. (1988): The New Leadership. Managing Participation in Organizations. Englewood Cliffs.

Vroom, V.H./Yetton, P.W. (1973): Leadership and Decision Making. Pittsburgh.

Wächter, H. (1979): Einführung in das Personalwesen. Darstellung, Kontrollfragen und Lösungen. Herne/Berlin.

Walter, A. (1998): Der Beziehungspromotor. Ein personaler Gestaltungsansatz für erfolgreiches Relationship Marketing. Wiesbaden.

Walton, R.E. (1969): Interpersonal Peacemaking. Confrontations and Third Party Consultations. Menlo Park, Calif., S. 73–84.

Walton, R.E. (1985): From Control to Committment in the Workplace. In: Harvard Business Review, S. 76–84.

Walton, R.E./Dutton, J./Fitch, H. (1966): A Study of Conflict in the Process, Structure and Attitudes of Lateral Relationships. In: *Haberstock, C./Rubenstein, A.* (Hrsg.): Some Theories of Organisation. Homewood, Ill., S. 444–465.

Watson, T. jun. (1964): IBM – ein Unternehmen und seine Grundsätze. München.

Watzlawick, P. (Hrsg.) (1981): Die erfundene Wirklichkeit. München.

Weber, J. (1995): Einführung in das Controlling. 6. Aufl., Stuttgart.

Weber, M. (1922): Wirtschaft und Gesellschaft. Tübingen.

Weber, M. (1963): Gesammelte Aufsätze zur Religionssoziologie. Tübingen.

Weber, M. (1972): Wirtschaft und Gesellschaft. Köln (1. Aufl. 1921).

Weber, M. (1993): Entgeltsysteme. Lohn, Mitarbeiterbeteiligung und Zusatzleistungen. Stuttgart.

Weber, W./Mayrhofer, W./Nienhüser, W. (1993): Grundbegriffe der Personalwirtschaft. Stuttgart.

Weder, W. (1976): Die Einstellung des Mitarbeiters zum Führungsstil der Unternehmung. Bern/Stuttgart.

Weibler, J. (1993): Neue Technologien und die Substitution von Führung – Einige Implikationen für die Organisationsentwicklung. In: *Fatzer, G.* (Hrsg.): Organisationsentwicklung für die Zukunft. Ein Handbuch. Köln, S. 97–123.

Weibler, J. (1994): Führung durch den nächsthöheren Vorgesetzten. Wiesbaden.

Weibler, J. (1995): Symbolische Führung. In: *Kieser, A./Reber, G./Wunderer, R.* (Hrsg.): Handwörterbuch der Führung. 2. Aufl., Stuttgart, Sp. 2015–2026.

Weibler, J. (1996): Führungslehre – Ursachensuche für die Heterogenität einer Disziplin. In: *Weber, W.* (Hrsg.): Personalwirtschaftslehre. Theorien und Konzepte. Wiesbaden.

Weibler, J. (1997a): Unternehmenssteuerung durch charismatische Führungspersönlichkeiten? Anmerkungen zur gegenwärtigen Transformationsdebatte. In: Zeitschrift für Führung + Organisation, 66, (1), S. 27–32.

Literatur-verzeich-nis

Weibler, J. (1997b): Vertrauen und Führung. In: *Klimecki, R./Remer, A.* (Hrsg.): Personal als Strategie. Mit flexiblen und lernbereiten Human-Ressourcen Kernkompetenzen aufbauen. Neuwied et al., S. 185–214.

Weibler, J. (1999): Bedeutung der Landeskultur für die Förderung des Mitunternehmertums. Theoretische und empirische Befunde. In: *Wunderer, R.* (Hrsg.): Mitarbeiter als Mitunternehmer. Grundlagen, Förderungsinstrumente, Praxisbeispiele. Neuwied/Kriftel, S. 107–121.

Weibler, J./Deeg, J. (1999): Und noch einmal: Darwin und die Folgen für die Organisationtheorie. In: Die Betriebswirtschaft, 59, (3), S. 297–315.

Weibler, J./Wunderer, R. (1997): Zur Führungskultur der Schweiz. In: Die Unternehmung, 51, (4), S. 234–272.

Weibler, J./Wunderer, R. (2000): Leadership and Societal Culture in Switzerland. In: *House, J.R./Chhokar, J.* (Hrsg.): Managerial Cultures in 15 Countries. A Project GLOBE Anthology (im Druck).

Weick, K. (1985): Der Prozess des Organisierens. Frankfurt a. M.

Weiershäuser, S. (1996): Der Mitarbeiter im Beratungsprozess. Eine agenturtheoretische Analyse. Wiesbaden.

Weiner, B. (1976): Theorien der Motivation. Stuttgart.

Weinert, A. (1992): Anreizsysteme, verhaltenswissenschaftliche Dimension. In: *Frese, E.* (Hrsg.): Handwörterbuch der Organisation. 3. Aufl., Stuttgart, Sp. 112–133.

Wenger, E./Terberger, E. (1988): Die Beziehung zwischen Agent und Prinzipal als Baustein einer ökonomischen Theorie der Organisation. In: Wirtschaftswissenschaftliches Studium, S. 506–514.

Werner, H. (Hrsg.) (1994): Die Prophezeiungen des Nostradamus. Bindlach.

Weßling, M./Barthe, O./Lubbers, B. W. (1999): Coaching von Managern. Konzepte, Praxiseinsatz, Erfahrungsberichte. Berlin.

White, R./Lippitt, R. (1960): Leader Behavior and Member Reactions in three »Social Climates«. In: *Cartwright, D./Zander, A.* (Hrsg.): Group Dynamics. Evanstone, S. 527–533.

Whitmore, J. (1996): Coaching für die Praxis. Frankfurt a. M.

Wild, J. (1974): Betriebswirtschaftliche Führungslehre und Führungsmodelle. In: *Wild, J.* (Hrsg.): Unternehmensführung. Berlin, S. 141–179.

Willi, J. (1985): Koevolution. Hamburg.

Wilpert, B. (1987): Führungstheorien – Entscheidungstheoretische Ansätze. In: *Kieser, A./Reber, G./Wunderer, R.* (Hrsg.): Handwörterbuch der Führung. 2. Aufl., Stuttgart, Sp. 756–766.

Winter, S. (1997): Möglichkeiten der Gestaltung von Anreizssystemen für Führungskräfte. In: Die Betriebswirtschaft, S. 615–629.

Wiswede, G. (1991): Soziologie. 2. Aufl., Landsberg a. Lech.

Wiswede, G. (1995): Führungsrollen. In: *Kieser, A./Reber, G./Wunderer, R.* (Hrsg.): Handwörterbuch der Führung. 2. Aufl., Stuttgart, Sp. 826–839.

Witte, A. (1993): Integrierte Qualitätssteuerung im Total Quality Management. Betriebswirtschaftliche Schriftenreihe. Bd. 72. Münster/Hamburg.

Witte, E. (1969): Führungsstile. In: *Grochla, E.* (Hrsg.): Handwörterbuch der Organisation. Stuttgart, Sp. 595–596.

Witte, E. (1973): Organisation von Innovationsentscheidungen. Göttingen.

Witte, E. (1974): Zu einer empirischen Theorie der Führung. In: *Wild, J.* (Hrsg.): Unternehmensführung. Berlin, S. 181–220.

Witte, E. (1976): Kraft und Gegenkraft im Entscheidungsprozess. In: Zeitschrift für Betriebswirtschaft, S. 319–326.

Witte, E. (1995): Zur Entwicklung der Entscheidungsforschung in der Betriebswirtschaftslehre. In: *Wunderer, R.* (Hrsg.): Betriebswirtschaftslehre als Management- und Führungslehre. 3. Aufl., Stuttgart, S. 23–31.

Wofford, J.C./Liska, L.Z. (1992): The Path-Goal Theory of Leadership: A Meta-Analysis. Unveröffentlichtes Manuskript, University of Texas. Arlington.

Wöhe, G. (1990): Einführung in die Allgemeine Betriebswirtschaftslehre. 17. Aufl., München.

Wohlgemuth, A. (1989): Erfolgsunternehmen unter der Lupe. In: Industrielle Organisation, (10), S. 27–34.

Wolff, B. (1999): Anreizkompatible Reorganisation von Unternehmen. Stuttgart.

Woll, A. (1992): Wirtschaftspolitik. 2. Aufl., München.

Wottawa, H./Thierau, H. (1990): Lehrbuch Evaluation. Bern.

WSI (Hrsg.) (1974): Grundelemente einer arbeitsorientierten Einzelwirtschaftslehre. Köln.

Wunderer, R. (1967): Systembildende Betrachtungsweise der Allgemeinen Betriebswirtschaftslehre und ihr Einfluss auf die Darstellung des Unternehmers. Berlin.

Wunderer, R. (1971): Bestimmungsgründe für den Erfolg von Führungskräften. In: Personal, 23, (7), S. 256–258.

Wunderer, R. (1974): Lateraler Kooperationsstil. In: Personal, 26, (4), S. 166–170.

Wunderer, R. (1975a): Nachfolge. In: *Gaugler, E.* (Hrsg.): Handwörterbuch des Personalwesens. Stuttgart, Sp. 1409–1423.

Wunderer, R. (1975b): Personalwesen als Wissenschaft. In: Personal, 27, (8), S. 33–36.

Wunderer, R. (1975c): Personalbeurteilung. In: Managemententzyklopädie. München, Sp. 2594–2600.

Wunderer, R. (1975d): Personalwerbung. In: *Gaugler, E.* (Hrsg.): Handwörterbuch des Personalwesens. Stuttgart, Sp. 1690–1708.

Wunderer, R. (1977): Leitbilder bei der Gestaltung und Anwendung der Personalbeurteilung im öffentlichen Dienst. In: Die öffentliche Verwaltung, (10), S. 371–343.

Wunderer, R. (1978a): Kooperationskonflikte. In: Personal-Enzyklopädie. Bd. II. München, S. 407–411.

Wunderer, R. (1978b): Personalverwendungsbeurteilung. In: Personal-Enzyklopädie. Bd. III. München, S. 192–199.

Wunderer, R. (1978c): Verhaltensleitsätze. In: Personal-Enzyklopädie. Bd. III. München, S. 574–581.

Wunderer, R. (1979a): Das »Leader-Match-Concept« als Fred Fiedlers »Weg zum Führungserfolg«. In: *Wunderer, R.* (Hrsg.): Humane Personal- und Organisationsentwicklung. Berlin, S. 219–255.

Wunderer, R. (Hrsg.) (1979b): Humane Personal- und Organisationsentwicklung. Berlin.

Wunderer, R. (1981a): Führungsgrundsätze als Instrument der Unternehmens- und Betriebsverfassung. In: *K. Bohr/J. Drukarczyk/H. Drumm/G. Scherer* (Hrsg.): Unternehmensverfassung als Problem der Betriebswirtschaftslehre. Berlin, S. 405–443.

Wunderer, R. (1981b): Kooperative Führung – Ein realistisches und realisierbares Konzept. In: *Geist, N./Köhler, R.* (Hrsg.): Die Führung des Betriebes. Stuttgart, S. 145–164.

Wunderer, R. (1982): Kontingente Organisationsentwicklung in der öffentlichen Verwaltung. In: *Remer, A.* (Hrsg.): Verwaltungsführung. Berlin, S. 293–315.

Wunderer, R. (1983a): Führungsgrundsätze als Instrument der Unternehmens-/Betriebsverfassung. In: *Wunderer, R.* (Hrsg.): Führungsgrundsätze in Wirtschaft und öffentlicher Verwaltung. Stuttgart, S. 35–72.

Wunderer, R. (Hrsg.) (1983b): Führungsgrundsätze in Wirtschaft und öffentlicher Verwaltung. Stuttgart.

Wunderer, R. (1985a): Führung wohin führst Du? In: Die Unternehmung, 39, (4), S. 337–350.

Wunderer, R. (1985b): Kritische Thesen zur verhaltensbezogenen Entwicklung von Führungskräften. In: *Günther, J.* (Hrsg.): Quo vadis Industriegesellschaft? Stuttgart, S. 165–176.

Wunderer, R. (1985c): Zusammenarbeit zwischen Organisationseinheiten. Zur Analyse von Grundmustern lateraler Kooperationsbeziehungen. In: *Probst, G.J.B./Siegwart, H.* (Hrsg.): Integriertes Management. Bern/Stuttgart, S. 509–527.

Wunderer, R. (1985d): Strategische Personalarbeit – arbeitslos? In: Zeitschrift für Organisation, 52, S. 220–225.

Wunderer, R. (1986): Unternehmenskultur in mittelständischen Unternehmen. In: Bertelsmann Stiftung (Hrsg.): Unternehmenskultur in Deutschland. Gütersloh, S. 122–1293.

Wunderer, R. (1987a): Entwicklungstendenzen in Führungsforschung und Führungspraxis. In: Personalführung, (3), S. 148-152.

Wunderer, R. (1987b): Umfrage »Führungsforschung und -lehre«. In: Personalführung, (3), S. 116–146.

Wunderer, R. (1988): Neue Konzepte der Personalentwicklung. In: Die Betriebswirtschaft, 48, (4), S. 435–443.

Wunderer, R. (1989a): Führungskonzeptionen und -stile. In: *Chielewicz, K./Eichhorn, P.* (Hrsg.): Handwörterbuch der öffentlichen Verwaltung. Stuttgart, Sp. 406–415.

Wunderer, R. (1989b): Personal-Controlling. In: *Seidel, E./Wagner, D.* (Hrsg.): Organisation. Festschrift zum 60. Geburtstag von Knut Bleicher. Wiesbaden, S. 243–257.

Wunderer, R. (1989c): Personalmanagement und Personalchef der neunziger Jahre. Thesen zu einem Szenario. In: *Lattmann, Ch./Krulis-Randa, J.* (Hrsg): Die Aufgaben der Personalabteilung in einer sich wandelnden Umwelt. Heidelberg, S. 227–239.

Wunderer, R. (1990a): Führungs- und Kooperations-Controlling. In: Personalwirtschaft, (2), S. 31–32.

Wunderer, R. (1990b): Mitarbeiterführung und Wertwandel. Variationen zum schweizerischen 3K-Modell der Führung. In: *Bleicher, K./Gomez, P.* (Hrsg.): Zukunftsperspektiven der Organisation. Bern, S. 271–292.

Wunderer, R. (1990c): Förderung der Selbstentwicklung über Führungsstruktur und Führungskultur. In: *Haller, M./Hauser, H./Zäch, R.* (Hrsg.): Ergänzungen. Ergebnisse der wissenschaftlichen Tagung anlässlich der Einweihung des Ergänzungsbaus der Hochschule St. Gallen. Bern et al., S. 211–216.

Wunderer, R. (Hrsg.) (1991a): Kooperation. Gestaltungsprinzipien und Steuerung der Zusammenarbeit zwischen Organisationseinheiten. Stuttgart.

Wunderer, R. (1991b): Managementrolle: Führender. In: *Staehle, W.* (Hrsg.): Handbuch Management. Die 24 Rollen der exzellenten Führungskraft. Wiesbaden, S. 363–382.

Wunderer, R. (1991c): Personalmarketing. In: Die Unternehmung, 45, (2), S. 435–443.

Wunderer, R. (1991d): Personal-Controlling. In: Personal, (9), S. 272–275.

Wunderer, R. (1991e): Laterale Kooperation als Selbststeuerungs- und Führungsaufgabe. In: *Wunderer, R.* (Hrsg.): Kooperation. Gestaltungsprinzipien und Steuerung der Zusammenarbeit zwischen Organisationseinheiten. Stuttgart, S. 205–219.

Wunderer, R. (1992a): Managing the boss. »Führung von unten«. In: Zeitschrift für Personalforschung, (3), S. 287–311.

Wunderer, R. (1992b): Vom Autor zum Herausgeber? – Vom Dirigenten zum Impressario? Unternehmenskultur und Unternehmensführung im Wandel. In: *Ingold, F./Wunderlich, W.* (Hrsg.): Fragen nach dem Autor. Konstanz, S. 223–236.

Wunderer, R. (1992c): Von der Personaladministration zum Wertschöpfungs-Center. In: Die Betriebswirtschaft, 52, (2), S. 201–215.

Wunderer, R. (1992d): Das Personalwesen auf dem Weg zu einem Wertschöpfungs-Center. In: Personal, (4), S. 148–154.

Wunderer, R. (1993a): Führung. In: *Hauschildt, J./Grün, O.* (Hrsg.): Ergebnisse empirischer betriebswirtschaftlicher Forschung. Zu einer Realtheorie der Unternehmung. Stuttgart, S. 633–672.

Wunderer, R. (1993b): Führung des Chefs. In: *Rosenstiel, L.v./Regnet, E./Domsch, M.* (Hrsg.): Führung von Mitarbeitern. 2. Aufl., Stuttgart, S. 237–258.

Wunderer, R. (1994): Der Beitrag der Mitarbeiterführung für unternehmerischen Wandel. In: *Gomez, P./Hahn, D./Müller-Stewens, G./Wunderer, R.* (Hrsg.): Unternehmerischer Wandel. Konzepte zur organisatorischen Erneuerung. Wiesbaden, S. 229–271.

Wunderer, R. (1995a): Betriebswirtschaftliche Führungsforschung und Führungslehre. In: *Wunderer, R.* (Hrsg.): Betriebswirtschaftslehre als Management- und Führungslehre. 3. Aufl., Stuttgart, S. 33–49.

Wunderer, R. (Hrsg.) (1995b): Betriebswirtschaftslehre als Management- und Führungslehre. 3. Aufl., Stuttgart.

Wunderer, R. (1995c): Betriebswirtschaftslehre und Führung. In: *Wunderer, R.* (Hrsg.): Betriebswirtschaftslehre als Management- und Führungslehre. 3. Aufl., Stuttgart, S. 33–49.

Wunderer, R. (1995d): Konsultative Führung. In: *Kieser, A./Reber, G./Wunderer, R.* (Hrsg.): Handwörterbuch der Führung. 2. Aufl., Stuttgart, Sp. 1350–1358.

Wunderer, R. (1995e): Kooperative Führung. In: *Kieser, A./Reber, G./Wunderer, R.* (Hrsg.): Handwörterbuch der Führung. 2. Aufl., Stuttgart, Sp. 1369–1386.

Wunderer, R. (1995f): Laterale Kooperation als Führungsaufgabe (Schnittstellenmanagement). In: *Kieser, A./Reber. G./Wunderer, R.* (Hrsg.): Handwörterbuch der Führung. 2. Aufl., Stuttgart, Sp. 1407–1423.

Wunderer, R. (1995g): Mitarbeiterführung – Entwicklungstendenzen. In: *Kieser, A./Reber, G./Wunderer, R.* (Hrsg.): Handwörterbuch der Führung. 2. Aufl., Stuttgart, Sp. 1539–1548.

Wunderer, R. (1995h): Unternehmerische Führung – aus der Perspektive volkswirtschaftlicher Theorie. In: *Brandenberg, A.* (Hrsg.): Standpunkte zwischen Theorie und Praxis. Handlungsorientierte Problemlösungen in Wirtschaft und Gesellschaft. Bern et al., S. 81–116.

Wunderer, R. (1995i): Unternehmerische Mitarbeiterführung. In: *Kieser, A./Reber, G./Wunderer, R.* (Hrsg.): Handwörterbuch der Führung. 2. Aufl., Stuttgart, Sp. 2081–2096.

Wunderer, R. (1995j): Zukunft der Mitarbeiterführung. Ergebnisse einer Expertenbefragung. In: Personalführung, (6), S. 452–466.

Wunderer, R. (1995k): Führung – quo vadis? In: Personalführung, (6), S. 480–486.

Wunderer, R. (1995l): Qualitätsförderung und Personal-Management am Beispiel des Europäischen Modells. In: Personalwirtschaft, (6), S. 15–18.

Wunderer, R. (1995m): Unternehmerische Mitarbeiterführung als Ansatzpunkt zur unternehmerischen Gestaltung der Personalarbeit. In: *Wunderer, R./Kuhn, T.* (Hrsg.): Innovatives Personalmanagement. Neuwied et al., S. 25–42.

Wunderer, R. (1995n): Unternehmerische Personalentwicklung. In: *Metzger, C./Seitz, H.* (Hrsg.): Wirtschaftliche Bildung. Zürich, S. 505–526.

Wunderer, R. (1995o): TQM fordert das Personalmanagement. In: QZ Qualität und Zuverlässigkeit, 40, (9), S. 1040–1042.

Wunderer, R. (1995p): Personalmarketing. In: *Bruhn, M.* (Hrsg.): Internes Marketing. Integration der Kunden- und Mitarbeiterorientierung. Wiesbaden, S. 344–360.

Wunderer, R. (1995q): Führung von unten. In: *Kieser, A./Reber, G./Wunderer, R.* (Hrsg.): Handwörterbuch der Führung. 2. Aufl., Stuttgart, Sp. 501–512.

Wunderer, R. (1995r): Führungsanalysen. In: *Kieser, A./Reber, G./Wunderer, R.* (Hrsg.): Handwörterbuch der Führung. 2. Aufl., Stuttgart, Sp. 513–523.

Wunderer, R. (1995s) Qualitätsmanagement – Chance für die Personalarbeit? In: Persorama, (3), S. 23–27.

Wunderer, R. (1996): Führung und Qualitätsmanagement. In: Personalwirtschaft, (3), S. 39–45.

Wunderer, R. (1998): Personalmanagement in der Dienstleistungs- und Informationsgesellschaft. In: io management, 67, (3), S. 90–96.

Wunderer, R. (1999a): Mitarbeiter als Mitunternehmer – ein Transformationskonzept. In: *Wunderer, R.* (Hrsg.): Mitarbeiter als Mitunternehmer. Grundlagen, Förderinstrumente, Praxisbeispiele. Neuwied/Kriftel, S. 22–58.

Wunderer, R. (1999b) (Hrsg.): Mitarbeiter als Mitunternehmer. Grundlagen, Förderinstrumente, Praxisbeispiele. Neuwied/Kriftel.

Wunderer, R./Arx, v. S. (1999): Personalmanagement als Wertschöpfungs-Center. Integriertes Organisations- und Personalentwicklungskonzept. 2. Aufl., Wiesbaden.

Wunderer, R./Arx, v. S. /Jaritz, A. (1998): Beitrag des Personalmanagement zur Wertschöpfung im Unternehmen. In: Personal, (7), S. 346–350.

Wunderer, R./Bruch, H. (1999): Förderung der unternehmerischen Umsetzungskompetenz von Mitarbeitern. In: Personalwirtschaft, (2), S. 16–21.

Wunderer, R./Bruch, H. (1999): Führungskonzeptionen. In: *Siebertz, P./Stein, v. J.-H.* (Hrsg.): Handbuch Banken und Personal. Frankfurt.

Wunderer, R./Bruch, H. (2000): Unternehmerische Umsetzungskompetenz. München.

Wunderer, R./Dick, P. (1997): Frauen im Management. Besonderheiten und personalpolitische Folgerungen – eine empirische Studie. In: *Wunderer, R./Dick, P.* (Hrsg.): Frauen im Management. Kompetenzen, Führungsstile, Födermodelle, Neuwied et. al., S. 5–205.

Wunderer, R./Dick, P. (2000): Personalmanagement – Quo vadis? Analysen und Prognosen zu Rahmenbedingungen, Funktionen und Organisationsformen. Neuwied/Kriftel.

Wunderer, R./Fröhlich, W. (1994): Personalentwicklungs-Controlling mit Schwerpunkt Führungstraining. In: Personalführung, (2), S. 92-102.

Wunderer, R. /Gerig, V/Hauser, R. (Hrsg) (1997): Qualitätsorientiertes Personalmanagement. Das Europäische Qualitätsmodell als unternehmerische Herausforderung. München.

Wunderer, R./Grunwald, W. (1980): Führungslehre. Bd. I: Grundlagen der Führung. Bd. II: Kooperative Führung. Berlin et al.

Wunderer, R. /Jaritz, A. (1999): Unternehmerisches Personalcontrolling. Evaluation der Wertschöpfung im Personalmanagement. Neuwied/Kriftel.

Wunderer, R./Klimecki, R. (1990): Führungsleitbilder. Grundsätze für Führung und Zusammenarbeit in deutschen Unternehmungen. Stuttgart.

Wunderer, R./Kuhn, T. (1992): Zukunftstrends in der Personalarbeit. Schweizerisches Personalmanagement 2000. Bern et al.

Wunderer, R./Kuhn, T. (1993): Unternehmerisches Personalmanagement. Konzepte, Prognosen und Strategien für das Jahr 2000. Frankfurt a. M./New York.

Wunderer, R./Kuhn, T. (Hrsg.) (1995a): Innovatives Personalmanagement. Theorie und Praxis unternehmerischer Personalarbeit. Neuwied et al.

Wunderer, R./Kuhn, T. (1995b): Unternehmerisches Personalmanagement – zentraler Ansatzpunkt zur Förderung unternehmerischen Verhaltens. In: *Wunderer, R./Kuhn, T.* (Hrsg.): Innovatives Personalmanagement. Theorie und Praxis unternehmnerischer Personalarbeit. Neuwied et al., S. 3–20.

Wunderer, R./Mittmann, J. (1983): 10 Jahre Personalwirtschaftslehren – von Ökonomie nur Spurenelemente. In: Die Betriebswirtschaft, 43, (4), S. 623–655.

Wunderer, R./Mittmann, J. (1995a): Identifikationpolitik. In: *Kieser, A./Reber, G./*

Wunderer R. (Hrsg.): Handwörterbuch der Führung. 2. Aufl., Stuttgart, Sp. 1155–1166.

Wunderer, R./Mittmann, J. (1995b): Identifikationspolitik. Stuttgart.

Wunderer, R./Sailer, M. (1988): Personal-Controlling in der Praxis – Entwicklungsstand, Erwartungen, Aufgaben. In: Personalwirtschaft, (4), S. 177–182.

Wunderer, R./Schlagenhaufer, P. (1992): Die Personalabteilung als Wertschöpfungs-Center. In: Zeitschrift für Personalforschung, (6), S. 180–187.

Wunderer, R./Schlagenhaufer, P. (1994): Personal-Controlling. Funktionen – Instrumente – Praxisbeispiele. Stuttgart.

Wunderer, R./Weibler, J. (1992):Vertikale und laterale Einflussstrategien: Zur Replikation und Kritik des »Profiles of Organizational Influence Strategies (POIS)« und seiner konzeptionellen Weiterführung. In: Zeitschrift für Personalforschung, (4), S. 515–536.

Yammarino, F.J./Bass, B.M. (1990): Transformational Leadership and Multiple Levels of Analysis. In: Human Relations, S. 975–995.

Yukl, G.A. (1971): Toward a Behavioral Theory of Leadership. In: Organizational Behavior and Human Performance, S. 414–440.

Yukl, G.A./Falbe, C.M. (1990): Influence Tactics and Objektives in Upward, Downward and Lateral Relations. In: Journal of Applied Psychology, S. 132–140.

Zalesny, M.D./Graen, G.B. (1995): Führungstheorien – Austauschtheorie. In: Kieser, A./Reber, G./Wunderer, R. (Hrsg.): Handwörterbuch der Führung. 2. Aufl., Stuttgart, Sp. 862–877.

Zaleznik, A. (1975): Das menschliche Dilemma der Führung. Wiesbaden.

Zander, E. (1985): Schwerpunkte der Mitarbeiterbefragung. In: Töpfer, A./Zander, E. (Hrsg.): Mitarbeiter-Befragungen. Frankfurt a.M. et al., S. 45–78.

Zeithaml, V./Parasuraman, A./ Berry, L. (1992): Qualitätsservice. Was Ihre Kunden erwarten und was sie leisten müssen. Frankfurt a. M. et al.

Zelger, I. (1972): Vorschriften zur Vermeidung der ärgsten Verwirrungen beim Gebrauch des Wortes Macht. In: Conceptus, Zeitschrift für Philosophie, S. 51–68.

Zey, M. G. (1990): The Mentor Conncetion. 2. Aufl., New Brunswick et al.

Ziegler, R. (1987): Netzwerke und Kooptation. In: Kieser, A./Reber, G./Wunderer, R. (Hrsg): Handwörterbuch der Führung. 2. Aufl., Stuttgart, Sp. 1557–1566.

Zimmer, D. (1979): Personalmarketing. In: Marketing ZFP, (4), S. 245–255.

Zink, K. (1992): Total Quality Management. In: Zink, K. (Hrsg.): Qualität als Managementaufgabe. 2. Aufl., Landsberg a. Lech, S. 11–52.

Zink, K. (Hrsg.) (1994): Business Excellence durch TQM. Erfahrungen europäischer Unternehmen. München.

Zink, K. (1995a): TQM als integratives Managementkonzept. Das Europäische Qualitätsmodell und seine Umsetzung. München et al.

Zink, K. (1995b): Total Quality Management. Begriff und Aufgaben – ein Überblick. In: Pressmar, D. (Hrsg.): Total Quality Management. Wiesbaden, S. 3–18.

Zink, K./Schick, C. (1987): Quality Circles, Grundlagen. 2. Aufl., München.

Glossar

Das nachstehende Glossar erläutert insbesondere personal- und betriebswirtschaft-
liche sowie forschungsmethodische Begriffe, deren Kenntnis nicht ohne weiteres vor-
ausgesetzt werden kann. Es geht dabei nicht um die Entwicklung neuer Begriffs-
definitionen. Vielmehr ist eine Unterstützung für den Leser beabsichtigt. Die
angegebenen Literaturangaben sollen einen vertiefenden Zugang erleichtern.

Aktionsforschung

Die Aktionsforschung bezeichnet ein forschungsmethodisches Vorgehen, das eine
enge Kooperation von Wissenschaftlern und Praktikern bei der Entwicklung des
Forschungsansatzes, der Durchführung der Untersuchung und der Ergebnisaus-
wertung vorsieht. Der Unterschied zur traditionellen empirischen Sozialforschung besteht insbesondere darin, daß sich die Rolle der Wissenschaftler nicht
auf die Erhebung und Aufbereitung von Daten beschränkt. Sie sind vielmehr an
der Problemidentifikation und an der Umsetzung der Forschungsergebnisse in
die Praxis aktiv beteiligt. Haupteinsatzgebiet der Aktionsforschung sind Prozesse
der ⇒ *Organationsentwicklung.*

Vgl. *Dichtl/Issing* 1993, S. 53

Arbeitszufriedenheit

Arbeitszufriedenheit ist ein emotionaler Zustand, der eintritt, wenn die Konsequenzen eines motivierten Verhaltens den individuellen Erwartungen und Anspruchsniveaus zumindest entsprechen. Umgekehrt entsteht Arbeitsunzufrie-
denheit, wenn diese Erwartungen nicht erfüllt wurden. Die Arbeitszufriedenheit
ist in diesem Sinne:

- ein motivationaler Begriff, da die Motive Mitauslöser von Verhalten sind,
  welches in emotionale Zustände mündet,
- ein dynamischer Begriff, da die Arbeitszufriedenheit an die jeweiligen Anspruchsniveaus der individuellen Erwartungen gekoppelt ist und
- ein relationaler Begriff, da die Arbeitszufriedenheit als Ergebnis individueller
  Vergleichsprozesse entsteht.

Arbeitszufriedenheit ist nicht nur eine Globalgröße, sondern auch ein Faktor der
Lebens- und Berufszufriedenheit.

Vgl. *Becker* 1994, S. 55f.

Artefakte

Artefakte sind durch menschliches Handeln geschaffene Kunstprodukte (z. B. Gebäudearchitektur, Design, Kleidung etc.), die auch eine Unternehmenskultur repräsentieren.

Vgl. *Schein* 1985; *Neuberger/Kompa* 1994

Assessments, Assessment Center

Das Assessment Center-Verfahren (AC-Verfahren) (vgl. engl. to assess = einschätzen) ist eine Methode zur Beurteilung von Fähigkeiten und Verhaltensweisen, insbesondere auch von Fähigkeitspotentialen. Es zeichnet sich durch eine Vielfalt von Testmethoden mit meist mehreren Beurteilern und Beurteilten aus. Es gilt in vielen Unternehmen als Standardverfahren für die Personalauswahl und -entwicklung sowie die Potentialbeurteilung. Kerngedanke des AC ist die Simulation berufs- bzw. aufgabentypischer Situationen: Relevante Tätigkeitsfelder werden in standardisierten Testsituationen abgebildet; die AC-Teilnehmer werden diesen Testsituationen ausgesetzt und von hierfür geschulten Beobachtern auf diverse Leistungs- und Verhaltenskriterien hin beurteilt. Typisch ist die Durchführung von etwa zweitägigen Seminaren mit 6 bis 15 Teilnehmern und 3 bis 6 Beurteilern. Häufig verwendete Methoden sind führerlose Gruppendiskussionen, Rollenspiele, Fallbearbeitungen und Postkorbübungen, bei denen unter Zeitdruck unterschiedliche Probleme in die Planung für adäquates Handeln einbezogen werden müssen.

Vgl. *Beyer* 1990, S. 65; *Weber et al.* 1993, S. 40f.

Behaviourismus

Der Behaviourismus ist eine v. a. im angelsächsischen Sprachraum verbreitete psychologische Schulrichtung, die neben der kognitivistischen Psychologie (⇒ *kognitive Prozesse*) die zweite große Hauptströmung innerhalb der Psychologie darstellt. Im Gegensatz zu den Kognitivisten konzentrieren sich die Behaviouristen ausschließlich auf beobachtbares Verhalten (Handlungen), da ihrer Meinung nach Bewusstseinsprozesse einer exakten Methodik nicht zugänglich sind. Auf die Beschreibung von Bewusstseinsinhalten wird verzichtet. Erkenntnisgegenstand des Behaviourismus sind allgemeine, gesetzmäßige Beziehungen zwischen Reiz-Reaktions-Variablen.

Vgl. *Becker* 1994, S. 71

Bezugsrahmen

Bezugsrahmen stellen Orientierungs-, Ordnungs- und Strukturierungshilfen dar, die überblicksartig Inhalte und Zusammenhänge spezifischer Themen darstellen.

Vgl. *Steinmann/Hennemann* 1993, S. 53; *Porter* 1991, S. 83

Coaching

Als Coaching wird eine zeitlich befristete Begleitung von Führungskräften und Mitarbeitern (Coachee) durch Berater (Coach) im Rahmen von situationsgerechter Einzelberatung oder als Form des sozialen Lernens verstanden. Der Coach soll Wahrnehmungsblockaden lösen und Prozesse der ⇒ *Selbststeuerung* initiieren, um so z. B. die Problembewältigungsfähigkeit des Coachee zu verbessern. Wesentliche Elemente des Coachings sind z. B.: Weitergabe und Bewertung von Informationen, Zielentwicklung, Sensibilisierung für eigene und fremde Bedürfnisse und Perspektiven, Aufbau von Loyalität und ⇒ *Commitment*, Einflußnahme und Umgangspraktiken bei organisationalen Widerständen und Konflikten etc. Coaching wird als Training on- bzw. parallel-to-the-job (z. B. in kritischen Phasen Berufsbeginn, Karrierereflexion, Stressbewältigung, bei Leistungs- und Motivationsblockaden oder Verhaltensdefiziten) oder zur betrieblichen Führungskräfteentwicklung (z. B. neue Aufgaben und Positionen) sowie bei Veränderungen der Organisationsstruktur und Unternehmenskultur eingesetzt. Bei entsprechender Schulung können neben betriebsexternen wie -internen Beratern auch Vorgesetzte die Coaching-Rolle gegenüber ihren Mitarbeitern übernehmen.

Vgl. *Becker* 1994, S. 111; *Brinkmann* 1997, *Thomas* 1998, *Weber* et al. 1993, S. 78, *Weßling et al.* 1999

Commitment

Commitment verweist auf eine besondere Bindung und freiwillige Selbstverpflichtung – damit auch auf moralische Grundwerte – des Organisationsmitglieds an seine Organisation. Es zeigt sich in der Bereitschaft des Mitarbeiters, sich auch über arbeitsvertragliche, formale Vorgaben oder das in der Arbeitsrolle Erwartete hinaus einzusetzen. Commitment ist durch eine hohe Übereinstimmung zwischen den Werten des Unternehmens und des Individuums sowie durch starke emotionale oder normative Verbundenheit mit der Organisation bestimmt. Es führt zu einem engagierten Verhalten, das sich auf die Motivation, Stressbewältigung und Leistung sowie eine geringere Fluktuation auswirkt.

Vgl. *Becker* 1994, S. 112; *Moser* 1996; *Kieser* 1995, Sp. 1442ff.; *Mowday et al.* 1982; *Wunderer/Mittmann* 1995

Glossar

Consideration

Das Führungsverhalten läßt sich in Aufgabenorientierung (Initiating Structure) und einer davon unabhängigen Mitarbeiter-Orientierung (Consideration) differenzieren. Dieser zweidimensionale Ansatz wurde Ende der 40er Jahre von der sog. »Ohio-Gruppe« an der Ohio State University in einer großangelegten empirischen Untersuchung ermittelt. Grundlage war dabei ein »Leader Behaviour Description Questionnaire« (LBDQ), mit Hilfe dessen die Wahrnehmung der Mitarbeiter bezüglich einer Vielzahl von Aspekten des Führungsverhaltens des

Vorgesetzten (Items) gemessen wurde. Die ⇒ *Faktorenanalyse* der Items ergab dann die beiden Hauptfaktoren Initiating Structure und Consideration für die Bestimmung eines erfolgreichen Führers.

Vgl. *Wunderer/Grunwald* 1980, Bd. I, S. 238f

Corporate Identity

Corporate Identity stellt ein strategisches (Kommunikations-)Konzept zur Positionierung einer einheitlichen Identität des Unternehmens dar. Sie kann als Versuch umschrieben werden, ein Selbstbild der Unternehmung zu schaffen, das nach innen auf die Einstellung der Mitarbeiter und nach außen auf die Unternehmensdarstellung wirkt. Eine so verstandene Corporate Identity hat damit eine Steuerungsaufgabe für alle Kommunikations- und Interaktionsbeziehungen für die Kulturgestaltung innerhalb und außerhalb der Unternehmung zu erfüllen und zu einer einheitlichen Unternehmenspräsentation beizutragen.

Vgl. *Corsten* 1992, S. 164

Counselling

Counselling ist als eine Möglichkeit zur Personalentwicklung zu verstehen, bei der die Mitarbeiter und Vorgesetzten durch wechselseitigen Rat, Hilfe und Anregung die Zusammenarbeit verbessern oder das Hineinwachsen in neue Aufgabenstellungen erleichtern. Im persönlichen Gespräch erhält insbesondere auch der Vorgesetzte Feedback zu seinem Führungsverhalten, und es können allfällige Maßnahmen zur Verbesserung der Arbeits- und Führungssituation vereinbart werden. Counselling kann daher gut im Rahmen einer »Führung von unten« und im Mitarbeitergespräch eingesetzt werden.

Vg. *Becker* 1994, S. 112; *Beyer* 1990, S. 116; *Wunderer* 1995q, Sp. 510f.

Dokumentenanalyse

Methode der empirischen Forschung, deren Grundlage Firmenzeitschriften, Berichte, Gutachten, Sitzungsprotokolle und dgl. darstellen, die dann mit der ⇒ *Inhaltsanalyse* angewendet werden kann.

Vgl. *Corsten* 1992, S. 183

Effektivität

Effektivität (Wirksamkeit, Leistungsfähigkeit) ist die Maßgrösse für die wirksame Aufgabenerfüllung (Output). Mit ihr kann die grundsätzliche Eignung von Mitteln und Maßnahmen zur Erreichung spezifischer Ziele bestimmt werden.

Effizienz

Effizienz dient als Maßgrösse für die Wirtschaftlichkeit (Output-Input-Relation) der Zielerreichung. Mit ihr können die relativen Zielbeiträge von Mitteln und Maßnahmen erfaßt (Ziel-Mittel-Relation) und damit eine zieladäquate Abstufung vorgenommen werden. In der Führungsforschung wird zwischen Effizienz als die Wirkung der Führung auf die Leistung (ökonomische Effizienz = Erfüllung von sachlichen Organisationszwecken) und die Wirkung auf die Person/Zufriedenheit (soziale Effizienz = Erfüllung der Bedürfnisse, Erwartung und Interessen der Mitarbeiter) unterschieden. Operationalisierte Effizienzvariablen beziehen sich auf konkrete Tatbestände (z. B. Planabweichungen, Problemlösungszeit oder Fehlzeiten, Beschwerden).

Vgl. *Corsten* 1992, S. 193; *Marr/Stitzel* 1979; *Wunderer/Grunwald* 1980

extrinsisch

Extrinsisch ist ein Begriff der Motivationsforschung, der sich auf Anreize bezieht, die schwerpunktmässig ausserhalb der Tätigkeit liegen. Extrinsische Anreize können im Arbeitsumfeld (Vorgesetzte, Kollegen) oder in den Folgen des Tätigkeitsvollzugs (monetäre Anreize) ansetzen. Anreize, die im Tätigkeitsvollzug selbst liegen, verweisen auf eine ⇒ intrinsische Motivation.

Vgl. *Reber* 1995

Faktorenanalyse

Die Faktorenanalyse ist ein statistisches datenreduziertes Verfahren, das dazu dient, eine Anzahl von an verschiedenen Untersuchungsobjekten festgestellten Merkmalen durch wenige, sie charakterisierende Faktoren zu beschreiben. Die Faktorenanalyse wird dazu benutzt, Variablen, die untereinander stark korrelieren, je in derselben Gruppe zusammenzufassen. Dazu ein Beispiel: Wenn man bei verschiedenen Personen Körpergewicht und Größe ermittelt, stellt man fest, daß beide Variablen hoch korrelieren. Sie lassen sich daher faktorenanalytisch zu einem Faktor zusammenfassen, den man »Statur« nennen könnte.

Vgl. *Bortz* 1993, *Stier* 1996, *Weber et al.* 1993, S. 102

Führungsphilosophie

Die Führungsphilosophie bildet die normative Ebene der Unternehmenskultur. Führungsphilosophie im weiteren Sinn (Unternehmensführungsphilosophie) umfasst die Gesamtheit aller sinngebenden und -vermittelnden Werte und Verhaltensnormen, welche Führungsaktivitäten in den Grundzügen bestimmen sollen. Aus ihnen werden alle konkreten, strategischen und operativen Führungsentscheidungen legitimiert, konzipiert und verwirklicht. Führungsphilosophie im engeren Sinn (Philosophie der Mitarbeiterführung) greift aus der Unternehmensführungsphilosophie jene Normen heraus, die speziell den »personalen

Glossar

547

Aspekt« der Unternehmung betreffen und sich auf die Gestaltung von Führungs-beziehungen zwischen Vorgesetzten und Mitarbeitern beziehen.

Vgl. *Bleicher* 1995b, *Ulrich/Fluri* 1997, *Staehle* 1989

Hawthorne-Effekt

Unter dem Hawthorne-Effekt werden Veränderungen im Arbeitsverhalten (v. a. Leistungsverbesserungen) verstanden, die nicht auf technische, organisatorische oder finanzielle Einflüsse zurückzuführen sind, sondern über soziale oder grup-pendynamische Faktoren verursacht werden. Im Rahmen arbeitswissenschaft-licher Untersuchungen, die 1924 in den Hawthorne-Werken der General Electric Company, Chicago begannen, wurde die Relevanz dieser Einflussgrössen erst-malig beobachtet und systematisch untersucht (z. B. der Einfluss von Beleuchtung auf die Motivation und Leistung der Arbeit und das Betriebsklima). Mit diesen Untersuchungen setzte die ⇒ *Human-Relations-Bewegung* ein, die im Gegensatz zu den bis dahin verfolgten Prinzipien der »wissenschaftlichen Betriebsführung« (Taylorismus) den sozialen Strukturen und Prozessen im Unternehmen sowie den nicht-materiellen Motiven der Mitarbeiter eine besondere Bedeutung für die Arbeitsleistung zuerkannten.

Harzburger Modell

Dieses Modell versucht möglichst alle Aspekte, Instrumente und Methoden einer Delegation in umfassender Weise zu regeln. Es beansprucht, die auf dem Befehls- und Gehorsamsprinzip aufbauende autoritär-patriarchalische Führungsform durch eine andere Führungsform, nämlich »Führung im Mitarbeiterverhältnis« abzulösen. Das Führungsverhältnis zwischen Vorgesetzten und Mitarbeitern wird dabei über Funktions- und Verhaltensregelungen, Führungsanweisungen und Kontrollmöglichkeiten mit dem Ziel eines einheitlichen Führungsstils geregelt. Mit seinen über 300 Organisationsregeln wurde es als bürokratischer Ansatz kri-tisiert.

Vgl. *Höhn/Böhme* 1979, Guserl 1973 zit. bei: *Wunderer/Grunwald* 1980 Bd. I, S. 288ff.

Hedonismus

Hedonismus meint ursprünglich eine als ethische Philosophie ausgerichtete Lebensweise. Sie bezeichnet eine auf physische und psychische Lust und Genuss ausgerichtete materialistische Lebenshaltung, welche die Befriedigung des indi-viduellen Glücks anstrebt.

Heuristiken

Heuristiken sind Hilfskonstruktionen zur Findung relevanter Aussagen oder hin-reichender Problemlösungen. Im Gegensatz zur wahrheitsbegründenden Logik

548

sind sie Regeln, die keine gesicherten Ergebnisse liefern. Mit ihnen können jedoch Situationen bewältigt werden, für die keine eindeutigen Lösungsstrategien bekannt sind oder aufgrund des erforderlichen Aufwands nicht sinnvoll erscheinen. Sie werden deshalb v. a. in schlecht strukturierten und schwer überschaubaren Problembereichen angewendet. Heuristiken beinhalten in erster Linie »Daumenregeln« auf der Grundlage subjektiver Erfahrungen und überlieferter Verhaltensweisen.

homo oeconomius *siehe* ⇒ *Menschenbild*

Humanisierung (der Arbeit)

Die sog. Humanisierung der Arbeit umfaßt alle betrieblichen Strategien und Maßnahmen, die zur Verbesserung der konkreten Arbeitssituation der Mitarbeiter und der Umsetzung von Humanzielen dienen. Die Maßnahmen zur Humanisierung der Arbeit gehen auf die ⇒ *Human Relations*-Bewegung und die Hawthorne-Studien zurück. Wichtige Ansatzpunkte sind die Verbesserung der physischen, psychischen und sozialen Arbeitsbedingungen. In der Praxis haben v. a. Maßnahmen zur Arbeitsstrukturierung Verbreitung gefunden, insbesondere zum Wechsel von Aufgabenfeldern (Job Rotation), zur Aufgabenerweiterung (Job Enlargement), Aufgabenbereicherung (Job Enrichment) und zur Einrichtung ⇒ *teilautonomer Arbeitsgruppen.*

Vgl. *Becker* 1994, S. 187; Weber et al. 1993, S. 125f.

Human Relations/Human-Relations-Bewegung

Human Relations bezeichnet zwischenmenschliche Beziehungen im Betrieb. Die Human-Relations-Bewegung entstand im Anschluss an die in den 20er Jahren unter *Mayo* durchgeführten arbeitswissenschaftlichen Experimente in den »Hawthorne-Werken« (⇒ *Hawthorne-Effekt*). Im Mittelpunkt steht die These, dass die betriebliche Organisation und die Mitarbeiterführung in erster Linie dazu beitragen müssen, soziale Bedürfnisse zu befriedigen. Damit werde es möglich, eine hohe Arbeitszufriedenheit sowie Identifizierung mit den Unternehmenszielen und Arbeitsaufgaben zu erreichen, was auch zu einer optimalen Arbeitsleistung führe. Kritisch wurde dem H.-R.-Ansatz eine einseitige Fixierung auf allen Menschen gleich unterstellten Bedürfnisse vorgeworfen, die individuelle Motive und Bedürfnisstrukturen vernachlässigt. Auch wurde die Unterstellung einer Beziehung zwischen höherer Arbeitszufriedenheit und hoher Leistung (bzw. Leistungsbereitschaft) sowie das zu ausgeprägte Harmoniedenken (Betrieb als fast konfliktfreie »Familie«) kritisiert. Der bleibende Verdienst der H.-R.-Bewegung ist die Berücksichtigung sozialer und besonderer gruppendynamischer Phänomene im Unternehmen, die wichtige Impulse zur Erforschung und Verbesserung der Arbeitsbedingungen, des Betriebsklimas der Mitarbeiterführung auslösten.

Vgl. *Beyer* 1990, S. 161

Human Resource Management

Human Resource Management (HRM) ist Ausdruck für ein modernes Verständnis des Personalmanagements bzw. der betrieblichen Personalarbeit. Dabei stehen die Betonung des übergreifenden Managements des Humankapitals im Betrieb sowie langfristige, strategische Steuerungsaspekte im Vordergrund.

Vgl. *Becker* 1994, S. 183

Humanvermögen

Das Humanvermögen stellt die Summe aller Leistungspotentiale dar, über die ein Unternehmen durch seine Mitglieder zur wirtschaftlichen Nutzung verfügt. Das Leistungspotential wird z. B. bestimmt durch das Leistungsangebot (Leistungsbereitschaft und -fähigkeit), den Zeitraum, über den die Leistung zur Verfügung steht und die Entwicklungsmöglichkeiten des Potentials.

Vgl. *Cascio* 1997

Incentive Programs

Unter Incentive Programmen bzw. Anreizsystemen i.w.S. wird die Summe aller im Wirkungsverbund bewusst gestalteten und aufeinander abgestimmten Stimuli, die bestimmte Verhaltensweisen (durch positive Anreize, Belohnungen) auslösen bzw. fördern, die Wahrscheinlichkeit des Auftretens unerwünschter Verhaltensweisen dagegen mindern sollen (durch negative Anreize, Sanktionen), verstanden. Dieses Verständnis erfasst die Gesamtheit der vom Vorgesetzten und dem Betrieb gewährten materiellen und immateriellen Anreize, die für Mitarbeiter einen subjektiven Wert besitzen sowie die Systemelemente, die die Verteilung und Verwaltung der Anreize betreffen.

Vgl. *Becker* 1995, Sp. 34f.

Indikatoren

Indikatoren dienen als anzeigende Messgrössen zur Beschreibung, Diagnose und Prognose spezifischer Vorgänge oder Phänomene. Indikatoren, die als Bestandteil von Modellen Verwendung finden, werden auch als »Variablen« bezeichnet (z. B. Häufigkeit von Fehlzeiten als Indikator für ⇒ *innere Kündigung*). Im Prozess der wissenschaftlichen Informationsgewinnung fungieren Indikatoren zur Operationalisierung eines theoretischen Konstruktes.

Vgl. *Knepel* 1995, S. 625f.

Inhaltsanalyse

Die Inhaltsanalyse ist eine Auswertungsmethode der empirischen Sozialforschung, die Textaussagen, Bilder oder Dokumente klassifiziert, beschreibt und interpretiert. Sie erlaubt Rückschlüsse von sprachlich Geäussertem auch auf nicht-sprachliche Phänomene zur Ermittlung und Interpretation von latenten Kommunikationsinhalten und Hintergrundwissen. Bei der inhaltsanalytischen Auswertung finden sowohl ⇒ *kognitive Prozesse*, als auch emotionale Befindlichkeiten und Verhaltensweisen eine systematische Berücksichtigung. Es können drei Arten der Inhaltsanalyse unterschieden werden: Sollen Richtung und Intensität von Einstellungsäußerungen in Textaussagen untersucht werden, müssen die Analyseeinheiten danach bewertet werden, zu welcher Einstellungskategorie sie gehören und welche Wertung (positive, neutrale oder negative) sie haben. Bei einem Gesamtbild des Textes werden diese Bewertungen aufsummiert (Häufigkeitsverteilung). Interessiert die Veränderung der Einstellungen über die Zeit, wird in einer Trendanalyse die Zeitdimension mit einbezogen. Die Frage, ob verschiedene Einstellungsobjekte (z. B. SPD, Gewerkschaft, Bürgerinitiativen) im Text in Zusammenhang stehen, beantworten die verschiedenen Formen der Analyse von Assoziationsstrukturen, z. B. durch eine Kontingenz- und Bedeutungsfeldanalyse.

Vgl. *Petermann/Noack* 1995, S. 449f.; *Mayring* 1988, *Lamnek* 1993

Initiating Structure *siehe* ⇒ *Consideration*

Innere Kündigung

Unter innerer Kündigung wird der bewusste oder unbewusste Rückzug (»innere Emigration«) von demotivierten Mitarbeitern in der Arbeitsorganisation verstanden. Sie geht mit vielfältigen Nachteilen für den Einzelnen (z. B. soziale Isolation, psychosomatische Beschwerde, Mobbing) und für das Unternehmen (z. B. Potential- und Leistungsverluste, Beeinträchtigung des Betriebsklimas) einher. Anzeichen für innere Kündigung sind z. B.:

- mangelnde Einsatz- und Leistungsbereitschaft und Fehlzeiten (Absentismus)
- Fehlen jeglicher Eigeninitiative
- Verzicht auf Widerspruch und Hinnahme von ungerechtfertigter Kritik bzw. Eingriffen in den eigenen Kompetenzbereich
- fehlende Identifikation mit dem Unternehmen oder den Arbeitsaufgaben
- fehlendes Interesse an fachlicher Weiterbildung
- Vermeidung von Kontakten zu Kollegen

Die Ursachen der inneren Kündigung können sowohl im privat-persönlichen (z. B. Familienprobleme, mangelnde Teamfähigkeit) wie im betrieblich-sozialen Bereich (z. B. schlechtes Betriebsklima, fehlende Leistungsanreize, Führungsfehler der Vorgesetzten) des Mitarbeiters liegen.

Vgl. *Becker* 1994, S. 187; *Hilb* 1995

Glossar

Innovation

Die Begriffsbeschreibung der Innovation kann sowohl aus objekt- als auch aus prozessbezogener Perspektive vorgenommen werden. Die objektbezogene Definition fasst Innovation als ein Objekt auf, dem eine objektive oder subjektive Neuheit zugeschrieben werden kann. »Objekt« kann eine noch nicht verwirklichte Idee, ein neues Produkt, Verfahren oder eine neue soziale Verhaltensweise umfassen. Der prozessbezogenen Definition zufolge ist Innovation ein Prozess, bestehend aus mehreren Teilprozessen, der mit der Auslösung einer Idee (Invention) beginnt und der Übernahme dieser Idee im Markt endet. Die laufende Verbesserung in kleinen Schritten wird auch als »continuous improvement« bezeichnet.

Vgl. *Hörschgen* 1992, S. 193

intrinsisch

Eine intrinsische Motivation erfolgt von innen her, aus eigenem Antrieb bzw. durch ein Interesse an der Sache selbst. Eine intrinsische Einstellung verweist so auf eine im Tätigkeitsvollzug selbst liegende Motivationsorientierung und führt zu einer hohen Leistungsbereitschaft.

Vgl. *Deci/Ryan* 1985

Kognitive Prozesse/Kognition

Kognition ist als Sammelbegriff für alle mentalen Erkenntnisleistungen eines Individuums zu verstehen (z. B. Denken, Wissen, Erinnern etc.), die seiner Orientierung in der Umwelt dienen. Sie betrifft Prozesse und Inhalte des bewussten Erkennens in Abhebung zur unbewussten Wahrnehmung oder intuitiven Emotion.

Vgl. *Becker* 1994, S. 1207f.

Kohäsion

Aus funktionaler Sicht lassen sich die beiden Hauptaufgaben der Führung nach Lokomotion (Ziel- und Aufgabenerfüllung) und Kohäsion (Gruppenzusammenhalt) aufteilen. Lokomotion bezieht sich auf alle Bestrebungen, die der Zielerreichung dienen, wie z. B. Zielbestimmung, Aufgabenvorbereitung und -durchführung, Koordination, Kontrolle. Unter Kohäsion versteht man alle Bestrebungen, die den Zusammenhalt fördern und somit das Gruppen- und Betriebsklima funktional beeinflussen (persönliche Zielverwirklichung des Mitarbeiters, Mitdenken und motiviertes Problemlösen). Diese Zweiteilung entspricht einer dualen Betrachtung in der Führungsforschung, die z. B. auch bei den Ohio-Studien (⇒ *Consideration*) zum Tragen kommt.

Vgl. *Paschen* 1995, Sp. 250f.

Lokomotion *siehe* ⇒ *Kohäsion*

Managementtechniken

Managementtechniken sind Instrumente und Verfahren, mit denen eine Unternehmung gestaltet, gelenkt und entwickelt werden kann.

Menschenbilder

Menschenbilder sind vereinfachte und standardisierte Muster menschlicher Eigenschaften oder Verhaltensweisen. Im betriebswirtschaftlichen Bereich werden verschiedene Klassifikationen unterschieden:

- Das Bild vom rationalen Menschen (rational man) entspricht dem des »homo oeconomicus«, der bei vollständiger Information rational und emotionsfrei entscheidet und bestrebt ist, seinen persönlichen Nutzen zu maximieren.
- Das Bild des sozialen Menschen (social man) hebt die Bedeutung der Sozialkontakte in der Gruppe für das menschliche Verhalten hervor.
- Das Bild des selbstaktualisierenden Menschen (self-actualizing man) betont die menschliche Ausrichtung auf individuelle Selbstverwirklichung.
- Das Bild vom komplexen Menschen (complex man) legt keine inhaltlichen Schwerpunkte, sondern betont die menschliche Flexibilität, Wandlungs- und Anpassungsfähigkeit.

Menschenbilder sind häufig nicht explizit formuliert, sondern impliziter Bestandteil von Theorie und Praxis.

Vgl. *Schein* 1985, *Becker* 1994, S. 247f.; *Kappler* 1992 Sp. 1324-1342; *Weber et al.* 1993, S. 171

Mentoring

Unter Mentoring (syn. Mentorenschaft) ist die persönliche Betreuung eines Mitarbeiters durch einen hierarchisch höhergestellten Mitarbeiter, der nicht direkter Vorgesetzter sein muss, zu verstehen. Es dient der Orientierung, Integration und Förderung des Betreuten in der Organisation für verschiedene Lebens- und Karrierephasen. Die Rolle des Mentors als möglichst selbstgewählte Identifikationsfigur (Vorbild für Modelllernen) oder als Berater und Förderer ist nicht eindeutig fixiert. Nach dem Mentorenkonzept liegen Initiative und Verantwortung für die Anlagenentfaltung jedoch primär beim Mitarbeiter selbst, der Mentor steht nur begleitend und fördernd zur Seite. Verschiedene Unternehmen haben aber Mentoringprogramme institutionalisiert.

Vgl. *Becker* 1994, S. 250; *Beyer* 1990, S. 224; *Kram* 1988

Meta-Analyse

Statistische Vergleichsmethodik von aggregierten Ergebnissen verschiedener Untersuchungen, zur gleichen Thematik, die spezifische Faktoren gesamthaft betrachtet und bewertet. Mit ihnen lässt sich überprüfen, ob die in verschiedenen Untersuchungen ermittelten Zusammenhänge zweier Variablen homogen sind oder nicht.

Bortz 1993

Metapher

Metapher meint ein sprachliches Bild, dessen Bedeutungsübertragung auf Bedeutungsvergleich beruht. Das eigentlich gemeinte Wort wird durch einen bildhaften Begriff ersetzt, der eine sachliche oder gedankliche Ähnlichkeit aufweist (z. B. Lotsenfunktion im Controlling, Impresariorolle für Infrastrukturmanagement).

Morgan 1986

Mikropolitik

Mikropolitik verweist auf ein kalkulierendes Vorgehen einzelner Personen in Unternehmungen, um oft in kleinen Schritten persönliche Interessen durchzusetzen. Mikropolitik umfasst ein Arsenal jener Techniken, mit denen Macht aufgebaut und eingesetzt wird. Mikropolitische Taktiken sind bspw. Kontrolle von Information, Verfahren oder Situation, bewusste Sebstdarstellung und gezielte Beziehungspflege, über die versucht wird, den eigenen Einfluss zu sichern oder auszuweiten.

Vgl. *Neuberger* 1995c; *Küpper/Ortmann* 1988; *Heinrich/Schulz zur Wiesch* 1998

Mission

Die Mission fasst in konzentrierter und motivierender Form die langfristige Ausrichtung des Unternehmens zusammen (z. B. in einem »Missionary Statement«). Sie repräsentiert die zentrale Sinndeutung zum »Warum« des organisationalen Handelns und bildet eine Leitplanke für Entscheidungs- und Handlungsspielräume. Sie ist deshalb eng mit dem Begriff der ⇒ *Vision* verknüpft. Aus der Mission ergeben sich dann die (möglichst messbaren) strategischen Ziele des Gesamtunternehmens und Aufgabendimensionen, wie z. B. Marktanteil, Größe, Internationalisierungsgrad, Kundendienstniveau oder Return on Investment.

Vgl. *Buskirk* 1995, S. 1381ff.

Moderation

Moderation beinhaltet die Steuerung von Gruppenprozessen bei der Anlagenentfaltung durch einen Moderator, der die Lernenden zur Teilnahme aktiviert: Er stellt Fragen, visualisiert Probleme und Ergebnisse, wechselt zwischen Kleingruppe und Plenum usw. Ein Hilfsmittel der Moderation zur Anlagenentfaltung stellt z. B. die Metaplantechnik dar, die im Rahmen der Gruppenarbeit den Einsatz von Frage-, Antwort-, Interaktions- und Visualisierungstechnik durch den Moderator kombiniert.

Vgl. *Beyer* 1990, S. 224

Moderatorvariable

Moderatorenvariablen sind vermittelnde Veränderungsgrößen zur methodischen Untersuchung zusammenhängender Variablen und deren Verhältnis zueinander. Ein Moderatoreffekt liegt z. B. dann vor, wenn der Zusammenhang von Motivation (x) und Arbeitsleistung (y) von den Arbeitsbedingungen (z) beeinflusst wird.

Bortz 1993

Mythos/Mythen

Mythos heißt von seiner Wortherkunft »Wort«, »Rede« von tradierten »heiligen Geschichten«, welche sich in Bildern und Erzählungen aussprechen. Mythen können allgemein als sinnvermittelnde Medien für das Verhältnis des Menschen zu seinen Erfahrungen und seiner Umwelt bestimmt werden. Sie erzählen die legitimierende (Ursprungs-)Geschichte von Unternehmen (z. B. Firmenlegenden) und dienen als Orientierungs- und Deutungshilfe für soziale Riten und Praktiken (z. B. Einführung neuer Mitarbeiter, Inszenierung bei Beförderungen, Jubiläen etc.). In ihrer identitätsstiftenden, sozialen Funktion schaffen Mythen einen gemeinsamen, meist wenig hinterfragten Glauben (z. B. in Form eines Helden- oder Gemeinschaftsmythos) und vereinigen so heterogene Interessen und Emotionen.

Neuberger 1995f., Sp. 1579ff.

Normalverteilung, massenstatistische Verteilung

Glossar

Beobachtet man Merkmale von größeren Populationen, die v. a. den natürlichen Gegebenheiten entsprechen (z. B. Verteilung der Körpergröße, aber auch Qualifikationen) so häufen sich die Messwerte im Bereich des statistischen Mittelwertes. Ihr Vorkommen nimmt dagegen mit Entfernung vom Mittelwert symmetrisch ab. Dieses Phänomen wird Normalverteilung (syn. Gauß-Kurve) genannt. Die Normalverteilung ist eine eingipfelige, symmetrische Verteilung und weist einen glockenförmigen Verlauf auf.

Vgl. *Becker* 1994, S. 268f.

Normen, soziale

Unter Normen werden – i.d.R. ungeschriebene – Verhaltensregeln verstanden, die zwischen Individuen oder Gruppen in allen gesellschaftlichen Bereichen bestehen. Sie sind letztendlich aus Werten abgeleitet und beziehen sich auf konkretere Verhaltensweisen. Gruppennormen können dabei z. B. Anpassung oder Unterwerfung des Einzelnen fordern. Soziale Normen haben große Auswirkungen auf das Leistungsverhalten der Mitarbeiter, in einer vom Betrieb jedoch oft nicht direkt beeinflussbaren Form. Zum Teil werden sie über Leitsätze oder Richtlinien kodifiziert.

Vgl. *Becker* 1994, S. 270

Organisationsentwicklung/OE-Maßnahmen

Organisationsentwicklung bezeichnet einen längerfristig angelegten, organisationsumfassenden und verhaltenswissenschaftlich fundierten Entwicklungs- und Lernprozeß. Im Gegensatz zu kurzfristigen »Bombenwurfstrategien« oder Restrukturierungen in Krisensituationen zielt sie auf die Verbesserung der Problemlösungs- und Entwicklungsfähigkeit der Organisation. Unter Beteiligung der Betroffenen und Berücksichtigung der Organisationskultur kommt es zu partizipativ fundierten Änderungen der Organisation und der darin tätigen Menschen (⇒ *Selbststeuerung*) , um sowohl die Effizienz der Organisation als auch die Qualität des Arbeitslebens zu verbessern. Grundannahme ist, daß sich die Ziele von Management und Arbeitnehmern zumindest partiell gleichzeitig erreichen bzw. vereinbaren lassen. Die Anwendbarkeit und der Erfolg von OE-Maßnahmen ist abhängig von organisationsinternen Rahmenbedingungen und wird von organisationsexternen Faktoren begrenzt. Entscheidend ist die Integration der verschiedenen Veränderungsschritte und Projektphasen (Problemanalyse, Lösungsentwicklung, Implementation, Evaluation und Modifikation).

Vgl. *Klimecki* 1995, Sp. 1652-1664, *Richter* 1994, *Weber et al.* 1993, S. 188, *Wunderer* 1979b

Organizational Behaviour

Glossar

Organizational Behaviour verkörpert nach anglo-amerikanischem Verständnis eine wissenschaftliche Disziplin, die sich mit der Beschreibung, dem Verständnis, der Vorhersage und Kontrolle menschlichen Verhaltens im organisatorischen Umfeld befaßt. Der Organizational Behaviour-Ansatz ist eine relativ junge Forschungsrichtung; ihre Anfänge datieren auf den Beginn des 20. Jahrhunderts. Der Organizational Behaviour-Forschung sind u. a. das ⇒ *Scientific Management*, das ⇒ *Human Resource Management*, die ⇒ *Human Relations* sowie die Untersuchungen zur ⇒ *Arbeitszufriedenheit* zuzuordnen.

Vgl. *Sharp* 1995, S. 1117ff.

Organizational Commitment ⇒ *Commitment*

556

Paradigma

Unter einem Paradigma wird in der wissenschaftlichen Auseinandersetzung ein Denkmuster, eine Art »Supertheorie« verstanden, die grundlegende Probleme und Methoden weiter Bereiche eines Fachs definiert und das Weltbild einer Zeit prägt oder verändert (z. B. kopernikanische Wende).

Vgl. *Bleicher* 1992a, S. 6; *Kuhn* 1973

Pilotstudie

Die Pilotstudie ist eine Vorlauf-Studie und stellt ein exploratives Versuchsprogramm kleineren Maßstabs dar, um Kosten und Erfolg eines Vorhabens zu testen.

Vgl. *Gabler* 1992, S. 2589

postmaterialistisch

Der Begriff geht auf Inglehart zurück, der zwischen materialistischen und postmaterialistischen Werten differenzierte. Materialistische Werte sind auf den Schutz und die Vermehrung ökonomischer Werte einer Gesellschaft ausgerichtet. Im Vergleich zu materialistischen spielen in postmaterialistischen Werten demokratische und humane Aspekte eine zentrale Rolle. In der Folge wurden die Begriffe »materialistisch« und »postmaterialistisch« in einem weiteren Sinne für traditionelle und neue Werte verwendet.

Vgl. *Inglehart* 1977, 1999

Prädiktor

Prädiktoren bezeichnen in der Statistik die (unabhängigen) Variablen, die zur Vorhersage eines Merkmals herangezogen werden.

Bortz 1993

Regressionsanalyse

Die Regressionsanalyse ist ein statistisches Verfahren mit dem Zweck, den Einfluss einer oder mehrerer Variablen auf eine unabhängige Variable zu analysieren. Im Regelfall sollten alle Variablen intervallskaliert sein; die unabhängigen Variablen können auch nominales Niveau aufweisen. Ein Beispiel: Die abhängige Variable sei die Arbeitsleistung eines Arbeitnehmers, die von den beiden unabhängigen Variablen Motivation und Qualifikation bestimmt werde. Die Regressionskoeffizienten drücken dann aus, in welchem Ausmaß Qualifikation und Motivation jeweils die Arbeitsleistung des Arbeitnehmers bestimmen. Man könnte daraus auch etwa ablesen, ob der Einfluss der Motivation auf die Arbeitsleistung größer ist als der der Qualifikation oder umgekehrt.

Vgl. *Weber et al.* 1993, S. 235

Scientific Management (wissenschaftliche Betriebsführung)

Die Begründer des Scientific Managements (Taylor, Gantti, Gilbreth) betrachten die Unternehmung als technisch-ökonomisches System, in dem es gilt, den Produktionsfaktor Mensch in optimaler Weise zum Einsatz zu bringen. Dabei soll der Einsatz der Arbeitskräfte so rationalisiert werden, daß eine Leistungssteigerung realisiert wird. Der Mensch wird dabei als ein nach Einkommensmaximierung strebendes Wesen charakterisiert. Zentrales Element des Scientific Managements bilden dabei die Arbeits- und Zeitstudien, auf deren Grundlage die Arbeitsabläufe zu analysieren sind, um dann die Arbeitsbedingungen so zu gestalten, dass die menschliche Arbeitskraft bestmöglich genutzt wird. Dabei vertritt Taylor das Postulat eine strikten Trennung von Planung (Kopf) und Ausführung (Hand). Infolgedessen wird der Arbeiter auf einen nicht denkenden, rein ausführenden Spezialisten reduziert, was nach Taylors Auffassung positiv für den Mitarbeiter ist, weil er hierdurch eine Entlastung erfährt. Ebenso schlug Taylor eine Spezialisierung der Funktion des »Universalmeisters« in 8 verschiedene Fachrollen und Vorgesetzte vor.

Vgl. *Corsten* 1992, S. 787

Selbststeuerung

Selbststeuerung stellt ein Konzept für selbstorganisierende Systeme und Mitarbeiter dar, welche sich über Rückkoppelungen auch selbst regulieren. Voraussetzung für eine Selbststeuerung von relativ unabhängigen organisatorischen Einheiten sind entsprechende Entscheidungs-, Handlungs- und Gestaltungsspielräume und Qualifikationen der Organisationsmitglieder. Selbststeuerung ist eine funktionale und soziale Erfolgsvoraussetzung bei der Entwicklung, Lenkung und Gestaltung von Organisationen und ihren Kooperationsbeziehungen. Vorgesetzte fungieren bei der Selbststeuerung als Bindeglied und Koordination zwischen den Gruppen und zu übergeordneten Organisationseinheiten. Sie sorgen über eine Kontextsteuerung für eine Kontrolle bei Systemstörungen, fördern und implementieren Neuerungen und qualifizieren und coachen die Mitarbeiter bzw. Teams. Vorgegeben werden nur Ziele, Primäraufgaben und »Leitplanken«. Die Konzepte der Selbststeuerung sind ursprünglich in Form ⇒ *teilautonomer Arbeitsgruppen* bekannt geworden.

Vgl. *Alioth* 1995, Sp. 1894; *Gomez/Probst* 1995, S. 169

Signifikanz

Signifikanz ist ein statistischer Begriff, der beim Test von Hypothesen Verwendung findet. Um festzustellen, ob ein empirischer Befund in einer Stichprobe auch für die Grundgesamtheit gilt, verwendet man einen sog. Signifikanztest (syn. Hypothesentest). Fällt der Test positiv aus, so ist der Befund mit hoher

Wahrscheinlichkeit auch für die Grundgesamtheit gültig, d. h. der Befund wird als statistisch signifikant bezeichnet.

Vgl. *Weber et al.* 1993, S. 283f.

Stakeholder

Stakeholder sind Gruppen oder Individuen, die das Erreichen der Unternehmensziele beeinflussen oder dadurch beeinflusst werden. Zu den Stakeholdern werden verschiedene Anspruchsgruppen gezählt (v. a. die Kunden, Kapitaleigner, Mitarbeiter und Lieferanten, aber auch lokale, regionale, nationale und internationale staatliche Institutionen sowie die allgemeine Öffentlichkeit). Stakeholder sind von zentraler Bedeutung für das Unternehmen, denn ohne eine wechselseitige Einflussnahme wäre eine Organisation nicht existenzfähig. Nur wenn es gelingt, Nutzen für alle Anspruchsgruppen zu schaffen, kann auch der Shareholder-Value für die Anteilseigner langfristig gesichert werden.

Vgl. *Freeman* 1984; *Mittroff* 1983

Subsidiaritätsprinzip (der Führung)

Das Subsidiaritätsprinzip (lat. Subsidium = Hilfe) der Führung geht davon aus, dass in erster Linie der Mitarbeiter selbst als mündiges Subjekt mit eigenen Zielvorstellungen für sein Handeln und seine Entwicklung verantwortlich ist. Was der einzelne aus eigener Kraft zu leisten vermag, soll nicht durch eine übergeordnete Instanz erledigt werden. Der Vorgesetzte leistet, wo immer möglich, nur »Hilfe zur Selbsthilfe«, während die Personalabteilung und andere professionelle Institutionen erst in dritter Instanz und mehr im Hintergrund aktiv werden. Das Subsidiaritätsprinzip findet in Konzepten des »Management by Exceptions« und bei der delegativen Führung sowie der Selbstentwicklung eine Anwendung.

Vgl. *Wunderer/Grunwald* 1980 i. d. II. S. 89f.

Glossar

Survey-feed-back-Methode

Sie wird als eine Form der Mitarbeiterbefragung verstanden zur Durchführung von Einstellungsumfragen bei Mitarbeitern mit einer anschließenden Rückkopplung der Ergebnisse an die Beteiligten sowie deren Verarbeitung in speziellen Gruppen bzw. Workshops. In gemeinsamen Arbeitssitzungen werden Ergebnisse diskutiert und Alternativen und Maßnahmen für Änderungen erarbeitet. Mitarbeiter nehmen als Betroffene den Veränderungsprozess auch selbst in die Hand. Die Survey-feed-back-Methode wird insbes. zur ⇒ *Organisationsentwicklung* eingesetzt und geht auf Lewin zurück.

Vgl. *Becker* 1994, S. 379

Symbole/Symbolische Führung

Symbole stellen kulturspezifische Erkennungs- oder Beglaubigungszeichen dar. Sie sind sinnbildliche Darstellungen von Botschaften und Ausdruck auch von unbewussten Bedeutungen in Gesten, Worten, Redewendungen und Handlungen sowie ⇒ *Artefakten* (z. B. Statussymbole). Ihren Sinn erhalten Symbole durch sozial verbindliche Konventionen durch eine Deutegemeinschaft. Sie dienen der Vermittlung von Werten, ⇒ *Normen*, Überzeugungen und Zielen. Symbolische Führung wirkt über verhaltensbeeinflussendes (Führungs-)Handeln des Vorgesetzten auf die Mitarbeiter meist indirekt. Neben den Führungseinfluss des Vorgesetzten (z. B. Zeitzuwendung, öffentliche Belobigung erwünschten Verhaltens) treten weitere, personenunabhängige Einflüsse, etwa Vorschriften, Einstufung, Bezahlungssysteme. Symbolisierende Führung schafft neuen Sinn bzw. Deutungspraktiken, z. B. zur Erhaltung oder Gewinnung von Konsens, Loyalität oder ⇒ *Commitment*. Symbolische Führungstheorien liefern keine eindeutigen Handlungsanweisungen, sondern dienen als ⇒ *Heuristiken*, mit denen der Führungs- und Kooperationsprozess gesteuert werden kann.

Vgl. *Neuberger* 1994a; *Pfeffer* 1981; *Weibler* 1995

Unternehmensphilosophie

Die Unternehmensphilosophie beschreibt die allgemeine Einstellung zur Rolle und zum Verhalten des Unternehmens in seinem gesellschaftlichen Umfeld. In der Unternehmensphilosophie drückt sich letztlich die gesellschaftliche Verantwortung des Unternehmens gegenüber wichtigen Bezugsgruppen (⇒ *Stakeholder*) aus, die seinem Handeln Legitimität verleiht. Aus der Unternehmensphilosophie läßt sich im Hinblick auf Gestaltung und Verhalten des Managements die Managementphilosophie ableiten. Diese beschreibt die grundlegenden Einstellungen, Überzeugungen, Werthaltungen, welche das Denken und Handeln der Führungskräfte in einem Unternehmen beeinflussen.

Vgl. *Bleicher* 1994, S. 22f.

Glossar

Unternehmensverfassung

Meist werden unter Unternehmensverfassung solche unternehmensspezifische Regelungen verstanden, welche die Gründung und den Rechtsstatus einer Unternehmung, ihr Außenverhältnis, die Verteilung des erzielten Erfolges (v. a. Gewinne), die Grundrechte der Koalitionsmitglieder und der Organe (z. B. Aufsichtsrat, Beirat, Vorstand, Geschäftsleitung) der Unternehmung betreffen. Letzteres bezieht sich auf Bezeichnung, Zustandekommen, Zusammenwirken, Zuständigkeiten, Verantwortung und Befugnis der einzelnen Organe bzw. Personen. Daneben kann man die Leitbilder, Denkweisen, Normen und Interpretationen (z. B. für Mitwirkung) auch als Führungsleitbilder der Unternehmensverfassung bezeichnen.

Vgl. *Becker* 1994, S. 397; *Wunderer/Klimecki* 1990

Validität

Die Validität stellt ein Gütekriterium und ein Maß für Tests im Rahmen der empirischen Sozialforschung dar, welches Aufschluss darüber geben soll, inwieweit ein Beurteilungsverfahren bzw. ein -kriterium erfasst, was es erfassen soll. Hohe Validität repräsentiert ein theoretisch definiertes Merkmal als Beurteilungsergebnis.

Sie ist unabdingbare Voraussetzung für angemessene Schlussfolgerungen und gilt für viele als »conditio sine qua non« jeglicher wissenschaftlich fundierter Beurteilung. Es lassen sich inhaltliche, konstrukt- und kriterienbezogene Validität unterscheiden.

- Inhaltliche Validität liegt z. B. vor, wenn die Prüfung am Ende eines Lehrgangs den behandelten Stoff (Inhalt) des Lehrgangs widerspiegelt.

- Konstruktvalidität liegt vor, wenn ein Messinstrument bestimmte Eigenschaften, Verhaltensweisen bzw. Persönlichkeitsmerkmale erfasst, die sich zu einem theoretischen Konstrukt – z. B. Leistungsmotivation – zusammenfassen lassen.

- Bei der kriterienbezogenen Validität orientiert man sich an einem Außenkriterium. So könnte z. B. die Validität eines Berufserfolgstests für Kraftfahrer durch das Außenkriterium Berufserfolg – gemessen an der Zahl der Unfälle, der Ausfallzeiten der betreuten Kraftfahrzeuge, dem Urteil der Vorgesetzten usw. – bestimmt werden.

Vgl. *Becker* 1994, S. 400f.; *Weber et al.* 1993, S. 2272f.

Varianzanalyse

Die Varianzanalyse ist ein statistisches Verfahren, um den Einfluss einer oder mehrerer nichtmetrisch gemessener Variablen auf eine metrische Variable zu bestimmen. Im Grundsatz handelt es sich um einen multiplen Mittelwertvergleich. Es könnte z. B. untersucht werden, ob Unterschiede zwischen Männern und Frauen, in Verbindung mit der Zugehörigkeit zu bestimmten beruflichen Statusgruppen (etwa ungelernt/gelernt) hinsichtlich der Arbeitszufriedenheit bestehen.

Vgl. *Weber et al.* 1993, S. 272

Virtuell/virtuelle Organisation

Der Ausdruck »virtuell« steht für »der Anlage nach als möglich vorhanden«, »scheinbar« oder »nicht wirklich«. Virtualität spezifiziert ein konkretes Objekt über Eigenschaften, die nicht physisch, aber doch der Möglichkeit nach vorhanden sind. Virtuelle Organisationen (Unternehmungen) sind künstliche Gebilde, die sich problem- und kompetenzorientiert aus prozessorientierten Modulen, Organisationseinheiten und Arbeitsplätzen zusammensetzen. Sie entstehen durch eine aufgaben- und kundenorientierte Verknüpfung organisatorischer Gestaltungsstrategien und die konsequente Ausnutzung moderner informations- und kommunikationstechnischer Vernetzungspotentiale.

Vgl. *Davidow/Malone* 1993, *Picot et al.* 1996

Vision

Visionen sind attraktive Zukunftsbilder, die Kräfte für eine kreative Gegenwartsgestaltung freisetzen. Sie werden auch als »Träume mit Verfallsdatum« bezeichnet. Eine glaubwürdige Vision zeigt einen wünschenswerten und zugleich erreichbaren Endzustand auf und verbindet ihn mit Werten, die von allen Betroffenen geteilt und als verfolgenswert angesehen werden. Als strategische Leitlinien erleichtern sie eine Prioritätensetzung und bewirken über Identifikation motiviertes Handeln in Richtung der geschauten Zielvorstellung. Die Fähigkeit, überzeugende Visionen zu entwickeln und deren positive Konsequenzen begeisternd zu kommunizieren, kennzeichnet effiziente Führungskräfte und ist insbesondere in der transformationalen Führung relevant. Kritisch ist auf die Gefahr der demotivierenden Enttäuschung bei Nichterfüllung der Vision und der Manipulation der Betroffenen (z. B. durch einen überbewerteten visionären Führer) zu verweisen. Der Begriff wurde in Managementlehre und -praxis oft missbraucht (z. B. für alltägliche Ziele und Aufgaben) oder unrealistisch eingesetzt.

Vgl. *Hennis/Nanus* 1985; *Bryman* 1992; *Neuberger* 1994a

Wertschöpfung, Wertschöpfungskonzept

Die betriebliche oder einzelwirtschaftliche Wertschöpfung ist die Summe der Werte, die durch den betrieblichen Produktionsprozess geschaffen wird. Sie bezeichnet den Wert, welchen das Unternehmen den von anderen Betrieben übernommenen Wirtschaftsleistungen hinzugefügt hat. Dieser Mehrwert wird im angloamerikanischen Sprachgebrauch als »added value« bezeichnet. Die erbrachte Wertschöpfung dient als objektivierter Massstab für die Leistungskraft eines Unternehmens. Es können volkswirtschaftliche, betriebswirtschaftliche und weitere Bewertungskonzepte unterschieden werden. Eine personalwirtschaftliche und unternehmerische Messung und Beurteilung der Wertschöpfung kann in einem »Wertschöpfungs-Center-Konzept« erfolgen. Dieses beinhaltete neben einer Business-Dimension (mit monetärer Nutzenbewertung) auch eine Management- und eine Service-Dimension (mit nicht-monetärer Nutzenbeurteilung).

Vgl. *Weber et al.* 1993, S. 283f.; *Wunderer/v. Arx* 1999; *Wunderer/Jaritz* 1999

Stichwortverzeichnis